아산학술총서 제3집

亞山의 周易講義 中

김병호 강의
김진규 구성

소강

題字 및 書 : 亞山 金炳浩

遏惡揚善

▶『周易』上經 火天大有卦의 大象의 글이다.
곧 공자님의 말씀이시다. 大有의 時期는 태양이 正午에 왔을 때이니,
이것은 곧 日午中天을 뜻한다.

모든 인류는 이때를 당하여 遏惡揚善의 마음가짐과 실행으로 利涉大川의
영광을 가져야 할 것이다.
즉, 21세기를 살아가는 모든 사람의 마음에 행동지표로 삼아야 하겠다.
곧 遏惡揚善으로 順天休命하자.

題字 解說
易經 研究院 院長 金珍圭 識

차례

일러두기 ——————————————— 4
序　文 ——————————————— 5

下　經

31. 澤 山 咸 ——————— 9
32. 雷 風 恒 ——————— 24
33. 天 山 遯 ——————— 40
34. 雷天大壯 ——————— 52
35. 火 地 晋 ——————— 64
36. 地火明夷 ——————— 76
37. 風火家人 ——————— 90
38. 火 澤 睽 ——————— 102
39. 水 山 蹇 ——————— 115
40. 雷 水 解 ——————— 127
41. 山 澤 損 ——————— 140
42. 風 雷 益 ——————— 154
43. 澤 天 夬 ——————— 169
44. 天 風 姤 ——————— 183
45. 澤 地 萃 ——————— 197
46. 地 風 升 ——————— 209
47. 澤 水 困 ——————— 221

48. 水 風 井 ——————— 234
49. 澤 火 革 ——————— 247
50. 火 風 鼎 ——————— 265
51. 重 雷 震 ——————— 281
52. 重 山 艮 ——————— 296
53. 風 山 漸 ——————— 311
54. 雷澤歸妹 ——————— 324
55. 雷 火 豊 ——————— 337
56. 火 山 旅 ——————— 352
57. 重 風 巽 ——————— 365
58. 重 澤 兌 ——————— 378
59. 風 水 渙 ——————— 392
60. 水 澤 節 ——————— 406
61. 風澤中孚 ——————— 421
62. 雷山小過 ——————— 435
63. 水火旣濟 ——————— 448
64. 火水未濟 ——————— 465

上下經 총정리 ——————————————— 480

| 일러두기 |

▶이 책의 구성 체계

　아산(亞山)이 생전에 『주역』을 강의하고, 일강(一岡)이 그의 강의를 기록 및 구성하였다. 일강에 의해 기록 및 구성된 아산의 강의 원고를 기초로 삼아 편집부에서 현재의 이 책 형식으로 재차 편집하였다. 편집 과정에서 다소 무리한 점이 있더라도 가능한 한 강의 기록을 베껴 쓰듯이 하여 첨삭을 가하지 않았다. 왜냐하면 아산의 原義를 거스를까 하는 노파심 때문이다. 부분적으로 중복된 문장이 나오는 것도 그 때문이며, 또한 이 책은 강의를 토대로 제작된 것이므로 중복의 문장은 강의중 아산의 강조 내용이라고 생각하여 그대로 편집에 반영하였다. 그리고 각 괘 첫머리에는 大義 난을 설정하여 한 괘에 대한 총체적 설명을 하였으며, 또 『주역』 원문 중 卦辭, 彖辭(彖傳), 大象, 爻辭, 小象을 머리로 하고 그 아래에 總說과 各說로 나누어 학습에 편하도록 하였으며, 특히 小象에는 총설을 두지 않고 爻辭의 총설로 대신하도록 하였다. 『亞山의 周易講義』上에서는 上經을, 『亞山의 周易講義』中에서는 下經을, 『亞山의 周易講義』下에서는 「繫辭傳」上·下, 「說卦傳」, 「序卦傳」上·下篇, 「雜卦傳」을 수록하였다.

▶편집 기호의 약속
1. 『　』는 서명에 「　」는 편명에 사용하였다.
2. 〈　〉는 문장에서 필요한 어구를 삽입하여 읽어도 무방할 경우에 사용하였다.
3. (　)는 기존 문구나 단어 대신에 사용할 수 있는 새로운 문구나 단어를 이 기호 속에 넣었다.
4. "　"는 어떤 문구를 인용할 경우에 사용하였고, '　'는 어떤 어구를 재인용할 경우나 단어를 강조할 때 사용하였다.

序文

  亞山의 周易講義 中卷을 내면서……
 上卷의 序文에서 이미 언급하였듯이, 東洋理學의 원류(源流)인 『易經』을 논한다는 것은 대단히 어려운 일이다. 그러나 亞山 선생님의 학문 연구의 발자취와 제자들에게 열성적으로 耳濡目染의 강의 내용을 그대로 방치하기에는 너무나도 안타까워 여러 가지 어려운 여건에도 불구하고, 산재해 있는 下經의 원고를 모아 정리하여 이번에 『亞山의 周易講義』中을 발간하게 되었다. 물론 上卷의 잘못된 점을 시정(是正)하고 보완하려고 진력하였으나 力小而任重이라 미흡하고 불충분한 곳이 많을 줄 안다. 이와 같이 이번에 펴내는 中卷에서도 가능한 최선을 다하였으나 많은 허점이 있을 것이다. 항상 격려와 관심으로 애독해 주는 독자 여러분과 우리 亞山學會 全會員 여러분의 관대(寬大)하고 폭 넓은 이해를 구하는 바이다.

 바야흐로 우리 인류는 21세기 超科學의 電子革命時代를 맞이하여 많은 물질의 변화는 가져왔지만, 상대적으로 정신적인 문화 발전은 오히려 제자리 걸음이라고 한다. 더욱이 인간만이 향유하며 가지고 있는 人倫道德이 땅에 떨어졌다고 한다. 아니 땅에 떨어져 파묻혀 버려서 찾지도 못한다고 해도 지나치지 않다. 과연 이대로 좋을까?
 정신과 물질, 문화와 문명이 함께 공존하며 아름다운 꽃을 피울 때 인류는 平和의 樂을 누릴 것이다. 이번에 발간되는 이 책이 바로 명확한 해답을 줄 것으로 믿어 의

심치 않는다. "歲寒然後에 知松柏之後彫也ㅣ니라"고 한 공자님의 말씀처럼 종래의 일반적인 식견만으로 易理가 광대실비(廣大悉備)하고 변화무궁(變化无窮)해서 어려운 經典으로 인식하여 왔지만 이제 『亞山의 周易講義』上·中으로 말미암아 거의 의문이 해소되리라고 생각한다. 비록 이제 上下經 64卦의 原文 해설이 겨우 끝나기는 했으나 아직도 64卦 384爻가 얽혀져 있는 變易·交易의 심오한 이치는 마지막 下卷의 「繫辭傳」으로 미루고 우선 이 책을 펴내게 되었다.

전국에서 연구와 탁마(琢磨)에 열정을 다하는 同志者와 會友 여러분! 精一執中의 誠과 困而知之의 노력으로 매진한다면 樂天知命과 以至於命의 영광은 利涉大川으로 나타날 것이다.

신록(新綠)이 더해가는 五月!
1년 여의 기획과 편집 끝에 이 中卷을 발간한 小康 출판사 金炳成 사장님께 무한한 감사를 드리며 또한 주야로 심혈을 기울여 도와주신 출판사 직원 여러분의 노고에 뜨거운 성원을 보내며, 경향각지에서 『亞山의 周易講義』中의 발간을 손꼽아 기다리는 同志者와 회원 여러분의 고마운 마음에 中正有慶의 天福이 내리기를 기원한다. 그리고 언제나 저에게 용기와 힘을 주고 어두운 밤길의 등불처럼 길을 밝혀주시는 저에게 스승이었고 아버지이신 亞山 선생님의 영전(靈前)에 삼가 이 책자(册子)를 바치고자 한다.

庚辰　姤月
不肖子 珍圭 盥手拜謹識

下經

澤山咸 (三十)

兌上艮下

大義

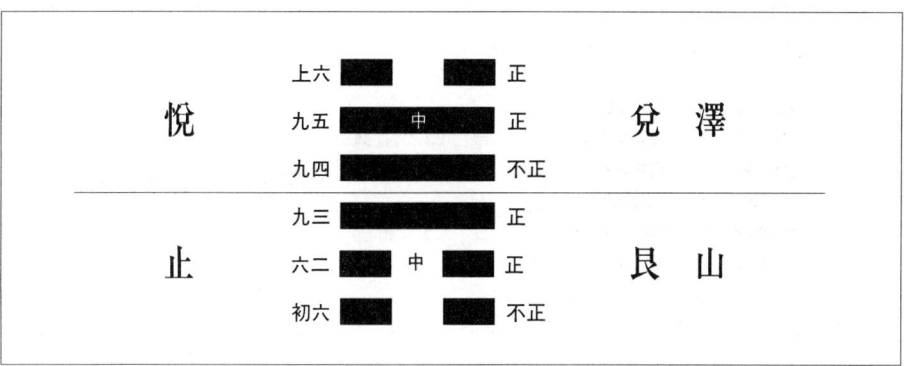

咸은 少男과 少女, 즉 총각(總角)과 처녀(處女)¹⁾가 처음으로 相交하는 것이며, 젊은 남녀가 건전한 정신으로 天命에 순응하여 一家를 이루어 后天의 章을 여는 것이다. 또 感曰咸으로 咸은 无心이요 형이상학적인 말이다.

1) 咸은 대자연(천지)의 无心而有爲한 상태를 가리키며, 사람 또한 有心而感曰咸이라고 일컬으니 우리는 久於其道하고²⁾ 그것을 항구적으로 해야 한다. 그러므로 咸卦 다음에 恒卦로 도전(倒轉)하여 序卦하였다.³⁾ 곧 한 쌍의 남녀가 부부지간이

---

1) 總角은 뿔(角)을 묶는다(總)는 뜻으로 상투를 틀지 않은, 귀밑머리를 한 남자를 말한다. 단발령이 시행되기 전, 20세 미만의 남자들은 머리를 땋고 다녔다. 處女의 處는 止의 뜻으로, 시집가지 아니한 여자가 밖으로 나다니지 않고 일정한 곳에 머물러 있다고 해서 처녀라고 하였다. 여기서 규중처녀(閨中處女)라는 말이 나왔다.
2) 久於其道는 咸恒의 원리이며 음양의 이치이다.

되었으면 영구적으로 함께 생활을 하여야 한다는 뜻이다.

2) 천지의 感應은 否泰의 원리이며, 인간의 감응은 咸恒의 원리이다. 이 감응의 원리는 氣化的이며, 상대적인 것으로 屈伸, 消長, 往來의 법칙에 의하여 이루어진다. 咸卦는 양 3효와 음 3효로 이루어져 있으며, 모든 효가 상응하고 있어 陰陽配合의 괘이기도 하다. 특히 六二爻와 九五爻

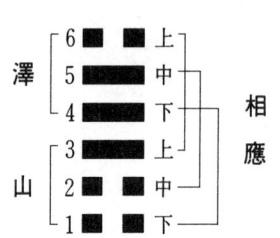

는 中正으로 정응하고 있으므로 咸卦는 질서 정연한 괘상을 보이고 있다.

3) ①卦象으로 보면 내괘 艮卦는 산(☶, 凸)이고, 외괘 澤卦는 水(☱, 凹)의 형상이므로 상호 교감할 수 있다. 澤卦의 기운은 아래로 내려가고 艮卦의 기운은 올라가 상호 氣化的으로 감응을 이루는 것이다.[4] 이것은 天地相交로 하늘의 기운은 내려가고 땅의 기운은 올라간다는 것이다.

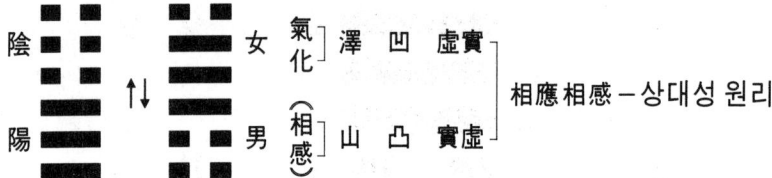

②천지의 감응과 부부의 감응은 응하면 느끼게 되어 있다. 이것이 감응의 이치이며, 상대성 원리이기도 하다. 咸卦의 互卦로 ☰ 姤卦가 있다. 姤는 遇也라 하였으니 서로 응하여 무심히 만나니 姤가 되는 것이다.

---

3) 상경의 1, 2번째 괘인 乾, 坤卦는 복희팔괘방위도에서 正方에 자리잡고 있으며, 하경의 1, 2번째 괘인 咸, 恒卦는 복희팔괘방위도에서 間方에 자리잡고 있다.

4) 괘상으로 보아서 咸卦는 산 위에 못이 있는 형상으로 白頭山을 상징한다. 六堂 崔南善은 不咸文化라는 말을 사용하였다. 여기서 不咸은 백두산을 두고 한 말이다.

③또한 함괘 속에는 건곤괘가 들어 있다. 이는 건곤이 한번 상교하여 生男生女하는 원리가 함괘이며, 곧 姤復의 이치이다.

4) 상수학적(象數學的)인 면에서 볼 때 선천의 震方이 후천의 艮方이 된다. 그러므로 방위적으로 艮山은 동양, 곧 한국이라고 할 수 있으며 兌方은 방위적으로 서방, 곧 미국이라고 할 수 있다. 따라서 咸卦는 동양과 서양, 나아가 한국과 미국과의 상교라고도 볼 수 있다.5)

　예1)……萬物之所成終而所成始也일새 故로 曰 成言乎艮이라 (「說卦傳」 第5章)
　　〈간괘는〉……만물의 마침과 시작이 되는 괘이므로 간방에서 모든 것이 성취한다고 말하였다.
　예2)……山澤이 通氣然後에아 能變化하야 旣成萬物也하나니라 (「說卦傳」 第6章)
　　……산과 못이 〈서로 형상이 다르나〉 기운이 서로 통한 뒤에야 〈만물을〉 변화하게 하여 만물을 육성시켜 줄 수 있다.
　　[설명]艮과 兌의 관계를 잘 연구해 볼 필요가 있다.

5) 道學的(공부하는 방법) 입장에서 생각한다면, 咸卦는 无思无爲, 寂然不動한 상태(「繫辭傳」 上 第10章)를 뜻하며 이것이 곧 无我之境의 道通을 뜻한다. 서로 감응하여 致一되면 광명이 오게 된다. 이 광명은 태양이 보내는 빛의 밝기보다 수십억배 이상으로 밝다. 후천의 첫머리에 온 함괘는, 이때가 되면 이러한 모습이 온다는 것을 예고한 것이다.

6) 총각, 처녀 시절을 선천이라고 한다면, 남녀 결합으로 이루어진 부부는 후천의 세

---

5) 兌卦인 少女가 艮卦인 少男에게 시집온 격으로, 미국이 한국에 시집온 격이기도 하다. 즉, 일본의 중매(2차 세계대전)로 미국이 우리 나라에 시집온 형상이라 할 수가 있다. 미국이 한국에 주둔한 것부터가 후천의 始發이라 할 수 있다. 推數的인 입장에서 풀이하면 兌가 艮을 떠날 수가 없게 되어 있으니 한국과 미국은 항구적으로 살아야 한다. 그러나 夫婦有別이니 상호 괴리가 될 수도 있다. 少男과 少女의 만남은 우연이 아니다. 현재에도 한국과 미국과의 우호적인 관계가 지속되고 있지만, 언제까지 지속되고 언제 본국으로 돌아갈 것인가는 雷天大壯卦에서 重風巽卦까지의 경과로 보아서 짐작할 수 있다.

계라고 할 수 있다. 그러므로 함괘는 선천에서 후천으로 건너오는 형태이며, 후천을 알려주는 괘이기도 하다. 또한 우리가 살고 있는 이 시기가 함괘이기도 하다. 세상 사람들은 보편적으로 无心히 感하여 남녀 관계를 하고 있다.

- 感應의 理致:남자가 느껴서 여자에게 접근하더라도 여자가 이에 응하여 주어야 상호 감응이 된다. 山澤의 通氣없이 모든 것이 이루어질 수 없듯이 인간 만사가 감응의 이치 속에서 살고 있다. 남녀의 감응은 신체와 정신 모두를 남김없이 서로 주고받아야만 완전한 부부라고 말할 수 있다. 만약 남음이 있다면 부부간에 틈이 있는 것이다.

7) 乾坤이 天地之道를 설명하였다면, 咸恒은 夫婦之義로서 人事的인 이치를 설명하였다. 원문을 비교하면 乾은 元亨利貞이지만, 咸은 亨利貞 뿐이다. 함괘에서 元이 없는 것은 절대성을 벗어난 상대성을 내포하고 있기 때문이다. 또 부부의 도를 말한 그 자체로 보아서 后天에는 人事的이라는 것을 암시하고 있다.

原文풀이

咸은 亨하니 利貞하니 取女ㅣ면 吉하리라

咸은 형통하니 〈正道로〉 바르게 함이 이로우니 여자를 취하면 길할 것이다.
· 咸:느낄 함, 다 함 · 取:취할 취

總說

윗글은 함괘의 卦辭이다.

各說

- 咸은:'咸'은 형이상학적인 말로서 无心으로 느끼는 것이며, '感'은 형이하학적인 말로서 마음으로 느끼는 것이다. 이것은 남녀의 交感에 비교한 말이며, 바로 人倫의 시작이다.
- 亨하니:음양 상교인 동시에 형통하다는 것이다. 괘사의 元亨利貞 중에서 元이 없는 것은 어떠한 사람과 만나도 서로 느끼고 교합할 수가 있다는 뜻이다. 즉, 우리가 대자연에 순응해서 人爲的으로 운명을 변화시킬 수 있음을 나타낸다. 또한 이미 乾元과 坤元을 받아서 나왔기 때문에 元은 없다. 그러므로 선천을 바탕으로 한 후천이 있는 것이다.

元亨利貞 — 絶對性 — 大自然
亨 利 貞 — 相對性 — 人事的

● 取女ㅣ면:남자가 여자 집에 가서 여자를 취하여 온다는 뜻으로 혼인을 의미한다. 따라서 '娶'의 뜻이 있다. 이 구절은 남자 위주의 글로서 父系 중심 사회의 일면을 엿볼 수 있다.

彖曰 咸은 **感也**ㅣ니 **柔上而剛下**하야 **二氣**ㅣ **感應以相與**하야 **止而說**(열)하고 **男下女**ㅣ라 **是以亨利貞取女吉也**ㅣ니라 **天地**ㅣ **感而萬物**이 **化生**하고 **聖人**이 **感人心而天下**ㅣ **和平**하나니 **觀其所感而天地萬物之情**을 **可見矣**라

彖에서 말하기를 "咸은 느끼는 것이니, 柔는 위에 있고 剛은 아래에 있으니 두 기운이 감응함으로써 서로 더불어, 〈괘덕으로 보아 艮은〉 그쳐 있으며 〈兌는〉 기뻐하고, 남자는 여자에게 내리는 것이다. 그러므로 亨利貞取女吉也인 것이다. 천지가 감응하여 일만 물건을 化生하고, 〈이러한 대자연의 섭리를 본받아서〉 성인이 사람의 마음을 감응시켜 천하를 화평하게 하는 것이니, 그 감응하는 바를 보아 천지 만물의 情을 볼 수 있을 것이다"고 하였다.

·感:느낄 감 ·與:참여할 여 ·止:그칠 지, 머물 지 ·說:기쁠 열 ·平:평평할 평, 바로잡을 평
·觀:볼 관 ·所:바 소 ·情:뜻 정 ·見:볼 견 ·矣:어조사 의

總說

윗글은 함괘의 「彖辭」이다.

各說

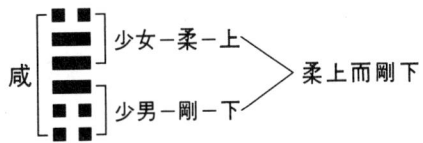

● 柔上而剛下하야:태소녀인 柔는 음괘로 기운이 아래로 내려오고, 간소남인 剛은 양괘로 기운이 위로 올라간다. 이는 氣化的 현상이다. 괘상에서 보듯이 음괘인 兌가 위(上卦)에 있고, 양괘인 艮은 아래(下卦)에 있듯이 남녀 간에도 이와 같다.

```
泰(地天) → 氣化的 → 柔上而剛下(无心而有爲曰咸) → 澤山咸
否(天地) → 形化的 → 有 心 而 无 爲 曰 感 → 雷風恒
```

● 止而說하고:①괘덕을 말한 것이지만 남녀가 감응함에 있어서 그 中節을 말한 것이다. 說의 절도와 한계를 말한 것으로 時止則止, 時行則行에서 벗어나면 邪惡으로 흐르기 쉽다. ②艮은 독실한 것이므로 說(悅)로서 응해 준다는 것이다. 그러나 不止의 說이 되면 邪奸이 되어 사회의 혼탁을 가져오고 질서를 파괴한다. 不止의 說(悅)은 남녀 두 사람만이 있을 때 해야 한다. 그리고 止而不說은 不感이 된다.

```
                              ┌ 兌 → 少女 → 應
艮은 止也, 兌는 說也 → 止而說  ┤
                              └ 艮 → 少男 → 篤實
```

● 男下女ㅣ라:여기서 '下'는 내린다는 뜻으로 쓰였으며, 즉 남자가 여자에게 내리는 것으로 해석한다. 이 구절은 남자의 主動, 主張을 말한 것이며, 여자는 수동적이어야 한다는 뜻이다.
  예)坤은……先하면 迷하고 後하면 得하리니 主利하니라 (坤卦 卦辭)
     坤은……먼저 하면 아득하고 뒤에 하면 얻으리니 이로움을 주장한다.
● 柔上而剛下하야 二氣ㅣ 感應以相與하야 止而說하고 男下女ㅣ라:완전한 남녀 관계라고 말할 수 있다. 즉, 是以亨利貞取女吉也인 것이다.
● 天地ㅣ 感而萬物이 化生하고:①천지 교감의 生生之理를 인사적으로 비유하면 聖人感人心 → 天下和平(治國平天下)으로 이끌어 간 것이고, 이것을 夫婦之理에 초점을 맞추면 萬物化生 → 天下和平이 된다. ②感 → 心+咸.
● 天地萬物之情을:여기서 情은 心情, 性情을 뜻하며 형이하학적이다.6)

```
        天地, 萬物 = 聖人天下和平 = 天地萬物之情可見矣
              ↑
        少男, 少女의 感應
```

---

6) 글이 지닌 의미에 따라 형이상학적인 것과 형이하학적인 것이 달리 설명되어져야 한다. 즉, 心情, 性情일 경우의 情은 형이하학적으로 설명되지만, 情慾이라고 할 때의 情은 형이상학적으로 설명해야 한다. 하나 더 예를 들자면, 道德의 德은 형이하학적이지만 德行일 경우의 德은 형이상학으로 설명해야 옳다.

天地感而萬物化生→形而上學的 →澤山咸	우리의 눈에 보이지 아니하나 천지가 서로 느껴 가지고 만물을 화육시킨다.
聖人感人心而天下和平	가만히 있어도 성인의 마음에 감응하여 천하의 모든 것을 평화롭게 한다.
觀其所感而天地萬物之情可見矣	위의 두 가지 느낌으로써 천지만물의 성정을 볼 수 있다.

→ 少男과 少女의 마음

⟨ 心之體－性－咸
  心之用－情－感

⟨ 聖人(本性을 가진 사람) → 性
  萬物之情 ─────────→ 情

象曰 山上有澤이 咸이니 君子ㅣ 以하야 虛로 受人하나니라

 象에서 말하기를 "산 위에 못이 있는 것이 咸이니, 군자가 이로써 虛함으로 사람을 받아들이는 것이다"고 하였다.

·澤:못 택 ·虛:빌 허 ·受:받을 수

總說

윗글은 함괘의 「大象」이다.

各說

● 山上有澤이:괘상으로 보아서 艮은 山이며, 兌는 澤이다. 산 위의 못에서 물이 흘러 내리는 것이요, 山澤이 氣化的으로 通氣되는 것을 말한다. 이것은 二氣感應이요 대자연의 섭리로서 겸허한 군자의 기상이라고 할 수 있다. 또한 少男과 少女의 상통을 뜻하며, 이것은 无心이 상통되는 것이다.
● 君子ㅣ 以하야:군자가 이것(괘상의 이치)을 본받아서라는 뜻이다.
● 虛로 受人하나니라:①山上의 못이 虛요, 그 물이 흘러서 다른 못을 이루는 것은 受人이다. ②사람의 마음속에 잡념이나 교만 등 나쁜 것이 들어 있으면 至善을 받아들이지 못한다. 이것을 음양적으로 설명하면, 여자의 마음 속 곧 자궁이 虛해야 남자의 精을 받아들일 수 있다. 그러므로 남녀 공히 따로 애인, 연인이 없어야 한다. 이것을 공부에 비유하면, 初學者가 좋다는 말과 같다. 초학자들은 마음속에 아

무 것도 없는, 허한 상태이므로 받아들이는 속도가 빠르기 때문이다.

澤山咸 → 姤 → 遇也(마음 없이 만나는 것) → 咸

初六은 咸其拇 l 라

初六은 그 엄지발가락에 느껴 본다.
· 初:처음 초 · 拇:엄지발가락 무

總說

초육효는 구사효와 상응 관계이며 육효 중 最下位이다. 陰德으로도 맨 아래에 있는 까닭에 감응의 시초가 된다. 인체에 비유하면 말초 신경, 곧 엄지발가락에 해당한다. 따라서 감응되는 것이 매우 적은 것에 비유한 것이다. 그리고 초육효는 행동을 하지 않았기 때문에 선악이 구별되지 않았으며 또한 길흉도 말하지 않았다.

各說

● 咸其拇 l 라 : 음양 교감의 원리로 해설한다면 초육효는 남녀 교감의 시초가 된다. 이러한 相交의 정욕이 발현되는7) 것을 인체의 미미한 부분인 拇에 비유하여 설명하였다. 또한 처음의 사교를 咸其拇라고 한다.

象曰 咸其拇라 志在外也 l 라

象에서 말하기를 "咸其拇는 뜻이 밖에 있기 때문이다"고 하였다.

各說

● 志在外也 l 라 : ①초육효는 음양 상교의 이치로 본다면 상응 관계인 외괘의 구사효에게 뜻이 있다는 것이다. ②초육효(不正)→구사효(不正), 육이효(正)→구오효(正), 구삼효(正)→상육효(正)로 상교한다. 이것은 사회상이 그러하며, 양3, 음3효로 구성된 괘의 천지 감응의 이치이다. 또한 이것은 유유상종(類類相從)이기도 하

---

7) 사람이 사는 이유로, 子는 孫으로의 계승을 위하여 사는 것이다.
男子 ― 種子 ― 양의 근본원리, 大哉, 심는 것 ― 感
女子 ― 育成 ― 음의 근본원리, 至哉, 받는 것 ― 應

다. 그리고 유유상종으로 혼인이 되고 그 느낌은 같으며 차등은 없다. ③乾坤이 상교하여 만든 괘 중에서 이렇듯 3양 3음의 상응으로 이루어진 괘에는 ☰☷天地否, ☷☰地天泰, ☱☶澤山咸, ☳☴雷風恒卦가 있다.

六二는 咸其腓(배)면 凶하니 居하면 吉하리라

六二는 그 장딴지에 느끼면 흉하니, 居하면 길할 것이다.
· 腓:장딴지 배(비) · 居:있을 거

總說

육이효는 정위이며, 구오효와 정응 관계이다.

各說

- 咸其腓면:①보이지 아니하는 곳에서 느낀다. 현재로 보아서 남녀가 연애하는 것을 말한다. ②'腓'는 느끼는 과정이다. 자의로 움직이는 것이 아니고 타의에 의해 움직이는 수동적인 뜻이 있다. 즉, 걸을 때 발의 동작에 따라 장딴지가 따라 움직이는 것과 같다. 腓는 '비'라 읽지 않고 '배'라 읽는 것이 옳다.
- 居하면 吉하리라:①그대로 貞하게 있으면(居貞) 길하다는 것이다. 자신이 육이효로서 得正得中이 되었고 구오효와 정응이므로 柔順中正한 덕으로 본분을 지키면 길하다는 것이다. 또한 육이효는 ☶艮卦의 중심이며, 艮의 본성이 止이니 居하면 길하다는 것이다. 즉, 動凶靜吉이다. ②육이효는 남녀간에 서로 돌아눕는 형상이므로 그 결과는 흉하다. 그러나 흉하지 않고 길한 방법을 찾는다면 順으로 居(安居)하면 된다.

象曰 雖凶居吉은 順하면 不害也 | 라

象에서 말하기를 "비록 흉하나 居吉함은 순종하면 해롭지 아니한 것이다"고 하였다.

各說

- 順하면 不害也ㅣ라:음이 양에게 순종하면 해롭지 아니하다는 뜻이다. 즉, 유순중정에다 婦德을 쌓은 사람으로 順으로써 자기 본성 그대로 나아가면 결국은 좋게 된

다는 것이다.

　예)坤은……先하면 迷하고 後하면 得하리니 主利하니라 (坤卦 卦辭)
　　坤은……먼저 하면 아득하고 뒤에 하면 얻으리니 이로움을 주장한다.

咸其腓 → 順從 → 不害也 → 吉

九三은 咸其股(고)ㅣ라 執其隨ㅣ니 往하면 吝하리라

　九三은 그 허벅다리에 느낀다. 잡히면 따를 것이니, 움직이면 부끄러울 것이다.
・股:허벅다리 고　・執:잡을 집　・隨:따를 수　・往:갈 왕　・吝:부끄러울 린

總說

구삼효는 정위이며, 상육효와 정응 관계이다.

各說

● 咸其股ㅣ라 執其隨ㅣ니:股動的 執其隨이다. 즉, 허벅다리는 상체의 움직임에 따라서 행동하게 된다는 것이다.
● 往하면 吝하리라:①함괘의 외괘는 간괘인데 艮은 止也라고 하였고, 또한 動則凶하고 靜則吉也라고 하였다. 그러므로 움직이면 좋지 않으니 居하여 吉하라는 것이다. ②사교의 처음에 허벅다리를 만진다면 여자로서는 말을 하지 아니하여도 부끄러운 일이다.

象曰 咸其股는 亦不處也ㅣ니 志在隨人하니 所執이 下也ㅣ라

　象에서 말하기를 "咸其股는 또한 그 자리가 아니니, 뜻이 남을 따르는 데 있으니, 잡는 바가 아래에 있는 것이다"고 하였다.
・亦:또 역　・處:곳 처

各說

● 亦不處也ㅣ니:여기서 '處'는 當處, 즉 음부(陰部)를 가리킨다.
● 志在隨人하니 所執이 下也ㅣ라:주인이 가면 가고 있으면 있는, 그 옆을 지키는 하인처럼 주인이 시키는 대로 한다는 것이다. 이처럼 이 구절은 따라 다니는 하인의

인생에 비유하고 있다. 또한 下卦 艮은 신체의 하위로서 상체의 움직임 여하에 따라 움직인다는 뜻도 있다. 여기서 '下'는 賤과 같은 뜻이다.

咸其拇 ┐
咸其腓 ── 亦不處也 ── 가만히 있지 못하다(따라가야 한다는 뜻)
咸其股 ┘

九四는 貞이면 吉하야 悔ㅣ亡하리니 憧憧往來면 朋從爾思ㅣ리라

九四는 바르게 하면 길하여 뉘우침이 없을 것이니, 이리저리 자주 왕래하면 벗이 네 뜻에 따를 것이다.

·悔:뉘우칠 회 ·憧:자주 동 ·來:올 래 ·朋:벗 붕 ·從:좇을 종 ·爾:너 이 ·思:생각 사, 마음 사

總說

구사효는 함괘의 主爻이며, 3陽의 중앙에 있어 심장격이 된다. 여자인 경우 생식기에 비유할 수 있다. 따라서 咸其心이다. 구삼효가 股요, 구오효가 脢이므로 구사효는 心之象이 된다. 구사효가 변하면 火가 된다. 火는 光明이며 道通이다.

各說

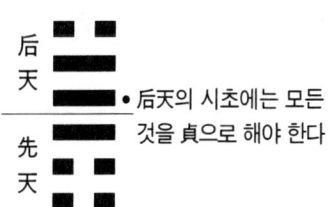
后天의 시초에는 모든 것을 貞으로 해야 한다

● 貞이면 吉하야 悔ㅣ亡하리니:①구사효가 부정위이므로 貞吉悔亡이라고 하였으며, 서로의 의문과 소망이 해결이 되었으니 悔亡이라고 하였다. 비록 소남과 소녀의 마음이 결합하여 이루어지지만, 貞(正)으로 해야 한다. ②貞吉悔亡(陰陽交合)의 방법론이 바로 "憧憧往來면 朋從爾思ㅣ리라"가 된다. ③不正의 결합은 有悔가 되니 삼가라는 경계사이기도 하다.

·悔亡:뉘우칠 것이 아무 것도 없다. 성인은 희망이다. 예)孔子
·无悔:뉘우침이 없다. 뉘우침이 있다가 없어졌다. 즉, 至善으로 돌아가는 것. 예)孟子·顔子

貞(中) ― 正 ― 精神執中, 无我之境

● 憧憧往來면 : ①음양 교합의 이치를 뜻한다. 憧은 心童으로 풀어지는데 마음이 童心으로 돌아가는 형태를 말한다. 또한 心不安의 형상으로 뜻이 바로잡히지 아니하는 모양과 끊임없이 왕래하는 모양을 말한다. 음양학적인 측면으로 풀이하면 원동기의 중심 역할을 하는 피스톤의 작용과 같은 것이다. 이 작용으로 동력이 생겨나 모든 기관이 움직여지는 원리와 같다. ②남녀 교합의 원리이다. 靜的인 상태에서 감응의 방법으로 표현한 것이 憧憧往來이며, 이것은 결국 動的인 뜻이다. ③天地 간의 조화로서 地天泰와 같이 二氣感應이며 往來育成의 현상이 憧憧이다.8) 구사효의 내용이 중요하므로 공자는 「계사전」에서 憧憧往來의 이치를 다시 강조하였다.

예)……子曰 天下ㅣ 何思何慮ㅣ리오 天下ㅣ 同歸而殊塗하며 一致而百慮ㅣ니 天下ㅣ 何思何慮ㅣ리오 日往則月來하고 月往則日來하야 日月이 相推而明生焉하며 寒往則暑來하고 暑往則寒來하야 寒暑ㅣ 相推而歲成焉하니 往者는 屈也ㅣ오 來者는 信也ㅣ니 屈信이 相感而利生焉하나니라 尺蠖之屈은 以求信也ㅣ오 龍蛇之蟄은 以存身也ㅣ오 精義入神은 以致用也ㅣ오 利用安身은 以崇德也ㅣ니 過此以往은 未之或知也ㅣ니 窮神知化ㅣ 德之盛也ㅣ라 (「繫辭傳」下 第5章)

공자께서 말씀하시기를 "천하에 무엇을 생각하고 무엇을 염려한단 말인가. 천하가 무아지경으로 함께 돌아가며 백 가지 생각이 하나로 돌아가니, 천하에 무엇을 생각하고 무엇을 염려할 것인가? 해가 지면 달이 돋고 달이 지면 해가 뜨며, 해와 달이 서로 교체하여 밝음이 생기며, 추위가 가면 더위가 오고 더위가 가면 추위가 와서, 추위와 더위가 서로 바뀌어 한 해를 이루니, 가는 것은 굽히는 것이고 오는 것은 펴는 것이니, 굽히고 펴는 것이 감동하여 이 가운데 이로움이 생기는 것이다. 자로 재어서 나아가는 자벌레가 몸을 움츠리는 것은 펴기 위함이요, 용과 뱀이 움츠리는 것은 자기 몸을 보존하기 위함이요, 〈사람으로 보아 공부하는 데 있어〉 精義에 入神(道通)을 하는 것은 사용하는 것을 이루기 위함이요, 〈도통한 자가〉 몸을 편안히 하는 데 이용하는 것은 덕을 높이고자 하는 것이요, 여기 지나온 것까지는 혹 이렇게 하면 아니 되겠나 정도로 되어 있지만, 신비로움을 궁구하여 변화를 아는 것은 덕의 盛함인 것이다"고 하셨다.

[설명] 윗글은 공자가 憧憧往來의 이치를 사물에 결부시켜 설명하였다. 비록 음양 교합의 의미로만이 아니고 도학적 측면에서 求信, 存身, 致用, 崇德을 하는 데 어떻게 하여야 하는가를 설명하였다.

---

8) 하늘의 태양열과 雨露의 혜택으로 ……땅에 있는 地氣와 수증기가 하늘로 올라가 비가 된다. 곧 두 기운이 왕래하여 만물을 육성시키니 이 현상이 憧憧이다.

```
天 ── 日 往 則 月 來 ── 明 生
地 ── 寒 往 則 暑 來 ── 歲 成
人 ── 屈    信(伸) ── 利 生
```

즉, 屈信은 憧憧往來를 뜻하고, 明生·歲成·利生은 朋從爾思라고 할 수 있다.

陰陽交合 → 屈信往來法 → 大自然의 이치(萬事萬物의 원리로 확대=天道·地道·人道)

- 朋從爾思ㅣ리라:벗이 너의 생각대로 따른다는 것이다. 즉, 남녀의 생각이 일치된다는 것이다.
- 憧憧往來면 朋從爾思ㅣ리라:음양 교합이면 공히 마음의 일치점을 찾는다는 뜻이다.

象曰 貞吉悔亡은 未感害也ㅣ오 憧憧往來는 未光大也ㅣ라

象에서 말하기를 "貞吉悔亡은 느껴서 해로움이 없는 것이요, 憧憧往來는 빛나고 크지 못한 것이다"고 하였다.
· 未:아닐 미 · 光:빛 광

各說

- 未光大也ㅣ라:憧憧往來에 대한 공자의 도학적인 설명이다.

九五는 咸其脢니 无悔리라

九五는 〈보이지 않는〉 등의 느낌이니, 뉘우침이 없을 것이다.
· 脢:등심 매

總說

구오효는 육이효와 정응 관계이며 中正의 位이다.

各說

- 咸其脢니:구사효에서 二氣感應으로 음양 교합이 이루어졌으며, 脢란 不觀之處이다. 즉, 구오효가 보이지 아니하는 곳에서 느낀다고 함은 돌아누운 상태를 말함이다.
- 无悔리라:①감각이 없다는 것으로 구오효는 중정의 位이므로 无悔란 말이 사용될

수 있다. 또한 중정, 도통 경지가 되려면 육이, 구오효처럼 여자에 대한 생각이 떠나야 한다는 뜻이 내포되어 있다. ②六二 咸其腓와 九五 咸其脢는 보이지 아니 하는 것과 상통한다는 뜻이 있으며, 中正의 位에서는 陰에 대한 감각이 없어야 한다는 것을 강조하고 있다.

九四爻 ― 思 ― 變　動 ― 百慮
九五爻 ― 志 ― 目標之向 ― 正中

象曰 咸其脢는 志末也ㅣ새라

象에서 말하기를 "咸其脢는 뜻이 다 된 것이다"고 하였다.

各說

● 志末也ㅣ새라 : ①자기의 목적이 달성되었다는 뜻이다. 즉, 구사효와 교합이 끝난 상태이므로 志末이라고 할 수 있다. ②'末'이 구오효라고 한다면 '本'은 육이효라고 할 수 있다.

上六은 咸其輔頰舌이라

上六은 그 볼과 뺨과 혀에 느끼는 것이다.
· 輔:볼퉁이 보 · 頰:뺨 협 · 舌:혀 설

總說

상육효는 정위이며, 구삼효와 정응 관계이다.

各說

● 咸其輔頰舌이라 : 언어 기관에 느끼는 것으로 음양 상교 뒤의 입맞춤을 말한다.

象曰 咸其輔頰舌은 滕口說也ㅣ라

象에서 말하기를 "咸其輔頰舌은 구설이 일어나는 것이다"고 하였다.
· 滕:오를 등

各說

- 咸其輔頰舌은: 볼에 입맞춤을 하는 것이다. 양과 음(남과 여)이 서로 얼굴을 맞대고 있는 형태를 표현한 것이다.
- 滕口說也ㅣ라: 상육효는 나쁠 것도 없고 좋을 것도 없다. 그러나 구설수가 있음을 예측하여야 한다. 「설괘전」에서 兌爲口ㅣ라(第9章), 兌爲口舌(第10章)이라 하였다. 따라서 兌卦의 悅은 輔頰舌의 표현이 나타난다. 곧 남녀 감응의 표현은 구설로 나타난다는 뜻이다. 특히 상육효는 咸其輔頰舌로 感 중에서 경미한 것을 뜻한다. 함괘를 남녀(음양) 관계의 조화로 보고 도표로 나타내면 다음과 같다.

```
        ┌ ▬▬ ▬▬   咸其輔頰舌 : 서로 입맞춤
   (悅) ┤ ▬▬▬▬▬   咸 其 脢 : 음양 교합 후의 이치다
        └ ▬▬▬▬▬   咸 其 心 : 음양 교합의 이치다
        ┌ ▬▬▬▬▬   咸 其 股 : 허벅다리까지 진전된 것
   (止) ┤ ▬▬ ▬▬   咸 其 腓 : 拇보다는 진일보한 것
        └ ▬▬ ▬▬   咸 其 拇 : 말초신경으로 수작을 걸어 보는 형태
```

雷風恒 (三十二)
震上 巽下

大義

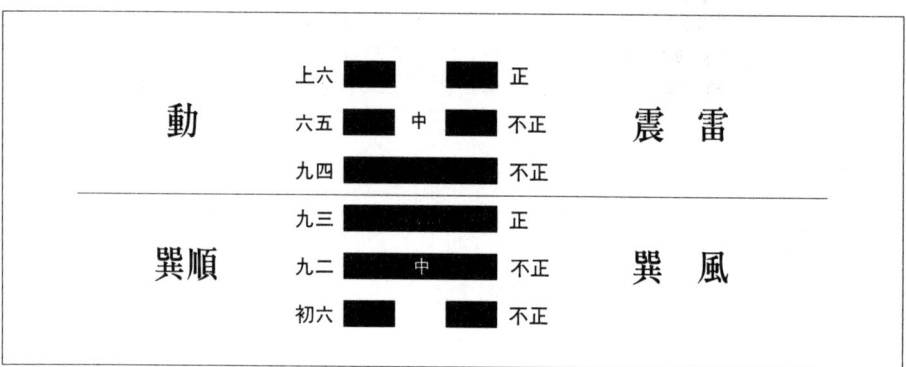

恒은 咸의 倒轉卦이다.1) 恒은 人事的이고 夫婦之道를 설명한 것이다. 恒은 常, 久, 平素의 뜻이 있으며, 쉬지 않고 꾸준히 해 나가는 것을 恒이라고 한다. 이는 당연히 해야 할 일을 늘 해 나가는 것을 뜻한다.

1) 恒은 당연히 해야 할 일을 오늘만하고 중단하는 것이 아니라 마음속 깊이 새겨 변함없이 내일 또 행하는 것이다. 그러나 일정한 것만을 반복하는 것은 恒이 아니다. 이러한 것을 실천하기는 매우 어렵다. 恒을 파자하여 보면, 立心(忄:心)하여

---

1) 咸卦의 착종괘는 ䷨損卦로서 남자는 정력을 소모하여 아들, 딸을 낳는 것을 말하며, 恒卦의 착종괘는 ䷩益卦로서 여자는 남자로부터 얻게 되는 것(主利)을 말한다. 이렇듯 咸恒이 損益으로 되는 것은 河圖數를 거쳐서 이루어지는 것이다. 즉, 咸卦 다음으로 十數를 거쳐서 損卦가 온다. 여기에 변화와 조화가 있는 것이다.

날로 간단(間斷)없이 행하며, 마음 세우기를 나날이(亘→一日+一日) 세워서 나아가는 것으로 해야 한다.

2) 恒을 공부하는 데 비유하면, 『論語』에 나오는 學而時習의 방법이라고 할 수 있다. 이것은 恒의 夫婦之道를 보고 간단없이 마음을 닦아 나가는 형상이며, 매일 쉬지 않고 공부에 매진하는 것을 뜻한다.

3) 恒의 의미 가운데 夫婦之道는 咸의 소남과 소녀가 만나서 한번 상교가 되었다면, 성인이 된 장남과 장녀는 부부로서 검은 머리가 파뿌리 되도록 함께 살아야 하는 것을 말한다. 그리고 괘상으로 보아 震長男이 위에 있고 巽長女가 아래에 있음은 夫婦의 道理가 남존여비(男尊女卑)하는 人道的 常理를 말해 주고 있다.2)

外 ┃ 長男 → 남자는 사랑에 거처한다 ┐
內 ┃ 長女 → 여자는 안방에 거처한다 ┘ → 形而下學的이다

예) 夫婦之道ㅣ 不可以不久也ㅣ라 故로 受之以恒하고 (「序卦傳」)
　부부의 도리는 오래도록 계속되지 아니하면 안 된다. 이런 까닭으로 다음을 항괘로 받아서 이어졌다.
　[설명] 恒은 영구성을 뜻한다. 그러므로 부부지간에 사별(死別)은 있을 수 있어도 생이별(生離別)은 있을 수 없다. 또한 부부는 咸의 뜻을 영구히 가져야 한다는 뜻에서 咸卦 다음에 恒卦가 온다.

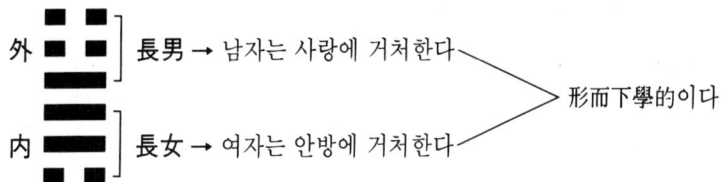

4) 恒으로써 군자와 소인의 구별이 가능하다. 至善이 사람의 本性이므로 이 至善을

---

2) 五倫은 五典 → 五法 → 五常(恒常), 五教, 五品으로 이어진다. 이것은 오륜을 언제나 인생의 표본으로 삼아서 항상 마음속에 간직하여 실천하도록 하라는 뜻이다. 오륜의 次序는 ①父子有親 ②君臣有義 ③夫婦有別 ④長幼有序 ⑤朋友有信이다. 오륜 가운데 父子, 君臣, 朋友, 長幼가 아무리 가깝다고 하여도 부부만큼은 가깝지 않다. 촌수로 따져 보아도 그렇고 실제 생활의 심적인 면에서도 가장 가깝기 때문에 夫婦一身이라고 하였다. 즉, 음양, 사상, 팔괘, 64괘, 384효가 모두 1로 귀결되듯이 부부 또한 1로 귀결된다. 그렇지 아니하고 2로 남아 있는 것은 邪가 끼어 있음이니 부부의 바람직한 형태가 아니다. 이렇듯 남자, 여자를 막론하고 부부지간이 가장 가깝다. 그러므로 五倫 가운데 가장 중요하고 중심 되는 것이 부부이며, 부부가 있고 난 뒤에 또 부부가 화합하여야 父子도, 君臣도, 朋友도, 長幼도 화합이 가능하다. 그래서 夫婦之道로서의 夫婦有別은 오륜에서 그 次序가 가운데(中)에 오는 것이다.

항상 가진 사람은 군자요, 이것을 항상 가지지 아니한 자는 소인이다. 즉, 恒은 至善에 恒存하는 것이며, 恒은 惕(두려워할, 공경할, 삼갈 척)과 통한다. 至善이 나라에 대하여는 충성으로, 부모에 대하여는 효성으로 나타나는 것이 恒이다

  예)民之爲道也 有恒産者는 有恒心이요 無恒産者는 無恒心이니 (『孟子』「滕文公」上)
     백성이 살아가는 방법은 항산이 있는 자는 항심이 있고, 항산이 없는 자는 항심이 없다.
     [설명]일반인은 일정한 재산이 있어야 항심이 있는 것이다.

5) 恒은 무슨 일이든지 時止則止하고 時行則行하는 것이다. 즉, 그때그때 알맞게 행하는 것이 恒이다. 그러므로 中正之道를 행하는 것이 恒이다.

  예)易은 變易也ㅣ니 隨時變易하야 以從道也ㅣ라 (『周易傳義大全』「易傳序」)
     역은 변하고 바뀌는 것이니, 때에 따라 변역하여서 도를 좇는다.

  또한 存存又存(두고두고 또 둠), 生生不已(나고나고 그치지 아니함)로서 무궁한 것이 恒이요 久라고 할 수 있다.3) 따라서 恒은 久也라고 하였으니, 恒은 恒久不變의 원리를 말하고 있다.

  • 乾·坤卦:天地定位가 시초이지만 天地之道를 먼저 말하였다.
  • 咸·恒卦:人事에 중점을 두었으므로 부모를 제치고 장남, 장녀, 소남, 소녀를 부각시켜 인사적인 면을 강조했다.

6) 恒이란 참으로 어려운데 恒卦의 卦辭와 彖辭는 恒이 된다고 하였고, 爻辭는 恒이 되지 아니한다고 하였다. 이렇듯 상이한 것은 인간이 恒이 되어 버리면 聖人과 같을 것이다.

          卦辭, 彖辭 : 恒   爻辭 : 不恒

| 原文풀이 |

恒은 亨하야 无咎하니 利貞하니 利有攸往하니라

  恒은 형통해야 허물이 없으니 곧으면 이로우니, 갈 바가 있으면 이롭다.
  • 恒:항상할 항 • 攸:바 유

---

3) 결국 存存又存과 生生不已와 生生无窮은 같은 뜻이다.

總說

윗글은 항괘의 괘사이다. 남녀 교감의 원리로 비유하자면 여자는 남자를 위하여 최선을 다하고 남자는 여자를 아끼고 사랑하는 것이 본분이며, 부부지간이 형통하여야만 여자가 허물이 없다. 여자는 생명처럼 귀중한 정조(貞操)를 잘 간직함이 이로우며 또 성장하여 반드시 가정을 이루어야만 이롭다는 것이다.

各說

- 恒은 亨하야:①亨通이 동양에서는 仁, 敬으로 나타나고, 서양에서는 愛로 나타난다. ②만약 恒이 不亨하면 有咎, 不利貞, 不利有攸往이 된다. 그러므로 부부지도는 사심 없이 咸이 되어야 하며, 以心傳心으로 사귀고 살아가야 한다. 장남과 장녀의 결합체가 恒이며, 恒은 부부지도이다. 「설괘전」에서 말하듯이 "雷風相薄"(第3章)하여야 조화가 생기며, "雷風不相悖"(第6章)로서 서로 상존하고 있다고 하였다. 이것이 恒이다. 그러므로 남자가 가면 여자가 따라가며, 남자가 60세 지나서 죽으면 여자도 머잖아 따라 죽는 것이다.

- 恒은 亨하야 无咎하니 利貞하니:①함괘의 괘사는 "咸은 亨하니 利貞하니 取女ㅣ면 吉하리라;咸은 형통하니 〈正道로〉바르게 함이 이로우니 여자를 취하면 길할 것이다"고 하였다. 함괘나 항괘에서는 元亨利貞 중 元이 없다. 그 이유를 살펴보면, 乾·坤(先天)을 바탕으로 하여 이미 종자를 심어 난 상태이므로 元이 있을 수 없다. 곧 자기 자신이 元이다. 后天은 인사적임을 표현하고 있다. ②乾·坤卦는 天地之道를, 咸·恒卦는 夫婦之道를 주요 관점으로 하여 글이 구성되어 있다. 즉, 건곤(우주 대자연)의 원리를 부부 곧 인간의 살아가는 이치와 결부시켜 설명하고 있다. 그러므로 인간에게 변동이 오는 것을 보면 우주의 변동도 알 수 있다.

- 利貞하니:정상적으로 해야 이롭다는 것이다. 만약 여자나 남자가 외도를 하게 된다면 비정상적인 행동으로 인해 들통나기 마련이다. 또한 우주 대자연, 하늘과 땅의 변동(비정상)이 있으면 비가 오거나 바람이 불며 태풍, 지진 등으로 천문과 지리가 달라지게 된다. 즉, 우리들에게 변동을 보여준다, 여기서 '貞'은 正固이므로 邪가 있어서는 아니 된다.

```
亨 无咎 ┐
利   貞 ├─ 恒久해야 하는 夫婦之道의 원리를 말해준다
利有攸往 ┘
```

彖曰 恒은 久也ㅣ니 **剛上而柔下**하고 **雷風**이 **相與**하고 **巽而動**하고 **剛柔**ㅣ **皆應**이 **恒**이니 **恒亨无咎利貞은 久於其道也**ㅣ니 **天地之道**ㅣ **恒久而不已也**ㅣ니라 **利有攸往은 終則有始也**일새니라 **日月**이 **得天而能久照**하며 **四時**ㅣ **變化而能久成**하며 **聖人**이 **久於其道而天下**ㅣ **化成**하나니 **觀其所恒而天地萬物之情**을 **可見矣**리라

　彖에서 말하기를 "恒은 오랜 것이니, 剛(震, 장남)이 위에 있으며 柔(巽, 장녀)가 아래에 있고, 우레와 바람이 서로 함께 하고, 손순하여 움직이고, 剛과 柔가 모두 서로 응하고 있는 것이 恒이니, 恒亨无咎利貞은 그 道에 오래 하였기 때문이니, 천지의 〈운행하는〉 도는 항구하여 그만두지 아니한다. 利有攸往은 마침이 있으면 곧 시작이 있다는 것이다. 해와 달이 하늘을 얻어서 능히 오래도록 〈만물을〉 비추며, 四時가 變하고 化하여 능히 오래도록 이루며, 성인이 그 도에 오래하여 천하를 변화시켜 나가는 것이니, 그〈日月, 四時, 聖人의〉 항구한 바를 보고 천지 만물의 情을 볼 수 있을 것이다"고 하였다.

・久:오랠 구　・雷:우레 뢰　・風:바람 풍　・與:참여할 여　・動:움직일 동　・皆:모두 개　・咎:허물 구
・已:말 이　・終:끝날 종　・則:곧 즉　・始:처음 시, 비롯할 시　・照:비출 조　・變:변할 변　・情:뜻 정

總說

　윗글은 항괘의 「단사」이며, 항괘의 卦德, 卦體, 卦象, 卦名의 뜻을 말하였다. 또한 천지지도를 부부지도에 비유하여 설명하고 있다.

各說

　윗글은 항괘의 四德을 말하였다. 이를 고찰해 보자.
1) 剛上而柔下하고:震은 장남이므로 剛上이고 巽은 장녀이므로 柔下이다.

```
咸 → 氣化, 柔上而剛下 ┐
                     ├ 恒은 咸을 바탕으로 한 것이다
恒 → 形化, 剛上而柔下 ┘
```

雷風恒 29

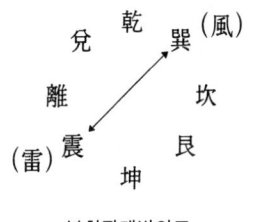
복희팔괘방위도

2) 雷風이 相與하고:우레가 있는 곳에는 바람이 있기 마련이다. 곧 음양이 相與하고 있는 현상을 말한 것이다.

雷風 → 相薄, 雷風 → 不相悖

3) 巽而動하고:괘덕을 바로 말하였다. 바람이 손순하게 움직여서 조화를 가져온다.
4) 剛柔ㅣ 皆應이:육효 전체가 상응하므로 剛柔가 다 응하고 있다는 뜻이다.

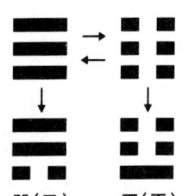

항괘의 四德은 부부의 관계를 말하였다. 이것을 좀더 구체적으로 말하여 보자. ①남자는 사랑방(외괘)에 거처하고 여자는 안방(내괘)에 거처하면서, 서로 화합한다. ②또한 부부는 일심동체이니 서로 마주친다. ③남자가 움직이면 여자가 손순하게 움직이며 여자가 손순하면 남자가 움직인다. ④부부가 뜻이 맞아서 오순도순 서로 응하여 주니 부부의 마음이 합치되는 것이다. 이 4가지가 모두 갖추어져야 원만한 부부라고 할 수 있다.

• 久於其道也ㅣ니:일시적으로 하지 말고 오래오래 해야 한다는 것이다. 곧 恒이다. 여기서 '其道'는 삼라만상에 알맞게 하는 도이며, 夫婦和合, 父慈子孝兄友弟恭하는 도를 말한다.
• 恒久而不已也ㅣ니라:천지의 항구한 성품을 본받는 것으로 인사적인 것에 비유하여 부부지도로 설명하였으니, 그 표현을 不已(그만두지 아니한다, 그치지 아니한다)라고 하였다. '已'자와 비슷한 글자로 뱀을 뜻하는 '巳'가 있으며, 몸을 뜻하는 '己'가 있다.
• 終則有始也ㄹ새니라:①마치면 곧 시작이 있다. 곧 할 일이 또 있다는 것이다. 어떤 일을 처음으로 시작하는 것이 아니라 진행 과정에서 중단하였다가 또다시 시작하는 현상이다. 삼라만상의 모든 것은 終始가 있다. 그러므로 여기에서 윤회하는 이치, 간단없이 계승해 오는 원리가 終始이다. 또한 둥근 원에도 비유할 수 있다. 終始는 恒久의 뜻이 내포되어 있으며 부부지도로 보면 항구한 삶을 뜻한다. 즉, 부부가 아들과 딸을 낳고 한 번으로 그치는 것이 아니라 그 자식이 부부가 되어 아들 낳고 딸을 낳음으로써 그 시작이 된다. 이것이 부부의 恒이라고 할 수 있으며,

이 속에는 순환의 원리가 들어 있다. ②부부지간의 마음을 뜻한다. 부부가 자식을 낳음으로써 권태가 없어지고 또 새로운 기분의 夫婦之情을 가지는 것을 뜻한다. ③아들이 아버지의 모든 것을 이어받아서 계승시킨다. 이러한 것을 반복하는 것이 恒이라 할 수 있다. ④終則有始는 한마디로 말해 動靜相生循環의 이치이다.

```
 先天      后天
父의 終 → 子의 始 → 子의 終 → 孫의 始    ※終(부모), 始(자식)
```

⑤始終은 단편적으로 한 가지만을 말할 때 쓰이며, 도형으로 비유하면 線이다. 終始는 어떤 사물의 중간 과정, 隱顯起沒의 원칙, 사물의 순환 원리, 간단없이 계승하여 나가는 이치를 말할 때 쓰이며, 도형으로 비유하면 圓이다. 山風蠱卦의 彖辭에서 "先甲三日後甲三日은 終則有始ㅣ 天行也ㅣ라;先甲三日後甲三日은 마치면 곧 시작이 있음이 하늘의 행함이다"고 하였는데 여기서의 "天行"은 日午中天을 뜻하였고 이 시기를 맞아서는 恒心을 가져야 한다고 강조한 것이다. ⑥一元度數로 말

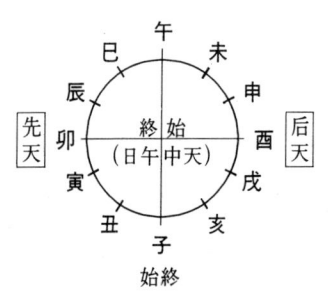

하면, 子時에서 비롯하여 마침이 있다면 진행하는 중간 과정, 즉 先天과 后天의 갈림길인 午時에는 先天이 끝나고 后天이 시작된다고 할 수 있다. 따라서 終始는 어떤 사물의 중간 과정을 표현하는 말이 된다. 乾卦의 大明終始라고 한 것도 日午中天의 시기를 단절하여 표현한 말이다. 결국 대원칙은 始終이지만 이 속에는 무수히 많은 終始가 존재한다.

예를 들면, 丑時일 경우 子時의 마지막이자 丑時의 시작이라고 할 수 있다.
● 聖人이 久於其道: 성인이 道心으로서의 恒心을 둔다는 뜻이다.

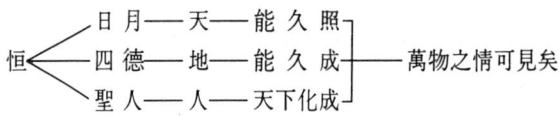

즉, 恒의 정신을 보고 만물의 모든 것을 알아 볼 수가 있다.

```
 咸 — 聖人感人心而天下和平 — 觀其所感而天地萬物之情 — 感
 恒 — 聖人久於其道而天下化成 — 觀其所恒而天地萬物之情 — 恒
```

     咸恒의 정신 — 성인의 정신 — 우주 대자연

```
天:性──形而上學
感:情──形而下學
```
] 성품(마음)의 작용이 외부로 나타난 것이 情이다

- 日月이 得天而能久照하며 四時ㅣ 變化而能久成하며 聖人이 久於其道而天下ㅣ 化成하나니 觀其所恒而天地萬物之情을 可見矣리라:①공자가 한 말씀 더 한 것이다. 天=地=人의 사상을 내포하고 있으며, 사람이 공부하고 노력하면 자연과 같이 될 수 있다는 의도가 담긴 문장이다. ②咸恒卦의 彖辭가 긴데 이는 乾坤卦의 문장이 긴 것과 그 이유가 같다.4)

象曰 雷風이 恒이니 君子ㅣ 以하야 立不易方하나니라

象에서 말하기를 "우레와 바람이 恒이니, 군자가 이로써 〈뜻을〉 세우되 방위를 바꾸지 아니하는 것이다"고 하였다.
· 立:설 립 · 易:바꿀 역 · 方:방위 방, 위치 방

總說

윗글은 항괘의 「대상」이다.

各說

- 君子ㅣ 以하야:군자가 이것을 모방하고 본받아서.
- 立不易方하나니라:천고만난(千苦萬難)을 겪어도 독립하여 常道를 잃지 아니하며 당초의 立志를 바꾸지 아니한다는 것이다. 즉, 군자가 正道에 心志를 세웠으면 변함없이 恒心으로 나아간다는 뜻이다.

君子 → 立志 → 立心 → 正道 → 至善 → 恒心

初六은 浚恒이라 貞하야 凶하니 无攸利하니라

初六은 恒을 깊게 한다. 올바르게 하여도 흉하니 이로울 바가 없다.
· 浚:깊을 준

---

4) 咸卦 단사 64자, 恒卦 단사 93자, 睽卦 단사 72자, 革卦 단사 65자, 小過卦 단사 64자.

總說

초육효는 不中不正位이며, 구사효와 상응 관계이다. 초효로서 점진(漸進)의 이치를 모르고 처음부터 깊은 항상의 도를 가지고 사람에게 요구하는 상이다. 그리고 괘사, 「단사」, 「대상」에서는 恒을 어떻게 가져야 하는가와 恒의 가능성을 말하지만 효사에서는 恒이 不可하다는 것으로 설명하고 있다.

各說

● 浚恒이라 : 처음부터 너무 깊게 파고 들어간다는 뜻이다.

象曰 浚恒之凶은 始에 求深也ㄹ새라

象에서 말하기를 "浚恒之凶은 처음부터 깊게 구하기 때문이다"고 하였다.
· 求 : 구할 구   · 深 : 깊을 심

各說

● 始에 求深也ㄹ새라 : 처음부터 힘겨운 일이기에 구할 수가 없어 恒이 되지 못한다는 것이다. 부부지도에 있어서 남녀가 처음 만나 시작부터 너무 사특하게 나아가면 바르게 해도 흉하다. 그러므로 처음부터 꾸준히(常) 차차로 恒을 해야 한다. 「설괘전」에서 "巽은 入也ㅣ오"라고 하였다.

```
        ▬▬ ▬▬  上
        ▬▬ ▬▬  中
 初  ▬▬ ▬▬  下
        巽
```

九二는 悔ㅣ 亡하리라

九二는 뉘우침이 없을 것이다.
· 悔 : 뉘우칠 회   · 亡 : 망할 망, 달아날 망, 잃을 망, 죽을 망

總說

구이효는 항괘의 主爻이며, 부정위이지만 득중하였고 육오효와 상응 관계이다.

各說

● 悔ㅣ 亡하리라 : ①구이효가 부정위인 까닭에 뉘우칠 것이 있으나 중용지도를 간직하고 있으므로 悔亡이라고 하였다. 즉, 中道를 잡게 되면 悔亡이다. ②二爻는 柔順中

正으로서 주부의 位이다. 주부가 中正이 되어야지 흔들리면 가정이 파탄된다. 그러므로 二爻가 恒을 유지해야 한다.

象曰 九二悔亡은 能久中也ㅣ라

象에서 말하기를 "九二悔亡은 중용지도에 오래 했기 때문이다"고 하였다.

各說

● 九二悔亡은 能久中也ㅣ라 : 득중의 位가 부정의 位를 제압하는 것은 中庸之道의 위대성을 말하는 것이다. 공자의 사상은 中正之道를 구하기 위함에 있으며, 이것은 易의 근본 사상이기도 하다.
● 能久中也ㅣ라 : '久中'은 항상 中을 잡는 것을 뜻한다. 즉, 久→恒이다. '能'에는 사람의 수양 정도와 사람 됨됨이를 본다는 의미가 담겨 있다.

九三은 不恒其德이라 或承之羞ㅣ니 貞이면 吝하리라

九三은 그 덕을 항구히 가지지 못한다. 혹 부끄러움을 받을 것이니 〈아무리〉 올바르게 해도 인색할 것이다.

· 或:혹 혹 · 承:이을 승 · 羞:부끄러울 수

總說

구삼효는 不中이지만 得正이며, 상육효와 정응 관계이다.

各說

1) 구삼효가 득정이지만 부중이므로 妄動, 操動하여 그 덕을 항구히 가지지 못한다. 즉, 구삼효의 정응인 상육효를 좇으려 하면 心德이 항구하지 못하기 때문에 節操없이 변동하므로 수치심을 가지게 된다. 그러나 육오효의 군위인 훌륭한 음을 생각하여 양으로서의 마음가짐을 바르게 해야 한다. 구삼효는 恒心을 못 가졌기 때문에 구삼효의 본질대로 행하면 貞을 하더라도 결국 吝할 것이다.

天 ▬ 上陽
人 ▬▬ 中陰
地 ▬ ▬ 下陽

2) 천지의 조화를 부리려면 三才之道로 보아서 中인 人爻를 잡아야 하는데 구삼효는 天爻이므로 불가능하다.

3) 心學으로 보아 不正, 邪道에 목표를 두고 나아간다면 아무리 바르게 해도 결과적으로는 좋지 못하다.

- 不恒其德이라:①부부간에 恒이 없음을 말한다. ②종교적으로 비유하면 세계 4大 성인의 敎는 恒其德의 正道이며, 不恒其德을 가진 敎는 邪道이다.
- 或承之羞ㅣ니 貞이면 吝하리라:①효사로 보면 구삼효가 육오효를 생각하기 때문에 부끄럽게 되는 것이다. ②'或'자의 사용에 있어서, 乾卦 四爻의 도전은 三爻가 된다. 先卦인 乾卦 四爻에 '或'자가 들어 있고, 後卦인 坤卦 三爻에 '或'자가 들어 있다. 이처럼 咸卦의 後卦인 恒卦의 三爻에 '或'자가 있는 것이다. '羞'는 吝과 뜻이 비슷하지만 마음으로 생각하는 것이지 밖으로는 나타나지 아니하는 것을 말한다.

象曰 不恒其德하니 无所容也ㅣ로다

象에서 말하기를 "不恒其德하니 용납할 곳이 없다"고 하였다.
· 所:바 소 · 容:용납할 용

各說

- 无所容也ㅣ로다:상육효의 응에 좇아야 한다. 그래야 결과로 길하게 된다. 즉, 아니 될 일은 생각하지 말라는 뜻이다.

九四는 田无禽이라

九四는 사냥을 하는데 새가 없다.
· 田:사냥할 전(=佃) · 禽:날짐승 금, 새 금

總說

구사효는 不中不正位이며, 초육효와 상응 관계이다.

各說

- 田无禽이라:사냥을 하는데 새가 없어서 虛行한다는 뜻이다. 결국 목표물인 새가 없으니 항상함이 없다는 뜻이다. 즉, 사냥을 가도 잡을 짐승이 없어 구하는 것을 얻지 못하는 상이다. 구사효가 초육효와 응이므로 '无'는 陰인 초육효를 두고 하

雷風恒 35

```
         ┌ 田无禽 ― 雷風恒卦 九四爻 ― 陰인 初六爻가 應 ― 无(陰)
       〈
         └ 田有禽 ― 地水師卦 六五爻 ― 陽인 九二爻가 應 ― 有(陽)
```

有 ― 陽 ― 實　　　　　　　震――動
无 ― 陰 ― 虛　　　　　●九四:主爻이며 不正으로 움직인다

象曰 久非其位어니 安得禽也ㅣ리오

象에서 말하기를 "그 자리에 오래 있지 아니하면 어찌 새를 잡을 수 있겠는가?"고 하였다.

・非:아닐 비　・位:자리 위　・安:어찌 안

各說

● 久非其位어니 安得禽也ㅣ리오:구사효는 부정위이기 때문에 마음이 항상하지 못하니 목적을 달성할 수가 없다는 뜻이다. 도학적인 면으로 본다면 항상 심신 연마와 실력을 쌓지 않는다면 어찌 우주 대자연의 이치를 통달할 수가 있겠는가 라는 뜻이다. 여기서 '得'은 獲과 같은 뜻이다.

六五는 恒其德이면 貞하니 婦人은 吉코 夫子는 凶하니라

六五는 그 덕이 항상하면 올바르니, 부인은 길하고 남편된 자는 흉하다.

・婦:지어미 부, 아내 부, 며느리 부　・夫:지아비 부, 장정 부

總說

육오효는 부정위이지만 득중하였으며, 구이효와 상응 관계이다.

各說

● 恒其德이면:육오효는 부정이면서 득중을 하였기 때문에 "恒其德"이라 하였다.
● 貞하니 婦人은 吉코:육오효가 음효가 되고, 음인 여자의 가치는 정조(仁義中正之道와 不更二夫의 정신)를 위주로 하기 때문에 어지는 貞히면 길하다고 하였나.
● 夫子는 凶하니라:독립적으로 종자를 심어 줄 수 있는 남자의 경우, 한 여자에게 대한

恒其德은 결과적으로 자자손손으로 계승해 나가는 恒久의 정신에는 흉한 것이다.

男子 — 陽 — 天 — 大義를 주장 — 夫子
女子 — 陰 — 地 — 利를 주장(主利) — 婦人

인간은 후세를 계승 발전시켜 나아가기 위한 수단으로 이상과 행복을 추구하며 살아가고 있다. 육오효사의 "육오는 그 덕이 항상하면 올바르니, 부인은 길하고 남편된 자는 흉하다"는 말은 흡사 남자에게는 性的 자유가 부여되고 여자에게는 구속이 되는 것으로 인식되어, 이것이 男尊女卑의 정신인 양 생각될 수도 있지만 이는 대자연의 섭리이며 인간에게 본래부터 天賦된 성품이기도 하다. 즉, 비유하여 보자면 남자가 종자를 심었으나 여자로서의 밭이 나빠서 생산을 못할 경우와 생산이 늦어질 경우는 딴 밭을 골라 종자를 심어야 한다. 왜냐하면 남자는 조상의 향화(香火)를 받들 의무가 있기 때문이다. 동서고금을 막론하고 발전된 국가의 윤리관을 살펴본다면, 한 남자가 두 여자를 거느리고 살아가는 가정(부계 중심 사회)은 허용하여도 여자가 두 남자를 거느리고 살아가는 가정(모계 중심 사회)은 허용하지 않는다. 여자에게는 烈女가 강요되어 그 정신을 높이 찬양하지만 남자에 대해서는 烈夫라는 말이 존재하지 않는 이유도 여기에 있다.

男子 — 繼繼承의 의무가 있다 — 制義
女子 — 承承의 의무가 없다 — 從一

象曰 婦人은 貞吉하니 從一而終也ㅣ새오 夫子는 制義어늘 從婦하면 凶也ㅣ라

象에서 말하기를 "부인은 貞으로 〈일관〉해야 길하니, 한 사람의 남편을 좇아 몸을 마치기 때문이다. 남자는 義理를 제도하는 것이니 부인〈의 도〉에 따르면 흉하다"고 하였다.

· 從:좇을 종 · 制:마를 제, 만들 제, 지을 제, 주장할 제 · 義:옳을 의, 뜻 의

各說

● 婦人은 貞吉하니:남자는 元을 주장하여 종자를 심어 주는 일을 하며, 여자는 貞을 주장하여 종자를 받아 육성시켜 주는 일을 한다.

• 女子:性이 陰인 사람으로 통칭하여 여자라고 한다.

- 處女:남녀 관계가 전혀 없는 여자를 말한다. 여기서 '處'는 止의 뜻으로, 處女란 어느 곳에 머물러 있는 여자를 뜻하며 규중처녀(閨中處女)라는 말이 있다.
- 婦人:한 남자의 아내로서 혼인한 여자를 말한다.
- 主婦:家長을 도와 온 가족의 주된 여자를 말한다.
● 從一而終也ㄹ새오:시집간 여자가 자기 남편과 함께 일생을 같이 하는 것을 말한다. 여기서 一은 陽으로 남편을 말하며, 女必從夫라는 말과 같이 남편을 좇는다는 뜻이다. 이 구절은 모계 중심 사회에서 부계 중심 사회로 흘러온 내용의 설명이기도 하다.
● 制義어늘:義理를 制道한다. 즉, 아내가 아이를 낳지 못하는 상태가 되면 딴 여자를 맞아서 조상의 향화를 이어나갈 자식을 얻도록 하여야 한다.
● 從婦하면 凶也ㅣ라:남자는 의리를 제도(制道)하여 家道를 세워야 하는데 여자처럼 貞으로 일관하는 부인의 도를 따르면 자자손손 발전해 나아가는 계승의 이치와 생생지리가 없게 되어 흉하다는 것이다.

上六은 振恒이니 凶하니라

上六은 항상함에 〈있어서〉 급하게 하니 흉하다.
· 振:떨칠 진

總說

상육효는 陰柔得正으로 恒의 終이다. 구삼효와는 정응 관계이다.

各說

● 振恒이니 凶하니라:상육효는 ☳震卦의 상효이며, 震은 動之速이라고 한다. 그러므로 상육효는 내가 항상함에 있어서 너무 급하게 행동함에 따라 결과적으로 흉하게 됨을 말한다. 또한 상육효는 動之極이므로 不恒을 뜻한다. 예를 들어 관공부할 때 너무 급하게 관통하려는 형상을 말하고 常行不變의 道를 지키지 못하고 振動하여 恒이 되지 못하는 상태를 말한다.

恒卦는 전체적으로 六爻 중 한 爻도 항상함이 아니 된 것을 말하였다. 효사의 내용을 보아도 임금, 신하 등으로 해설하지 않았으며 또한 부부의 도를 설명하는 데도 位를 말하지 않았다. 항괘는 부부의 도를 말하고 있지만 이 세상의 모든 무부는 100% 반쪽이 있을 수가 없다는 뜻으로 六爻 모두가 不恒이라 하였다. 즉, 夫婦(二姓之合)는 禮法

(자연의 섭리)으로 식을 거행하여 서로 의지하고 살아가는 것이지 완전 무결한 부부간은 있을 수가 없다. 단지 서로 보완하며 살아가는 것이다. 효사의 不恒은 이처럼 완전 무결이 없음을 나타내는 것이 아니겠는가? 이러한 뜻이 恒卦에 나타나 있다.

象曰 振恒在上하니 大无功也ㅣ로다

象에서 말하기를 "振恒이 上位에 있으니 크게 공이 없을 것이다"고 하였다.

各說

항괘는 건곤괘가 처음으로 相交하여 得한 것이라고 할 수 있다. 아래 그림처럼 건괘와 곤괘에서 초효가 상교하여 왔다갔다하면 震·巽卦가 된다. 震陽, 巽陰이 배합된 것이 음양 배합의 항괘요, 같은 자격의 남녀가 결합하여 살아가는 것이 부부이며, 부인과 남편 사이는 의리로써 맺어져 살아간다. 때로 의견이 상위(相違)되어 헤어지는 일도 있을 수 있다. 이것은 不易之理로 맺어진 父子나 형제간과 달리 부부 사이에는 인간의 倫氣가 있기 때문이다.5) 즉, 부자 관계는 不易之理이며, 부부 관계는 交易之理이다. 交易을 不易으로 바꾸어 가는 것이 우리 인간의 할 일이다. 그러므로 부부간의 生別은 本意가 아니다.

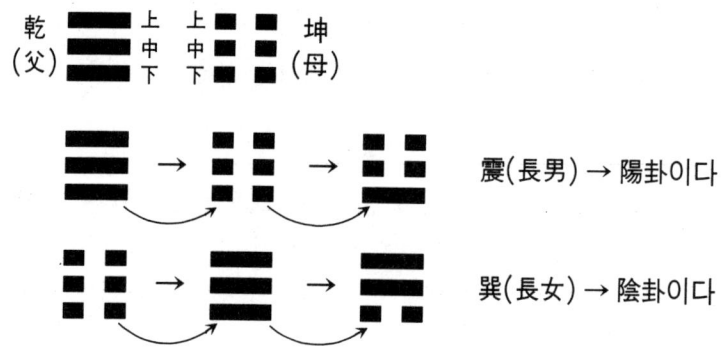

─────────
5) 유교에서 다섯 가지의 인륜을 五倫(=五常, 五典)이라 한다. 즉, 父子有親·君臣有義·夫婦有別·朋友有信·長幼有序를 이른다. 이 다섯 가지 가운데 倫氣로서 맺어지는 父子之間이 이 세상의 근본이며 으뜸이라고 할 수 있다. 親은 곧 육친이라는 것, 모든 인류의 계승이 父子→父子→父子로서 萬代에 흘러 왔으므로 이것을 두고 한 말이다. 오륜 중에서 세 번째가 夫婦有別인데 이는 특별한 관계이므로 오륜 중에서 가장 중요하다. 그래서 중앙에 위치하고 있는 것이다. 어떤 이는 부부가 육친 관계가 아니기 때문에 이별이 있을 수 있다고 주장하지만, 이것은 本意가 아니다.

※咸恒卦의 상호 관계 고찰
1) 咸卦 — 形而上學 — 氣化的 : 남녀간의 交感 원리와 生生之理
   恒卦 — 形而下學 — 形化的 : 夫婦之道로 일상생활에 나타나 있는 현상
2) 咸은 혈기가 왕성한 소남과 소녀의 결합으로 이어져, 인생의 상반기를 바라보는 장남과 장녀의 부부에 이르기까지 항상해야 한다. 공부하는 데 비유하면 쉬지 않고 항상해야 한다. 물론 사업을 하는 데도 恒으로 해야 한다.
3) 交感의 이치나 恒久의 이치(夫婦之道)를 우주 대자연과 사람에 비겨 情으로 나타내고 있다.

$$咸 \longrightarrow 形而上學 \longrightarrow 天賦之性 \longrightarrow 情으로\ 표현 \longrightarrow 形而下學 \longrightarrow 恒$$
$$心$$

이를 거시적으로 보면,

$$上經 - 乾坤 - 宇宙\ 大自然 - 形而上學$$
$$下經 - 咸恒 - 人\ \ 事\ \ 的 - 形而下學$$

4) 咸 — 中 — 形而上學   恒 — 庸 — 形而下學

天山遯 (三十三)

乾艮
上下

大 義

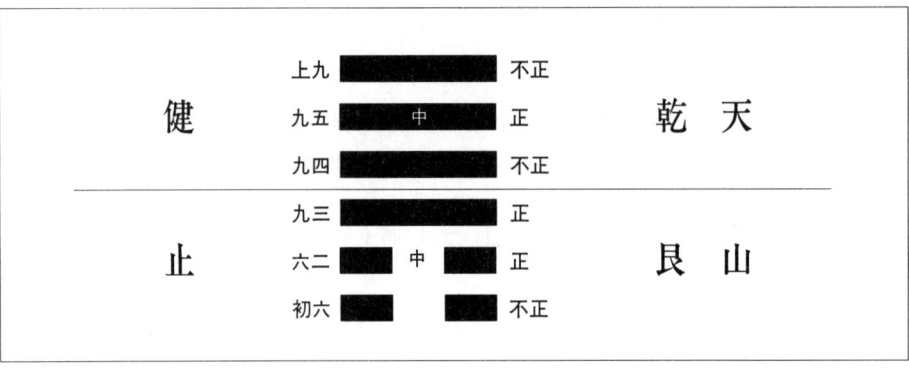

「서괘전」에서 "遯者는 退也 l 니;遯이란 물러가 숨는다는 것이다"고 하였다. 또 괘명 遯을 파자하여 보면, 豚(豕:돼지)+辶(辵:움직여 나아간다)이다. 돼지에 그 원리를 비유한 이유는, 六畜 중에서 가장 무지하며 어리석기 때문이다. 中孚卦에 "豚魚吉은 信及豚魚也 l 오;豚魚吉은 믿음이 돼지나 물고기까지 미친다"라는 표현이 있다. 즉, 돼지와 물고기를 한낱 미물로밖에 여기지 않았음을 알 수 있다. 이밖에 여러 가지로 고찰할 수 있다.

1) 주역은 군자 위주의 학문이다. 그러므로 遯은 세상의 모든 일을 훤하게 알고 있는 大人君子가 난세를 당하여 자기의 몸을 숨기는 형상을 말한다. 그래서 乾卦에서 "遯世无悶"이라 하였고, 五爻가 剛으로써 中正을 하고 또 二爻가 柔로써 中正을 잡아 정응하고 있으므로 때의 형세에 순응하여 진퇴를 결행하게 되는 것이다.

2) 卦象으로 보아서 遯卦는 ☰天風姤卦에서 싹트기 시작한 陰이 점차적으로 자라기 시작하여 된 것이다. 곧 陽이 물러가고 陰이 나아가는 형상이므로 군자의 도는 사라지고 소인의 도가 강대해지는 상이다. 즉, 陽을 위주로 말한 것이 遯이다. 따라서 遯卦는 정치적으로나 사회적으로 난세의 시기에 군자는 물러가고 소인이 극성하는 때이다. 이러한 때일수록 그 시대의 흐름을 잘 파악하여야 한다.

3) 遯卦는 6월괘이며, 절후로는 小暑, 大暑이다. 이때를 가리키는 遯卦는 陰氣가 增長하는 괘라고 말할 수 있다. 遯卦는 乾卦가 上에, 艮卦가 下에 있다. 즉, 건장(健壯)하게 自彊不息하는 자가 止於至善에 머물러 있는 것이 곧 遯卦이며, 時止則止하고 時行則行하는 것이어야 한다. 군자는 머물러 있어야 할 때와 물러갈 때를 알고 잘 대처한다. 이런 때에 어떻게 물러갈 것인가를 기록한 것이 遯卦라고 하겠다.

4) 周易은 군자 위주의 학문이며, 遯卦 역시 군자 위주로 하였다. 우주 대자연 속에서 어떻게 하면 吉을 찾을 수가 있겠는가 하는 것이 주역 공부이다. 吉자에는 士의 숫자가 들어 있다. 十은 數之終이므로 다시 一부터 반복하여 시작한다. 즉, 추수(推數)하여 아는 사람이 吉이며, 곧 知人이다. 이런 자격을 가진 사람이 되려면 至善에서 머물고, 止於至善을 自彊不息하는 자이어야 한다. 곧 吉을 가지는 자라고 할 수 있다.

　　　　　　　예)上九는 擊蒙이니 不利爲寇ㅣ오 利禦寇하니라 (山水蒙卦)
山艮止　　　上九는 몽매한 것을 쳐부수는 것이니, 도적이 되는 것은 이롭지
　　　　　　　아니함이요 도적을 막는 것이 이롭다.
　　　　　　　[설명]止於至善이면 도적(七情)을 막을 수 있고, 光明이 온다.
山水蒙　　　앞의 '寇'는 正義의 도적이며, 뒤의 '寇'는 不義의 도적이다.

5) 遯卦는 군자가 물러가고 소인이 극성하는 때이다. 조선조 연산군, 광해군의 폭정에 비유할 수 있는데, 이때 군자가 할 도리를 잘 말해 주고 있는 것이 遯卦이다. 그러나 나라가 외적에 의해 침탈을 당할 때에는 遯亡하는 것이 아니고 오히려 대항하여 싸워야 하는 것이 遯卦의 사상이다. 그러므로 시간과 공간을 잘 포착하여 행동하여야 한다.

原文풀이

遯은 亨하니 小利貞하니라

遯은 형통하니 조금 곧은 것이 이롭다.
· 遯 : 숨을 돈, 물러날 돈

總說

윗글은 돈괘의 괘사이다.

各說

● 遯은 亨하니 : 소인의 도가 점차적으로 자라나기 때문에 군자의 도로 보아서 물러가는 것이 형통하다는 것이다. 시대적인 흐름과 주위의 여건 등을 잘 파악하여 止於至善하는 것이 遯亨이며, 時止則止, 時行則行하는 것이다. 이것은 군자가 피하여 물러나더라도 군자의 도는 굽히지 않으므로 형통한 것이다. 또한 물러가서 건강하게 自彊不息하여 공부하는 것을 遯亨이라고 할 수 있다. 이것은 遯의 형이상학적 측면이며, 은둔 생활은 遯의 형이하학적 측면이다. 즉, 遯은 '順'의 태도이다.[1]

● 小利貞하니라 : 程子와 朱子는 小를 陰으로 보았다. 곧 陰은 小人이므로 "소인은 마음을 곧게 하고 바르게 가져야 이롭다"고 풀이하였다. 따라서 이 구절은 괘상에서 陰이 득세하기에 음의 행동에 대한 경계사라고 볼 수도 있다. 그러나 이 구절은 君子의 道를 위주로 해서 풀이해야 뜻이 통한다. 이때는 遯의 시기이니 군자가 退하는 것이 올바른 길이며, 군자가 조금(小) 곧게(貞)하는 것[退]이 이롭다고 풀이하는 것이 옳다고 본다.

예) 所謂誠其意者는 毋自欺也ㅣ니 如惡惡臭하며 如好好色이 此之謂自謙이니 故로 君子는 必愼其獨也ㅣ니라 (『大學』「傳6章」)

〈經文 1章에서〉 이른바 그 뜻을 정성스럽게 한다고 하는 것은 스스로를 속이는 일이 없어야 한다는 것이니, 〈악을 미워하기를〉 나쁜 냄새(惡臭)를 싫어하는 것과 같이 하며, 〈선을 좋아하기를〉 좋은 색(好色)을 좋아하는 것과 같이 해야 하니, 이러한 것을 스스로 〈내 양심에〉 겸손하는 것이라 이른다. 그런고로 군자는 반드시 그 홀로 있을 때를 삼가는 것이다.

[설명] 毋自欺라고 한 것은 君子의 道로 말한 것이고, 遯卦에서 비교하면 군자가 물러가 은둔할 때가 되었다고 생각되면 그렇게 행동하여야지 그러하지 않으면 遯이

---

1) 조선조의 학자들은 대개의 경우 유배를 당하여서 공부를 많이 하였다.

아니다. 군자는 소인이 득세하면 조용히 물러간다. 이것이 遯이다. 그러나 소인은 天賦之性을 망각하고 악한대로 가며, 군자의 득세에도 불구하고 물러가지 아니한다. 이것은 遯이 아니다.

그러면 주역에서 말하는 군자의 도라고 하는 것은 무엇인가? 첫째, 天賦之性의 착한 성품을 길러가는 것이요 둘째, 『대학』에 말하는 止於至善의 道心을 기르는 것이요 셋째, 물욕에 퇴패(頹敗)되어 있는 마음을 회복하기 위하여 克己復禮로 明明德하여 나아가는 것이다. 이 세 가지는 유교의 핵심이기도 하다.

彖曰 遯亨은 遯而亨也ㅣ나 剛當位而應이라 與時行也ㅣ니라 小利貞은 浸而長也ㄹ새니 遯之時義ㅣ 大矣哉라

彖에서 말하기를 "遯亨은 물러나서 형통할 것이나, 剛한 것이 位에 마땅해서 응하는지라 때에 더불어 행하는 것이다. 小利貞은 음(소인)이 점점 자라나기 때문이니, 遯하는 때의 의의는 크도다"고 하였다.

·剛:굳셀 강 ·當:마땅할 당 ·應:응할 응 ·浸:물 젖어 나갈 침, 점차 침, 담글 침 ·哉:어조사 재

總說

윗글은 돈괘의 「단사」이다.

各說

● 剛當位而應이라:돈괘의 괘상에서 구오효와 육이효의 관계를 말하였다. 즉, 구오효는 剛(陽)으로서 中正의 덕을 가지고 있고, 군왕의 높은 존위에 있으면서 유순중정한 육이효에 응한다는 것이다. 이러한 중정한 것의 상응 관계처럼 모든 일이 더불어 행하는 것을 與時行也라고 하였다.

● 與時行也ㅣ니라:遯하는 내용을 말한 것으로 때에 순응하여 물러갈 때가 되면 물러가고 물러가지 아니할 때면 물러가지 아니하는 것을 뜻한다. 이것을 할 수 있는 사람은 구오, 육이효와 같은 중정한 사람이라야 그 때를 알고 행동에 옮길 수가 있다.

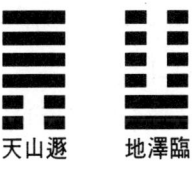

● 浸而長也ㄹ새니:①두 개의 음이 점점 자라나는 형상을 가리키는 말이다. 즉, 물이 젖어 나아가는 것처럼 소인의 세력이 뻗어 나가는 형상을 말한 것이다. 이것에서 주역의 억음부양(抑陰扶陽)과 알

악양선(遏惡揚善)의 이론이 전개된다고 할 수 있다. 遯卦의 반대되는 괘로 臨卦가 있다.[2] 임괘는 군자(양)가 점점 자라나는 것으로 돈괘의 상대적 괘이다. 두 괘의 괘상과 함께 그 단사를 비교하여 보면 억음부양하는 이치를 알 수가 있다. 臨卦에서는 "剛浸而長하며"라 하여 陽이 나타나지만, 遯卦에서는 "浸而長也ᄅ새니"라고 하여 陰을 나타내지 않는다. 임괘처럼 음을 나타내고자 한다면 '柔浸而長'이라고 해야 한다. 음이 성하는 것도 대자연의 이치(순환의 원리)로서 어찌 할 수 없지만 가능하다면 善(陽)은 나타내고 惡(陰)은 감추는 것이 억음부양의 방법이며, 경전의 사상이며, 유학의 핵심이다. 이러한 예는 坤卦에서도 드러난다.

예)積善之家는 必有餘慶하고 積不善之家는 必有餘殃하나니 (坤卦「文言傳」)
　　선을 쌓은 집안에는 반드시〈착한 것을 쌓고〉남은 경사가 있고, 불선을 쌓은 집안에는 반드시 재앙이 있게 될 것이다.

②우리가 遯의 시기와 그에 따른 바른 판단을 할 수 있도록 『대학』에서 강조하는 無情者가 되어야 한다.

예)子ㅣ 曰 聽訟이 吾猶人也ㅣ나 必也使無訟乎ᆫ져하시니 無情者ㅣ 不得盡其辭난 大畏民志니 此謂知本이니라 (『大學』「傳4章」)
　　공자께서 말씀하시기를 "訟事를 듣고서 처리하는 것은 나도 다른 사람과 같으나, 반드시 백성들로 하여금 송사함이 없게 하겠다"고 하셨으니 實情이 없는 자가 하고자 하는 말을 다하지 못하는 것은 백성의 뜻을 크게 두려워하기 때문이니, 이것은 근본을 알아서 행하는 일이라 하였다.

[설명]윗문장은 『논어』「안연」에서 공자의 말을 인용한 것으로 『대학』의 글 중에서 의혹과 말이 많은 대문이다. '無情者'는 자기의 本性대로 살지 아니하는 자를 말한다. 그러나 情을 性과 반대되는 개념의 情으로 보면 다음과 같이 해석되어질 수 있다.
- 情者:송사를 하는 데는 반드시 상대방이 있어야 하고 또 그 중 한 사람은 진실이 아니다. 이 진실을 가지지 아니한 자가 가장하여 송사를 하는 자. 곧 마음이 不善한 자를 이르는 말이다.
- 無情者:中道를 가진 자. 즉, 어느 한 곳으로도 치우치지 아니하고 나쁜 것은 나쁘고 좋은 것은 좋다고 말할 수 있는 자이며 私心이 없는 公心을 가진 자를 말한다.

● 遯之時義ㅣ 大矣哉라:與時行也와 함께 사물의 이치를 알아도 때를 알아서 행동하여야 적중이 되는 것이므로 時의 중요함을 강조하였다. 遯卦에는 '時'가 두 번이나 들어 있다. 이것은 遯世하는 방법에서 때의 포착이 얼마나 중요한가를 직접적으로 알려주는 것이다. 따라서 어떤 사물의 이치와 미래의 모든 것을 아무리 잘 안

---

[2] 遯卦(6월괘)의 全變이 臨卦(12월괘)이고 또 遯卦의 配合卦가 臨卦이다.

다고 하더라도 그 때를 알아야만 행동에 옮길 수가 있다. 주역을 공부하는 것은 이 때를 바로 알기 위해서라고 말하여도 지나치지가 않다. 아무리 象數理를 잘 터득하였다손 치더라도 시의(時宜)에 따라 행동하지 않으면 모든 것은 허사가 된다.

象曰 天下有山이 遯이니 君子ㅣ 以하야 遠小人호대 不惡而嚴하나니라

象에서 말하기를 "하늘 아래 산이 있는 것이 遯이니, 군자가 이로써 소인을 멀리하되 악하게 하지 아니하고 엄하게 하는 것이다"고 하였다.

· 遠:멀 원 · 嚴:엄할 엄

總說

윗글은 돈괘의「대상」이다.

各說

● 君子ㅣ 以하야:군자가 이것을 모방하고 거울삼아서.
● 遠小人호대 不惡而嚴하나니라:遠小人이 곧 遯이다. 아무리 소인이라 할지라도 대자연으로부터 오는 것이므로, 이 이치를 알아서 행동하되 소인을 증오하지 않고 군자의 위엄으로써 다스린다는 것이다. 즉, 군자는 소인에게 악하다고 나무라거나 나쁘다고 말 것이 아니라, 군자의 도를 실천함으로써 선으로 나아가야 한다고 주장하면 소인은 군자에 대하여 큰 반감 없이 물러가고 군자를 존경하게 될 것이다. '遠'에는 畏敬之心의 뜻이 들어 있다. 따라서 이 구절은 소인에 대한 군자의 庸言之信하며 庸行之謹의 정신을 의미한다고 하겠다.

初六은 遯尾라 厲하니 勿用有攸往이니라

初六은 은둔하는데 꼬리라. 위태하니 갈 바 있어도 쓰지 말 것이다.

· 尾:꼬리 미 · 厲:위태할 려 · 勿:말 물

總說

초육효는 부정위이며 구사효와 상응 관계이다.

各說

- 遯尾라:①괘의 육효 가운데 초효를 꼬리(尾)라고 할 수 있으며, 상효는 머리(首)라고 할 수 있다. 돈괘의 내괘가 艮卦이므로 遯을 止라고 할 수 있으며, 초육효는 부정위이면서 상구효와 상응하므로 遯尾라고 하였다. ②遯尾는 遯世를 하려다가 알려졌거나 꼬리를 잡힌 형상을 뜻하고, 돈세를 하려는 사람은 혼자서 살짝하는 것이 좋다는 뜻이다. ③초효는 군자, 소인을 막론하고 물러설 때의 모습을 말한 것이다. 그리고 돈괘의 여섯 효는, 소인은 소인대로 군자는 군자대로 돈하는 형상을 비유하여 해설하여 놓은 것은 괘상으로 보아 돈괘는 양이 물러간다고 여겨지나 그 반면에 음도 물러서는 내용으로 효사를 써 놓았다.

■ ● 上爻 首
■
■ 應
■
■
□ ● 初爻 尾
　　(엄지발가락 拇)

- 勿用有攸往이니라:①할 수 있는 실력이 있어도 하지 말라는 뜻이다. 곧 경계사이다. 여기서 '勿'은 禁止之辭이다. ②초육효는 소인의 시대라고 하니 正義의 이름을 얻으려는 소인까지도 모두 은둔 생활하려고 하면 도리어 위태하므로 소인들은 은둔 생활을 하여서는 아니 된다는 뜻이다.

象曰 遯尾之厲는 不往이면 何灾也ㅣ리오

象에서 말하기를 "遯尾之厲는 가지 아니하면 무슨 재앙이 있겠는가?"고 하였다.
· 何:어찌 하 · 灾:재앙 재(=災)

各說

- 不往이면 何灾也ㅣ리오:가면 재앙이 있다는 뜻이다. 그 시대의 相을 잘 포착하여 때에 알맞게 행동하라는 것이다. 소인이 극성하는 시대도 하나의 자연 현상이다. 이것은 인력으로 막을 수 없는 것이므로 최선의 방법으로 때에 알맞은 행동 외에는 다른 방법은 없다.

六二는 執之用黃牛之革이라 莫之勝說이니라

六二는 잡는 데 누런 소의 가죽을 쓰는 것이다. 이기어 말하지 못한다.
· 執:잡을 집 · 黃:누를 황 · 牛:소 우 · 革:가죽 혁 · 莫:못할 막, 없을 막 · 勝:이길 승

總說

 육이효는 유순중정의 효이며, 구오효와 정응 관계이다. 육이효는 소인이지만 中正의 사람으로 천하의 모든 것을 한몸에 지니고 집권해 가는 것을 뜻한다. 잡아서 쓰되 사람의 마음을 황소의 가죽처럼 굳게 한다는 것으로 이것보다 더 좋을 수가 없다. 그렇지만 소인이 집권하기 때문에 遯자가 빠져 있다.

各說

- 執之用黃牛之革이라 : ①자기의 몸이 중정한 몸이 되어 집정(執政)한 위치를 지키는 것이 견고하고 확고하여 남에게 침범 당하지 않는다는 뜻이다. 즉, 견고한 황소의 가죽을 유순중정의 견고함에 비유한 것이다. 즉, 時宜를 잘 포착하여 물러갈 때 물러가도록 하는 형상이며 마음속으로 굳게 한다는 것이다. ②육이효는 中正을 얻었으며, 오행 가운데 中을 의미하는 土色의 '黃'을 썼고, 또한 육이효는 음효로서 順이므로 '牛'라고 하였다. ③革은, 體는 그냥 있고 그 모양이 달라진 것을 말한다. 二爻가 革이 되는 초점이기에 黃牛之革이라 하였다. 즉, 육이효는 黃牛가 革되어 군자가 遯하는 때라고도 할 수 있다. 가죽의 모양이 달라지려면 火(兵火)가 있어야 한다.3)
- 莫之勝說이니라 : 부정에 흔들리지 말고 마음을 견고하게 하여 政事나 萬事에 임하면 더 말할 필요 없이 좋다는 뜻이다.

象曰 執用黃牛는 固志也ㅣ라

 象에서 말하기를 "執用黃牛는 뜻을 굳게 하는 것이다"고 하였다.
·固:굳을 고, 진실로 고 ·志:뜻 지

各說

- 固志也ㅣ라 : 쇠가죽처럼 뜻을 굳게 한다는 것이다.

九三은 係遯이라 有疾하야 厲하니 畜(휵)臣妾에는 吉하니라

 九三은 매여서 물러남이다. 〈마음에〉 병이 있어 위태로우나 臣妾을 기르는 것은 길하다.
·係:걸릴 계, 맬 계 ·疾·병 질 ·畜:기를 휵(사람), 기를 축(짐승) ·臣:신하 신 ·妾:첩 첩

---

3) 이 글은 澤火革卦와 관계가 되므로 뒤에 나오는 澤火革卦의 강의를 참고 바란다. (一岡註)

總說

 구삼효는 得正을 하였으나 상구효와는 相比 관계이다. 아래 두 음효의 관계를 볼 적에, 사라져가는 양효로서 두 음효에 제일 가까운 위치에 있다. 그러므로 구삼효는 의연한 군자의 태도를 보여야 한다.

各說

● 係遯이라 有疾하야 厲하니 : 구삼효가 은둔 생활을 하려고 하나 마음이 얽매여 있다. 즉, 음이 극성하여 곧 자기의 자리로 밀고 들어오는 형상을 말하였다. 삼효가 변하면 비색해 지는 때이므로 마음에 병이 있어 위태롭다고 하였다.

● 畜臣妾에는 : 초육효를 처첩에, 육이효를 신하에 비유하였다. 소인의 득세는 불가피하지만, 아래 두 음을 가까운 신하와 처첩처럼 훈육시키고 인도한다는 뜻이다. 그러나 대자연에 의한 그 때 상황이 어찌 할 수 없겠지만 끝까지 소인(음)을 교화시켜야 하는 것이 군자의 도리이다.

```
妻 ― 大          妾 ― 小(陰)
君 ― 大          臣 ― 小(陰)
```

象曰 係遯之厲는 有疾하야 憊也ㅣ오 畜臣妾吉은 不可大事也ㅣ니라

 象에서 말하기를 "係遯之厲는 병이 들어서 곤한 것이요, 畜臣妾吉은 큰 일을 할 수 없는 것이다"고 하였다.

· 憊 : 곤할 비

九四는 好遯이니 君子는 吉코 小人은 否하니라

 九四는 좋은 은둔이니, 군자는 길하고 소인은 비색하다.

總說

 구사효는 부정위이지만 여유가 있다. 초육효와는 상응 관계이다.

各說

● 好遯이니 君子는 吉코 小人은 否하니라 : 구사효는 좋은 은둔 생활을 하는 것으로, 군자는 물러갈 시기에 물러가니 길하고 소인은 그러하지 아니하다는 것이다.

象曰 君子는 好遯하고 小人은 否也ㅣ리라

象에서 말하기를 "군자는 好遯하고 소인은 비색할 것이다"고 하였다.

各說

● 君子는 好遯하고 小人은 否也ㅣ리라 : 군자는 능력이 있으므로 은둔할 시기를 알아서 행동할 수 있어 好遯이 되지만 소인은 그러하지 못하니 비색해진다는 것이다. '否'는 天地否卦를 뜻한다. 돈괘의 구삼효가 변하면 ☷비괘가 된다. 이를 四爻 입장에서 보면 비색한 세상의 현실에 직면한 때이므로 "小人은 否也ㅣ리라"고 한 것이 아닐까?

九五는 嘉遯이니 貞하야 吉하니라

九五는 아름다운 은둔이니, 올바르게 함이 길하다.

· 嘉 : 아름다울 가

總說

구오효는 돈괘의 주효로서 육이효와 정응 관계이다. 또한 구오효는 양효이며 강건중정의 덕으로써 군위에 있으면서 이러지도 저러지도 못하는 형태이다.

各說

● 嘉遯이니 貞하야 吉하니라 : 구오효는 군위로서 많은 백성을 생각해야 하고 자신의 위치도 고수해야 한다. 따라서 마음속으로 군자의 好遯을 기리는 것을 嘉遯이라고 한다. 이 때는 올바르게(貞 ; 正也) 처신해야 길하다. 또한 嘉遯은 止於至善을 뜻하기도 한다.

王位 ― 嘉遯 ― 正志

象曰 嘉遯貞吉은 以正志也ㅣ라

象에서 말하기를 "嘉遯貞吉은 그 뜻을 바르게 하는 것이다"고 하였다.

各說

● 以正志也ㅣ라:①천지가 비색한 때이므로 만약에 임금이 올바르게 행동하지 아니하면 백성은 다 죽게 되어 군위의 책임을 다하지 못하는 것이 된다. ②나쁜 현실이 왔을 때 육이효 신하는 固志하여야 하고, 구오효 군왕은 正志하여야 한다. 그렇지 않고 소인이 득세하고, 소인의 아부를 군왕이 받아들이면 나라가 망하고 백성은 고통을 받게 된다.

上九는 肥遯이니 无不利하니라

上九는 살찐 은둔이니 이롭지 않음이 없다.

· 肥:살찔 비

總說

상구효는 遯의 終이며, 구삼효와 상비 관계이다.

各說

● 肥遯이니:괘상으로 보아서 다른 무엇으로부터 아무런 구애를 받지 아니하며 어느 누구도 아는 사람이 없다. 그러므로 마음에 여유가 있으며, 이러한 현실에 만족해 하는 형상이 肥遯이다. 즉, 벼슬하지 않고 山林處士로 학문에 정력을 쏟으며 마음 속으로 여유 있고 만족하는 형상을 말한다. 예를 들면 남명(南冥) 조식(曺植) 선생 같은 분이다.4)

---

4) 曺植(1501~1572):조선 명종 때의 성리학자. 字는 건중(楗仲), 號는 南冥. 평생 관직에 나아가지 않고 處士로 지냈다. 젊어서 도의를 닦고 經史子集을 폭넓게 섭렵하고, 특히 左柳文과 老莊學에 심취하여 초월의 경지를 이루었다. 25세 이후에 깨달은 바 있어 유학에 전념하여 四書·六經을 비롯 周子, 程子, 張子, 朱子를 탐독하여 유학자가 되었다. 성리학의 측면에서는 다른 학자들과 차이가 없으나 原始儒家의 실천을 염두에 두어 程朱學만을 신봉하는 폐단은 없었다. 정치 사상에 있어, 君과 臣의 횡적 관계를 강조하였고, 백성을 본위로 하여 義理를 고수하는 士林派的인 정치를 주장하였다. 저서에는 『南冥集』이 있다. (『哲學事典』, 서울:도서출판 이삭, 1983.)

象曰 肥遯无不利는 无所疑也ㅣ라

象에서 말하기를 "肥遯无不利는 의심할 바가 전혀 없기 때문이다"고 하였다.

· 疑:의심할 의

※ 遯卦의 총괄적인 해설

天山遯   乾健
         艮止

돈괘의 내괘는 艮卦이며 艮은 止이다. 즉, 은둔하지 못하고 그쳐 있다. 그러나 최선의 길은 止於至善에 머물러 있어야 하며 머무는 것도 遯이라고 할 수 있다. 돈괘의 외괘는 乾卦이며 乾은 天行健이다. 즉, 九四 好遯, 九五 嘉遯, 上九 肥遯으로 모두가 遯하는 형태이다. 遯을 하더라도 시기 포착을 잘하여야만 된다. 따라서 遯之時義大矣哉, 與時行也라고 하였으니 역학을 연구하는 것은 이렇듯 遯하는 때를 알기 위하여 공부하는 것이기도 하다.

· 形而上學的인 遯:時宜를 알고 조용히 때를 기다리며 隱於市하는 형상이며, 알아도 모르는 척하며 遯을 꾀하는 것을 말한다. 즉, 心的인 遯이다.
· 形而下學的인 遯:벼슬하지 않고 모든 사람이 다 알 수 있는 山中에 모처에 숨어서 생활하는 형태를 말한다. 즉, 행동적인 遯이다.

雷天大壯 (三十四)

震乾
上下

大 義

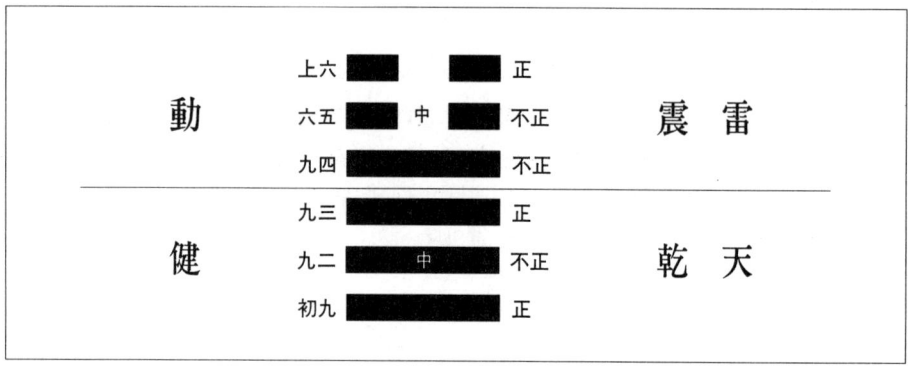

　大壯卦는 遯卦의 도전괘이다. 또 대장괘는 12개월의 괘명으로 보면 2월괘가 된다. 이 시기가 되면 冬至(復月)에서 一陽이 始生한 陽氣가 크게 자라나서 겨울잠을 자던 생물들이 활동을 크게 시작하므로 괘명을 大壯이라고 하였다.[1]

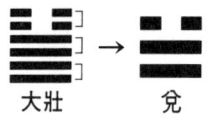

1) 괘상으로 보면 대장괘는 兌卦라고 볼 수 있다. 「설괘전」에서 "兌爲羊"(第8章, 第11章)이라고 하였다. 따라서 대장괘의 효사 속에는 羊에 대한 말이 있음을

---

1) 괘명이 두 자로 되어 있는 괘로 상경에서는 風天小畜, 天火同人, 火天大有, 火雷噬嗑, 天雷无妄, 山天大畜, 澤風大過卦가 있으며, 하경에서는 雷天大壯, 地火明夷, 風火家人, 雷澤歸妹, 風澤中孚, 雷山小過, 水火旣濟, 火水未濟卦가 있다. 상경의 7(양)개와 하경의 8(음)개로 총 15개이다. 상·하경을 음양으로 구분하여 보면, 상경은 양이 되고 하경은 음이 된다.

예측할 수 있다. 兌는 西方(西洋)이므로 이러한 이치를 秘辭體로 자연스럽게 묻어 놓았다.

2) 괘상을 전체적으로 보면 陽이 씩씩하게 자라서 陰을 잠식해 들어가는 형상이다. 정치적인 면에서 보면, 在野에 어진 군자가 많고 조정에도 賢臣이 많아서 소인은 자연히 물러나고 군자가 임금을 도와 善政을 베푸는 象이다. 곧 대장괘라고 할 수가 있다.

3) 부양억음(扶陽抑陰)하는 氣象을 雷天으로 비유하여 왔다. 하늘 위의 우레가 크게 울리어 진동하는 장엄한 상을 본받아서 대장괘라 하였고, 이를 거울삼아 군자는 일상 생활을 하면서 예의에 벗어나는 일은 하지 아니한다.

4) 大壯卦의 大壯이라는 괘명은 陽이 건장하게 자라 올라가는 형상을 보고 한 말이다. 이러한 양의 성장도 언제나 正道로써 나아가야지 그렇지 않고 불합리하게 성장하게 되면 不正을 유발하여 대자연의 원리에 위배된다. 따라서 대장괘의 이면에는 正道로 順天하여야 한다는 점을 숨겨 놓았다.[2]

原文풀이

大壯은 利貞하니라

大壯은 바르게 함이 이롭다.
· 大:큰 대 · 壯:씩씩할 장

總說

윗글은 대장괘의 괘사이다.

---

[2] 하경에서는 天道와 地道의 원리를 人道에다 비유하여 숨겨 놓았다. 괘사가 좋으면 효사가 나쁘고, 효사가 좋으면 괘사가 나쁘다. 이것을 人間事에 비춰 보면 완전한 吉은 없다는 것을 알 수 있다. 바로 吉中有凶과 凶中有吉의 이치라고 할 수 있다. 이것이 천지의 이치이며 곧 대자연의 이치이다. 1~10수 중, 선천을 상징하는 1, 2, 3, 4, 5 중에서는 양(길)이 음(흉)보다 많고, 후천을 상징하는 6, 7, 8, 9, 10은 양(길)보다 음(흉)이 많다. 어떤 사람이 아무리 인격 수양이 되고 좋은 사람이라고 하나 그 사람의 보이지 아니하는 이면(뱃속)에는 좋지 아니한 것이 존재하기 마련이다. 이것이 바로 吉中有凶과 같다.

各說

● 利貞하니라:①대장의 시기는 陽氣가 상승하는 때이므로 正道로 알맞게 하는 것이 이롭다는 것이다. '利貞'은 대장괘의 경계사이기도 하다. 즉, 운세가 좋아 행운의 때를 만났더라도 인간은 제멋대로 생각하고 행동해서 不正을 저지르기가 쉽다. 그러므로 貞(正)해야만 이롭고 안전하다.3) ②「계사전」하 제12장에서 '……吉人之辭는 寡하고……'라고 했듯이 덕과 지혜를 갖춘 군자는 말이 적다. 괘명의 '大'는 양으로서 길함을 은유적으로 표현하고 있다. 따라서 대장괘의 괘사는 간단하며 길하다. ③元亨利貞의 四德 중에서 元亨이나 利貞으로만 말한 괘는 火天大有卦4)와 雷天大壯卦 밖에 없다. 하루로 보아서 元亨은 오전을, 利貞은 오후를 의미한다. 대장괘의 상으로 보아서 이미 오전은 지났으므로 利貞만을 말하였다. 즉, 后天으로 이미 건너간 것을 말한다. 또 괘사에서 利貞만을 말하였지만 그 근본 정신인 元亨의 바탕은 무형으로 존재하며 元亨利貞은 윤회하고 있다. 元亨을 더욱더 발전시켜 나아가는 것이 利貞이다. 대장괘를 공부하는 사람에 비유하면, 窮理 공부는 끝나고 盡性 공부에 어느 수준만큼 도달한 사람이다. 그러므로 지나간 것을 다시 말할 필요가 없는 것이다. 또 4차원에 들어섰다면 계속하여 正(貞)을 지켜서 5, 6차원까지 나아가도록 하라는 뜻이다. ④양이 번성하여 현재는 좋으나 차차로 양이 쇠하여 음이 득세하는 때(☰ 천풍구괘의 시기)가 오는 것이니 元亨이 없다. ⑤때가 2월이므로 利貞이라고만 하였다. ⑥공부하면 도통이 된다는 뜻이 숨어 있다.

元亨 — 春夏 — 形而上學 — 不易之理
利貞 — 秋冬 — 形而下學 — 交易之理

彖曰 大壯은 大者ㅣ 壯也ㅣ니 剛以動故로 壯하니 大壯利貞은 大者ㅣ 正也ㅣ니 正大而天地之情을 可見矣리라

彖에서 말하기를 "大壯은 큰 것은 씩씩한 것이니, 剛으로써 움직이는 까닭에 씩씩하다고 하니, 大壯利貞은 큰 것이 바르기 때문이니, 바르고 큰 것으로 보아 천지의

---

3) 손자 병법에서 군대가 교만하면 패망의 원인이 된다고 하였다. 공자도 가난하여 불평을 말하지 아니하기는 쉽지만 부자가 되어 교만이 없기란 어렵다고 했다. 즉, 萬事가 利貞함이 좋다는 말이다.
4) 大有는 元亨하니라:대유는 크게 형통하다. (火天大有卦 卦辭)

情을 볼 수 있을 것이다"고 하였다.

·者:것 자, 사람 자, 놈 자 ·故:연고 고 ·可:가히 가, 옳을 가, 쯤 가

總說

윗글은 대장괘의 「단사」이다.

各說

- 剛以動故로:剛으로써 움직이고, 성장하여 나아간다는 뜻이다. 剛은 乾, 動은 震을 뜻하며 이는 卦德으로 설명한 것이다.
- 大者ㅣ正也ㅣ니:대자연의 순리에 따라 씩씩하고 건장하게 커 나가는 뜻을 가지고 있다.5)

  예)彖曰 大畜은 剛健코 篤實코 輝光하야 日新其德이니 剛上而尙賢하고 能止健이 大正也ㅣ라……(山天大畜卦「彖辭」)

  彖에서 말하기를 "大畜은 강건하고 돈독하고 빛나서 나날이 그 덕을 새롭게 하는 것이니, 剛이 최상위에 있어 어진 이를 숭상하고, 능히 굳셈을 〈至善에〉 멈추게 하니 크게 바른 것이다……"고 하였다.

  [설명]能止健의 경지가 곧 大正이다.
- 正大而天地之情을:①여기서 '正大'는 우주 대자연의 순환하는 과정을 말한다. 즉, 正大는 天地之情이며, 춘하추동의 四時가 순서대로 돌아가는 현상을 말하였다. ②咸卦, 恒卦, 萃卦에서는 "天地萬物之情을 可見矣리라"고 하였다. 天→天, 地→地, 萬物→人을 의미하는 것으로 형이상학과 형이하학을 포함한 것을 뜻하며, 變易·交易之理를 말하였다. 그러나 대장괘에서는 "天地之情을 可見矣리라"고 하여 대자연의 不易之理만을 말하였다. 태양을 중심으로 지구가 항상 자기 궤도를 돌아가고 있는 형상이 大壯이다. 즉, 天地 이외는 大壯이 될 수가 없기에 우리는 이 大壯을 완전히 본받을 수가 없는 것이다. 그래서 대장괘에서는 '萬物'이라는 말이 빠졌다.

天地之情 → 大自然 → 不易之理 → 春夏秋冬의 四時運行

---

5) 일본인들이 여기에 착안하여 자기 나라의 연호를 明治 다음에 大正이라고 한 적이 있다. 이것은 그들이 자기 나라 일본이 형이상학의 不易之理로서의 영원한 나라라는 뜻에서이다.

象曰 雷在天上이 大壯이니 君子ㅣ 以하야 非禮弗履하나니라

　象에서 말하기를 "우레가 하늘 위에 있는 것이 大壯이니, 군자가 이로써 예가 아니면 이행하지 아니한다"고 하였다.

　·禮:예 례　·弗:아닐 불　·履:밟을 리, 신 리

總說

　윗글은 대장괘의 「대상」이다. 대자연의 질서에 맞지 아니하면 행하지 아니한다는 것이다.

各說

- 雷在天上이 大壯이니:공허한 天上에 뇌성(雷聲)이 진동하는 그 위세가 웅장함을 취상한 것이 大壯이라는 뜻이다.
- 君子ㅣ 以하야:군자가 이것을 거울삼아서라는 뜻이다.
- 非禮弗履하나니라:여기에 顔子의 '四勿'[6]이 다 들어 있다고 보겠다. 따라서 正大가 이 禮 속에 존재한다. 안자의 克己復禮에서 '克己'는 한 개인의 노력을 뜻하고, 復禮는 타고난 至善에 회복하는 것을 말한다. 또한 '克己'는 형이하이고, '禮'는 형이상이다.[7]
  - 形而上學的 禮:자신의 삶을 至善, 天秩, 正道로 행하는 것을 말한다.
  - 形而下學的 禮:어른에게 인사하고, 인륜과 공공의 질서를 잘 지키는 것을 말한다.

初九는 壯于趾니 征하면 凶이 有孚ㅣ리라

　초구는 발꿈치에 씩씩함이니, 가면 흉함이 틀림없을 것이다.

　·趾:발꿈치 지　·孚:믿을 부

總說

　초구효는 정위이지만 구사효와 상비 관계이다.

---

[6] 『古文眞寶』에 있는 정이천의 글로서 四勿箴이 있다. 즉, 非禮勿視, 非禮勿聽, 非禮勿言, 非禮勿動, (視·聽·言·動)이다.

[7] 예전에 우리 나라를 일러 東方禮義之國이라고 하는 이유는 우리 민족이 상하 구분이 뚜렷하고 모든 면에서 질서가 있는 나라였기 때문이다. 이 말의 참뜻을 도학적으로 풀어 보면, 우리 민족은 至善을 바탕으로 하여 正道로 걸어가는 민족이며 대자연의 운행 과정처럼 알맞게 大道를 걸어가는 나라라는 뜻이 된다.

各說

●凶이 有孚ㅣ리라: ①흉함이 믿음 있으리라. 즉, 경거망동하여 그대로 나아가면 흉함이 틀림없이 있다는 뜻이다. ②대장괘를 소성괘로 보면 兌卦가 된다. 태괘는 젊은 여자(소녀)이므로 美를 가꾸어서 좋은 것 같으나, 이는 겉에 불과하고 기실 내부를 들여다보면 좋지 않다. 대장괘는 그 자체가 양이 성장하므로 좋은 괘이지만 괘 내부의 爻辭는 내용이 좋지 않다. 모든 인간사에 있어서 아무리 좋아도 100%의 吉은 있을 수 없기 때문이다. 이것은 우주 대자연의 이치이기도 하며, 인간만사의 길흉화복이 여기에 있다고 할 수 있다.

대장괘의 초효이므로 趾(발꿈치)라고 하였으며, 복괘로부터 양이 시생한 것을 비유하여 발꿈치가 씩씩하다고 하였다. 초효는 자체가 剛으로 得正은 하였으나 정응도 없이 조동해서는 아니 된다. 따라서 그대로 가면 흉하다고 경계하였다. 즉, 아무런 식견이 없는 下民이 단순히 세력만 강장하면 폭도가 되는 것이니, 禍가 그들에게 오는 것은 틀림이 없다. 때문에 '有孚'라고 하였다. 그러므로 正道를 지키며 그대로 가만히 있어야 한다.

象曰 壯于趾하니 其孚窮也ㅣ로다

象에서 말하기를 "壯于趾하니 그 곤궁함이 틀림없는 것이다"고 하였다.
· 其:그 기 · 窮:다할 궁, 막힐 궁

各說

●其孚窮也ㅣ로다: 그 궁함을 믿으리로다. 즉, 言必困窮也이다.

九二는 貞하야 吉하니라

九二는 바르게 해서 길하다.

總說

구이효는 득중이나 부정위이며 육오효와 정응 관계이다. 그리고 대장괘의 主爻

가 된다.

各說

● 貞하야 吉하니라 : 모든 일을 正道로 하면 길하다. 즉, 마음에 중용지도를 지켜 시종일관 변함이 없으면 좋다는 뜻이다.

象曰 九二貞吉은 以中也 l 라

象에서 말하기를 "九二貞吉은 중용지도로써 행하기 때문이다"고 하였다.

九三은 小人은 用壯이오 君子는 用罔이니 貞이면 厲하니 羝羊이 觸藩하야 羸其角이로다

九三은 소인은 씩씩함을 쓰고 군자는 없는 것을 쓰니, 바르게 하여도 위태로우니, 숫양이 울타리에 걸려 그 뿔이 상하도다.

·罔 : 없을 망 ·羝 : 숫양 저, 사나울 저 ·觸 : 대지를 촉 ·藩 : 울타리 번 ·羸 : 상할 이 ·角 : 뿔 각

總說

구삼효는 得正이면서 상육효와 정응 관계이다.8) 구삼효에게 구사효가 있어 상육효와의 정응에 장애가 된다. 즉, 구삼효와 구사효의 관계를 두고 말하였다.

各說

● 小人은 用壯이오 君子는 用罔이니 : 三爻의 厲 자리이기에 이 상황에서의 소인과 군자의 처세술을 말한 것이다. 따라서 구삼효가 貞하여도 厲한 것이다. 이 구절과 통하는 문장을 『중용』에서 인용하면 다음과 같다.

예) 君子之中庸也 l 는 君子而時中이오 小人之中庸也는 小人而無忌憚也 l 니라 (『中庸』第2章)
　　군자의 중용은 군자로서 때에 따라 중용을 알맞게 행하는 것이고, 소인의 중용은

8) 兌는 羊이다. 분포도로 세계를 보면 미국이 兌이다. 미국의 국민성이나 행동이 양과 흡사하여 양에 비유되고, 건장하면서도 아름다움을 가꾸므로 소녀(兌)라고도 할 수 있다. 즉, 아름답고 젊은 여자를 말한다. 우리가 미국을 부를 때 아름다울 '美'자를 쓰는 것도 우연적인 일만은 아니다. 그리고 兌는 內剛이면서 어느 곳, 어느 면에서 간섭과 관여를 아니함이 없다. 이것은 이 시대의 현상이기도 하다. 하경의 시초가 澤山咸으로 되어 있다. 이는 후천의 시초로 兌(澤, 미국)가 艮方(山, 한국)에 와 있는 것도 대자연의 형상이다.

소인으로서 기탄없이(거리낌없이) 행하는 것이다.

[설명] '無忌憚'은 염치도 체면도 돌보지 않고 거리낌없이 행동하는 것을 말한다. 군자는 天命을 알기 때문에 두려워하고, 소인은 天命을 알지 못하기 때문에 두려워하지 아니한다. 군자는 하늘이 부여한 理性이 나에게 있음을 알기 때문에 경계하고 두려워하며 中의 本體를 存養해서 수시로 사물에 적응해 나간다. 이렇게 해서 중용의 도가 이루어진다. 그러나 소인은 이성이 자기에게 있음을 모르기 때문에 人欲을 추구하는 일에만 급급해서 기탄이 없다. 경계하고 두려워하는 것과 기탄이 없는 것은 상반된다. 이로써 군자는 때에 따라서 중용을 행할 수 있지만, 소인은 중용에 反한다는 말이 이로써 입증된다 하겠다.

- 君子는 用罔이니:군자는 '壯'을 쓰지 않고 中을 잡고 終日乾乾한다는 것이며 能柔能剛하여 時宜에 대처한다는 뜻이다.
- 貞이면 厲하니:'正道로 해도 위태로우니'로 해석하는 것이 무난하다.

　　┌ 小人用壯君子用罔貞厲:사람에 비유하여 설명함
　　└ 羝羊觸藩 羸其角:양에 비유하여 설명함

象曰 小人은 用壯이오 君子는 罔也ㅣ라

象에서 말하기를 "소인은 씩씩함을 쓰고 군자는 없는 것을 쓴다"고 하였다.

各說

- 小人은 用壯이오 君子는 罔也ㅣ라:소인(보통 사람)은 壯을 써서 결단하지만 군자는 罔을 사용한다.

九四는 貞이면 吉하야 悔ㅣ亡하리니 藩決不羸하며 壯于大輿之輹이로다

九四는 바르게 하면 길하여 뉘우침이 없을 것이니, 울타리가 열려 있어 뿔이 상하지 아니하며 큰 수레바퀴에 씩씩함이다.

·悔:뉘우칠 회 ·決:터질 결, 결단할 결 ·于:어조사 우 ·輿:수레 여 ·輹:차바퀴 복

總說

구사효는 부성위이며 초구효와 상비 관계이다.

各說

- 貞이면 吉하야 悔ㅣ 亡하리니:①만약 正道로 하지 않고 不正으로 한다면 필연코 흉할 것이며 有悔가 되어 육오효 음을 처단하지 못할 것이다. 그러므로 만사를 正道로써 하면 모든 것이 해결될 수 있음을 여기서도 뚜렷이 보여주고 있다. ②'无悔'는 당초부터 뉘우침이 없는 것을 말하는데 '悔亡'은 有悔에서 이 无悔로 나아가는 것을 말한다. ③『주역』전체를 통틀어 "貞吉悔亡"이 들어 있는 괘는 4개가 된다.
    예)九四는 貞이면 吉하야 悔ㅣ 亡하리니 (咸卦)
        九四는 貞이면 吉하야 悔ㅣ 亡하리니 (大壯卦)
        九五는 貞이면 吉하야 悔ㅣ 亡하야 (巽卦)
        九四는 貞이면 吉하야 悔ㅣ 亡하야 (未濟卦)
    [설명]함괘와 대장괘는 뜻이 같으나 손괘는 그 뜻이 다르다.
- 藩決不羸하며:①羝羊에 대한 언급은 없지만 속에 그 의미가 내포되어 있다. 울타리가 터져 있어(열려 있어) 양의 뿔이 상하지 아니하는 것이다. 즉, 兌卦의 모양을 말하였다. ②군자의 도가 구사효에서 성장하여 ☰夬卦를 거쳐 ☰乾卦로 나가는 형태를 말하였다. 여기서 '決'은 開의 뜻이다.
- 壯于大輿之輹이로다:큰 수레의 심보대가 튼튼하여 물건을 많이 실을 수 있고 씩씩하다. 즉, 건전한 大車를 타고 장대하게 맥진하는 형상을 나타낸 것으로 우주 대자연의 진행하는 바를 말하였다.

    貞吉悔亡 → 藩決不羸 → 壯于大輿之輹:사물의 방법에 따라 해설하였다

象曰 藩決不羸는 尚往也ㄹ새라

象에서 말하기를 "藩決不羸는 〈앞으로〉 나아가는 것을 숭상하는 것이다"고 하였다.
· 尚:숭상할 상 · 往:갈 왕

各說

- 尚往也ㄹ새라:앞이 막혀 있지 않고 터져 있으니 앞으로 진행할 수가 있다. 즉, 더욱 더 진보하여 전진하라는 뜻이다.

六五는 喪羊于易면 无悔리라

六五는 양을 쉽게 잃으면 뉘우침이 없을 것이다.

總說

육오효는 부정위이며, 구이효와 상응 관계에 있다.

各說

- 喪羊于易면:대장괘는 2월괘이지만 육오효 陰이 陽이 되면 3월 夬卦가 된다. 이것은 어찌 할 수 없는 대자연의 흐름이다. 그래서 애초부터 뉘우침이 없는 것이다. 여기서 易은 동방의 주역의 도를 뜻한다. 따라서 羊을 易(周易)땅에서 잃는다, 羊을 주역 때문에 잃는다, 또는 喪羊이 되는 것은 容易하다로 해석할 수도 있다.
- 无悔리라:'喪羊于易'는 천지 자연의 기수(機數)로 없어지는 것이니 어찌 할 수 없는 일이며 不易之理(자연)라고 할 수 있다. 또한 易땅에서 羊을 잃어버린 여자 우두머리(少女:兌)는 뉘우침이 없다. 왜냐하면 羊을 잃은 대신에 덕이 있고 기운이 강한 남성(少男:艮)을 얻었기 때문이다.9)

西洋 ― 基督敎思想 ― 羊
東洋 ― 理學思想 ― 易學

象曰 喪羊于易는 位不當也글이라

象에서 말하기를 "喪羊于易는 〈六五의〉 자리가 마땅치 않기 때문이다"고 하였다.

各說

- 位不當也글이라:육오효가 득중은 하였지만 자리가 부정이기 때문에 位不當이라고 하였다. 그러나 실제로는 陰이 陽으로 들어오기 때문에 육오효의 자리가 마땅하지 못하다고 한 것이다. 즉, 육오효의 位가 곧 陽으로 변하여 ䷪夬卦가 될 자리이므로 부당하다는 것이다.

上六은 羝羊이 觸藩하야 不能退하며 不能遂하야 无攸利니 艱則吉하리라

上六은 사나운 羊이 울타리에 걸려서, 능히 물러나지도 못하며 능히 나아가지도

---

9) 서양의 기독교 사상에서는 羊을 많이 사용한다. 羊이 동양의 理學思想의 주류라고 할 수 있는 易學에서 喪함을 얻었다고 풀이하면 지나친 유추 해석이 아닐까라는 생각이 든다. 아무튼 연구해 볼 필요성은 있다.

못하여 이로울 바가 없으니, 어려움을 참으면 길할 것이다.
· 退:물러날 퇴 · 能:능할 능 · 遂:디딜 수, 나아갈 수 · 艱:어려울 간

總說
　상육효는 소인으로서 마지막으로 물러가야 하는 입장이며, 또 대장괘의 극치이다. 이렇듯 물러가는 현상이 곧 대자연이다. 구삼효와는 상응 관계이다.

各說
- 羝羊이 觸藩하야 : 어느 시기를 말해 주는 것으로 이 시기는 대자연의 이치로 이루어진다.
- 不能退하며 不能遂하야 : 상육효는 羊의 최후요 대장괘의 극치로 진퇴양난의 형상을 말하였다. 羊은 울타리만 보면 들이받으려는 성질을 가지고 있으며, 羊의 최후는 不能退, 不能遂의 경지에 와야 그 어떤 변동이 생긴다. 그리고 상육효의 유약한 陰으로서 물러가야 할 때라면 물러갈 수밖에 없기 때문에 이렇게 표현한 것이 아닐까?
- 无攸利니 : 羝羊觸藩한 결과로서 나타나는 현상이다. 즉, 좋지 못하다는 뜻이며 흉하다고 하지 않은 것은 인위적이므로 그렇지 아니할 수도 있다는 것이다.
- 艱則吉하리라 : ①'艱則吉'은 방법론으로 대자연의 기수(機數)로서 오는 것이다. 따라서 자기의 힘(재력과 권력)만 믿고 나아가지 말고 천명을 순순히 받아들여서 슬기롭게 넘겨야 한다. 다시 말하여 兌가 不能退, 不能遂가 되는 것은 대자연으로 틀림이 없으니 그 결과까지 가지 말고 미리 알아서 마음의 변화를 일으켜 조치하면 길하다는 것이다. ②避凶取吉의 방법론이 있다면 무엇일까? 不能退, 不能遂할 때 艱則吉을 하면 된다. 不能退, 不能遂는 서방을 두고 한 말이며, 艱則吉은 동방을 두고 한 말이라 할 수 있다. 또 艱에서 艮方이 길하다고 설명하는 것은 간방에서 변혁이 되면 길하기 때문이다. 즉, 비사체로서 艱則吉은 艮方吉의 뜻으로 해석될 수 있다. 시기는 兌의 不能退, 不能遂할 때이다. '艱'에는 어려울 때 변혁을 가져온다는 뜻으로 형이상학적 용어이고 '難'은 그냥 어려운 것으로 형이하학적 용어이다.

象曰 不能退不能遂는 不詳也ㅣ오 艱則吉은 咎不長也ㅣ릴새라
　象에서 말하기를 "不能退不能遂는 헤아리지 못하는 것이요, 艱則吉은 〈그의〉 허

물이 길지(오래가지) 않다는 것이다"고 하였다.
· 詳:자세할 상 · 長:길 장, 오랠 장

各說

● 不詳也ㅣ오:스스로 자기 몸을 어떻게 처리할 것인가를 자세히 살피지 못한 탓이라는 뜻이다.

※ 大壯卦의 총괄적인 해설

대장괘는 크게 씩씩한 것이므로 세력을 사용하는 원칙을 형상한 것이다. 즉, 大壯의 근본 원칙은 利貞이므로 세력을 악용하면 그 결과는 나쁘다. 각 효사들을 요약 정리하면 다음과 같다.

```
上六  ▬ ▬   艱 則 吉 : 권력은 근신하여 써야 한다는 것이다.
六五  ▬ ▬   喪羊于易 : 권력을 상실한 때가 온다는 것이다.
九四  ▬▬▬  壯于大輿 : 세력을 선용하여 승리한 것이다.
九三  ▬▬▬  羸 其 角 : 세력을 악용하여 실패한 것이다.
九二  ▬▬▬  貞   吉 : 有志한 인사의 세력을 말한 것이다.
初九  ▬▬▬  壯 于 趾 : 無智한 愚民의 세력을 말한 것이다.
```

또 권력과 세력은 진리로써 사용될 때 그 가치가 있는 것이다. 「대상」에서 "非禮弗履"라는 말은 참으로 적절한 교훈이다. 권력자가 禮의 정신으로만 그의 세력을 행사할 때 민생에 복리를 가져다 줄 수 있다. 禮와 관련하여 각 爻들을 설명하면 다음과 같다.

첫째, 禮를 모르고 권력을 행사하면 흉하다는 것이고(初九),
둘째, 禮를 알고 권력을 행사하면 길하다는 것이고(九二),
셋째, 禮를 무시하는 권력은 도리어 자신을 해친다는 것이고(九三),
넷째, 禮를 尊尙하는 권력은 진로에 방해가 없다는 것이고(九四),
다섯째, 노력의 작용은 소장굴신(消長屈伸)에 있다는 것이고(六五),
여섯째, 세력을 强行하면 진퇴유곡(進退幽谷)에 빠진다는 것이다(上六).

火地晋 (三十五)

離上
坤下

大義

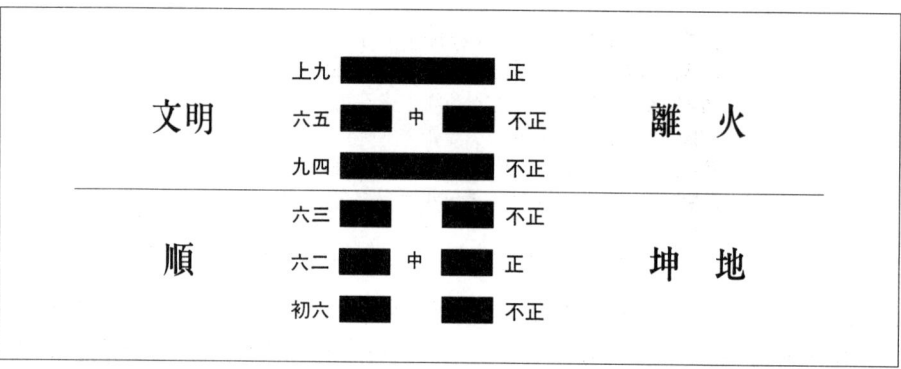

「서괘전」에서 "晋者는 進也이니"라고 하였으니 晋은 전진한다는 뜻이 있으며, 또 「잡괘전」에서 "晋은 晝也ㅣ오"라고 하였으니, 진괘는 괘상을 보아 밝은 태양인 離卦가 坤卦의 땅 위에 솟아 있는 형상이다.

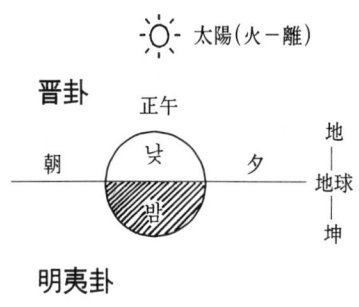

1) 卦象으로 보아서 지상(지구)에 밝은 태양이 떠 있으니 문명의 기상을 나타내며, 또한 한낮(정오)의 밝음과 행운을 과시한다.
2) 晋은 進이므로 태양이 동에서 서로 나아가는 것을 뜻한다.
3) 晋은 문명한 낮으로 비유되는데 이를 사람에다 비유하면 지상의 태양처럼 도통한 성인 군

자의 位가 된다. 사회적인 측면에서 보면 태평성세를 의미한다. 즉, 대자연 그대로 止於至善과 天賦之性을 가지고 나아가는 것이 晋이다.

4) 晋卦를 각 효로 보면 유순한 六五爻가 백성의 순종을 얻어서 천자의 총애를 크게 얻는 형상이다.[1]

5) 晋卦 때에는 묻혀 있던 것이 문명한 세상에 나와 밝음을 나타내어 자신을 과시하는 시기이다.[2] 반대로 晋의 이면은 밤이며, 이것이 明夷이다.

6) 日午中天을 묘사한 괘가 晋卦이다. 그리고 육효 중 六二爻만이 中正이고 나머지 효들은 不正이다. 日午中天 시대의 현상이라 하겠다. 정신적으로 보면 내괘의 順에서 외괘의 광명을 찾을 수 있는 것이다.

```
1   2   3   4   5   6   7   8   9   10
                └─┬─┘
                 二中
          (先天과 后天의 中天時期)
```

原文풀이

晋은 康侯를 用錫馬蕃庶하고 晝日三接이로다

晋은 〈왕께서〉 安國之侯에게 말을 많이 하사하시고, 하루에 세 번씩이나 접하는도다.
· 晋:나아갈 진 · 康:편안할 강 · 侯:제후 후 · 錫:줄 석 · 蕃:많을 번, 무성할 번 · 庶:뭇 서
· 晝:낮 주 · 接:접할 접

總說

윗글은 晋卦의 괘사이며, 四德(元亨利貞)이 없다.

各說

● 康侯를: 康侯는 治安之侯(정이천의 말), 安國之侯(주자의 말)의 重臣을 말하며, 태평성대일수록 주장(主將)이 되는 侯를 세워서 행사하는 것이 좋다.『주역』에서 侯

---

[1] 대체적으로 卦名은 자연의 이치(원리)와 도학적인 이치를 말하고 있으며, 爻辭는 정치적, 가족적, 사회적인 설명을 하고 있다.

[2] 진괘의 시기는 절후상으로 하지(夏至)인데 이 때는 그림자가 없다. 그러므로 3차원 시대의 가장 밝은 문명 시대를 晋이라 한다. 그 때를 포착하여 풀이한 것이 晋卦라고 할 수 있다.

를 말한 두 곳이 있는데 살펴보면 다음과 같다.

예1) 屯은 元亨코 利貞하니 勿用有攸往이오 利建侯하니라 (水雷屯卦 卦辭)
　　屯은 크게 형통하고 正固함이 이로우니, 갈 곳이 있으나 쓰지 말 것이요, 제후를 세우는 것이 이롭다.

예2) 豫는 利建侯行師하니라 (雷地豫卦 卦辭)
　　豫는 侯(군주)를 세우고 군사를 움직이는 것이 이롭다.

● 用錫馬蕃庶하고 : 임금이 제후를 모아서 잔치하고 놀거나 행사를 할 때 상으로 말을 하사하는 것을 말한다. 또는 제후(중신)들에게 무예를 겨뤄 보기 위하여 말을 하사하여 행사하는 것을 말한다.

● 晝日三接이로다 : 왕이 낮에 세 번씩(아침, 점심, 저녁)이나 제후들과 접하게 된다. 이는 곧 자주 만나게 된다는 뜻이며, '三'은 세 번이라기보다 빈번함을 뜻한다.

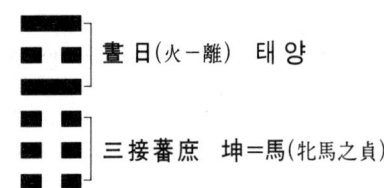

● 用錫馬蕃庶하고 晝日三接이로다 : 문명이 최고도로 발전된 태평한 시대의 왕이 신하들을 모아서 잔치를 벌이며 무예를 겨루게 하여 상으로 말을 주며 어루만지는 형태를 묘사한 것이다. '錫馬'의 馬(말)는 坤卦의 牝馬를 뜻하며, '晝日'은 離 곧 火이니 낮이다. 그리고 '三接'이란 君位인 육오효가 백성인 坤三爻를 접한다는 뜻이다. 蕃庶라는 말은 坤爻(☷, 6수, 坤爲衆)의 수가 팔괘 중에서 제일 많으므로 그렇게 표현하였다.

彖曰 晉은 進也ㅣ니 明出地上하야 順而麗乎大明하고 柔進而上行이라 是以康侯用錫馬蕃庶晝日三接也ㅣ라

彖에서 말하기를 "晉은 나아가는 것이니, 밝은 것이 지상에 나와서, 순종하여 크게 밝아 공중에 걸려 있고, 柔가 나아가 위(군위)에서 행하는지라. 이로써 康侯用錫馬蕃庶晝日三接이라"고 하였다.

· 進:나아갈 진 · 麗:걸릴 리 · 柔:부드러울 유 · 是:이 시, 옳을 시

總說

윗글은 진괘의 「단사」이다. 진괘는 태평한 시대로 문명이 최고도이므로 사사로운 말이 필요 없다. 그래서 단사가 짧은 것이다. 일오중천의 시기에는 그저 태양을

중심으로 지구가 순리대로 돌아간다는 것 외에는 말할 수가 없다. 「대상」의 自昭
明德으로써 일오중천을 슬기롭게 펴 나아가야 한다. 공자가 붓을 눌러 우리에게
敎示한 문장이다.

各說

- 明出地上하야: 밝은 태양이 지상에 떠 있는 상을 말하였으니, 이는 진괘의 괘상을
  표현한 것이다. 즉, 상괘는 離(=日, 태양)이며 하괘는 坤(=地上)이다.
- 順而麗乎大明하고: '順'은 坤을 뜻하며, 지구가 돌아간다는 뜻이다. 麗乎大明은 離則
  太陽을 뜻한다. 또한 이것은 대자연의 이치가 순조롭게 조화되어서 태양이 공중
  에 떠 있다는 것이며3), 晉의 괘덕을 말한 것이다.

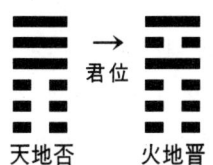

- 柔進而上行이라: ①육오효의 유약한 군위가 윗
  자리에서 모든 것을 행한다는 뜻이다. 그리고
  離卦가 음괘인 까닭에 '柔進'이라고 하였으며,
  '上行'은 육오효를 두고 한 말이다. [별해]天
  地否卦의 구오효가 변하면 火地晉卦가 된다. 천지가 비색하고 난세의 군주는 유
  순하게 변하여 태평성대의 문명을 구가하는 것이 晉이라고 할 수 있다. ②離卦가
  상괘로 된 괘는 단사에서 "柔進而上行"이라고 하였다.

예1) 彖曰…… 剛柔ㅣ 分하고 動而明하고 雷電이 合而章하고 柔得中而上行하니……
     (火雷噬嗑卦「彖辭」)
     彖에서 말하기를 "…… 剛과 柔가 나뉘고, 움직여서 밝아지고, 우레와 번개가 합하
     여 빛나고, 柔가 得中하여 위에서 행하니……"라고 하였다.

예2) 彖曰 睽는 火動而上하고 澤動而下하며 二女ㅣ 同居하나 其志ㅣ 不同行하니라 說而
     麗乎明하고 柔ㅣ 進而上行하야……(火澤睽卦「彖辭」)
     彖에서 말하기를 "睽는 불〈기운〉이 움직여서 위로 오르고, 못은 움직여서 아래로
     내려가며, 두 여자가 한집에 함께 거처하나〈성장하여 출가를 하게 되면〉그 뜻이
     함께 행하지 아니한다. 기뻐하고 밝은 것이 하늘에 걸려 있고, 柔가 나아가 위에서
     행하여……"라고 하였다.

예3) 彖曰 ……巽而耳目이 聰明하며 柔進而上行하고 得中而應乎剛이라……(火風鼎卦「彖辭」)
     彖에서 말하기를 "…… 손순하고 귀와 눈이 총명하며 柔가 나아가 위에서 행하고,
     득중하여 剛에 응한다……"고 하였다.

---
3) 태양이 공중에 떠 있다. 즉, 태양이 공중에 걸려 있다(離)는 것은 태양이 움직이지 않는다는 말이다.

象曰 明出地上이 晉이니 君子ㅣ 以하야 自昭明德하나니라

象에서 말하기를 "밝은 것이 지상에 나타난 것이 晉이니, 군자는 이로써 스스로 밝은 덕을 밝힌다"고 하였다.
· 昭: 밝을 소

總說

윗글은 진괘의 「대상」이다.

各說

● 君子ㅣ 以하야 : 군자가 이러한 자연을 본받고 거울삼는다는 뜻이다.
● 自昭明德하나니라 : ①『대학』의 明明德과 그 뜻이 같다고 할 수 있지만 昭는 明과 그 뜻이 조금 다르며 형이상학적인 의미가 있다. 천부지성으로 받은 밝은 덕(明德)을 스스로 밝게 한다는 뜻이다. 즉, 공부를 함에 있어서 도통의 경지는 저절로 오는 것이 아니라 自昭로써 克己와 自成의 근면과 노력이 뒤따라야 가능하다는 뜻이 내포되어 있다. 따라서 스스로 해야지 남이 나에게 해주는 것이 아니므로 自昭라고 하였다. 盡性 공부에서 自昭明德의 밝기는 태양보다도 밝은 것이라고 할 수 있다.

예1) 大學者는 大人之學也ㅣ라 明은 明之也ㅣ라 明德者는 人之所得乎天而虛靈不昧하야 以具衆理而應萬事者也ㅣ라 (『大學』 經1장)

大學이라는 학문은 大人의 학문이다. 明은 밝히는 것이다. 明德이라는 것은 사람이 하늘에서 얻은 바로써, 마음이 텅 비고 신령스럽고 어둡지 아니하여 온갖 이치가 갖추어져 있어 만사에 응하는 것이다.

. [설명]明明德의 해설이다. 明은 밝히는 것, 곧 사람이 노력하여 연마하는 것이 밝히는 정도에 따라서 빛이 나며 남보다 우월해진다는 것이다. 이것은 후천적이요, 형이하학적이라고 할 수 있다.

예2) 自誠明을 謂之性이오 自明誠을 謂之敎ㅣ니 誠則明矣오 明則誠矣ㅣ니라 (『中庸』 第21장)

精誠(하늘)으로 말미암아 밝아짐을 性이라 이르고, 밝아짐으로 말미암아 誠해짐을 敎라고 하니, 誠하면 밝아지고, 밝으면 곧 誠해지는 것이다.

[설명]'自誠明'은 자연, 天道, 즉 私欲이 전혀 없는 천부지성(至善)을 그대로 간직하고 있는 것으로 성인 같은 존재를 말한다. 그리고 '自明誠'은 人道, 노력의 뜻이며 明은 앎을 말한다. 私欲이 있어 이것을 밝힘으로써 誠之하여 誠에 나아가는 것이다. 즉, 성인 이외의 사람인 우리처럼 성인이 되기 위하여 노력하고 수양하는 것을 말

한다. 그러나 誠者든 誠之者든 간에 궁극에 가서 歸一하게 됨은 같다.

自誠明 — 天之道也 — 生知安行 — 聖人
自明誠 — 人之道也 — 學知利行 — 賢人

②康侯가 되려면 自昭明德이 되어야 한다. 觀通이 되어 마음으로 편안하고 모든 것이 歸一되었을 때를 말한 것이다. 나타나는 것이 많은 말들이 거닐며 달리는 것과 같은 평안한 정신의 작용을 표현한 뜻이기도 하다. 『대학』의 구절을 인용하여 좀더 설명을 하여 보자.

예) 知止而后에 有定이니 定而后에 能靜하며 靜而后에 能安하며 安而后에 能慮하며 慮而后에 能得이니라 (『大學』經1章)
머물 데를 안 뒤에 定함이 있으니, 定한 뒤에야 능히 고요하고, 고요한 뒤에야 능히 평안하고, 평안함이 있은 뒤에야 생각할 수 있으며, 생각한 뒤에야 얻을 수 있다.
[설명] 괘사의 康侯(安國之侯, 治安之侯)는 윗글의 '安'으로 비유할 수 있다.

③晋卦 때의 해야 할 일은 自昭明德이다. 그 내용을 미뤄 짐작해 보면, 日午中天 시기에는 自昭이기 때문에 明德을 가진 사람이 많지 아니함을 알 수 있다. 공자는 自昭明德, 즉 자기가 스스로 노력 공부해야만 알 수 있다고 하였다.

初六은 晋如摧如에 貞이면 吉하고 罔孚ㅣ라도 裕ㅣ면 无咎ㅣ리라

初六은 나아가는 듯 억제하는 듯함에 바르게 하면 길하고, 믿음이 없더라도 너그럽게 하면 허물이 없을 것이다.
· 摧:꺾을 최, 억제할 최, 저지할 최 · 罔:없을 망 · 孚:믿을 부 · 裕:넉넉할 유, 너그러울 유

總說

초육효는 부정위면서 구사효와 상응 관계이다. 구사효 또한 부정위이며, 효사의 내용은 어렵게 되어 있다.

各說

● 晋如摧如에 : 초육효이므로 발전적으로 나아가려고 한다. 초육효는 응 관계인 구사효와 음양 상응하므로 진취적으로 晋如라고 하였지만 두 효 모두가 부정위인 까닭에 다시 摧如라고 하였다. 즉, 一進一退이다. 여기서 '如'는 같기도 하고 아니기도 하다

는 뜻으로 운(韻)을 맞추기 위하여 쓰였다. 屯卦에서도 이와 같은 문장이 있다.
　예)六二는 屯如邅如하며 乘馬班如하니 匪寇ㅣ면 婚媾ㅣ리니 女子ㅣ 貞하야 不字ㅣ라
　　가 十年에아 乃字ㅣ로다 (屯卦 六二爻辭)
　　六二는 머물러 있거나 두리번거리는 것과 같으며, 말을 타고 나아가지 않고 머뭇거
　　리니, 도적이 아니면 혼인하려 함이니, 여자가 정조를 지키어 시집가지 않고 있다가
　　십년만에야 시집을 가는 것이다.
- 貞이면 吉하고:초육효가 구사효로부터 의심을 받고 있지만 正道로써 올바르게 하면 길하다는 뜻이다.
- 罔孚ㅣ라도 裕ㅣ면 无咎ㅣ리라:①초육효가 구사효에게 믿음과 정성을 받지 못한다고 하더라도 너그러운 마음을 가져 불평을 하지 않는다면 허물이 없다는 것이다. ② 때가 태평성대이므로 부귀나 지위가 필요 없다. 즉, 最下位에 있는 사람이라도 그대로 있으면, 곧 潛龍이면 그 결과는 좋다는 뜻이다.

象曰 晉如摧如는 獨行正也ㅣ오 裕无咎는 未受命也ㄹ새라

　象에서 말하기를 "晉如摧如는 홀로 바른 것을 행하는 것이요, 裕无咎는 아직 천명을 받지 않았기 때문이다"고 하였다.
　·獨:홀로 독　·行:갈 행, 나아갈 행　·受:받을 수　·命:명할 명, 목숨 명

各說

- 獨行正也ㅣ오:부정위에 있어도 올바르게 한다. 일오중천 때에 남이야 어떻게 하든 자기 자신만은 올바른 마음을 가지고 살겠다는 것이다. 즉, 罔孚라도, 올바른 지도자가 없어도 이 시기에는 獨行正也이다.
- 未受命也ㄹ새라:①대자연의 원리 원칙에 따르지 아니하면 天命을 받지 못하는 것이다. ②초육효가 大臣의 지위에 있는 구사효에게서 내통된 명령을 받지 못한 것을 말한다.

六二는 晉如ㅣ 愁如ㅣ나 貞이면 吉하리니 受玆介福于其王母ㅣ리라

　六二는 나아가는 것이 근심하는 듯하나, 바르게 하면 길할 것이니 이에 큰 복을 王母로부터 받을 것이다.
　·愁:근심 수　·玆:이에 자　·介:클 개　·福:복 복

總說

육이효는 柔順中正으로 진괘의 주효이다. 일오중천 때 사람들의 마음이 부정하지만 오직 二爻만이 중정을 얻어 세상을 직시하므로 時中의 人이라고 할 수 있다. 또한 괘사에서 自昭明德이라고 하였으니 不正이 많은 가운데 正은 하나밖에 없다. 육오효와는 상비 관계이다.

各說

- 晋如ㅣ 愁如ㅣ나:나아가기도 하고 근심하는 것 같기도 하다는 뜻이다. 육이효는 유순중정의 효로서 상비 관계인 육오효 陰을 만나 근심한다는 뜻이다.
- 貞이면 吉하리니:中正이면 좋을 것이다. 즉, 愁如라고 할지라도 正으로 해야 그 결과가 길하다. 또한 중천 시기에는 至善과 正中으로 해야만 한다는 뜻이 내포되어 있는 경계사이다.
- 受玆介福于其王母ㅣ리라:육오효와의 관계를 말하는 것으로 大福을 육오효(王母)로부터 받는다는 것이다. 大福이란 錫馬蕃庶의 상을 받는 것이며, 王母라 한 것은 육오효가 군위로서 음효이기 때문이다. 여기서 '介'는 大의 뜻이다.

象曰 受玆介福은 以中正也ㅣ라

象에서 말하기를 "受玆介福은 중정지도를 가지고 있기 때문이다"고 하였다.

各說

- 以中正也ㅣ라:①中正만 되면 后天 王母의 복을 받을 수가 있다는 것이다. ②지구에 어떤 변동이 있더라도 태양의 도움은 받을 것이며, 그 마음가짐은 중정으로써 행하여야 한다는 것이다.

六三은 衆允이라 悔ㅣ 亡하니라

六三은 무리가 믿는 것이다. 뉘우침이 없다.

· 衆:무리 중 · 允:미더울 윤, 진실로 윤

總說

육삼효는 상구효와 상응 관계이며 둘 다 부정위이다.

各說

- 衆允이라 悔ㅣ 亡하니라: 육삼효는 坤卦의 마지막 효이다. 重陰의 뜻을 모아 信允을 받았기 때문에 뉘우침이 없다는 것이다. 초육효와 육이효가 貞吉이라고 하였으므로 육삼효에도 貞吉이 들어 있다고 할 수 있다. 따라서 함께 행한다는 뜻이 衆允이요, 悔亡은 貞吉悔亡과 뜻이 같다. 여기서 '衆'은 많다는 뜻이며 蕃庶와 그 뜻이 같다. 또 '允'은 진실로 뜻이 상통되는 형상을 말한다.
  - 允執厥中: 순결무구한 진실한 마음으로 그 中을 잡는다는 뜻이다.

象曰 衆允之志는 上行也ㅣ라

象에서 말하기를 "衆允의 뜻은 위로 나아가기 때문이다"고 하였다.

各說

- 衆允之志는: 뭇 사람(모든 음)이 진실로 상통하여 뜻을 함께 하는 것을 말한다.

- 上行也ㅣ라: ①진은 進이므로 上行이 된다. 여기서 '上'은 육오효 군위를 말하며 육오효(임금)에 대하여 충성을 다한다는 뜻이다. ②구사효가 앞을 가로막고 있으나 內三爻가 힘을 모아서 임금에게 나아가면 잘 된다는 것이다.

九四는 晋如ㅣ 鼫鼠ㅣ니 貞이면 厲하리라

九四는 나아가는 것이 다람쥐이니, 바르게 하여도 위태로울 것이다.
- 鼫:다람쥐 석 · 鼠:쥐 서 · 厲:위태할 려

總說

구사효는 부중정으로서 위로는 육오효를 넘보고 아래로는 三陰을 돌아보는 형상의 위치이다. 나아가는 것이 다람쥐의 생태와 같으므로 바르게 해도 근심이 있다. 즉, 소인의 상이다.

各說

- 鼫鼠ㅣ니:①다람쥐의 속성에다 비유한 것이다. 다람쥐는 보통의 쥐와 달리 밤에는 활동을 하지 않고 낮에 활동하는 속성을 가지고 있다. 그러므로 낮을 가리키는 晋卦에서 인용하였다. 왔다갔다하면서 마음의 진정을 못하고 잘 변하는 다람쥐의 속성을 취해 아래의 三陰과 위의 육오효 중 어디로 갈까 하는 구사효의 행동을 비유하여 표현하였다. 즉, 소인을 빗대어 鼫鼠라 하였다. ②구사효가 大臣의 지위와 권력이 있는 만큼 왕권이나 아랫사람들에 대하여 여러 마음을 가지고 있다.
- 貞이면 厲하리라:구사효가 부정위이기 때문에 正道로 해도 위태롭다는 것이다. 그러므로 태평성대에는 구사효가 康侯가 되어 왕의 보좌를 잘 해야 한다. 요순 시대도 밑에 있는 重臣이 잘 하였기에 임금이 빛이 났다.

象曰 鼫鼠貞厲는 位不當也ㄹ새라

象에서 말하기를 "鼫鼠貞厲는〈九四의〉位가 마땅하지 않기 때문이다"고 하였다.

各說

- 位不當也ㄹ새라:64괘 전체로 볼 때「소상」에서 三爻에 不當位를 언급한 것은 많으나, 四爻의「소상」에서 不當位를 언급한 것은 晋卦가 처음이다. 또한 澤地萃卦도「소상」에서 구사효가 不當位라고 언급되었다.
    예)九四는 大吉이라아 无咎ㅣ리라   象曰 大吉无咎는 位不當也ㄹ새라 (澤地萃卦)
        九四는 크게 길해야 허물이 없을 것이다. 象에서 말하기를 "大吉无咎는 位가 마땅하지 않기 때문이다"고 하였다.

六五는 悔ㅣ亡하란대 失得을 勿恤이니 往에 吉하야 无不利리라

六五는 뉘우침이 없으리라. 잃고 얻는 것을 근심하지 아니하니〈그대로〉나아가면 길하여 이롭지 아니함이 없을 것이다.
· 勿:말 물, 아닐 물 · 恤:근심 휼 · 往:갈 왕

總說

육오효는 부정위이지만 득중이며, 육이효와 상비 관계이다.

各說

- 悔ㅣ 亡하란대:육오효가 부정위이므로 悔亡이라고 하였다.
- 失得을 勿恤이니:진괘는 태평성대이므로 重臣이 와서 임금을 옹호하는지라 失得勿恤이라 하였다. 여기서 '失得'은 손익과 이해득실을 떠나 中道를 잡는 것을 말한다. '勿恤'은 육오효 자체가 부정위이기 때문에 勿恤이라고 하였으며, 육오효가 왕위에 있으면서 머리 속에 잡념이 없는 상태를 말한다. '恤'은 憂의 뜻으로 '勿恤(=勿憂)'은 근심하지 아니한다로 풀이된다. 다른 괘에서도 쓰이고 있다.

  예) • 九三은 无平不陂며 无往不復이니 艱貞이면 无咎하야 勿恤이라도 其孚ㅣ라 于食에 有福하리라 (地天泰卦)
  • 九五는 王假有家ㅣ니 勿恤하야 吉하리라 (風火家人卦)
  • 九二는 惕號ㅣ니 暮夜에 有戎이라도 勿恤이로다 (澤天夬卦)
  • 初六은 有孚ㅣ나 不終이면 乃亂乃萃하릴새 若號하면 一握爲笑하리니 勿恤코 往하면 无咎ㅣ리라 (澤地萃卦)
  • 升은 元亨하니 用見大人호대 勿恤코 南征하면 吉하리라 (地風升卦 卦辭)
  • 豊은 亨하니 王이아 假之하나니 勿憂홀젼 宜日中이니라 (雷火豊卦 卦辭)

  따라서 失得勿恤은 개인의 욕심과 이익에서 벗어나 无我之境(惟精惟一)에서 中道를 잡는 것을 말한다.
- 往에 吉하야 无不利리라:육오효 임금 자리에서 그대로 나아가면 이로움이 있다는 것이다.

象曰 失得勿恤은 往有慶也ㅣ리라

象에서 말하기를 "失得勿恤은 나아가면 경사가 있을 것이다"고 하였다.

各說

- 往有慶也ㅣ리라:육오효는 덕이 있는 유순한 王母이므로 중정지도를 지키면 때가 태평성세이니 无不利하다는 것이다.

上九는 晉其角이니 維用伐邑이면 厲하나 吉코 无咎ㅣ어니와 貞앤 吝하니라

上九는 그 마지막에 나아감이니, 오직 써 자기 자신을 이해하면 위태하나 길하고 허물이 없거니와 나아가면 인색하다.

· 角:뿔 각, 모퉁이 각 · 維:오직 유 · 伐:칠 벌 · 邑:고을 읍

總說

상구효는 부정위이며 육삼효와 상응 관계이다.

各說

*해의 가장 빛나는 시기가 午時이다

- 晉其角이니 : 角은 隅(모퉁이)이며, 이 시기가 상구효이듯 전진하는 데 마지막(極)이라는 뜻이다. 일반적으로 하루 중 해질 무렵을 뜻하지만 경우에 따라 正午도 角이라고 할 수 있다.
- 維用伐邑이면 : ① '伐邑'은 자기 자신을 뜻한다. 즉, 자기 자신을 연마한다는 의미가 담겨 있다. 邑은 나의 고을을 뜻하지만 축소 해석하면 개인을 뜻한다. ②해(일오중천)가 지니, 내 자신을 연마한다. 때가 왔을 때 일을 해야 한다는 것으로 낮에 할 일은 낮에 하고, 밤에 할 일은 밤에 하여 일의 때를 놓치지 않아야 된다는 뜻이다.
- 貞앤 吝하니라 : 만약 시간을 놓쳐서 행한다면 인색하여지고 나쁜 결과가 온다는 것이다. '貞'은 시간적인 뜻으로 일오중천의 시기에 이르러 때를 놓치지 말라는 의미가 담겨 있다. 즉, 時止則止 時行則行을 말한다. 여기서 '貞'은 시간적인 것과 進의 뜻이 있는 것으로 특수하게 쓰였다.

象曰 維用伐邑은 道未光也_{ㄹ새라}

象에서 말하기를 "維用伐邑은 〈나의〉도가 빛나지 못하기 때문이다"고 하였다.

各說

- 道未光也ㄹ새라 : 낮에 할 일을 다 못한다면 나의 도가 빛나지 아니한다는 뜻으로, 시간의 중요성이 내포되어 있다.

地火明夷 (三十六)

坤離
上下

大 義

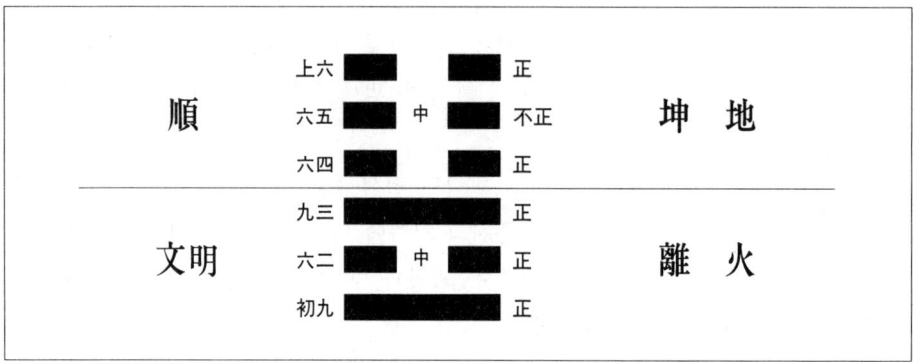

　　明夷卦는 晋卦의 도전괘이다. 명이괘는 하경으로서는 6번째 괘이고 상하경을 통산하면 36번째 괘이다. 이 36數는 우리 나라와 깊은 관계가 있으므로 깊이 연구해 볼 필요가 있다. 예를 들면 일제 36년과 그 뒤 36년은 음양 배합으로 72년이 된다.1)

1) 明夷의 卦象은 晋卦와 반대 현상이다. 明夷는 태양(☲)이 지하에 있으므로 그 밝음이 傷(=夷)하였다. 즉, 밤을 뜻한다. 밤은 단지 해가 가려져 있을 뿐이지 밝지 아니한 것은 아니다.

---

1) ━을 1로 ╍을 2로 보면 乾(3), 兌(4) 離(4), 震(5), 巽(4), 坎(5), 艮(5), 坤(6)이 되어 모두 36이 된다. 또 팔괘의 수도 1에서 8까지 더하면 모두 36이 된다. 그리고 팔괘의 모든 효수를 세어 보면 양효 12개, 음효 12개이다. 합하여 24로서, 24배합이 팔괘인 셈이다. 태극의 음양으로 책수를 세어 보면 각각 36策이다. 즉, 姤復之理(1년의 순환)로 양효와 음효를 세어 보아도 각각 36효로 도합 72효이다. 72는 大自然數이다. 대자연의 운행 과정 또한 이와 같다. 즉, 1년 → 4季節 → 24節侯 → 72侯이다.

2) 晉을 晝(대낮)라고 하였으니 明夷는 태양이 없는 암흑 천지를 뜻한다. 이를 사람에다 비유하면 성인, 군자가 속으로 훤히 알고 있으면서 겉으로 무지한 사람처럼 보이게 하는 것을 취상하였다고 볼 수 있다. 정치적인 측면에서 보면, 무질서한 사회상을 연상할 수 있다. 이것은 곧 빛이 없는 세상이므로 아름답고 고운 것이 판별될 수가 없다. 조선조의 연산, 광해군 시대와 같이 소인이 등장하여 惡이 난무하고 善이 구축(驅逐)되어 군자나 현인을 몰아내고 통치자를 포악한 군주로 만들어 세상을 암흑으로 이끌어 가는 형상이다. 이런 때에는 지도자가 고립되므로 현인, 군자는 자신을 숨기고 겉으로는 반항이 없는 유순한 태도로 살라고 이 괘는 가르치고 있다. 도학적인 측면에서 보면, 觀이나 敬 공부가 4차원에 돌입한 사람의 경지를 일컬어 明夷라고 한다. 즉, 성인처럼 外柔內剛하여 안으로는 세상 만사를 훤하게 알고 있는 사람이 밖으로는 모르는 척하면서 행동을 나타내지 아니하는 것이다. 가령 예를 역사적인 사례에서 들어보면 다음과 같다.

예1) 문왕은 유리옥(羑里獄)에서 演易을 하여 달통하였지만, 겉으로 드러내지 않았다. 광폭한 紂王이 문왕의 아들을 죽여 월병(月餠)과 국을 끓여 그에게 주었다. 그러나 그는 모르는 척하고 먹고 풀려 나와 토하였다.2)

예2) 箕子는 紂王의 폭정에 못 이겨서 거짓으로 양광3)(佯狂)을 하였다.4) 이것이야말로 明夷의 좋은 예이다. 여기서 箕狂이라는 이름도 나왔다.

明夷 ┌ 정치적 — 覇道政治, 小人政治 — 不正, 不義
     └ 사회적 — 무   질   서 — 不善, 賢人隱

3) 文王의 家系를 고찰하면, 王季→文王→武王→成王(周公이 섭정함)으로 이어진다. 문왕은 은나라의 서쪽 변방의 제후였으나 은나라 紂王의 폭정으로 민심의 향배가

---

2) 옥에서 풀려 나온 문왕은 먹은 음식을 토하였는데, 그것이 토끼로 변하여 오늘날 토끼의 시조가 되었다는 설이 있다.
3) 佯狂은 속은 태양처럼 밝고, 알고 있으면서도 겉으로는 미치광이처럼 행사하는 사람을 뜻한다.
4) 주왕의 포악한 예가 『논어』 微子篇에 나와 있다. "微子는 去之하고 箕子는 爲之奴하고 比干은 諫而死하니 孔子曰殷有三仁焉하니라:미자는 떠나가고, 기자는 종이 되고, 비간은 간하다가 죽었다. 공자께서 말씀하시기를 '은나라에 세 명의 仁者가 있었다'고 하셨다"고 하였다. 미자는 주왕의 서형이고, 기자와 비간은 주왕의 숙부이다. 미자는 宗孫으로 神主를 가지고 숨어 버렸고, 比干은 충신으로서 주왕에게 충고를 하다가 사로잡혔다. 주왕은 '聖人之心 有三毛七竅:성인의 심장에는 7개 구멍이 있다(『史記』)'라는 말을 확인코자 비간의 가슴을 갈라서 죽였다. 기자는 어찌 할 방법이 없어 일부러 미친 척 했다. 그 밖의 충신으로 伯夷, 叔齊가 있었다.

문왕에게 쏠리자, 그로 인하여 유리옥에 감금당하기도 하였다. 문왕 사후 무왕이 주공과 더불어 은나라를 멸하고 中原5)을 통일하였다. 『주역』은 주나라 문왕 당시 午時를 기준으로 하여 母系 중심 사회에서 父系 중심 사회로 들어가는 전환점이 되었으며, 이 당시에 만들어졌다.

4) 明夷의 '夷'는 傷, 平等, 悅, 東方蠻人 등의 뜻을 가지고 있다. 또 '夷'자를 파자하여 보면 一弓人이 된다. 이것은 동방의 예의지국인 한국을 뜻한 것이고6) 내면으로는 동방 한국의 밝은 장래를 말한 것이라 여겨진다. 모든 천지 만물이 다 상하는 암흑의 시기이지만 오직 東夷之國만은 홀로 우뚝 밝은 빛을 발휘하면서 면면히 이어져 나간다는 뜻이라 하겠다. 은근히 밝음이 있는 곳을 알려주고 밝혀 주는 것을 明夷라고 한다. 또한 『주역』에서 文王과 箕子라는 사람 이름이 처음 등장한 것이 36번째 괘인 명이괘이다.7) 이때는 東夷國에서 성인이 출현한다는 암시이기도 하다. 따라서 대표적인 인물로 문왕과 기자를 등장시켰다. 문왕을 처음으로 언급한 것은 문왕이 중원 통일의 터전을 닦은 장본인이기 때문이며, 한국에서의 성인 출

---

5) 중원은 살기 좋은 땅을 중심으로 天子가 다스리는 것을 뜻한다. 중원의 내부를 다스리는 사람을 天子라고 한다. 중원의 통치 신분에 대한 것을 등급으로 따져 보면, 천자는 萬乘之家이고, 제후는 千乘之家이며, 정승은 百乘之家이다. 즉, 수행하는 말이 만필, 천필, 백필이라는 뜻으로 그 위치의 위엄과 지위의 존엄을 나타내는 것이다. 여기서 '家'는 人의 뜻이다.

6) 고대 중국을 살펴보면 中原은 중국의 중앙으로 天子가 통치하는 제일 좋은 위치로써 문명의 中華人이 살며, 변방의 이민족을 얕잡아 그 남쪽의 종족을 南蠻, 북쪽의 민족을 北狄, 서쪽의 종족을 西戎, 동쪽의 종족을 東夷라 칭하였다. 곧 동이는 우리 나라를 대표하고 특히 중원의 중국은 우리 나라를 여러 변방 민족 중에서 禮儀東方이라 하여 예우하였다. 중국은 방대한 땅과 종족의 분포로 말미암아 여러 문제를 야기했다. 중국은 양자강을 가운데 두고 남과 북의 문화권이 형성되어 왔다. 양자강 남쪽은 老子의 仙道가 盛하였고, 북쪽은 공자의 유교가 성하였다. 이 때문에 남북의 사상적인 통일은 많은 어려움이 있었으며 이 문제는 역대 왕조의 정치적인 과제가 되었다. 역대의 천자가 이 문제를 해결하기 위하여 탕평책(蕩平策)을 써서 남북의 융화를 시도하였다. 탕평책은 『서경』「홍범구주」에 나오는 것으로 王道政治를 하는 방책이다. 그 예로서 한무제는 북쪽 출신으로 남북의 융화책으로 神仙을 찾는다고 하여 남쪽 仙道의 백성으로부터 환심을 사려고 노력하였으며, 두 차례에 걸쳐 100만호의 주민을 남쪽에 이주시켜 사상적 통일을 시키려고 하였다. 조선시대 영조 대왕의 四色黨派를 물리치기 위한 탕평책과 근대 중국의 혁명가 손문의 탕평책도 그러하다. 이는 모두 堯舜禹湯의 聖君 정치를 이어받았다는 것을 알 수 있다.

7) 사람을 내세우는 것은 함괘로부터 시작하지만 실제로는 명이괘에서 后天이 시작되는 것을 암시해 주고 있다. 즉, 여기서부터 형이하학이 시작되는 것을 암시해 주는 것이다.

현을 확실시 해주기 위하여 기자의 말도 나온 것이다. 어쨌든 「단사」에서 文王以之, 箕子以之라고 했으니 연구해 볼 필요가 있다.

5) 공자는 한국을 가리켜 禮儀東方이라고 평가하였으며 항상 吾道亦東(나의 도는 또한 동쪽으로 간다)이라는 말을 하였다. 여기서 '吾道'라는 것은 우주의 진리를 뜻하기도 하지만 공자가 자기의 도가 후세에 한국에서 빛날 것을 예측한 것일 수도 있지 않을까? 결과로 보면 공자의 말이 틀림이 없다고 생각되어 진다. 공자는 중국에서 탄생하였지만, 오히려 공자의 도는 한국에서 꽃피우고 있다고 해도 과언이 아니다. 한국 방방곡곡에 공자의 위패를 모시고 春秋로 享祀를 지내는 것만 봐도 알 수 있듯이, 학문의 계승 역시 우리 나라에서 가장 많이 번창하고 있을 뿐만 아니라 또 연구하는 학자도 많다.

原文풀이

明夷는 利艱貞하니라

明夷는 어렵게 하고 바르게 함이 이롭다.
· 夷:상할 이 · 艱:어려울 간

總說

윗글은 명이괘의 괘사이다.

各說

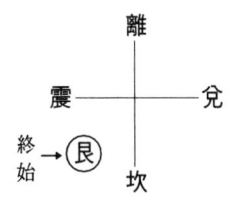

● 利艱貞하니라 : 어려운 일이 있으나 이면에는 다른 이유가 있으므로 正道(貞)로 해야 이롭다. 또 문왕이 유리옥에 갇혀서 고초를 당한 것(用晦而明)과 기자가 佯狂을 하는 것이 '艱'이라고 할 수 있다. 여기서 艱은 堇+艮인데 艮卦가 그 초점이 되며 艮은 한국을 가리킨다.

예) 待其人而後에 行이니라 (『中庸』 第27章)
　　이 사람을 기다린 뒤에야 행해지는 것이다.
　　[설명] 其人은 성인의 영역에 도달한 사람을 말한다. 또 윗글은 성인이 출현하지 않으면 아니 되고, 꼭 출현하여 이상 사회를 건설하게 될 것이라는 뜻이 내포되어 있

다. 즉, 동방에 성인이 출현한 뒤에 모든 것이 행해지는 것이다. 이렇게 출현하는 방법은 用晦而明이며, 어떤 변화가 있을 때 其人이 출현한다. 그러면 지금의 其人은 누구겠는가?
• 難:단순히 어렵다는 것을 말한다. 형이하학이 된다.
• 艱:어려운 이면에 다른 이유가 있는 것을 말한다. 곧 현실을 변혁시키는 것으로 형이상학이 된다.

彖曰 明入地中이 **明夷**니 **內文明而外柔順**하야 **以蒙大難**이니 **文王**이 **以之**하니라 **利艱貞**은 **晦其明也**l라 **內難而能正其志**니 **箕子**l **以之**하니라

彖에서 말하기를 "밝은 것이 땅 속으로 들어감이 明夷니, 안으로 문명하고 밖으로는 유순하여 큰 어려움을 무릅쓰니, 문왕이 이것을 본받아 사용하였다. 利艱貞은 밝은 빛을 어둡게 하는 것이다. 안으로 어려우나 그 뜻을 바르게 할 수 있음이니, 기자가 이러한 것을 본받아서 사용하였다"고 하였다.

·文:무늬 문 ·柔:부드러울 유 ·順:순할 순 ·蒙:무릅쓸 몽 ·難:어려울 난 ·晦:그믐 회 ·箕:키 기

總說
윗글은 명이괘의 「단사」이다.

各說
● **內文明而外柔順**하야:문왕이 유리옥에 갇혀 있지만 내부로는 天道를 환하게 알고 있으며 밖으로는 모르는 척하여서 큰 어려움을 극복하는 현상을 뜻한다. 이것이 明入地中이며 우주 대자연의 원리이기도 하다. 人道로 보면 天道를 그대로 본받아 행한(以之) 문왕이 內文明而外柔順한 사람이다.
● **以之**하니라:모방하여 행하였다는 뜻이다. 여기서 '之'는 어조사가 아니라 行의 뜻이다.
● **晦其明也**l라:그 밝음이 어두워졌다. 그러나 태양은 항상 밝은 것이다. 이러한 것에 비유하여 속으로는 밝으면서 밖으로는 어둡게 행동하는 것을 말한다. 사람에 비유하면 기자와 같은 사람이다. 이러한 이유로 자기의 아호에 晦자를 단 사람도 있다. 주자(朱子)는 회암(晦菴)이라 하였고, 안유(安裕)는 회헌(晦軒), 이언적(李彦迪)은 회제(晦齊)라 하였다.
● **內難而能正其志**니:기자가 양광(佯狂)을 하여 자기의 어려운 처지를 극복한 것을

표현한 말이다. 즉, 안으로는 어렵더라도 그 뜻은 바르게 가져야 한다는 것이 기자의 입장이며 생각이다.8)

```
     ┌ 明  夷 ── 明入地中 ── 內文明而外柔順 ── 以蒙大難 ── 文王에 비유
     └ 利艱貞 ── 晦其明也 ── 內難而能正其志 ──────── 箕子에 비유
```

象曰 明入地中이 明夷니 君子ㅣ 以하야 莅衆에 用晦而明하나니라

象에서 말하기를 "밝은 것이 땅 속에 들어감이 明夷니, 군자가 이로써 모든 사람에게 임하여는 어두운 것을 써서 〈상대를〉 밝게 하는 것이다"고 하였다.

· 莅:다다를 리 · 衆:무리 중

總說

윗글은 명이괘의 「대상」이다.

各說

- 君子ㅣ 以하야:군자는, 밝은 태양이 지구에 가려서 빛을 낼 수 없는 상을 본받는다는 것이다.
- 莅衆에:임금으로서 아랫사람을 돌보는 것을 뜻한다.
- 用晦而明하나니라:明明德이 된 사람이 用晦하며, 而明은 상대를 일깨워 주는 것을 뜻한다. 여기서 用晦는 體가 되며, 而明은 用이 된다(體→用). 군자가 안으로 세상 만사를 환하게 알고 있으면서 밖으로는 어리석고 모르는 듯한 태도로써 백성의 허물을 눈감아 주면서 나라를 다스려 차츰 백성을 밝은 데로 이끌어 나가는 것을 말한다.

初九는 明夷于飛에 垂其翼이니 君子于行에 三日不食하야 有攸往에 主人이

---

8) 武王이 천하를 얻은 뒤에 민심이 수습되지 못하므로 前王朝 殷의 유신(遺臣)인 箕子를 찾아가 우임금이 만든 정치 大法 9條를 물었는데 기자는 정치의 요체로 9가지를 설명하였다. 이것이 홍범구주(洪範九疇)이다. 따라서 기자는 스스로의 밝음을 감추어 생명을 보존함으로써 후세에 그 도를 전할 수가 있었던 것이다. 이러한 기자의 행위는 창생을 구제하기 위한 마음에서 비롯된 것이다. 하지만 殷의 三仁(기자·미자·비간)의 마음은 같았지만 그 종결은 달랐다.

有言이로다

　初九는 明夷가 나는 데에 그 날개를 드리우니, 군자가 감에 삼일을 먹지 않아서, 가는 바가 있음에 주인이 말이 있도다.
　·飛:날 비　·垂:드리울 수　·翼:날개 익　·食:밥 식, 먹을 식

總說
　초구효사는 重臣인 백이와 숙제가 주왕이 망할 것을 먼저 느끼고 한 말이다. 또 초구효는 백이와 숙제의 입장을 상징한 것이다. 육사효와는 정응 관계이다.

各說
- 垂其翼이니:새가 날려고 해도 양쪽 날개가 상하여 아래로 드리워져 날지 못한다. 이것은 백이와 숙제가 주왕의 중신으로 있지만 나라가 망할 때가 왔기에 그 힘이 미치지 못하는 형상을 뜻한다. 여기서 '翼'은 두 중신이라는 뜻이 내포되어 있다.
- 君子于行에:백이와 숙제가 산중(首陽山)으로 들어가는 것을 말한다.
- 三日不食하야:군자가 암흑 시대에 맞닥뜨려 벼슬을 하지 않고 물러나, 3일씩 굶는 일이 있더라도 義가 아니면 녹을 먹지 않는다. 즉, 군자가 몸은 도망을 가되 마음은 변치 않고 의리로서 주나라의 곡식을 먹지 아니한다는 충절심을 표현한 말이다. 三日不食은 꼭 3일만을 뜻하는 것이 아니라, 나라가 망했으니 주나라의 곡식은 먹지 아니한다는 뜻이 내포되어 있다.
- 不食하야:義가 아닌 곡식(祿)은 먹지 아니한다는 것이다.

※紂王 당시의 시대상이 반영되어 우리 나라 선비에게 끼친 영향을 살펴보자.
　주왕의 포악한 정치로 인하여 은나라가 주나라 무왕에 의해 망하자―무왕이 주왕을 치고자 하였을 때 백이 숙제는 무왕을 찾아가 신하로서 임금을 범하는 것은 不忠이라고 고마이간(叩馬而諫)하였으나 무왕은 듣지 아니하였다―백이와 숙제는 不事二君의 충절을 지키기 위하여 수양산(首陽山)으로 들어가 채미이식(採薇而食)으로 연명하다가 굶어 죽었다.9) 이를 본받아서 고려 유신(遺臣) 길야은(吉冶隱)은 고려가 망하여 새 왕조 조선이 들어서도 이를 섬기지 아니하고 금오산(金烏

---

9)수양대군은 어린 조카 단종을 몰아내고 자신이 왕위에 오른 임금(세조)으로, 어린 시절 성정이 난폭하여 장차 큰 일을 낼 사람으로 인식되어 백이와 숙제가 수양산에 들어가 채미이식한 충절심을 본받으라는 뜻으로 首陽大君으로 칭명되었다고 한다.

山)에 은거하여 두문불출하며 백이, 숙제를 본받아 채미정(採薇亭)이라는 정자를 지어 놓고 살았다고 한다. 조선시대 성삼문이 중국에 사신으로 갔었을 때 백이와 숙제의 충절을 기린 '百世淸風'의 碑를 보고 충절에 대한 자기 심정을 담은 글을 지었는데 그 碑에서 땀이 주르륵 흐르더라는 고사가 있다. 이 글을 보고 후세 사람들은 성삼문의 死六臣으로서의 절개를 엿볼 수 있었다고 한다.

　　예) 수양산의 고사리도 이제는 주왕의 천하에 있는 하늘의 이슬을 먹고 자란 것이 아니라면 그 고사리는 왜 꺾어 먹고 살았는가 그렇다면 어찌 충신이라고 할 것인가.

象曰 君子于行은 義不食也ㅣ라

　　象에서 말하기를 "君子于行은 의리로서〈녹을〉먹지 아니하는 것이다"고 하였다.

六二는 明夷에 夷于左股ㅣ니 用拯馬ㅣ 壯하면 吉하리라

　　六二는 明夷에 왼쪽 다리를 상하니, 구원을 하되 말이 씩씩하면 길할 것이다.
・左:왼 좌　・股:다리 고　・拯:구원할 증　・壯:씩씩할 장

總說

　　육이효는 정위로 유순중정의 효이며, 육오효와 상비 관계이고, 爻辭는 紂王에 의해 옥에 갇혀 있는 문왕을 비유하였다. 문왕이 用晦而明의 사람이기에 中正의 位에 설정되었다.

各說

● 夷于左股ㅣ니:①왼쪽 다리가 약간 상한 것을 뜻한다. 문왕이 옥중에 갇혀 있는 형상이다. 문왕이 유리옥에 갇혀 있어도 세상 일을 다 알고 있으니 약간의 자유가 없다 뿐이지 별다른 일이 아니라는 것이다. ②좌천우침(左淺右沈)이라는 말이 있듯이 '左股'는 가벼운 상처로 해석할 수 있다.
　・左言:나와 반대의 말　・左翼:반대되는 편　・左遷:현재보다 낮은 곳으로 가는 것
● 用拯馬ㅣ 壯하면 吉하리라:①救하는 말을 씩씩한 것으로 쓰면 좋다는 것이다. 여기서 씩씩한 말을 사용한 것은 육이효 밑에 양효가 있기 때문이다. ②충실한 심복의 구원병을 쓰면 좋을 것이며, 만약에 빨리 구원의 손길을 뻗지 아니하고 방치하면 천하의 기수(機數)가 문왕에게 돌아가지 않고 죽게 될지도 모른다는 뜻이

내포되어 있다.10)

象曰 六二之吉은 順以則(칙)也ㄹ새라

象에서 말하기를 "六二之吉은 손순함으로써 〈하늘의〉 법칙에 따랐기 때문이다"고 하였다.
・則:법칙 칙

各說

● 順以則也ㄹ새라:①아무리 주왕의 폭정과 같은 박해가 있는 어지러운 세상이라도 유순한 마음으로 바른 법칙을 지키면 身命을 보전할 수가 있다. 그리고 성인은 사람을 죽이는 법이 없으므로 문왕은 주왕을 정벌하지 아니하고 順으로써 하늘의 법칙을 따랐다. ②문왕만이 그 덕이 높은 것이 아니라 가장 가까운 주위 사람도 덕이 높았다. 문왕은 太王→王季→文王, 그 아래로 武王→成王으로 이어진다. 특히 王季의 부인, 즉 문왕의 어머니는 이름이 태임(太姙)으로 문왕을 임신하고 열녀전을 읽으며 태교를 하였다고 한다. 또한 문왕의 부인 태사(太姒) 역시 문왕과 더불어 그 덕이 훌륭하여 『시경』 첫장에 그 덕을 칭송하는 노래가 나온다.

예) 關關雎鳩는 在河之洲로다 窈窕淑女는 君子好逑로다 (『詩經』「周南・關雎」)
구욱구욱 물수리는 강가 숲 속에서 우는데, 대장부의 좋은 배필 아리따운 아가씨는 어디 있는고?
[설명] 窈窕淑女는 태사(太姒)를 가리키고, 君子好逑는 문왕을 가리킨다.

九三은 明夷于南狩하야 得其大首ㅣ니 不可疾貞이니라

九三은 明夷에 남쪽으로 사냥하여 그 큰 머리를 얻었으니, 빨리 바르게 할 수 없음이다.
・狩:사냥할 수 ・疾:빨리 질

總說

구삼효는 武王에 비유하였다. 효사는 주공의 글로서 주공의 정치가다운 면모가 잘

---

10) 산의생(散宜生)이라는 정승이 문왕을 구원하기 위하여 주왕에게 미녀와 金銀의 뇌물을 바치는 등 많은 힘을 썼다고 한다. 또한 주왕이 문왕의 아들을 잡아서 죽여 그것으로 떡과 국을 끓여 주어도 문왕은 모른 척하고 먹고 난 뒤에 獄에서 나오게 되었다.

나타나 있다. 공자의 주공에 대한 思慕之情을 여기에서도 볼 수 있다.

各說

- 明夷于南狩하야: 무왕이 폭정을 하는 紂王을 정벌하는 것을 '南狩'라고 하였으며, 명이의 내괘가 離卦(☲, 火)이므로 南이 된다.
- 得其大首ㅣ니: 여기서 '大首'는 紂王을 뜻하므로, "그 나라의 괴수를 잡았으니"로 해석이 된다. 즉, 주왕을 정벌하였다는 뜻이다. 또한 상육효가 구삼효와 응 관계이므로 상육효가 大首인 주왕이라고 볼 수 있다.
- 不可疾貞이니라: ①아무리 포악한 주왕을 정벌하여 없애 버렸다고 할지라도 세상의 민심을 빠르게 얻으려고 하여서는 아니 된다. 무리의 우두머리와 그밖의 몇 사람만 처단하되 백성은 내 백성으로 삼아서 正義로 행사하여도 민심은 자기한테로 빨리 오지 아니한다는 것이다. 비록 정의의 행사일지라도 성급히 서둘러서는 아니 된다는 뜻이다. ②天子가 天命을 받는다는 것은 천하의 인심이 모여서 뜻이 한 곳으로 쏠린다는 말이다. 그런데 무왕이 주왕을 정벌하고도 민심이 무왕한테로 쏠리지 않고 天命을 받지 못하다가 13년만에야 箕子에게서 홍범구주를 전해 받고서야 비로소 민심이 수습되고 세상이 평정되었다고 한다. ③무왕이 주왕을 친 것은 天子의 位를 친 것이 아니라 단지 一夫인 紂를 한 괴수로서 없애 버렸다는 것이다. 이는 맹자의 말에서 인용할 수 있다.

    예) 齊宣王이 問曰 湯放桀하시고 武王伐紂라하니 有諸잇가 孟子對曰 於傳에 有之하니이다 曰 臣弑其君이 可乎잇가 曰 賊仁者를 謂之賊이요 賊義者를 謂之殘이요 殘賊之人을 謂之一夫니 聞誅一夫紂矣요 未聞弑君也니이다 (『孟子』「梁惠王」下)
    제선왕이 묻기를 "탕왕이 걸왕을 유치하고, 무왕이 주왕을 정벌하였다고 하니, 그러한 일이 있습니까?"고 하였다. 맹자께서 대답하시기를 "傳에 있습니다"고 하셨다. "신하가 군주를 시해함이 옳습니까?", "仁을 해치는 자를 賊이라 이르고, 義를 해치는 자를 殘이라고 이르고, 殘賊한 사람들을 一夫라 이르니, 一夫인 紂를 베었다는 말은 들었지만, 군주를 시해하였다는 말은 듣지 못하였습니다."

象曰 南狩之志를 乃大得也ㅣ로다

象에서 말하기를 "南狩의 뜻을 이에 크게 얻을 것이다"고 하였다.

各說

● 乃大得也ㅣ로다 : 주왕을 정벌하게 되면 大勝하게 된다. 즉, 大力(大義, 正義)을 얻는다는 것이다.

六四는 入于左腹하야 獲明夷之心하야 于出門庭이로다

六四는 왼쪽 배에까지 도달하여 明夷의 마음을 거둬서 門庭에 나아가는도다.
· 腹:배 복 · 獲:얻을 획 · 庭:뜰 정

總說

육사효는 微子(紂王의 삼촌)가 은나라 종묘의 신주를 빼내어 숨는 형상을 비유하였다. 좌우 심복의 신하가 주왕의 천명이 다된 것을 마음으로 느껴 도망을 가는 형상이다.

各說

● 入于左腹하야 : ①左腹은 육이효의 左股보다도 더 가까이 왔다는 것으로, 주왕의 망하는 형색이 더욱더 짙어지고 있다는 뜻이다. 또 '左腹'을 보다 가까운 심복의 신하로도 풀이할 수 있다. ②미자가 겉으로 주왕에게 충성을 다하여 신임을 얻은 뒤에, 신주를 빼돌리는 것을 뜻한다.
● 獲明夷之心하야 : 주왕의 마음을 뜻한다. 미자는 주왕의 심복 신하이기 때문에 明夷之心을 안다. 곧 미자는 주왕과 함께 처신하였기에 주왕이 망할 것을 알 수 있었다는 것이다. 여기서 '獲'은 得의 뜻이다.
● 于出門庭이로다 : 미자가 明夷之心(주왕의 마음)을 알기 때문에 그 결과로서 취하는 행동이 곧 出門庭이다.

象曰 入于左腹은 獲心意也ㅣ라

象에서 말하기를 "入于左腹은 마음과 뜻을 얻는 것이다"고 하였다.

各說

● 獲心意也ㅣ라 : 미자는 뱃속에 있는 주왕의 마음보까지도 알 수가 있다는 것이다.

六五는 箕子之明夷니 利貞하니라

六五는 箕子의 明夷니 바르게 함이 이롭다.

總說

육오효는 득중인 동시에 군위이며, 명이괘의 주효가 된다. 또한 육오효는 명이괘의 군위이므로 현자의 지위이며, 육이효와 상비(相比) 관계에 있는데 육이효가 文王에 비유되었으니 상비인 육오효는 箕子에 비유되었다.

各說

●利貞하니라:①기자는 내심으로 현명한 大德을 가지고 있으면서 외관으로는 陰暗(箕狂)한 육오효가 되었으니 中正之道로 행해야 이롭다는 것이다. ②五爻는 中의 군위이므로 기자가 아니라 주왕이 되어야 하지 않겠는가를 생각할 수도 있겠지만

明夷

明夷의 시대상으로 보아, 기자가 알고 있으면서 모르는 척 한 것이 시대 대응에 적절하였으므로 君인 주왕은 오효에 앉지 못하고 그의 신하인 기자가 中의 오효에 앉게 되었다. 다시 말하여 심적으로 中을 가진 사람이 기자라는 것이다. 그러므로 명이의 卦體는 흉하지만 爻는 길하다. 또한 명이괘의 주인은 기자이다.

象曰 箕子之貞은 明不可息也ㅣ라

象에서 말하기를 "箕子之貞은 밝은 것은 가히 쉬지 아니하는 것이다"고 하였다.
· 息:쉴 식, 숨쉴 식

各說

●明不可息也ㅣ라:거짓 미친 짓을 하지 아니할 수 없었던 기자의 태도는 닥쳐올 주왕의 장래를 예측하였기에 어찌 할 수가 없었다. 그러므로 겉으로는 미친 척 하나 안으로는 마음을 곧고 바르게 가져야만 몸을 보존할 수가 있다는 것이다.

上六는 不明하야 晦니 初登于天하고 後入于地로다

上六은 밝지 못하여 어두우니, 처음에는 하늘에 오르고 뒤에는 땅에 들어가도다.
· 登:오를 등 · 後:뒤 후

總說

상육효는 구삼효와 정응 관계이며 득정이지만 明夷의 極이다. 그러므로 상육효는 주왕을 말하였다. 주왕의 폭정으로 군왕의 덕망이 땅에 떨어져서 비록 높은 자리에 앉아 있지만 重臣이 그를 떠나고 또 백성의 마음도 떠나니 결국 그 위엄이 땅에 떨어져 멸망하게 된다.

各說

- 不明하야 晦니 : ①밝지도 못한 해가 공중에 떠 있음을 말한다. 또 주왕의 임금답지 않은 모양을 말하였다. ②상구효의 不明晦는 본바탕이 晦이며, 이는 원래부터 모르는 것을 말한다. 그러나 육오효의 箕子之明夷는 밝은 晦로서 속은 훤하면서 겉으로 어두운 것을 말한다. 즉, 用晦而明을 하는 자가 진실로 晦다.
- 初登于天하고 : 처음에는 天子의 지위에 오른다는 뜻이다.
- 後入于地로다 : 해가 진다. 즉, 주왕이 망하게 된다는 뜻이다.
- 初登于天하고 後入于地로다 : 初와 後, 天과 地는 서로 대조적인 뜻을 가지고 있다. 天은 天子로서 군림한다는 것이요, 地는 천자가 治世의 원칙을 상실하였다는 것이다.

象曰 初登于天은 照四國也 | 오 後入于地는 失則也 | 라

象에서 말하기를 "初登于天은 사방 나라에 〈덕이〉 빛나는 것이요, 後入于地는 법칙을 잃어버린 것이다"고 하였다.
· 照:비출 조 · 失:잃을 실

各說

인간의 역사를 어느 한 측면에서 보면, 治亂의 순환 과정이라 할 수 있다. 태평성세가 있어 세상이 잠잠하다가 난세로 혼란해지면 거기에 상응하여 위와 같은 현상이 일어난다. 이러한 모든 것이 인간의 역사라고 할 수 있다.

※명이괘를 殷末世 紂王 때의 사회상에 비추어 비교하면 다음과 같다.

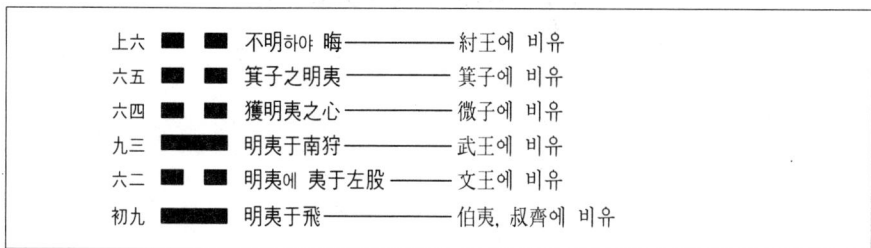

[설명]명이괘의 全爻를 살펴보면, 각 효에서 그 당시의 重臣, 明賢을 이면에 감춰두고 비유하였는데 유독 육오효에서는 箕子라는 이름을 원문에 드러내 놓았다. 과연 그 뜻은 무엇일까?

風火家人 (三十七)

巽離
上下

大 義

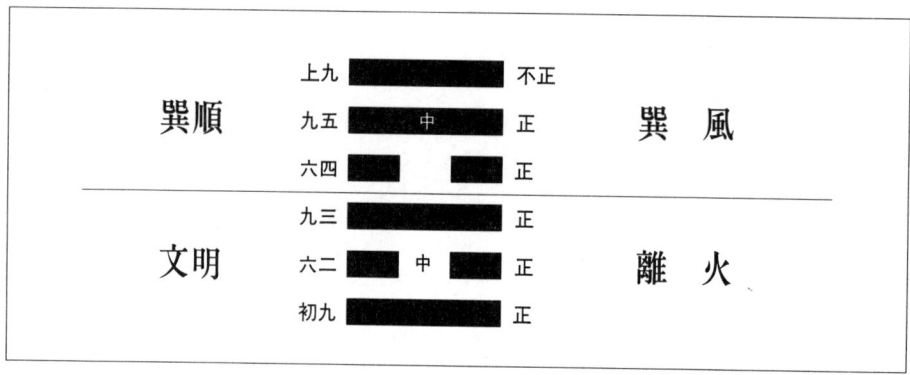

家人은 집안 사람, 가족, 가정을 뜻한다. 가정은 국가 형성의 한 단위로서 중요한 위치라고 할 수 있다. 또 一家之人(한 집안의 사람)을 家人이라고 한다.

1) 家人卦는 卦體로 보아 下卦의 火(☲離)와 上卦의 風(☴巽)으로 이루어져 있다. 불이 타오르면 바람이 일어나게 된다. 이렇게 생겨난 바람은 불을 더욱 북돋워 주는 역할을 하므로 크게 확대시키고 발전시켜 나아간다. 즉, 불이 나면 바람이 일어나고, 바람이 일어나면 변화를 가져온다. 이것은 마치 가정이 바르게 다스려지면 거기에서 바른 길이 시작되고 온갖 활동의 힘이 배양되어 국가와 사회에 뻗어가서 성장하는 것과 같다. 이처럼 『주역』은 가정을 국가 사회의 기본으로 생각하였다. 用으로써 사용하고 있는 문왕후천팔괘의 次序圖가 가족 관계의 원리를 본받아서 그려 놓은 것이다.

2) 家人卦는 가정을 다스리는 家道를 말한 것이다. 괘 전체로 보면 上九爻를 제외한 모두가 得正(=마음이 올바르다)이다. 이는 正位에서 자기가 맡은 바의 일을 다하고 있음을 뜻한다. 그러므로 가정이란 正位로서 우리는 이 가정을 이탈할 수가 없다. 만약 이탈이 있다면 사회 질서는 파괴되고 혼란이 올 것이다. 여기서 齊家―治國―平天下의 이치를 찾아볼 수가 있는 것이다.

　예) 一家ㅣ 仁이면 一國이 興仁하고 一家ㅣ 讓이면 一國이 興讓하고 一人이 貪戾하면 一國이 作亂하나니 其機如此하니 此謂一言이 僨事ㅣ며 一人이 定國이니라 (『大學』傳9章) 한 집안이 서로 어질게 다스리면 한 나라가 어진 기풍이 일어나고, 한 집안이 겸양의 미덕을 가지고 잘 다스려지면 한 나라가 서로 사양과 겸양지심의 기풍이 일어나고, 한 사람이 탐욕하고 〈도에〉 어긋나면 한 나라가 혼란이 일어날 것이니, 그 기틀 (동기)이 이와 같다. 이것을 일러 '한 마디 말이 일을 그르치게 하고, 한 사람이 〈잘함으로〉 나라를 안정시킨다'고 하는 것이다.

　[설명] 윗글은 가족의 확대가 곧 국가라는 내용의 비유 설명이다.

3) 괘상으로 보아서 家人卦는 中女(하괘)와 長女(상괘)의 결합으로 이루어져 있다. 이것은 곧 가정은 여자의 역할이 중대하며, 주부(主婦)로서의 막중한 책임은 말할 것도 없으며, 여자의 마음가짐은 至順至柔한 坤道로써 행해야 한다는 것을 암시하고 있다.

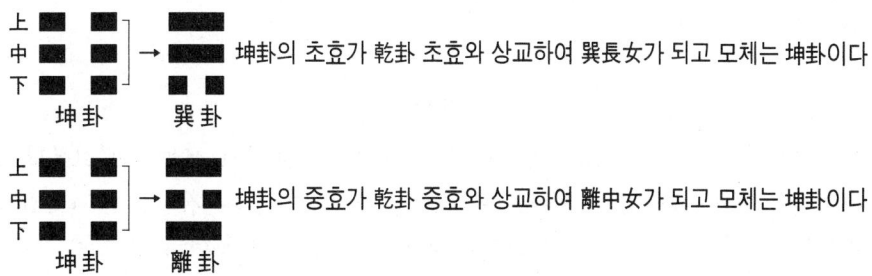

4) 家人卦는 乾道의 剛健中正한 九五爻와 坤道의 柔順中正한 六二爻가 상통, 상응하고 있다. 이러한 가정이라면 사회는 물론이요 治國平天下도 가능하다는 뜻이 이 괘 속에 내포되어 있다.

```
6 ▬ ▬  祖父母    不正
5 ▬中▬ 家長(戶主) 正
4 ▬▬▬ 長男      正
3 ▬▬▬ 次男      正
2 ▬中▬ 主婦      正
1 ▬▬▬ 孫子      正
```

5) 家人卦를 가족 관계로 보면 그림처럼 된다. 상구효만 빼고 모두가 정위로 되어 있다. 즉, 祖父(상구효)는 연령이 많으니 부정위이라도 문제될 게 없다 가정은 모든 활동의 기본이 되며 사회와 국가의 모든 것은 家人

(가정)으로부터 시작되므로 이것을 표준삼아 나아가야 한다. 가정을 잘 다스리는 家長이라면 국가를 다스리는 군주로서의 역할도 잘 할 수 있는 자라는 것을 말하고 있다.

6) 家長이 위엄을 가지고 주부(主婦)를 어떻게 다스리는가에 따라서 그 집안의 家道와 家風이 어느 정도 서 있는지를 알 수가 있다.1) 이것은 家人卦의 핵심이다.

原文풀이

家人은 利女貞하니라

家人은 여자가 바르게 함이 이롭다.
· 家:집 가   · 利:이로울 리   · 貞:곧을 정

總說

윗글은 가인괘의 괘사이다. 가인괘는 장녀, 중녀의 괘이므로 女貞(正)이라고 하였다. 구오효의 강건중정한 훌륭한 가장과 육이효의 유순중정한 훌륭한 주부가 잘 화합하고 있는 상이다.

各說

● 利女貞하니라 : 가인은 집안을 바르게 하는 괘이므로 正道로 행동함이 이롭다. 남자가 正道로써 행동하면 여자도 貞(正)으로써 해야 한다. 집안을 잘 다스리려면 먼저 자기 몸을 잘 닦아야 하듯이 안을 바르게 하면 자연히 밖도 바르게 된다. 안에서 집안을 바르게 다스리는 것이 먼저이므로 '女'를 들어서 말한 것이다. 利女貞은 여자에게만 正道를 강요한 것이 아니라 남녀가 똑같이 올발라야 함을 뜻한다.2)

---

1) 요사이 사람들은 略式으로 혼인식을 올리고, 헤어지는 것도 쉽게 생각하지만 六禮를 지낸 부부라면 서로 헤어지기가 어렵다. 육례는 다음과 같다.
①납채(納采)—허혼(許婚) ②문명(問名)—사성(四星) ③납길(納吉)—연길(涓吉) ④납징(納徵)—납폐(納幣) ⑤청기(請期)—혼례 또는 초례(婚禮, 醮禮) ⑥친영(親迎)—우귀(于歸). (一岡註)

2) 中正之道를 가진 남자라야 中正之道를 가진 여자를 잘 다룰 수가 있는 것이다. 남자(가장)가 어느 정도의 아량과 포부로써 여자(주부)를 대해야 여자는 남자를 잘 보좌하고 내조도 잘 하게 된다. 혹 남편이 부실하여도 부인이 잘 하면 가정은 유지되지만, 아내가 부실하면 가정은 파탄이 된다. 따

彖曰家人은 女ㅣ 正位乎內하고 男이 正位乎外하니 男女正이 天地之大義也ㅣ라 家人이 有嚴君焉하니 父母之謂也ㅣ라 父父子子兄兄弟弟夫夫婦婦而家道ㅣ 正하리니 正家而天下ㅣ 定矣리라

 象에서 말하기를 "家人은 여자가 안에서 位를 바르게 하고, 남자는 밖에서 位를 바르게 하니, 남녀〈의 位〉가 바른 것은 천지의 큰 의리이다. 家人에 嚴君(嚴親)이 있으니 부모를 이름이다. 아버지는 아버지 노릇을, 아들은 아들 노릇을, 형은 형 노릇을, 아우는 아우 노릇을, 남편은 남편 노릇을, 주부는 주부 노릇을 다하여 家道가 바르게 되리니, 집안을 바르게 하여야 천하가 안정될 것이다"고 하였다.

·乎:~에 호 ·嚴:엄할 엄 ·焉:어찌 언, 어조사 언 ·謂:말할 위, 이를 위

總說

윗글은 가인괘의 「단사」이다.

各說

● 家人은 女ㅣ 正位乎內하고 男이 正位乎外하니:가인괘는 집안을 바르게 다스리는 도를 말한 것이다. 아내(육이효)는 집안에서 바른 길을 지켜 나아가고 남편(구오효)은 사회에 나아가서 바른 길을 지켜 나가는 것이다.

 예1)昔者에 郤缺이 耨어늘 其妻ㅣ 饁之하되 敬하여 相待如賓하니 夫婦之道ㅣ 當如是也ㅣ니라 子思ㅣ 曰 君子之道ㅣ 造端乎夫婦라하시니라 (『童蒙先習』)
 옛날에 극결이 밭에 나가 김맬 때에 그의 아내가 점심밥을 대접하기를 공경히 하여 서로 손님을 대하듯 하였는데 부부의 도리는 마땅히 이와 같아야 한다. 자사가 말하기를 "군자의 도리는 부부에서 비롯된다"고 하였다.
 [설명]윗글은 夫婦有別을 설명하였다. 郤缺(기극(冀缺)이라고도 부른다)은 춘추시대 晉나라의 大夫를 말한다.

 예2)女正位乎內 — 居內而不言乎外, 男正位乎外 — 居內而不言乎外
 [설명]위의 말은 『禮記』와 『小學』에서 남녀 관계에 대한 행동 지침이다. 남녀의 주어진 임무가 다를 뿐이지 남녀의 불평등이나 차별이 있어서는 아니 되겠다. 남녀의 할 일이 정하여져 있고 또 서로 간섭하지 말며 자주성을 인정하자는 것이다. 혹 先後는 있을 수가 있다. 또 男女七歲不同席이란 말도 私心 없는 남녀 관계를 어릴 때부터 유지하자는 데에 있는 것으로 예의를 지키는 사람, 예의를 지키는 사회가 되자는 것이다.

서 남녀가 모두 올바라야 家道를 바르게 지키게 되는 것이다.

- 天地之大義也ㅣ라:①대자연(천지)은 私心이 없다. 이와 같이 남녀간의 정도로서의 언행은 천지의 大義와 같게 한다는 뜻이다. 즉, 천지의 대의란 하늘(남자)과 땅(여자)이 서로 자신의 법칙을 지키는 것을 말한다. 다시 말하자면 남편은 아내를 땅과 같이 섬기고 아내는 남편을 하늘과 같이 섬겨야 됨을 강조한 것이다. ②家人을 확대한 것이 國家라고 할 수 있으며, 家人의 '家'字를 써서 國家라고 하였다. 즉, 나라 집, 한가족의 나라라는 뜻이다. 따라서 家庭觀은 곧 國家觀으로 나아갈 수가 있다.
- 家人이 有嚴君焉하니 父母之謂也ㅣ라:①집안에 엄격한 아버지가 있다는 것은 바로 한 가정의 부모를 뜻한다. ②자기가 자기의 아버지를 남에게 말할 때 "우리 엄군께서" 혹은 "우리 엄친께서"라 하고 남의 아버지를 이를 때는 "춘부장께서"라고 한다.
- 父父子子兄兄弟弟夫夫婦婦而家道ㅣ 正하리니:한 집안에서 아버지는 아버지로서의 책무를 다하고, 아들은 아들답고 형은 형답고 아우는 아우답고 남편은 남편답고 아내는 아내다워야 가정 도덕이 바르게 선다. 사회 구성의 기본 단위인 가정이 집집마다 올바르면 나라가 잘 다스려지고 나아가 세계도 저절로 안정하게 다스려지게 될 것이다.
- 正家而天下ㅣ 定矣리라:①正家가 되면 平天下까지도 할 수 있다. 즉, 가정을 바르게 이끌어 가는 정신으로 살면 천하(세계)도 안정된다는 것이다. ②父子兄弟는 肉親으로서 親族 倫氣가 상통되는 경우이지만 부부 관계는 異體同心으로서 특별한 관계에 있다. 사회의 기본 단위는 가정이지만 가정의 핵은 夫婦이다.

象曰 風自火出이 家人이니 君子ㅣ 以하야 言有物而行有恒하나니라

象에서 말하기를 "바람이 불로부터 나오는 것이 家人이니, 군자가 이로써 말에는 실물이 있고 행동에는 항상함이 있게 하는 것이다"고 하였다.

· 物:만물 물, 사물 물 · 而:말 이을 이 · 恒:항상 항

總說

윗글은 가인괘의 「대상」이다.

各說

● 君子ㅣ 以하야:군자가 이것을 보고 본받아서라는 뜻이다.

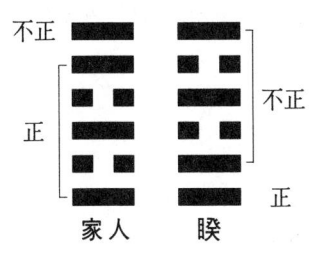

● 言有物而行有恒하나니라:①말은 實物이 있는 것을 보고 하며, 행동은 항상 변하지 아니하고 항구적으로 행해야 한다. 즉, 말은 實像이 있는 物的인 것에 근거를 두고 하며, 행동은 반드시 항구불변의 법칙으로써 하라는 것이다. 가정에 있어서는 언행일치가 되어야 正道의 가정이 이뤄진다. 따라서 言行兼備하면 家庭平和는 틀림이 없다. ②가인괘의 도전은 睽卦이다. 즉, 가인이 잘못되면 모두가 어긋나는 睽가 된다.

· 言有物:말은 허위가 없는 信으로써 하라.　· 行有恒:부부가 되었으면 항구적으로 살아라.

初九는 閑有家ㅣ면 悔ㅣ 亡하리라

初九는 家道에 있어 사특함을 막아 버리면 뉘우침이 없을 것이다.

· 閑:막을 한

總說

초구효는 득정이며 剛자리에 剛이 있다. 또 초효이므로 시집온 여자의 처음이거나 첫아기를 낳았을 때이다. 육사효와 정응 관계이다.

各說

● 閑有家ㅣ면:여기서 '閑'은 閑邪存其誠이므로 사특한 것을 막고 家道에 따른다는 뜻이다. 즉, 시집오기 전에 알고 있던 家道와 모든 생각을 막아 버린다는 것이며, '家'는 가정의 법도를 말한다.
● 悔ㅣ 亡하리라:앞의 것을 막아 버리고 새로운 家道에 있으면 후회가 없다는 것이다. 초구효가 조동(躁動)의 우려가 있으므로 경계사로 쓰였다.

象曰 閑有家는 志未變也ㅣ라

象에서 말하기를 "閑有家는 〈家道의〉 뜻이 변하지 아니하는 것이다"고 하였다.

· 變:변할 변

各說

● 志未變也ㅣ라:뜻이 변하지 않게 됨은 家道가 어그러져 생기는 불상사를 예방하게 되는 것이다. 즉, 가족 및 부부간에 서로 뜻이 변하지 아니하여야만 가정이 안온하게 되는 것이다.

六二는 无攸遂ㅣ오 在中饋면 貞吉하리라

六二는 이루는 바가 없고, 中饋에 있으면 바르게 해서 길할 것이다.
・遂:이룰 수, 나아갈 수 ・饋:먹일 궤

總說

육이효는 가인괘의 주효이며, 유순중정의 자리에 있는 家人으로 보면 知德과 婦德을 겸비한 주부격이다. 육이효는 구오효와 정응 관계이며 家長의 명령을 받아 가정의 모든 것을 처리할 수 있는 실력 있는 여자이다.

各說

● 无攸遂ㅣ오:①자기 자신이 자주적으로 일을 수행하는 바가 없다는 뜻이다. ②시집온 며느리는 시가(媤家)의 풍속에 따라서 행사를 해야 한다. 즉, 시댁의 풍속에 따라 명령과 지시를 받아서 행동한다는 뜻이다. '遂'는 无成有終의 成과 그 뜻이 같다.
● 在中饋면:육이효는 내괘의 주효이다. 안방의 주부로서 온 가족의 음식을 책임지고 알맞게 조화하는 자리에 있는 자이다. 즉, 외부의 것은 구오효 가장에게 맡기고 내부의 일이나 잘 처리하면 된다는 것이다. '中饋'는 알맞게 먹인다는 뜻이다.
● 貞吉하리라:음식물을 만들어 가족에게 제공하는 일은 주부의 소관으로 그것을 바르게 해야지 不貞으로 음식물을 만들면 아니 된다는 것이다.

象曰 六二之吉은 順以巽也ㄹ새라

象에서 말하기를 "六二之吉은 순종하고 겸손하기 때문이다"고 하였다.
・順:순할 순 ・巽:공손할 손

各說

● 順以巽也ㄹ새라 : 부인이 자기의 남편에 대하여 몸을 낮추고 순종하는 것과 같다. '順'은 자기 자신이 내괘 육이효의 柔順中正이라는 뜻이고, '巽'은 외괘 구오효에 순종(卑順)해야 한다는 뜻이다. 順從 속에는 자기 몸을 낮추는 '卑'의 의미가 들어 있다.

九三은 家人이 嗃嗃(학학)하니 悔厲ㅣ나 吉하니 婦子ㅣ 嘻嘻(희희)면 終吝하리라

九三은 家人이 엄숙하게 하니 뉘우치고 근심이 있으나 길하니, 〈집안의〉 부녀자가 희희덕거리면 마침내 인색할 것이다.

· 嗃 : 꾸짖을 학, 가도가 엄할 학, 엄숙히 꾸짖을 학 · 嘻 : 실없이 웃을 희 · 終 : 마침내 종 · 吝 : 인색할 린

總說

구삼효는 맏아들의 형태를 말하고 있다. 상구효와 상비 관계이다.

各說

● 嗃嗃하니 悔厲ㅣ나 吉하니 : 집안 사람이 어른의 위풍을 세워 가정의 법도를 지키고, 正坐하여 위엄을 지키면 근심스럽고 뉘우치는 바가 있어도 길하여 家道가 바로 서게 된다. 정이천은 「傳」에서 말하기를 "嗃嗃은 未詳字義나 然이나 以文義及音意로 觀之컨댄 與嗷嗷로 相類하고 又若急束之意라 : 嗃嗃은 글자의 뜻이 상세하지 못하지만 문장의 뜻과 음의 뜻으로 본다면 〈여러 사람이 모여서 걱정하는 모양인〉 嗷嗷와 서로 비슷하고 또 급속한 것과 같다는 뜻이다"고 하였다. '悔厲'는 혹 뻗나갈 우려가 있지만으로 풀이하면 무난하다.

● 嘻嘻면 終吝하리라 : ①너무 느슨하게 하여 가정의 법도를 지키지 아니하고 희희덕거리며 웃음소리 높게 지껄이도록 내버려두면 관유(寬宥)한 것 같아 좋아 보이지만 끝내는 절도를 잃게 되어 인색하게 된다. 嗃嗃과 상대적이다. ②嗃嗃과 嘻嘻는 의성어이다. '嗃嗃'은 집안 어른이 아랫사람에게 "이 놈 그리해서는 아니 된다"고 꾸짖으면서 위엄을 세워 家道를 바로 서게 하는 모습을 말로 표현한 것이다. ③집안의 부녀자가 공경하고 조심하는 태도가 없이 함부로 희희덕거리면 마침내는 세상의 비난을 받고 난처한 지경에 빠지게 된다는 뜻이다.

象曰 家人嗃嗃은 未失也ㅣ오 婦子嘻嘻는 失家節也ㅣ라

象에서 말하기를 "家人嗃嗃은 〈家道를〉 잃지 않은 것이요, 婦子嘻嘻는 가정의 절도를 잃어버리는 것이다"고 하였다.

· 節:마디 절

各說

정이천은 「傳」에서 위의 「소상」을 주석하기를 "雖嗃嗃이나 於治家之道엔 未爲甚失이어니와 若婦子ㅣ 嘻嘻면 是无禮法하야 失家之節하니 家必亂矣라 ; 비록 嗃嗃한다고 하더라도 집안을 다스리는 방법에는 아직 심하게 잃음이 되지 않았고, 만약 부녀자가 嘻嘻한다면, 이것은 예의와 법도가 없어서 집안의 절도를 잃을 것이니, 집안은 반드시 문란할 것이다"고 하였다.

六四는 富家ㅣ니 大吉하니라

六四는 집을 富하게 하니 크게 길하다.

總說

육사효는 득정이며 초구효와는 정응 관계이다. 또 위 구오효와 아래 구삼효의 陽 속에 있으니, 父子兄弟夫婦가 正道로써 자기 할 일을 스스로 하게 되므로 재산이 불어난다.

各說

● 富家ㅣ니 大吉하리라 : 자기 할 일을 스스로 하니 가정에 潤産이 오게 된다. 따라서 富家이고 크게 길할 것이다. 또 구사효는 구오효 군위 밑의 정승 지위에서 청렴한 마음으로 정사를 돌보고 있으니 마음의 부자(心富)이다. 즉, 實―富―陽으로, 虛―貧―陰으로 연결시킬 수 있다.3)

象曰 富家大吉은 順在位也ㅣ새라

象에서 말하기를 "富家大吉은 順이 位에 있기 때문이다"고 하였다.

---

3) 재물을 많이 가지고 있는 사람이 재물을 더 많이 가지려고 하는 것은 心貧이다.

各說

● 順在位也ㄹ새라 : 가족 모두가 자기의 임무를 완수하고 자기의 지위에서 순응하며 살아간다면 富家大吉이 된다. 결국 유화한 마음으로 가장을 도와 집안을 다스리므로 집이 부유해지고 크게 길하게 되는 것이다.

九五는 王假(격)有家ㅣ니 勿恤하야 吉하리라

九五는 왕이 집을 지극히 하니 근심하지 않아도 길할 것이다.
· 假:지극할 격, 이를 격 · 勿:말 물 · 恤:근심할 휼

總說

구오효는 강건중정으로 유순중정의 육이효와 정응 관계이다. 가인괘의 가장이며 왕위이므로 임금된 자가 잘 다스려서 가인들이 모두 和樂하게 서로 응하는 형상을 표현하였다.

各說

● 王假有家ㅣ니 : 임금이 자기 가정에 지극한 정성을 드린다. 즉, 一國의 왕이기 전에 한 가정의 가장(一夫)으로서 가정에 본바탕을 두어야 한다는 뜻이다. 이 말은 아무리 높은 지위에 있을지라도 그 사람의 기본 바탕은 가정이 된다는 것이다.
· 王假有廟 : 임금이 사당에서 제사를 지극하게 지낸다.
예) 一家ㅣ 仁이면 一國이 興仁하고 一家ㅣ 讓이면 一國이 興讓하고 一人이 貪戾하면 一國이 作亂하나니 其機如此하니 此謂一言이 僨事ㅣ며 一人이 定國이니라 (『大學』 傳9章)
한 집안이 서로 어질게 다스려지면 한 나라가 어진 기풍이 일어나고, 한 집안이 겸양의 미덕을 가지고 잘 다스려지면 한 나라가 서로 사양과 겸양지심의 기풍이 일어나고, 한 사람이 탐욕하고 〈도에〉 어긋나면 한 나라가 혼란이 일어날 것이니, 그 기틀이 이와 같다. 이것을 일러 '한 마디 말이 일을 그르치게 하고, 한 사람이 〈잘함으로〉 나라를 안정시킨다'고 하는 것이다.
[설명] 가정이 바탕이 되어야 나라도 임금도 사회도 있을 수가 있다. 윗글은 가정의 기본적 의미를 말한 것으로 가족의 확대가 곧 국가라는 내용의 비유 설명이다.
● 勿恤하야 吉하리라 : 임금이 가정을 둠에 지극함이니 治家와 治國에 대하여 아무런 걱정을 하지 않아도 길하다. 즉, 어진 군주는 착한 아내를 맞아 가정을 가지게 된

다. 또 부부가 서로 사랑하여 일가화목(一家和睦)하니 온 나라에 모범이 된다. 따라서 무슨 걱정이 있을 것이며 또한 길하지 않을 수 있겠는가.

象曰 王假有家는 交相愛也Ⅰ라

象에서 말하기를 "王假有家는 사귀어 서로 사랑하기 때문이다"고 하였다.

各說

● 交相愛也Ⅰ라 : 군주인 구오효가 착한 아내를 맞아 화락한 가정을 가지게 된다는 것이다. 즉, 왕으로서가 아니라 가장으로서 가족적인 분위기에서 사랑한다는 것이다. 가족적인 분위기에서 나오는 것이 바로 '愛'이다.

上九는 有孚코 威如Ⅰ면 終吉하리라

上九는 믿음을 두고 위엄이 있는 듯하면 마침내 길할 것이다.
· 威 : 위엄 위 · 如 : 같을 여

總說

상구효는 부정위이며 구삼효와 상비 관계이다. 또 가인의 최상위에 있으니 가족 중에서 할아버지 격이다.

各說

● 有孚코 威如Ⅰ면 終吉하리라 : 下位에 있는 사람들은 제각기 자기의 할 일을 다하였으므로 최상위에 있는 사람은 반드시 성실과 신의로써 위엄을 가져 〈할아버지의〉 소임을 다한다면 가족에게서 대우를 받을 것이다.[4]

象曰 威如之吉은 反身之謂也Ⅰ라

象에서 말하기를 "威如之吉은 수신하는 데 돌이켜봄을 이름이다"고 하였다.

---

[4] 부부지간에도 위엄이 있어야 하듯, 구오효가 모범을 보여야 한다. 가인괘의 가장 중요한 점은 가정에서 '威(위엄)'와 '情(애정)'의 中을 잡아야 한다는 것이다. 情에만 너무 치우쳐도 불효해 지기 쉽기 때문이다.

各說

- 反身之謂也ㅣ라:자신을 반성하여 有孚威如를 행한다는 것이다. 또 상구효는 혼자 부정효이므로 修身하지 않으면 아니 된다. 수신에 대한 글을 인용하니 참고 바란다.

  예)物格而后에 知至하고 知至而后에 意誠하고 意誠而后에 心正하고 心正而后에 身修하고 身修而后에 家齊하고 家齊而后에 國治하고 國治而后에 天下平이니라 (『大學』 傳5章)
  사물의 이치가 궁구된 뒤에야 앎에 이르고, 앎에 이른 뒤에야 뜻이 정성스러워지고, 뜻이 정성스러워진 뒤에야 마음이 바루어지고, 마음이 바루어진 뒤에야 자신의 몸(德)이 닦아지고, 자신의 몸이 닦아진 뒤에야 집안이 가지런해지고, 집안이 가지런한 뒤에라야 나라가 다스려지게 되고, 나라가 다스려지고 난 뒤에라야 천하가 화평해진다.
  [설명]윗글은 明德이 천하에 밝혀지는—德治主義의 理想이 성취되어 가는—과정을 순서대로 설명한 것이다. 한 사람의 마음, 한 사람의 몸을 닦음으로써 집안이 정돈되고 國治 및 천하 화평의 근원임을 일깨워 주는 글이다.

※ 家人卦를 요약하면 다음과 같다.

- 文王:治家의 원칙을 말한 것으로, 이 원칙의 핵심체는 利女貞이다. 따라서 주부의 역할과 임무는 막중하다.
- 孔子:가족관을 국가관으로 확대 발전시켰다. 즉, 父父子子兄兄弟弟夫夫婦婦로써 家道가 正해지면 이로써 천하가 定하여진다고 하였다. 이것이 확대되면 국가, 천하가 태평하게 된다는 것이다.
- 周公:여섯 단계로 해설하였다.

```
上九 ▆▆ 有孚威如 : 신의와 엄격한 행동이 있어야 한다 — 治家에는 治世의 원리가 있다.
九五 ▆▆ 王假有家 : 治家는 治國의 근본이다.
六四 ▆ ▆ 富   家 : 心富로서 넉넉하다 — 부유한 경제가 필요하다.
九三 ▆▆ 家人嗃嗃 : 가정의 법도가 엄하다. 家人에 대하여는 엄격한 교화가 필요하다.
六二 ▆ ▆ 无 假 遂 : 家事를 獨專하지 않는다 — 家人이 相議한다.
初九 ▆▆ 閑 有 家 : 家人을 훈련한다 — 家道를 練成시킨다.
```

火澤睽 (三十八)

大義

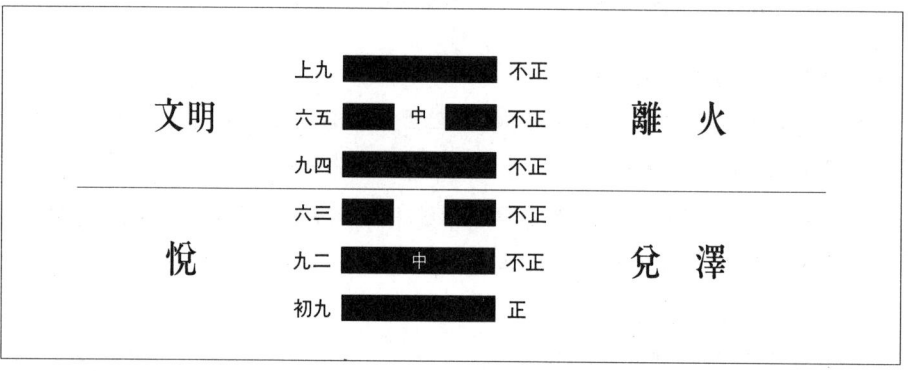

睽卦는 ䷤家人卦가 도전된 괘이다. 즉, 「서괘전」에서 "家道ㅣ 窮必乖라 故로 受之以睽하고; 家道가 궁하면 반드시 어긋나므로 〈家人卦 다음에〉 睽卦로써 이어졌다"고 말하고 있다. 또 규괘의 여섯 효 가운데 초효만 正位이고 나머지 다섯 효는 不正位이다. 따라서 서로 어긋나며 의사가 모두 불통이고 반대이므로 睽라고 하였다.

1) 睽卦를 卦體로 보면, 內卦는 兌卦이며, 外卦는 離卦이다. 兌는 止水(물)로서 潤下의 성질이 있으며, 離는 火로서 炎上의 성질이 있다. 결국 내외(下·上)가 서로 반대로 나아가려고 하므로 어긋나게 되는 형상이다. 이것이 睽이다.

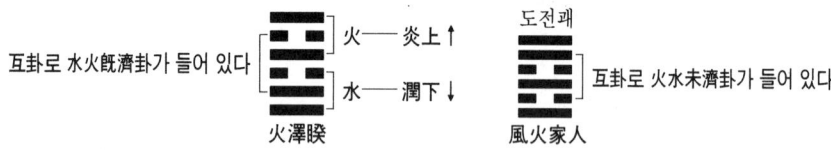

2) 睽卦를 卦象으로 보면, 외괘의 離는 中女이고, 내괘의 兌는 少女이다. 두 여자가 한 가정에서 생장하여, 같은 부모 밑에서 교육을 받고 생활도 같이 하여 뜻이 같을 수도 있지만 出家하게 되면 의사가 전혀 달라지는 게 많다. 서로의 생활이 달라질 뿐만 아니라 각자가 개척해 나가야 할 운명의 길이 다르기 때문이다. 이런 까닭으로 睽이다. 또한 달라진다는 것은 같은 것을 전제로 한 것이고, 같은 것은 달라질 것을 전제한 것이다(同而異, 異而同). 즉, 家人卦에 正이 있기 때문에 睽卦의 不正이 있다. 물론 睽卦 속에 같은 것이 있다.

3) 睽卦를 남녀간의 이성 교제로 본다면 서로의 뜻과 생각이 다르다. 그러나 뜻이 상통되기 위해서는 정면으로 바라보는 행동보다는 서로 엿보면서 탐색하여 바로 행동하지 않는 것으로 나타나야 한다. 이것이 바로 睽이다. 이런 관점에서 睽는 相交를 위한 좋은 마음의 표현이라고 할 수 있겠다. '睽'를 파자하면 目+癸이다. 目은 離爲目이며, 癸는 水로서 澤水(止水)로 유취된다. 天干 '癸'는 여자의 자궁(天癸)을 뜻하며, 천간 10개 중 마지막 10수를 가리킨다. 1부터 10까지는 어긋나지 않다가 그 다음 11부터는 여자가 시집을 가는 것이니 어긋나는 것이다. 여자는 14세쯤에 天癸(여자의 經水)가 열린다.1) 의학적인 측면에서 여자가 經度가 시작되는 것을 뜻하며 中女 少女이기 때문이다. '目'은 남녀 마음의 合一體로 남녀가 서로 흘겨보면 情이 통하듯이 여기서 남녀가 서로 다르고, 서로 같은 것을 찾을 수가 있다.

4) 睽卦 속에서 서로 다르고 또 서로 같은 것을 찾을 수 있다. 이것을 同異說이라고 하며, 만사 만물 속에도 이 同異点이 내포되어 있다. 크게 보아서 모든 사물의 이치가 서로 다른 것처럼 보이지만 어떤 측면에서는 서로 같다고 할 수 있다. 즉, 천지의 상교로 만물이 생성되어 그 작용과 조화는 같은 것이다. 이와 같이 남녀가 서로 다르지만 원래 가지고 있는 天性에서 같은 것을 찾아 볼 수 있다.
 - 天과 地: 그 位는 다르지만 영위하는 일은 같다.
 - 男과 女: 生生의 理로 봐서 서로의 뜻이 상통되는 性과 형태는 다르지만 天性은 같다.
 - 萬物: 모양은 다르지만 그 작용이 유사하고 조화를 이루는 것으로 보면 같다.

예) 毁由異己譽由同 二者難分允厥中 (彖詞)
　　남을 헐뜯기는 나로 말미암아 의사가 다르기 때문이고, 나와 의사가 같은 것으로 말미암아 그 사람을 기리는 것이다. 다르고 같은 두 사람이 그 진실로 中을 잡는 데

---
1) 이것은 곧 부인이 될 수 있는 시기를 뜻하며, 여자의 발등에 天癸脈이 있다.

분별하기가 어렵다.

[설명]중국에서 大先生이 돌아가신 뒤에 輓詞가 많았지만 위의 것이 압운이다. 아마 『주역』을 一萬讀 이상은 했을 것이다. 아무튼 만사를 통해서 異와 同 가운데 中이 있다는 것을 깨달아야 한다.

5) 睽卦에서는 四德(元亨利貞)이 없다. 四德은 天道之常으로 결정되는 것으로 이것이 없는 괘는 사람의 작용 여하에 따라 달라진다. 따라서 睽卦는 인위적인 일로서 한 곳에 한정하여 두지 않고 있으니 사덕이 없다. 상하경을 통틀어 여섯 개의 괘가 사덕이 들어 있지 않다. 선천을 말하는 상경에는 한 개의 괘가 있으며 후천을 말하는 하경에는 다섯 개의 괘가 있으니 역시 인사적인 것은 노력(有孚)하면 이룩될 수 있음을 예시한 것이 아니겠는가? 아래에 예시한 글은 사덕이 없는 괘들의 괘사이다.

①觀은 盥而不薦이면 有孚하여 顒若하리라 (上經, 觀卦)
②晋은 康侯를 用錫馬蕃庶하고 晝日三接이로다 (下經, 晋卦)
③睽는 小事는 吉하리라 (下經, 睽)
④姤는 女壯이니 勿用取女ㅣ니라 (下經, 姤卦)
⑤井은 改邑호대 不改井이니 无喪无得하며 往來ㅣ 井井하나니 汔至ㅣ 亦未繘井이니 羸其甁이면 凶하니라 (下經, 井卦)
⑥艮其背면 不獲其身며 行其庭하야도 不見其人하야 无咎ㅣ리라 (下經, 艮卦)

原文풀이

睽는 小事는 吉하리라

睽는 작은 일에는 길할 것이다.
· 睽:엿볼 규, 어긋날 규

總說

윗글은 규괘의 괘사이다.

各說

● 小事는 吉하리라 : ①睽는 서로 어긋나는 것이므로 小事가 되어야지 大事가 되면 凶을 초래하고 뜻하지 아니한 일도 벌어진다. ②陽은 大이고 陰은 小이므로 大事는

나타난 일을 뜻하고 小事는 숨은 일을 뜻한다. 陰的(마음속)으로는 무슨 일이라도 길하다는 뜻도 된다. 두 자매가 출가한 뒤의 일을 거론해 보면, 陰(小事)的으로는 서로 화합하여 자매의 정을 나누는 것이 길하지만, 陽(大事)的으로는 뜻이 같지 아니하며, 의가 상할 수 있는 재정적인 문제에서 자매가 합일이 아니 되니 흉하다. 이것이 睽이다.

彖曰睽는 **火動而上**하고 **澤動而下**하며 **二女ㅣ 同居**하나 **其志ㅣ 不同行**하니라 **說而麗乎明**하고 **柔ㅣ 進而上行**하야 **得中而應乎剛**이라 **是以小事吉**이니라 **天地ㅣ 睽而其事ㅣ 同也**ㅣ며 **男女ㅣ 睽而其志ㅣ 通也**ㅣ며 **萬物이 睽而其事ㅣ 類也**ㅣ니 **睽之時用이 大矣哉**라

　　彖에서 말하기를 "睽는 불이 움직여서 위로 오르고, 못이 움직여서 아래로 내려가며, 두 여자가 한 곳에 거처하나 그 뜻이 함께 행할 수가 없다. 기뻐하여서 밝은 데에 걸리고 柔(六五)가 나아가 위로 행해서 득중하여 剛(九二)에 상응함이다. 이로써 小事吉이다. 천지는〈서로〉어긋나도 그 일은 같으며, 남녀가 어긋나도 그 뜻은 통하며, 만물이 어긋나도 그 일이 같으니 睽의 사용하는 때가 크도다"고 하였다.

·澤:못 택 ·居:있을 거 ·說:기쁠 열 ·麗:걸릴 리 ·通:통할 통 ·類:무리 류, 동류 류(＝同)

總說
윗글은 규괘의「단사」이다.

各說
● 火動而上하고 澤動而下하며:火曰炎上과 水曰潤下를 설명하였다.
● 二女ㅣ 同居하나 其志ㅣ 不同行하니라:가정적으로 보면 소녀와 중녀가 한 부모 밑에서 같이 살고 있으나 출가한 뒤에는 서로 그 뜻이 달라진다는 것이다.

```
한 가정에 同居 ──── 同 ─┐
出嫁하면(不同行) ── 異(睽)┘ 中을 잘 잡아야 한다
```

● 睽는 火動而上하고 澤動而下하며 二女ㅣ 同居하나 其志ㅣ 不同行하니라:괘상이나 괘체에 드러나는 상을 인사적인 면에 비유하여 나타나는 어떤 현상이 睽라는 것을 설

명한 것이다. 즉, 규괘의 상을 보고 풀이한 말이다.
- 說而麗乎明하고: 괘덕으로 보아서 밝은 것(태양)이 하늘에 걸려 있다는 것이다.
  예)乾은 健也ㅣ오 坤은 順也ㅣ오 震은 動也ㅣ오 巽은 入也ㅣ오 坎은 陷也ㅣ오 離는 麗也ㅣ오 艮은 止也ㅣ오 兌는 說也ㅣ라 (「說卦傳」 第7章)
  乾은 굳센 것이요, 坤은 순한 것이요, 震은 움직이는 것이요, 巽은 들어가는 것이요, 坎은 빠지는 것이요, 離는 걸리는 것이요, 艮은 그치는 것이요, 兌는 기뻐하는 것이다.
- 柔ㅣ 進而上行하야 得中而應乎剛이라 是以小事吉이니라: 각 효의 구성을 살펴보면 음유한 육오효가 진행하여 上位 곧 君位에 있으면서 득중하고 또 구이효의 陽剛 신하에게 상응하고 있으니, 大事는 못하고 小事는 감당하여 나아가 괜찮으며 길하다는 것이다.
- 天地ㅣ 睽而其事ㅣ 同也ㅣ며 男女ㅣ 睽而其志ㅣ 通也ㅣ며 萬物이 睽而其事ㅣ 類也ㅣ니 睽之時用이 大矣哉라: ①공자가 睽에 대한 내용을 강조하면서 자연의 만사 만물에 비유하여 설명한 문장이다. 공자가 睽에 대한 중요성을 강조하는 뜻에서 이 문장을 보태어 단사의 길이가 다른 괘와 달리 긴 편이다. 또한 단사를 통해 공자의 주역관과 우주관을 엿볼 수 있다. ②천지는 형상적으로 보아서 다르지만 서로 작용하여 일을 만들어 내는 데는 같다. 즉, 대자연의 서로 같은 점과 서로 다른 점을 들어서 설명하였다. ③64괘가 길흉으로 상호 도전되어 있다. 이것은 同異를 알아서 대처해 나가자는 뜻이다. 남자와 여자는 형태로 보아서는 다르지만 서로 사랑하여 상통되면 동일체가 되어 자식이라는 좋은 결실이 생기며, 우주 만물의 형태는 다르지만 생성 발전하는 것은 동일하다. ④서로 어긋나고 흘겨보는 가운데 남녀의 뜻이 통하듯이 만사만물이 다르더라도 그 일의 類가 같으므로 睽의 사용하는 때와 시간의 작용이 얼마나 중요한지를 가늠할 수 있다. 따라서 시간성과 그 효용성은 매우 중대하다. 천지·남녀·만물에 대한 규의 작용을 어느 때 포착하는가가 대단히 중요한 일이라 하겠다.

天地의 形態 → 乖離,　　天地의 作用 → 同一

象曰 上火下澤이 睽ㅣ니 君子ㅣ 以하야 同而異하나니라

象에서 말하기를 "위에는 불이요 아래는 못이 있는 것이 睽니, 군자가 이로써 같이하면서도 다르게 한다"고 하였다.

總說

윗글은 규괘의 「대상」이다.

各說

- 君子ㅣ 以하야: 군자가 이러한 자연을 본받고 거울삼는다는 뜻이다.
- 同而異하나니라: 자연의 이치로 보면 같은 것처럼 보이지만 서로 다르고, 또 다른 것처럼 보이지만 서로 같은 이치가 睽이다. 그러므로 同而異에서 우리는 中正을 잡아야 한다. 이 中正을 잡기 위한 공부가 易理 공부이다. 결론적으로 同而異, 異而同을 알아야 한다. 즉, 同은 異이며, 異는 同이기에 同과 異는 같은 것이다. 이것은 곧 있는 것을 전제하였기에 없는 것이고, 없는 것을 전제하였기에 있는 것이라는 의미와 같다. 이것이 바로 太極의 이론이다.

初九는 悔ㅣ 亡하니 喪馬하고 勿逐하야도 自復이니 見惡人하면 无咎ㅣ리라

초구는 뉘우침이 없어지니 말을 잃고 쫓지 아니하여도 스스로 회복함이니, 악한 사람을 보면 허물이 없을 것이다.

· 喪:잃을 상 · 勿:말 물 · 逐:쫓을 축 · 復:돌아올 복 · 惡:악할 악 · 咎:허물 구

總說

초구효는 득정이지만 구사효와는 상비 관계이며, 한 가정이 어린이 하나를 두고 마음이 어긋나 있는 상태를 말하고 있다. 규괘는 효사가 어렵다.

各說

- 悔ㅣ 亡하니: ①처음에는 뉘우침이 있었지만 없어졌다. '悔'는 근심과 걱정을 뜻하며, '亡'은 없다는 뜻이다. ②초구효와 구사효는 양과 양으로서 서로 같으니 不睽이다.
- 喪馬하고 勿逐하야도: 말은 타고 다니는 것인데 말이 상하였으니 가지 아니한다는 뜻이다. 또 초구효는 구사효와 상비 관계이므로 쫓지 않는다는 것이다. 초구효가 양이므로 여기서의 '馬'는 陽物의 말이 된다.
- 自復이니: 초구효가 득정하여 기세는 있으나 구사효의 양기에 가로막혀 되돌아온다. 즉, 초구효가 구사효에게 가지 아니하여도 간 것과 마찬가지라는 것이다.

●見惡人하면 无咎ㅣ라:①이 구절에서 見惡人이라고만 하였으나, 이 말은 악인을 보면 조심하여 경계하라는 뜻이다. 육삼효는 兌卦에 딸려 있는 까닭에 악인이 된다. 곧 육삼효가 악인이라면, 초구효는 양으로서 음에게 말려들지 않아야 한다는 것이다. 곧 음양 관계로 말하였

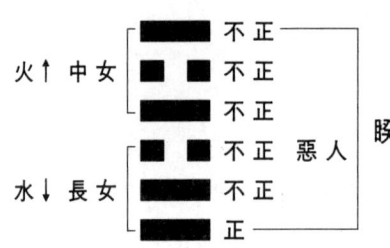

다. 여기서 '无咎'는 육삼효의 잘못을 보고 자기 스스로가 경계할 수 있어야 함을 나타낸 것이다. ②陽은 善이 되고, 陰은 惡이라 할 수 있는데 규괘의 효들을 살펴보면, 두 음효 중에서 五爻는 군위이므로 제쳐 두고 三爻가 음으로서 악인이 된다.

象曰 見惡人은 以辟(피)咎也ㅣ라

象에서 말하기를 "見惡人은 허물을 피하라는 것이다"고 하였다.
·辟:피할 피(=避), 임금 벽

各說

●以辟咎也ㅣ라:양으로서 음에게 말려들지 말아야 한다는 뜻이다.

九二는 遇主于巷하면 无咎ㅣ리라

九二는 임금을 거리에서 우연히 만나면 허물이 없을 것이다.
·遇:만날 우 ·于:어조사 우 ·巷:거리 항

總說

구이효는 부정위이며 육오효와 상응 관계이다.

各說

●遇主于巷하면:①서로 약속하고 만나는 것이 아니라 우연히 만나는 형태를 말한다. 예를 들어 문왕이 강태공을 만나는 형태로서, 계획적으로 만나는 것이 아니라 자연스럽게 만나 과거 서로 마음이 달랐던 것을 다 잊어 버리고 서로의 뜻이 통해서

천하를 차지하게 된 것에 비유할 수 있다. '主'는 육오효 군위를 의미한다. ②구이효가 육오효와 만나는 과정을 뜻하고 이것에서 同而異하고 異而同하는 이치를 발견할 수가 있다.
- 旅巷:오다가다 만나는 것.
- 无咎ㅣ리라:서로의 의심이 없어지고 마음이 합하여지면 결과적으로 无咎이다.

象曰 遇主于巷이 未失道也ㅣ라

象에서 말하기를 "遇主于巷은 아직도 正道를 잃지 않았기 때문이다"고 하였다.

各說

- 未失道也ㅣ라:①세상 모두가 睽이지만 육이효는 득중이니 正道로써 至善을 지켜 나아가면 正常이 된다. ②어디에서 만나도 正道로 하게 되면 반드시 만날 수가 있다. 즉, 합치될 수가 있다는 뜻이다. ③군신이 우연히 만났으나 무아지경의 도에서는 서로 같다는 뜻으로 공자가 실력을 발휘한 글이다.

六三은 見輿曳코 其牛ㅣ 掣ㅣ며 其人이 天且劓니 无初코 有終이리라

六三은 수레를 〈앞에서〉 끌고 그 소가 끄는 것을 보며 그 사람이 머리를 깎이고 또 코를 베이니, 〈正心을 가지면〉 처음은 없고 마침은 있을 것이다.
- 輿:수레 여 ・曳:이끌 예, 당길 예 ・掣:이끌 체, 막을 체 ・天:중머리 천 ・且:또 차 ・劓:코 벨 의

總說

육삼효는 부정위의 음효이다. 육삼효가 구이, 구사효의 두 양효 속에 있는 까닭에 마음을 정하지 못하는 형상을 표현하였다. 즉, 부정한 여자의 두 갈래 마음을 표시한 것이다.[2] 상구효와는 상응 관계이다.

各說

- 見輿曳코:앞에서 수레를 이끄는 것을 본다. 구이효를 뜻한다.

---

[2] 육삼효를 占卦로 풀이하면, 육삼효는 부정효로서 세상이 모두 어긋나는 때이다. 이리 갈까 저리 갈까 망설이며, 또 잘못하여 머리가 깎여지고 코가 베이는 형벌을 받는 때일지라도 道에 어긋남 없이 행동하면 모든 난관을 극복하여 나중에는 귀인을 만나 길하게 된다.

- 其牛ㅣ 掣ㅣ며:그 소가 끄는 것을 본다. 구사효를 뜻한다.

  - 其人이 天且劓니:육삼효 자신이 머리가 깎여지고 코가 베이는 중형을 당하는 것을 뜻한다. 이것은 睽가 되기 때문에 이렇게 표현을 했다. 그러나 正道로써 행동하면 无初有終이 온다. '天'은 머리를 깎아 버리는 옛 형벌의 일종이다.

```
陽● ■ ■  九四(其牛掣)
陰● ■中■  六三(天且劓)
陽● ■中■  九二(見輿曳)
```

- 无初코 有終이리라:구이, 구사효가 육삼효에게 무슨 짓을 하여도 正道로 하면 상응인 상구효에게 가게 된다. 즉, 상구효와 뜻이 합하게 된다는 것이다. 无初는 '異'이고 有終은 '同'을 뜻한다.

象曰 見輿曳는 位不當也ㅣ오 无初有終은 遇剛也ㄹ새라

象에서 말하기를 "見輿曳는 位가 마땅하지 않기 때문이요, 无初有終은 剛(上九)을 만나기 때문이다"고 하였다.

各說

- 位不當也ㅣ오:양자리에 음이 있기 때문이다.

九四는 睽孤하야 遇元夫하야 交孚ㅣ니 厲하나 无咎ㅣ리라

九四는 어긋나는 데에 외로워서 元夫를 만나 믿음으로써 서로 사귀니, 두려움이 있으나 허물은 없을 것이다.

·孤:외로울 고 ·元:으뜸 원 ·夫:지아비 부, 사나이 부 ·孚:믿을 부 ·厲:위태할 려

總說

구사효는 부정위이며 초구효와 상비 관계이다.

各說

- 九四는 睽孤하야:구사효는 부정위로서 다른 효에 두 음이 있지만 자기와는 정응이 아니다. 세상이 어긋나고 무질서하고, 또한 자기의 정응이 없기 때문에 외롭다는 뜻이다.

- 遇元夫하야 交孚ㅣ니:元夫는 善之長也, 즉 元者로서 善士 곧 초구효를 말하며 착한 지아비라는 뜻이다. 이 초구효를 만나면 정성으로써 만나야지 단순히 음양의 원리로 만나면 아니 된다.
- 无咎ㅣ라:善士(초구효의 덕을 지닌 사람)와 같이 덕을 함께 하면 허물이 없다는 것이다.

象曰 交孚无咎는 志行也ㅣ라

象에서 말하기를 "交孚无咎는 뜻이 행해지는 것이다"고 하였다.

各說

- 志行也ㅣ라:뜻대로 되었다. 즉, 구사효가 덕으로써 초구효와 서로 뜻이 합치된다는 말이다. 곧 어긋났다가 다시 만나는 것이다. 이것이 同而異의 현상이다. 세상의 만사를 따지고 보면 同而異의 현상이라 할 수 있다.

六五는 悔亡하니 厥宗이 噬膚ㅣ면 往에 何咎ㅣ리오

六五는 뉘우침이 없어지니 그 종족이 살을 씹으면 나아감에 어찌 허물이 있겠는가.
· 厥:그 궐 · 宗:마루 종 · 噬:씹을 서 · 膚:살갗 부

總說

육오효는 규괘의 주효이며 구이효와 상응 관계이다.

各說

- 六五는 悔亡하니:육오효는 부정위이지만 득중이며 군위이므로 뉘우침이 없다. 中道를 하게 되면 悔亡이 있으며, 悔亡하려면 厥宗噬膚가 되어야 한다.
- 厥宗이:中道로써 행하게 한다. 즉, 同人卦의 육이효에서 "同人于宗"이라 하였으니 구이효를 뜻하고 二爻는 中이므로 五爻에 宗이라고 하였다. 宗은 곧 中과 같은 것이다. 즉, 宗은 父→子→孫과 같이 계통적으로 내려오는 것으로서 중심이 되는 것을 말한다.

→六二 中正 同人于宗→中
天火同人

그리고 정이천은 「傳」에서 "厥宗은 其黨也니 謂九二正應也라;厥宗은 같은 친족(동족)이니 구이효가 정응하는 것을 일컫는다"고 주석하였다.
- 噬膚ㅣ면:①이 구절은 서합괘의 육이효에서 나왔다. ䷥규괘의 二爻가 변하면 ䷔ 서합괘가 된다. ②五爻의 마음가짐을 표시한 것이다. 즉, 살을 깊이 무는 것으로 표시한 것은 지극한 관심과 정성을 육오효가 구이효에게 보이는 것이다. 예를 들면, 유현덕이 제갈량을 의심하지 않고 정성과 관심을 보임으로써 제갈량이 유현덕에게 충성을 다하는 경우와 같다.
    예)六二는 噬膚호대 滅鼻니 无咎하니라
        六二는 〈남의〉 살을 물어뜯다가 코가 다치니 허물이 없다.
- 往에 何咎ㅣ리오:항상 쉬지 않고 끝끝내 나아가면, 또 정성과 관심으로 일관하면 결과적으로 허물이 없다는 것이다.

象曰 厥宗噬膚는 往有慶也ㅣ리라

象에서 말하기를 "厥宗噬膚는 〈그렇게 하여〉 나아가면 경사가 있는 것이다"고 하였다.
· 慶:경사 경

各說

- 往有慶也ㅣ리라:좋은 것(吉)을 초월하여 경사가 온다는 것이다.

上九는 睽孤하야 見豕負塗와 載鬼一車ㅣ라 先張之弧ㅣ라가 後說(탈)之弧하야 匪寇ㅣ라 婚媾ㅣ니 往遇雨하면 則吉하리라

上九는 睽가 외로워서 돼지가 진흙을 짊어진 것과 귀신이 한 수레에 실려 있는 것을 보는지라. 먼저는 활을 〈팽팽히 당겨〉 쏘려다가 뒤에는 활을 벗겨서, 도적이 아니라 혼인을 하자는 것이니, 가서 비를 만나면 곧 길할 것이다.
· 豕:돼지 시 · 負:짐질 부 · 塗:진흙 도 · 載:실을 재 · 張:활 쏠 장, 팽팽히 당길 장 · 弧:활 호
· 說:벗을 탈 · 匪:아닐 비 · 寇:도적 구 · 婚:혼인할 혼 · 媾:화친할 구

總說

상구효는 부정위이나 육삼효와 상응 관계에 있다.

各說

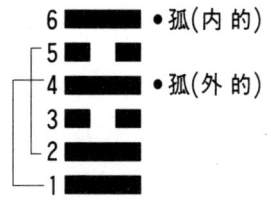

- 睽孤하야: 상구효가 육삼효와 상응하지만 육삼효가 구이, 구사효 속에 들어 있으니 육삼효는 상구효에게 오지 않을 것이다. 따라서 상구효를 음양 관계로 보면 육오효와 가까운 관계임을 알 수 있다. 이것이 곧 睽孤이다. 그러나 상구효가 육삼효를 의심하면 큰 일이 벌어진다.3) 왜냐하면 육삼효는 상하 陽에 파묻혀 있고, 상구효는 君位의 위에 자리잡고 있기 때문이다. 그리고 상구효의 睽孤는 內적인 孤라고 할 수 있으며, 구사효의 睽孤는 外的인 孤라고 할 수 있다.

- 見豕負塗와 載鬼一車ㅣ라 先張之弧ㅣ라가: 음양 관계에 있어서 눈에 헛것이 보이는 형태이다. 상구효의 睽에 대한 나쁜 형상을 그린 내용이다.

見豕負塗──진흙에 빠져 헤매는 돼지를 본다── 형이하학(已形)
載鬼一車──귀신을 수레에 싣고 있다 ──────형이상학(未形)

- 先張之弧ㅣ라가 後說之弧하야: 처음에는 활을 쏘려고 하였다가 뒤에는 활을 쏘지 않았다는 뜻이다.

- 往遇雨하면 則吉하리라: '往'은 육삼효와 상구효가 만난다는 것이며, '雨'는 부부화합의 雲雨之情을 뜻하는 것으로 음창양화(陰暢陽和)의 좋은 결과가 오게 된다는 것이다. 우리 인간 생활에 비유하면, 잘못 오인하여 큰 일을 저지를 뻔하였으나 알고 보니 나를 해할 사람이 아니라 도리어 나를 도울 사람이었다. 따라서 그 사람을 만나 정을 나누며 화합하니 곧 좋은 결과에 이른다는 것이다.

---

3) 아산 선생님께서 산에서 생식을 하면서 수도하다가 下山하여 집으로 오던 중 觀通이 되었다. 그리고 대전의 어느 여관에서 머물게 되었는데 그날 여관 여주인을 보니 睽卦의 上九爻였다. 선생님은 처방이 필요하다고 생각하여 여관 출입구에 '忍'字를 써붙여 방패로 삼았고 바깥주인에게는 손바닥에 '忍'字를 써 주었다. 그날 저녁은 그 집에 忌故(忌祭祀)가 있었으므로 멀리 있는 딸과 많은 사람들이 왔다. 그날 밤 딸이 머리를 감은 다음 머리를 올리고 아버지의 점퍼를 껴입고 어머니 옆에서 잠들었다. 무심히 부인 방으로 들어온 남편이 딸을 외간 남자로 의심하여 식칼로 이들을 죽이려고 하다가 자기 손의 '忍'字를 보고 그만 누웠다. 나중에 모든 의심이 풀려 夫婦和合이 잘 이루어졌다는 이야기를 선생님으로부터 들은 바 있다. (一岡註)

象曰 遇雨之吉은 羣疑ㅣ亡也ㅣ라

　象에서 말하기를 "遇雨之吉은 모든 의심이 없어졌기 때문이다"고 하였다.
・羣(=群):무리 군, 모두 군　・疑:의심할 의　・亡:없을 망

各說

● 羣疑ㅣ亡也ㅣ라:①의처증이 없어졌다. 즉, 상구효의 전체 내용으로 보아서 상구효가 육삼효와 만나 부부화합(음양화합)으로 좋다는 뜻은 모든 의심이 없어졌다는 것이다. ②가인괘와 규괘는 내용이 상대적이다. 가인괘는 상구효가 가정의 長으로서 절도와 법도를 지키며 위엄으로써 治家를 하니 좋다. 그러나 규괘는 모든 것이 서로 어긋나는 형상을 말하고, 同而異한 진리를 내포하고 있다. 따라서 우리는 이러한 나쁜 괘 속에서 길한 방법을 찾는 자세가 필요하다. 즉, 대자연의 진리는 자기 역량대로 받아 오며, 淸風明月은 요구대로 주고 받는다. 이것은 임자가 없는 无價之寶이다. 남이 가져가려도 가져갈 수 없고 닦을수록 빛이 나는 것이 대자연의 진리이다. 도둑이 가지고 갈 수도 없고 이것을 훔쳐 가는 자는 아무도 없다. 그렇지만 아무리 좋은 것이 있고 대자연이 있어도 내가 인용하고 이용할 수 없다면 아무런 소용이 없다. 즉, 자기의 역량대로 가져다 쓰는 것이니 우리는 공부하여 이 역량을 길러야 한다.

水山蹇 (三十九)

䷦
坎艮
上下

大義

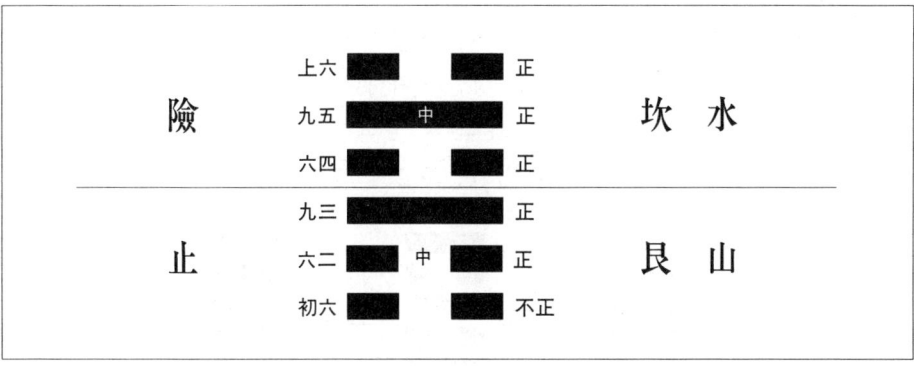

「잡괘전」에서 "蹇은 難也ㅣ라;蹇은 어려운 것이다"고 하였으니, 蹇卦는 四難卦 중의 하나로 험난한 가운데 正道를 행함으로써 吉함을 찾아야 한다. 즉, 凶中有吉이므로 難을 헤쳐 나아갈 방법론은 있기 마련이다.

1) 蹇卦는 卦體(卦德)로 보아 험한 坎水가[1] 위에 있고 艮山이 아래에 있으니 두 가지가 함께 겹쳐 있는 형상이다. 즉, 바다와 강물을 헤쳐 건너갔으나 앞에 험한 산이 가로놓여 있다. 우리의 인생살이도 이와 같다. 이것이 곧 蹇이다(一山行盡一山靑). 험한 지경을 당하면 그쳐야 한다. 즉, 기다렸다가 행동을 해야 하며, 항상 억지로 하려고 하면(逆天) 문제가 생긴다.

---

[1] 坎水는 流水이고 兌水는 止水이다. 그러나 못(澤)이 언제나 止水인 것은 아니다. 때에 따라 적절하게 이용하기 위하여 방류하게 되면 流水가 되는 법이다.

2) 蹇卦는 초효만 부정위이다. 초효는 사람의 몸에다 비유하면 다리에 해당한다. 다리가 부정이니 절 수 밖에 없으며 행동도 부자유스럽다. 그래서 蹇으로 표현하였다. 점서상으로 蹇卦가 나왔다면 어느 시기까지 기다려서 근신하는 것이 좋다고 보겠다. 즉, 갑자기 비가 와서 강물이 불었다면 그냥 물을 건너려 하지 말고 기다렸다가 물이 빠지면 건너야 한다. 만약 물이 불은 상태에서 강을 건너게 되면 생명을 잃을 수도 있기 때문이다.

3) 蹇을 파자하면 寒+足이다. 곧 찬 발이라는 것이다. 차가운 발에는 혈맥이 통하지 아니하므로 다리를 절게 된다.

4) 蹇卦의 卦象은 內卦에 艮山이 가로놓여 있고, 외괘에는 坎水의 險이 있으니 重險의 상이다. 즉, 산 앞에 險이 가로놓여 있어서 가지 못하는 것이다. 또한 蹇卦의 互卦가 未濟卦이니 건너지 못한다고 볼 수 있다. 험난한 뒤에는 흉이 따르는 법이며 무리하게 행한다면 그 결과는 흉하다. 順理로써 보면 蹇卦 속에 未濟卦가 있으나 아주 영영 미제 속에서 허덕이는 것만은 아니다.2) 이 미제괘 속에는 호괘로 기제괘가 들어 있음을 알 수 있다. 결과적으로 보아서 用心之道에 따라서 우리는 미제와 기제의 순환의 이치 속에서 살아간다고 할 수 있다.

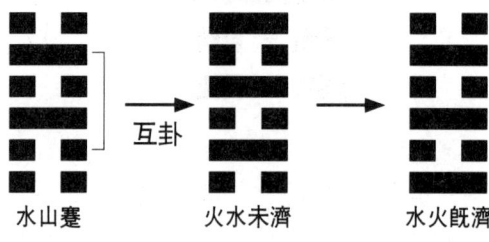

水山蹇   火水未濟   水火旣濟

5) 蹇卦는 4難卦 중의 하나이다. 우리는 難 속에서 쉬운 것을 찾고3) 흉 속에서 길함을 찾기 위하여 正道로 인생을 살아야 한다. 4난괘를 간단히 인용하면 다음과 같다.

예)• 屯卦:彖曰 屯은 剛柔ㅣ 始交而難生하며…… (생산적인 면의 難이다)
  • 蹇卦:彖曰 蹇은 難也ㅣ니 險在前也ㅣ니 見險而能止하니…… (생산적인 면에서 難이다)
  • 困卦:澤无水ㅣ 困이니…… (건강상의 難이다)
  • 坎卦:彖曰 習坎은 重險也ㅣ니…… (산천, 자연, 사물의 難이다)

---

2) 4難卦인 坎卦와 蹇卦의「단사」에서 "險之時用이 大矣哉라", "蹇之時用이 大矣哉라"고 하였다.
3) 진리는 평범한 것과 쉬운 것에 있지 어렵게 만든 글 속에는 진리가 없다.『주역』은 글자가 쉽게 되어 있으며 어조사가 많다. 以, 而, 也, 之, 諸, 於, 矣, 哉, 乎, 夫 등이 그러하다.

또 難卦를 당하여 군자와 소인이 행하는 바를 『중용』과 『논어』에서 찾아보면 다음과 같다.

예1) 故로 君子는 居易以俟命하고 小人은 行險以徼幸이니라 (『中庸』 제14장)
　　그러므로 군자는 安分, 平坦에 처하여 천명을 기다리고, 소인은 위험을 행하여 다행함을 구한다.
　　[설명] 군자는 세상이 험난할수록 정도로 행하고 인간의 도리를 벗어난 행동은 하지 아니한다. 험난이 있을 때는 지혜와 인내로 극복하여야 한다.

예2) 子ㅣ曰 君子는 坦蕩蕩이오 小人은 長戚戚이니라 (『論語』「述而」)
　　공자께서 말씀하시기를 "군자의 마음은 평안하고 넓으며, 소인의 마음은 항상 근심하고 두려워하는 것이다"고 하셨다.

6) ① 가인괘와 규괘는 長女, 中女, 少女의 결합체이며, 蹇卦와 解卦는 長男, 中男, 少男의 결합체이다. 이 속에 離(☲, 火)卦와 坎(☵, 水)卦의 중녀와 중남이 주체로서 다른 괘를 서로 연결시켜 주는 역할을 한다. 또 序卦로 보아서 4괘가 이렇게 계속되는 곳은 이것뿐이다. 여기에는 더욱 중정지도를 가져야 한다는 뜻이 이면에 내포되어 있다.

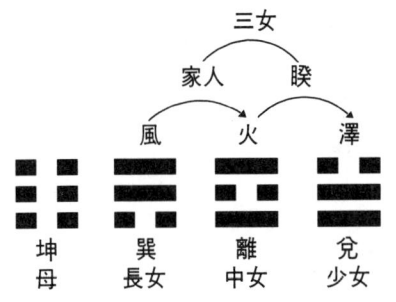
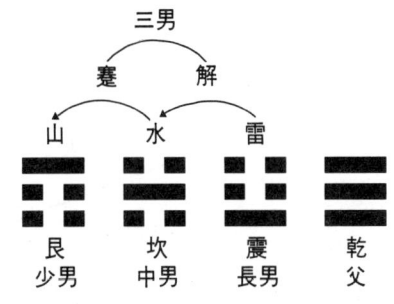

② 家人卦와 解卦는 吉이며, 睽卦와 蹇卦는 凶으로 상대적이다. 그러나 凶中有吉이니 연구하여 길할 수가 있는 이치를 찾는 것이 역학도의 사명이요 공부하는 자세이다. 즉, 「계사전」하에서 "吉凶者는 貞勝者也ㅣ니; 길과 흉은 正히 이기는 것이다" (第1章)고 하였다. 곧 세상은 항상 길흉이 상존하고 있다고 하였다.

③ ䷦蹇卦를 착종하면 ䷃蒙卦가 된다. 즉, 몽매한 것이 앞에 가로놓여 있으니 탈출하지 못하는 것이다. 이것을 극복하기 위해서는 동북의 험한 곳(東北間方, 震艮方)에 초점을 두어야 한다. 이곳은 利見大人이 출현하는 방위이기 때문이다.

原文풀이

蹇은 利西南하고 不利東北하며 利見大人하니 貞이면 吉하리라

蹇은 서남이 이롭고 동북은 이롭지 아니하며 대인을 보면 이로우니, 바르게 하면 길할 것이다.

· 蹇:절 건 · 利:이로울 리

總說

윗글은 蹇卦의 괘사이다.

各說

● 蹇은 利西南하고 不利東北하며:괘사는 문왕의 글이며, 문왕 당시의 시대상을 그려 놓은 것이다. 殷의 紂王이 위치한 곳이 동북방이고 서남방은 문왕이 위치한 곳이다. 따라서 동북방은 不利하고 서남방(岐西, 西山, 西伯)은 利하다는 것이다.

예1)文王后天八卦로써 보면 다음과 같다.

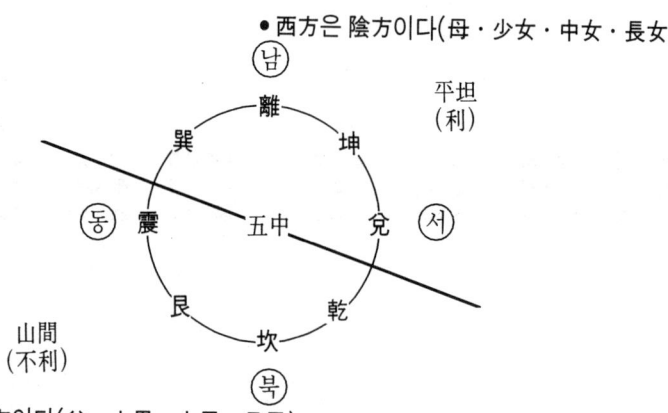

예2)坤卦(陰)의 입장에서 보면 다음과 같다.
　　西南은 得朋이며──東北은 傷朋이다
　　　　　　　　　　└─ 乃終有慶→利見大人(震, 艮方에서 大人이 나온다)
예3)乾卦(陽)의 입장에서 보면 다음과 같다.
　　· 西南:遜順, 文明, 柔順, 悅 → 평탄하므로 이롭다.
　　· 東北:震動, 艮山, 坎險, 健壯이니 難하다. 따라서 불리하다.

彖曰 蹇은 難也ㅣ니 險在前也ㅣ니 見險而能止하니 知矣哉라 蹇利西南은 往得中也ㅣ오 不利東北은 其道ㅣ 窮也ㅣ오 利見大人은 往有功也ㅣ오 當位貞吉은 以正邦也ㅣ니 蹇之時用이 大矣哉라

　彖에서 말하기를 "蹇은 어려운 것이니 험한 것이 앞에 있으니, 험한 것을 보고 능히 그칠 줄 아니 지혜로운 것이다. 蹇利西南은 가서 中을 얻는 것이요, 不利東北은 그 도가 다 되었다는 것이요, 利見大人은 가서 공이 있다는 것이요, 位가 마땅해서 貞吉 하다는 것은 그것으로써 나라를 바르게 하는 것이니, 蹇의 때와 〈그때를 당하여〉 사용함이 크도다"고 하였다.

・難:어려울 난 ・險:험할 험 ・止:그칠 지, 머물 지 ・窮:궁할 궁 ・邦:나라 방

總說
윗글은 蹇卦의 「단사」이다.

各說
- 見險而能止하니:險은 坎이고 止는 艮이다. 이는 蹇卦의 卦德을 말한 것이다. 험하고 난한 일을 만나면 머물러 있어야 한다. 이러한 것을 알고 행하는 것이 지혜로운 일이다. 蹇卦의 호괘가 ䷿未濟卦이다. 未濟는 멈쳐 있는 것을 뜻한다. 인간의 능력에는 한계가 있으므로 지혜롭게 時止則止, 時行則行할 줄 알아야 한다. '止'에는 動과 靜의 의미가 함께 포함되어 있다.
- 知矣哉라:見險而能止한 결과를 보고 知矣哉다. 또 이것을 알면 蹇이 되지 아니 할 것이다.
    - 矣는 "~리라"의 뜻이고, 哉는 "~그러리라"의 뜻이다. 따라서 知矣哉는 많이 안다는 뜻이 된다.
- 蹇利西南은:문왕이 있는 곳이다.
- 往得中也ㅣ오:여기서 '得'은 坤卦에서 나왔다.
    예)西南은 得朋이오 東北은 喪朋이니 安貞하야 吉하니라 (坤卦 卦辭)
    　서남쪽은 벗을 얻고 동북쪽은 벗을 잃게 되니 편안하고 바르게 하면 길하다.
    　[설명]윗글은 坤卦 괘사의 마지막 부분이다.
- 不利東北은 其道ㅣ 窮也ㅣ오:동북이 불리하다는 것은 여자의 도가 다하고 주부의 시초라는 뜻이며, 其道는 여자의 도를 말한다. 곧 喪朋이니 처녀로서는 마지막이며, 주부의 시초가 되는 것을 뜻하였다.

- 往有功也ㅣ오:가서 경사가 있다.
- 當位貞吉은:바른 자기 位에 처하여 바르게 하면 길하다. 즉, 육이효와 구오효를 가리킨다. 蹇卦의 이면에는 좋은 것이 있다는 뜻이 있다.
- 以正邦也ㅣ니:구오효의 강건중정의 位에 있는 사람이라야 나라를 바로잡을 수가 있다. 즉, 어떤 험한 길이 있다고 하여도 타개해 나가며, 해야 할 일과 아니해야 할 일을 지혜롭게 알아서 행하여야 治國平天下도 가능하다는 것이다. 또한 濟蹇之道를 위하여 利見大人을 해야 한다.

當位貞吉 ──────→ 以正邦也

- 蹇之時用이 大矣哉라:①비록 위험한 시대에 처하여 있을지라도 문왕과 같이 위험한 것을 보고 머물 줄 알며 時中의 德을 가질 수 있는 그 효용성은 지극히 큰 것이다. 육이효의 柔順中正한 자와 구오효의 剛健中正한 자가 能止能行을 할 줄 안다. 이러한 사람이야말로 時用을 잘하는 자이며 知者라 할 수 있다. ②時와 用의 이중적인 중요성을 강조한 것이며 두 가지를 다 알아야 한다. '時'는 시기를 알아서, '用'은 사용(이용)을 하라는 것이다. 문왕이 時用을 잘하였지만 무왕 역시 13년만에 천자에 등극한 것은 時用에 입각한 태도이다. 세상은 睽卦, 坎卦, 蹇卦처럼 험하고 난한 가운데 時用을 잘한 성인과 영웅이 나오는 법이다. 달리 말해서 시대가 영웅과 성인을 낳는다는 것이다. 時와 관련하여 나온『주역』의 문장 중 핵심 글자만 요약 정리하여 표를 만들어 보면 다음과 같다.

卦名	豫	隨	頤	大過	坎	遯	睽	蹇	解	姤	革	旅
彖辭	時義	時之義	時	時	時用	時義	時用	時用	時	時義	時	時義

象曰 山上有水ㅣ 蹇이니 君子ㅣ 以하야 反身脩德하나니라

象에서 말하기를 "산 위에 물이 있는 것이 蹇이니, 군자가 이로써 자신을 돌이켜 보고 덕을 닦는 것이다"고 하였다.

· 反:되돌릴 반 · 脩:닦을 수 · 德:덕 덕

總說

윗글은 蹇卦의 「대상」이다.

各說

- 君子l 以하야:군자가 이것을 본받고 거울삼는다.
- 反身脩德하나니라:사람이 세상을 살아가는 가운데 산과 물이 가로막혀 있는 것과 같은 경우가 있다. 이러할 때 난관을 헤쳐 나아갈 수 있는 방법은 내 몸을 돌이켜서 덕을 닦는 것이다. 즉, 明明德과 같다.

    예)行有不得者어든 皆反求諸己니 其身正而天下歸之니라 (『孟子』「離婁」上)
    행하고도 얻지 못함이 있거든 모두 자신에게 돌이켜 찾아야 하니, 자신이 바루어지면 천하가 돌아오는 것이다.

$$\left.\begin{array}{l}反身 —— 克己\\脩德 —— 復禮\end{array}\right\}反求諸己(反=歸)$$

初六은 往하면 蹇코 來하면 譽리라

初六은 가면 절고 그대로 있으면 명예로울 것이다.

- 譽:명예 예, 기릴 예

總說

초육효는 剛 자리에 柔가 있으니 부정위이며, 육사효와 상비 관계이다. 지금은 절지만 어느 시기가 되면 정상적으로 걸어서 활개치고 행동할 것이다. 그 시기가 중요하다.

各說

- 往하면 蹇코 來하면 譽리라:가면 갈수록 험난하다. 또 초효가 부정위이므로 움직이지 아니하고 수양하면 명예롭다는 것이다. 즉, 다리를 저는 사람은 가지 말고 가만히 있는 것이 좋다. '來'는 그쳐서 나아가지 않고 그대로의 뜻으로 不往, 止也, 待也의 뜻이다. 「소상」에서 공자도 '來'는 待也라고 명백히 밝혔다.

象曰 往蹇來譽는 宜待也ㅣ니라

象에서 말하기를 "往蹇來譽는 기다림이 마땅한 것이다"고 하였다.
·宜:마땅할 의, 편안할 의 ·待:기다릴 대

各說

● 宜待也ㅣ니라: 때가 올 때까지 기다리는 것이 옳다. 그러면 다리를 절지 않을 것이며 만약 가게 되면 결국 나쁘게 된다.

六二는 王臣蹇蹇이 匪躬之故ㅣ라

六二는 왕과 신하가 저는데 저는 것이 〈내〉몸의 연고가 아니다.
·匪:아닐 비 ·躬:몸 궁 ·故:연고 고

總說

육이효는 유순중정한 位로서 구오효와 정응 관계이며, 육이효가 구오효를 도우러 가는 것을 표현하였다.

各說

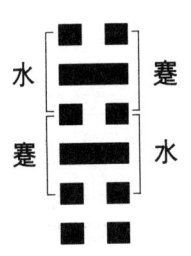

● 王臣蹇蹇이: ①王臣은 구오효의 임금과 육이효의 훌륭한 신하를 말한다. 왕도 절고 나도 전다. 왜냐하면 중용지도를 걷는 훌륭한 신하이기 때문이다. 이것은 육이효 자신의 연고가 아니고 時代相 때문에 저는 것이다. ②蹇卦를 互卦로 분석하면 내, 외호괘가 모두 坎卦로 坎之坎이 된다. 그러므로 거듭 험한 데에 빠져 있으니 蹇蹇이라고 한 것이다.

● 匪躬之故ㅣ라: 몸에 이상이 있어서 가지 않는 것이 아니라 육이효가 도리어 유순중정하기 때문이다.

象曰 王臣蹇蹇은 終无尤也ㅣ라

象에서 말하기를 "王臣蹇蹇은 끝내 허물이 없는 것이다"고 하였다.
·尤:허물 우

各說

- 終无尤也ㅣ리라:①신하된 몸으로 무진 고생을 하지만 끝내 원망하지 아니한다. 즉, 내 자신의 영달을 위하여서가 아니라 임금에게 충성을 다하고 있을 뿐이다. 여기서 '无尤'는 자신의 허물이 없다는 뜻이다. 无咎와는 해석이 조금 다르다. ②육이효는 임금의 신하로서 다리를 저는 것이다. 모두가 구오효를 생각해서이다. 아니 절도록 하려면 利見大人을 해야 한다. 육이효와 구오효 관계는 강태공과 문왕의 관계로 볼 수 있다. 강태공은 자신의 모든 것 중 90%를 문왕에게 주었다. 만약 100% 모든 것을 다 주었다면 慶事가 있으리라고 「소상」에 기록했을 것이다.

九三은 往하면 蹇코 來하면 反이리라

九三은 나아가면 절고 그대로 있으면 자신을 돌이켜 덕을 닦을 것이다.

總說

구삼효는 정위로서 상육효와 정응 관계이다.

各說

- 往하면 蹇코:구삼효와 상육효가 응하고 있기 때문에 앞으로 나아갈 수 있다. 그러나 상황이 험난하다는 것이다.
- 來하면 反이리라:①여기서 '來'는 不往의 뜻으로 해석하여야 하고, '反'이라는 것은 不進의 뜻이다. 즉, 時를 알고 그 때가 올 때까지 움직이지 아니한다. ②구삼효는 ☶艮卦의 主導爻로서 '反'은 回復의 뜻이다. 따라서 不往이면 反身修德하고 있는 것이다. 즉, 뒤로 돌아오면(反=歸) 육이효의 유순중정과 친근해진다는 것이다.

象曰 往蹇來反은 內ㅣ 喜之也ㅣ새라

象에서 말하기를 "往蹇來反은 〈마음〉속으로 기뻐하기 때문이다"고 하였다.

· 喜:기쁠 희

各說

- 內ㅣ 喜之也ㅣ새라:음양 관계로 보아서 육이효가 기뻐한다는 것이다. 여기서 '喜'는

형이상학적인 즐거움으로 내부에서 외부로 나오는 즐거움이다. 주로 도학이나 학문을 연구하여 자기 혼자만이 맛볼 수 있는 즐거움을 뜻하며, '樂'은 외부에서 내부로 들어가는 즐거움으로서 곧 대중화되어 있는 즐거움이다.

六四는 往하면 蹇코 來하면 連이리라

六四는 나아가면 절고, 그대로 있으면 이어질 것이다.
• 連:이어질 연

總說

육사효는 초육효와 상비 관계이지만 정위이다.

各說

● 來하면 連이리라:①육사효는 아래와 위에 陽이 있으므로 가만히 그대로 있으면 좋다는 것이다. 즉, 이웃인 구삼효와 함께 구오효에 같이 연결하여 구삼효와 구오효 사이에 있으면 좋다는 것이다. ②육사효가 來連하여 구삼효와 內喜가 되는데, 이것은 곧 麻中之蓬에 비유할 수 있다. 이 말은 삼밭에서 성장하는 쑥대와 같이, 삼이 잘 자라니 쑥도 함께 잘 자란다는 뜻으로 좋은 환경과 좋은 사람들 사이에 있으면 그 영향으로 자기도 모르는 사이에 좋은 사람이 됨을 이르는 말이다.

象曰 往蹇來連은 當位ㅣ 實也ㄹ새라

象에서 말하기를 "往蹇來連은 位가 마땅하게 성실하기 때문이다"고 하였다.
• 實:성실할 실, 충실할 실, 열매 실

九五는 大蹇에 朋來로다

九五는 크게 절지만(험난하지만) 벗이 오도다.
• 朋:벗 붕

總說

구오효는 강건중정의 爻이며, 육이효와는 정응 관계이다. 蹇卦의 主爻이다.

各說

● 朋來로다:벗은 육이효를 뜻한다.

象曰 大蹇朋來는 以中節也ㅣ라

象에서 말하기를 "大蹇朋來는 중용지도로써 절제를 지키는 것이다"고 하였다.

・節:마디 절

各說

● 以中節也ㅣ라:절차에 알맞게 하는 것, 즉 중용지도로써 절제를 지켜 나아간다는 뜻이다. 『중용』의 글을 인용하여 中節의 뜻을 좀더 알아보자.

  예) 喜怒哀樂之未發을 謂之中이오 發而皆中節을 謂之和ㅣ니 中也者는 天下之大本也ㅣ오 和也者는 天下之達道也ㅣ니라 (『中庸』第1章)
  〈사람의 마음에 작동이 여기에 있다〉 기쁘고 화내고 슬프고 즐거움이 발동하지 아니한 것을 中이라 하고, 〈喜怒哀樂이〉 발동하되 다 절차에 맞게 發하는 것을 和라고 이르나니, 中이라는 것은 천하의 큰 근본이요, 和라고 하는 것은 천하의 통달한 도이다.
  [설명]
  ・中이란 무엇인가? ①喜・怒・哀・樂・愛・惡・欲의 七情이 아직 나타나지 아니한 상태를 말한다. 다시 말하여 天命의 性品을 그대로 간직하여 나아가는 것을 中이라고 한다. ②七情이 나타나지 아니한 상태가 곧 中이요, 虛요, 空이라고 할 수 있다. 곧 无我之境이다. 『대학』에서 말하는 明德之心이요, 또 明鏡과 같은 것이다. 四端七情을 이론적인 입장에서 形而上, 下學으로 구분하고 있으나 四端七情이 天賦의 것으로 사람이 배우지 아니하여도 다 할 수 있는 것이다. 할 수 있는 것으로 취사선택하여 나쁜 것을 배격하고 좋은 것으로 일관할 수 있는가 하는 것이 우리의 과제요, 소망이다. 또한 四端七情의 싸움이 우리가 살아가는 현실이요, 인생이기도 하다.
  ・自然의 節은 節候가 있으며 64卦는 64節이 있으며, 사람에게는 節介가 있다. 그리고 中節은 和이다.

  마음 ― 中 ― 寂然不動 → 无我之境 → 道通境地

  四端 ― 仁・禮・義・智 ― 善 ― 形而上者
  七情 ― 喜・怒・哀・樂・愛・惡・慾(欲) ― 不善 ― 形而下者

上六는 往하면 蹇코 來하면 碩이라 吉하리니 利見大人하니라
　上六은 나아가면 절고(험난하고) 그대로 있으면 큼이라. 길하리니, 대인을 보는 것이 이롭다.
· 碩 : 클 석

總說
　상육효는 정위로서 구삼효와 정응 관계이다.

各說
● 來하면 碩이라 : ①위험한 데로 가지 말고 그대로 있으면 종자의 사람이 될 수 있다는 것이다. 즉, ䷖山地剝卦 상구효의 碩果不食의 존재이며 또 표준이 되는 것이며, 가을에 추수를 하여 종자를 두는 격이다. 여기서 '碩'은 왕의 자문격이다. ②어떤 사람을 만나야 종자가 될 수 있는가? 利見大人을 하지 않고는 碩이 될 수가 없다. 자기 스스로 대자연의 이치를 아는 사람도 말할 필요도 없이 利見大人을 해야 하지만 모르는 사람이라면 모름지기 利見大人을 해야 한다.
　※초육효, 구삼효, 육사효, 상육효의 '往來'는 反身修德(見陰而能止)이고, 육이효, 구오효는 時止則止, 時行則行이다. 왜냐하면 육이, 구오효는 中正의 位이기 때문이다.
● 利見大人하니라 : 상구효에서 大人은 구오효를 뜻한다. 따라서 구오효는 상구효의 왕사가 된다. 예를 들면 강태공, 제갈량과 같은 사람이다.

象曰 往蹇來碩은 志在內也ㅣ오 利見大人은 以從貴也ㅣ라
　象에서 말하기를 "往蹇來碩은 뜻이 안에 있는 것이요, 利見大人은 〈九五의〉 귀인에 從事하는 것이다"고 하였다.
· 從 : 좇을 종, 시중들 종　· 貴 : 귀할 귀

各說
● 志在內也ㅣ오 : 뜻이 구오효에게 있다는 것이다. 혹은 음양 관계로 보아서 뜻이 정응인 구삼효에게 있다는 것도 된다.
● 以從貴也ㅣ라 : 여기서 '貴'는 구오효 왕위를 뜻한다.

雷水解(䷧)
震坎
上下

大 義

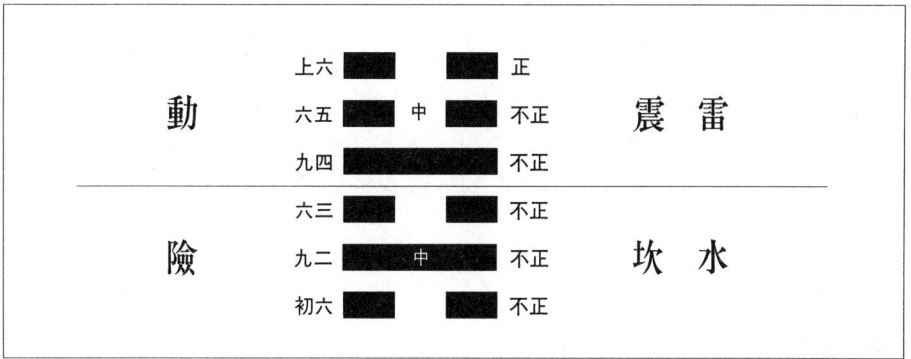

　解卦는 蹇卦의 도전괘이다.「설괘전」에서 "震은 動也ㅣ오…… 坎은 陷也ㅣ오;震은 움직이는 것이요…… 坎은 빠지는 것이다"(第7章)고 하였으니 움직임으로써 험난으로부터 벗어나는 것이 解卦이다. 蹇卦와 解卦는 상호 계속적인 관계를 가지면서 상대적이다. 즉, 蹇卦의 難함이 극에 달하면 解卦가 오기 마련이다. 易은 이러한 대자연의 현상을 본받아서 우리가 처신하는 방법을 제시하고 있다.

1) 解卦는 어려운 것이 풀린다. 또는 얽매여서 부자유스럽던 것이 풀려서 해방되는 것을 말한다. 이것을 24절후에 비유하면, 三冬 내내 얼어붙었던 땅이 立春을 지나 雨水가 되면 解冬(凍)이 되어 모든 추위가 물러가고 화창한 봄기운이 싹튼다. 이러한 자연 현상을 일컬어 解의 原理라고 할 수 있다.[1] 인사적인 면에서 비유하면,

---

[1] 難→解, 冬→春, 凶→吉이 되는 것처럼 자연의 이치는 언제나 변화하며 순환한다.

모든 근심거리가 다 풀리게 되는 것이며, 또 여자가 임신을 하였다가 어느 때가 되어서 해산을 하는 것과 같다.2)

2) 解卦는 ䷦蹇卦의 도전괘이며, 해괘의 착종괘는 ䷂水雷屯卦가 된다. 蹇卦와 屯卦는 4難卦 중에 속하여 있다. 따라서 해괘는 전체가 難이며, 해괘 속에는 難의 속성이 자연히 내포되어 있다. 해괘는 이 難 속에서 벗어나는 것을 의미한다.3)

3) 解卦의 卦象으로 보아서는 자유, 해방, 解産이 되었다고는 할 수 있지만, 이것을 六爻로 보면 上六爻 외 다른 爻들은 모두가 不正爻이다. 이를 인사적으로 비유하면 사회가 무질서하여 혼란스러운 것을 말한다. 실례를 들자면 우리 민족이 과거 일본의 압박으로부터 해방되었을 때를 상기해 보면 된다. 우리 민족은 일본으로부터 자유(解)는 찾았으나 사회는 무질서하여 무정부 상태였다. 이것이 곧 解卦의 象이기도 하다. 또한 옛 中原의 정치적인 사정을 말해 주기도 한다. 중원의 백성이 은나라 紂王의 학정과 쇠사슬에 매여 있다가 주나라 武王의 천하 정벌로 紂의 학정으로부터 해방되기는 하였으나 안으로는 무질서하고 혼란한 것은 어찌 할 수 없는 일이었다. 무왕 역시 13년 동안 天命을 받지 못하고 전전하다가 箕子로부터 洪範을 배워 정치를 하니 天子의 位에 오르게 되고 天命을 이어나가게 되었다.

原文풀이

解는 利西南하니 **无所往**이라 **其來復**이 **吉**하니 **有攸往**이어든 **夙**하면 **吉**하리라

解는 서남이 이로우니, 갈 바가 없는지라. 그 와서 〈천부지성으로〉 회복함이 길하니, 갈 바가 있으면 빨리 하면 길할 것이다.

· 解:풀 해 · 復:회복할 복 · 往:갈 왕 · 夙:빠를 숙, 일찍 숙

---

2) 임산부가 아기를 10달 뒤에 출산하는 것은 해괘가 하경의 열 번째 괘라는 점과 그 상징이 통한다. 또 下經은 인사적으로 설명하고 있으니, 가족 관계에서 해괘의 의미를 찾아 볼 수 있다. 하경은 咸, 恒卦로부터 시작한다. 즉, 남녀가 서로 交感한다면 일시적이 아니라 항구해야 하며, 살다 보면 아들, 딸을 낳게 된다. 여자는 열 달 동안 아기씨를 고이 간직하였다가 해산하며, 출산하는 데는 새로이 어려움이 뒤따른다. 이러한 이치는 자연물의 원리에도 적용된다. 만물이 다시 소생하려면 지하에서 뚫고 나와야 한다. 이것을 일컬어 「단사」에서 '皆甲坼'이라 하였다. 여기서의 '甲'은 종자(씨앗)를 말한다. 여자가 출산을 위하여 자궁이 벌어지는 현상을 甲坼이라 할 수 있다.

3) 불교에서의 解脫도 이러한 難 속에서 解되는 것이라 할 수 있다.

總說

윗글은 해괘의 괘사이다. 괘사에 吉이 두 번 들어 있다. 해괘가 吉卦임에는 틀림이 없으나 이 吉을 오래 지속할 수 있는 방법을 연구하고 발전시켜 나가는 것이 더 중요하다.

各說

- 解는 利西南하니 无所往이라 其來復이 吉하니 : 西南은 坤方이다. 坤은 순종을 뜻한다. 순종하는 坤德으로써 해결하는 것이 유리하지만 도저히 해결해 갈 곳이 없다면 원상(原狀)으로 복귀해 오는 것이 길하다.
- 解는 利西南하니 : 험난으로부터 다 해방이 되었으니 나쁜 것은 없다. 즉, 주왕이 망하고 무왕이 천자가 되었으니 세상이 평정되었고 모두가 평탄 평안하다는 뜻이다. 또한 不利東北은 이제 없어졌으므로 利西南만을 말하였다.
- 无所往이라 : 해방이 되어 자유를 찾았으니 그 이상 좋을 수가 없다. 할 일이 없어졌다는 뜻이기도 하다.
- 其來復이 吉하니 : '其來復'은 험난으로부터 해방이 되어도 천부지성인 자기의 正心을 가지고 자기의 소임과 할 일을 스스로 다하는 것이다. 즉, 질서를 바로잡고 원위치로 돌아가 행하는 것이 其來復이며,4) 이러한 결과로서 길하다는 것이다.
- 有攸往이어든 夙하면 吉하리라 : ①해괘 때에 어떤 일을 하게 되면 빨리 하는 것이 좋다. 또는 부족한 것이 있어 해괘 때에 하려면 속히 하면 좋은 결과가 될 것이라는 뜻이다. 실례로 과거 우리 민족이 일제로부터 해방이 되었을 때, 좋은 착안과 빠른 판단을 하여 행동에 옮긴 사람은 政權과 利權을 잡았다. ②능히 문제가 해결되어 갈 곳이 있다면 빨리 하는 것이 좋다. 또한 문제를 해결하는 데에는 시기와 命數가 있는 것이기에 「단사」에서 "解之時大矣哉"라 하였다. ③괘사에 吉이 두 번 들어 있는 괘는 64괘를 통틀어 해괘 밖에 없다.

彖曰 解는 險以動이니 動而免乎險이 解라 解利西南은 往得衆也ㅣ오 其來復吉은 乃得中也ㅣ오 有攸往夙吉은 往有功也ㅣ라 天地ㅣ 解而雷雨ㅣ 作하며 雷雨ㅣ 作

---

4) 정치할 자 정치하고, 일할 자 일하는 것으로 자기 직분에 맞는 일을 하는 것이 復이다.

而百果草木이 皆甲坼하나니 解之時ㅣ 大矣哉라

　象에서 말하기를 "解는 險으로써 움직인 것이니, 움직여서 험함을 면한 것이 解이다. 解利西南은 〈그 곳에〉 가서 뭇사람을 얻는 것이요, 其來復吉은 이에 중용지덕을 얻었기 때문이요, 有攸往夙吉은 〈그 곳에〉 가서 공이 있기 때문이다. 하늘과 땅이 풀려 우레와 비가 일어나고 우레와 비가 일어남에 〈지구상에〉 온갖 과실과 초목이 모두 껍질이 터져서 새싹이 돋아나니, 〈이로써〉 解의 때는 진실로 크도다"고 하였다.

·解:풀 해　·險:험할 험　·免:벗어날 면　·作:지을 작, 일어날 작, 일으킬 작　·甲:껍질 갑　·坼:터질 탁

總說

　윗글은 해괘의 「단사」이다.

各說

● 解는 險以動이니 動而免乎險이 解라: 해괘를 德으로 설명한 것이다. 여기서 '險以動'은 과거 우리 민족이 일제 치하 때 험한 학정에 시달리며 행동한 것에 비유할 수 있다.

● 解利西南은 往得衆也ㅣ오: '西南'은 坤方이며, '得衆'은 得坤과 같다. '衆'은 뭇사람, 즉 많은 사람을 뜻하며, 팔괘 중 효의 수가 가장 많은 것이 坤卦이다.

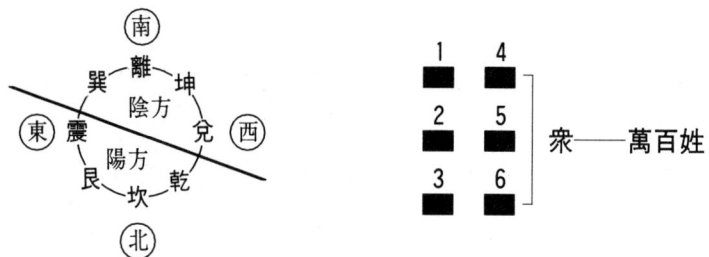

● 天地ㅣ解: 하늘과 땅 기운의 상교와 상통으로 인하여 모든 것이 해결된다는 것이다. 즉, 음창양화(陰暢陽和)이다.

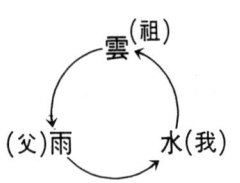

● 雷雨ㅣ作하며: ① 천지 기운의 상교로써 번개가 치고 비가 오게 된다. 원래 解凍이 될 때는 비가 오게 되는 것이다. ② ☵坎卦는 때에 따라서 雲, 雨, 水로 표현한다. 즉, 땅의 물(水)이 증발하여 수증기(雲)가 되고 이 수증기가 비(雨)가 되어 땅으로 떨어

진다. 땅에 비가 떨어진 것을 물이라고 하므로 결국 서로 윤회하는 것이다. ③ 雲, 雨, 水를 서로 연관지으면, 水가 體 혹은 나(我)라고 한다면 雨는 아버지 격이고 雲은 할아버지 격이라고 할 수 있다. 이처럼 상이한 세 가지의 예를 들어보면 다음과 같다.

예)・雲雷ㅣ 屯이니 (水雷屯卦):雲 — 때가 태초이므로 雲이라고 하였다
　　・解而雷雨ㅣ 作하며 (雷水解卦):雨
　　・水ㅣ 洊至ㅣ 習坎이니 (重水坎卦):水

[설명]위의 세 괘에는 坎이 똑같이 들어 있으나 그 의미는 서로 다르다.

● 皆甲坼하나니:모든 종자에서 입이 벌어져 싹이 터 올라오는 것을 말한다(種子開甲).

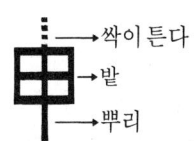

즉, 온갖 식물이 分開하여 싹이 터져 나오는 것을 말한다. 여기서 '甲坼'은 坤, 즉 모든 종자에 싹을 틔울 수 있는 것을 말하며, 地는 단순히 흙 그 자체일 뿐이지 종자에 싹을 틔울 수 있는 것은 아니다. 坤을 파자하면 土+申이며 地를 파자하면 土也로서 단지 흙을 의미할 뿐이다.

● 解之時ㅣ 大矣哉라:'解'는 皆甲坼을 뜻하므로 '解之時'는 만물이 처음으로 생하는 시기를 의미한다. 또 어떤 일이라도 처음의 시기에는 난산이 있으므로 이 난산이 풀리는 시기를 말한다. 즉, 천지가 상교하여 陰暢陽和가 되어 겨우내 추웠던 시기가 지나가고 해동의 비가 내려 만물을 자라게 하는 시기를 말하며, 이것은 중대한 일이기도 하다. 그러므로 解凍의 때를 잘 포착하여 종자를 심어야 된다. 맹자는 통치자로 하여금 春期에는 부역이나 기타의 일로 농민이 종자를 심는 시간을 빼앗지 말도록 하였다.

　　天道와 地道가 相交하여서
　　雷雨作(原因, 相交) — 百果草木皆甲坼(結果):解의 時가 중요하다

　　咸卦(31)의 憧憧往來 → 解卦(40)의 皆甲坼 → 損卦(41)의 一人行則得其友
　　:滿 10개월만에 해산을 하게 된다5)

---

5) 성인의 생각은 사람의 생각이 아니라 신, 곧 하늘의 생각이다. 따라서 성인의 글은 天書이므로 손을 대서는 아니 된다. 성인의 글은 우주 대자연의 학설이므로 성인의 글을 고치는 행위는 성한 사람의 팔, 다리에 상처를 내는 것과 같이 대자연의 질서를 어지럽히는 것과 같다. 그러므로 우리는 성인의 글을 통하여 窮理盡性以至於命하여야 한다.

象曰 雷雨作이 解니 君子ㅣ 以하야 赦過宥罪하나니라

　象에서 말하기를 "우레와 비가 일어남이 解니, 군자가 이로써 남의 허물을 놓아주고 죄를 〈너그럽게〉용서해 주는 것이다"고 하였다.

· 赦:놓아줄 사, 풀어줄 사, 용서할 사　· 過:허물 과　· 宥:넉넉할 유　· 罪:허물 죄, 죄 죄

總說

　윗글은 해괘의 「대상」이다.

各說

- 君子ㅣ 以하야:군자가 이러한 자연의 현상을 보고 본받아서.
- 赦過宥罪하나니라:시대가 해괘이니까 허물과 죄를 풀어 주며, 관용으로서 사면해 주고 해방시켜 주는 것을 뜻한다. 따라서 赦過宥罪 속에는 時의 의미가 들어 있으며 또 解의 이치가 들어 있다. 즉, 지나치게 잘못한 것이 있어도 모르고 한 과실이라면 용서해 주고, 고의적으로 악을 행한 것은 관대하게 죄를 감하여 준다는 것이다. 은나라가 망할 때와 우리 민족이 일제로부터 해방이 되었을 때 사회가 무법천지로 변한 상황에 비유해 볼 수도 있다. 모든 것이 다 풀려서 자기 뜻대로 하는 것을 의미한다. '宥'는 寬의 뜻이다.

初六은 无咎하니라

　初六은 허물이 없다.

總說

　해괘의 초효로서 부정위이다. 상응 관계인 구사효도 부정위이다.

各說

- 初六은 无咎하니라:①해방의 초기인 까닭에 세상이 무법 천지이고 무질서한 상태이므로 무슨 일을 하여도 간섭과 관여하는 사람이 없다. 이것을 无咎(허물이 없다)라고 표현하였다. 즉, 원점으로 되돌아가는 것이다. 어린애가 세상에 처음 나왔을 때 이 아이에게 무슨 법과 질서가 있겠는가! 즉, 아무런 구애를 받지 아니하는 형상을 无咎라고 하였다.

예)吉凶者는 言乎其失得也ㅣ오 悔吝者는 言乎其小疵也ㅣ오 无咎者는 善補過也ㅣ니
(『繫辭傳』上 제3장)

吉凶이란 얻고 잃음을 말하는 것이요, 悔吝이란 조그마한 병을 말하는 것이요, 无咎란 착한 것으로써 허물을 잘 고친다는 것이다.

[설명] 无咎는 착한 일을 하며 착하게 마음을 가져서 허물을 고쳐 나가는 것을 말한 것이다. 곧 원점으로 돌아오는 것이다.

②주역 64괘 384효 중에서 해괘 초육효사만 "无咎하니라"고 하였다. 『주역』의 각 효사 중에서 두 글자로 된 것이 가장 간단하다. 그 밖의 것을 예로 들어보면 다음과 같다.

예)六三은 包ㅣ 羞ㅣ로다 (天地否卦), 九二는 悔ㅣ 亡하리라 (雷風恒卦),
九二는 貞하야 吉하니라 (雷天大壯), 上六은 引兌라 (重澤兌卦)

[설명] 雲峯胡氏는 ䷟恒, ䷡大壯, ䷧解卦가 이미 그 爻象이 효 속에 분명히 그 뜻이 드러나 있기 때문에 다른 말들은 생략하고, 그 점만을 간략히 표현하였다고 주장하였다.

象曰 剛柔之際라 義无咎也ㅣ니라

象에서 말하기를 "〈초육효의〉 柔와 〈구사효의〉 剛이 사귐이라. 義가 허물이 없을 것이다"고 하였다.

· 際:사귈 제, 사이 제, 만날 제

各說

● 剛柔之際라 義无咎也ㅣ니라:초육효는 양자리에 음이 있으며, 구사효는 음자리에 양이 있어 둘 다 부정위이지만 음양 상통이 되어 있으니 義理로서 허물이 없다고 하였다. 만약에 두 효가 정응 관계, 즉 초구효와 육사효이면 길하다고 하였을 것이다.

九二는 田獲三狐하야 得黃矢니 貞하야 吉토다

九二는 사냥을 하다가 여우 세 마리를 잡아서 누런 화살을 얻으니, 〈마음을〉 바르게 해서 길하도다.

· 田:사냥할 전, 밭 전 · 獲:잡을 획, 얻을 획 · 狐:여우 호 · 矢:화살 시

總說
구이효는 부정위이지만 득중효이며, 육오효와 상응 관계이다.

各說

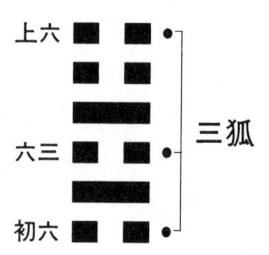

- 田獲三狐하야: ① 초육, 육삼, 상육효의 3陰을 三狐라고 하였다. 육오효도 음이지만 君位(中位)이므로 제외하고 말한 것이다. 또 구이효는 군위 육오효와 상응 관계에 있으며 3음을 통솔하고 있는 상으로도 본다. ② 여우는 사미지물(邪媚之物)로서 의심이 많은 음물이며 소인격이 된다.
- 得黃矢니: '黃'은 중앙(中), 土를 의미한다. 그래서 君子黃中通理라는 말이 있다. '矢'는 中直이다. 따라서 黃矢는 中庸之道를 뜻한다. 결국 3음의 소인을 군자로 만드는 데는 正道로 해야 길하다는 것이다.
  - 예) • 九四는 噬乾胏하야 得金矢나 利艱貞하니 吉하리라 (噬嗑卦)
    九四는 마른 고기를 씹다가 굳은 화살촉을 얻었으나, 어려우나 바르게 함이 이로우니 길할 것이다.
  - • 六五는 噬乾肉하야 得黃金이니 貞厲 l 면 无咎 l 리라 (噬嗑卦)
    六五는 마른 고기를 씹다가 딱딱한 것을 얻었으니, 바르고 두려워하면 허물이 없을 것이다.
    [설명] 해괘 구이효의 得黃矢와 서합괘의 得金矢, 得黃金으로 보아 易의 저작 시기가 이미 토기 시대를 지나 청동기 시대에 와 있음을 짐작할 수 있다.
- 貞하야 吉토다: 구이효가 득중은 되었으나 부정위이므로 正道로 해야 좋다는 것이다. 대개 효가 부정위일 때는 貞吉이라고 표현한다. 즉, 구이효가 육오효를 보좌하면서 소인을 군자화시키되 자기 자리가 不正하므로 貞吉이라 하였다.

象曰 九二貞吉은 得中道也ㄹ새라

象에서 말하기를 "九二貞吉은 중용지도를 얻었기 때문이다"고 하였다.

各說
- 得中道也ㄹ새라: 二爻는 득중이기 때문이다.

六三은 負且乘이라 致寇至니 貞이라도 吝이리라

六三은 지고 또 탐이라. 도적이 이르러 올 것을 이루니 바르게 하더라도 인색할 것이다.

· 負:질 부 · 且:또 차 · 乘:탈 승 · 致:이룰 치, 이르게 할 치 · 寇:도적 구 · 至:이를 지

總說

육삼효도 음이므로 邪媚之物이며 부정위이다. 또 육삼효는 선천의 마지막 효로서 일오중천 시기의 사회상을 나타내고 있으며, 이때가 되면 大盜(大聖)가 나타날 것을 周公이 예고한 것이다. 그리고 이때는 세상이 해방되어 인심이 천태만상으로 나타난다. 이 표상이 負且乘이요 그 결과가 致寇至이므로 우리는 이것을 미리 알고 막아야 한다.

各說

● 負且乘이라:爻象으로 보면 육삼효는 구사효의 陽氣를 짊어지고 거기에다 구이효의 陽氣까지 타고 있다. 짊어질 것이 타고 있는 것은 이치에 逆行한다. 이런 까닭에 다른 음들은 육삼효에 대하여 질투를 하게 된다. 결국 자기의 분수에 맞지 아니한 일을 한다는 것이다.

● 致寇至니:①육삼효가 도적을 자초하게 된다는 것이다. 負且乘의 결과론이다. 여기서 '寇'는 물욕을 가진 도적이 아니라 정의감을 가진 도적이다. ②난세의 혼란이 이르러 올 것을 안다는 뜻으로도 해석할 수 있다. '寇'의 쓰임이 있었던 상경의 ䷃몽괘 상구효를 예로 들어 비교하여 보자.

  예)上九는 擊蒙이니 不利爲寇ㅣ오 利禦寇하니라 (蒙卦 上九爻辭)
    上九는 몽매한 것을 쳐부수는 것이니, 도적이 되는 것은 이롭지 아니함이요 도적을 막는 것이 이롭다.
    [설명]도통을 훔쳐 오려고 생각지 말고 마음속에서 싹트는 七情의 유혹(寇, 外誘)을 쳐부수면 도통한다는 것이다. 몽괘의 寇는 해괘의 寇와는 달리 나쁜 도적이다.

● 貞이라도 吝이리라:소인이 군자의 器物을 타고 다니기 때문에 아무리 正道로 해도 나쁘다는 것이다. 즉, 육삼효 소인이 正道로 할지라도 부끄러움을 당할 것이다.

象曰 負且乘이 亦可醜也ㅣ며 自我致戎이어니 又誰咎也ㅣ리오

象에서 말하기를 "負且乘은 역시 추악스러운 것이며, 나 스스로 도적을 불렀으니

또 누구를 허물하겠는가?"고 하였다.
· 亦:또 역 · 醜:추할 추 · 戎:도적 융, 병기 융 · 又:또 우 · 誰:누구 수

各說

공자는 이 육삼효를 중요하게 여겨 「계사전」에서 다시 풀이하였다.

예)子曰 作易者ㅣ 其知盜乎ㄴ저 易曰 負且乘이라 致寇至라하니 負也者는 小人之事也ㅣ오 乘也者는 君子之器也ㅣ니 小人而乘君子之器라 盜ㅣ 思奪之矣며 上을 慢코 下를 暴ㅣ라 盜ㅣ 思伐之矣니 慢藏이 誨盜ㅣ며 冶容이 誨淫이니 易曰 負且乘致寇至라하니 盜之招也ㅣ라
(「繫辭傳」上 第8章)

공자께서 말씀하시기를 "易을 지은 자는 도적의 상태를 살필 줄 아는 지혜를 가졌던가 보다!"고 하셨다. 易에서 말하기를 "지고 또 탐이라. 도적이 이르러 올 것을 이루니〈등에 짐을〉지는 것은 소인(신분이 천한 사람)이 하는 일이요 수레는 군자(신분이 높은 사람)가 타는 기물이다. 소인이 군자의 기물을 탔음이라. 도적이 이것을 빼앗으려고 생각하며, 윗사람에게 거만하고 아랫사람에게 모질게 함이라.〈정의의〉도적이 이것을 칠 것을 생각하니, 허술하게 간직하는 것은 도적질하도록 가르치는 것이 되며, 얼굴을 난잡하게 꾸미는 것은 음탕한 짓을 유도하는 가르침이 되는 것이니,〈이것을〉易에서 말하기를 '지고 또 탐이라. 도적이 이르러 올 것을 이루니 도적을 스스로 불러들이는 것이다'"고 하였다.

[설명] "作易者ㅣ 其知盜乎ㄴ저"는 周公의 예지를 말한다. 즉, 세상 돌아가는 모습을 보면 앞날을 예측할 수가 있다.

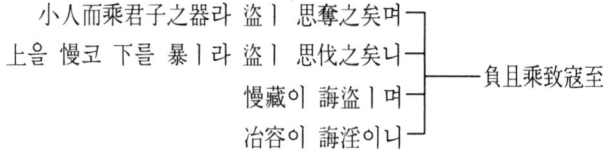

九四는 解而拇ㅣ면 朋至하야 斯孚ㅣ리라

九四는 너의 엄지발가락과 교제하면 벗이 이르러 이에 성실하게 대할 것이다.
· 而:너 이, 어조사 이 · 拇:엄지발가락 무 · 朋:벗 붕 · 斯:이 사 · 孚:정성 부

總說

구사효는 부정위이지만 초육효와 상응 관계이다. 구사효의 주위에는 상육, 육오, 육삼효가 있으나 상응인 초육효와 교제하여야만 좋다는 것이다.

各說

● 解而拇ㅣ면:구사효와 초육효의 관계라고 할 수 있으며, 또 바로 밑에 있는 육삼효 소인과의 관계를 끊으라는 뜻도 있다. 그 결과로 朋至, 즉 군자인 구이효가 이르러 온다는 것이다. 육삼효는 邪媚之物로서 負且乘致寇至이다. 여기서 '拇'(엄지발가락)는 초육효를 가리키는데, 也山 선생님은 육삼효가 拇라고 하였다. 또 '而'는 汝의 뜻이다.

  예)初六은 咸其拇ㅣ라 (咸卦 初六爻辭)
  초육은 그 엄지발가락에 느껴 본다.
  [설명]초육효는 육효 중 位가 최하위이며, 陰德으로도 맨 아래에 있는 까닭에 감응의 시초가 된다. 인체의 말초 신경, 곧 엄지발가락에 해당한다.

象曰 解而拇는 未當位也ㄹ새라

象에서 말하기를 "解而拇는 位가 마땅치 않기 때문이다"고 하였다.

各說

● 未當位也ㄹ새라:구사효는 음자리에 양이 있기 때문이며, 정승의 지위에 있으면서 아래에 육삼효라는 소인과 이웃하였기 때문이다.

六五는 君子ㅣ維有解ㅣ면 吉하니 有孚于小人이리라

六五는 군자가 오직 해방됨이 있으면 길하니, 소인에 대하여 시험하여 보는 것이 있을 것이다.

· 維:오직 유, 생각할 유

總說

육오효는 부정위이며 군위로서 구이효와는 상응 관계에 있다. 즉, 육오효 군위가 소인의 解를 보고, 구이효 양의 힘을 얻어서 군위의 소임을 다하는 것이다.

各說

● 有孚于小人이리라:①조정에 소인의 존재 유무를 보면 군자의 盛함을 알 수 있다는 것이다. ②임금이 군자를 조정에 불러들일 수 있도록 하려면 소인이 군주의

권위보다 文德을 믿고 스스로 물러갈 수 있도록 해야 한다. 즉, 훌륭한 군주가 나라의 여러 가지 난제를 해결하고 백성의 고난을 해결해 주니 소인들까지도 정성된 마음을 가지게 된다. 그러므로 소인은 스스로 물러가 조정에서 없어지고, 군자가 조정으로 몰려오게 되어 길하다는 것이다. 여기서의 '有孚'는 시험(경험)해 본다는 뜻이다.

象曰 君子有解는 小人의 退也ㅣ라
象에서 말하기를 "君子有解는 소인이 물러났기 때문이다"고 하였다.
· 退:물러날 퇴

各說
● 君子有解는:3狐인 초육, 육삼, 상육효의 3음을 제거하여야만 君子有解가 가능하다는 뜻도 있다.

上六은 公用射(석) 隼于高墉之上하야 獲之니 无不利로다
上六은 公이 써 높은 담위에 있는 매를 쏘아 잡으니 이롭지 않음이 없다.
· 公:벼슬 공, 작위 공 · 射:맞힐 석, 쏠 사 · 隼:새매 준 · 墉:담 용

總說
상육효는 정위이며 주효로서 "負且乘致寇至"의 육삼효와 상비 관계이다.

各說
● 公用射隼:'公'은 상육효 자신을 뜻한다. 상효가 음위이기 때문에 '公'은 왕의 스승, 임금의 자문격이며, 일반적으로 작위의 벼슬을 하고 있는 사람을 말한다. 그리고 '隼'은 부정한 자, 불선한 자, 소인 등을 가리킨다.

公位	正	后
君位	不正	天
墉	不正	
隼(禽也)	不正	先
	不正	天 }隼
	不正	

● 高墉之上하야:높은 담위에 있는 매를 잡는데 있어서 담은 구사효가 되며, 매는 육삼효가 된다고 할 수 있다.
● 獲之니 无不利로다:틀림없이 잡게 되고, 잡는

것이 유리하다는 것이다. 상육효가 육삼효를 잡는다고 볼 수 있으나 후천의 상육효 正이 아래 다섯 효 不正 모두를 잡는다고도 해석할 수 있다.

象曰 公用射隼은 以解悖也ㅣ라

象에서 말하기를 "公用射隼은 어지러운 것을 해방시키는 것이다"고 하였다.
· 悖:어지러울 패, 어그러질 패, 거슬릴 패

各說

● 以解悖也ㅣ라:어지러운 세상이 해방되었다는 뜻으로 평온무사하게 된 것을 말한다. 즉, 正이 不正을 제압하였다는 것이며 隼이 있기 때문에 세상이 어그러지고 질서가 없다는 뜻이 내포되어 있다. 공자는 상육효를「계사전」에서도 재차 풀이하고 있다.

예)易曰 公用射隼于高墉之上하야 獲之니 无不利라하니 子曰 隼者는 禽也ㅣ오 弓矢者는 器也ㅣ오 射之者는 人也ㅣ니 君子ㅣ 藏器於身하야 待時而動이면 何不利之有ㅣ리오 動而不括이라 是以出而有獲하나니 語成器而動者也ㅣ라 (「繫辭傳」下 第5章)
易에서 말하기를 "公이 써 높은 담위에 있는 매를 쏘아 잡으니, 이롭지 않음이 없다"고 하니, 공자께서 〈풀이해서〉 말씀하시기를 "매라는 것은 새를 말하는 것이요, 활과 화살은 〈매를 잡는〉 그릇이요, 매를 쏘는 것은 사람이니, 군자가 이러한 그릇을 자기 몸에 간직하여 가지고 때에 맞게 움직이면 어찌 이로움이 있지 아니하리요. 움직여서 구속됨이 없음이라. 이로써 나아가서 포획이 있음이니, 말하자면 그릇이 이루어진 뒤에 행동하여야 한다는 것이다"고 하셨다.

[설명]①弓矢者는 器也라고 했으니, 이는 자기의 正心, 修養을 말한 것이다. ②"動而不括"은 궁시의 줄이 흩쳐지지 않았기에 활을 쏠 수 있으므로 자기의 실력을 잘 행사할 수가 있다는 것이다. ③"出而有獲"에서 出은 山+山으로 重山艮을 뜻하고 곧 장소를 말한 것이다. ④한 괘의 두 효가「계사전」에 설명되어 있는 예는 드물다. 오직 解卦와 噬嗑卦가 그러하다.

山澤損 (四十一)

艮兌
上下

大 義

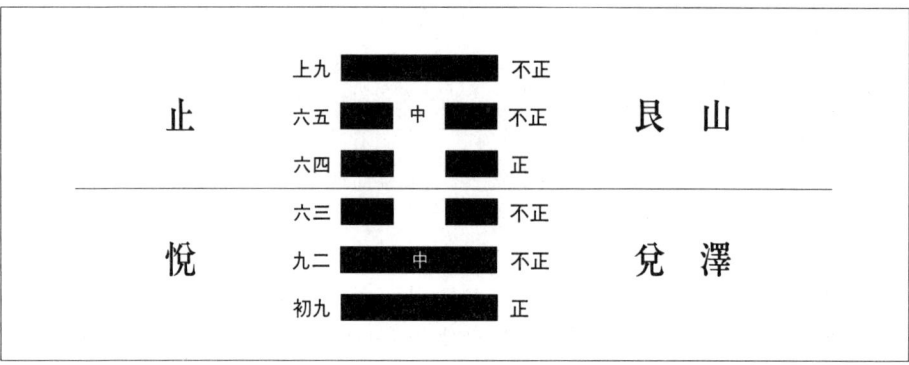

　인간 생활뿐만 아니라 모든 이치가 損益의 원리에서 생성된다. 내 것을 덜어서 남에게 주는 것이 損이다. 이것은 작게는 개인의 재산으로 볼 수 있지만 크게는 국가와 국민, 그리고 국제적인 관계로도 생각해 볼 수 있다. 크게 보아서 인간은 손익의 두 가지 측면에서 삶을 영위한다고 볼 수 있지만 그 損益의 中을 잡는 것은 대단히 어려운 일이다.

1) 괘상으로 보면, 백성의 삶이 윤택하여 그 재산을 덜어서 나라에 주는 것을 損이라고 하고, 그 반대가 益이다. 그러므로 損이 되는 국가는 부강한 나라라고 말할 수 있으며, 반대로 益이 되는 국가의 백성은 못사는 형태라고 볼 수 있다. 이것은 백성을 위주로 괘를 설정하였으므로 여기서 民本主義 사상을 엿볼 수 있다.

2) 민본주의 사상의 근본 이념을 한마디로 요약한다면, 君은 以民爲天이요, 民은 以

食爲天이라고 할 수 있다. 즉, 민본주의는 오늘날의 민주주의로 연결될 수 있으며 이것은 곧 유교 사상과 결부된다. 과거의 堯舜禹의 三代 정치가 민본주의의 사상에 입각한 정치였다. 이것을 괘상으로 보면 다음과 같다.

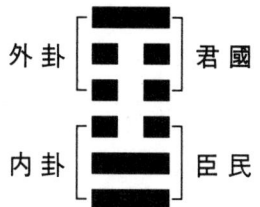

民과 臣이 초육효 陽을 덜어(25% 정도) 君과 國에 주어 음양의 비중을 같게 하는 것이다. 더는 것이 내괘에서 외괘로 가면 損이고, 더는 것이 외괘에서 내괘로 가면 益으로서 상대적이다. 내괘, 외괘의 균형을 유지하는 것이 損이다.

3)①인사적인 면에 비유하면 여자의 출산 과정을 들 수 있다. 즉, 어머니의 것을 덜어서 아기에게 주는 것 곧 出産을 의미한다.[1] 또 이에 따른 남자의 정력 소모도 해당된다.[2] 이것을 괘상으로 풀이하자면, ䷞澤山咸卦(31) 九四爻의 憧憧往來에서[3] ䷧雷水解卦(40)의 甲坼(産氣)을 거쳐 ䷨山澤損卦 六三爻에서 아기를 낳는다.

咸卦(31)의 憧憧往來 → 解卦(40)의 皆甲坼 → 損卦(41)의 一人行則得其友
: 滿 10개월만에 해산을 하게 된다.

卦名	咸(九四爻)	恒	遯	大壯	晋	明夷	家人	睽	蹇	解	損(六三爻)
	3/6개월	1개월	1개월	1개월	1개월	1개월	1개월	1개월	1개월	1개월	3/6개월

(1개월 / 9개월)

---

1) 陰은 損을 하는 것이 사명이므로 損으로써 陰의 구실을 하였으니 내적으로는 유익이 되는 것이다. 즉, 혈기를 소모하면서도 자식을 낳는 것은 損이지만 영광스러운 일이다.
2) 내가 내 자신을 덜음으로써 남이 나를 좇는 것이 忠臣, 烈士, 義士의 길이며, 내가 내 자신을 덜어서 남을 유익 되게 하는 것이 사회 봉사 및 사회 사업이며, 내가 내 자신을 덜어서 義理에 맞게 하는 것이 자녀를 낳는 것이다. 또 下民을 損하면 上官에게 益이 된다. 이것은 정치적인 측면이라 볼 수 있으며, 私損하면 公益으로 전환된다. 이것은 개인적인 측면이라 볼 수 있으며, 小我損이 되면 大我益이 되므로 이것은 사회적인 측면이라 볼 수 있다.
3) 憧憧往來는 ①음양 교합의 이치를 뜻한다. 憧은 心童으로 풀어지는데 마음이 童心으로 돌아가는 형태를 말한다. 또한 心不安의 형상으로 뜻이 바로 잡히지 아니하는 모양과 끊임없이 왕래하는 모양을 말한다. 음양학적인 측면으로 풀이하면 원동기의 중심 역할을 하는 피스톤 작용과 같은 것이다. 이 작용으로 동력이 생겨나 모든 기관이 움직여지는 원리와 같은 것이다. ②남녀 교합의 원리이다. 靜的인 상태에서 감응의 방법으로 표현한 것이 憧憧往來이며, 이것은 결국 動的인 뜻이다. ③天地 간의 조화로서 地天泰와 같이 二氣感應이며 往來育成의 현상이 憧憧이다. (澤山咸卦 강의 중에서)

② 咸·恒卦 ── 體 澤山咸
　損·益卦 ── 用 山澤損

「설괘전」에서 "山澤이 通氣然後에아 能變化하야 旣成 萬物也하니라"(第6章)하였다. 곧 山澤의 기운이 상통한 뒤에 변화가 가능하고 만물이 이루어진다고 하였다. 따라서 咸卦와 損卦는 서로 중대한 관계를 가지고 있으며 山澤(止水)은 기운으로 통한다.

4) 上下經을 비교하여 보면 그 변화의 이치는 서로 같다.

　　自然:乾·坤 → 泰·否(제11, 12괘), 人爲:咸·恒 → 損·益(제11, 12괘)

①天地의 相交가 否·泰卦, 山澤의 相變이 咸·損卦, 雷·風의 相變이 恒·益卦이다. 즉, 상대적이다.

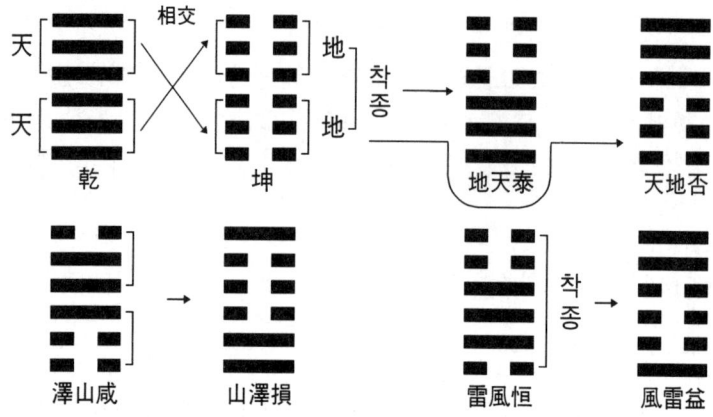

또 泰, 否卦 속에도 損, 益卦가 존재한다.

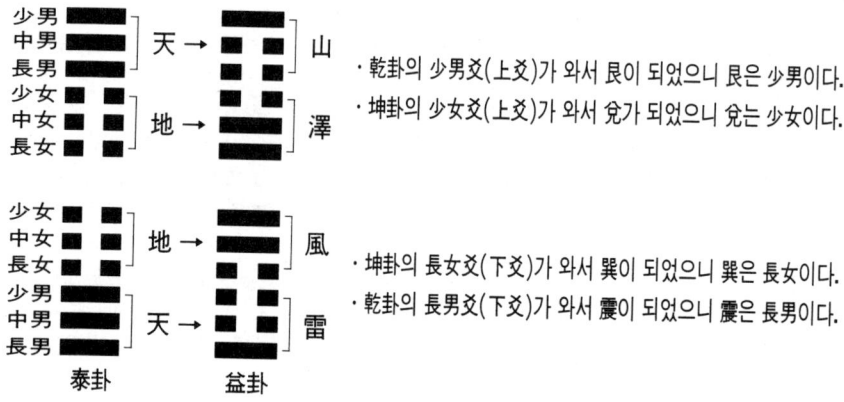

・乾卦의 少男爻(上爻)가 와서 艮이 되었으니 艮은 少男이다.
・坤卦의 少女爻(上爻)가 와서 兌가 되었으니 兌는 少女이다.

・坤卦의 長女爻(下爻)가 와서 巽이 되었으니 巽은 長女이다.
・乾卦의 長男爻(下爻)가 와서 震이 되었으니 震은 長男이다.

②也山 선생님의 문집 중 敷文篇에서도 損益의 중요성이 여실히 나타나 있다.
예) 觀天地於否泰之交而推姤復之理察人事於咸恒之合而定損益之用(也山선생 문집 중에서)

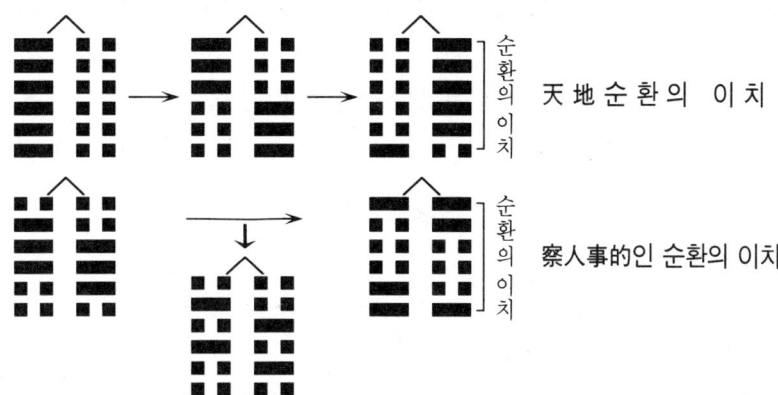

③지천태괘의 구삼효와 상육효가 서로 바뀐 것이 손괘라고 말하는 사람도 있다.

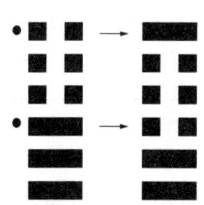

泰卦의 九三爻와 上六爻를 교환하였다면, 이것은 大를 버리고 小를 가져온 것이라 할 수 있다. 즉, 內卦에는 損이 되고 外卦에는 益이 된다. 이것은 小를 버리고 大를 택하는 행위이므로 바람직한 모양이다. 또 下民의 것을 損해서 상관에게 益하는 것은 一國의 損이라고 할 수 있다. 公을 위하여 私를 損하고, 善을 위하여 惡을 損하는 것이 곧 小我를 손해서 大我를 益하는 것이다. 따라서 損은 우리 인생에 반드시 필요한 것이다.

5) 결과적으로 보아서 이 세상을 살아가는 모든 것이 損益의 운용 여하에 달려 있다. 그러므로 우리는 적절한 損과 적절한 益이 되도록 노력하고 이것을 위하여 공부하고 수양을 해야 한다. 이것은 곧 中을 잡기 위해서이다. 정치적으로 국가에서 세금을 거두는 것은 마땅한 일이지만 적당하게 하지 않고 과다하게 하면 백성의 삶이 불편해진다. 역사 속에서 暴君은 백성의 損이 과다했던

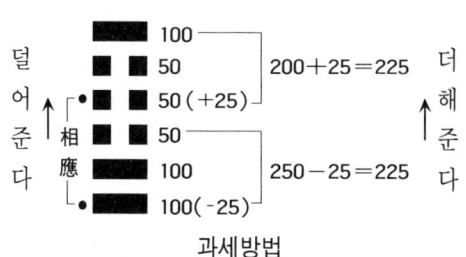
과세방법

때의 통치자를 이름이고 善君(聖君)은 통치자가 손익의 中을 잡아 백성의 損이 알맞을 때의 통치자를 일컫는 말이다.

原文풀이

損은 有孚ㅣ면 **元吉**코 **无咎**하야 **可貞**이라 **利有攸往**하니 **曷之用**이리오 **二簋**ㅣ **可用享**이니라
　損은 정성이 있으면 크게 길하고 허물이 없어서 가히 바름이라. 갈 바가 있어 이로우니 어찌 쓰리오. 두 대밥그릇은 가히 제사에 쓰인다.
　·損:덜 손　·孚:정성 부　·曷:어찌 갈, 어디 갈　·簋:대밥그릇 궤　·享:먹일 향, 제사 올릴 향(＝饗)

總說

윗글은 損卦의 괘사이다.

各說

- 損은 有孚ㅣ면:남에게 자기 것을 덜어 주어 손해가 나더라도 남을 위한 봉사라는 좋은 생각과 믿음과 정성이 필요하다. 괘 전체로 풀이해서 말하면, 有孚이면 곧 人慾을 損하여(내괘의 초육효), 天理를 益하는 誠心이 있으면(외괘의 육오효) 결과적으로 元吉, 无咎, 可貞, 利有攸往이 된다는 것이다.
- 元吉코:損에는 有孚가 되어야 크게 길하고 원래부터 좋게 된다.
- 无咎하야:過失이 없어 후회를 하지 아니한다.
- 可貞이라:正道로 행한다. 즉, 가진 것이 없으면 없는 대로, 본심 그대로 행동한다는 것이다.
- 利有攸往하니:실제에 있어 행하는 바가 이롭다.
- 二簋ㅣ 可用享이니라:두 개의 대밥그릇으로 간략하고 검소하게 祭를 올린다. 즉, 지극한 정성과 믿음으로써 예를 다하여 祭를 올린다면 많은 祭物도 필요 없다는 뜻이다. 제사를 지낼 때 제물을 많이 쓰는 것도 좋지만 손괘의 기본 정신으로 보면 물질의 損으로써 정신적인 益을 하는 것이다. '簋'는 鄕校와 書院에서 享祀를 지낼 때 쓰는 祭器이며 신분과 제사 규모에 따라 簋의 개수가 달라진다.
　예)天子:八簋　諸侯:六簋　大夫:四簋　士:二簋　大設:八簋　中設:四簋　小設:二簋
　　(『禮記』)

彖曰 損은 損下益上하야 **其道**ㅣ **上行**이니 **損而有孚**ㅣ면 **元吉无咎可貞利有攸往**이니 **曷之用二簋可用享**은 **二簋**ㅣ **應有時**며 **損剛益柔**ㅣ **有時**ㅣ니 **損益盈**

虛를 與時偕行이니라

　彖에서 말하기를 "損은 아래를 덜어 위를 더하여 그 도가 위로 행함이니, 더는 데 성실함이 있으면 元吉无咎可貞利有攸往이니, 曷之用二簋可用享은 두 개의 대밥그릇(祭器)으로〈제사지내야 하는〉時宜에 적응함이 있기 때문이며, 剛(初九)을 덜어 柔(六五)에 더하게 하는 것도 時宜가 있으니, 덜고 더하고 차고 비는 것을 때와 더불어 함께 행함이다"고 하였다.

・益:더할 익　・盈:찰 영　・虛:빌 허　・與:더불어 여　・偕:함께 해

總說

　윗글은 損卦의「단사」이다.

各說

- 損下益上하야 其道ㅣ 上行이니:백성의 것을 덜어서 국가나 군주에게 보탬이 된다는 것이다.
- 損而有孚ㅣ면 元吉无咎可貞利有攸往이니:덜어주되 誠과 信으로 하면, 元吉, 无咎, 可貞, 利有攸往을 다할 수가 있다는 뜻이다.
- 二簋ㅣ 應有時며:가난할 때는 간략하게 지내되 넉넉할 때는 그렇게 해서는 아니 된다. 이 말은 곧 그때의 사정에 따라서 알맞도록 행동하라는 뜻이다. 즉, 무슨 일이든지 반드시 시의(時宜)가 있는 법이므로 적당한 시기를 잘 포착하여야 한다는 것이다. 아무리 象과 數와 理를 안다고 해도 時中이 되어야 하므로 이 時를 잡는 것이 무엇보다도 중요하다고 할 수 있다.
- 損益盈虛를:損—虛, 益—盈, 즉 이 세상의 모든 이치는 덜고, 더하고, 차고, 비는 것으로써 운용된다.
- 應有時며 損剛益柔ㅣ 有時ㅣ니 損益盈虛를 與時偕行이니라:『주역』의 단사에 '時'자가 세 번씩 들어 있는 것은 손괘밖에 없다. 이는 時宜의 중요성을 강조한 것이다. 곧 損할 때 損하고, 益할 때 益하는 時宜가 중요하다는 것이다.

象曰 山下有澤이 損이니 君子ㅣ 以하야 懲忿窒欲하나니라

　象에서 말하기를 "산아래 못이 있는 것이 損이니, 군자가 이로써 분노를 억제하며

욕심을 막아 버린다"고 하였다.
· 懲:징계할 징 · 忿:분할 분, 성낼 분 · 窒:막을 질 · 欲:하려고 할 욕

總說
윗글은 損卦의 「대상」이다.

各說
- 山下有澤이:괘상으로 본 것이다.
- 懲忿窒欲하나니라:①군자는 성내는 것을 불을 끄듯이 澤(水)으로 막고, 욕심을 물을 막듯이 山(止)으로 막는다. ②천부지성, 止於至善, 중용지도로 돌아가 본성을 그대로 간직한다는 것이다. 즉, 懲忿窒欲→無欲→大愚→聖人과 같은 존재로 볼 수 있다.

初九는 已事ㅣ어든 遄往이라아 无咎ㅣ리니 酌損之니라

초구는 일이 이미 그렇게 되어 있거든 빨리 가야 허물이 없으니, 참작하여 더는 것이다.
· 已:이미 이, 마칠 이 · 遄:빠를 천 · 酌:헤아릴 작, 참작할 작

總說
초구효는 정위이며, 육사효와 정응 관계이다.

各說
- 已事ㅣ어든:이미 모든 일의 형편이 그렇게 하도록 되어 있다. 내괘 초구효가 외괘 〈육오효〉에 損하여 주는 것이 숙명적으로 되어 있다. 이것이 정해졌으면 그대로 실행하라는 뜻이다.
- 遄往이라아 无咎ㅣ리니:빨리 하여야만 허물이 없다. 已事의 일을 행동에 빨리 옮기라는 뜻이다.
- 酌損之니라:내괘 초구효가 외괘 〈육오효〉에 덜어 줄 때 잘 헤아려서 자기의 분수에 맞게 損하여 주라는 것이다. 여기에는 中의 의미가 들어 있다.4)

---

4) 損卦 '大義 5)'의 그림을 참조하라. (一岡註)

象曰 已事遄往은 尙合志也ㄹ새라

象에서 말하기를 "已事遄往은 숭상함이 뜻에 합치는 것이다"고 하였다.
· 尙:바랄 상, 위 상

各說

● 尙合志也ㄹ새라:'尙'을 上으로 해석해도 좋다. 음양적으로 보면 초구효는 육사효와 정응 관계이므로 육사효에게 益해 주는 것이다. 즉, 초구효와 육사효가 서로 뜻이 합치되는 것을 말한다. 또 외괘(위)의 뜻에 합치된다는 뜻도 있다.

九二는 利貞코 征이면 凶하니 弗損이라아 益之리라

九二는 바르게 함이 이롭고 〈함부로〉 나아가면 흉하니, 덜지 말아야 더할 것이다.
· 征:칠 정, 갈 정 · 弗:아닐 불

總說

구이효는 부정위이지만 득중이고 육오효와 상응 관계이다.

各說

● 利貞코 征이면 凶하니:구이효에 대한 경계사이다. 구이효가 내괘에서 중심을 잡고 (중용지도로써) 자기의 임무를 수행해 나아가면 만사가 순조롭지만, 만약 그렇지 아니하면 흉하다. 구이효가 부정위이므로 '利貞'이라 하였고, '征'은 덜어 주려는 행위를 말한다.

● 弗損이라아 益之리라:①구이효는 외괘에 덜어 주지 아니하여야만 이롭고 균형이 잡힌다. 즉, 자기의 것을 지키며 무슨 일이든지 정도로써 행동하라는 것이다. ②초구효는 덜어 주어야 하지만(酌損之) 구이효는 덜어 주지 아니하여야 좋다(弗損益之). 자신을 지키는 일이 자신에게 손실을 가져오지 아니할 뿐 아니라 남에게도 보탬을 주는 것이 된다는 것이다. 즉, 여러 사람이 損을 보는데 나만큼은 본전 그대로 유지하는 것이 益하는 것이다. 주자는 「본의」에서 弗損益之를 "言不變其所守가 乃所以益上也라:마음의 변화 없이 〈자기의〉 임무를 수행해 나아감이 위를 더해 주는 것이다"고 주석하였다.

象曰 九二利貞은 中以爲志也 | 라

象에서 말하기를 "九二利貞은 중용지도로써 뜻을 삼기 때문이다"고 하였다.

六三은 三人行엔 則損一人코 一人行엔 則得其友 | 로다

六三은 세 사람이 행하는 데엔 곧 한 사람을 덜고, 한 사람이 행하는 데엔 곧 그 벗을 얻게 된다.

總說

육삼효는 부정위이며 상구효와 상응 관계이다. 이 효사는 손괘의 핵이 된다. 즉, 육삼효는 선천에서 후천으로 가는 지점이므로 損益의 뜻이 크다. 우리는 이것을 보고 공부하여 도통경지에 가야 한다.

各說

- 三人行엔 則損一人코 : ①三人을 天地人 三才로도 볼 수 있지만 남녀의 음양 관계, 곧 부부의 도를 뜻한다. 한 남녀가 만나서 부부의 연을 맺고 아기를 배게 되면 모두 3인이 된다. 아기를 낳으면 다시 2인이 된다. 즉, 1인을 덜어야만 2인이 되는 것이다. 이것은 大義에서 이미 말했듯이 ☱택산함괘(31) 구사효의 憧憧往來에서 ☵뇌수해괘(40)의 甲坼(産氣)을 거쳐 ☶산택손괘 육삼효에서 만 10개월만에 아기를 낳는다는 뜻이다. 아기는 1인이 되어 다시 짝을 만나 다시 부부 관계를 맺을 수 있다. 이러한 과정을 거쳐서 영원 무궁하게 나아가는 것이 우리 인류의 삶이다. ②육삼효는 損하지 아니한다. 단지 心的인 損으로 則損一人이다. 출산은 인생에서 어려운 것 중 하나이다. 자식을 낳는 데 있어 어머니 입장에서 보면 많은 손실이지만, 이것은 인간의 도리이며 2세를 승계할 수 있다는 점에서 영광이므로 益之이다. 또한 대자연의 원리로서 이루어지는 육삼효의 損은 선천에서 후천으로 가는 利涉大川의 그때인 까닭에 어려운 것이다.
- 一人行엔 則得其友 | 로다 : 1인이 있으면 그 벗을 얻어서 2인이 되는 것이다. 처녀나 총각이 혼자 있으면 一人行이고, 其友는 배우자를 얻으면 두 사람이 된다. 즉, 혼인하는 것을 뜻한다. 만물은 언제나 2인이 되어야 조화가 이루어진다. 이것은 음양의 상대성이며 음양의 조화이다.

```
┌─────────────────────────────────────────────────────────┐
│   三人行則損一人:3명-1명=2명 ┐ 언제나 2인이 되어야 정상이다.  │
│   一人行則得其友:1명+1명=2명 ┘ 상대성이며 음양의 조화이다.   │
└─────────────────────────────────────────────────────────┘

## 象曰 一人行은 三이면 則疑也ㅣ라

象에서 말하기를 "一人行은 셋이면 곧 의심할 것이다"고 하였다.

### 各說

● 三이면 則疑也ㅣ라:남녀 관계로 볼 때, 남자든 여자든 사귀는 경우에는 한 사람만 사랑하고 교제하여야지 셋이 되면 삼각 관계가 되어 의심을 받게 된다. 음양의 이치는 상대적이어서 둘이어야 하지 셋이면 아니 된다. 공자는 「계사전」에서 위의 육삼효사를 중요히 여겨 재차 풀이하였다.

 예)天地ㅣ 絪縕에 萬物이 化醇하고 男女ㅣ 構精에 萬物이 化生하나니 易曰 三人行엔 則損一人코 一人行엔 則得其友ㅣ라하니 言致一也ㅣ라 (「繫辭傳」下 第5章)
 천지〈음양〉 기운의 화합에 의하여 만물이 生成(化醇)하고〈이를 본받아서〉 남녀가 精氣를 얽음에 만물이 生成(化生)하나니, 易에서 말하기를 "〈損卦 六三에서〉 세 사람이 가는 데는 곧 한 사람을 덜고, 한 사람이 가는 데는 곧 그 벗(짝)을 얻는다"고 하니 하나를 이루는 것을 말함이다.
 [설명]윗글은 음양이 합치하여 하나로 되는 이치를 말하였다. 결국 2(음양)는 1에 내포되어 있고, 2는 1에서 시작됨을 말한 것이다. 그리고 이 대목은 공자의 태극관을 말한 곳이다. 즉, '言致一也'는 태극을 뜻하며 夫婦歸一과 도통경지를 말한다. 여기서 '天地'와 '男女'는 동등한 의미이다.

## 六四는 損其疾호대 使遄이면 有喜하야 无咎ㅣ리라

六四는 그 병을 덜어 버리되〈初九로 하여금〉 빠르게·하면 기쁨이 있어서 허물이 없을 것이다.
 ·疾:병들 질, 부족할 질, 빠를 질  ·使:하여금 사

### 總說

육사효는 정위로서 초구효와 정응 관계이다.
```

各說

- 損其疾호대 : 실제로는 益이다.
- 使遄이면 : 초구효로 하여금 損其疾을 빨리 받아들이도록 하면 그 결과는 有喜无咎이다. '使'는 수동적이며 간접적인 뜻으로 쓰였다.
- 无咎ㅣ리라 : 효 전체가 다 허물이 없다는 뜻이다. 주자는 위의 효사를 「본의」에서 주석하여 말하기를 "以初九之陽剛으로 益己而損其陰柔之疾호대 唯速則善하니 戒占者ㅣ 如是則无咎矣라 : 초구효의 양강함으로써 자기를 더해 주고, 자기의 음유한 병을 덜어내되 오직 빨리 하면 좋으니, 점치는 자가 이와 같이 하면 허물이 없을 것이다"고 하였다. 또한 점을 쳐서 이 효를 얻으면 반드시 도움을 줄 사람이 빨리 와서 자기를 도와 주니 마음에 기쁨이 있고 아무런 탈이 없을 것이다.

象曰 損其疾하니 亦可喜也ㅣ로다

象에서 말하기를 "損其疾하니 또한 가히 기쁘도다"고 하였다.

六五는 或益之면 十朋之라 龜도 弗克違하리니 元吉하니라

六五는 혹 이익이 있으면 十朋之와 거북점을 쳐서도 능히 어긋나지 아니하리니 크게 길하다.

· 龜 : 거북 귀, 거북점 귀   · 違 : 어길 위

總說

육오효는 군위로서 득중이며, 구이효와 상응 관계이다.

各說

- 或益之면 : 육오효는 군위이기 때문에 왕도 정치의 덕화를 베풀어 백성이 잘 살게 되면 임금의 마음이 편하니 그것이 이익이라는 것이다.
- 十朋之라 : 점을 치는 데 있어서 열 가지 방법으로써 물어 본다. 즉, '十'은 점치는 여러 가지 방법들을 말하며 衆의 뜻이 있다.
- 十朋之라 龜도 : ①「서경」에서는 政事를 결정함에 있어서 하나의 방법론을 다음과 같이 말한다.

예)七, 稽疑는 擇建立卜筮人하여 乃命卜筮니이다 曰雨와 曰霽 曰蒙과 曰驛과 曰克이며 曰貞과 曰悔니이다 凡七은 卜五요 占用二며 衍忒이니이다 立時人作卜筮하되 三人占이면 則從二人之言하소서 汝則有大疑면 謀及乃心하고 謀及卿士하며 謀及庶人하고 謀及卜筮하소서 汝則從하며 龜從하고 筮從하며 卿士從하고 庶民從이면 是之謂大同이니 身其康彊하고 子孫其逢吉하리이다……汝則從, 龜從, 筮從, 卿士逆, 庶民逆, 吉. 庶民從, 龜從, 筮從, 卿士從, 汝則逆, 卿士, 吉. 汝則從, 龜從, 筮逆, 卿士逆, 庶民逆, 作內吉, 作外凶. 龜筮共違於人, 用靜吉, 用作凶. (『書經』「洪範」)

일곱째는 의심을 묻는다는 것은 거북점과 시초점 치는 사람을 골라 세우고, 이에 거북점과 시초점을 명하는 것입니다. 비가 오겠다, 비가 개겠다. 안개가 끼겠다. 날이 밝겠다, 흐렸다 맑았다 하겠다는 등으로 말할 것이며, 貞괘니 悔괘니 하고 말할 것입니다. 이 일곱 가지는 거북점에 다섯 가지, 시초점에 두 가지가 쓰이며, 변화를 이루어 정하는 것입니다. 이 사람들을 세워 거북점과 시초점을 치되, 세 사람이 점쳤다면 곧 두 사람의 말을 따르십시오. 당신(王)께서 매우 해결하기 힘든 어려운 문제에 직면하거든 먼저 당신 스스로 마음속 깊이 생각해 본 뒤, 卿士 등의 높은 관직에 있는 측근이나 대신들과 상의하고, 다시 보통의 서민들과 상의한 연후에 시초점이나 거북점 등의 卜筮를 통하여 상의하십시오. 그리하여 당신이 스스로 생각한 바가 따르고, 거북이가 따르고, 시초가 따르고, 대신이 따르고, 일반 백성이 따르는 것이 바로 모든 사람이 한 생각으로 일치하는 것이며, 이를 바로 大同이라고 말합니다. 이렇게 모두 일치하게 되면 당신의 몸은 평온하고, 자손들은 모두 번영하여 길하게 됩니다. …… 당신이 스스로 생각한 바가 따르고, 거북이가 따르고, 시초가 따르지만 대신들이 반대하고, 일반 백성이 반대한다고 해도 이것은 여전히 길합니다. 일반 백성이 따르고, 거북이가 따르고, 시초가 따르나 당신이 반대하고, 대신들이 반대한다고 해도 이것은 여전히 길합니다. 당신 스스로 생각한 바가 따르고, 거북이가 따르고, 시초가 반대하고, 대신들이 반대하고, 일반 백성이 반대한다고 한다면 그것은 안에서 하는 일은 길하고, 밖에서 하는 일은 흉합니다. 거북과 시초가 모두 사람이 도모하는 일에 어긋난다면 가만히 있으면 길하고, 움직이면 흉합니다.

[설명] 윗글은 주나라 때 箕子가 말한 은나라 정치 문화의 기본적 요강을 말한 것으로 나라의 어려운 문제를 해결하고 결정하는 경우에 복서, 즉 점치는 것의 중요성에 대해서 언급하고 있다.

②정이천과 주자의 「傳」과 「本義」에서는 이 구절에 대한 서로의 견해가 사뭇 다르다.

예1) ……十은 衆辭라 龜者는 決是非吉凶之物이니 衆人之公論이 必合正理하야 雖龜筮이라도 不能違也라 如此면 可謂大善之吉矣라 古人 曰 謀從衆則合天心이라하니라 (『周易傳義大全』「傳」)

……'十'은 많다는 말이고 '龜'라는 것은 시비와 길흉을 〈점으로〉 결정하는 물건이다. 여러 사람의 公論이 반드시 정당한 이치에 합치하니 비록 거북과 시초로 점치는 것도 능히 〈여러 사람의 公論을〉 거스르지 못하는데, 이와 같으면 크게 善한 吉이라고 가히 말할 수 있다. 옛날 사람이 말하기를 "여러 사람〈의 뜻〉을 따라 도모한다면 天心에 합치된다"고 했다.

예2)……兩龜이 爲朋 十朋之龜는 大寶也라 或이 以此益之而不能辭하니 其吉을 可知라 占者ㅣ 有是德 則獲其應也라 (『周易傳義大全』「本義」)

……거북 두 마리가 '朋'이 되니, '十朋之龜'는 큰 보물이다. 혹자가 이것으로써 더함에 사양할 수 없으니, 그 吉을 알 수 있다. 점치는 사람이 이런 덕이 있으면, 그와 같은 응함을 얻을 것이다.

[설명] 정이천은 "十朋이라 龜도"라 하여 둘로 나누어 해석하였다. 이에는 「홍범」을 참고한다는 뜻이 들어 있다. 그리고 주자는 "十朋之龜"라고 하여 단순히 점서적으로만 보았다.

● 弗克違하리니 元吉하니라 : 백성의 마음을 덕화로 거둬들이는 것은 어떤 점을 치더라도 찬성할 것이니 원래부터 길하다는 것이다.

象曰 六五元吉은 自上祐也ㅣ라

象에서 말하기를 "六五元吉은 하늘로부터 스스로 도우는 것이다"고 하였다.

· 祐 : 도울 우

各說

● 自上祐也ㅣ라 : '上'은 天(하늘)의 뜻으로 쓰였다. 따라서 "하늘로부터 스스로 도우는 것이다" 혹은 "上天으로부터 스스로 도우는 것이다"로 풀이하는 것이 옳다.

上九는 弗損코 益之면 无咎코 貞吉하니 利有攸往이니 得臣이 无家ㅣ리라

上九는 덜지 아니하고도 균형이 되면 허물이 없고 바르게 하여 길하니 갈 바가 있어 이로우니, 신하를 얻음이 집이 없을 것이다.

總說

상구효는 주효로서 부정위이며 육삼효와 상응 관계이다.

各說

- 弗損코 益之면 : 주고 받는 것 없이 덕으로써 민심을 얻는다. '益之'는 원래의 형태대로 되는 것, 균형이 맞는 것을 뜻한다.
- 貞吉하니 : 상구효가 부정위이기 때문에 貞吉은 일종의 경계사이다. 正道로 하여야 길하다는 뜻이다.
- 得臣이 无家ㅣ리라 : ①육효 전부가 균형이 맞아서 좋아진다. 즉, 온 천하가 다 좋아진다는 것이다. ②집이 한정되어 있는 것이 아니라 어떤 집을 막론하고 어진 사람이 나와서 도와준다는 것이다. ③私心이 없다는 뜻도 된다. ④고정된 文句로서 사용한다. 여기서 '得臣'은 민심을 얻는 것을 말하며, '无家'는 국가가 아니고 私家를 말하는 것으로 온 천하가 내 집이라는 뜻이다.

※ 앞의 각 효사 풀이에서 보듯이 損卦는 효사를 해득하기가 어려운 괘이다.

象曰 弗損益之는 大得志也ㅣ라

象에서 말하기를 "弗損益之는 크게 뜻을 얻었기 때문이다"고 하였다.

各說

- 弗損益之는 : 남이 가져다 주어서 이익되는 것이 아니라 안 썼기 때문에 이익이 된다는 것이다. 공부하는 데에 비유하면, 敎思无窮으로 남을 가르치면 자기의 학문과 지식은 줄어들지 않고 도리어 이익이 된다. 이것이 益之이다. 즉, 학문은 발휘함으로써 빛이 나는 법이므로 弗損益之이다.

風雷益 (四十二)

巽上
震下

大義

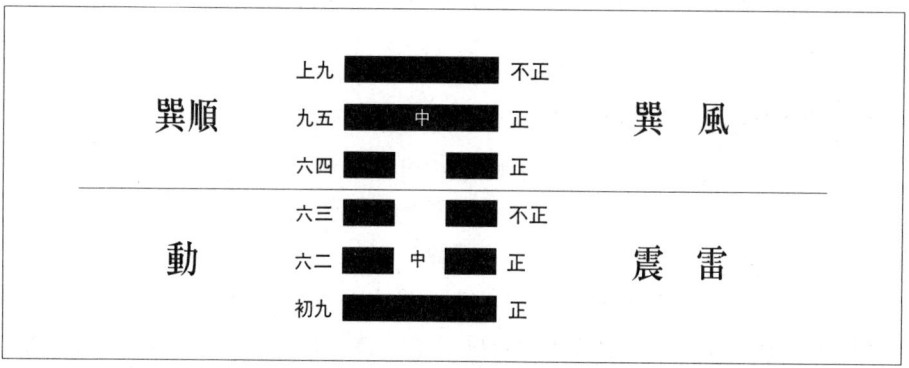

　益卦는 損卦의 도전괘이다. 위의 것을 덜어서 아래로 더해 주는 것이 益이다. 즉, 益卦는 不正한 것이 不正한 것과 손익 관계에 있고, 損卦는 正과 正이 손익 관계에 있는 것이다.

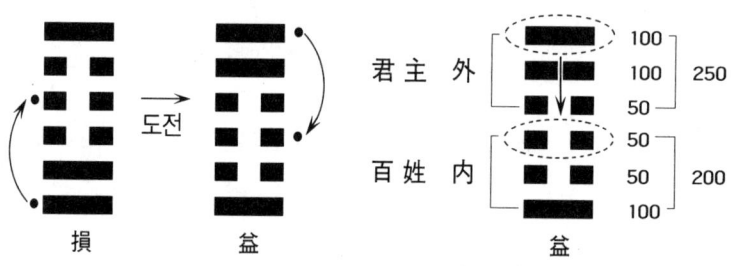

1) ①益卦는 損卦와 정반대 현상이다. 외괘인 군주(국가)가 자기 것을 덜어 내괘인

백성에게 주어 유익하게 해주는 것이 益卦이며, 백성을 위주로 말하였으니 여기에서 民本主義 사상을 엿볼 수 있다. ②初爻와 四爻, 二爻와 五爻는 정응 관계이고, 三爻와 上爻는 상응 관계이다. 따라서 三爻와 上爻는 서로 손익 관계를 가진다. 이것은 곧 외괘에서 내괘로 덜어 주는 것이 되며, 내괘의 입장에서는 받아들이고 더(益)하게 되니 益卦라 이름한 것이다.

2) 민본주의는 왕도 정치를 뜻한다. 즉, 군주 자신에게는 薄하게 하고 아래 백성에게는 厚하게 하여, 군주가 백성에게 유익하게 하고 민생 안정을 위하여 복지 국가를 지향하는 것이 益이다. 나아가 군주가 손익의 중간 조절1)을 잘하여 백성의 모든 어려운 문제를 해결함으로써 통치의 어려운 문제도 해결하는 것이 덕치요 근본적인 왕도 정치라 할 수 있다.

3) 우레와 같은 활동력이 있는 곳에는 반드시 바람이 일어서 함께 한다. 즉, 날로 전진하여 더하여지는 것을 益卦라고 취상한 것이다.

4) ①益卦는 天地否卦에서 初爻와 四爻가 서로 자리를 바꿔 이루어진 것이다. 내외괘가 서로 交易하여서 이루어졌지만 내괘의 입장에서 보면 小(陰)가 가고 大(陽)가 왔으니 이익을 본 셈이므로 益卦가 된 것이다. 또 損卦는 地天泰卦에서 三爻와 上爻가 서로 자리를 바꿔서 이루어진 것인데, 이것을 내괘의 입장에서 보면 大(陽)가 가고 小(陰)가 왔으니 損을 본 셈이므로 損卦가 된 것이다.2)

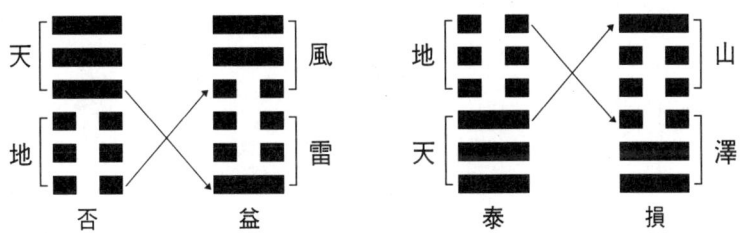

②乾坤卦의 相交가 泰, 否卦이며, 咸恒卦의 相交, 全變, 配合, 錯綜卦가 損益卦라고 할 수 있다.

---

1) ①국가가 있어야 국민이 있고, 국민이 있어야 국가가 있다. ②中節이 아니 되고 한 쪽으로 기울어지는 경우, 즉 국가가 益이면 국민이 못살게 되고 국민이 益이면 국가가 損인 경우이다. ③덜어 주는 데에는 中節을 해야 한다. 따라서 損益은 盛衰之始也이다. ④이 세상의 모든 일은 크게 보아서 손익의 中節을 위한 것이라고 할 수 있다.
2) 泰卦는 상경의 11번째 괘이고, 損卦는 하경의 11번째 괘이다. 否卦는 상경의 12번째 괘이고, 益卦는 하경의 12번째 괘이다.

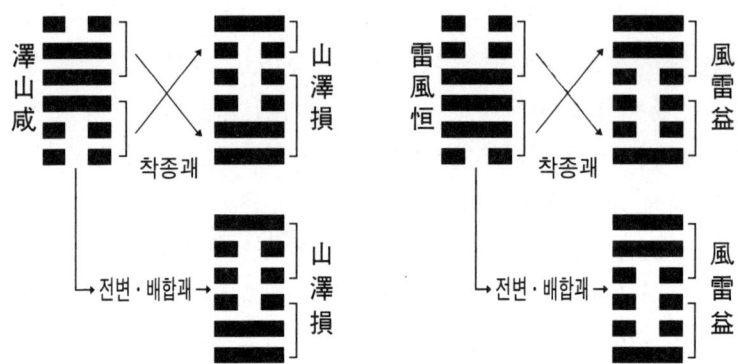

5) 「설괘전」에서 "震爲龍이오 巽爲鷄ㅣ오"(第8章)이라고 하였으니 風雷益卦는 鷄龍을 뜻한다. 또 益을 파자하면 八+一+八+皿이 된다. 이것 또한 연구 과제이다.

原文풀이

益은 利有攸往하며 利涉大川하니라

益은 갈 바가 있어 이로우며, 큰 내를 건너는 데 이롭다.
· 攸:바 유 · 涉:건널 섭

總說

윗글은 익괘의 괘사이다.

各說

● 益은 利有攸往하며 : 넉넉한 살림살이는 잘 할 수가 있으니 利有攸往이라고 하였다. 따라서 益이 되는 때이면 어떠한 大事도 잘 할 수가 있는 것이다. 이것을 利涉大川이라 하였다.
● 利涉大川하니라 : 내가 계획했던 일이 뜻대로 잘된다. 萬事如意와 그 뜻이 같다. 곧 만사가 유익하면 무슨 일이든지 잘 되어 나간다는 뜻이다.

彖曰 益은 損上益下하니 民說(열)无疆이오 自上下下하니 其道ㅣ大光이라 利

有攸往은 中正하야 有慶이오 利涉大川은 木道ㅣ 乃行이라 益은 動而巽하야 日進
无疆하며 天施地生하야 其益이 无方하니 凡益之道ㅣ 與時偕行하나니라

　彖에서 말하기를 "益은 위를 덜어서 아래에 더함이니 백성의 기뻐함이 지경이 없음
이요, 위로부터 아래로 내려보내니 그 道는 크게 빛나는지라. 利有攸往은 〈二, 五爻가〉
中正하여 경사가 있음이요, 利涉大川은 나무로 만드는 道가 바로 행함이다. 益은 움직
이고 손순해서 날로 나아감이 지경이 없으며, 하늘이 베풀고 땅이 낳아서 그 유익함이
方所가 없으니, 무릇 益의 道가 때에 따라서 함께 행하는 것이다"고 하였다.
・損:덜 손　・疆:지경 강　・乃:이에 내　・進:나아갈 진　・施:베풀 시　・與:따를 여　・偕:함께 해

總說

윗글은 익괘의 「단사」이다.

各說

● 損上益下하니:상구효를 덜어서 육삼효에 더하여 주는 것을 뜻한다. 그 결과가 民
說无疆으로 나타난다.
● 自上下下하니:위의 국가로부터 아래의 백성에게까지 益이 내려온다는 뜻이다. 그
결과가 其道大光이라고 할 수 있다. '下下'에서 앞의 下는 '내릴 하'로 해석한다.
　・上下无常:오르고 내리는 것이 恒常함이 없다.

　　　損上益下 → 自上下下　　民說无疆 → 其道大光(王道가 크게 빛난다)

● 利有攸往은 中正하야 有慶이오:①육이, 구오효가 中正이므로 경사가 있다는 것이
다. ②무슨 일이든지 잘 된다는 것은 중정지도로 행하면 경사가 있다는 뜻이다.
그리고 공자의 다른 괘상에 대한 설명을 참고로 하여 보면 "中正有慶"은 秘辭體
로 여겨진다.[3]
● 利涉大川은 木道ㅣ 乃行이라:①선천에서 후천으로 건너가는 大事에는 나무로 만든
배로써 건널 수가 있다는 것이다. 익괘는 괘상으로 보면, 風(巽, 木) 雷(震, 木)가
모두 木이므로 大川을 건너는 데는 나무로 배를 만들어서 상호 소통해야 한다는

---

3) 만사여의하게 되려면 中正의 지역이라야 경사가 있다는 것으로, 우리 나라의 中正 지방은 어디인지
　를 반드시 연구해 볼 필요가 있다.

뜻이다.4) 그러나 정이천은 木道 자체를 益道로 고쳐 읽고 있다.

예)益之爲道는 於平常无事之際엔 其益이 猶小로대 當艱危險難則所益이 至大라 故로 利涉大川也니 於濟艱險엔 乃益道大行之時也라 益을 誤作木이라 或以爲上巽下震이라 故로 云木道라하니 非也라 (『周易傳義大全』「傳」)

益의 道는 일이 없는 평상시에는 그 유익함이 오히려 작으나, 어렵고 위험한 때를 당하면 유익한 것이 지극히 크다. 큰 내를 건넘이 이로운 것이니, 어렵고 험한 것을 구제하는 데는 바로 益의 道가 크게 행해지는 때가 된다. 益자가 木자로 잘못 쓰여졌다. 혹자는 위가 巽이고 아래가 震이기 때문에 木道라고 말할 수도 있으나 잘못이다.

[설명] 정이천의 益道乃行은 옳지 않은 견해이다.

② 「계사전」의 三陳九德卦 설명 중에서 益卦에 대하여 "德之裕也, 益以興利"라고 하였다. 이것은 익괘가 사람이 살아가는 데 필요하고 유익한 것을 만들어서 이바지하는 것으로 되어 있다. 따라서 익괘의 내외괘인 손괘와 진괘가 木이니 나무로 뇌누(耒耨;쟁기자루 뢰, 호미 누)를 만들어 농사를 짓고 또 뗏목(筏;뗏목 벌)을 만들어서 대천을 건너는 것을 실현하였다는 것이다.

예1) 易之興也ㅣ 其於中古乎ㄴ저 作易者ㅣ 其有憂患乎ㄴ저 是故로 履는 德之基也ㅣ오 謙은 德之柄也ㅣ오 復은 德之本也ㅣ오 恒은 德之固也ㅣ오 損은 德之修也ㅣ오 益은 德之裕也ㅣ오……履以和行코 謙以制禮코 復以自知코 恒以一德코 損以遠害코 益以興利코……(「繫辭傳」下 第7章)

易의 중흥기는 그 中古시대가 아니겠는가? 易을 지은 자는 그 어떤 우환이 있었을까? 이런 까닭으로 履는 덕의 기초요, 謙은 덕의 자루요, 復은 덕의 근본이요, 恒은 덕의 굳음이요, 損은 덕의 닦음이요, 益은 덕의 넉넉함이요……履로써 和하게 하고, 謙으로써 예를 짓고, 復으로써 스스로 알고, 恒으로써 덕을 한결같이 하고, 損으로써 害를 멀리 하고, 益으로써 利를 일으키고……

예2) 包犧氏沒커늘 神農氏作하야 斲木爲耜하고 揉木爲耒하야 耒耨之利로 以敎天下하니 蓋取諸益하고 (「繫辭傳」下 第2章)

포희씨가 죽거늘 〈그 뒤〉 신농씨가 나와서, 나무를 깎고 쪼개어 쟁기 날을 만들고, 나무를 휘어 쟁기 자루를 만들어서, 밭을 갈고 김을 매는 利로써 천하 〈사람들에

---

4) "木道乃行"은 비사체로서 木道→益道→風雷→鷄龍의 뜻이 있고, 이는 계룡으로의 천도(遷都)가 되어야 우리 나라의 막힌 데가 상호 소통이 된다는 뜻이다. 雞龍山에 刻字가 있는데 "方・夫・馬・角・口・或・生・禾"로 되어 있다. 方夫馬角은 庚牛(丑)를 의미하고, 口或生禾는 國秪(移)를 의미하므로 곧 庚子년과 辛丑년 사이에 천도가 있겠다는 암시인 것 같다. 그리고 『주역』에서 천도의 소리를 하고 있는 괘는 이 益卦밖에 없다. 또 ①風雷益卦에는 木道乃行, ②風水渙卦에는 乘木有功, ③風澤中孚卦에는 乘木舟虛의 글이 있다. 『주역』에서 이 세 곳 외에는 이런 글이 없다. 이 세 괘의 상관 관계와 그 괘의 뜻을 음미해 볼 필요가 있다.

게〉가르치니, 대개 저 益卦에서 취하였다.

　　[설명]농민에게 농사짓는 방법을 일깨워 주어 그들에게 이익을 주는 것이 곧 明政이다.
- 動而巽하야 日進无疆하며:유익하게 됨으로써 공손하고 유순하게 행동하여 날로 한량없이 유익하게 나아간다. 즉, 자꾸자꾸 더하여 주기를 바란다는 것이다.
- 天施地生하야:하늘은 비와 바람과 日照를 주고, 땅은 이것을 받아 만물을 생육시킨다.
- 其益이 无方하니:天施地生의 益을 지구의 어느 지방을 막론하고 원만하게 혜택을 준다.
- 凡益之道ㅣ 與時偕行하나니라:①유익하게 하는 방법도 때에 따라서 益하게 하여야 한다. 天道, 地道, 人道도 마찬가지로 때에 따라서 益해야 하며 우리는 이 속에서 中을 잡아야 한다. 사람이 살아가는 데 손익 조절이 잘 되어야 한다. ②益之道도 時中이 되어야 빛이 난다. 損卦 때에는 彖辭에서 時가 세 번이나 들어 있지만 益卦 때에는 時가 한 번 있다. 이것은 익괘에서는 손괘와 달리 그 時가 크게 중요하지 아니하므로 강조하지 않았고, 다만 木道乃行하는 시기를 알아서 행사하면 그만이라는 것이다. ③정치적 측면에서 보면, 군주가 백성을 너무 유익하게 하여 그들로 하여금 의뢰심을 크게 유발시켜 도리어 나태와 생산 의욕을 잃게 만들 수 있다. 이런 이유로 조절이 필요하고 그 조절이 잘 되었을 때 왕도 정치가 구현되는 것이다.

象曰 風雷ㅣ 益이니 君子ㅣ 以하야 見善則遷하고 有過則改하나니라

象에서 말하기를 "바람과 우레가 益이니, 군자가 이로써 착한 것을 보면 옮기고, 허물이 있으면 고치는 것이다"고 하였다.
·雷:우레 뢰 ·遷:옮길 천 ·過:허물 과 ·改:고칠 개

總說

윗글은 익괘의 「대상」이다.

各說

- 風雷ㅣ:바람이 일어나는 곳에는 우레가 있고, 우레가 있는 곳에는 바람이 일어난다.
- 見善則遷하고:군자는 선을 보고 곧 본받아서 옮겨 오도록 한다.
- 有過則改하나니라:①지나간 과거의 잘못이 있으면 깨닫고 즉시 행동에 옮겨 그 허물을 고친다. 그러면 나도 모르는 사이에 그 결과는 유익하게 된다. 여기서 '見善則遷'의 시점은 현재를 나타내고, '有過則改'는 과거를 나타낸다. ②물질을 벗어난

정신을 고쳐시키기 위한 것이므로 눈앞에 보이는 금전적 이익은 없다. 그러나 형이상학적이어서 금전적 이익은 생기지 아니하지만 눈에 보이지 아니하는 益이 존재하고 있다. 이것은 한량없는 無價의 보물이므로 益은 행동에 德業을 증익(增益)하는 원칙이라고 할 수 있다.

• 遷善改過:선을 보면 그 착한 것을 내 것으로 만들어 나의 마음에 옮긴다(→행동)는 것이다. 곧 착한 것을 보고 나도 착한 일을 하도록 하라는 것이다.

〈 損──失・衰・消・虛・貧・陰・惡……
　益──得・盛・長・盈・富・陽・善……

初九는 利用爲大作이니 元吉이라아 无咎ㅣ리라

初九는 써 큰 일을 잘하여야 이로우니, 원래부터 길하여야 허물이 없을 것이다.

總說

초구효는 익괘의 주효로서 정위이며 육사효와는 정응 관계이다. 그리고 초구효는 剛位에 剛이 있으니 조동(躁動)할 우려가 있다.

各說

● 利用爲大作이니 : '大作'은 大事, 大業을 뜻하고 益이 되려면 그 이상으로 해야 된다는 것이다.
● 元吉이라아 无咎ㅣ리라:元吉 이상으로 잘하여야 无咎가 되지 만약 보통으로 한다면 有咎가 된다. 즉, 최상의 노력으로 大作(大業)을 하여 益을 구하라는 것이다. 『주역』외에는 이런 글이 없다.5)

象曰 元吉无咎는 下ㅣ不厚事也ㄹ새라

象에서 말하기를 "元吉无咎는 아래가 두터운 일을 할 수 없기 때문이다"고 하였다.
• 厚:두터울 후

---

5) 『주역』 전체의 효는 괘명의 내용을 모두 다 내포하도록 되어 있다. 따라서 益卦도 모든 효에 益의 내용이 있어야 하고 또한 益이 되어야 한다. 이런 까닭으로 주역은 어렵다고 한다. 하지만 효사를 지은 周公은 성인이므로 이것을 잘 표현하고 있다.

各說

- 下ㅣ 不厚事也ㄹ새라:下位에 있기 때문에 큰 일을 도모하지 못할 사람이 큰 일을 해야만이 元吉无咎가 된다는 것이다. 즉, 자기 능력보다 더 노력하고 더 많이 일을 하여 목표 100% 달성을 150%로 초과 달성했을 때 50%의 이익이 오게 되어 남에게서 신임을 얻고 능력도 인정받게 되는 것이다. '厚事'는 大事라고 할 수 있다.

六二는 或益之면 十朋之라 龜도 弗克違나 永貞이면 吉하니 王用享于帝라도 吉하리라

六二는 혹 이익이 있으면 十朋之와 거북점을 쳐서도 능히 어긋나지 아니하나 오래도록 바르게 하면 길하니, 왕이 써 천제께 제사지내더라도 길할 것이다.

·弗:아닐 불 ·克:능히 극 ·違:어길 위 ·永:오래도록 영, 길 영 ·享:제사지낼 향 ·帝:하느님 제

總說

육이효는 유순중정이며 구오효와 정응 관계이다.

各說

- 或益之면:육이효는 中正의 位이므로 손익의 주고받는 것이 없다. 따라서 益은 물질적인 것이 아니라 정신적인 益으로 해석해야 한다. 기본 자세가 위치적으로 中正이므로 남보다 잘해서 모범이 되어야 남이 나를 칭찬하고 益이 된다는 것이다. 또한 손괘의 구오효도 주고받을 것이 없기 때문에 정신적인 것이라 할 수 있다. 그러나 아무런 물질적 이해 관계는 없지만 永貞吉, 享于帝吉에는 정성어린 마음가짐으로 임해야 한다.

  예)六五는 或益之면 十朋之라 龜도 弗克違하리니 元吉하니라 (損卦, 六五爻辭)
  六五는 혹 이익이 있으면 十朋之와 거북점을 쳐서도 능히 어긋나지 아니하리니 크게 길하다.[6]

- 弗克違나:정성을 모아서 점서를 하니 어긋남이 없다. 즉, 반대하지 아니하고 협조한다는 뜻이다. '克'은 能의 뜻이다.
- 永貞이면 吉하니:아무리 弗克違가 되어도 마음이 곧고 바르지(中正之心) 못하면 좋지 않다. 즉, 영원토록 中正을 지켜 나아가면 길한 결과를 가져온다는 뜻이다.
- 王用享于帝라도 吉하리라:①중정의 마음가짐이 군왕이 天帝에게 제사를 지내는 정성

---

[6] 좀더 자세한 것은 損卦 六五爻에 대한 해설을 참고하라. (一岡註)

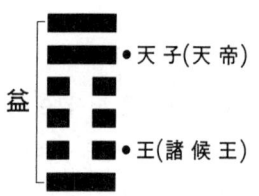

으로 하면 그 결과는 좋을 것이다. 즉, 益이 온다는 뜻이다. ②二爻에서 정성을 지극히 드리면 五爻의 益을 받을 수가 있다. 이런 까닭으로 "王用享于天帝"라고 하였다. 여기서 '享'은 제사를 드리는 것이고, '帝'는 天帝를 뜻한다.

※육이효사에는 '吉'자가 두 번 들어 있다. 곧 中正이 되었으니 吉(益)하다는 것이며, 또 永貞하기 위하여 정성을 다하니 吉(益)하게 된다는 뜻이다.

象曰 或益之는 自外來也ㅣ라

象에서 말하기를 "或益之는 밖으로부터 스스로 오는 것이다"고 하였다.

各說

● 自外來也ㅣ라:육이효가 중정의 도를 지키고 永貞을 하게 되면 육이효 자신도 모르게 자연히 외괘의 구오효 군왕의 덕화나 혜택이 유익하게 미쳐져 온다는 뜻이다. 즉, 자기가 잘하면 다른 사람들이 칭찬을 해주어 자신도 모르는 사이에 유익함이 있게 된다는 것이다.

六三은 益之用凶事앤 无咎ㅣ어니와 有孚中行이라아 告公用圭리라

六三은 〈군왕이〉 더함을 흉사〈시〉에 사용하는 데에는 허물이 없거니와, 신의를 가지고 중용지도를 행하여야 公에 고하되 圭로 할 것이다.

・告:알릴 고 ・圭:홀 규, 도장 규

總說

육삼효는 부정위이지만 상구효와 상응 관계이며, 외괘로부터 실제로 益을 받는 효이다. 즉, 육삼효는 上帝, 군왕으로부터 유익하게 힘입는 형태이다.

各說

● 益之用凶事앤:군왕(외괘)이 덜어서 백성에게 주는 것을 효에서 보면 육삼효에 주도록 되어 있다. 그 시기는 반드시 흉사가 되었을 때 주어야 한다. 즉, 흉년이나

兵禍의 흉사가 있을 때 군왕(국가)이 백성을 도와주는 것이다. 군왕이 백성을 도와줌에 있어서는 신의를 보여줌으로써 중용지도로 행동, 행사하여야 한다. 그래야만 군왕의 덕이 알려져서 백성이 믿는 가운데 결재를 받을 수 있는 것이다. 이는 損益의 時用이 중요하다는 것을 말하고 있다.

- 有孚中行이라아:백성에게 유익(보조)하게 하되 공정한 마음가짐으로 행해야 한다. 가령 나라에 재해가 생기면 중앙 정부는 세밀하고 정확하게 조사하여 재해가 입은 곳에 지원이 있어야 한다. 또 지원량도 사심 없이 中行(中正之心)으로 하여 백성이 有孚가 되도록 해야 한다. 이처럼 백성을 유익하게 해 주는 것은 어려운 일이며, 이것 역시 時用이 중요하다.

    1) 損하는 時:損卦「象辭」의 三時, 즉 應有時며 損剛益柔ㅣ 有時ㅣ니 損益盈虛를 與時偕行이니라
    2) 益하는 時:益卦의 「象辭」, 즉 凡益之道ㅣ 與時偕行하나니라
    3) 損益의 조절:益卦의 六三爻辭, 즉 有孚中行이라아(明政, 王道)

- 告公用圭라아:①信標(圭)를 가지고 公侯에게 고한다. 즉, 有孚中行의 마음가짐으로 윗사람에게 고하여야만 결재를 얻는다는 것이다. '圭'는 圭玉으로 도장을 말한다. ②공적인 조사 보고에는 圭를 쓰며, 신용 보증의 증표로서 임금은 도장을 보관하고 신하는 도장의 뚜껑을 보관하여 후일 상호 신의로써 서로 도장과 도장의 뚜껑을 맞춰 보고 결재를 한다. 이는 공적인 일을 확실하게 하여 의심이 없도록 하는 것을 뜻한다. 또 圭는 보고서에 찍는 도장을 뜻하기도 하지만 통신을 뜻하기도 한다. 즉, 군왕은 보고서에 찍힌 圭를 신용하여 정무를 행하는 것이다. ③육삼효는 5등작(公·侯·伯·子·男) 중에서 첫째 작위인 公爵의 자리에 해당한다. 『서경』에 의하면 그 작위에 따라 圭의 이름이 다르다. 즉, 公은 환규(桓圭), 侯는 시규(侍圭), 伯은 궁규(躬圭), 子는 곡벽(穀璧), 男은 포벽(蒲璧)을 가지고 있다.

象曰 益用凶事는 固有之也ㄹ새라

象에서 말하기를 "益用凶事는 진실로 〈흉사가 있을 때〉 행하는 것이다"고 하였다.

· 固:진실로 고, 굳을 고

各說

- 固有之也ㄹ새라:시행을 하되 時를 잘 알아서 행해야 하고, 이런 일이 거듭 일어나

는 것이 아니기 때문에 신중하게 처리하라는 뜻이다. 즉, 틀림이 없음(固)을 알아서 益을 用하라는 뜻이다.

六四는 中行이면 告公從하리니 利用爲依며 遷國이니라

六四는 중용지도로 행하면 公에게 일러서 좇게 하리니, 써〈대중의 여론에〉의지하며 나라를 옮기는 것이 이롭다.
·從:좇을 종 ·依:의지할 의 ·遷:옮길 천

總說

육사효는 損益에는 아무런 변동이 없는 효이다. 또 四爻는 후천의 시초이며, 정치적으로 보면 정승이나 대신의 지위에 있는 사람이다. 초구효와는 정응 관계이다.

各說

● 中行이면 : 중용지도를 행하면 모든 사람들이 잘 따르게 된다. 四爻는 득중이 아니기 때문에 군주와 백성의 뜻을 잘 헤아려 나라를 다스려 가야 한다. 이것을 잘 처신해야만 명철한 대신이라 할 수 있으며 또한 유능한 정치가라 할 수 있다. 이런 까닭으로 中行을 강조하였으며, 中行은 정치의 지표라고 할 수 있다.

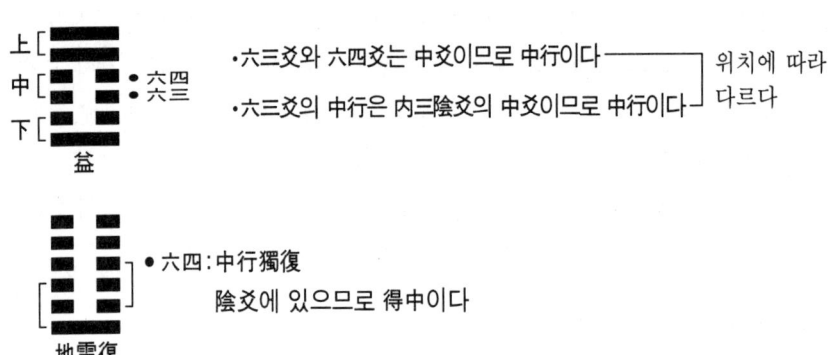

● 告公從하리니 : 군주의 뜻을 헤아리는 것으로 보아도 된다.
● 利用爲依며 : 대중, 곧 백성의 뜻을 살펴본다는 뜻이다. '爲依'는 대중의 뜻에 따라가는 것이며, 반대는 非依이다.
● 遷國이니라 : ①대신(정승)의 지위에 있으면서 상하의 뜻을 헤아려 그 일치점을 찾

아서 행동한 결과가 나라(首都)를 옮기는 것이다.『주역』384효 중에서 遷國이라는 말이 있는 곳은 이 효 외에는 없다. 육사효는 외괘의 시초이므로 처음이라 할 수 있다. 그러므로 遷國이 가능한 것이다. 그러면 그 곳은 어디인가?[7] ②총설에서 육사효는 損益에는 아무런 변동이 없는 효라고 하였지만, 告公從과 利用爲依며 遷國을 하고 난 뒤의 결과를 생각하면 결국 그 속에 益이 내포되어 있는 것이다. 이것은 곧 임금에게도 益이 되고 백성에게도 益이 되는 눈에 보이지 않는 형이상학적인 益이기 때문이다.

象曰 告公從은 以益志也ㅣ라

象에서 말하기를 "告公從은 유익할 수 있는 뜻으로 행하는 것이다"고 하였다.

各說

● 以益志也ㅣ라 : 온 백성의 뜻에 따르는 것은 유익함이 있기 때문이다. 따라서 백성의 뜻에 따라 행할 시에는 반드시 中行을 해야 益하여지는 것이다.

九五는 有孚惠心이라 勿問하야도 元吉하니 有孚하야 惠我德하리라

九五는 믿음이 있어 마음으로 〈백성을〉 사랑하는지라. 묻지 않아도 원래부터 길하니, 〈백성이〉 믿음을 가지고서 나의 王德을 감사히 여길 것이다.

·惠:은혜 혜, 어질 혜, 불쌍히 여길 혜 ·勿:말 물 ·問:물을 문

總說

구오효는 中正이며, 육이효와 정응 관계에 있다. 이 효가 익괘의 군주 位이므로 德治로서 益을 구한다면 스스로 유익함이 그 속에 있다.

各說

● 有孚惠心이라 : 임금이 진심으로 백성을 사랑한다는 뜻으로 물질로써 백성에게 주는 益이 아니라 마음으로써 백성을 益하는 것을 말한다. 즉, 임금이 백성을 위하는 마음가짐을 뜻한다.

---

7) 風雷益卦 각주 4)를 참고하라. (一岡註)

- 勿問하야도 元吉하니:물을 필요도 없이 원래부터 길하다.
- 有孚하야 惠我德하리라:백성(혹은 육이효) 스스로가 신의를 가져서 임금의 왕덕에 감사하고 임금을 사랑한다는 것이다.

象曰 有孚惠心이라 勿問之矣며 惠我德이 大得志也 | 라

象에서 말하기를 "有孚惠心이라. 물을 것도 없으며, 惠我德은 〈임금이〉 크게 뜻을 얻는 것이다"고 하였다.

各說

- 惠我德이 大得志也 | 라:王位가 뜻을 얻었다는 말이므로 눈에 보이지 아니하는 有益이 있다는 것이다. 즉, 益을 얻는다는 뜻이다.

上九는 莫益之라 或擊之리니 立心勿恒이니 凶하니라

上九는 유익만을 〈구하려〉 하지 말라. 혹 공격을 받을지도 모르니, 마음을 세워 항상하지 못하니 흉하다.

· 莫:없을 막 · 擊:칠 격 · 恒:항상 항

總說

상구효는 부정위로서 육삼효와 상응 관계이다.

各說

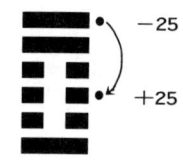

- 莫益之라:①상구효는 음자리에 양이 앉아 있으며, 익괘의 極이며 욕심이 많은 位이다. 현실적으로는 實하고 富하는 자가 오히려 더 욕심이 많은 법이다. 이 세상에는 유익만을 취하려고 하는, 이른바 손익 관계에 있는 것을 생존 경쟁이라고 한다. ②익괘의 상구효는 덜어서 내괘의 삼효에게 유익하게끔 되어 있다. 이것은 대자연 법칙이다. 따라서 위와 같은 처지에 있는 상구효는 더이상 욕심을 부리면 유익을 얻는 것이 아니라 도리어 잃게 된다는 뜻이 이 효사의 내면에 숨어 있다. 그러므로 이 구절을 경계사라고 생각함이 좋다.

예)君子之中庸也ㅣ는 君子而時中이오 小人之中庸也는 小人而無忌憚也ㅣ니라 (『中庸』第2章)
군자의 중용은 군자로서 때에 따라 중용을 알맞게 행하는 것이고, 소인의 중용은 소인으로서 기탄(忌憚)없이 행하는 것이다.

[설명]군자는 천명을 알기 때문에 두려워하고, 소인은 천명을 알지 못하기 때문에 두려워하지 아니한다. 군자는 하늘이 부여한 理性이 나에게 있음을 알기 때문에 경계하고 두려워하며 中의 本體를 存養해서 수시로 사물에 적응해 나아간다. 이렇게 해서 중용의 도가 이루어진다. 그러나 소인은 이성이 자기에게 있음을 모르기 때문에 人欲을 추구하는 일에만 급급해서 기탄이 없다. 경계하고 두려워하는 것과 기탄이 없는 것은 상반된다. 이로써 군자는 때에 따라서 중용을 행할 수 있지만, 소인은 중용에 反한다는 말이 이로써 입증된다 하겠다. 즉, 小人(私心)은 易進而難退로서 益이 되는 곳이면 어디든지 물러날 줄 모르고 나아가며 君子(公心)는 難進而易退로서 益이 되는 곳이라도 세상 사람에게 원성이 있다면 쉽게 물러난다. 여기서 '無忌憚'은 염치도 체면도 돌보지 않고 거리낌없이 행동하는 것을 말한다.

● 或擊之리니:유익만을 추구하게 되면 그에 따라 반드시 나쁜 것이 올지도 모른다는 뜻이다.

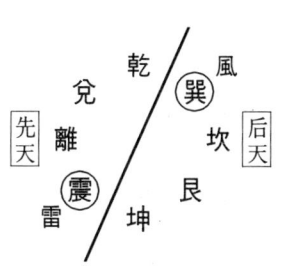

● 立心勿恒이니 凶하니라:立心은 곧 恒心이므로 물욕을 없애는 마음(立心)이 항상하지 못하면 흉한 것이다. 즉, 풍뢰익괘는 선천의 終이고, 후천의 始이므로 日乾夕惕의 정신과 中正之心으로 나아가야 한다.

예) 王日 吾惛하여 不能進於是矣로니 願夫子는 輔吾志하여 明以敎我하소서 我雖不敏이나 請嘗試之하리이다 日 無恒產而有恒心者는 惟士爲能이어니와 若民則無恒產이면 因無恒心이니 苟無恒心이면 放辟邪侈를 無不爲已니 及陷於罪然後에 從而刑之면 是는 罔民也라 焉有仁人在位하여 罔民을 而可爲也리오 (『孟子』「梁惠王」上)

왕이 말하기를 "나는 어리석어서 여기에 나아갈 수 없으니, 원컨대 선생께서는 나의 뜻을 도와서 밝게 가르쳐 주십시오. 내 비록 불민하지만 한번 시험해 보겠습니다"고 하였다. 맹자께서 말씀하시기를 "떳떳한 생업이 없으면서도 恒心을 가지고 있는 자는 오직 선비만이 가능한 것이요, 백성으로 말하면 떳떳이 살 수 있는 생업이 없으면 인하여 恒心이 없어지는 것입니다. 만일 항심이 없어진다면 방자와 편벽과 부정과 사치 등 못하는 일이 없게 될 것이니, 그리하여 죄에 빠진 다음에 이들을 형벌 한다면, 이것은 백성을 법의 그물로 옭아 들이는 것과 다를 바가 없습니다. 어찌 仁人이 〈임금의〉 지위에 있으면서 백성을 법망에 걸 수 있겠습니까?"고 하셨다.

[설명]평민(백성)은 無恒産이면 無恒心이지만, 군자나 성인은 無恒産이더라도 有恒心이라고 하였다.

象曰 莫益之는 偏辭也ㅣ오 或擊之는 自外來也ㅣ라

象에서 말하기를 "莫益之는 편벽하다는 말이요, 或擊之는 〈치는 놈이〉 밖으로부터 올 것이다"고 하였다.

· 偏:치우칠 편 · 辭:말 사 · 自:~로부터 자, 스스로 자

各說

● 莫益之는:공부하는 데의 '莫益之'는 아무리 많이 하여도 或擊之가 없을 것이다. 왜냐하면 눈에 보이지 아니하는 큰 경쟁이지만 남에게 피해를 주는 일이 아니기 때문이다.
● 偏辭也ㅣ오:不中이라는 뜻이다. 즉, 비꼬아서 하는 말이다.
● 或擊之는:莫益之가 되면 칠 놈이 나타날지도 모른다는 것이다.
● 自外來也ㅣ라:未必之辭로서 올 수도 있고 아니 올 수도 있다.

위의 「소상」은 상구효에 대한 경계사로 말하였다. 즉, 益되는 곳에서의 많은 조절은 군자와 소인의 갈림길이라고 할 수 있다. 공자는 이 효에 대하여 「계사전」에서 한 번 더 언급하여 설명하였다.

예)子曰 君子ㅣ 安其身而後에야 動하며 易其心而後에야 語하며 定其交而後에야 求하나니 君子ㅣ 修此三者故로 全也하나니 危以動하면 則民不與也코 懼以語하면 則民不應也코 无交而求하면 則民不與也하나니 莫之與하면 則傷之者ㅣ 至矣나니 易曰 莫益之라 或擊之리니 立心勿恒이니 凶이라하나니라 (「繫辭傳」下 第5章)
공자께서 말씀하시기를 "군자는 그(자기) 몸을 평안하게 한 뒤에야 움직이며, 그 마음을 쉽게 한 뒤에야 말하며, 그 사귐을 확정한 뒤에야 구하는 것이니 군자는 이 세 가지를 닦는 까닭에 온전한 것이니,〈신상에〉위태로움이 있는데 움직이면 곧 백성이 더불어 하지 아니하고, 두려움으로써 말하면 곧 백성이 〈이에〉 호응하지 아니하고, 사귐이 없이 구하면 곧 백성이 참여하지 아니하는 것이니, 함께 하는 이가 없으면 곧 〈나를〉 상하게 하는 자가 이르게 되는 것이니, 易에서 말하기를 '〈益卦 上九에서〉 유익만을 〈구하려〉 하지 말라. 혹 공격을 받을지도 모르니, 마음을 세워 항상하지 못하니 흉하다'"고 하셨다.

[설명]安其身, 易其心, 定其交는 中正을 잡는 것이고, 危以動, 懼以語, 无交而求는 不中正이다.

澤天夬 (四十三)
☱ 兌上
☰ 乾下

大 義

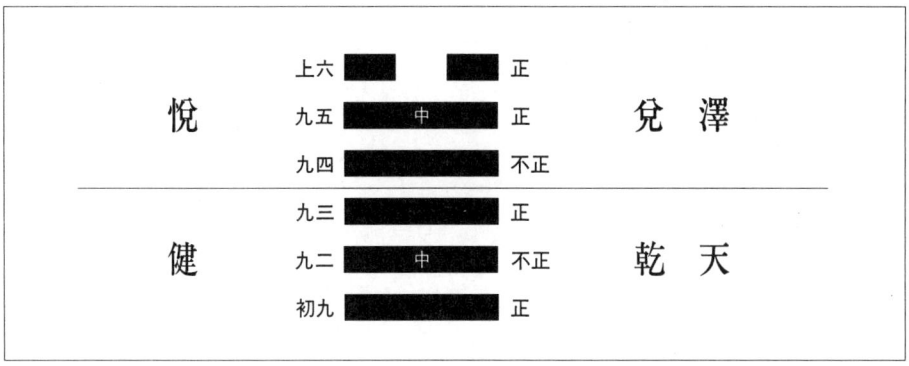

　夬卦는 열두 달 괘명 중의 하나로 3월 괘1)이다. 특히 64괘 중에서 열두 달의 괘명이 내포된 괘는 이중적인 뜻이 있으므로 더욱 중요한 의미가 있다. 夬卦는 3월에 해당하고 처결, 결단, 결재(決裁:판단하여 결단한다)한다는 뜻이다. 이때는 24절후로 청명(淸明), 곡우(穀雨)의 節이므로 群陰이 決去되고 陽氣가 방창(方暢)하여 百花가 만발하고 기분이 명쾌한 때이다.

1) 夬卦는 괘상으로 보아서 양효가 다섯, 음효가 하나이다. 陽은 군자, 陰은 소인으로 표현되므로 쾌괘의 세상은 군자가 많고 소인이 적은 사회라고 할 수 있다. 따라서

---

1) 일반적으로 12월 괘명 중에서 復月이 11월이라는 것은 알고 있으나 나머지 열한 달에 대하여는 잘 알지 못하고 있다 되도록 月名에 괘명을 사용하면 좋다. 12월 괘명은 『亞山의 周易講義』上 35쪽을 참고하라. (一岡註)

5陽 군자가 마지막 남은 1陰 소인을 결단하는 형상이며, 이것은 형이상학적인 결단이다. 그러나 소인(음)을 결단하는 데는 立志를 잘 세워서 행동해야 한다. '夬'는 형이상학적인 뜻이 있고, '決'은 형이하학적인 뜻을 담고 있다.

2) 夬卦는 剛爻가 柔爻를 제거하려는 형상이기도 하며, 선이 악을 배제하려는 상태를 상징한 것이기도 하다. 악의 독재자가 나라 위에 군림하고 있는 모습을 말하고 있으며 독재자를 조정에 고발하여 그 죄를 규탄하려는 것이다. 즉, 정의의 심판을 의미한다.

3) ① 夬卦는 3월의 괘로서 사실상 파종의 때며 곧 결실을 맺어 수확하는 상황이다. 즉, 형이상학적인 결산(立志)이 夬이다.

   예) 夬는 決也ㅣ라 剛決柔也ㅣ니 君子道長이오 小人道憂也ㅣ라 (「雜卦傳」)

   夬는 결단하는 것이다. 剛이 柔를 결단하는 것이니, 군자의 도는 길어 나아가고 소인의 도는 근심스러운 것이다.

   [설명] 공자의 주역관이라 할 수 있는 『易傳』은 夬卦로써 종결되어 있다. 伏羲64卦方位之圖에서2) 살펴볼 때 夬卦는 先天의 終으로서 午時에 해당한다. 즉, 日午中天 때 군자가 소인을 결단하고 선이 악을 결단하여 이때가 되면 악이 부지(不持)할 수 없음을 우리에게 암시하여 주고 있는 것이다. 이것은 后天이 성인, 군자, 현자가 존재하는 사회가 되어야 한다는 것이며, 이렇듯 역학은 소인을 군자화하고 군자가 지켜 나가야 할 도리를 담은 글이며 군자가 되기 위한 학문이다.

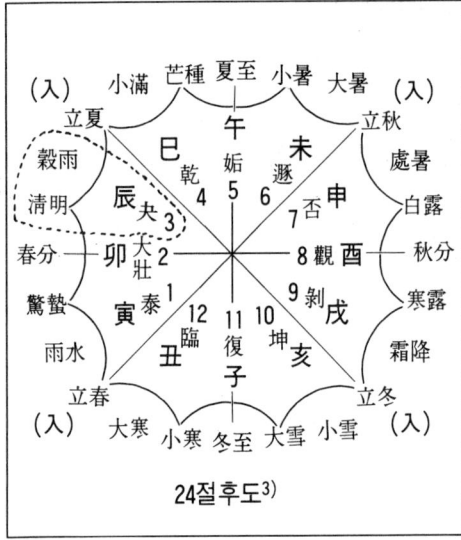

24절후도3)

춘분과 추분은 밤낮의 길이가 같지만 그 밖의 절후는 밤낮의 조절로 밤낮의 길이가 크거나 작다. 이것은 하루의 시간은 똑같지만 消長盈虛 속에서 그 이치가 존재하기 때문이며 이 속에 자연히 태극의 원리가 존재한다. 역학을 공부하는 사람은 24절후가 어떻게 운행되는지를 알아서 자연이 돌아가는 度數를 잘 파악하여야 한다. 참고로 立은 入과 같다. 立(入)은 처음으로 들어오는 것을 뜻한다.

---

2) 『亞山의 周易講義』上 559쪽 그림을 참조하라. (一岡註)

②夬卦의 相沖卦(全變, 配合卦)는 山地剝卦이며, 이 둘은 상대적이며 상호 보완적 관계에 있다. 박괘는 쾌괘와는 반대로 소인이 군자를 결단하는 것이다. 양이 음을 처단하는 데 있어서는 별다른 풀이가 없지만, 음이 양을 처단하는 박괘 같은 경우는 『주역』에서 많은 풀이를 하고 있다. 소인이 난세에 아무리 득세할지라도 군자의 도가 살아날 수 있는 종자 역할을 할 수 있는 것만이라도 남아 있으면 아무런 문제가 없는 것이다. 이것은 대자연의 진리이며4) 박괘의 상구효에 해당되는 말이다. 즉, 碩果不食이라 하여 박괘의 시기에 군자의 처지를 설명한 것이다. 3월(쾌괘)에 파종할 때 9월(박괘)에 결산을 예정하고,5) 군자가 소인을 처단할 때 다음에 군자가 소인에게 처단될 것을 예측하여야 하며 군자가 소인을 처단할 때에는 범의 꼬리를 밟는 것과 같은 조심성으로 일관해야 한다. 澤天夬卦의 착종이 ☱天澤履卦인 것에서도 알 수 있다. "履虎尾라도 不咥人이라 亨하니라;범 꼬리를 밟더라도 사람을 물지 않는다. 형통하다"(履卦, 卦辭)고 하였다. 즉, 맹수처럼 포악한 인간이라도 예의만 알게 되면 겸허하고 유순하게 되어서 남을 상해하지 않으니, 만사가 형통하게 된다는 것이다. 그러므로 역학도는 소인이 득세하는 사회를 예상하고 소인을 군자화할 수 있는 道學을 이 지구상에 보급하는 것을 사명으로 해야 한다. 위와 같이 길흉을 반복하는 것이 우리 인류의 역사이며, 삶이다. 이 삶 속에서 어떻게 하면 선과 평화, 현자의 사회를 건설할 것인가 하는 것이 『주역』의 근본 사상이요, 공자의 사상이다. 따라서 易理야말로 인류 평화의 유일한 길잡이가 될 것이다.

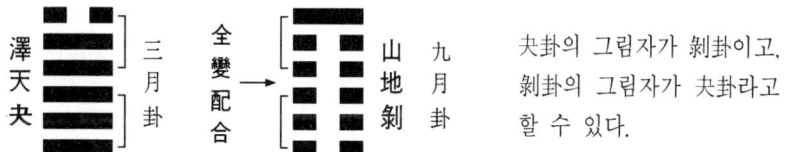

夬卦의 그림자가 剝卦이고, 剝卦의 그림자가 夬卦라고 할 수 있다.

③夬卦의 互卦는 重天乾卦가 된다. 이것은 앞으로 1음을 결단하면 곧 4월 괘인 乾卦가 내포되어 있다는 뜻이다. 결국 우주 대자연은 숙명적으로 ☱夬卦→☰乾卦

---

3) 1候는 5日이고, 3候인 15日은 1節이다.
4) 군자의 처지를 설명하여 우리들에게 이치를 알려주는 것이다. 즉, 억음부양(抑陰扶陽)의 이치와 알악양선(遏惡揚善)의 이치, 쾌괘와 박괘의 원리와 소장영허(消長盈虛)의 이치를 통해서 우리의 나아갈 바를 가르쳐 주는 것이다. 이것은 곧 陽中之陰이 있고 陰中之陽이 있는 것과 같으며, 한마디로 설명한 것이 태극이라고 하겠다.
5) 夬卦의 때는 형이상학적인 決算(정신적인 결산, 立志)이며, 剝卦의 때는 형이하학적인 결산(실제 결산, 結果)이라고 할 수 있다.

→ ䷫姤卦→䷠遯卦……로 순환할 수밖에 없다는 결론이다.

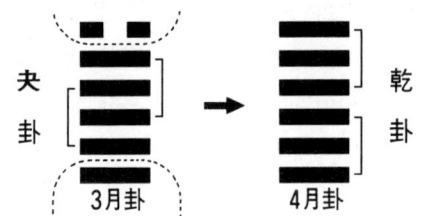

호괘로서 乾卦가 되는 괘는 乾卦, 夬卦, 姤卦, ䷛大過卦이다. 이것을 분석하여 연구해 볼 필요가 있다.

※㉮와 ㉱의 두 極이 夬와 剝의 현상이라 할 수 있고, ㉰의 위치는 否泰의 처지이다. 여기서 단면으로 아무리 보아도 純陰純陽은 없다. 결국 ㉮㉯㉰㉱의 음양 분기점은 윤회하고 있다. 즉, 隱見起沒의 법칙으로 생각할 수 있다. 夬卦의 위치는 ㉮라고 할 수 있으며, ㉱는 剝卦의 위치라고 할 수 있다.

4) 정치적인 면에서 볼 때 惡을 제거하여 善을 부르짖고 나라를 바로잡고자 하는 참된 마음이 국민의 여론을 향하여야 바른 정치를 할 수 있다. 그러나 이러한 때에는 개혁에 대한 반대 세력이 반드시 있기 마련이므로 개혁이 실패할 가능성이 있다. 그러므로 이런 개혁의 반대 세력인 소인은 제거되어야 마땅하다. 소인들을 제거하는 데 있어서는 실패할 위험도 배제할 수 없으므로 조심스럽게 해야 한다. 즉, 개혁 정치를 하는 데에는 이런 위험이 있을 수 있다는 생각을 가지고 조심스럽게 임한다면 개혁의 기운은 크게 발전할 것이다.

5) 소인을 결단하는 데 있어서 너무 강하게 하면 아니 된다. 법도 너무 강하고 엄하면 이행하기가 어렵고 오래가지도 아니한다. 군자가 소인을 다루는 것은 마치 法을 이행하는 것과 같다. 따라서 스스로 中道에 서 있는 사람만이 군자와 소인을 가려낼 수 있으며, 소인을 군자화하도록 회유할 수 있다. 소인을 처단하되 한번에 넘어지도록 처결하지 말고, 오래 붙잡아 두면서 제풀에 꺾여 넘어지도록 해야 한다. 만약 소인 하나가 남아 이것이 종자가 되어 다음에 또 난다면 문제가 심각하다. 곡식 밭의 잡초가 더욱 잘 자라는 것과 마찬가지로 소인이 종자 되기가 오히려 더 쉽기 때문이다.

• 秦苛:秦나라의 혹독한 법을 말한다. 진나라는 법이 너무 강했기 때문에 일찍 망했다. 즉, 법이 강하면 강할수록 탄력성이 있어 소인이 많이 난다는 뜻이다.

6) 사람은 최후에 급하면 本性으로 돌아간다. 즉, 하늘에서 벼락치는 소리가 났을 때

는 사람들 모두가 한마음의 본성으로 돌아가게 된다. 이것이 夬卦이다.

原文풀이

夬는 **揚于王庭**이니 **孚號有厲**ㅣ니라 **告自邑**이오 **不利卽戎**이며 **利有攸往**하니라

　夬는 임금의 뜰에서 드날림이니, 미덥게 부르짖어 위태롭게 한다. 자신에게 고함이요, 군사에 나아가는 것이 이롭지 아니하며, 갈 바가 있어 이롭다.

・揚:드날릴 양 ・庭:뜰 정 ・孚:정성 부 ・號:부르짖을 호 ・厲:위태할 려 ・告:알릴 고 ・邑:고을 읍
・卽:나아갈 즉 ・戎:병기 융, 군사 융, 싸움 융, 오랑캐 융 ・攸:바 유 ・往:갈 왕

總說

　윗글은 쾌쾌의 괘사이다. 5양이 1음을 결단하는 현상이다. 소인이 물러갈 때는 반드시 군자를 해치고 물러간다. 그러므로 소인을 군자화하는 것이 가장 좋다. 그 방법론이 곧 주역의 이치이다.

各說

- **揚于王庭**이니:상육효 소인의 非行이 온 사회에 알려지고 임금의 귀에까지 들어가는 것을 말한다. '王庭'은 임금님이 계시는 뜰 안, 즉 임금님까지도 가까이 알게 되었다는 뜻이다. 상육효는 小人이지만 그 位로 보면 국사(國師)의 지위에 있기 때문에 처결하는 데 많은 조심과 두려움과 걱정이 뒤따른다. 이러한 심리 상태를 '孚號有厲'라고 묘사하였다.
- **孚號有厲**ㅣ니라:信과 誠으로써 호소하여 소인을 처결하지만, 소인이 어떤 여운을 남기고 갈지 예측할 수가 없으므로 소인을 다룸에 있어서 조심성 있게 하여야 한다. 또 5양이 1음에 대하여 군자화하는 형태라고도 말할 수 있다. 결국 5양이 자발적으로 誠으로써 하면 소인은 저절로 물러갈 것이다.
    - 孚號(괘사):誠과 信으로 호소한다.
    - 惕號(구이효사):조심성 있는 두려움으로써 호소한다.
    - 无號(상육효사):갈 때가 되었으니 끝이요 극이다. 즉, 호소할 곳이 없다.
- **告自邑**이오:내 고을에 먼저 고한다. 즉, 내 자신을 둘러본다, 자신을 반성해 본다, 자신의 일을 스스로 한다는 뜻이 함축되어 있다. 혹 소인에게 잘못이나 없는가?

또 자신이 군자로서 행한 바가 잘못이 없는지에 대해서 뒤돌아 보는 것을 말하기도 한다. 여기서 '自邑'은 자기 자신을 뜻한다.
- 不利卽戎이며:소인을 다스리는 방법을 말한다. 소인을 군대나 완력으로 처결하여서는 이롭지 아니하다는 것이다. 무력으로 하게 되면 반발이 있고 도리어 화를 면하기가 어렵다. 괘상으로 보면 3월말이면 물러가게 되어 있는데 소인을 처결하는데 단번에 하지 말고 오래 붙잡아서 감화시켜 군자화하여 어찌 할 수 없이 자연히 물러가도록 하여야 한다. 여기서 '卽'은 進의 뜻이다.
- 利有攸往하니라:孚號有厲, 告自邑, 不利卽戎을 하면 만사가 다되는 것을 뜻한다. 곧 소인이 어찌 할 수 없이 물러가게 되는 것이다.

彖曰 夬는 決也ㅣ니 剛決柔也ㅣ니 健而說하고 決而和하니라 揚于王庭은 柔ㅣ 乘五剛也ㅣ오 孚號有厲는 其危ㅣ 乃光也ㅣ오 告自邑不利卽戎은 所尙이 乃窮也ㅣ오 利有攸往은 剛長이 乃終也ㅣ라

彖에서 말하기를 "夬는 결단하는 것이니, 剛이 柔를 결단하는 것이니, 건장하며 기뻐하고, 결단하되 화합하게 한다. 揚于王庭은 〈上六의〉柔가 다섯 剛을 타고 있기 때문이요, 孚號有厲는 그 위태함이 이에 빛이 난다는 것이요, 告自邑不利卽戎은 숭상하는 바가 이에 궁하기 때문이요, 利有攸往은 剛이 자라서 이에 끝나는 것이다"고 하였다.

· 決:결단할 결 · 剛:굳셀 강 · 柔:부드러울 유 · 健:튼튼할 건 · 和:화할 화 · 乘:탈 승 · 危:위태할 위 · 尙:숭상할 상 · 窮:다할 궁

總說

윗글은 쾌괘의 「단사」이다.

各說

- 健而說하고:卦德으로써 말한 것이다. 즉, 자기의 할 일을 하면서 밖으로는 경계하면서 좋은 듯 아무런 내색없이 대접을 하라는 것이다.
- 決而和하니라:①5陽이 陰(柔, 小人)을 결단할 때에는 和로써 하여 陰이 견딜 수가 없어 스스로 물러가게 하도록 하라는 것이다. 그리고 결단을 中節로써 해야지 잘못하면 도리어 화를 입게 되므로 조심성 있게 잘 다루어야 한다는 뜻이 내포되어 있

다. '和'는 모든 일을 알맞게 처결하는 것을 뜻한다. ②군자는 결단할 때 자기를 중심으로 결단한다. 즉, 군자는 군자답게 결단하고 소인은 소인 중심으로 결단한다.
- 柔ㅣ乘五剛也ㅣ오:소인이 국사의 지위에서 아래를 능멸하면서 上位에 자리하고 있다는 것이다.
- 孚號有厲는~告自邑不利卽戎은:쾌괘의 정치적인 면에 비유하면, 芝蘭은 種不榮이요, 荊棘은 剪不去라, 즉 아직도 소인의 세력이 잔존하여 위험성이 있기 때문에 誠信의 정신으로 백성에게 호소하여 소인의 재기(再起)를 막아야 한다. 이것이 바로 '孚號有厲'이며, 자기의 영내(읍)로부터 경고하여 내부를 튼튼하게 하고 곧바로 정벌만을 하려고 함은 이롭지 않다는 뜻이 '告自邑不利卽戎'이다.
- 乃光也ㅣ오:걱정되는 마음가짐으로 소인을 대하면 그 결과는 좋다.
- 所尙이 乃窮也ㅣ오:군자가 자기의 일을 스스로 함으로써 소인이 의지할 곳이 없어져 마침내 스스로 물러나는 것이 '所尙'이다. 이렇게 되는 것이 순리대로 나아가는, 이른바 대자연의 이치인 것이다.
- 剛長이 乃終也ㅣ라:剛陽이 자라서 이에 乾卦의 純陽이 되는 때가 오게 된다는 것이다. 우주 대자연의 순환 이치에 따라 어느 시기가 되면 ☰夬卦에서 ☰乾卦가 오고, ☰乾卦에서 ☰姤卦의 때가 오게 되는 것이다.

象曰 澤上於天이 夬니 君子ㅣ 以하야 施祿及下하며 居德하야 則(칙)忌하나니라

象에서 말하기를 "못이 하늘 위에 있는 것이 夬니, 군자가 이로써 녹을 널리 베풂이 下民에 미치게 하며,〈군자는〉덕에 居하여〈소인의〉無忌憚함을 法하는 것이다"고 하였다.

·澤:못 택 ·施:베풀 시 ·祿:복 록 ·及:미칠 급 ·則:법 칙 ·忌:꺼릴 기

總說
윗글은 쾌괘의「대상」이다.

各說
- 澤上於天이:못에 물이 가득 차서 아래로 새는 것을 뜻한다. 군자가 이것을 보고 본받아서 아래의 백성에게 은택을 미치게 하는 것이다. 즉, 施祿及下이다.
- 居德하야 則忌하나니라:①군자가 소인을 결단하는 것을 말하며, 군자 자신이 모범을

보여서 소인이 따라오도록 한다는 것이다. '則忌'는 소인의 하는 일이 거리낌없으므로 이것을 법으로 정하여 방비 태세를 갖추는 것을 뜻한다.

예)君子之中庸也ㅣ는 君子而時中이오 小人之中庸也는 小人而無忌憚也ㅣ니라 (『中庸』第2章)
    군자의 중용은 군자로서 때에 따라 중용을 알맞게 행하는 것이고, 소인의 중용은 소인으로서 기탄없이 행하는 것이다.

②주자는「본의」에서 居德則忌를 未詳이라 하였고, 정이천은「傳」에서 "居德은 謂安處其德이오 則은 約也요 忌는 防也니 謂約立防禁이라;'居德'은 그 덕에 편안하게 처하는 것을 말하는 것이오 '則'은 약정(約定)하는 것이오 '忌'는 방지(防止)하는 것이니, 방지하여 금하는 것을 약정하여 세우는 것을 말한다"고 주석하였다.

- 忌中(＝喪中) : 상을 입어 언행 범절을 삼가는 기간이라는 뜻이다. '忌'는 부모가 사망한 것을 뜻하지만 사람이 죽은 것을 뜻하기도 한다. 忌祭(3년 상이 끝난 뒤에 해마다 죽은 날에 지내는 제사), 忌案(제삿날을 적은 종이 쪽지), 忌日(사람이 죽은 날. 제삿날) 등에 쓰인다.

初九는 壯于前趾니 往하야 不勝이면 爲咎ㅣ리라

初九는 앞 발꿈치에 씩씩함이니, 가서 이기지 못하면 허물이 될 것이다.
· 壯 : 씩씩할 장 · 趾 : 발꿈치 지 · 勝 : 이길 승

總說

초구효는 정위이지만 구사효와 상비 관계이다. 초구효는 상육효의 소인과는 거리가 멀기 때문에 관계 또한 멀다. 초효는 국가로 보면 백성이 되고 가족으로 보면 손자 격이 된다.

各說

- 壯于前趾니 : 초구효는 剛이 剛位에 있으므로 그 기세는 너무 왕성하고, 상응이 없기 때문에 조동할 우려가 있다. 이는 조급하게 전진하는 군사의 행동에 비유할 수 있다. 즉, 이기지 못하여 과오를 범하는 상이다. 집에 도둑이 침입하였다고 가정해 볼 때, 아버지와 아들은 가만히 있는데 전후도 모르는 나이 어린 손자가 자기 힘만 믿고 도적과 대결하여 낭패를 보는 경우와 비슷하다고 하겠다.
- 不勝이면 爲咎ㅣ리라 : 상육효를 처단함에 이기지 못하면 자기의 목적 달성이 아니 되니 허물이 된다. 따라서 아직 실력이 부족한 자신 외에도 4양이 있으니 처음부

터 아니하는 것이 좋다는 것이다.

象曰 不勝而往이 咎也ㅣ라
象에서 말하기를 "이기지 못하면서 가는 것이 허물이라는 것이다"고 하였다.

各說
● 不勝而往이 咎也ㅣ라:상육효와의 관계는 함부로 하면 아니 되므로 위치나 그때의 경우를 보아서 時宜를 잘 포착하여 결단하여야 한다.

九二는 惕號ㅣ니 暮夜에 有戎이라도 勿恤이로다
九二는 조심하여 부르짖음이니, 밤낮으로 도둑이 있더라도 근심치 말지로다.
·惕:조심할 척, 두려워할 척 ·暮:저물 모 ·夜:밤 야 ·恤:근심 휼

總說
구이효는 부정위이지만 득중하였으므로 중용지도를 걷는 사람이다.

各說
● 惕號ㅣ니:①日乾夕惕(乾卦, 九三爻)을 부르짖으며 자기의 처신을 바로하여, 소인에게 모범을 보여 소인으로 하여금 반성하게 하고 감화되어 군자가 되도록 한다. 이렇게만 된다면 도둑이 침범할지라도 걱정이 없다는 것이다. ②쾌괘에는 孚號(괘사), 惕號(구이효사), 无號(상육효사)의 三號가 있으며, 다섯 양 전체가 孚號의 뜻을 담고 있다. 그 효가 中道를 하게 되면 惕號가 되고 물러갈 때의 상육효는 无號가 된다.
● 暮夜에:밤낮으로.

象曰 有戎勿恤은 得中道也ㅣㄹ새라
象에서 말하기를 "有戎勿恤은 〈九二가〉 중용지도를 얻어서 행하기 때문이다"고 하였다.

各說

● 得中道也ㄹ새라:구이효는 득중하였고 구오효와는 상비 관계에 있다. 따라서 구이효는 중용지도로써 자기 자신을 잘 살피며 惕號로써 소인(상육효)에게 감화되도록 하면 염려할 필요가 없다는 것이다.

九三은 壯于頄하야 有凶코 獨行遇雨ㅣ니 君子는 夬夬라 若濡有慍이면 无咎ㅣ리라

九三은 광대뼈가 불거져서 흉함이 있고 홀로 행하여 비를 만나니, 군자는 결단할 경우에는 결단하는지라. 만약에 젖어서 성냄이 있으면 허물이 없을 것이다.

· 頄:광대뼈 구 · 獨:홀로 독 · 遇:만날 우 · 若:만일 약 · 濡:젖을 유 · 慍:성낼 온

總說

구삼효는 정위이며 상육효와 정응 관계이다. 다섯 양 중에서 중앙에 있는 효로서 결단하겠다고 강하게 나서는 자이다. 그 강함이 지나쳐서 얼굴에 나타나므로 흉하다 했다.

各說

● 壯于頄하야 有凶코:광대뼈(頄)는 상육효를 뜻하고, 구삼효는 상육효와 정응 관계이므로 그 상호 관계를 말하고 있다. 즉, 구삼효는 소인인 상육효와의 관계에서 사적인 내통이 있게 되면 공과 사를 막론하고 흉함이 오게 된다는 뜻이다.
● 獨行遇雨ㅣ니:구삼효와 상육효가 단독으로 만나 행동하는 것을 말한다. 음양 상교가 되어야 비가 오는 법이므로 비를 맞는다는 것은 서로 통하여 조화가 이뤄진다는 것을 뜻한다. 즉, 군자와 소인이 사적으로 내통하여 나쁜 방향으로 흐르는 것을 뜻한다.
● 君子는 夬夬라:군자는 결단할 경우(장소)가 되면 公私를 가리지 아니하고 과감히 처결한다는 것을 뜻한다. 한마디로 요약하면 君子는 夬夬이며, 小人은 夬不夬이다. 君子夬夬는 正道이어야 하며 天地正義이다. 또한 그 방법론에서 볼 때 決而和하는 것이다. 예를 들어 검찰관이 심문 과정에서 알고 있는 사람이 죄인으로 붙들려 왔을 경우를 가정해 보자. 심문하는 사람은 우선 남의 눈을 가리기 위하여 호통을 치고 위의(威儀)를 보이지만, 나중에는 사적으로 둘이 만나서 상통이 되어 이야기를 나눌 수 있다. 이런 경우 군자와 소인이 처결하는 결과는 각

각 다를 수밖에 없다.
- 若濡有慍이면:구삼효는 상육효와 정응이므로 젖어 들어간 것 같다고(若濡) 하였지만 마음속으로는 그렇게 하지 아니하는 것이다. 즉, 성냄이 있다(有慍)면 곧 夬夬하는 것을 뜻한다. 그 결과로 无咎이며, 5양 전체에게 미치는 것 또한 无咎이다.

象曰 君子는 夬夬라 終无咎也ㅣ니라

象에서 말하기를 "君子는 夬夬라 마침내 허물이 없는 것이다"고 하였다.

各說
- 終无咎也ㅣ니라:만약 私的으로 흐르면 有咎가 된다.

九四는 臀无膚ㅣ며 其行次(자)且(저)ㅣ니 牽羊하면 悔ㅣ 亡하련마는 聞言하야도 不信하리로다

九四는 궁둥이에 살이 없으며 그 행함이 머뭇거리니, 羊을 끌면 뉘우침이 없으련마는 말을 듣더라도 믿지 않을 것이다.

· 臀:궁둥이 둔, 볼기 둔 · 膚:살갗 부 · 次:머뭇거릴 자 · 且:머뭇거릴 저 · 牽:끌 견 · 聞:들을 문

總說
구사효는 부정위이며 초구효와 상비 관계이다.

各說
- 臀无膚ㅣ며:구사효 아래의 3양(초구, 구이, 구삼효)이 강진(强進)하고 있으니 구사효는 머뭇거리게 된다. 이러한 모습을 臀无膚라고도 할 수 있다.
- 其行次且ㅣ니:그 행하는 바를 하지 않고 머뭇거리며 나아가지 않는 것을 말하며, 안절부절못하며 좌불안석인 모양을 나타내기도 한다. '且'는 不進의 뜻이다.
  · 師左次(사좌차):군대가 후퇴하여 병영에서 머무는 것을 말한다.
- 牽羊하면 悔ㅣ 亡하련마는:小人(陰) 곧 상육효를 다루는 방법을 뜻한다. 이 구절은 羊의 성질에서 취상한 것이다. 羊은 음물이며, 앞에서 강하게 이끌면 나아가지 않고 뒤에서 조성해야 나아간다.

● 聞言하야도 不信하리로다 : 소인들에게는 말을 하여도 신용하지 아니하고 들어 먹히지도 아니한다. 그러므로 행동으로써 하되 소인이 아무리 사정을 해도 귀담아 듣지 말라는 것이다.

象曰 其行次且는 位不當也ㅣ오 聞言不信은 聰不明也ㅣ라

象에서 말하기를 "其行次且는 位가 마땅하지 않기 때문이요, 聞言不信은 귀밝음이 밝지 못하기 때문이다"고 하였다.
· 聰:귀밝을 총

各說

● 位不當也ㅣ오 : 四爻는 음위인데 양이 있어 마땅하지 않다는 것이다.
● 聰不明也ㅣ라 : 귀가 어두운 것이 아니라 마음에 있지 아니하기 때문에 사람의 소리가 들리지 않는 것이다. 이것을 不明이라고 하였다. 즉, 귀는 밝지만 나쁜 소리를 할 때는 못들은 척하는 것을 말한다.

예)所謂修身이 在正其心者는 身有所忿懥則不得其正하고 有所恐懼則不得其正하고 有所好樂則不得其正하고 有所憂患則不得其正이니라 心不在焉이면 視而不見하며 聽而不聞하며 食而不知其味니라 (『大學』傳7章)

이른바 몸을 닦는 것이 그 마음을 바르게 함에 있다고 하는 것은, 내 몸(마음)에 분하고 노여워하는 바가 있으면 〈그 마음의〉 바른 것을 얻지 못하고, 내 몸(마음)에 두려워하고 근심하는 것이 있으면 〈그 마음의〉 바른 것을 얻지 못하고, 내 몸(마음)에 좋아하고 즐겨 하는 것이 있으면 〈그 마음의〉 바른 것을 얻지 못하고, 내 몸(마음)에 근심하고 걱정하는 것이 있으면 〈그 마음의〉 바른 것을 얻지 못하게 되는 것이다. 마음이 있지 아니하면 보아도 보이지 아니하며, 들어도 들리지 아니하며, 먹어도 그 맛을 알지 못한다.

[설명] 윗글은 正心修身을 해설한 글이다. 즉, 마음은 신체의 주인으로서 형이상학적인 것이 가장 중요하다는 것이다.

九五는 莧陸夬夬면 中行에 无咎ㅣ리라

九五는 현륙을 결단할 경우에 결단하면 중용지도를 행함에 허물이 없을 것이다.
· 莧:쇠비름 현 · 陸:뭍 륙

總說

구오효는 득중이면서 군위이며 쾌괘의 주효이다. 또 구이효와는 상비 관계이다.

各說

- 莧陸夬夬면:①군위로서 국사 지위에 있는 상육효를 결단한다는 것은 매우 어려운 일이다. 그렇지만 군위는 一言之下에 상육효를 결단할 수 있는 자리이므로 신중하게 처신해야 한다. 따라서 군자이면 公私를 불문하고 과감히 결단하여야 된다. ②'夬夬'는 구삼효와 구오효에만 있다. 소인과 직접적인 관계에 있기 때문이다.

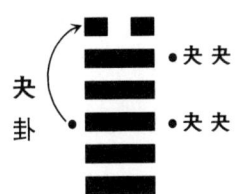

왜냐하면 구오효는 상육효와 이웃하고 있기 때문이요 구삼효는 상육효와 응 관계에 있기 때문이다. ③'莧陸'은 마치현(馬齒莧)이라고도 한다.6) 전형적인 陰物의 속성을 가지고 있으므로 소인에다 비유하였다. 쾌괘가 3월 괘이므로 3월에 나는 풀로 비유하였다.
- 中行에 无咎ㅣ리라:夬夬하는 것을 중용지도로써 행하기 때문에 어느 누가 보아도 허물은 없는 것이다.

象曰 中行无咎ㅣ나 中未光也ㅣ라

象에서 말하기를 "中行无咎이나 중용지도는 빛나지 못하는 것이다"고 하였다.

各說

- 中未光也ㅣ라:구오효의 「소상」은 공자가 고심한 자리이다. 즉, 상육효의 國師(선생)를 몰아낸 것(夬夬)은 중용지도를 행함이었지만 내놓고 자랑할 만한 행위는 아니므로 未光이라 표현하였다. 『주역』全卷에 걸쳐 중용지도를 행하였음에도 불구하고 빛이 나지 아니한다고 한 곳은 이 효 뿐이다.

上六은 无號ㅣ니 終有凶하니라

上六은 호소할 데가 없으니, 마침내 흉함이 있다.

---

6) 3월에 못에서 나는 풀이다. 채송화와 비슷하게 생겼으며 번식이 강하고 부러지기 쉽고, 꺾어서 말려도 잘 마르지 않는 특성이 있다.

總說

상육효는 정위이지만 고립되어 있는 소인격이다. 5양의 군자 모두가 상육효를 조심성 있게 바라보면서 두려워하며 경계하고 있다.

各說

● 无號ㅣ니 終有凶하니라 : '无號'는 상육효가 홀로 고립된 상태에서 부르짖을 곳이 없다는 뜻이다. 이 无號의 결과로 終有凶이 온다는 것이다. 그리고 소인을 처단하는 최선의 방법은 호소할 곳이 없도록 하는 것이다. 만약 소인이 호소할 곳이 있으면 물고 늘어진다. 여기서 '无號'는 時代相을 뜻한다.

象曰 无號之凶은 終不可長也ㅣ니라

象에서 말하기를 "无號之凶은 마침내 장구할 수 없는 것이다"고 하였다.

各說

● 終不可長也ㅣ니라 : 소인이 군자 속에서 견딜 수가 없다는 뜻이다. 시기가 되면 소인은 자동적으로 물러가기 마련이다. 즉, 대자연의 순환하는 이치에 따라 양이 음을 처단하여 오는지라 純陽 乾 4월 괘로 될 직전에 있으니 오래가지 아니한다는 뜻이다. 이렇듯 夬卦의 방식처럼 易學은 군자가 어떻게 하면 다치지 아니하고 소인을 몰아낼 것인가를 말해 주고 있다.

※ 夬卦를 개괄하면 다음과 같다

```
■ ■  无號ㅣ니 終有凶하니라 : 상육효가 결단이 되는 것이다.
■    莧陸夬夬면 中行에 无咎ㅣ리라 : 상육효를 결단하는 데 무자비하게 하지 않는다.
■    臀无膚ㅣ며 其行次且ㅣ니 牽羊하면 悔ㅣ亡하련마는 聞言하야도 不信하리로다 : 행동을 지체하지 말고 민속(敏速)하게 한다.
■    壯于頄하야 有凶코 獨行遇雨ㅣ니 君子는 夬夬라 若濡有慍이면 无咎ㅣ리라 : 상육효에 응하여 결단에 방해되는 점이 있다.
■    惕號ㅣ니 暮夜에 有戎이라도 勿恤이로다 : 모든 행동을 삼가며 경계한다.
■    壯于前趾ㅣ니 往하야 不勝이면 爲咎ㅣ리라 : 실력을 양성하는 것이다.
```

天風姤 (四十四)

☰ 乾上
☴ 巽下

大 義

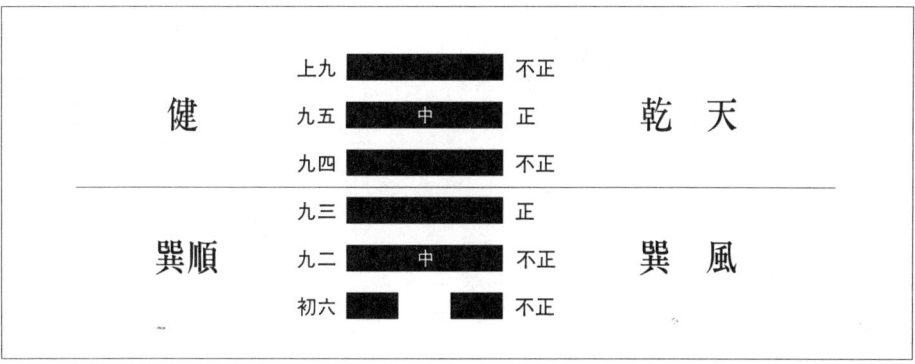

　　☱夬卦를 도전하면 姤卦가 되며, 姤卦의 배합괘는 ☷復卦가 된다.1) 이 姤卦는 夬卦의 반대로서 陰이 처음으로 시생하여 자라나는 형상이며, 一陰이 五陽을 만나는 것에서 取義되었다. 그리고「서괘전」에서는 "夬者는 決也ㅣ니 決必有所遇ㅣ라 故로 受之以姤하고 姤者는 遇也ㅣ니……:夬는 결단하는 것이니 〈바른 것으로써 사악한 것을〉결단함에 반드시 〈뜻을 같이 하는 자를〉만나는 바가 있다. 그러므로 姤로서 받고, 姤라는 것은 만나는 것이니……"라고 하였다.

1) 姤는 마음속에서 예정하여 만나는 것이 아니라 기약하지 못한 만남(不期而遇)이 다. 즉, 우연히 만나는 것을 姤라고 한다.

---

1) 본괘와 그 괘의 도전, 배합괘는 상대적이다. 따라서 姤卦를 알고자 하면 도전괘인 夬卦와 배합괘인 復卦를 분석하여 추리해 보아도 된다.

2) 「잡괘전」에서 "姤는 遇也ㅣ니 柔가 遇剛也ㅣ오;姤는 만나는 것이니 柔(陰)가 剛(陽)을 만나는 것이요"라고 하였다. 즉, 柔한 음이 剛한 양을 맞이하는 것이 바로 姤이다. 이것은 많은 남자들 사이에서 한 사람의 여자가 그들을 상대하고 있는 형태를 상징한다. 이러한 여자는 지나치게 남성적이며 드센 성격을 지녔으므로 女中男子格이다. 따라서 가정 주부로서는 부적합하다.

3) 姤卦는 5월 괘로서 11월 복괘와는 相冲卦가 된다.2) 구괘는 복괘와 상대성을 가지고 있으므로 五冬至라고도 한다. 11월에 눈이 많이 오면 5월에 풍년이 든다는 말이 있으며 북쪽에서는 5월 단오를 연중 가장 큰 명절로 친다고 한다. 중국은 단오를 큰 명절로 꼽고 있다. 또한 5월에는 잡초가 가장 많이 나는 때로서 이 잡초를 뽑아 주어야 곡식이 잘 된다고 한다. 또한 곡식이 잘 되게 하기 위해서는 바람이 불어 내려 만물에 두루 파고들어야 한다. 즉, 陰을 육성시켜 주는 중요한 역할은 대자연의 변동 곧 바람으로써 가능한 것이다.

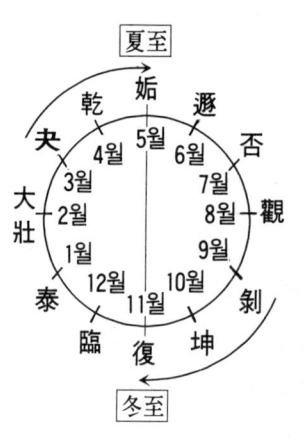

4) 인간은 治亂의 반복 속에서 지나온 역사와 길흉이 상반되는 과정 속에서 살고 있다. 易理 속에는 대자연의 순환 과정을 본받아서 간단없이 돌아가는 우주의 이치가 담겨져 있다. 우리가 지혜롭게 살아가기 위해선 그 이치를 바로 찾아내어야 한다. 姤·復의 이치가 바로 그것이다. 姤卦는 마지막 남은 한 사람의 소인이 물러간 夬卦에서 태평성대의 乾卦 시절을 지나 소인의 종자가 떨어져 착근되어 최초로 소인이 등장하는 괘이며, 亂의 시발점이 되는 때이다. 이와 반대로 復卦는 ☷剝卦의 마

---

2) 姤卦와 復卦를 상호 비교하여 보면 정반대의 현상이 나타난다.

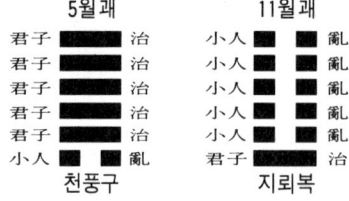

지막 남은 종자가 떨어져서 坤卦의 시절을 지나 군자가 처음으로 착근(着根)되는 때이며 治의 시발점이기도 한 때이다.
5) 괘상으로 보면 하늘 밑에 바람이 부는 것이 姤卦이다.3) ䷗復卦 때의 지상(地上)은 서늘하고 지하(地下)는 陽氣가 있어 따뜻하지만, 姤卦 때의 지상은 따뜻하지만 지하는 서늘하다. 그래서 5월은 잡초가 잘 자라는 때이다. 소인도 마찬가지로 잘 자라나는 시기이다.

原文풀이

姤는 女壯이니 勿用取女ㅣ니라

姤는 여자가 씩씩한 것이니 〈이런〉 여자는 취하지 말라.
· 姤:만날 구 · 壯:씩씩할 장 · 勿:말 물 · 取:취할 취

總說

윗글은 구괘의 괘사이며, 四德이 들어 있지 않다. 하나의 음이 다섯 양과 만나는 상으로 女德의 不貞함을 말했다. 그래서 女壯이라 하였으며 이러한 여자를 아내로 맞이하지 말라는 것이다.

各說

- 女壯이니:괘상에서 진취적 기세에 있는 1음의 형상을 말한 것이고, 1음이 5양을 상대하는 데 있어서 여자는 건장해야 하며 남자와 같이 활동적이어야 한다. 한편으로는 한 여자가 많은 남자를 상대하므로 부정한 여자로 비춰질 수도 있겠지만, 이것을 진취의 기운으로 해석하는 것이 더 옳다고 여겨진다.
- 勿用取女ㅣ니라:①女壯은 得보다는 失이 많으므로 취하지 말라는 뜻이다. 즉, 喪夫할 수 있기 때문에 혼인 상대자로서도 부적합하다. 여기서 取女는 娶(장가갈 취)의 뜻이 있다. ䷃산수몽괘에서도 부정한 여자를 거론하고 있다. 그 예를 들어보자.
  예)六三은 勿用取女ㅣ니 見金夫하고 不有躬하니 无攸利하니라 (山水蒙卦 六三爻辭)
  六三은 〈六三같은〉 여자를 취하지 말지니, 돈 있는 남자를 보고 몸을 두지 못하니

---

3) 하늘에서 바람이 부는 것은 정해진 때가 따로 없다. 이것에 연유하여 姤는 不期而遇라고 말하고 있다.

이로울 바가 없다.
  [설명]육삼효는 부정위이고 상구효와는 상응 관계이다. 즉, 상응 관계인 상구효에게 가지 않고 돈 많은 남자 구이효에게 홀려서 정조를 지킬 줄 모르는 여자 형상을 말하고 있다. 따라서 정상적인 장가(혹은 시집)를 갈 때 상대방의 모습은 虛受人하여야 한다.
  예)象曰 山上有澤이 咸이니 君子ㅣ 以하야 虛로 受人하나니라 (澤山咸卦「大象」)
   象에서 말하기를 "산 위에 못이 있는 것이 咸이니, 군자가 이로써 虛함으로 사람을 받아들인다"고 하였다.
  [설명]山上의 못이 虛요, 그 물이 흘러서 다른 못을 이루는 것은 受人이다. 사람의 마음속에 잡념이나 교만 등 나쁜 것이 들어 있으면 至善을 받아들이지 못한다. 이것을 음양적으로 설명하면, 여자의 마음속 곧 자궁이 虛해야 남자의 精을 받아들일 수 있다. 그러므로 남녀 공히 따로이 애인, 연인 관계가 없어야 한다.
  ②夬卦와 姤卦는 둘 다 1음괘이지만 그 괘상에서는 대조적이다. ③雷氣의 흐름에서 보듯이 물리적 세계에서의 음양의 관계는 同等이지만 사람이 소인과 군자로 나누어 표현되듯이 남녀 관계에서도 扶陽抑陰의 格이 성립된다.

彖曰姤는 遇也ㅣ니 柔遇剛也ㅣ라 勿用取女는 不可與長也ㄹ새라 天地相遇하니 品物이 咸章也ㅣ오 剛遇中正하니 天下에 大行也ㅣ니 姤之時義ㅣ 大矣哉라

  彖에서 말하기를 "姤는 만나는 것이니, 柔가 剛을 만나는 것이라. 勿用取女는 가히 더불어 오래 갈 수 없는 것이다. 하늘과 땅이 〈기운으로써〉 서로 만나니 일만 물건 모두가 빛이 나는 것이요, 剛이 中正을 만나니 천하에 大道를 행하는 것이니, 姤의 때와 의의가 크도다"고 하였다.
  ・遇:만날 우 ・與:더불 여, 함께 여, 줄 여 ・咸:모두 함 ・章:빛날 장 ・義:뜻 의, 옳을 의

總說
  윗글은 구괘의 「단사」이다. 일상생활에 비유하기 위하여 남녀 관계로 말하였다.

各說
● 勿用取女는 不可與長也ㄹ새라:이러한 처지의 여자는 가히 오래 갈 수가 없다.
● 柔遇剛也ㅣ라:柔(陰)가 剛(陽)을 만난다는 것은 초육효의 음이 5양을 만나는 것이므로 구괘는 음이 위주로 되어 있고 음이 主格이 된다. 또 괘사에서 "女壯"이라고 한 것도 음을 위주로 한 말이다.

- 天地相遇하니 品物이 咸章也ㅣ오:①천지는 곡식, 잡초, 군자, 소인 등을 가리지 아니하고 모든 만물을 다 자라게 한다. 이것은 우주 대자연의 원리이기 때문이다. 그러나 소인을 군자가 되도록 만드는 것은 자연이 아니라 사람 자신이다. ②'天地感應'은 咸卦의 虛로 受人하는 것과 같으며, '天地相遇'는 형이상학의 기운으로 상통되는 것을 말하며, '品物咸章'은 인사적으로 지상에 형이하학으로 나타나 있는 것을 뜻한다. 따라서 天地不相遇則 萬物不生하고, 君臣不相遇則 政治不興하고, 聖賢不相遇則 道德不亨하고, 事物不相遇則 功用不成하는 것이다. 즉, 아주 작은 것에서부터 우주 대자연의 진리에 이르기까지 형이상학적인 만남이 있어야만 이룰 수 있다. 이처럼 姤는 그 이치가 지대하다.
- 剛遇中正하니 天下에 大行也ㅣ니:득중의 강효 구이효가 中正의 구오효와 서로 응하여 있는 것을 말한다. 즉, 성인 군자가 中正을 만나게 되니 천하에 大德을 행할 수가 있는 것이다. '大行'은 德化가 공기처럼 퍼지는 것을 말한다.
- 姤之時義ㅣ 大矣哉라:①5월(姤月)이 가장 큰 뜻이 있다는 것이다. ②자연의 相遇와 인사적인 相遇를 막론하고 첫만남의 때와 의의를 분석하여 보면 그 뜻이 참으로 크다는 것이다. 또한 위의 彖辭는 대자연의 흐름(만남)이 중요하다는 것을 강조하고 있다. 우리는 만남에서 살고 있고 만남을 통하여 모든 것이 이루어지고 있다고 할 수 있다. 종자를 심는 데 나쁜 것을 미리 제거하고, 김을 매는 시기를 포착하는 것은 대단히 중요하다. 이것에 대한 의의와 그 시기를 제대로 잡지 못하면 가을에 추수할 것이 없다.

象曰 天下有風이 姤ㅣ니 后ㅣ 以하야 施命誥四方하나니라

象에서 말하기를 "하늘 아래 바람이 있는 것이 姤니, 君后가 이로써 명령을 내려 四方〈의 백성〉을 깨우치는 것이다"고 하였다.

·后:임금 후 ·施:베풀 시 ·命:명할 명 ·誥:깨우칠 고, 가르칠 고 ·方:방위 방, 모 방

總說

윗글은 구괘의 「대상」이다.

各說

- 后ㅣ:정치적인 측면에서 표현한 말이다. 구괘 외에 地天泰卦의 「대상」에서도 '后ㅣ'

라는 말이 나온다. '后'는 현재 뿐만 아니라 미래에 이르기까지 君后의 의미를 담고 있다. 이와 달리 '先王'은 과거의 지나간 임금이라는 뜻이며, '君子'는 과거, 현재, 미래의 총체적인 의미로 사용한다.
- 后ㅣ 以하야:임금이 天下有風의 자연 원리를 본받는다는 것이다.
- 施命誥四方하나니라:임금과 백성이 相遇하는 뜻이 있어야 한다. 즉, 임금이 백성에게 때에 맞게 일을 하라고 명령한다는 것이다. 예를 들면, 5월이면 잡초를 뽑도록 하고, 모심기는 어느 달까지 완전하게 하라는 것 등이다. 이리하여 天下有風과 같은 임금의 德化를 백성이 골고루 받도록 한다는 것이다.
  - 八誥:康誥, 洛誥, 酒誥, 大誥, 仲虺之誥(중훼지고), 湯誥, 召誥, 康王之誥

初六은 繫于金柅면 貞이 吉코 有攸往이면 見凶하리니 羸豕ㅣ 孚蹢躅하니라

初六은 쇠말뚝에 매면 바르게 함이 길하고, 갈 바가 있으면 흉함을 보리니, 여윈(어린) 돼지가 날뛰니 〈이것을〉 정성껏 보아야 한다.
- 繫:맬 계 · 柅:말뚝 니 · 貞:곧을 정 · 羸:여월 리, 어릴 리, 상할 리, 약할 리 · 豕:돼지 시 · 孚:정성 부
- 蹢:뛸 척 · 躅:뛸 촉

總說
초육효는 부정위이고 구사효와 상응 관계이다. 초육효 이때는 亂의 시발점이라는 것과 군자가 소인을 만날 때 취하는 행동과 방법을 말하고 있다.

各說
- 繫于金柅면:쇠말뚝에 매어 둔다는 것은 초육효가 5양 중 1음이지만 盛해서 나아가는 소인이므로 쇠로 만든 제동 장치인 말뚝에다 매어 두고 고정시킨다는 뜻이다. 이것은 곧 소인을 경계하는 방법론을 말하고 있다.
- 貞이 吉코:초육효는 부정위이며 5양에 눌려 있는 형상이므로 분수를 지키며 가만히 있는 것이 안전하고 결과적으로 좋다는 것이다. 따라서 公的으로 행동하면 길하다.
- 有攸往이면 見凶하리니:陰이 쇠말뚝에 매여 있는 것이 아니라 자기 분수를 모르고 움직여서 가게 되면, 혹은 그대로 방임하면 흉한 것을 보게 된다는 것이다.
- 羸豕ㅣ 孚蹢躅하니라:①여윈(어린) 돼지가 쇠말뚝에 매여서 다니지 못하고 팔딱팔딱 날뛰는 형상을 말한 것이다. '孚'는 돼지가 매여서 날뛰는 것을 군자가 정성을

들여 잘 살펴보아야 한다는 뜻이다. '羸豕'는 못 먹어서 여윈 사나운 돼지를 말하는데, 원래 돼지는 매어서 키우는 짐승이 아니므로 매어 두면 날뛰기 마련이다. ②군자가 초육효의 소인을 경계하고 꼼짝 못하게 하는 방법은 '繫于金柅'와 '羸豕孚蹢躅'이다. 그러나 姤卦에서 遯卦가 되는 것은 자연적으로 오는 것이지 인위적으로는 되는 것이 아님을 이면에 담고 있다.

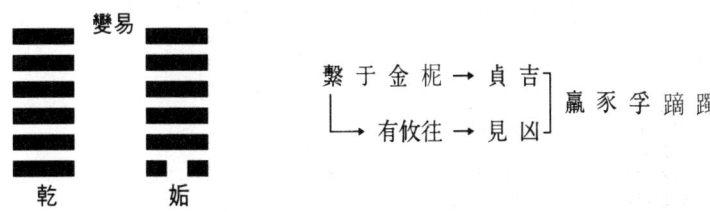

象曰 繫于金柅는 柔道ㅣ 牽也ㄹ새라

象에서 말하기를 "繫于金柅는 柔의 道를 견제하는 것이다"고 하였다.
· 牽:끌 견

各說

● 柔道ㅣ 牽也ㄹ새라:陰道가 끌린다. 즉, 소인을 이끌어 가는 것을 뜻한다. 이것은 곧 초육효(소인)를 어떻게 하면 성장하여 나아가지 못하도록 제지, 견제하는가를 의미한다. 결국 陰의 難進을 뜻한다.

九二는 包有魚ㅣ면 无咎하리니 不利賓하니라

九二는 꾸러미에 고기가 있으면 허물이 없을 것이니, 손에게는 이롭지 아니하다.
· 包:꾸러미 포, 쌀 포 · 賓:손님 빈

總說

구이효는 부정위이며 득중이고 구오효와 상비 관계이다. 구이효가 초육효와 응 관계가 아니면서 초육효를 차지하는 형상이다.

各說

● 包有魚ㅣ면:음양 관계로 보면, 구이효는 득중의 양으로서 초육효 음과 제일 가까

운 위치에 있으므로 관계가 제일 많은 자리이다. 그래서 包有魚라 하였고, 그 결과로써 无咎라고 하였다. 즉, 구이효는 장차 음에게 잡혀 먹힐 자리이므로 도리어 소인인 초육효를 잘 포섭하면 그 결과는 허물이 없다는 것이다. 역학에서 魚는 소인이나 陰物로 비유되며, 여기서 '魚'는 초육효를 일컫는다. 고기는 오래 두면 겉은 군자처럼 멀쩡하나 속은 쉽게 썩기 때문에 소인이나 음물로 비유하는 것이다. 이 구절과 관련하여 山地剝卦 육오효의 예를 들어보자.

예)六五는 貫魚하야 以宮人寵이면 无不利리라 (剝卦 六五爻辭)

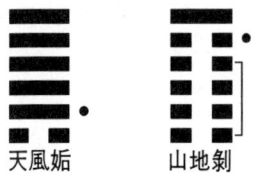
天風姤   山地剝

六五는 고기를 꿰어서 궁인의 사랑으로써 하면, 이롭지 않음이 없을 것이다.
[설명]아래 4개의 음효를 魚라고 하였고, 육오효가 이것들을 잘 이끌어서 상구효의 총애를 받으면 좋다는 것이다.

● 不利賓하니라:초육효의 응인 구사효가 賓이며, 군자와 소인 관계를 말한 것이다. 구이효는 득중한 훌륭한 군자이기에 초육효와 겉으로는 아무 일 없이 사귀고 있지만 마음속으로는 불화합이다. 따라서 초육효와 구사효는 비정응 관계이면서 不期於遇로 만났으니 초육효의 응인 구사효에게나 또는 나머지 4개의 양효에게는 이롭지 아니하다. 다시 말하자면 구이효는 초육효 소인 바로 위에 있으니 초육효를 바로잡고 교화시키며 모범을 보여야 한다는 것이다. 만약에 소인의 힘을 제약하지 못하면 나머지 4양효에게 좋지 않은 영향을 끼치게 된다는 뜻이다.

象曰 包有魚는 義不及賓也1라

象에서 말하기를 "包有魚는 義理가 손에게 미치지 못하는 것이다"고 하였다.

各說

● 義不及賓也1라:구이효는 다른 양효들과는 달리 소인 초육효에 가장 가까운 위치에 있고, 또한 中道의 능력이 있기 때문에 군자의 義理로써 초육효의 소인을 잘 다스려 구사효나 다른 양효들에게 소인의 나쁜 것이 미치지 못하도록 한다는 뜻이다. 그러나 이면에는 5양이 1음을 만나는 것도 있어야 한다는 뜻이 내포되어 있다. 이처럼 易理는 항상 소인과의 관계에서 中庸之道로 행하도록 강요하고 있음이 내면에 감추어져 있다.

九三은 臀无膚ㅣ나 其行은 次(자)且(저)ㅣ니 厲하면 无大咎ㅣ리라

九三은 궁둥이에 살이 없으나 그 행함은 머뭇거리니, 두려워하면 큰 허물은 없을 것이다.

· 臀:궁둥이 둔, 볼기 둔 · 膚:살갗 부 · 次:머뭇거릴 자 · 且:머뭇거릴 저

總說
구삼효는 정위이지만 상구효와는 상비 관계이다.

各說

● 臀无膚ㅣ나:살이 없어 여위었다는 것은 편치 못하다는 뜻이며 곧 닥쳐올 소인의 禍를 생각하니 구삼효가 이러지도 저러지도 못하는 것이다. 즉, 구이효가 음에게 곧 먹히게 되고, 그 다음에는 구삼효 자신 차례이기 때문이다. 달리 음양 관계로 풀이하면, 구이효에게 하나뿐인 음(초육효)을 빼앗겨서 구삼효가 안절부절 못하는 것을 말한다. 정이천은 「傳」에서 이 구절을 주석하기를 "二與初ㅣ 旣相遇하고 三은 說初而密比於二하고 非所安也오 又爲二所忌惡하니 其居不安이 若臀之无膚也라 處旣不安則當去之로대 而居姤之時하니 志求乎遇요 一陰이 在下하니 是所欲也라:구이효와 초육효가 이미 서로 만났고, 구삼효는 초육효를 좋아하지만 〈초육효가〉 구이효와 은밀하게 親比하니 〈마음이〉 편안한 것이 아니다. 또한 구이효가 〈구삼효를〉 시기하고 싫어하는 바가 되니 그 거처가 불안함이 마치 엉덩이에 살이 없는 것과 같은데 거처가 이미 불안하다면 당연히 떠나가야 하지만 구괘의 때에 있으니 뜻이 만나는 데 있고, 한 음이 아래에 있으니 욕심 내는 바이다"고 하였고, 주자는 「本義」에서 주석하기를 "九三은 過剛不中하야 下不遇於初하고 上无應於上하니 居則不安하고……:구삼효는 지나치게 강하고 부중해서, 아래로는 초육효를 만나지 못하고 위로는 상구효와 응함이 없으니, 거처하면 불안하고……"라고 하였다.

● 其行은 次且ㅣ니:행동하는 데에 주저하는 모양을 말하는 것으로 臀无膚의 결과이다. 여기서 '且'는 不進의 뜻이다. 또 ☰구괘를 도전하면 ☱쾌괘가 된다. 따라서 쾌괘의 구사효는 구괘의 육삼효와 위치가 서로 같으며, 내용도 대동소이하다.

예)九四는 臀无膚ㅣ며 其行次且ㅣ니 牽羊하면 悔ㅣ亡하련마는 聞言하야도 不信하리로다
(澤天夬卦 九四爻辭)
九四는 궁둥이에 살이 없으니 그 행함이 머뭇거리니, 양을 끌면 뉘우침이 없으련마는 말을 듣더라도 믿지 않을 것이다.

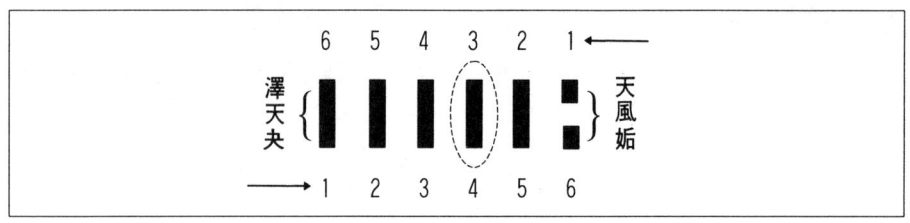

- 厲하면:'厲'는 두려워하다, 조심하다, 위태롭게 여기다는 뜻으로 해석된다. 즉, 선천에서 후천으로 넘어가는 시점이 삼효이기에 厲하는 것인데, 이때는 모든 것에 대하여 형세 판단을 잘하고 사리를 잘 구분하여 행동하여야 한다.
- 无大咎ㅣ리라:작은 허물은 있을 수도 있지만 마음에 대한 제약 또는 근신, 조심하면 큰 허물은 없다는 뜻이다. 또한 구삼효는 정위인 까닭에 无大咎이므로 正道를 이탈하는 일은 없을 것이다.

象曰 其行次且는 行未牽也ㅣ라

象에서 말하기를 "其行次且는 진행함에 견제하지 않기 때문이다"고 하였다.

各說

- 行未牽也ㅣ라:삼효는 위험하다는 것을 알고 〈행동을 바로잡아서〉 행동하는 데에 주저해야 한다. 이 말은 곧 초육효를 구하는 것이 잘못된 행동임을 알고 위로 나아가야 하는데 이끌어 주는 정응이 없음을 뜻한다. 그러므로 위험성은 따르지만 陰物과 서로 만나지 못하는 것은 큰 과실이 없는 것이다. 왜냐하면 正位이기 때문이다.

九四는 包无魚ㅣ니 起凶하리라

九四는 꾸러미에 고기가 없으니 흉이 일어날 것이다.
· 起:일어날 기

總說

구사효는 부정위이지만 초육효와는 상응 관계이다. 구사효는 상응인 초육효를 포섭하지 못하고 구이효에게 빼앗겨 버렸으니 흉함이 일어날 것을 예고하고 있다.

各說

- 包无魚ㅣ니:구이효에게 자기의 應(魚)을 빼앗겼다는 뜻이다. 정치적 측면에서 四爻는 대신의 지위이고 初爻는 백성이다. 즉, 대신은 백성으로부터 신망을 얻어 이 신망으로써 정치를 해야 하는데 구사효는 그러하지 못한 상태를 말하고 있다. 앞으로 흉함이 일어날 것을 예고하고 있다.
- 起凶하리라:包无魚의 결과론이다. ①包无魚가 되면 장차 소인의 極盛과 不正이 일어나 그 흉함이 닥쳐올 조짐이 보인다는 것이다. 즉, ䷫姤→䷠遯→䷋否→䷓觀→䷖剝→䷁坤→䷗復으로 점점 일어 나온다는 뜻이다. ②구사효가 구이효를 대적하여 투쟁한다면 반드시 流血의 演出을 보게 되어 그 결과는 흉하다.

　　　　　无魚之凶 ─────▶ 包无魚起凶

象曰 无魚之凶은 遠民也ㄹ새라

象에서 말하기를 "无魚之凶은 백성을 멀리 했기 때문이다"고 하였다.
· 遠:멀 원

各說

- 遠民也ㄹ새라:구사효는 대신의 지위에 있는 자로서 백성을 잘 살펴야 하는데, 중정의 덕을 잃고 백성의 마음을 얻지 못하였다는 것이다. 즉, 백성이 나에게서 멀어지도록 정치를 했다는 뜻이다. 이것은 곧 爲政者의 마음가짐을 나타낸다.
  - 百姓:직역하면 姓이 百 가지다라는 뜻이다. 또 여러 가지 姓을 가진 사람들의 집합체라는 의미도 있으며, 임금이 지시하는 대로 행하는 것이 백성이라는 피동적인 의미도 있다.

九五는 以杞包瓜ㅣ니 含章이면 有隕自天이리라

九五는 버들잎으로 외를 쌈이니, 빛나는 것을 머금으면 하늘로부터 떨어짐이 있을 것이다.
· 杞:버들 기, 박달나무 기　· 瓜:참외 과, 오이 과　· 含:머금을 함　· 隕:떨어질 운　· 自:~로부터 자

總說

　구오효는 姤卦의 主爻로서 中正이며 구이효와 상비 관계에 있다.

各說

- 九五는:구오효는 군위로서 좋은 사람과 나쁜 사람을 막론하고 선정을 베풀어 모두를 선도하여 태평성세를 이룰 의무를 가지고 있다. 이렇게 하여야만 성군이 될 수 있다. 즉, 높은 지위에 있는 임금이 낮은 자리에 있는 백성을 잘 포용하여 그 미덕을 자랑하지 아니하고 마음속으로 선정을 생각한다면, 하늘은 그 미덕을 가상히 여겨서 복을 내린다는 것이다.
- 以杞包瓜 ㅣ니:버들잎으로 외를 싼다. 이 말은 큰 보자기로 외를 싸기도 어려운데 한낱 나뭇잎으로 싼다는 것은 대단히 어렵다는 뜻이다. 즉, 군위에 있으면서 소인을 포섭하기란 대단히 어렵다는 것을 비유하여 설명한 것이다. 여기서 '杞'는 높은 곳에 있으니 군위(구오효)에 비유하고, '瓜'는 낮은 곳에 있으니 초육효, 즉 백성에다 비유하였다. 그리고 '瓜'는 앞에서 말한 魚처럼 陰物이다. 瓜 역시 시간이 경과하더라도 겉은 아무렇지 않지만 속부터 상하기 시작한다. 이러한 것을 취상한 이유는 실제로 군자가 소인을 다루기란 매우 어렵다는 뜻을 말하기 위함이다.
- 含章이면:①다루기 힘든 소인을 잘 선도한다. 즉, 소인을 잘 다스린다면, 잘 포섭한다면의 뜻이다. ②높은 곳의 큰 잎사귀로 백성을 덮어서 가려 주는 것이 임금이 마땅히 해야 할 역할이다.
- 有隕自天이리라:하늘로부터 떨어짐(天福)이 있다는 것이다. '隕'은 佑의 뜻이 있다.

象曰 九五含章은 中正也ㅣ오 有隕自天은 志不舍命也ㄹ새라

　象에서 말하기를 "九五含章은 〈九五가〉 得中하고 得正이 되었기 때문이요, 有隕自天은 〈나의, 군위의〉 뜻이 天道에 어긋나지 않기 때문이다"고 하였다.

· 舍:어긋날 사, 버릴 사

各說

- 志不舍命也ㄹ새라:順天을 해야 한다. 여기서 '命'은 天理 혹은 天命을 뜻한다. 정이천은 "有隕自天은 志不舍命也ㄹ새라"의 문장을 「傳」에서 주석하기를 "命은 天理也요 舍는 違也라 至誠中正으로 屈己求賢하고 存志ㅣ 合於天理하니 所以有隕自天

을 必得之矣라;命은 하늘의 이치이고 숨는 어긋나는 것이다. 지극한 정성과 中正함으로 자기를 구부려서 어진 이를 구하고, 뜻을 天理에 합치하는 데에 두었으므로, 하늘로부터 떨어짐을 반드시 얻는다"고 하였다.

上九는 姤其角이라 吝하니 无咎ㅣ니라

上九는 그 뿔에 만남이라. 인색하니 허물 할 곳이 없다.
· 角:뿔 각 · 吝:인색할 린, 아낄 린

總說

상구효는 부정위이며 구삼효와 상비 관계이다.

各說

● 姤其角이라:角은 형태상으로 극점이 되므로 마지막의 막다른 골목에 비유된다. 여기서 소인 초육효를 만났다는 것이다. 또 음이 양을 잠식하여 나중에 ☷坤卦가 될 때가 姤其角으로서 음의 극성기를 뜻하기도 한다.
　· 天涯地角:涯角. 궁벽스럽고 먼 땅. 한쪽으로 치우친 땅.
● 吝하니 无咎ㅣ니라:막다른 곳에서 초육효의 음을 만나는 것은 어찌 할 수가 없는 것이므로 허물 할 곳이 없다는 것이다. 정이천은 「傳」에서 이 구절을 주석하기를 "己則如是하니 人之遠之ㅣ 非他人之罪也라 由己致之라 故로 无所歸咎라;자기가 곧 이와 같으니, 사람들이 멀리하는 것은 다른 사람의 잘못이 아니고 자기가 초래한 것이기 때문이니 허물을 돌려줄 곳이 없다"고 하였다. 여기서 '无咎'는 그저 허물이 없는 정도로 해석해야 한다. 결국에는 碩果不食으로 나타나기 때문이다.

象曰 姤其角은 上窮하야 吝也ㅣ라

象에서 말하기를 "姤其角은 위에서 궁하여 인색한 것이다"고 하였다.
· 窮:다할 궁

各說

● 上窮하야 吝也ㅣ라:上位에 있으면서 나아갈 곳이 없으니 인색하다는 것이다. 여기서 '吝(인색)'하다는 것은 이렇게 할까 저렇게 할까 망설이는 형상을 말한다.

예) 景行錄에 曰 恩義를 廣施하라 人生何處不相逢이니 讐怨을 莫結하라 路逢狹處면 難回避니라 (『明心寶鑑』「繼善」)

『경행록』에 말하기를 "은혜와 의리를 널리 베풀라. 인생이 어느 곳에서든지 서로 만나지 않으랴? 원수와 원한을 맺지 말라. 길 좁은 곳에서 만나면 피하기 어려우니라"고 하였다.

※姤卦를 개괄하면 다음과 같다.

■ 姤其角이라 吝하니 无咎ㅣ니라:高人만 만나면 실패한다는 것이다. 〈姤卦를 설명할 경우에는 항상 만남이 전제되어야 한다〉
■ 以杞包瓜ㅣ니 含章이면 有隕自天이리라:下者에 相遇해도 교만이 없는 것이다.
■ 包无魚ㅣ니 起凶하리라:相遇하여 소득이 없는 것이다.
■ 臀无膚ㅣ나 其行이 次且ㅣ니 厲하면 无大咎ㅣ리라:相遇하여 안전하지 못하는 것이다.
■ 包有魚면 无咎하리니 不利賓하니라:相遇하여 소득이 있는 것이다.
■ ■ 繫于金柅면 貞이 吉코 有攸往이면 見凶하리니 羸豕ㅣ 孚蹢躅하니라:相遇해서 결합하는 것이다.

澤地萃 (四十五)

兌上 坤下

大義

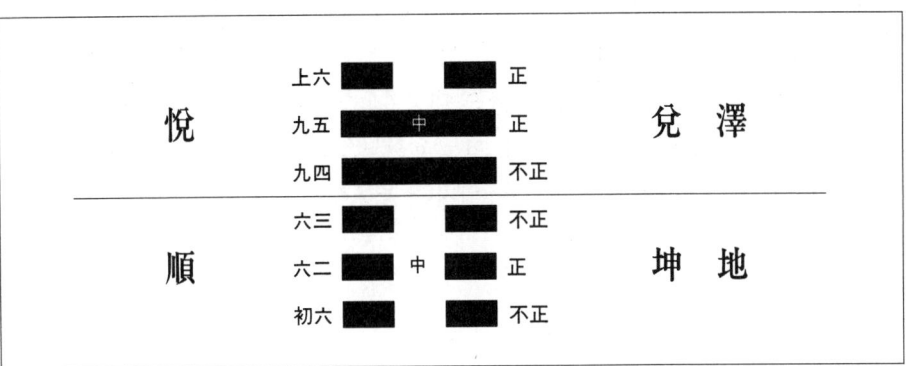

「서괘전」에서 "姤者는 遇也ㅣ니 物相遇而後에 聚ㅣ라 故로 受之以萃하고 萃者는 聚也ㅣ니; 姤라는 것은 만나는 것이니, 만물은 서로 만난 뒤에 모이기 때문에 〈구괘 다음을〉 취괘로써 받고, 萃라는 것은 모이는 것이니"라고 하였다.

1) 萃를 파자하면 艹+卒로서 秋節이 된다. 이때는 추수기로서 백곡을 췌집(萃集)하는 시기이다. 즉, 만물이 결실되어 갈무리하기 위하여 모으는 것이니, 이것이 萃다.

2) 卦象으로 보면 땅 위에 못이 있는 것이 萃卦이다. 여러 방향에서 흘러오는 물이 못에 모이는 형상을 나타낸 것이다. 못물이 갈수기 때, 농사나 식수로 유용하게 쓰여지듯 앞으로 닥쳐올 환란에 대비하여 인재를 많이 모아 둔다는 것이다. 따라서 취괘는 군위의 군주나 위정자가 이 괘상을 본받아서, 善政과 仁政을 베풀어 민심을 한 곳에 집중시켜 동지와 협력자를 얻음으로써 발전과 번영을 이룩할

수 있는 징조를 보이고 있는 것이다. 萃卦는 길조(吉兆)가 있는 좋은 괘이며, 군왕이 사람들을 모아서 큰 소를 잡고 잔치를 하여 백성과 호흡을 맞추어 선정을 베풀어 나가는 형상이다. 옛날의 군주는 萃를 제사 지내는 정성 곧 효성(孝誠)을 드리는 지극한 마음처럼 사용하였다. 즉, 윗자리에 있으면서 겸허함과 관대함을 가지고, 현명하고 유능한 사람들을 존중하고 그들의 의견과 진언을 성의있게 받아들이고 인재를 善用할 줄 아는 군자에게는 천하의 훌륭한 인재가 못에 물이 모여들듯 한다는 것이다.

3) 온 천하 사람들을 모으고, 모이는 데에는 경제(재정)적 요인이 따르기 마련이다. 「繫辭傳」下 제8장에서 "何以聚人코 曰財니……;무엇으로 〈천하의〉 사람들을 모을까? 재물이라"고 하였다.[1] 즉, 사람을 모으는 데는 재물이 있어야 한다는 것이다. 재물이 있는 곳에 사람들이 모여들므로 아무리 청빈한 선비라도 최소한도로 활동할 수 있는 재물은 있어야 하며, 心을 위주로 하는 최소한의 물질은 있어야 한다. 姤卦는 개인적으로 適合하지만 萃卦는 대중적으로 취합함을 말한다. 대중적 취합에는 정신과 물질이 병행해야 하며, 어느 하나만으로는 사람들이 모여들지 아니한다. 정치적인 측면에서도 이와 같은 이치를 응용하여 민심을 취합하고 있다.

原文풀이

萃는 亨王假(격)有廟ㅣ니 利見大人하니 亨하니 利貞하니라 用大牲이 吉하니 利有攸往하니라

萃는 형통하니 왕이 종묘에 이르니, 대인을 봄이 이로우니, 정도로 함이 이롭다. 큰 소를 잡아 씀이 길하니, 갈 바가 있어 이롭다.

·萃:모일 췌(취) ·亨:형통할 형 ·假:이를 격, 지극할 격, 거짓 가 ·廟:사당 묘 ·牲:소 생, 산 고기 생

總說

윗글은 취괘의 괘사이다.

---

[1] '萃'는 정신적으로 모여지는 것, 즉 형이상학적인 마음이 모이는 것을 뜻하고, '聚'는 형이하학적인 모임을 뜻한다.

各說

- 萃는 亨王假有廟ㅣ니 : ①사물은 분산하면 소멸하고 취합하면 생성되므로 형통하다. 취합하는 데에는 정신을 통일하는 것이 가장 중요하다. 왕이 친히 종묘에 나아가 선령에 지성을 다함으로써 자신의 정신부터 취합하고, 나아가서는 천하의 민심을 취합해야 할 것이다. ②敬 공부하는 데 있어서도 至誠을 다하면 觀通이 되듯이 무슨 일이든지 최선을 다하면 성공하게 된다는 뜻도 있다. ③萃卦와 渙卦의 괘사 "王假有廟"는 임금이 백성을 위하여 정성을 다한다는 뜻으로 쓰였고, 家人卦의 구오효사 중 "王假有家"는 임금이 개인적으로 가묘(家廟)에 지성을 다한다는 뜻이다. 이 구절에서 '亨'은 연문(衍文)으로 공자의 단사에서는 빠져 있지만 말이 안 되는 것은 아니다.

- 利見大人하니 : ①괘상으로 보아서 구오효의 중정위가 육이효의 중정을 만나야 그 결과로 형통하게 된다는 것이다. 즉, 정치든 사업이든 무슨 일을 하더라도 훌륭하게 보조 역할을 할 수 있는 자문 기관이 있어야 한다는 것이다. ②王假有廟가 되어 있는 성군이라고 할지라도 훌륭한 신하가 없으면 좋은 정치를 행할 수 없다는 뜻을 利見大人으로 표현하였다. 여기서 王假有廟를 心이라면 利見大人은 物이라 할 수 있다.2)

五爻君位 : 利見大人은 二爻를 뜻한다
二爻臣下 : 利見大人은 五爻를 뜻한다 }상응 관계

- 利貞하니라 : "王假有廟니 利見大人"을 할지라도 正心으로 모든 것을 하여야지 不正으로 하여서는 아니 된다는 것이다.

- 用大牲이 : 백성을 취합하려면 물질이 없어서는 아니 된다. 국가의 대사나 정사를 위하여 많은 사람을 취합하였다면 지출이 크더라도 큰 소를 잡아서 풍성하게 종묘에 제사를 드리고 백성과 잔치를 벌려도 좋다는 것이다. 그리하면 어떠한 정사도 다 잘되어 나간다는 뜻이다. 그러나 백성의 살림이 넉넉지 않을 때에는 "二簋可用享;두 대밥그릇은 가히 제사에 쓰인다"으로써 간략하게 제사를 지낸다. 이것은 곧 때와 형편에 따라서 제수를 장만하여 쓰도록 하라는 것이다. 그리고 생고기

---

2) 利見亭 : 통일 신라의 문무왕은 나라와 백성을 위해, 죽어서도 동해의 용이 되기를 원해 감은사 앞바다에 수중릉을 만들어 자기의 유골을 안치하도록 하였다. 사람들은 上王이 백성을 위하는 깊은 정성의 영혼을 맞으려고 늘 이 곳에서 수중 왕릉을 바라보았다고 하여 利見亭이라 이름하였다.

를 제수로 쓰는 것은 천부지성으로 돌아가는 순수함을 나타낸 것이다.3) 이것을 血食君子라고도 한다.

 예)越翼日戊午에 乃社于新邑이러니 牛一羊一豕一이라 (『書經』「周書·召誥」)
  다음날 무오에는 또 사제를 새 도읍에서 지냈는데, 소 한 마리, 양 한 마리, 돼지 한 마리를 제물로 썼다.
  [설명]무왕이 은을 멸하고 천하를 통일한 다음에 도읍을 낙읍으로 옮겨 문왕의 제사를 지냈다. 지극한 정성으로 時를 포촉(脯燭)하여 제물(祭物)을 풍성히 하여 제를 올렸다. 이것이 곧 '用大牲'이다.

彖曰 萃는 聚也니 順以說(열)하고 剛中而應이라 故로 聚也ㅣ니라 王假有廟는 致孝享也ㅣ오 利見大人亨은 聚以正也글새오 用大牲吉利有攸往은 順天命也ㅣ니 觀其所聚而天地萬物之情을 可見矣리라

 彖에서 말하기를 "萃는 모으는 것이니, 순종함으로써 기뻐하고, 剛(九五)이 득중하여 〈六二와〉 응한다. 그러므로 모이는 것이다. 王假有廟는 효심을 다하여 향사함이요, 利見大人亨은 正道로써 모으는 것이요, 用大牲吉利有攸往은 천명에 순응하는 것이니, 그 모이는 바를 보면 천지 만물의 情을 볼 수 있을 것이다"고 하였다.

 ·聚:모을 취 ·說:기쁠 열 ·應:응할 응 ·致:보낼 치 ·享:제사지낼 향 ·觀:볼 관 ·情:뜻 정, 본성 정

總說
 윗글은 취괘의 「단사」이다.

各說
● 順以說하고:내괘 坤卦는 괘덕이 順이고 외괘 兌卦는 괘덕이 悅이므로 순종함으로써 기뻐한다고 하였다.
● 聚也ㅣ니라:강건중정의 구오효 군위에게로 모두가 모여드는 형상이다.
● 致孝享也ㅣ오:왕이 종묘에 지극한 마음으로 제사를 드리는 것은 곧 부모에게 효성을 다하는 것과 같다. 그러므로 사람들은 왕이 부모에게 드리는 정성을 보고 모여드는 것이다. 즉, 정성의 초점을 부모에 대한 효성으로써 찾는다는 것이다.4) 이

---
3) 향교의 제사는 모두 생것으로 제수한다.
4) "孝爲百行之源:효는 모든 행위의 근본"이라고 하였다. 따라서 부모에게 효심이 없는 사람은 성공이

말은, 비록 왕위에 있을지라도 개인적인 孝로써 그 사람됨을 백성에게 보여서 민심을 취합하여야 함을 말한 것이다. 孝는 결국 자신을 위하는 일이다.
- 聚以正也ㅣ새오:마음속으로 감복이 되어 모여들고 正道로써 취합하는 것이다. 따라서 강제로 모이고 억지로 모이게 되는 것은 이 정신에 어긋난다.
- 順天命也ㅣ니:그때의 형세대로 살아가고 대업을 영위해 가는 것을 뜻하는 것으로 대자연에 대한 순응함과 본성대로 살아가는 것을 말한다. 즉, 사람들이 많이 모였을 때 큰 소를 잡고 잔치하며 대사를 행하는 것은 대자연의 이치에 어긋남이 없다는 것이다.
- 觀其所聚:민심이 취합되는 것을 관찰하면 미래를 판단할 수가 있다는 것이다.
- 天地萬物之情을:①천하의 민심이 취합되는 것을 보고 효심을 다하여 향사함과 正道로써 모으는 것과 천명에 순응하면 천지 만물의 情을 알아 볼 수가 있다는 것이다. ②下經은 인사적인 내용을 담은 까닭에 "天地萬物之情을 可見矣리라"고 한 곳이 많다.5)

예1)觀其所感而天地萬物之情을 可見矣리라 (咸卦「彖辭」)
    그 감응하는 바를 보아 천지 만물의 정을 볼 수 있을 것이다.
    [설명]咸→感, 感通, 느껴서 통하는 정(남녀 관계).
예2)觀其所恒而天地萬物之情을 可見矣리라 (恒卦「彖辭」)
    그 〈日月, 四時, 聖人의〉 항구한 바를 보고 천지 만물의 정을 볼 수 있을 것이다.
    [설명]恒→久, 長久, 오래 하여 지속하는 정.
예3)觀其所萃而天地萬物之情을 可見矣리라 (萃卦「彖辭」)
    그 모이는 바를 보면 천지 만물의 情을 볼 수 있을 것이다
    [설명]萃→聚, 利貞(正), 모여서 하나가 되는 情.

    ※咸과 恒은 일반적으로 다 있는 것이지만 萃는 나라를 다스리는 데에 있어서 민심을 취합하여 仁政을 베푸는 것을 말한다. 그리고 집안을 잘 다스리는 사람은 국정도 잘한다. 곧 咸·恒이 잘되면 萃도 잘된다.

    어려울 뿐만 아니라 부모에게 불효한 사람은 친구도 없고 이 땅에 설자리가 없다. 효는 부모와의 첫 상교가 되므로 모든 덕목 중 가장 중요하다. 아산 선생님께서도 불효한 자와는 절교하였다. 부모에게도 잘못하는데 하물며 친구에 있어서랴. (一岡註)
5) 大壯卦「단사」에서는 萬物 대신에 天地를 넣어 "正大而天地之情을 可見矣리라:바르고 큰 것으로 보아 천지의 情을 볼 수 있을 것이다"고 하였다. (一岡註)

象曰 澤上於地ㅣ 萃니 君子ㅣ 以하야 除戎器하야 戒不虞하나니라

象에서 말하기를 "못이 땅 위에 있는 것이 萃니, 군자가 이로써 병기를 닦고 수리하여 뜻밖의 일에 경계한다"고 하였다.

· 澤:못 택 · 除:다스릴 제, 버릴 제 · 戎:병기 융, 군사 융 · 戒:경계할 계 · 虞:헤아릴 우, 근심할 우

總說

윗글은 취괘의 「대상」이다.

各說

- 澤上於地ㅣ:주위의 물이 모여들어서 못이 되었다는 것이다.
- 除戎器하야:무기를 닦고 보존하는 것이다. 유사시에 사용할 수 있게끔 만반의 준비를 해 두는 것을 말한다. '除'는 일반적으로 없앤다는 뜻으로 쓰이나 여기서는 보존의 의미로 쓰였다.
  - 소제(掃除):먼지나 더러운 것 따위를 떨고 쓸고 닦는다.
- 戒不虞하나니라:편치 못할 때를 생각하여 미리 근심 경계하는 것이다. 민심이 취합되었을 때(한마음으로 돌아갔을 때)는 별 문제가 없지만, 민심이 흐트러진다면 난(亂)이나 예기치 못한 일이 발생할 수 있으므로 그때의 곤란을 생각하여 무기를 잘 보존하여 불시의 일에 항상 미리 경계하고 근심하는 것이다. 여기서 '不虞'는 평안하지 못한 것, 뜻밖의 일, 병란이나 좋지 못한 일을 가리키고 있다.

初六은 有孚ㅣ나 不終이면 乃亂乃萃하릴새 若號하면 一握爲笑하리니 勿恤코 往하면 无咎ㅣ리라

초육은 정성이 있으나 끝끝내 〈마음이 가지〉 아니하면 이에 어지럽고 이에 〈마음이〉 모이니, 만약 울부짖음이 있으면 일제히 〈여러 사람에게서〉 비웃음을 받을 것이니, 〈그래도〉 근심치 말고 그대로 가면 허물이 없을 것이다.

· 孚:정성 부 · 終:끝날 종 · 乃:이에 내 · 亂:어지러울 란 · 若:만일 약 · 號:부르짖을 호
· 握:쥘 악, 잡을 악 · 笑:웃을 소

總說

초육효는 부정위이며 구사효와 상응 관계가 된다.

各說

- 有孚ㅣ나 不終이면:초육효는 부정한 사람(부정위)으로서 응을 만나는 데는 애로가 많다. 상응인 구사효 아래 가까이에 있는 육이효, 육삼효와 어울리고 있을 뿐만 아니라 또 훌륭한 구오효에게도 마음을 두고 있다. 즉, 초육효가 信과 誠으로써 상응인 구사효를 향하여 끝까지 가지 않고 이탈이 되는 것을 뜻한다. 한마디로 말해 초육효가 구사효를 버리고 구오효와 관계함을 말한다.
- 乃亂乃萃하릴새:초육효의 뜻이 온당하지 못한 상태를 표현하였다. 즉, 초육효의 마음이 구오효에게 가는 것 같기도 하고, 상응인 구사효에게 취합되는 것 같기도 하다는 것이다.
- 若號하면:초육효의 행동하기가 어려운 상태를 말한다.
- 一握爲笑하리니:초육효의 울부짖음은 육이효와 육삼효의 웃음거리가 된다는 것이다. 또는 한번 손을 움켜쥐고 웃는다는 뜻도 된다.
- 勿恤코 往하면 无咎ㅣ리라:초육효가 아무런 염려를 하지 말고 초지일관하여 그대로 상응인 구사효를 향하여 나아가면 끝내는 허물이 없게 된다는 것이다. 「계사전」상에서 "……无咎者는 善補過也ㅣ니;……无咎라는 것은 착한 것으로써 허물을 대치하는 것이다"(第3章)고 하였다. 그리고 취괘는 64괘 중 독특한 괘로서 여섯 효사 모두에 无咎가 있다.

象曰 乃亂乃萃는 其志亂也ㄹ새라

象에서 말하기를 "乃亂乃萃는 그 뜻이 어지럽기 때문이다"고 하였다.

各說

- 其志亂也ㄹ새라:이렇게 해야 하나 혹은 저렇게 해야 하나로 그 뜻이 알쏭달쏭 하다는 말이다.

六二는 引하면 吉하야 无咎하리니 孚乃利用禴이리라

六二는 〈九五 군위가〉 당기면 길하여 허물이 없을 것이니, 정성을 드리되 夏祭를 올리듯이 하는 것이 이로울 것이다

·引:이끌 인, 당길 인 ·禴:여름 제사지낼 약

總說
육이효는 유순중정한 효로서 구오효와 정응 관계에 있다.

各說
- 引하면:육이효와 군위인 구오효와의 관계를 말한다.
- 孚乃利用禴이리라:①'禴'은 여름에 지내는 제사로서 음식이 귀하고, 잘 상하는 때에 지내는 제사다. 그러므로 제수는 간략히 하고 정성은 많이 드려야 한다는 것이다. 用大牲이라고 하지만 육이효는 二爻로서 중정이기 때문에 물질은 적지만 정성만 지극하면 된다는 뜻도 있다. ②『周禮』(주나라의 禮文, 周公 所作)에 의하면 春享은 사(祀), 夏祭는 약(禴), 秋享은 상(嘗), 冬祭는 증(蒸 또는 烝)이라고 한다. 夏祭를 제외한 나머지 제사는 제수를 풍성히 올린다.

象曰 引吉无咎는 中하야 未變也일새라

象에서 말하기를 "引吉无咎는 중정의 덕이 변하지 않았기 때문이다"고 하였다.

- 未:아닐 미 · 變:변할 변

各說
- 中하야 未變也일새라:육이효는 중정이 되었으니 누가 뭐라고 해도 그대로 그 자리를 지키고 있으면 길하다는 것이다. 또한 구사효(양)에게 눈을 돌려서는 아니 되고 정응인 구오효와 합치되어야 한다는 것이다.

六三은 萃如嗟如ㅣ라 无攸利하니 往하면 无咎ㅣ어니와 小吝하니라

六三은 〈음이니〉 취합되는 듯도 하고 탄식하는 듯도 하다. 〈응이 없어서〉 이로울 바가 없으니, 〈본성 그대로〉 나아가면 허물이 없으련만 〈양을 생각하게 되면〉 조금 인색하다.

- 嗟:탄식할 차, 슬퍼할 차

總說
육삼효는 부정위이며 정응 관계도 없다.

澤地萃 205

各說

- 萃如嗟如ㅣ라:육삼효 바로 위의 구사효와 함께 하고자 하는 마음을 뜻하기도 하고, 또 상육효와는 상비 관계이므로 만나지 못하여 탄식하는 것이다. 즉, 육삼효의 不正不中한 심정을 말하고 있다.
- 往하면 无咎ㅣ어니와:음의 본성 그대로 지켜 나아가면 허물은 없다는 것이다. 즉, 상응이 없으니 없는 그대로 나아가면 无咎라는 뜻이다.
- 小吝하니라:육삼효가 따분해져서 음의 본성을 지키지 못하고 마음의 변화가 와서 양을 생각하게 되면 조금은 마음의 거리낌이 있게 된다는 것이다.

象曰 往无咎는 上이 巽也ㄹ새라

象에서 말하기를 "往无咎는 위(上)가 손순하기 때문이다"고 하였다.
· 巽:손순할 손, 공손할 손

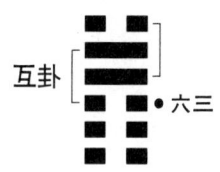

各說

- 上이 巽也ㄹ새라:上은 구사효를 가리킨다. 외괘인 兌卦를 도전하면 손괘가 되고, 호괘로도 손괘가 된다. 그러나 상육효의 위치에서 도전하여 巽이 되니 손순하다고 한 말이 正說이다.

九四는 大吉이라아 无咎ㅣ리라

九四는 크게 길하여야 허물이 없을 것이다.

總說

구사효는 부정위이며 초육효와 상응 관계이다.

各說

- 大吉이라아 无咎ㅣ리라:①구사효는 부정위로서 정승의 지위에 있다. 따라서 아래의 3음(초육, 육이, 육삼효)을 취합하여 일을 잘 해야만 군위에 있는 구오효에게서 혐의를 받지 않는다. 곧 사기의 위치에서 책임을 다하는 것만이 大吉이다. 그 결

과로 허물이 없다고 하였으며, 잘해야 본전이라는 뜻이다. 예를 들어, 周公이 섭정을 先公後私로써 신명을 다하지만 진작 자기 자신에게는 无咎밖에 되지 아니한 것에 비유할 수 있다. ②구사효가 4음(초육, 육이, 육삼, 상육효)을 취합하여 구오효에게 바치듯이, 정승은 천하의 민심을 모아 임금에게 바쳐야 허물이 없다.

象曰 大吉无咎는 位不當也ㄹ새라

象에서 말하기를 "大吉无咎는 位가 마땅치 않기 때문이다"고 하였다.
· 位:자리 위 · 當:당할 당

各說

● 位不當也ㄹ새라:구사효는 음자리에 양이 있기 때문에 부정위이다. 정치적으로는 군위의 아래인 정승의 지위에 있는 처지이다.

九五는 萃有位코 无咎하나 匪孚ㅣ어든 元永貞이면 悔ㅣ 亡하리라

九五는 〈천하의 사람들이〉 모여드는 데는 位가 있고 허물이 없으나, 정성이 아니거든 元하고 永하고 貞하면 뉘우침이 없을 것이다.
· 匪:아닐 비 · 元:근본 원 · 永:길 영 · 悔:뉘우칠 회

總說

구오효는 취괘의 주효로서 정위이고 육이효와 정응 관계이다.

各說

● 萃有位코:누가 임금이 되든 천하의 사람들은 그 王位만 보고 모여들게 마련이다.
● 匪孚ㅣ어든:임금의 位를 보고 천하의 사람들이 모여들지 아니하면.
● 元永貞이면:구오효 임금은 많은 사람을 통치하는 사람이므로 元永貞(三德)을 하여야 한다. '元'은 지극히 착한 것(善之長)으로 원래부터라는 뜻이고, '永'은 영구히 변함이 없는 것으로 常이다. '貞'은 正道로써 행하는 것으로 正而固이다.
  예1)比는 吉하니 原筮호대 元永貞이면 无咎ㅣ리라 不寧이어아 方來니 後ㅣ면 夫ㅣ라도 凶이리라 (比卦 卦辭)
    比는 길하니 근원을 살피되, 元하고 永하고 貞하면 허물이 없을 것이다. 편치 아니하

여야(일이 있고 난 뒤에야) 비로소 오는 것이니, 뒤에 하면 대장부라도 흉할 것이다.

[설명]元永貞은 백성을 다스림에 대하여 비괘 구오효에게 주는 경계사이다.

예2) 文王惟克厥宅心으로 乃克立玆常事司牧人하사 以克俊有德하시니 文王罔攸兼于庶言 庶獄庶愼하시고 惟有司之牧夫를 是訓用違하나이다 庶獄庶愼을 文王罔敢知于玆하시 니이다 (『書經』「周書·立政」)

문왕께서는 그가 임명한 사람들의 마음을 가지고, 일정한 일을 해주고 고을을 다스려 줄 사람을 세워, 뛰어나고 덕 있는 이를 쓸 수 있었으니, 문왕께서는 여러 명령과 여러 송사와 여러 삼가게 하는 일을 겸하여 처리하지 아니하고, 일을 맡아 고을을 다스리는 이들을 따르고 어기지 않도록 하였던 것입니다. 여러 송사와 여러 삼가게 하는 일을 문왕은 감히 알려고 하지도 않았습니다.

[설명]윗글은 주공이 성왕에게 全權을 넘겨주면서 임금의 할 일에 대하여 아뢴 것을 사관이 기록한 내용 중 일부이다. 즉, 정치는 牧夫와 같이 하는 것인데 임금이 그 牧夫 역할을 하는 것으로 임금은 제후들에게 명령을 하고 백성과는 직접 대화하지 않는다는 것이다.

● 悔ㅣ 亡하리라 : 여기서의 '亡'은 無의 뜻이다.

象曰 萃有位는 志未光也ㄹ새라

象에서 말하기를 "萃有位는 뜻이 빛나지 않는 것이다"고 하였다.

各說

● 志未光也ㄹ새라 : 백성은 位만 보고 복종하므로 그 뜻이 밝지 못하다. 즉, 군위에 있는 자는 지극한 정성과 믿음과 덕(元永貞)으로써 민심을 취합하여야 하는데 단지 권력을 휘둘러서 취합하면 그 뜻이 빛나지 못하고 취합도 되지 아니한다는 것이다.6)

上六은 齎咨涕洟니 无咎ㅣ니라

上六은 슬픔을 싸고 눈물과 콧물을 흘리는 것이니, 허물 할 데가 없다.

· 齎 : 쌀 재, 탄식할 재 · 咨 : 슬플 자 · 涕 : 눈물 체 · 洟 : 콧물 이

---

6) 선거 때 후보들이 단순히 돈과 권력으로써 내공을 유세상으로 보으거나 득표에 이용하는 것은 元永貞의 정신에 어긋난다. (一岡註)

總說

상육효는 정위이지만 육삼효와 상비 관계이다.

各說

- 齎咨涕洟니:①취합되지 않는 형상을 나타낸 것이며 陰柔居極으로서 함께 모여 즐겨 줄 사람이 없어서 그 자리가 평안치 못한 상이다. 즉, 모인 군중 속에서의 상육효의 고독한 모습을 묘사하였다. '齎咨'는 슬퍼서 탄식하는 모양을 말한다. ②눈물과 콧물이 나온다는 것은 여자나 남자가 있더라도 음양 화합이 되지 않음을 의미하며, 효의 位로 보아서도 이미 60살 넘어 70살이 된 노쇠한 사람이다.
- 无咎ㅣ니라:64괘 중에서 취괘만은 여섯 효사 모두에 无咎가 들어 있다. 그러나 모두가 그 位에 따라 조금씩 뜻이 다르다. 无咎는 吉과 凶으로 나아갈 수 있으므로, 노력하여 吉을 향해서 나아가야 한다.

象曰 齎咨涕洟는 未安上也ㅣ라

象에서 말하기를 "齎咨涕洟는 位가 너무 높아서 평안하지 못하기 때문이다"고 하였다.

各說

- 未安上也ㅣ라:덕은 부족하면서 지위는 높으며, 아는 것은 적은데 큰 일을 계획하는 것이라 할 수 있다. 즉, 힘은 적은데 임무는 막중한 것을 말한다(德薄而位尊 知小而謀大, 力小而任重).

※ 萃卦를 개괄하면 다음과 같다

```
■ ■  齎咨涕洟 : 모인 군중에서 고독한 자이다.
■    元  永  貞 : 군중을 통치하는 자이므로 元永貞을 하여야 한다.
■    大吉无咎 : 전체적으로 조화를 이루어야 함을 말하고 있다.
■ ■  萃如嗟如 : 개인적으로 노력하고 있음을 말하고 있다.
■ ■  孚乃利用禴 : 정신적으로 통일하는 것을 말한다.
■ ■  乃亂乃萃 : 무질서한 취합을 말한다.
```

地風升 (四十六)

坤巽
上下

大義

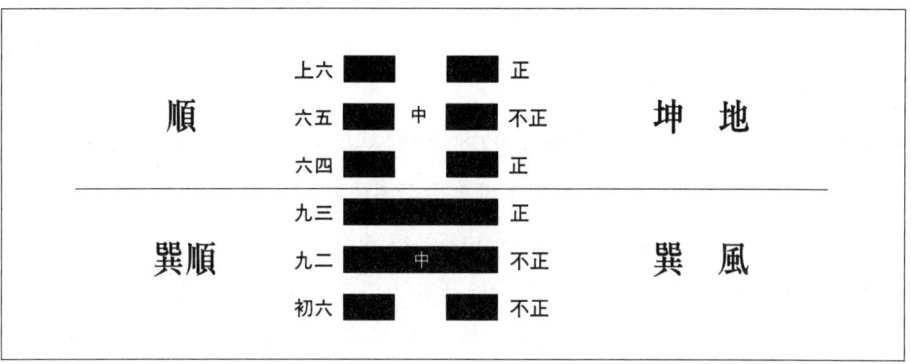

　升卦는 ䷬萃卦의 도전된 상이며, 순종하는 태도로 順理에 따라 상승하는 괘다. 升은 한 단계씩 위로 올라간다는 뜻이 있으며, 나아가다(進), 번성하다(盛), 이루다(成), 오르다(登)의 뜻도 있다.

1) 升卦는 괘상으로 보면 坤土가 위에 있고 巽木이 아래에 있다. 즉, 땅 속에 있는 모든 새싹이 싹이 터서 올라오는 형상으로 크게 발전하는 것을 상징한다. 새싹이 때를 맞춰서 성장하는 상태이므로 행운의 괘라고 할 수 있다.

2) 升卦는 태양이 솟아오른다는 뜻 외에도 진급의 뜻이 있다. 하루에다 비유하면 日照의 中天 시기로 전성기이다. 또 『주역』은 문왕 시대를 기점으로 하므로 문왕후천팔괘로써 보면 地風升은 離—日—中天의 전성기이며, 인생으로 보면 30~40세 시이리고 할 수 있다. 아래의 그림에서 보듯 巽에서 坤으로 가는 데는 離가 있어

야 한다. 이 전성기가 中天離를 뜻한다.

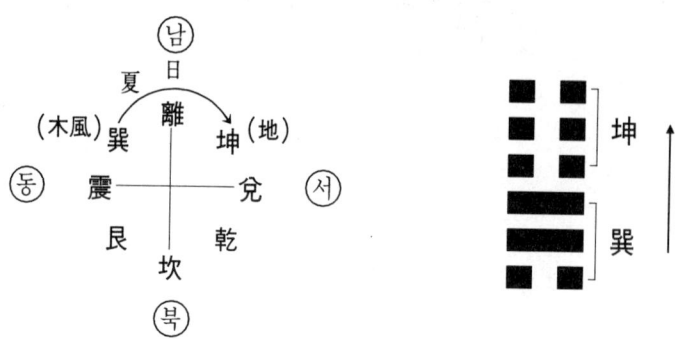

3) 사람이 도학적으로 공부하여 앞으로 나아가게 되면 나쁠 것이 없다. 중도에서 포기해도 나쁠 것이 없다. 따라서 승괘는 주로 도학적으로 공부하는 것으로 생각할 수가 있으며 문왕 자신을 비유한 괘이다. 그러므로 승괘는 나쁜 효가 없고 발전적이고 진취적인 괘다.

4) 문왕은 升卦가 가지고 있는 順(天道)과 巽順(人道)으로써 당시 천하의 ⅔이상을 통치하면서 ⅓만을 통치하는 紂王에게 순종하였다. 순종하는 덕이 곧 성인의 뜻이므로 이러한 문왕의 덕을 純(剛健中正純粹)으로 일컫는다.

5) 升卦는 군자가 진퇴를 잘 조절해야 함을 말하고 있다. 군자는 오직 전진만을 추구해서는 아니 되며 반대로 후퇴도 잘해야 한다. 乾卦 마지막에 진퇴에 관한 말을 해 놓았다.

예) 亢之爲言也는 知進而不知退하며 知存而不知亡하며 知得而不知喪이니 其唯聖人乎아 知進退存亡而不失其正者ㅣ 其唯聖人乎ㄴ져 (乾卦「文言傳」)

亢이라고 말하는 것은 나아가는 것만 알고 물러설 줄을 모르며, 두는 것은 알고 망하는 것을 모르며, 얻는 것은 알고 잃는 것을 모르는 것이니, 그 어찌 성인이라고 할 수 있으랴. 進退存亡을 알아서 그 바름을 잃지 아니하는 자〈그 사람이야말로〉 오직 성인이라 할 수 있을 것인져!

原文풀이

升은 元亨하니 用見(견)大人호대 勿恤코 南征하면 吉하리라

升은 원래부터 형통하니, 써 대인을 보되 근심을 하지 말고 남쪽을 정벌하면 길할 것이다.
·升:오를 승 ·勿:말 물 ·恤:근심할 휼 ·征:칠 정

總說

윗글은 승괘의 괘사이다.

各說

● 升은 元亨하니:升은 인생 전체를 순리대로 전진하는 것이다. 도학의 측면에서 升은 단계를 밟아서 전진하는 것이다. 이는 공부를 하여서 점진적으로 도통하는 것이므로 어느 누구라도 노력하면 도통이 가능하다. 여기서 '元亨'은 원래부터 형통하다는 뜻이며, 利貞이라는 말이 없다. 이것은 大有卦辭 "大有는 元亨하니라:대유는 크게(원래부터) 형통하다"와 그 쓰임과 의미가 같다.

● 用見大人호대:대인을 목표로 하여 나아가려면 立志나 목표를 세워야 함을 말한다. 문왕은 요순을 목표로 하였고 공자는 주공을 목표로 하여 뜻을 세웠다. 물론 공부하는 데도 立志를 세워야 한다.

  예)子ㅣ 曰 甚矣라 吾衰也여 久矣라 吾不復夢見周公이로다 (『論語』「述而」)
  공자께서 말씀하시기를 "심하도다! 나의 쇠약함이여. 오래 되었도다! 내가 다시 주공을 꿈에서 뵙지 못한 것이"라고 하셨다.
  [설명]공자가 주공을 공경함의 정도는 공자의 "夢見周公"이라는 말에서 알 수 있다. 더욱이 돌아가실 즈음에는 영(靈)이 점점 흐려져 "이제 내가 주공을 뵈온 지가 오래 되었다"고 안타까워했다.

  ・利見大人:未來之事를 말한다. 즉, 장래에 훌륭한 사람을 만나야 자기의 입지를 다할 수가 있다는 것이다.
  ・用見大人:現在之事를 말한다. 현재에 훌륭한 사람을 만나서 자기의 입지를 다한다는 것이다.

● 勿恤코:걱정을 하지 말라는 것이다. 노력하면 자기가 원하는 것을 이룰 수 있다는 것으로 발전의 뜻을 가지고 있다.

● 南征하면:①殷, 周 교체기에 남쪽에는 紂王이 있었다. 주나라가 紂王을 정벌하기 위하여 남쪽으로 전진한다는 것이다. ䷣地火明夷卦 구삼효의 "南狩"가 곧 南征이다. 문왕은 주왕을 정벌하지 않음으로서 천명을 역행하지 않았으며, 결국 은나라는 문왕의 아들

무왕대에 이르러 주나라의 공격에 의해 멸망하였다. ②시간적으로, 봄과 여름의 전성기(南征)에 잘 키우고 가꾸기만 하면 만사가 다 좋아진다는 것이다.

彖曰 柔ㅣ 以時升하야 巽而順하고 剛中而應이라 是以大亨하니라 用見大人勿恤은 有慶也ㅣ오 南征吉은 志行也ㅣ라

彖에서 말하기를 "柔(六五)가 때로 커 올라가서, 손순해서 순하고 剛(九二)이 득중하여〈六五와〉응함이라. 이로써 크게 형통하다. 用見大人勿恤은 경사가 있음이요, 南征吉은 뜻이 행하는 것이다"고 하였다.

總說

윗글은 승괘의 「단사」이다.

各說

- 柔ㅣ 以時升하야:문왕의 성인됨을 표현하였으며 그 당시의 시대상을 나타낸 것이다. 당시의 사회 상황으로 볼 때 문왕이 주왕을 정벌할 수도 있었지만 天時가 아직 적합하지 못하여 柔로써 처신해야 함을 알았다. 즉, 문왕이 時升의 時를 알았다는 것이다. 시대적인 변화를 잘 알아서 행동한 자가 문왕이라는 것이다.[1] '柔'는 육오효를 뜻하고, 또 문왕을 의미한다. 이는 문왕의 덕이 때로 쌓여 나아가는 것을 말하며, 괘덕으로 보면 巽順과 坤順으로 되어 있으며, 구이효의 剛이 득중하여 柔인 육오효와 상응하고 있어 크게 형통함을 말하고 있다. 또 승괘의 내외괘 모두가 柔의 坤卦와 巽卦로 이루어져 있다.
- 巽而順하고:대자연에 순응한다.
- 剛中而應이라:①대자연에 순응하여 나무가 잘 자라는 모습이다. ②췌괘 「단사」에도 剛中而應이라는 말이 있는데, 각 괘의 二爻와 五爻가 각각 음양으로써 조화를 이루면 서로 상응 내지 정응 관계가 된다는 말이다.
- 用見大人勿恤은 有慶也ㅣ오:①元亨으로 도통만 되면 가만히 있어도 대인이 찾아오

---

1) 제갈양이 조조를 쉽게 쳐 없앨 기회가 있었지만 그를 없애지 아니한 까닭은 그가 급작스럽게 사망한 뒤에 일어날 사태 때문이다. 즉, 그의 밑에 있던 중신들이 사방으로 흩어져 나와 더욱 중원을 어지럽게 만들 것이며, 제갈양 자신을 더욱 괴롭게 할 것임을 미리 알고 있었기에 천명을 기다려 조조를 죽이지 않았다.

고, 말만 하더라도 사용할 수가 있다. 이 及物의 결과로서 나타나는 것이 慶이며 결국에는 福慶이 올 것이다. ②'有慶'은 사물로부터 오는 즐거움(樂)을 뜻하고, '有喜'는 마음으로부터 오는 즐거움(喜)을 뜻한다.

예)積善之家는 必有餘慶하고 積不善之家는 必有餘殃하나니…… (坤卦「文言傳」)
선을 쌓은 집안에는 반드시 〈착한 것을 쌓고〉 남은 경사가 있고, 불선을 쌓은 집안에는 반드시 재앙이 있게 될 것이니……

[설명]윗글의 "必有餘慶" 또한 외부의 사물로부터 오는 즐거움이다.

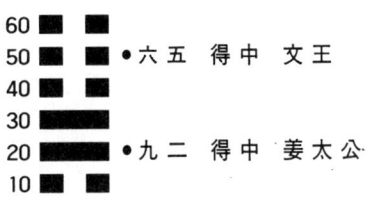

③옆 그림에서 3효~4효 때가 가장 전성 시대이며, 이 시기는 大川을 건너야 하는 때인 만큼 用見大人을 해야 한다. 그리고 2효와 5효는 剛中而應 관계이다.

●南征吉은 志行也ㅣ라:南征吉은 목표했던 대로 밀고 나아가는 것이며, 또 뜻대로 된다는 것이다.

象曰 地中生木이 升이니 君子ㅣ 以하야 順德하야 積小以高大하나니라

象에서 말하기를 "땅 속에서 나무가 살아 나오는 것이 升이니, 군자가 이로써 덕에 순종해서 작은 것을 쌓아 큰 것으로 높인다"고 하였다.

· 積:쌓을 적

總說

윗글은 승괘의 「대상」이다.

各說

●地中生木이 升이니:땅 가운데 나무가 나서 살아 올라가는 것으로 이는 승괘의 표현이다.
●順德하야:대자연의 이치에 순종해야 한다는 것이다. 세상만사 또한 이것과 같다. 공부하는 자가 時習(나날이 익혀 가는 것)하는 것과 사업하는 자가 점차로 업체를 확장, 번성시켜 나가는 것이 곧 順德하는 모습이라고 할 수 있다. 여기서 順은 '愼'이요, 德은 '巽順'이다.
●積小以高大하나니라:대자연의 이치인 "地中生木이 升이니"에 대한 인사적인 표현

이다. 자기의 위치(시간적인 것)를 알고 분수를 지키면서 과거와 현재와 미래를 잘 관찰하여 큰 것으로 나아가야 한다는 뜻이다.

初六은 允升이니 大吉하니라
初六은 믿어서 오름이니 크게 길할 것이다.
· 允:진실로 윤

總說
초육효는 부정위이며 육사효와 상비 관계이다.

各說
● 初六은 允升이니 : 승괘의 초육효는 내괘 巽의 시초이다. 따라서 손순해야 하는데 位가 부정이므로 그러하지 못하다. 그러면 升進은 어떻게 해야 할 것인가? 바로 위에 있는 훌륭한 正中의 구이 양효를 믿고 따른다는 것이다. 允升, 衆允[2]의 '允'은 진실하다는 뜻이다. 允의 의미를 예를 들어 설명하면 다음과 같다.

  예) 其見於經則允執厥中者는 堯之所以授舜也ㅣ오 人心은 惟危하고 道心은 惟微하니 惟精惟一이라사 允執厥中者는 舜之所以授禹也ㅣ니 堯之一言이 至矣盡矣어날 而舜이 復益之以三言者는 則所以明夫堯之一言이니 必如是而後에 可庶幾也ㅣ라
  (『中庸章句集註』「序文」)

  그 經書에 나타나 있는 것으로 '진실로 그 中을 잡으라'고 한 것은 요임금이 순임금에게 전수한 心法이요, '사람의 마음은 오직 위태하고 道의 마음은 오직 은미하니, 오직 정밀하고 오직 한결같이 하고서야 진실로 그 中을 잡으라'고 한 것은 순임금이 우임금에 전수한 심법이니, 요임금의 한 마디 말씀(允執厥中)이 지극하고 극진했는데, 순임금이 다시 세 마디 말씀을 더 하신 것은 요임금의 한 마디 말씀을 밝힌 것이니 반드시 이와 같이 하신 뒤에야 거의 가까울 것이다.

  [설명] 요임금이 순임금에게 전한 允執厥中과 순임금이 우임금에게 전한 人心惟危, 道心惟微, 惟精惟一, 允執厥中에 비유할 수 있다. 이 16자는 『서경』 大禹謨편에 나오는 문장이기도 하다.

● 大吉하니라 : 초육효가 允升한 결과론이다. 大吉은 元吉과 달리 중간에 나쁜 것이 있다가 다시 좋아지는 것을 말한다.

---

2) 六三은 衆允이라 悔ㅣ亡하니라 : 六三은 무리가 믿는 것이다. 뉘우침이 없다. (火地晋卦 六三爻辭)

象曰 允升大吉은 上合志也ㅣ라

象에서 말하기를 "允升大吉은 위와 뜻이 합해졌기 때문이다"고 하였다.

各說

- 上合志也ㅣ라:'上'은 구이효를 가리키며, 뜻이 합해졌다는 것은 초육효 음과 구이효 양이 음양 화합하는 이치를 말한다.

九二는 孚乃利用禴이니 无咎ㅣ리라

九二는 정성을 드리되 夏祭를 올리듯이 하는 것이 이로울 것이니, 허물이 없을 것이다.
· 孚:정성 부 · 禴:여름 제사 약 · 咎:허물 구

總說

구이효는 주효로서 부정위이며 득중이고 육오효와 상응 관계이다.

各說

- 孚乃利用禴이니:유약한 육오효 왕위에 대하여 정성을 다하여 순종하고 대자연 그대로 하는 것을 말한다. 인사적으로 말하면, 문왕의 아들인 주공이 그의 조카인 成王을 받드는 모습에 비유한 것이고, 또 강태공이 문왕을 정성 드려 섬기는 형상이라고 볼 수 있다. 여기서 '禴'은 『周禮』에서 말하는 사계절 제사 중 여름에 지내는 제사를 말한다.3)

象曰 九二之孚는 有喜也ㅣ라

象에서 말하기를 "九二之孚는 〈앞으로〉 기쁨이 있을 것이다"고 하였다.
· 喜:기쁠 희

---

3) 夏祭는 여름에 지내는 제사이므로 과실도 없고 음식이 잘 상한다. 그러므로 제수는 간략히 하고 정성은 많이 드려야 한다는 것이다. 用大牲이라고 하지만 육이효는 二爻로서 중정이기 때문에 물질은 적지만 정성만 지극하면 된다는 뜻도 있다. 즉, 정신적으로 통일하는 것을 말한다. 『周禮』(주나라의 禮文, 周公 所作)에 의하면 春享은 사(祀), 夏祭는 약(禴), 秋享은 상(嘗), 冬祭는 증(蒸 또는 烝)이라고 한다. 夏祭를 제외한 나머지 제사는 제수를 풍성히 올린다.

各說

● 有喜也ㅣ라:①구이효는 득중으로서 군위를 보좌해야 하는 자리에 있다. 또 주효로서 자기의 책무를 다하면 마음속에서 외부로 나오는 즐거움이 있다는 것이다. 그리고 구이효는 이미 中道를 가졌기 때문에 有喜이다. ②『대학』에서 "在止於至善"이면 그 결과로 有喜가 온다고 하였다. 至善의 경지로 人君은 止仁하고, 人臣은 止敬하고, 人子는 止孝하고, 人父는 止慈하고, 國人交는 止信한 것을 말한다. 구이효는 人臣으로서 止敬한 경지에 있으므로 기쁨이 있는 것이다.

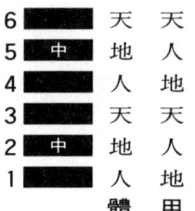

*여섯 효 중 三極之道로 체용을 분리하여 보아도 그 이치는 합리적이다.

1과 4효가 상응 —— 人과 人   地와 地
2와 5효가 상응 —— 地와 地   人과 人
3과 6효가 상응 —— 天과 天

九三은 升虛邑이로다

九三은 허한 고을에 올라감이다.

· 虛 : 빌 허   · 邑 : 고을 읍

總說

구삼효는 득정하였으며 상육효와 정응 관계이다

各說

● 升虛邑이로다:①구삼효가 아무 거리낌없이 일사천리로 나아가 상육효와 정응으로

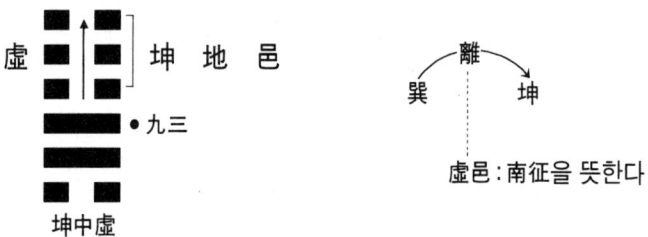

만날 수가 있다는 뜻이다. 구삼효는 사람의 일생에 비유하면 전성기라고 할 수 있으므로 중요하다. 나무가 크려면 위가 虛가 되어야 하듯 전성기의 청년이 전도 유

망하게 뻗어 가려면 위쪽이 허읍이 되어야 한다. ②邑은 자기 자신을 뜻하기도 하며, 우리 나라를 일컬어 東方禮義之國이라고 하지만 虛邑이라고도 한다. 또 虛邑은 南征을 뜻한다. 道人의 경우 升虛邑은 도통경지를 뜻한다.

象曰 升虛邑은 无所疑也ㅣ라

象에서 말하기를 "升虛邑은 의심할 바가 없는 것이다"고 하였다.
· 疑:의심할 의

各說

● 无所疑也ㅣ라:정이천은 「傳」에서 위의 「소상」을 주석하기를 "入无人之邑하니 其進이 无疑阻也라;아무도 없는 읍에 들어가니, 그 나아감이 의심과 막힘이 없는 것이다"고 하였다.

六四는 王用亨(향)于岐山이면 吉코 无咎하리라

六四는 왕이 써 기산에서 제사를 지내면 길하고 허물이 없을 것이다.
· 亨:제사지낼 향 · 于:어조사 우 · 岐:갈림길 기

總說

육사효는 정위로서 초육효와 상비 관계이며 대신의 지위이다.

各說

● 王用亨于岐山이면:①문왕이 기산(岐山)에서, 산천에 올리는 제사로[4] 그 정성을 지극하게 하여 대자연에 순응함을 말한다. 또 유약한 군위의 보좌에 지극한 정성을 들임으로써 자기의 지위를 지켜 나가는 것이다. ②육사효는 주공이 아버지 문왕에 대한 정성을 표현하기 위해서 제작한 효이다. 위로는 임금을 정성으로써 섬기고 아래로는 백성을 잘 다스리는 문왕의 덕치의 내용을 담았다. 여기서 '亨'(형)은 享(향)으로 읽고 享(제사 지내다)의 뜻으로 해석한다. '岐山'은 지명으로 문왕이 살고 있는 곳을 말한다.

---

4) 당시는 제정일체 시대이므로 백성을 다스리는 통치자는 종교 제례의 행사도 주관했다.

象曰 王用亨于岐山은 順事也ㅣ라

象에서 말하기를 "王用亨于岐山은 순히 섬기는 것이다"고 하였다.
· 順:순할 순, 도리를 따를 순

各說

● 順事也ㅣ라:문왕이 산천에 제사를 지내는 것은 백성에게 천명을 따르는 순천함을 보여주기 위함이다.

六五는 貞이라아 吉하리니 升階로다

六五는 바르게 하여야 길하리니 섬돌에 오르도다.
· 階:섬돌 계, 오를 계

總說

육오효는 군위로서 득중이지만 부정위이며 구이효와 상응 관계이다.

各說

● 貞이라아 吉하리니 升階로다:육오효는 군위로서 온 천하 사람들에게 올바르게 함이 길하다는 것이다. 또 상응인 구이효의 用賢을 얻어서 君의 명성이 상승할 것이다. 육오효는 부정위이므로 貞으로써 해야 길할 뿐만 아니라 不正이 正으로 상승할 수 있다. '貞'은 문왕의 順德(純德)이고, '升階'는 用賢(구이효, 강태공)이 된다.
[별해]升階는 '뜰에 올라오는 사람을 만날 것이다'로 해석할 수도 있다.5) 즉, 구이효가 올라오게 된다는 것이다. 자의로 해석하면 육오효 자신이 되며, 타의로 해석하면 육이효가 육오효 군위에게 조언을 한다는 것이다.

象曰 貞吉升階는 大得志也ㅣ라

象에서 말하기를 "貞吉升階는 크게 뜻을 얻을 것이다"고 하였다.

---

5) 봉건 시대에는 천자(왕)의 뜰 아래에서 급수를 가릴 수 있는 계단이 있었다. 이것을 正과 從으로 구분하였다. 正이 先任이고, 從이 後任이다. 正三品, 從三品 등이 그 예가 된다.

上六은 冥升이니 利于不息之貞하니라

上六은 어둡게 오름이니, 쉼 없는 정진이 이롭다.

· 冥:어두울 명 · 于:어조사 우 · 息:쉴 식

總說

상육효는 정위이며 구삼효와 정응 관계이다. 특히 상육효는 육효 전체의 뜻을 밝혀 두고 있다.

各說

● 冥升이니 利于不息之貞하니라 : 앞으로 나아감이 극도에 이르면 흉하여 어두워진다. 상육효는 觀 공부를 하여 극에 도달한 때인 만큼 이때는 不息之貞에 머무는 것이 이롭다. 즉, 自彊不息하는 마음가짐이 필요하다는 것이다. '冥升'은 冥豫와 같은 뜻이며 極致則不益이다.

● 不息之貞하니라 : 군자가 終日을 乾乾하여 自彊不息함과 川流不息(小德川流, 영구성)함을 말하는 것이다.6) 즉, 공부하는 데는 쉬지 않고 꾸준히 하라는 것이다. 성현들의 乾乾하였던 방법을 열거하자면, 요임금은 欽(공경할 흠)으로써, 순임금은 恭(공손할 공)으로써, 우임금은 孜(부지런할 자)로써, 탕임금은 慄(두려워할 률)로써, 문왕은 翼翼(공경할 익)으로써 무왕은 蕩蕩(넓고 클 탕)으로써 誠之하였다. 이는 시대가 다르기 때문에 그 표현 방법은 다르지만, 그 본 뜻은 모두가 乾乾이다.

예1) 역학에서는 天道는 誠으로, 地道는 敬으로, 人道는 誠과 敬을 위주로 풀이한다.

예2) 誠者는 天之道也ㅣ오 誠之者는 人之道也ㅣ니 誠者는 不勉而中하며 不思而得하야 從容中道하나니 聖人也ㅣ오 誠之者는 擇善而固執之者也ㅣ니라 (『中庸』 제20장)

誠은 하늘의 도요, 성실하게 하려고 노력하는 것은 사람의 도다. 誠이라는 것은 힘쓰지 아니하여도 저절로 들어맞으며 생각하지 않아도 저절로 얻어져서 종용히 도에 맞는 것이니, 이것이 성인인 것이다. 誠해지려고 노력하는 것은 선을 선택해 굳게 잡는 것이다.

[설명] 誠은 天道의 운행하는 과정이요, 誠之는 人道의 행하는 과정이다. 즉, 善을 목적, 목표로 해서 誠之한다. 從容은 의식적이 아닌 자연스러운 이동을 뜻하며, 固執은 굳게 잡는 것을 말한다.

---

6) 『亞山의 中庸講義』 제30장을 참조하라. (一岡註)

象曰 冥升在上하니 消不富也ㅣ로다

象에서 말하기를 "冥升이 위(上六)에 있으니 사라져 나아가지 못할 것이다"고 하였다.

· 在:있을 재 · 消:사라질 소 · 富:가멸 부, 넉넉할 부

各說

● 消不富也ㅣ로다: 성인은 가능하면 현실에서 貧과 惡이 나타나지 않도록 하기 위하여 貧을 不富로, 惡을 不善으로 썼다. 또한 이것이 성인의 사상이다. 여기서 '富'는 進의 뜻으로 해석하는 것이 좋다.

消	損	陰	貧	虛	退	暗
息	益	陽	富	實	進	明

※ 升卦를 개괄하면 다음과 같다.

```
▬▬  冥    升 : 극도로 昇進하는 것이다.
▬▬  升    階 : 지위가 고귀한 것이다.
▬▬  王用亨于岐山 : 謙順으로 處事함이다.
▬▬  升  虛  邑 : 전도(前途)가 양양하다.
▬▬  孚乃利用禴 : 성심으로 노력하는 것이다.
▬▬  允    升 : 향상하여 전진하는 것이다.
```

澤水困 (四十七)

兌坎
上下

大義

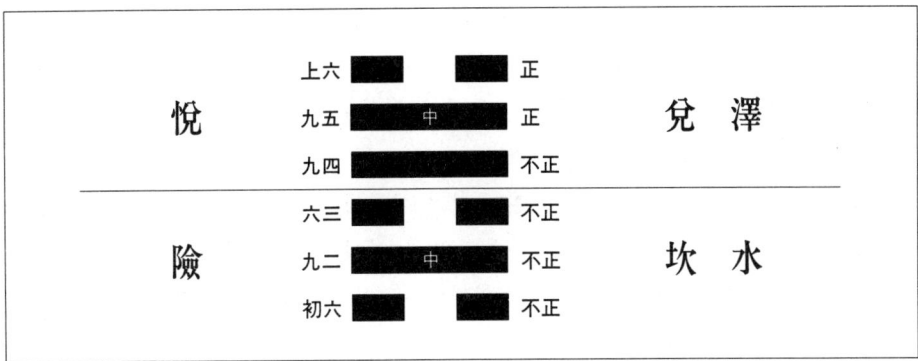

　　困은 곤란(困難), 곤궁(困窮), 곤고(困苦) 등으로 풀이된다. 곧 困卦는 위난(危難)의 상태를 상징하는 괘이다.

1) 困卦는 四難四凶卦(水雷屯, 重水坎, 水山蹇, 澤水困卦) 중의 하나이며1), 難卦 속에는 반드시 坎(☵, 水)卦가 들어 있다. 또 震(우레), 艮(산) 兌(못) 등 자연의 험하고 난한 괘로 구성되어 있다. 困卦는 인생에서 견디기 어려운 벅찬 시련과 부딪쳤을 때의 경우에 비유할 수 있다.2) 이러한 역경(逆境)을 어떻게 극복해 나가느

---
1) 공부함에 있어서 當卦와 12월 괘, 四難四凶卦, 부도전괘, 12時 괘와의 관계를 참고하는 것이 좋다.
2) 困卦는 병으로 곤할 때(水氣가 없을 때), 경제적으로 곤궁할 때, 기타 환경에 따라서 이러지도 저러지도 못하는 곤궁할 때의 내용을 설명한 것이다. 역획(진리)을 연구하는 사람은 먼지 흥(困)한 것부터 알아야 한다. 이러한 점에서 困卦가 중요하다고 할 수 있다.

냐에 따라서 인간의 참다운 진가가 드러난다. 『주역』은 이러한 澤水困卦 상태의 환경에서 시련을 꿋꿋하게 극복하고 다시 순탄한 길을 개척하여 나아가는 것은 군자만이 가능하다고 말하고 있다.

예)子ㅣ 曰 歲寒然後에 知松栢之後彫也ㅣ니라 (『論語』「子罕」)
　공자께서 말씀하시기를 "해가 추워진(추운 겨울이 된) 뒤에야 소나무와 잣나무가 〈다른 나무보다〉 뒤에 시드는 것을 알 수 있다"고 하셨다.
　[설명]도학적인 면의 困以知之, 즉 정신과 육체가 극도로 곤경에 빠진 가운데서도 이를 극복하고 광명을 찾는 것을 말한다. 이와 같이 困卦는 험난하지만 이 속에서 오히려 즐거워할 줄 알고 형통하는 바를 잃지 않는다고 설명하고 있다. 오히려 험하고 난한 괘 곧 흉괘 속에서 이를 극복하기 위한 노력의 일환으로 길한 것을 모색하는 것은 역학도의 사명이다. 역사에서 실례를 든다면, 사육신은 그 당시 困하였지만 군자이기 때문에 그대로 도를 지켰으며, 후인들은 사당을 지어 그들의 道와 의리를 추모하고 있다. 따라서 그들은 현재까지도 살아 있다고 할 수 있다.

2)困을 파자하면 口+木이다. 즉, 困은 나무(木)를 사방(口)으로 꼼짝 못하게 가두어 놓은 형상이다. 나무가 성장하자면 물에서 영양분을 흡수하여야 하는데 그렇지 못한 형상이므로 困할 수밖에 없다.

3)困의 괘상을 보면 못을 상징하는 ☱兌卦가 상괘에 있고 물을 상징하는 ☵坎卦가 하괘로 되어 있다. 물이 못 밑에 있으므로 못 안에는 물이 없는 형상이다. 못이라는 것은 항상 맑고 푸른 물이 넘쳐 있어야 그 사명을 다할 수 있는데 못에 물이 없으니 困하기 마련이다.3)

4)困卦는 보면 3개의 양효와 3개의 음효로 구성되어 있지만, 양이 음에 의해 막혀 있다. 곧 困卦는 선이 악에 의해 구축되고, 정의는 불의에 의해 포위 당하고, 밝고 빛나는 것은 어둡고 침울한 것에 의해 가려지고, 행운은 불운에 의해 억눌려져 박해를 당하는 상태를 상징하고 있다. 이것이 바로 인간 사회에 있어서의 困卦의 모습인 것이다.

5)역학은 곤하고 험난하다고 하여 결코 패배나 도피를 가르치고 있지는 않다. 오직 굳은 신념으로써 실력을 배양하고 때를 기다리면서 광명이 오기를 기다리라고 가르치고 있다. 대자연은 노력하는 사람을 결코 등한시하지 않는다. 이것은 대자연의 정한 이치이기 때문이다.

---

3)困卦를 의학적으로 비유하여 설명하면, 困卦는 못에 물이 말라 있는 형상으로, 水는 신체 일부 중 신장을 가리킨다. 따라서 물이 말랐다는 것은 신장의 水氣가 부족하다는 것이며, 그 증상은 열로 전환되어 위로 올라와서 입이 마를 뿐만 아니라 사람도 곤하게 되는 것이다.

예1) 子ㅣ 曰 三軍은 可奪帥也어니와 匹夫는 不可奪志也ㅣ니라 (『論語』「子罕」)
　　공자께서 말씀하시기를 "삼군의 원수는 빼앗을 수 있지만, 필부(보통의 지아비)의 뜻은 〈어느 누구도〉 빼앗을 수가 없는 것이다"고 하셨다.

예2) 易이 窮則變하고 變則通하고 通則久ㅣ라 (「繫辭傳」下 第2章)
　　역〈의 법칙〉은 궁하면 변하고 변하면 통하고 통하면 오래 간다.

6) 困卦는 난관을 극복하고 타개할 의지와 노력이 있는 자에게는 발전의 길이 열릴 것이라고 계시하고 있다. 따라서 군자는 困卦의 지경에 처하였을 때는 마음으로 미리 조심하는 자세가 되어 있고, 또 고난을 감내 할 수 있는 마음가짐이 되어 있어 방심하지 않는 까닭에 오히려 군자는 困에 있을지라도 〈외부로는 험(坎, 難)하지만〉 속내는 기쁘고 즐겁다(兌, 說). 이것이 곤괘의 괘상이다.

　　・형이하학적인 것────險　　・형이상학적인 것────說

原文풀이

困은 亨코 貞하니 大人이라 吉코 无咎하니 有言이면 不信하리라

困은 〈장래에는〉 형통하고 바르니 대인이어야 길하고 허물이 없으니, 〈실천이 없고〉 말만 있으면 믿지 않을 것이다.

・困:괴로울 곤

總說

윗글은 困卦의 괘사이다.

各說

● 亨코:성인된 바의 글이다. 즉, 敬觀 공부하여 형통할 수 있다는 것이다.
● 大人이라 吉코 无咎하니:위의 괘사는 군자를 위주로 하여 쓴 글이다. 겉으로는 곤궁하지만 군자의 도는 형통하므로 앞으로 貞(用心之道의 방향, 正道)으로써 노력을 하면 困을 면할 수가 있다는 것이다. 그러나 보통 사람들은 困을 헤쳐 나가기가 어려우므로 대인(군자;구오, 구이효)이 되어야 길하며 허물이 없다는 것이다. 여기서 '大人'은 중용지도를 걷는 자이며, 无思无爲한 자이다. '无咎'는 善補過이며, 有咎는 過不及이다.

예)中者는 不偏不倚하야 無過不及之名이오 庸은 平常也ㅣ라 (『中庸』程伊川의 글)
中이라 함은 편벽되지 아니하고 의지하지도 아니하고 지나치고 불급함이 없는 이름이요, 庸은 항상 변함이 없는 것을 말한다.

- 有言이면:언행이 일치되지 아니한 상태로 남에게 변명을 하여 곤궁함에서 빠져나가려고 하는 것이다.
- 有言이면 不信하리라:남에게 변명을 하여 곤궁함을 빠져나가려고 한다면 일반 사람들이 믿지 아니할 것이다. 또 내가 나쁜 짓을 하면서 남에게 나쁜 짓을 하지 말라고 한다면 남들은 나를 불신하게 될 것이다.

彖曰 困은 剛揜也ㅣ니 險以說(열)하야 困而不失其所亨하니 其唯君子乎ㄴ져 貞大人吉은 以剛中也ㅣ오 有言不信은 尙口ㅣ乃窮也ㅣ라

彖에서 말하기를 "困은 剛이 가려짐이니, 험하되 기뻐하여 곤궁하지만 그 형통한 바를 잃지 아니하니, 그 오직 군자라고 할 수 있다! 貞大人吉은 〈九二, 九五가〉剛으로써 득중을 하였기 때문이요, 有言不信은 입을 숭상함이 이에 곤궁해지는 것이다"고 하였다.

· 揜:가릴 엄, 가려질 엄 · 險:험할 험 · 說:기쁠 열 · 失:잃을 실 · 亨:형통할 형 · 唯:오직 유
· 尙:숭상할 상 · 乃:이에 내 · 窮:다할 궁, 막힐 궁

總說

윗글 困卦의 「단사」이다.

各說

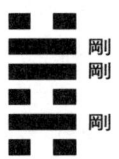

- 剛揜也ㅣ니:困卦는 양효 모두가 음효 사이에 있어 剛(陽)이 음효에 의해 가려져 있는 형상을 하고 있다.
- 險以說하야:괘덕으로 보면, 대인은 외부에서 보기에는 험난하지만 내부로는 희열을 느끼고 있다는 것이다.
- 困而不失其所亨하니:대인은 아무리 곤란에 빠지더라도 도를 닦아 형통하는 바를 잃지 아니한다는 것이다. 즉, 대인은 내부적으로 心易이 되어 있기 때문에 형통하여 그 도를 잃지 않는다는 것이다. 가히 공자이기에 이런 문장을 엮을 수 있었다.
- 尙口ㅣ乃窮也ㅣ라:곤궁함을 면하려고 입으로 유혹하는 것. 이것이 궁한 것이다. 곧 곤란을 면하려고 변명으로서 말을 많이 늘어놓으면 사람들이 불신하게 된다

는 뜻이다.

象曰 澤无水ㅣ 困이니 君子ㅣ 以하야 致命遂志하나니라

象에서 말하기를 "못에 물이 없는 것이 困이니, 군자가 이로써 천명에 이르러 〈자기의〉 뜻을 이루는 것이다"고 하였다.

·澤:못 택 ·致:이를 치, 보낼 치, 다할 치 ·命:명령 명, 목숨 명 ·遂:이룰 수 ·志:뜻 지

總說

윗글은 困卦의 「대상」이다.

各說

- 澤无水ㅣ 困이니:①澤及萬民이 되어야 하는데 못에 물이 없어서 困한 것이다. 형이상학의 뜻이다. ②한낱 쇠뭉치가 높은 열과 수많은 담금질 속에서 훌륭한 작품으로 탄생되듯, 공부도 困을 겪어야 그 困의 도수에 따르는 광명이 오는 것이다. 이 四難卦에는 깊은 이치가 들어 있음을 알 수 있다.
- 致命遂志하나니라:致命은 천명에 이른다, 천명에 순응한다, 대자연 법칙에 따른다는 뜻을 가지고 있다. 그리고 致命은 授命이다. 곧 대자연이 나에게 性〈品〉을 주었으니 천명에 순응하여 내 뜻을 거기에 따라서 행동하여 나의 뜻을 이루는 것이다. 이 致命遂志는 군자라야 가능하다.4) 또 致命을 하지 아니하고는 遂志가 아니된다. 즉, 나를 낳은 것은 하늘이기에 죽는 것도 자연으로 되는 것이니, 천명에 대한 공포를 가지지 말고, 천명에 순응하여 내가 하고자 하는 뜻에 정진하여 나아가도록 하여야 한다.

예1) 曰 今之成人者는 何必然이리오 見利思義하며 見危授命하며 久要에 不忘平生之言이면 亦可以爲成人矣니이다 (『論語』「憲問」)

〈자로가〉 말하기를 "지금의 成人이란 어찌 반드시 그러해야 합니까? 利를 보면 義

---

4) 안중근 의사는 이등박문을 저격하고 감옥에서 見危授命이라는 글을 썼다. 안 의사가 말하기를 "이등은 나의 조국을 강탈한 불의한 일본의 원흉이므로 見危授命으로써 이등을 죽였다. 나의 행동은 하늘이 시키는 바이고, 따라서 나의 생명은 하늘에 있으니 죽고 사는 것은 천명이다. 곧 하늘이 나를 죽이는 것이지 일본 사람 너희가 나를 죽이는 것이 아니다"고 하였다. 즉 오직 대자연의 법칙에 의하여 행동하였을 뿐이라는 것이다. 안의사의 사지 몸은 곤하시만 뜻만은 완수했으므로 형통한 것이다. 결론적으로, 곤란한 현실을 극복하기 위해서는 오직 고상한 이상과 정신력이 필요한 것이다.

를 생각하며, 위태로운 것을 보면 목숨을 바치며, 오랫동안 곤궁해도 평소에 하던 말을 잊어버리지 아니하면 또한 成人이라 할 수 있을 것입니다"고 하였다.
[설명]成人은 致命하여 완성된 자를 말한다.
예2) 子張曰 士見危致命하며 見得思義하며 祭思敬하며 喪思哀면 其可已矣니라 (『論語』「子張」)
자장이 말하기를 "선비가 위태로움을 보고 목숨을 바치며, 이득을 보고 도의를 생각하며, 제사를 드릴 때는 공경할 것을 생각하며, 상을 당해서는 슬픔을 생각해야 한다. 이 정도면 될 것이다"고 하였다.

初六은 臀困于株木이라 入于幽谷하야 三歲라도 不覿이로다

初六은 궁둥이가 나뭇가지에 걸려 곤하다. 깊은 골짜기에 들어가서 삼년이라도 보지 못한다.

· 臀:궁둥이 둔 · 株:나무 주, 가지 주, 뿌리 주 · 幽:아득할 유, 그윽할 유 · 谷:골 곡, 골짜기 곡
· 歲:해 세 · 覿:볼 적

總說
초육효는 부정위이며 구사효와 상응 관계이고 困의 시초로서 곤란이 심한 상이다.

各說

● 臀困于株木이라:궁둥이가 나뭇가지에 걸려 상처를 입는 바람에 평안하게 앉아 있지 못하는 형상이다. 困이라는 글자에 나타나는 상징처럼, 困卦는 『주역』에서 제일 어려운 글자가 많다. 『중용』의 한 문장을 인용하여 '困'자의 쓰임을 알아보자.
예) 或生而知之하며 或學而知之하며 或困而知之하나니 及其知之하야난 一也 l 니라 或安而行之하며 或利而行之하며 或勉强而行之하나니 及其成功하야난 一也 l 니라
(『中庸』第20章)
혹 어떤 사람은 태어나면서부터 그것(達道)을 알며, 어떤 사람은 배워서 그것을 알며, 어떤 사람은 苦心을 해서 그것을 알지만, 그것을 앎에 미쳐서는 한가지다. 어떤 사람은 편하게 그것을 행하며, 어떤 사람은 이롭게 하여 행하며, 어떤 사람은 억지로 힘을 써서 행하기도 하나, 그 공을 이루는 데 있어서는 한가지다.
[설명]或은 어떤 사람, 知之의 之는 지시대명사이며 達道를 가리키고, 安은 인위가 없이 자연 그대로란 뜻이다. 그리고 오륜의 도를 인식하고 실천하는 데는 다음 세 가지가 있다. ①生而知之:태어나면서부터 오륜의 도를 인식하고 있는 사람 이른바 이러한 사람을 성인이라고 한다. 4대 성인이 이에 속한다. ②學而知之:학문을 배움으로써 오륜의 도를 인식하는 사람 이른바 안자(안연), 증자, 맹자, 자사와 같은 위

인을 들 수 있다. ③困而知之:태어날 때부터 학문적인 소질이나 기품이 총명하지 못해서 배워도 좀처럼 효과가 나타나지 않아 분발하고 고심하여 그것을 인식하는 사람 이른바 우리와 같은 凡人이 이에 속한다.
- 入于幽谷하야:사람도 없는 깊고 어두운 골짜기에 들어간다. 즉, 困의 정도가 점점 심한 상태를 말한다.
- 三歲라도 不覿이로다:초육효가 이웃에 훌륭한 구이효가 있는 까닭에 상응 관계인 구사효를 3년이 아니라 영구히 보지 못한다는 것이다. 이는 天道, 地道, 人道的으로 해도 아니 된다.

象曰 入于幽谷은 幽不明也ㅣ라

象에서 말하기를 "入于幽谷은 어두워서 밝지 못한 것이다"고 하였다.

九二는 困于酒食이나 朱紱이 方來하리니 利用亨(향)祀ㅣ니 征이면 凶하니 无咎ㅣ니라

九二는 주식에 곤하나 주불(임금)이 바야흐로 오리니, 써 제사를 지내는 것이 이로우니, 가면 흉하니 허물할 데가 없다.

· 酒:술 주 · 朱:붉을 주 · 紱:인끈 불 · 方:바야흐로 방, 모 방 · 祀:제사 사 · 征:갈 정, 칠 정

總說

구이효는 부정위이지만 득중이며 구오효와 상비 관계이다. 초육효의 음기에 빠져 곤란하지만 구오효 왕위의 도움을 받으면 구제된다.

各說

- 困于酒食이나:구이효가 득중하였으므로 困이 중용지도에까지는 침투하지 아니한다는 뜻이다. 즉, 곤하지만 마음은 변하지 않는다는 것이다.
- 朱紱이 方來하리니:구이효는 구오효와 상비 관계이지만 임금이 와서 도와줄 것이다. 즉, 임금이 와서 구이효 자기를 등용하게 된다. '紱'은 무릎을 가리는 천을 말한다. 임금은 朱色5)의 띠가 달린 하의를 입고, 신하는 赤色의 띠가 달린 하의를 입는다.
- 利用亨祀ㅣ니:정성을 지극히 드리는 제사를 말한다. 즉, 禮重博物의 제사이다. '亨

---

5) 朱色은 누렁이 조금 섞인 붉은 빛깔을 뜻하고, 赤色은 완전한 빨강인 붉은 빛깔을 뜻한다.

祀'는 서민(구이효)이 선조에게, '祭祀'는 임금(구오효)이 天神과 地神에게 정성을 드리는 것이다.
- 征이면 凶하니 无咎ㅣ니라 : 이 쪽(구이효)에서 구오효를 먼저 찾아가면 흉하므로 다른 사람을 허물할 데가 없다.

象曰 困于酒食은 中이라 有慶也ㅣ리라

象에서 말하기를 "困于酒食은 中道라 경사가 있을 것이다"고 하였다.

各說

- 中이라 有慶也ㅣ리라 : 구이효는 중용의 도를 잡고 걸어가는 사람이기 때문에 마음까지 곤하지는 않다. 이렇게 하여야만 경사가 있다는 것이다.

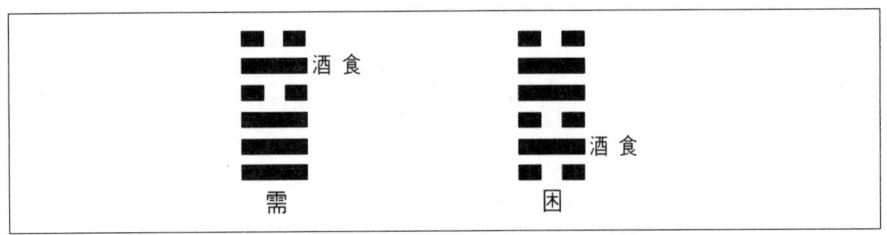

六三은 困于石하며 據于蒺藜ㅣ라 入于其宮이라도 不見其妻ㅣ니 凶토다

六三은 돌에 곤하며 가시덤불에 걸려 있음이라. 그 집에 들어가더라도 그 아내를 보지 못하니 흉하도다.

·據:걸릴 거, 웅거할 거 ·蒺:가시 질 ·藜:가시 려 ·宮:집 궁 ·妻:아내 처

總說

육삼효는 부정위이며 상육효와 상비 관계이다.

各說

- 困于石하며 據于蒺藜ㅣ라 : ①육삼효는 반석과 같은 돌에 곤하고, 또 가시덤불에 걸려 있는 곤란한 형태이다. 여기서 돌은 陽物로서 바로 위의 효인 구사효를 가리키고, 가시덤불은 陰物로서 상비 관계인 상육효를 가리킨다. [별해]육삼효는 陰柔의

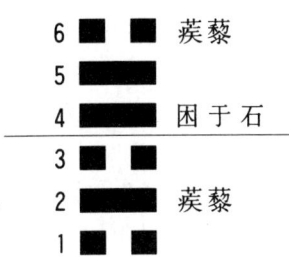

質로서 兩剛의 사이에 있다. 즉, 구사효는 암석처럼 싸늘하고 구이효는 가시덤불처럼 쳐져 있으니 육삼효의 진퇴가 困難하다. ②괘상으로 보면 삼효는 양단의 陽爻에 빠져 있다. 삼효는 부정위이고 乾乾해야 하며 夕惕若厲해야 하는 시기이며 位이다. 이것은 곧 함부로 전진한다면 돌부리에 부딪치고 가시덤불에 걸린다는 뜻이다.

● 入于其宮이라도 不見其妻ㅣ니:자기 부인이 부인으로 보이지 아니하는 것을 말한다. 일오중천 시기가 되면 이러한 행동이 일어나기가 쉽다. 즉, 음양 관계(성도덕)의 문란함을 예시한 것이며, 남자가 女裝하여 동성 연애를 하려는 것으로도 볼 수 있다. 대개 괘마다 삼효 때는 조심을 강조하였고, 삼효에서 좋은 괘는 겸괘 구삼효이다. 그리고 困于石據于蒺藜와 入于其宮不見其妻는 困의 극심한 형태를 말하고 있다.

예1) 九三은 君子ㅣ 終日乾乾하야 夕惕若하면 厲하나 无咎ㅣ리라 (乾卦 九三爻辭)
　　九三은 군자가 종일토록(오전 마지막까지) 조심하고 조심하여 저녁때까지 두려워한다면 비록 위태로우나 큰 허물은 없을 것이다.

예2) 九三은 勞謙이니 君子ㅣ 有終이니 吉하니라 (謙卦 九三爻辭)
　　九三은 수고롭게 일하는 겸손함이니, 군자가 마침이 있으니 길한 것이다.
　　[설명]일오중천 시기는 겸손하여 노예처럼 부림을 당하는 자, 즉 남에게 積善하는 자만이 利涉大川이 가능하다는 뜻이다.

象曰 據于蒺藜는 乘剛也ㅣ새오 入于其宮不見其妻는 不祥也ㅣ라

象에서 말하기를 "據于蒺藜는 剛을 타고 있기 때문이요, 入于其宮不見其妻는 상서롭지 못한 것이다"고 하였다.

· 乘:탈 승　· 祥:상서러울 상, 조짐 상

各說

● 乘剛也ㅣ새오:양효를 타고 있기 때문이다. 즉, 양효 위에 음효가 있기 때문이다.
● 不祥也ㅣ라:앞으로 재앙이 오고 흉한 징조가 나타남을 말한다.

공자는 이 효를 중요하게 여겨 「계사전」에서 다시 설명하였다.
　예) 子曰 非所困而困焉하니 名必辱하고 非所據而據焉하니 身必危하리니 旣辱且危하야

死期將至어니 妻其可得見邪아 (「繫辭傳」下 第5章)

공자께서 말씀하시기를 "곤란할 바가 아닌데 곤란한 것은 명성에 반드시 욕이 되고 걸릴 데가 아닌데 걸리는 것은 자신의 몸이 반드시 위태로울 것이니, 이미 욕되고 또한 위태로워서 죽을 지경에까지 장차 이르렀으니 집에 들어가서도 아내를 가히 볼 것인가?"고 하셨다.

[설명]극도로 곤한 지경에 처해 있을 때, 그 욕되고 위태로워짐이 죽음에까지 도달하였다면 그 아내(가장 가까운 사람)라도 알아보지 못할 것이다. 그러므로 처자에게까지도 원망을 듣게 된다. 이것은 일오중천 때의 곤한 형상을 말한 것이다.

九四는 來徐徐는 困于金車ㄹ새니 吝하나 有終이라

九四는 오는 것이 느린 것은 쇠수레에 곤함이니, 인색하지만 마침은 있을 것이다.

· 徐:느릴 서 · 車:수레 거 · 吝:인색할 인 · 終:끝날 종, 마침내 종

總說

구사효는 부정위이며 초육효와 정응 관계이다.

各說

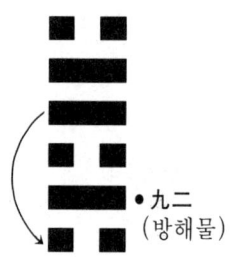

- 來徐徐는 困于金車ㄹ새니:초육효가 정응 관계인 구사효에게 오는 데 구이효라는 장애가 있어 천천히 온다는 것이다. '車'는 載物者로, 剛이 아래에 있어서 위의 모든 것을 싣고 있는 형상이다.
- 困于金車ㄹ새니:金은 剛이다. 즉, 초육효와 剛인 구이효와의 관계를 말한다. 초육효가 구이효에 빠져 있는 형상을 困于金車라고 표현하였다.
- 吝하나 有終이라:문제는 좀 있기는 하지만 초육효가 구이효의 방해를 물리치고 나아가면 마침내는 구사효를 만나 화합할 수 있을 것이다.

象曰 來徐徐는 志在下也ㅣ니 雖不當位나 有與也ㅣ니라

象에서 말하기를 "來徐徐는 〈九四의〉 뜻이 아래에 있는 것이니, 비록 位가 마땅하지 않지만 함께 함이 있는 것이다"고 하였다.

· 志:뜻 지 · 在:있을 재 · 雖:비록 수 · 與:함께 여, 줄 여

各說
- 志在下也ㅣ니 : 困于金車이므로 구이효와의 관계라고 할 수 있다.
- 雖不當位나 有與也ㅣ니라 : 구사효가 비록 정위는 아니지만 初爻와 四爻는 서로 응하기 때문에 더불음이 있는 것이다.

九五는 劓刖이니 困于赤紱하나 乃徐有說(열)하리니 利用祭祀ㅣ니라

九五는 코를 베이고 발꿈치를 베임이니, 적불(신하)에 곤하나, 〈끝끝내 계속하면〉 이에 서서히 기쁨이 있으리니, 〈지극한 정성으로〉 제사지내듯이 함이 이롭다.

· 劓 : 코 베일 의 · 刖 : 발꿈치 베일 월 · 赤 : 붉을 적 · 說 : 기쁠 열 · 祭 : 제사 제

總說
구오효는 강건중정한 位이고 구이효와 상비 관계이며 困卦의 주효가 된다.

各說
- 劓刖이니 : 구오효는 위로는 코를 베이고 아래로는 다리를 잘려서(할비(割鼻)뿐만 아니라 단족(斷足)하는 형벌을 말한다) 구이효의 신하에게 困한 형상이다. 그리고 왕위에 있으면서 국정을 보살피지 않고 여자를 가까이 하면 이러한 형벌을 당한다는 경고의 내용도 담고 있다. 정이천은 「傳」에서 의월(劓刖)을 다음과 같이 풀이하였다.

  예) 截鼻曰劓로 傷于上也요 去足爲刖로 傷於下也라 上下ㅣ 皆揜於陰하야 爲其傷害니 劓刖之象也라 (『周易傳義大全』 困卦 九五「傳」)
  코를 자르는 형벌을 劓라고 말하는데 위에서 상한 것이고, 발을 자르는 형벌을 刖이라고 하는데 아래에서 상한 것이다. 상하가 모두 음효에게 엄폐되었으니 상하가 상해를 당한 것이 코가 잘리고 발이 잘린 형상이다.

  [설명] 구오효는 음효인 상육효에게, 신하 구이효는 음효인 초육, 육삼효에 의해 엄폐된 것을 劓刖로 표현하였다.

- 困于赤紱하나 : 신하(구이효)에게 곤하다. '赤紱'은 구이효의 신하를 뜻하며, 五爻에서 二爻를 말한 것이다. '朱紱'은 구오효의 임금을 뜻하며, 二爻에서 五爻를 말한 것이다.
- 乃徐有說하리니 : 구오효가 구이효와 상비 관계이지만 군위로서 모범을 보여야 하기 때문에 자기의 분수대로 일을 천천히 해 나가면 기쁨이 있다는 것이다. 구오효가

있는 上卦가 ☱ 兌卦이므로 悅(說)이라고 하였다.
● 利用祭祀ㅣ니라:困卦이므로 구오효의 군위로서 다른 곳에 한눈을 팔지 말고 구이효와 뜻을 같이 하여 오로지 국정에만 정력을 쏟아야 한다는 뜻이다. 그것은 곧 天神, 地神, 종묘사직(宗廟社稷)에 지극한 정성으로써 제사를 지내는 것처럼 국정에 임하라는 것이다.

象曰劓刖은 志未得也ㅣ오 乃徐有說은 以中直也ㅣ오 利用祭祀는 受福也ㅣ리라

象에서 말하기를 "劓刖은 뜻을 얻지 못한 것이요, 乃徐有說은 중도로써 〈마음을〉 곧게 하기 때문이요, 利用祭祀는 복을 받게 되는 것이다"고 하였다.
· 未:아닐 미 · 得:얻을 득 · 直:곧을 직 · 受:받을 수 · 福:복 복

各說

● 以中直也ㅣ오:'中'은 중용지도를 말하며, '直'은 坤卦 육이효의 「문언전」에서 "直은 其正也ㅣ오"라고 하였다. 그러므로 中直은 中正과 같다. 天火同人卦에서도 이 구절을 사용한 곳이 있다.
  예)象曰 同人之先은 以中直也ㅣ오 大師相遇는 言相克也ㅣ라 (同人卦 九五「小象」)
    象에서 말하기를 "同人之先은 〈九五의〉 강건중정함과 〈六二의〉 直方大하기 때문이요, 大師相遇는 서로 능함을 말하는 것이다"고 하였다.
● 受福也ㅣ리라:복을 받는다는 것은 利用祭祀하는 그 결과로서 이루어지는 산물이다. 조상에게 드리는 지성의 마음가짐이 모든 것을 이롭게 할뿐만 아니라 또한 복도 가져온다는 것이다. 우리가 제사를 지낸 뒤 음복을 할 수 있는 것도 至誠의 조상숭배에서 오는 결과로 이루어진 것이라고 생각하면 된다.

上六은 困于葛藟와 于臲卼이니 曰動悔라하야 有悔면 征하야 吉하리라

上六은 칡덩굴과 위태함에 곤함이니, 말하기를 '움직이면 뉘우친다'라 하여 뉘우침이 있으면 가서 길할 것이다.
· 葛:칡 갈 · 藟:칡 류 · 臲:위태할 얼 · 卼:위태할 올

總說

상육효는 정위이며 육삼효와 상비 관계이다.

各說

- 困于葛藟와 于臲卼이니:①상육효의 곤한 상태를 나타낸 것이며, 또 이러한 처지에서 자꾸자꾸 전진하여 나아가면 흉하게 된다. 즉, 曰動悔이다. ②'葛藟'와 '臲卼'은 『역경』에서 최고 어려운 글자이다. 困于葛藟는 칡덩굴이 나무에 의존해 감아서 올라가서 뒤덮는 바람에 결국 그 나무를 죽게 하는 형상이고, 困于臲卼은 얼빠진 사람, 즉 실신, 졸도한 상태를 이르는 말이다.
- 曰動悔라하야 有悔면:困卦 상육효사에 悔자가 두 개 들어 있다. 이 困卦 외에도 豫卦 육삼효사에도 悔자가 두 개가 들어 있다. 연구해 볼 필요가 있다.
  - 예)六三은 盱豫ㅣ라 悔며 遲하야도 有悔리라 (豫卦 六三爻辭)
     六三은 올려다보는 豫이다. 뉘우치며 더디게 하여도 뉘우침이 있을 것이다.
- 有悔면 征하야 吉하리라:무슨 일이든지 잘못에 대한 뉘우침이 있어 시의(時宜)에 맞추어서 時行則行하면 마침내는 좋아진다는 것이다.

象曰 困于葛藟는 未當也ㅣ오 動悔有悔는 吉行也ㅣ라

象에서 말하기를 "困于葛藟는 당치 아니한 것이요, 動悔有悔는 길하게 행하는 것이다"고 하였다.

各說

- 未當也ㅣ오:상효는 너무 높은 자리이고 困의 극치이기 때문이다.
- 動悔有悔는:잘못에 대한 깨달음이 있다는 것이다.

※困卦 공부를 마치면서……

困은 인간 최대의 노력을 필요로 한다. 곧 이러한 노력이 困이므로 窮則通이라고 하였다. 정신 공부(敬, 觀 공부)를 하였다면 이 困의 정도는 공부의 수준에 따라서 달리 나타난다. 군자는 困에 처하면, 자기를 단련하고 시험하는 과정으로 여기지만, 소인이 困에 처하면 자포자기를 하여 스스로 타락한다. 비록 困卦의 상황에 처해 있더라도 낙담하지 않고 군자의 도로써 노력하면 吉로 나아갈 수 있음을 깨달아야 하겠다. 즉, 이 길을 열어 놓은 것이 바로 성인의 글이다.

水風井 ⑷六⑹

坎巽
上下

大 義

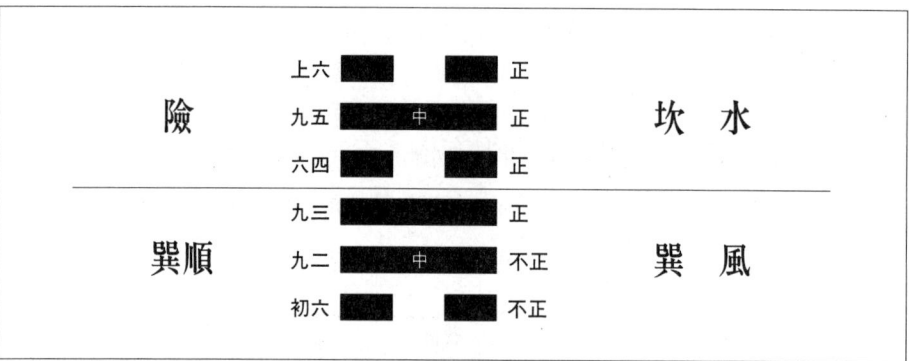

　　井卦는 ䷮困卦의 도전괘이다. 井은 우물이란 뜻으로 인간 사회에 없어서는 아니 될 중요한 것이다. 우물(井)은 인간과 밀접한 관계에 있으며,1) 또한 우물의 변화 발전 과정을 살펴서 인류 문화 발전의 척도로 삼을 수가 있다.

1) 「서괘전」에서 "困乎上者│必反下│라 故로 受之以井하고:위에서 곤란이 극에 도 달한 것은 반드시 아래로 돌아오기 때문에 정괘로써 받고"라 하였으니, 가장 밑에 있는 것은 지하수가 모인 것으로 곧 우물(井)이다.2) 井은 땅을 파고 상하에 나무

---

1) 사람이 거주하는 데는 물이 없으면 아니 된다. 국도의 변경(變更)에는 물의 有無와 淸濁을 보고 이 동하며 지금도 도시 건설에는 식용수와 공업 용수가 있어야 한다.
2) 「繫辭傳」下에서 "困은 窮而通하고:困은 궁하되 통하고"라 하였고, 「잡괘전」에서 "井은 通而困은 相 遇也│라:井은 통하고, 困은 서로 만나는 것이다"라고 하였다. 井이 통한다는 것은 자연 현상적으 로 지하수가 서로 상통되는 것에 비유할 수 있으며, 또한 困卦와 井卦가 표리(表裏) 관계에 있음을

로 井字 형태로 만들어 표시하였으니 이것이 우물(井)의 시초다.3)

2) 井卦는 고대 중국의 토지 제도로서 시행되었던 井田法의 근원(洛書의 원리)이 되었으며,4) 井은 '韓'자의 의미와 같은 성질이 있다. 즉, 井은 韓의 꼴에서 유추해 볼 수 있다. 그러므로 한국이 井卦의 뜻을 내포하고 있다고 보면, 앞으로 井卦와 같은 역할을 할는지도 연구해 보아야 할 문제이다. 也山 선생님은 「井田困義·序文」에서, 고조선 때 지금 한글의 원형이 되는 고한글의 제작 원리가 이 井의 象數理에서 비롯되었다고 하였다.5)

私田	私田	私田
私田	公田	私田
私田	私田	私田

井田法

3) 우물(井)은 인위적으로 지하수와 연결하여 그 곳에 고인 물을 퍼 올려 사용하는 것이지만, 결국 자연적으로 흐르는 지하수를 사용하는 것이므로 대자연을 인용하는 셈이다.6) 지하수 곧 샘은 임자가 없다. 또 이것을 이용하는 방법도 언제나 변함없을 것이며, 지하 샘물은 사용하면 할수록 더욱더 좋은 물이 나오고 더욱더 빛이 날 것이다.

4) 井卦는 의욕과 노력이 있는 자에게 大成을 약속하는 행운의 괘이다. 우물은 옮길 수가 없는 것이다.7) 이와 같이 시대의 흐름에 따라 윤리관이 바뀌고 문물 제도가 변화하여도 인간의 양심이라는 것은 변할 수가 없는 것이다. 인간의 양심, 즉 우물에서 무진장 善을 퍼 올릴 수가 있으며, 우물이라는 생명력의 원천에서 헤아릴 수 없는 에너지를 퍼 올릴 수 있는 것이다.

5) 井卦는 정치적인 면에서 나라 안의 유능한 인재에 비유되고 있다. 인재는 우물과 같다. 이것을 발굴하여 쓰면 쓸수록 새로운 인재는 생겨난다. 그러므로 이러한 인재가 쓰이게 되면 나라가 발전하는 것은 자명한 일이다.

6) 고대로부터 우물은 어느 특정인의 독점물이 아니었으며, 언제나 개방되어 있었다.

알 수 있다.

3) 아래 나무를 물구멍에 井字形의 참나무로 침목을 만들어 넣어 진흙 등 불순물이 우물물에 섞이지 않도록 하였다.

4) 『亞山의 周易講義』上 25쪽을 참조하라. (一岡註)

5) 이 井자를 신성시하여 어느 敎派에서는 敎旗로 사용하고 있으며, 또 井邑이 새로운 도읍이 될 것이라며 井자의 뜻을 크게 부각시키고 있는 사람도 있다.

6) 井은 靜的이며 인위적(인공샘)이고, 泉은 動的이고 자연적(자연샘)인 것이다.

7) 井과 鼎은 비슷한 점이 많다. 첫째, 퍼 올려서 먹는다는 것이고 둘째, 잘 이동을 하지 아니한다는 것이다. 즉, 우물은 不改井이며, 솥은 걸면 대대로 물려준다.

이는 인간 사회의 하나의 선량한 관습이기 때문이다. 우물을 통째로 들고 마시는 사람이 있을 수 없듯이 우물물을 그냥 먹을 수도 없다. 우물물을 두레박으로 퍼 올려서 먹어야 하는 것처럼 무슨 일이든지 차곡차곡 순서를 밟아서 행하여야 한다는 교훈을 주기도 한다.8)

7) 井卦는 四德(元亨利貞)이 없는 괘이므로 아무나 마음먹고 공부하고 노력하면 도통이 가능하다는 것을 암시해 주고 있다. 또 우물을 깊게 파야 좋은 물을 먹을 수 있는 것과 같이 한 곳을 깊게 파야만 진리를 알아 낼 수가 있는 것이다. 단, 우물이나 공부는 팔 자리에 파야 한다.

原文풀이

井은 改邑호대 不改井이니 无喪无得하며 往來ㅣ 井井하나니 汔至ㅣ 亦未繘井이니 羸其瓶이면 凶하니라

井은 고을은 고치되 우물은 고치지 못하니, 〈우물은〉 잃는 것도 없고 얻은 것도 없으며, 가고 오는 사람이 井井하니(내 우물로 먹으니), 거의 이름에 또한 우물에 닿지 못함이니, 그 두레박을 깨면 흉하다.

·井:우물 정 ·喪:잃을 상 ·汔:거의 흘(=幾) ·繘:두레박줄 율(귤) ·羸:여윌 리, 상할 리 ·瓶:두레박 병

總說

윗글은 井卦의 괘사이며9), 四德이 없는 글이다.10) 또 이 글은 성인의 마음과 성인

---

8) 우물에는 많은 애환이 담겨져 있다. 우물가 공론(公論)이라는 속담이 있듯, 우물은 아녀자들의 상호 대화와 의견 표시의 場이기도 하다.
9) 『주역』에서 井卦는 괘사가 긴 것 중의 하나이며, 또 괘사에 괘명이 제일 많이 들어가 있다. 즉, 상경의 坤卦는 괘사가 30자이며 괘명이 1번, 蒙卦는 괘사가 23자이며 괘명이 3번, 復卦는 괘사가 22자이며 괘명이 3번 사용되었고, 하경의 損卦는 괘사가 21자이며 괘명이 1번, 夬卦는 괘사가 20자이며 괘명이 1번, 萃卦는 괘사가 21자이며 괘명이 1번, 井卦는 괘사가 24자이며 괘명이 5번, 震卦는 괘사가 18자이며 괘명이 3번, 小畜卦는 괘사가 24자이며 괘명이 1번 사용되었다.
10) 井卦의 괘사에는 四德이 없다. 下經이 인사적이어서 四德이 없을 수는 있지만 인간의 삶은 水, 火의 조화 속에 있으므로 井은 인간 생활과 가장 밀접한 관계를 맺고 있으며, 이것 없이는 우리 또한 존재할 수가 없다. 井卦의 自然水는 우리에게 生命水라고 할 수 있으며, 또 누구든지 이 생명수를 노력하여 구하면 얻을 수 있다. 그러므로 井은 元亨利貞의 일정한 범주나 논리 속에 들어 있는 것이 아니기 때문에 井卦를 四德으로 한정지을 필요는 없는 것이다. 흔히 지식의 샘이니 앎의 원천이니

이 되는 방법을 말하고 있다.

各說

- 井은 改邑호대 不改井이니:우물은 지하수를 뽑아서 이용하고 있다. 이러한 방법은 古今을 막론하고 다를 바가 없으며 또한 변함이 없다. 즉, 고을의 이름이나 환경 등은 고쳐서 변형시킬 수는 있지만 우물의 지하수를 뽑아 쓰는 방법만큼은 고칠 수가 없다는 것이다. 형이상학적으로 井은 心이므로 이 마음은 고칠 수가 없다는 것이다. 그리고 은혜를 베풀어 많은 사람을 먹여 살려도 이 우물의 본성과 같이 변함없이 하라는 뜻도 있다.
- 无喪无得하며:우물물은 아무리 길러 내어도 마르지 않을 뿐더러 더 좋은 물이 나오고 또 그냥 내버려두어도 넘치지 아니한다. 즉, 中의 상태를 말하며, 사람에게 있어서는 도통 군자를 말한다.
- 往來ㅣ 井井하나니:우물물은 가는 사람도 내 것으로 먹고, 오는 사람도 내 것으로 먹으니 우물물은 주인이 없다. 청풍명월이 대자연으로서 임자가 따로 없듯이 대자연의 지하수로 이루어진 우물물은 누구나 이용할 수 있고, 사용하는 사람의 이용도에 따라서 그 값어치는 더욱 빛날 수 있다. 도학적인 측면에서 보면, 우물의 물은 쓰면 쓸수록 좋은 물이 나는 것처럼 도학이 높으면 높을수록 그 도학은 더욱 더 빛이 난다는 것이다.11)
- 汔至ㅣ 亦未繘井이니 羸其甁이면 凶하니라:①두레박줄이 우물물에 이르렀는데 퍼 올리지 못하고 두레박이 깨졌으니 흉하다. 즉, 사람의 心志가 굳지 못하고 중간에서 그만두면 그 결과는 흉하다는 것이다. ②井卦의 괘사는 왕도 정치의 장구함과 광대함에 비유하였고, 이 구절에서는 유덕한 사람이 없으면 이것을 이룰 수 없다는 것을 말하였다. 여기서 繘은 '율'로 읽지 않고 '귤'로 읽는다.

彖曰 巽乎水而上水ㅣ 井이니 井은 養而不窮也하니라 改邑不改井은 乃以剛中也ㅣ오 汔至亦未繘井은 未有功也ㅣ오 羸其甁이라 是以凶也ㅣ라

彖에서 말하기를 "물 속에 나무를 넣어서 물을 위로 올리는 것이 井이니, 井은 〈마

하는 말처럼 여학에서 말하는 井이 성질을 본받아서 공부하는 데나 養心하는 데에 써야 한다
11) 점서적 측면에서 보면, 井卦는 행운의 괘이긴 하지만 직업으로 물장사나 술장사로 대성할 수 있는 괘이다. 의학적으로 보면, 위장병 또는 술로 인해서 생기는 병으로 풀이할 수도 있다.

음을〉 길러서 다함이 없는 것이다. 改邑不改井은 이에 〈九二, 九五가〉 剛으로써 득중한 때문이요, 汔至亦未繘井은 공이 미치지 못하는 것이요, 羸其甁이라 이로써 흉한 것이다"고 하였다.

· 巽:손괘 손 · 乎:~에 호 · 養:기를 양 · 窮:다할 궁 · 是:이 시, 옳을 시

總說

윗글은 井卦의 「단사」이다.

各說

- 巽乎水而上水ㅣ:巽은 오행으로 木이고 坎은 水가 된다. 나무(木)로 만든 용기로 지하의 샘물을 지상에서 이용하게끔 퍼 올리는 것이다. 즉, 두레박으로 우물물을 퍼 올리는 것이다.
- 養而不窮也하니라:井卦의 德을 말한 것이다. 인사적으로 볼 때 井道의 이치와 같이 한량없는 지식의 저장이 있으므로 지식이 많으면 많을수록 또 사용하면 사용할수록 빛이 더욱더 밝게 나고 무궁무진해진다는 뜻이다.
- 乃以剛中也ㅣ오:괘상으로부터 구이, 구오효의 중용지도, 중용지덕이 항상 있음(有常)을 비유하였다.
- 羸其甁이라 是以凶也ㅣ라:①지하수는 지상에 올라와서 사용하는 데에 빛이 나는 법이다. 두레박을 깨는 바람에12) 우물물을 사용치 않게 되었으니 흉할 수밖에 없다. 즉, 立志를 세워서 끝까지 밀고 나아가지 아니하면 결과적으로 좋지 못하다는 것이다. ②병이 깨졌다는 말에서, 문왕 당시에 옹기로써 두레박을 만들어 사용했음을 추리하여 볼 수 있다.

象曰 木上有水ㅣ 井이니 君子ㅣ 以하야 勞民勸相하나니라

象에서 말하기를 "나무 위에 물이 있는 것이 井이니, 군자가 이로써 백성을 위로하고 서로 돕는 것을 권한다"고 하였다.

· 勞:일할 로 · 勸:권할 권 · 相:서로 상

---

12) 증산교(甑山敎) 開祖 강일순(姜一淳)의 제자 차경석(車京石)은 전라도 井邑에서 보화교(普化敎, 1922년 普天敎로 개칭)를 창건하고, 仁義와 敬天을 교지(敎旨)로 삼고 井자 상투를 틀고 큰 갓을 써 예의를 갖추었다. 차경석이 죽은 뒤 보천교는 邪敎로 규정되어 해산되었다. 바로 이 차경석을 羸其甁에 비유할 수 있다.

總說

윗글은 井卦의 「대상」이다. 우물의 이치를 본받아서 왕도 정치를 베푼다는 내용이다.

各說

- 木上有水ㅣ:「단사」의 "巽乎水而上水"와 같은 뜻으로 쓰인 말로서 井卦의 상을 보고 한 말이다. 하괘 巽卦가 木이고, 상괘 坎卦가 水이므로 두레박으로 우물물을 퍼 올리는 형상이라고 할 수 있다.
- 勞民勸相하나니라:임금이 백성을 근로시키고 서로 돕고 권하도록 한다. 또는 임금이 백성에게 특별한 지도를 하는 것을 말한다. 즉, 임금이 井田法으로써 지도하여 경제 발전을 꾀하는 것이다. 여기서 '勞民'은 임금이 백성을 위하여 공복(公僕)이 된다는 뜻도 있다. '勸相'은 임금이 백성에게 여러 가지 형상을 권하는 것이다. 즉, 각 지방의 책력과 지질과 기후를 잘 알아서 그 지방에 알맞도록 작물과 식물 등을 백성에게 권하고, 서로 돕도록 하는 것이다. 또 백성이 임금의 혜택을 받았다면 서로서로 권하여 임금의 은혜에 보답하는 것이라고도 볼 수 있다. 그리고 勞民과 勸相은 困卦「대상」의 致命과 遂志와 같은 의미로 부합된다고 할 수 있다.

  예)象曰 澤无水ㅣ 困이니 君子ㅣ 以하야 致命遂志하나니라 (困卦「大象」)
  象에서 말하기를 "못에 물이 없는 것이 困이니, 군자가 이로써 천명에 이르러 〈자기의〉 뜻을 이루는 것이다"고 하였다.

初六은 井泥不食이라 舊井에 无禽이로다

初六은 우물〈물〉이 흐려서 먹을 수가 없다. 옛 우물에 새가 없도다.
·泥:흐릴 니, 진흙 니 ·舊:예 구, 오래 구 ·禽:날짐승 금

總說

초육효는 부정위이고 육사효와 상비 관계이다.

各說

- 井泥不食이라:조금 파다가 그만 둔 우물이어서 물이 진흙으로 흐려져서 먹을 수가 없다. 따라서 자기의 구실을 다 못하는 우물이다. 초육효는 자리(位)가 부정위이므로 부정한 우물이다.

- 舊井에:사람이 사용하지 아니하는 버려진 샘(우물)을 뜻한다. 물이 좋아 자주 이용하는 것을 일러 새 샘이라고 하며, 먹지 못해서 버려진 샘을 헌 샘(舊井)이라고 한다.
- 无禽이로다:물이 좋지 못해 폐정(廢井)이 되었으니 새들도 먹으러 오지 않는다. 즉, 눈먼 새들도 물이 좋지 않으면 돌아보지 않는다고 한다.

象曰 井泥不食은 下也ㅣ새오 舊井无禽은 時舍也ㅣ라

象에서 말하기를 "井泥不食은 아래에 있기 때문이요, 舊井无禽은 때로 〈쓰지 아니하고〉 버려 두었기 때문이다"고 하였다.
· 時:때 시, 때에 시 · 舍:버릴 사(＝捨)

各說

- 下也ㅣ새오:초효는 육효 중에 가장 아래에 위치하므로 조금 파다 그만 둔 샘(우물)이다. 가장 밑에 있는 아랫물은 진흙이 섞여 있어서 잘 먹을 수 없기 때문에 맑은 윗물을 먹어야 한다.

九二는 井谷이라 射(석)鮒ㅣ오 甕敝漏ㅣ로다

九二는 우물의 곡혈(谷穴)이 있으나, 붕어만 쏠 뿐이요 독이 깨져서 새도다.
· 谷:골짜기 곡 · 射:쏠 석, 쏠 사 · 鮒:붕어 부 · 甕:독 옹, 단지 옹 · 敝:깨질 폐 · 漏:샐 루

總說

구이효는 부정위이며 구오효와 상비 관계이므로 조화가 없다. 구이효 역시 초육효처럼 부정한 우물이다.

各說

- 井谷이라:샘물이 골짜기에서 조금씩 솟아나는 谷穴이 있는 형태이지만, 물의 양이 너무 적어서 붕어 같은 미물만 놀 수 있는 정도이고 사람이 먹고 이용할 정도는 아니다.
- 射鮒ㅣ오:'鮒'를 여러 『주역』 해석서에서는 붕어 등으로 풀이하지만, 정이천은 「傳」에서 "鮒는 或以爲蝦하고 或以爲蟆이니 井泥中微物耳라:鮒는 혹 개구리로 생

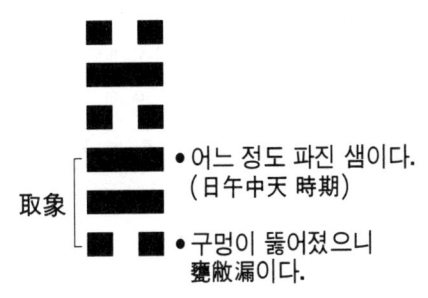

각되거나 혹은 두꺼비로 생각되니 흙탕물에서 생활하는 미물일 뿐이다"고 주석하였다.

- 甕敝漏ㅣ로다:독이 깨져 물이 새어 나오는 것과 같다는 것이다. 구이효의 상이 괘사에서 말하는 羸其甁(=甕敝漏)과 같은 凶의 상이다.

象曰 井谷射鮒는 无與也ㄹ새라

象에서 말하기를 "井谷射鮒는 함께 함이 없기 때문이다"고 하였다.

各說

- 无與也ㄹ새라:구이효가 부정한 초육효와 相交하고 응 관계인 위의 구오효와는 함께 하지 않기 때문이다.

九三은 井渫不食하야 爲我心惻하야 可用汲이니 王明하면 並受其福하리라

九三은 우물이 깨끗하되 먹어 주지 아니하여, 내 마음이 슬프게 되어, 가히 물을 길어 쓸 만 하니, 왕이 밝으면 아울러 그 복을 받을 것이다.

· 渫:깨끗이 할 설, 칠 설 · 惻:슬퍼할 측 · 汲:물기를 급 · 並:아우를 병, 함께 할 병 · 受:받을 수

總說

구삼효는 정위이며 상육효와 정응 관계이다.

各說

- 井渫不食하야 爲我心惻하야:①물이 깨끗하여 먹을 만한 상태이지만 사람들이 아직 잘 모르고 먹지 않으니 내 마음이 슬프다는 뜻이다. ②'不食'을 인사적으로 풀이하면, 세상 사람들이 자기를 알아주지 아니하고 임금이 자기를 등용해 주지 아니한다는 뜻이다. '爲我心惻'은 井渫不食의 결과이다.
- 可用汲이니:우물물을 퍼서 먹거나 써(등용하여) 주었으면 좋겠다는 뜻이 담겨 있다.

● 王明하면 並受其福하리라 : ①구오효 임금의 명철한 판단이 있어 草野에 있는 현철한 자를 등용할 줄 안다면, 그 복을 임금과 내가 아울러 받게 될 것이다. ②本性을 닦아 이치를 알고 덕을 많이 쌓는다면 언젠가는 반드시 세상 사람들이 자기를 알아줄 때가 오는 법이며 또한 복록까지도 누리게 된다는 것이다. 중국 남양 땅의 才士였던 제갈양이 초야에 묻혀 있었지만 유현덕이 이를 발견하여 軍師로 등용한 사실은 좋은 예가 된다.13) 사람이 호흡할 때, 들이쉰 숨은 내쉬어야 하듯이 준비한 자에게 좋은 기회가 오는 것은 대자연의 이치이다.

象曰 井渫不食은 行을 惻也ㅣ오 求王明은 受福也ㅣ라

象에서 말하기를 "井渫不食은 행함을 슬프게 하는 것이요, 求王明은 복을 받는 것이다"고 하였다.

各說

● 行을 惻也ㅣ오 : 정이천의 「傳」에서 이 구절을 주석하기를 "우물을 준설하였으나 사람들이 먹지 아니하므로 자신(구삼효)이 그 실행하지 못함을 슬퍼한다"고 하였고, 주자의 「본의」에서는 "깨끗한 우물인데 사람들이 먹지 아니하므로 행객들이 슬퍼한다"고 하였다.

예1) 井渫治而不見食은 乃人有才知而不見用이니 以不得行으로 爲憂惻也라 旣以不得行으로 爲惻則豈免有求也리오 故로 求王明而受福이니 志切於行也라
(『周易傳義大全』 九三 「小象·傳」)
〈자신이〉 우물을 쳐내었으나 〈남들이 우물물〉 먹는 것을 보지 못함은 바로 사람이 재주와 지혜를 가졌으나 등용됨을 보지 못한 것이니, 〈자신의 능력이〉 행하는 것을 얻지 못하기 때문에 근심과 슬픔이 된 것이다. 이미 〈자신의 능력이〉 행함을 얻지 못하기 때문에 근심과 슬픔이 되었다면 어찌 구하는 것(등용)을 면할 수 있겠는가! 그러므로 왕의 현명함을 구해서 복을 얻음이니 뜻이 〈자신의 능력을〉 행하는데 절실한 것이다.

예2) 行惻者는 行道之人이 皆以爲惻也라 (『周易傳義大全』 九三 「小象·本義」)
行惻이라는 것은 길가는 사람이 다 〈구삼효를〉 위해서 슬퍼한다는 말이다.

---

13) 大夢誰醒覺 草堂春睡足 平生我自知 窓外日遲遲 (諸葛亮의 詩)

六四는 井甃ㅣ면 无咎ㅣ리라

六四는 우물을 치면 허물이 없을 것이다.
· 甃:벽돌담 추, 수리할 추

總說

육사효는 정위이지만 초육효와 상비 관계이다.

各說

● 井甃ㅣ면 无咎ㅣ리라:우물을 새롭게 청소하여 단장하는 것이 井甃이다. 이렇듯 자기 자신(육사효)을 새롭게 하여 강건중정한 구오효 군위를 잘 보필하면 허물이 없다는 것이다. 또한 四爻는 대신의 지위이므로 군위인 五爻를 잘 보필하여야 할 의무가 있다.

象曰 井甃无咎는 修井也ㄹ새라

象에서 말하기를 "井甃无咎는 우물을 수리하였기 때문이다"고 하였다.
· 修:고칠 수, 닦을 수

各說

● 修井也ㄹ새라:우물 속을 수축(修築)하여 우물물을 깨끗하게 한다는 것이다.

九五는 井洌寒泉食이로다

九五는 우물이 〈맑고〉 차서 찬 샘물을 먹는다.
· 洌:맑을 렬, 찬샘 렬, 차울 렬 · 寒:찰 한 · 泉:샘 천

總說

구오효는 군위로서 정위이며 득중이고 주효이다. 따라서 우물 중에서 가장 좋은 샘물을 가지고 있으므로 만인에게 혜택을 베풀 수 있는 형상이다.

各說

● 井洌寒泉食이로다:'井洌'은14) 인공으로 판 찬 샘을 말하며, 寒泉食은 흘러가는 자

연수의 찬물을 말한다. 따라서 이 물이 인간의 食用이 되는 것이다.

象曰 寒泉之食은 中正也일새라

象에서 말하기를 "寒泉之食은 득중과 득정이 되었기 때문이다"고 하였다.

上六은 井收勿幕고 有孚ㅣ라 元吉이니라

上六은 우물물을 먹고 나서 뚜껑을 덮지 않고 정성을 다함이라. 원래부터 길하다.
· 收:거둘 수   · 幕:덮을 멱, 덮개 멱

總說

상육효는 정위로서 구삼효와 정응 관계이다.

各說

- 井收:우물물을 퍼 올려서 먹는 것을 말한다. 즉, 완전히 성공한 샘이다.
- 井收勿幕고:①우물물을 길러 내어 먹고 나서 뚜껑을 덮지 아니한다는 것은 往來井 井의 道를 유지하기 위한 井의 本性 때문이다. 샘에 뚜껑을 열어 놓고 물을 퍼 가는 것을 사람이 공부하는 데 비유할 수 있다. 즉, 지식은 샘물과 같은 것이어서 사용하고 활용할수록 더욱더 빛이 나고 넘쳐서 흐르는 법이다. 그래서 더욱더 참신한 지식 공급이 가능할 수가 있다는 것이다. ②괘상으로 보면 상육효는 음효이므로 뚜껑이 열려 있는 모습이다. 또한 상육효는 왕위가 아니고 王師의 자리이므로 공자와 같은 사람을 상징할 수 있다.

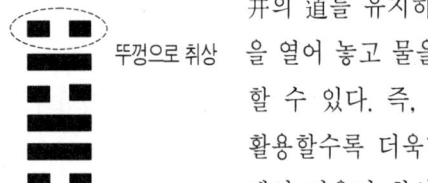
뚜껑으로 취상

- 有孚ㅣ라:우물의 뚜껑을 닫지 아니하고 계속적으로 사용하는 것은 대자연의 법칙에 따라 无喪无得의 이치라고 할 수 있다. 즉, 至善을 계속적으로 행하는 것을 말한다.
- 元吉이니라:『역경』64괘 중에서 상육효사에 元吉이라고 쓴 구절은 井卦 이외는 없다. 공자나 제갈양 등에 준하는 인물이 왕위의 上座에 國師(王師)로 있다면 元吉이라고 할 수 있다. 이러한 결과로써 「소상」에서 말하는 大成이 될 수 있다.

---
14) 경북 안동의 도산서원 입구에 '洌井'이라는 우물이 있다.

예)上九는 鼎玉鉉이니 大吉하야 无不利니라 (鼎卦 上九爻辭)
　　上九는 鼎이 옥고리이니, 크게 길해서 이롭지 아니함이 없다
　　[설명]鼎卦에서 상효를 가장 좋은 효로 취급하였는데, 이는 우물물과 솥의 음식은 꺼내어 먹는 것을 功으로 여기기 때문이다.

　　　　道通君子────井收勿羃────聖 人────大自然

象曰 元吉在上이 大成也ㅣ라

象에서 말하기를 "元吉在上이 크게 이루는 것이다"고 하였다.

各說

● 大成也ㅣ라:元吉은 大聖人으로서 수양된 사람이 아니면 될 수가 없다. 공자의 위패(位牌)를 모신 향교(鄕校)의 현판(懸板)에는 '大成殿'이라고 쓰여 있으며, 또 공자의 칭호 "大成至聖文宣王"은 井卦와 같이 往來井井하고, 无喪无得한 心性과 井道의 위대한 대자연 법칙을 간직하고 있음을 뜻하고 있다. 성인은 至善으로 一貫하여 나아가는 사람이요, 이것이 元吉이다. 또 이 元吉을 항상 간직하고 있는 것이 성인의 경지이다.

※ 井卦를 여러 측면에서 고찰할 수 있다. 그 중에서 지식의 축적 정도나 대자연에 대한 활용도 등에서 고찰하여 보면 다음과 같다.
· 初六은 井泥不食이라 舊井에 无禽이로다:공부하여도 알아주지 않고, 버려진 우물이니 대자연에 대한 이용도가 우리 인간에게 미치는 바가 전혀 없다는 것이다.
· 九二는 井谷이라 射鮒ㅣ오 甕敝漏ㅣ로다:조금 진보된 상태이고, 대자연에 대한 다소의 이용도는 있으나 자원의 궁핍을 뜻하고 있다.
· 九三은 井渫不食하야 爲我心惻하야 可用汲이니 王明하면 並受其福하리라:공부가 조금 된 상태이고, 대자연의 자원이 개발되는 뜻이다.
· 六四는 井甃ㅣ면 无咎ㅣ리라:자기 자신의 지식에 대한 성찰을 뜻하고, 자원의 보호를 뜻한다.
· 九五는 井洌寒泉食이로다:공부가 다 되어 있는 상태다. 따라서 자원이 잘 개발되어 경제가 풍성하게 되어 있는 상태를 말한다.

・上六는 井收勿幕고 有孚ㅣ라 元吉이니라 : 풍부한 지식을 가지고 있는 철인, 대인 혹은 어느 누구라도 미래를 예지하며 도에 통달하였다면, 우물이 뚜껑을 닫지 않고 많은 사람에게 맑고 찬 물을 공급하듯이 지식의 문을 열어 놓으라는 것이며, 또한 풍부한 자원을 혼자 독점하지 말고 분배를 공정하게 하여 「대상」에서 말하는 "勞民勸相"의 정신을 가지도록 한다는 것이다.

☱☲ 澤火革 (四十九)
兌離
上下

大義

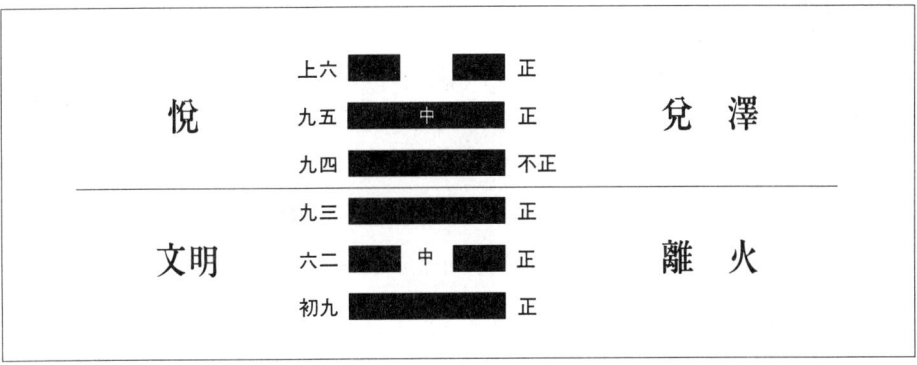

革은 革新, 革命의 뜻으로 改革된다는 의미를 가지고 있다. 이 變革은 水火의 不相雜, 不相離의 원리에 따라 이루어진다.

1) 「서괘전」에서 "井道ㅣ 不可不革이라 故로 受之以革하고;우물의 도는 변혁하지 않을 수 없기 때문에 혁괘로써 받고"라고 하였다. 우물이라는 것은 오래 사용하게 되면 불결하게 되어 좋은 물을 먹을 수 없게 된다. 이것을 바로잡기 위하여 우물을 고친다든지 아니면 우물 안의 물을 퍼 올리는 방법으로 우물을 친다. 즉, 우물의 형태는 그대로 두고 내부에 있는 모든 것을 혁신시키는 것을 革이라고 한다.

2) 「잡괘전」에서 "革은 去故也ㅣ오 鼎은 取新也ㅣ라;革은 낡은 것을 버리는 것이요, 鼎은 새 것을 취하는 것이다"고 하였다. 즉, 잘못된 병폐를 제거하는 것이 革이며, 새로운 것으로 변화시켜 바꿔 버리는 것은 鼎의 사명이다. 革은 반드시 그 이전에

정치적, 사회적, 경제적, 종교적으로 문제점이 있기 때문에 정추(井甃:우물을 수리함)를 하는 형태라 할 수 있다.

革 卦 — 물리적인 변화 — 형이하학적
鼎 卦 — 화학적인 변화 — 형이상학적

3) 革의 괘상에서 상괘 ☱兌는 少女, 하괘 ☲離는 中女이다. 두 여자가 한 집에서 동거하고 있으나 각각 출가하게 되면 생각과 뜻이 서로 달라진다. 이러한 것을 革이라고 말할 수 있다. 革이 이루어지기 위해서는 많은 고통이 따를 뿐만 아니라 同人이 되어야 하며 시기 또한 중요하다. 『주역』 상하경을 통틀어 12時가 있는데 그 중 革卦에도 時가 하나 들어 있다.

4) 革卦는 상괘가 ☱兌一澤(止水)¹⁾이고 하괘가 ☲離一火로서 澤中有火의 象이다. 水火는 相剋의 관계이지만 不相雜, 不相離이다. 이렇게 水火로 上下가 대치되어 물은 불을 없애려 하고 불 또한 물을 없애려고 하는 현상이 곧 革이다. 또한 水火는 革의 원동력이 된다.

5) 오행으로 볼 때 革은 水火가 아니면 안되지만 그 이면에는 金이 없이는 革이 실패하게 된다.²⁾ 金은 武力을 뜻하고, 千古 이래로 무력으로 이룩되지 아니한 革은 있지 아니하였으며 金이 주동적인 역할을 했다. 兌爲金이니 澤火革 속에는 金이 내포되어 있다. 또한 우주 대자연의 변화 속에서, 특히 선후천의 변화 속에서 金火의 변화가 곧 자연의 변화로 나타나고 있다.

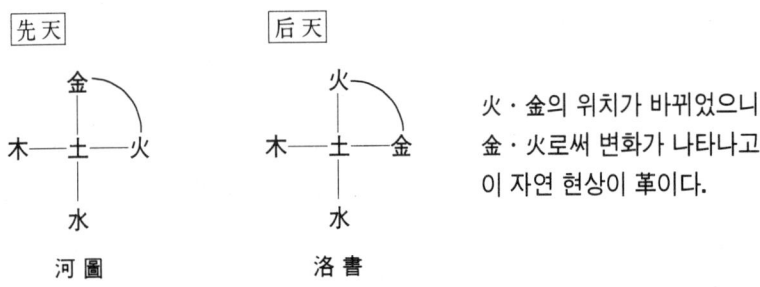

火·金의 위치가 바뀌었으니
金·火로써 변화가 나타나고
이 자연 현상이 革이다.

---

1) ☵坎과 ☱兌는 오행상으로 같은 水이지만 坎은 流水이며, 兌는 止水이다.
2) 八卦를 오행으로 분류하여 보면, 乾과 兌는 金이 된다.

6) 革은 가죽(皮革)이라는 뜻도 있다. 가죽은 많은 사람들에게 생필품으로 공급되는 것으로서 火氣가 있으면 가죽이 변하게 되지만 가죽의 원래 형태는 변하지 아니한다. 이러한 원리가 革卦의 이치에 인용된 것이다.

7) 革新 내지는 改革이라고 하는 것은, 형이상학적으로 본다면 惡을 몰아내고 善을 드러내어 놓는 것을 뜻한다고 할 수 있다. 즉, 不正을 正으로, 不善을 善으로, 不義를 正義로 나아가는 사회를 만드는 과정이 革이다. 형이상학적인 革은 不善에서 善으로 공부하는 과정을 말하며, 형이하학적인 革은 그것을 행동에 옮기는 것이다. 따라서 우리는 모두가 革 속에서 생활하고 있다고 할 수 있다. 우리가 부르짖는 정의 사회와 복지 사회가 되려면 형이하학적인 변화보다 형이상학적인 변화가 있은 뒤에 변혁이 되어야 한다. 그러므로 정신 교육 강화가 요구되고 있다. 易을 공부하는 역학도가 관찰해야 할 것은 마음의 흐르는 방향이 어떻게 흘러가고 있는지, 善과 不善, 正과 不正, 나아가 남자와 여자의 마음의 향방을 포착할 줄 아는 예지감이 있는지, 또 天心이 어디에 있는지, 그 시기는 어느 때인지를 명철하게 알도록 노력하고 연구해야 한다.

8) 유교는 혁명을 싫어하고 상하의 신분 관계를 중시한다. 보수적이라고 할 수 있지만, 五倫과 五常의 德目을 인간이 살면서 지켜야 할 最高의 것 중의 하나로 믿고 있다. 특히 군주의 존엄성과 군주에 대한 신하와 백성의 충성의 의무는 신분 질서 가운데에서도 가장 으뜸이 된다. 따라서 이러한 질서를 뒤덮어 버리는 下剋上의 형태로 수행되는 혁명을 유교에서 싫어하는 것은 당연한 것이다. 그러나 유교의 최고 경전인『주역』은 이러한 혁명을 긍정하는 논리를 싣고 있다. 이것은 분명히 유교의 교리상 모순이지만 이 모순을 합리화하는 것이 天命思想論이다. 유교의 정치사상은 天命思想을 바탕으로 하여 성립한다. 天命이란 하늘 곧 대자연의 명령이며, 우주 만물을 창조하고 주재하는 것은 하늘(上帝)이라고 생각하는 것이다. 『중용』에서 "天命之謂性이오……:하늘이 명령한 것을 일러 性이라 하고……"(第1章)라고 하였듯이, 사람의 모든 것은 하늘의 명령에 의하지 않는 것이 없으며, 천명은 완전하고 바르고 선하며 무한히 생성하고 변화하면서 발전해 나간다. 사람은 이 명령을 순순히 따를 뿐이다. 사람은, 하늘을 축소한 존재라고도 하고 또 小宇宙라고도 한다. 따라서 사람을 연구하는 것은 곧 우주를 연구하는 행위라고 힐 수 있다. 이렇게 되면 天道・地道・人道의 원리가 다른 것이 아니라 같다고 보는 이론에 도달한다. 그래서 하늘은 사람을 통하여 인간에게 하늘의 의사를 수행

하도록 하는 것이다. 이것이 바로 人乃天思想이다.
9) ①王道政治의 이념은 天命思想에 그 근거를 두고 있다. 天命을 받아 천하를 다스리는 사람을 天子라고 한다. 天子3)는 곧 제왕으로 군림하여 하늘의 명령을 받은 선택된 지도자로서 하늘을 대행하여 하늘의 뜻으로 백성을 다스린다. 제왕은 하늘의 뜻에 어긋나는 정치를 하면 천명을 잃게 된다. 이것은 곧 하늘이 천자(제왕)를 파면시키는 것이며 따라서 천하를 잃게 되는 법이다. 그러므로 제왕은 언제나 민심의 향방을 잘 살펴서 자기 자신을 수양하고 반성하며 하늘이 준 天賦之性 곧 善性을 발휘하고, 德으로 천하에 선정을 베풂으로써 천명을 유지하여야 한다. ② 유교에서 구체적으로 혁명을 긍정하고 예찬한 것은 湯王과 武王이 일으킨 혁명이 두 번 있을 뿐이다. 천명을 어기고 학정(虐政)으로 백성을 괴롭혀 민심을 잃은 자는 천명을 잃은 자이다. 이때 새로이 천명을 받은 자가 하늘을 대신하여 혁명을 수행할 수 있다는 것이다. 첫째의 예로, 夏나라 최후의 제왕인 桀王이 음란하고 포악무도하여 백성을 몹시 괴롭혔기 때문에 그 당시 제후의 한 사람인 은나라의 湯王이 걸왕을 쫓아내고 스스로 천자가 된 사건이다. 둘째의 예로, 은나라 최후의 제왕인 紂王은 전형적인 폭군으로 백성을 도탄에 빠지게 하고 학정으로 백성을 괴롭혔기에 그 당시 제후의 한 사람인 周나라 武王이 이를 쳐서 멸망시키고 스스로 천자가 된 사건이다. 결과적으로 걸왕과 주왕은 포악한 군주의 표본적인 존재이며, 탕왕과 무왕은 성군의 표본으로 추앙되는 이상적인 제왕인 것이다. 이와 같은 두 차례의 혁명은 하늘의 뜻으로 사람이 단독으로 행한 것이 아니다. 그것은 천명을 받은 탕왕이나 무왕이 하늘의 뜻을 구체적으로 수행한 天使로서 그 임무를 대행한 것이지 下剋上이나 以臣伐君은 아니라는 것이다. ③맹자는 齊宣王과의 대화에서 두 차례의 탕무혁명을 다음과 같이 평하였다.

   예)賊仁者를 謂之賊이오 賊義者를 謂之殘이오 殘賊之人을 謂之一夫니 聞誅一夫紂矣오 未聞弑君也니라 (『孟子』「梁惠王」)
   仁道를 해치는 자(포악무도를 일삼는 자)를 적이라고 하고, 의리를 해치는 자(불의를 자행하는 자)를 잔이라고 하고, 잔적의 행위를 하는 자(윤리 도덕을 해치는 자)를 한 지아비라고 하니, 한 지아비인 주를 쳐부수고 베었다고는 들었으나 임금을 시해했다는 말은 아직 듣지 못하였습니다.
   [설명]맹자는 위와 같이 탕무의 易姓 혁명을 합리화시켰다. 왕위란 신성 불가침의

---
3) 위의(威儀)로서 萬乘之家란 천자가 말 만 필을 쓸 수 있다는 것이며, 千乘之家란 제후왕이 말 천 필을 쓸 수 있다는 것이며, 百乘之家란 대신, 정승 지위에 있는 귀족이 말 백 필을 쓸 수 있다는 것이다.

존재인 만큼 이것을 유교에서는 천명사상으로 표현하고 서양에서는 왕권신수설(王權神授說)로 표현한다. 즉, 혁명이란 잔악한 것을 쳐부수고 선으로 바꿔 놓는 왕권 교체의 행위를 일컫는 것이지, 단순히 왕권 탈취만을 목표로 한 실력 행사는 아니라는 것이다. 단순히 권력욕에 눈이 어두워서 지엄한 통치권을 탈취하는 것은 반란이며, 이것은 반란죄에 해당하므로 엄히 다스려야 한다. 따라서 최고 통치자는 천명사상에 입각하여 왕도정치의 이념인 德治(忠과 仁)로써 백성을 다스려야 한다. 『서경』의 「요전」과 「순전」은 仁을 바탕으로 한 덕치의 표본이다.

原文풀이

革은 巳(이)日이라야 乃孚하리니 元亨코 利貞하야 悔ㅣ 亡하니라

革〈命〉은 이미 그 날이라야 이에 믿어지리니, 〈혁명 뒤에는〉 크게 형통하고 〈마음이〉 곧아야 이롭고 뉘우침이 없다.

·革:고칠 혁 ·巳:이미 이 ·孚:참되고 믿음성 있을 부 ·悔:뉘우칠 회 ·亡:망할 망

總說

윗글은 혁괘의 괘사이다. 혁괘는 四德이 다 들어 있는 괘이다. 革命은 大道로 천명을 받아서 성취해야 하며, 一朝一夕에 행하는 것이 아니라 時中이 되어야 한다. 혁명은 마땅할 때에 일으켜야 세상 사람들에게서 혁명의 참된 성의를 인정받게 되는 것이다.

各說

● 巳(이)日이라야: ① 고쳐야 할 때, 혁명을 하고자 정한 그 날(定日), 혁명한 날을 뜻한다. 혁명한 날이 지났을 경우는 그 혁명이 성공했을 때를 巳日이라고 한다. ② 고대에는 巳, 己, 巳를 동일하게 사용하였으므로 이 巳日을 세 가지 측면으로 설명할 수가 있다. 첫째, 巳는 過事語辭(이미 이), 卒事之辭(말 이)의 의미와 뿐, 따름 등으로 해석되어 진다. 둘째, 天干으로 따져 본다면 巳는 己(몸 기)가 된다. 己는 후천의 시초로서 선천에서 후천으로 利涉大川을 완전히 한 상태가 천지 변혁의 관점에서 巳日이 된다. 셋째로 地支에서 말하는 뱀, 巳가 된다. 즉, 음양이 변화되는 시기가 巳日이다. 革은 時가 중요하다. 따라서 天干과 地支의 글자를 사용하

였으며, 「단사」에서 "革之時ㅣ 大矣哉라"고 하여 時를 재삼 강조하였다.

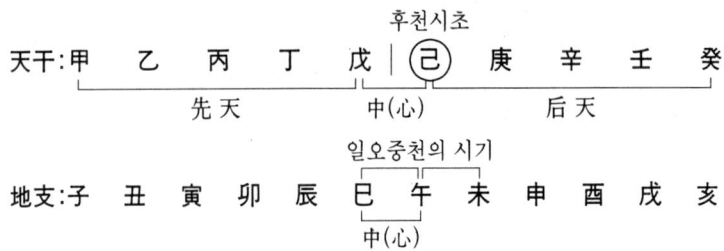

- 乃孚하리니 : 반드시 已日乃孚가 되어야 한다. 혁명은 성공하면 군왕으로 추앙 받지만, 실패하면 역적으로 몰리기 때문이다. 따라서 已日이 있고 난 다음에, 곧 혁명이 성공된 연후에 비로소 믿을 수 있다는 것이다.
- 元亨코 利貞하야 悔ㅣ 亡하나라 : 혁명에 대하여 온 백성이 갈망하고 한 사람의 반대도 없는 것을 元亨利貞이라고 할 수 있으며[4], 悔亡은 그 결과론이다. 또 혁명을 하는 사람의 마음가짐이 혁명 전이나 뒤나 元亨利貞(仁禮義知)의 四德을 지니고 있어야 한다는 뜻이다. 이 중 하나라도 결여되어서는 우주 대자연으로 이룩되어지는 혁명이 아니므로 후회가 생긴다는 것이다. 이 구절에 참고할 수 있는 효사를 인용하면 다음과 같다.

  예) 九五는 休否라 大人의 吉이니 其亡其亡이라아 繫于苞桑이리라 (否卦 九五爻辭)
  九五는 비색한 것을 쉬게 하는 것이다. 대인의 길함이니 그 망할 듯 망할 듯한 때라야 뽕나무를 〈꼼짝 못하게〉 뿌리째 묶어 두는 것이다.

  [설명] 소인들이 망하는 징조의 표현이다. 이를 休否라고 하였다. 大人은 많이 아는 사람을 뜻하는 것으로 소인의 자멸 시기를 아는 사람이며, 其亡其亡은 어떤 시기를 말해 주는 구절이다. 비색한 때가 그 극에 달했으니 모든 사람들의 입에서 망할 것이라는 말이 자주 입에 오르내리는 형상을 뜻한다. 이러한 때가 되면 군자가 출현하여 소인들의 무리를 발본색원하여 세상을 바로잡게 된다. 繫는 꼼짝 못하게 묶어 둔다는 뜻으로, 모든 소인배를 꼼짝 못하게 묶어 두는 것을 의미한다. 또 苞는 지상에 나타난 것으로 형이하학적인 의미로 썼고, 桑은 지하에 얽혀 있는 것으로 형이상학적인 것을 의미한다. 이것은 온 천하에 얽혀 있는 소인들을 뜻하기도 한다.

---

[4] 탕왕 당시 백성이 걸왕의 폭정에 시달려서 "時(是)日은 害(曷)喪고 予及汝로 偕亡이라 : 이 해는 언제나 없어질 건가? 우리는 너와 함께 망해 버렸으면 좋겠다"고 말하였다. 이렇듯 폭정에 시달린 나머지 빨리 나라가 망하기를 원하는 소리가 나는 때가 元亨利貞이다. 무왕 당시에는 백성이 주왕의 학정에 못 이겨서 "東征西怨, 西伐東怨"이라는 노래를 불렀다. 이러한 백성의 갈망이 곧 元亨利貞이다.

彖曰 革은 水火ㅣ 相息하며 二女ㅣ 同居호대 其志不相得이 曰革이라 已日乃孚는 革而信之라 文明以說하야 大亨(형)以正하니 革而當할새 其悔ㅣ 乃亡하니라 天地ㅣ 革而四時ㅣ 成하며 湯武ㅣ 革命하야 順乎天而應乎人하니 革之時ㅣ 大矣哉라

象에서 말하기를 "革은 물과 불이 서로 상교하면서 싸우며, 두 여자가 함께 살아도 그 뜻을 서로 얻지 못함이 革이다. 已日乃孚는 혁명을 해야 신뢰하는 것이다. 문채나고 밝음으로써 기뻐하여, 크게 형통하고 바르니, 혁명하여 이에 마땅함에 그 뉘우침이 이에 없을 것이다. 하늘과 땅이 변혁하여 四時가 이루어지며, 탕왕과 무왕이 혁명을 일으켜서 하늘에 순종하고 사람에게 응하니, 〈이로써〉 혁명의 시기가 크도다"고 하였다.

· 息:쉴 식 · 居:있을 거, 살 거 · 信:믿을 신 · 說:기쁠 열 · 湯:넘어질 탕 · 武:굳셀 무

總說

윗글은 혁괘의 「단사」이다.

各說

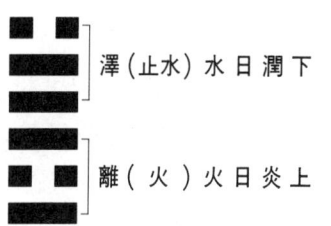

● 革은 水火ㅣ 相息하며:水火는 서로 공존하고 상교하면서도 서로 싸우고 있다. 이렇게 싸우면서도 떠나지 못하는 것은 서로가 살아남기 위해서이다. 이러한 형이하학적인 이론이 革이다. 水火는 不相雜, 不相離라고 하였으나 水火 중 어느 한쪽으로 그 세력이 강대해지면 변혁이 오기 때문에 조절을 잘하여야 한다.

● 二女ㅣ 同居호대:혁괘는 少女(☱兌)와 中女(☲離)가 한 집에 나서 같이 살지만 성장하여 시집갈 때는 따로따로 간다. 즉, 그 본질은 변하지 않고 시의(時宜)에 따라 환경이 달라지는 것을 말한다. 결과적으로 변화하여서 한층 더 진보되는 것을 革이라 할 수 있다.

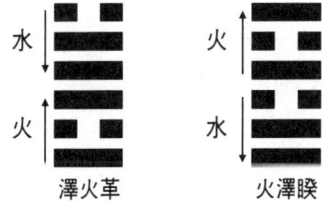

澤火는 相息하여 革이 되지만 火澤은 相離하여 어긋난다. 이것이 睽이다.

```
水　火　相　息────자연에 비유────자연의 革
二女同居,其志不相得────가족 관계에 비유────인위적인 革
(심리적인 초점)
```

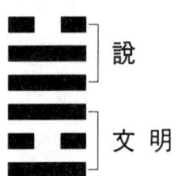

- 文明以說하야:혁명을 하기 위한 시초에는 至善이므로 說(열)이다. 또한 내부의 전략이나 과거의 잘못을 없애고 문채나고 밝게 하는 모두의 마음가짐을 뜻한다. 그러나 서로의 마음이 어긋나 睽卦의 상태가 되면 혁명이 되지 않는다.
- 大亨以正하니:元亨利貞을 뜻하나 貞으로 표현하지 않은 것은, 혁명의 시초는 곧 正義라는 것을 표현하기 위해서이다. 즉, 정의감을 가지고 혁명에 임한다는 말이다. "文明以說"과 "大亨以正"은 혁괘의 卦德을 표현한 것이다.
- 革而當할새:혁명이 다된 것을 말한다.

```
文明以說, 大亨利正 → 革而當 → 其悔乃亡(결과)
　　　　　　　　　　　:已　日　乃　孚
```

- 天地ㅣ革而四時ㅣ成하며:천지가 변혁하여 춘하추동의 사계절이 이루어지지만 천지의 본바탕은 그대로 있다. 즉, 至公無私한 대자연(天心)의 흐름을 뜻한다.
- 湯武ㅣ革命하야 順乎天而應乎人하니:탕무가 혁명을 일으켜 위로는 順天命을 하고, 아래로는 應人心을 하였다는 것이다. 탕무의 혁명은 인위가 아닌 대자연의 힘에 의하여 이루어지고 하늘과 사람이 다 이에 응하고 순종하였다는 것이다. 이러한 혁명을 이룬 사람은 역사적으로 이 두 사람밖에 없다.

```
天地의 革:四時 발생 ─ 대자연의 革, 지구의 공전과 자전
湯 武 革 命(인사적) ─ 元亨利貞으로써 혁명이 이룩됨5)
```

예1) 大學之道는 在明明德하며 在新民하며 在止於至善이니라 (『大學』 經1장)
　　대학의 도는 밝은 덕(明德)을 밝힘에 있으며, 백성을 새롭게 함에 있으며, 지극한

---

5) 질서가 정연하고 계획을 정확히 세워서 天時가 人事에 어긋남이 없도록 해야 한다. 이 정신이 元亨利貞이다.

선함에 머무는 데 있다.

[설명]윗글의 "在新民"은 정신적인 혁명을 뜻한다.

예2) 湯之盤銘에 曰 苟日新이어든 日日新하고 又日新이라하며 (『大學』 傳2章)

탕왕의 반명에 이르기를 "진실로 하루를 새로울 수 있거든 날이면 날마다 새롭게 하고 또 날로 새롭게 하라!" 하였으며,

[설명]탕왕이 자신의 욕기(浴器)에다 새긴 자경(自警)의 글이다. 신체에 묻은 때를 씻어 내는 것으로 마음의 오염을 세척하는 뜻에 비유하였다. 본래의 몸이 깨끗했듯 본래 마음의 본체도 깨끗하고 밝은 것이다. 몸을 씻고 내버려두면 저절로 때가 생기듯이 마음 또한 한때만 잠깐 성찰하고 내버려두면 자기도 모르는 사이에 더럽혀지고 어두워진다. 그래서 탕왕은 마음 공부가 행여 잠시라도 게을러지거나 소홀해질까 두려워, 매일 쓰는 욕기에다 명(銘)을 새겨 두고 날마다 쉼없이 마음을 새롭게 다져감으로써 자신과 백성의 마음을 온전하게 맑고 빛나게 보전하였다.

● 革之時 l 大矣哉라:周易의 '周'는 時를 의미하며 '易'은 理致를 의미한다. 곧 易의 象·數·理는 時의 중요성을 말하고 있는 것이다. 그러므로 혁명에서도 時의 포착은 대단히 중요하다.

象曰 澤中有火 l 革이니 君子 l 以하야 治歷明時하나니라

象에서 말하기를 "못 가운데 불이 있는 것이 革이니, 군자가 이로써 歷을 다스려서 때를 밝히는 것이다"고 하였다.

· 澤:못 택 · 治:다스릴 치 · 歷:지낼 력

總說

윗글은 혁괘의 「대상」이다.

各說

● 澤中有火 l 革이니:"澤中有火"는 용광로라는 뜻이다.6) 인생의 삶이 모두가 革이다. 발전을 위한 革 없이는 대성공을 거둘 수 없다. 대학자도 저절로 되는 것이 아니라 각고의 노력이 있어야 하듯이 곧 노력이 革이다.7)

---

6) 용광로에서 끓고 있는 쇳물의 성분이 물(澤)인지 불(火)인지 모른다.

7) 스스로 사장이 된 사람이나 부모의 유산으로 말미암아 사장의 지위에 오른 사람의 그 이면에는 자신 아니면 부모의 각고의 노력이 숨어 있다.

● 治歷明時하나니라 : 역법을 잘 다스려서[8] 곧 대자연의 이치(機數, 대자연의 흐름)를 알아서 때를 밝혀 내는 것을 말한다.[9] 공자는 易을 逆이라고 하였는데, 이 말은 治歷明時의 革과 같다.

예1) 堯曰 咨爾舜아 天之曆數在爾躬하니 允執其中하라 (『論語』「堯曰」)

요임금이 말하기를 "아! 너 순아, 하늘의 역수(曆數)가 너의 몸에 있으니 진실로 그 中을 잡도록 하라"고 하였다.

예2) 水火相息이 爲革이니 革은 變也라 君子ㅣ 觀變革之象하고 推日月星辰之遷易하야 以治歷數하야 明四時之序也라 夫變易之道에 事之至大와 理之至明과 跡之至著ㅣ 莫如四時하니 觀四時하야 而順變革이면 則與天地로 合其序矣라

(『周易傳義大全』革卦「大象·傳」)

물과 불이 서로 상교하면 싸우는 것이 혁이니, 혁은 변하는 것이다. 군자가 변혁하는 상을 관찰하고, 일월과 성신의 변천을 추리하여 책력을 다스리는 것으로써 사시의 질서를 밝혔다. 무릇 변혁하는 방법 중에 일의 지극히 큰 것과 이치의 지극히 밝은 것과 흔적이 지극히 드러난 것 등이 사시만 한 것은 없는데, 사시를 관찰하여 변혁에 순응하면 천지와 더불어 그 질서에 합치한다.

革 ──→ 戊·己(기본 바탕)
         │
         土(中宮數, 사람의 마음)

初九는 鞏用黃牛之革이니라

初九는 황우의 가죽을 굳세게 쓸 것이다.

· 鞏 : 굳을 공

總說

초구효는 정위이며 구사효와 상비 관계이다. 초구효는 혁명의 시초가 된다.

---

[8] 제갈양이 甲子年, 甲子月, 甲子日, 甲子時에 동남풍이 불 것을 예지한 것은 바로 대자연을 인용한 治歷 행위이다.

[9] 正易을 하는 사람은 易을 曆(歷)으로 간주한다. 따라서 曆書를 중요시하고, 이것에 초점을 맞춰서 『周易』을 설명하고 있다.

各說

● 鞏用黃牛之革이니라 : 혁명이라는 큰 일을 함에 있어서 초구효는 초기 단계인 만큼 지하 공작(地下工作)을 아주 튼튼히 하고 혁명의 냄새를 풍겨서는 아니 된다. 만약 그러하지 아니하면 모두가 죽게 되기 때문이다. 따라서 내부로는 순종하여 절대 복종하여 행동하고, 외부로는 절대로 경솔하게 행동해서는 아니 된다. 즉, 혁명의 시초이므로 굳게 지키기를 쇠가죽으로 묶어 놓은 것과 같이 하라는 뜻이다.

예)鞏은 局束也요 革은 所以包束이요 黃은 中色이요 牛는 順物이니 鞏用黃牛之革은 謂以中順之道로 自固하야 不妄動也라 (『周易傳義大全』 革卦 初九「傳」)

鞏은 국한시켜 묶는 것이고, 革은 싸서 묶는 것이며, 黃은 〈中道를 의미하는〉 中色이고, 牛는 順物이니 鞏用黃牛之革은 중도를 지키는 것과 유순한 방법으로써 스스로 견고하면서 행동을 망령되게 하지 않는다는 말이다.

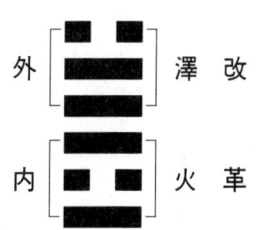

※ 혁괘의 각 효를 볼 때 四爻 하나만이 부정위이며 나머지 다섯 효는 모두 정위이므로 혁명을 하는 데의 正心을 卦體 속에 내포하고 있다. 內三爻는 혁명이 되어 가는 과정으로 설명되어 있고, 外三爻는 혁명이 되고 난 뒤의 일에 대하여 써 놓았다.

象曰 鞏用黃牛는 不可以有爲也ㄹ새라

象에서 말하기를 "鞏用黃牛는 가이 써 함이 있는 것이 아니기 때문이다"고 하였다.

各說

● 不可以有爲也ㄹ새라 : 三極之道로 보면 초구효는 地爻의 下이므로, 혁명을 위한 행동을 외부적으로 남이 모르도록 해야 한다. 초구효는 혁명의 시초이므로 특히 그러하며 지하 공작으로 말할 수 있다.

六二는 已日이어야 乃革之니 征이면 吉하야 无咎하리라

六二는 이미 작정한 그 날이어야 이에 혁명이 되는 것이니, 〈그대로〉 나아가면 길하여 허물이 없을 것이다.

總說

　육이효는 유순중정의 위이며 구오효와 정응 관계이다. 육이효의 시기는 완전무결한 때라고 할 수 있으며 혁명이 순조롭게 되어 가는 형상이다. 三極之道로 보면 地爻의 上이므로 지하에서 지상으로 올라와서 실행하는 단계라고 할 수 있다.

各說

- 已日이어아 乃革之니:육이효는 時中, 得中, 得正, 正應으로서 모든 것이 완비된 때에 실행하여 뜻을 이루도록 하라는 것이다.
- 征이면 吉하야:혁명에 필요한 조건이 완벽히 구비되었다면 그대로 수행해 나아가면 좋다는 것이다.
- 无咎하리라:구오효의 세력에 화응하여 주저하지 말고 정진하면 승리를 할 뿐만 아니라 윤리상으로도 과실은 없다. 따라서 이에 호응한 모두에게도 허물이 없다. 그러나 만약 성공하지 못한다면 有咎이며, 有凶하다는 것이다.

象曰 已日革之는 行有嘉也ㅣ라

　象에서 말하기를 "已日革之는 감에 아름다움이 있는 것이다"고 하였다.
　· 嘉:아름다울 가

各說

- 行有嘉也ㅣ라:혁명을 수행하는 데에 아름다운 경사가 있다는 것이다. 乾卦「文言」에서 "亨者는 嘉之會也ㅣ오:형이라고 하는 것은 〈사악한 마음이 없는〉 아름다움의 모임이요"라고 하였듯이 혁명을 수행한 뒤의 형통은 말할 것도 없으며 아름다움의 생명이 재생된, 기쁨의 회합이라고 할 수 있다. 또 亨이 禮이므로 질서 있게 혁명을 수행하고, 그 뒤에도 모든 것을 절차에 맞게 한다는 것이다.

九三은 征이면 凶하니 貞厲흘지니 革言이 三就면 有孚ㅣ리라

　九三은 〈그냥〉 나아가면 흉하니 〈마음을〉 올바르게 하여도 위태로울 것이니, 〈백성이〉혁명을 요구하는 말이 세 번 나면, 믿음이 있을 것이다.
·厲:위태로울 려 ·就:이룰 취

總說

구삼효는 中을 지났지만 정위이고 상육효와 정응 관계이다. 육이효 때의 혁명이 된 때를 돌이켜서 말하여 혁명하는 방법을 재설명하고 있으며, 신중히 계획을 세워서 나아가도록 하라는 것이다.

各說

● 征이면 凶하니:혁명의 당위성(當爲性)과 혁명함에 대한 계획이 치밀하지 않으면 실패하여 모두가 죽게 되므로 흉하다.
● 革言이 三就면:백성으로부터 혁명을 요구하는 소리가 세 번이나 있으면(世論이 무르익으면) 단행하라는 것이다. 여기서 '三'은 세 번이라는 숫자적인 의미보다는 多數의 뜻으로 봐야 한다. 즉, 신중을 기하여 행사하라는 것이다. 또 '三'은 天道, 地道, 人道로 보아서 논리에 맞아야 하며 또한 삼단논법으로도 맞아야 한다. 누가 보아도 貞正해야 하기 때문이다. 그리고 그 天時로는 否卦 구오효로 말할 수 있다.
예)九五는 休否라 大人의 吉이니 其亡其亡이라아 繫于苞桑이리라 (否卦 九五爻辭)

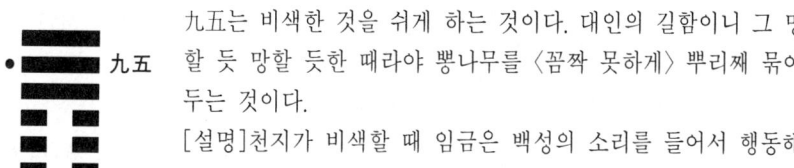

九五는 비색한 것을 쉬게 하는 것이다. 대인의 길함이니 그 망할 듯 망할 듯한 때라야 뽕나무를 〈꼼짝 못하게〉 뿌리째 묶어두는 것이다.
[설명]천지가 비색할 때 임금은 백성의 소리를 들어서 행동해야 한다.
● 有孚ㅣ리라:백성의 호응을 받는다는 뜻이다.

象曰 革言三就어니 又何之矣리오

象에서 말하기를 "革言三就어니 또 어디에 가겠느냐?"고 하였다.
·又:또 우 ·何:어찌 하

各說

● 又何之矣리오:①그렇게 하면 틀림이 없다는 뜻이다. 즉, 혁명을 하는 것이 지극히 온당하며 저절로 된다는 뜻으로 혁명의 당위를 말하고 있다. 여기서 '之'는 간다

는 뜻으로 풀이한다. ②『주역』64괘의 384효「소상」의 마지막 자는 세 가지 형태로 되어 있다. 첫째, '也'는 결정사로 사용했으며, 둘째 '乎'는 의문사로 사용했으며, 셋째 '矣'는 집어사(執語詞)로 틀림이 없다는 뜻으로 사용했다. 이 중 ䷇水地比卦 육삼효「소상」은 乎로, 革卦 구삼효「소상」은 矣로 되어 있고, 나머지는 모두 也로써 끝맺음되어 있다.10)

예1) 象曰 比之匪人이 不亦傷乎아 (比卦 六三「小象」)
　　象에서 말하기를 "比之匪人은 〈만약 도왔다가〉 또한 상하지 않겠는가"고 하였다.
예2) 象曰 革言三就어니 又何之矣리오 (革卦 九三「小象」)
　　象에서 말하기를 "革言三就어니 또 어디에 가겠느냐?"고 하였다.

[설명] 三爻는 大明終始의 시기다. 比는 造化之造化요, 變化之變化이다. 사람에 비유하면 정신 속에 比가 들어 있다. 공자도 사람의 정신 속까지는 들여다 볼 수 없으며, 革의 인사적인 추세와 선후천의 변화의 뜻을 공자 자신이 확신을 못한다는 뜻도 내포되어 있다. 즉, 공자 자신도 비괘, 혁괘의 삼효의 시기는 어찌 말할 수가 없으며 그 변화도 막을 길이 없다는 것이다. 이러한 未定의 일이 우리 앞에 가로놓여 있다는 것이다.

九四는 悔亡하니 有孚ㅣ면 改命하야 吉하리라

九四는 뉘우침이 없어지니, 믿음이 있으면 천명을 고쳐서 길할 것이다.

總說

구사효는 부정위이며, 초구효와 상비 관계이다. 혁명가에 의하여 체제 변혁의 목적을 달성하고, 그 뒤 정치 개혁은 정치가에 의해 행하여진다. 혁명과 정치를 구분하였다.

各說

● 悔亡하니: 元亨利貞의 정신으로써 천명에 따라 혁명을 하여 과거의 모든 것에 대하여 뉘우침이 없어진다.
● 有孚ㅣ면 改命하야 吉하리라: 백성의 신뢰를 받으면 천명에 의하여 개혁을 하여도 좋을 것이다.

---

10) 也山 선생님의 호에서 也자가 들어 있는 것은 선생께서 어떤 機數를 타 보자는 뜻이 아닐까 한다. 382효는 결정이 되었으나 2효는 아직 未定이므로 이것을 결정으로 바꾸어 놓겠다는 야심이 내포된 것이 아니겠는가?

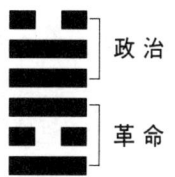

※혁괘의 외괘는 兌卦로 그 괘덕은 悅이므로 혁명 뒤 정치가에 의한 내부적 개혁이 온 백성의 희열을 얻는다는 것이다. 또 내괘는 혁명하는 방법론을 말하였고, 외괘는 혁명 뒤의 다스림과 後事에 대한 것을 말하였다.

悔亡有孚 - 革命, 改命吉 - 政治

象曰 改命之吉은 信志也ㄹ새라

象에서 말하기를 "改命之吉은 뜻을 믿기 때문이다"고 하였다.

各說

● 信志也ㄹ새라 : 온 천하 사람들이 천명을 개혁하는 자의 뜻을 믿는다.

九五는 大人이 虎變이니 未占에 有孚ㅣ니라

九五는 대인이 호랑이처럼 변하니, 점을 하지 아니함에 믿음이 있다.

· 虎 : 호랑이 호 · 變 : 변할 변 · 未 : 아닐 미 · 占 : 점 점

總說

구오효는 주효로서 中正이며 육이효와 정응 관계이다. 군주가 호랑이의 가죽 색을 보아 변화를 알고, 대자연에 순응하여 덕을 길러 나가면 천하가 태평하게 된다. 그러므로 점을 치지 않더라도 믿음이 있어 만민이 신뢰하게 되는 것이다.

各說

● 大人이 虎變이니 : 강건중정의 구오효 존위(尊位)에서 밖으로는 적의 세력을 제거할 뿐 아니라 안으로는 자기의 인격을 개혁하는 것을 말한다. '大人'은 군주를 말하며, '虎變'은 호랑이의 털이 계절에 따라 변하는 것을 말한다. 호랑이의 털은 여름에 더운 기후 탓으로 듬성듬성 나고, 가을에는 월동에 대비하여

털이 조밀하게 난다. 따라서 계절에 따라 그 형태가 변한다. 호랑이는 동물 중에서 위엄이 있는 짐승이며, 그 가죽 또한 아름답다. 즉, 훌륭한 지도자가 호랑이의 털갈이처럼 아름답고 질서 있는 세상으로 바꾼다는 뜻이며, 이는 자연에 순응한다는 의미가 있다. 주자는 「본의」에서 호랑이의 털갈이를 모선(毛毨)이라고 했다.

九五의 中正〈先天―乾卦―龍飛―形而上學 / 后天―革卦―虎變―形而下學〉文章的→龍虎相對→존귀한 靈物로 취급

● 未占에 有孚ㅣ니라:大人虎變의 결과로서 점을 치지 않아도 믿음이 있다. 즉, 대인의 혁명은 모든 사람이 다 알며, 그 혁명의 정당함을 인식한다는 것이다.

象曰 大人虎變은 其文이 炳也ㅣ라

象에서 말하기를 "大人虎變은 그 문채가 빛나는 것이다"고 하였다.
· 炳:빛날 병(=光), 밝을 병(=明), 나타날 병(=著)

各說

● 其文이 炳也ㅣ라:대인이 대자연에 순응하는 것이 문채나는 호랑이 가죽을 들여다 보듯, 밝게 빛이 난다. 즉, 대인의 강건중정한 덕이 표면에 드러나서 밝게 빛이 나는 것을 말한다.

上六은 君子는 豹變이오 小人은 革面이니 征이면 凶코 居貞이면 吉하리라

上六은 군자는 표범처럼 변함이요, 소인은 낯만 고치니, 〈그대로〉 나아가면 흉하고 바르게 행하면 길할 것이다.
· 豹:표범 표 · 面:낯 면

總說

상육효는 정위이며, 구삼효와 정응 관계이다. 또 상육효는 상효로서 혁명(혁괘)을 총체적으로 설명하고 있다.

各說

● 君子는 豹變이오 小人은 革面이니 : ①군자가 과거의 악을 고치고 선으로 나아가는 것이 표범의 가죽 무늬가 빛나는 것처럼 뚜렷하다. 그러나 소인은 외부의 얼굴만 바꾼다. 君子豹變을 예로 들면 顔子, 宋朝六賢같은 분이다. 우리가 공부(수양)하는 데 있어서는 革面(小人)에서 豹變(君子)으로, 또 虎變(大人)으로 나아가기 위하여 노력하여야 할 것이다.11) ②'豹變'은 자연에 순응하여 살아가는 군자의 상이며, '革面'은 일시적인 안색만을 바꾸는 소인의 상이라고 할 수 있다.

- 大人虎變 — 革命時 — 元亨利貞으로써 하니 모두가 알게 되고 그대로 순종함이다.
- 君子豹變 — 革命時 — 확실하지 않고 자세히 보아야 하며 그저 그렇게 순종함이다.
- 小人革面 — 革命時 — 겉과 속이 다르다.

● 征이면 凶코 居貞이면 吉하리라 : 혁명을 하고 난 뒤의 정치는 그대로 나아가면 흉하고 바른 사람을 등용하면 길하다. 聖人과 大人은 虎變이므로 그대로 드러나지만, 君子는 자세히 들여다보아야 그 진가(眞價)를 알아 볼 수 있다. 이것은 곧 표범 가죽의 문채가 조밀하게 나서 자세히 들여다보는 것과 같다. 小人 또한 겉과 속이 다르기 때문에 자세히 들여다보아야 그 거짓됨을 알 수 있다. 따라서 군자와 소인은 세심한 관찰 대상이라는 점에서는 같다. 대인은 혁명 후에, 그대로 아무렇게나 인재를 쓰지 않고(征凶) 군자와 소인을 잘 구분하여(居貞) 등용해야 혁명을 완성시킬 수 있다. 따라서 혁명(革卦)에는 天時와 人事, 계획과 순서가 근본 원리로서 작용해야 한다. '居貞'은 혁명 뒤의 마음가짐을 뜻한다.

象曰 君子豹變은 其文이 蔚也ㅣ오 小人革面은 順以從君也ㅣ라

象에서 말하기를 "君子豹變은 그 문채가 盛한 것이오, 小人革面은 〈외면으로만〉

---

11) ①大人虎變 : 호랑이의 색깔과 모양이 그러하듯, 그 형태만 봐도 누구나 다 호랑이라는 것을 알 수가 있다. 따라서 大人은 누가 봐도 다 알아 볼 수가 있을 정도로 道學이 높은 자이다. 곧 대인호변(大人虎變)은 성인과 같은 사람이다.
②君子豹變 : 표범은 외형적으로 색깔과 모양을 자세히 보지 않으면 잘 구분이 안 된다. 군자를 자세히 보지 않으면 높은 도학의 경지를 알아 볼 수가 없다. 그래서 표범에다 비유하였다. 우리가 공부하는 데 있어서는 군자표변(君子豹變)의 정도는 되어야 한다.
③小人革面 : 인면수심(人面獸心)으로 겉과 속이 다른 사람을 革面이라고 하며, 이러한 用心을 하는 자가 소인이다.

順해서 임금을 따르는 것이다"고 하였다.
·蔚:성할 위, 빽빽할 위 ·從:좇을 종

各說
● 順以從君也ㅣ라:일시적으로 임금 앞에서 면종복배(面從腹背)하여 따르는 것이다.

火風鼎 (푸)

離巽
上下

大 義

　鼎卦는 ䷰革卦의 도전괘이다. 「잡괘전」에서 "鼎은 取新也ㅣ라"고 하였는데, 이 말은 어떤 물건이든지 솥에 들어가 소정의 절차를 거치면 새로운 것으로 바뀐다는 뜻이다. 革이 형이하학적 변화를 나타내는 것이라면 鼎은 형이상학적인 변화를 나타낸다.
1) 鼎卦를 괘상으로 보면 그 上卦는 ☲離卦로서 火이고 下卦는 ☴巽卦로서 木이다. 나무가 불에 타는데 巽風이 불어 부채질하고 그 위에 존재하는 것이 바로 솥이다.1) 솥은 쇠붙이로 만들어진 물건으로 金이고, 金은 火 속에서 조화를 이룬다.2)

---

1) 鼎을 파자하여 괘상과의 관계를 살펴보면 다음과 같다. 鼎의 '目'은 上卦 火(離卦)를 나타내고(「說卦傳」 제9장 참조), 나무를 불에 잘 타게 하려면 쪼개고 쪼개야 하듯 爿(조각낼 장)과 片(조각 편)은 下卦 木(巽卦)을 나타낸다. 그러므로 나무로써 불을 지펴 그 속의 음식물을 삶는 솥의 상이 이루어지는 것이다.
2) 솥(金)은 불 없이는 그 조화가 있을 수 없다. 水火 관계의 초점을 솥으로 표현하였으며 水火 관계의 연결은 金의 매개 없이는 될 수 없다. 그러므로 水火金 관계를 나타낸 것이 솥이며, 솥은 水火金의

이렇듯 金火의 상호 작용 여하에 따라서 인류 문명의 발전 과정을 알아 볼 수가 있으며, 동시에 인류 문명 생활에 위협도 가하고 있음을 알 수가 있다.
2) 鼎은 솥을 의미하며, 솥은 음식물을 자기 속에 넣어 삶아 내는 일을 한다. 넓은 의미로 솥의 기능을 용광로에 비유할 수 있다. 용광로 속에서 달구어진 쇳물이 모종의 작업 과정을 거쳐서 만들어지는 것이 그릇인데, 이 그릇의 고향이 용광로, 곧 鼎이라고 할 수 있다.
3) 솥(鼎)이 음식물을 삶아 내는 것을 공부하는 데에 비유하면 道場3)이 된다. 곧 鼎이다. 대학자가 되고 나아가 성인이 되려면 이 鼎卦와 같은 도장을 거쳐야만 한다. 연마(鍊磨·研磨·練磨), 절차탁마(切磋琢磨: 학문이나 덕행 등을 배우고 닦음) 등의 말은 鼎卦에 비유되고, 이와 같은 수련의 과정을 거쳐 완전한 인격자가 된다는 것이 鼎이다.
4) 鼎은 솥이며, 솥은 主器이다. 그 밖의 다른 그릇들은 솥에 딸린 것들이다. 조왕(竈: 부엌 조, 부뚜막 조)4)에 솥을 걸고 산다는 것은 한 가정이 형성되는 것을 의미하며5), 고대에 鼎은 천자의 지위나 국가의 위의(威儀)를 상징하는 물건으로 신성시되는 물건이었다.6) 이런 이유로 王位를 정조(鼎祚)라 하였으며 國運을 鼎運이라 하였다.
5) 솥(鼎)에는 세 개의 발이 있다. 솥발은 세 개가 있어야 솥이 설 수 있으며 제 구실을 다할 수 있는 것이다. 고대에 고구려, 신라, 백제가 국가로서 경영되고 있을 때를 우리는 三國이 鼎立하였다고 한다. 삼국 정립 이전은 많은 부족 연맹체가 난립

관계를 조절해 주고 있다. 솥으로 인하여 엔진 연구 및 기타 여러 가지 기구가 만들어졌을 뿐만 아니라 공업 발전의 시발이 되었다.
3) 쇳물이 용광로 속을 거쳐 그릇이 만들어지는 것처럼 人才는 道場의 수련 과정을 거쳐서 양성되는 것이므로 鼎에 비유되는 것이다. 괘상에서 上卦 離는 광명이므로 賢明을 뜻하고, 下卦 巽은 겸손을 뜻한다. 즉, 도장에서 윗사람은 현명하고 아랫사람은 겸손한 태도로써 순종하는 내용을 담고 있다. 상호 협력하고 호응하는 형상이다.
4) 조왕(竈王)은 부엌을 맡은 神을 이르는 말로, 부엌의 모든 길흉을 관장한다고 한다. 조신(竈神)이라고도 한다.
5) 조왕에 구렁이가 몸을 감으면 富者가 망할 징조라고 여겼다. 이것을 요얼(妖孼)이라고 한다.
6) 고대 제정일체 시대에는 국가의 가장 크고 소중한 행사는 신과 조상에 대한 제사를 지내는 일이라고 보았다. 이 제사에는 많은 제물을 장만하여 놓는다. 이 제물을 익혀서 내는 도구가 솥이다. 국가의 운명을 좌우할 신의 가호를 받기 위해서는 제물이 성결하고 알맞게 익혀져야 하므로 솥을 아주 귀중하게 여겼다. 따라서 솥은 아주 중요한 책임을 맡고 있는 것이다. 즉, 나무에 불을 때어 팽임(烹飪)하는데 쓰는 것이 솥이다.

하고 있었으나, 삼국으로 정립된 이후는 수세기 동안 국가간의 힘이 균형적으로 유지되었다. 또 현대의 정부 형태가 솥의 세 발처럼 三權으로 분립되어 있음은 솥의 제작 원리를 은연중에 본받고 있음을 알 수 있다. 또 솥의 소유권은 한 집안(家門)을 계승해 가는 宗子, 宗孫이 물려받는 것이므로 솥의 사명은 실로 크다고 하겠다.

6) 井卦과 鼎卦의 차이점은 上卦의 水火에 있다. ①井의 본질적인 임무는 좋은 음료수를 사람들에게 공급하는 데 있다. 그러자면 물을 많이 퍼내어야만 한다. 우물물(流水 곧 지하수)속에 오물이 있을 수도 있으므로, 물을 전부 퍼내어서 새로운 물을 먹도록 한다. 곧 改正을 하는 것이다. 井卦의 생명은 샘물을 퍼 올려서 먹는 것이다. 따라서 上六의 위치는 물을 퍼서 지상에 도달하여 우리가 먹는 형태이다.

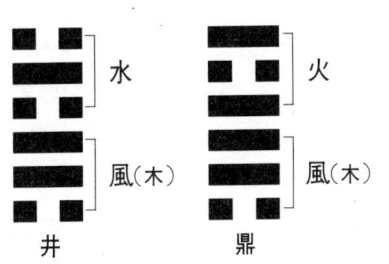

대개 上爻는 좋지 아니하므로 경계해야 하지만 井의 上六爻는 길하다. 上六爻는 밑에서 끌어올린 샘물이 지상으로 올라와 사람들에게 먹을 수 있도록 하는 자리이기 때문이다. ②鼎 속에 있는 음식물은 불로서 익혀 내어야 먹을 수 있다. 鼎 속에 있는 음식물을 퍼내어야 먹을 수가 있다는 점에서 井卦와 동일하다. 따라서 井卦의 上六爻와 같이 鼎卦의 上九爻도 좋다는 뜻이다. 또한 井은 이동할 수 없지만 鼎은 이동을 할 수 있다.

原文풀이

鼎은 元吉亨하니라

　鼎은 크게 길하고 형통하다.
・鼎:솥 정

總說

　윗글은 鼎卦의 괘사이다.

各說

● 元吉亨하니라:①'元亨'은 태양과 같은 것으로 대자연을 말할 때 사용하지만, '元吉亨'은 사람이 만들어 사용하는 것으로 솥과 같이 인위적으로 만든 물건으로써 인간과의 관계를 표현한 것이다. 따라서 吉이 있는 것이다. '元吉'은 처음부터 끝까지 좋은 것이며, 원래부터 선천적으로 길한 것을 말한다. 그러나 '大吉'은 과정에서 중단된 상태가 있는 것을 말하며, 흉에서 길로 가서 大吉이 되는 것이다. 따라서 솥 본질 자체는 나쁜 것이 없으니 元吉이다. 한편 '吉'은 利貞과 같다고 할 수 있으며, 이는 固定시킨다는 말이다. ②鼎의 사명은 어떤 물건을 그 속에서 익혀 만민을 구제하고 살아가도록 하는 데에 그 의의가 있으므로 亨通한 것이며 또 鼎이라는 것은 누구나 사용하여도 좋은 것이므로 길한 것이다. 또 鼎卦의 괘사에는 元亨만이 있으니 도통은 누구나 노력 여하에 따라서 가능하다는 의미가 담겨 있다. 공부하는 데 비유하면 鼎은 道場을 뜻하니 이 곳을 거쳐야만 형통할 수가 있고 그 결과로서 길한 것이다. ③정이천과 주자는 '吉'자를 연문(衍文)이라고 하였으나 이는 잘못된 생각이다.『주역』64괘의 괘사 모두가 달라야 하는 것을 몰랐기 때문이다. 그러므로 원문대로 해석하는 것이 옳다. 정이천의「傳」과 元亨만 있는 괘사 세 개를 인용하니 참고하기 바란다.

예1) 以卦才로 言也니 如卦之才면 可以致元亨也라 止當云元亨이니 文羨吉字라 卦才ㅣ 可以致元亨이나 未便有元吉也요 彖에 復止云元亨이라하니 其羨이 明矣라
(『周易傳義大全』鼎卦 卦辭「傳」)
괘의 재질로써 말했다. 괘의 재질과 같다면 크게 형통함을 이룰 수 있다. 단지 元亨이라고 말하는 것이 당연한데, 문장에서 吉이라는 글자는 연문이다. 괘의 재질이 크게 형통함을 이룰 수 있으나 크게 길함을 가진다고 하기에는 곤란하다.「단사」에서 다시 단지 元亨이라고만 말했으니 그것은 연문임이 분명하다.

예2) · 大有는 元亨하니라:대유는 크게 형통하다. (火天大有卦 卦辭)
· 升은 元亨하니 用見大人호대 勿恤코 南征하면 吉하리라:升은 원래부터 형통하니, 써 대인을 보되 근심을 하지 말고 남쪽을 정벌하면 길할 것이다. (地風升卦 卦辭)
· 鼎은 元吉亨하니라:鼎은 크게 길하고 형통하다. (火風鼎卦 卦辭)

彖曰鼎은 象也ㅣ니 以木巽火ㅣ 亨(팽)飪也ㅣ니 聖人이 亨(팽)하야 以享(향)上帝하고 以大亨(팽)하야 以養聖賢하니라 巽而耳目이 聰明하며 柔進而上行하고 得中而應

乎剛이라 是以元亨하니라

　彖에서 말하기를 "鼎은 〈형상을〉 취상한 것이니, 나무로써 불을 들여서 음식을 삶아 익힌 것이니, 성인이 〈제물을〉 삶아서 상제께 제사 드리고, 〈또〉 크게 삶아서 성현을 기른다. 손순하여 귀와 눈이 총명하며, 柔(六五)가 나아가 위에서 행하고 득중하여 剛(九二)에 응한다. 그러므로 크게 형통하다"고 하였다.

·象:모양 상, 그림 상　·巽:공손할 손　·亨:삶을 팽(=烹), 형통할 형　·飪:익힐 임　·聖:성스러울 성
·享:드릴 향　·帝:임금 제, 하느님 제　·養:기를 양　·賢:어질 현　·聰:귀 밝을 총　·進:나아갈 진

總說

윗글은 鼎卦의 「단사」이다.

各說

● 鼎은 象也 l 니:솥(鼎)을 만들기 위한 象을 말하며, 象은 형이상학적인 뜻이다. 공장에서 솥(물건)을 제작하려면 그 전에 솥(물건)의 모형 '틀'을 만들어야 한다. 이 '틀'이 완성 제품인 솥의 象이라고 볼 수 있다. 따라서 이 틀(象)은 솥의 조상격이 되는 셈이다. 역학에서의 象은 사물의 이치를 알아내는 방법 중의 하나이다. 『주역』에서 괘상을 설명한 것으로「大象」이 있으며, 모든 괘의 효사에는「小象」이 있어 역의 심오한 이치를 말하여 주고 있다.

예1) 是故로 易者는 象也 l 니 象也者는 像也 l 오 (「繫辭傳」下 第3章)
　　이러한 이유로 易이라는 것은 象이니, 象이라는 것은 형상이다.
　　[설명]역에서는 우리 인간 만사를 象으로 나타내고 있으며, 像 이전의 것은 관념적 사항을 나타내고 있다. 즉, 象은 형이상학적인 것이요, 像은 형이하학적인 것으로 우리 눈으로 직접 볼 수 있는 것을 말한다. 이것으로부터 吉凶悔吝이 비로소 생성된다.

　　　　易　→　象　→　像　→　吉凶悔吝

예2) 易有聖人之道 l 　四焉하니 以言者는 尙其辭하고 以動者는 尙其變하고 以制器者는 尙其象하고 以卜筮者는 尙其占하나니 (「繫辭傳」上 第10章)
　　역에는 성인의 도가 네 가지 있으니, 역으로써 말을 잘 하려고 하는 자는 〈기록된〉 그 말을 숭상하고, 역으로써 행동을 하려는 자는 그 변화를 숭상하고, 역으로써 그릇을 만들려고 하는 자는 그 형상을 숭상하고, 역으로써 복서를 하는 자는 그 점을 숭상한다.
　　[설명]①'尙其辭'는 문장가가 되고자 하는 자는 역학을 공부해야 한다는 말이며, ②

'尙其變'은 陰變陽化의 이치를 알고자 하는 자는 역학을 공부하라는 말이며, ③'尙其象'은 물건을 만들고자 하는 자는 象부터 알아야 한다는 말이다. 이것을 발전시킨 것이 과학기술의 진흥이라고 볼 수 있다. 마지막으로 ④'尙其占'은 미래를 예측하고자 하는 자는 역학을 해야 한다는 말이다.

예3) 彖曰 剝은 剝也ㅣ니 柔ㅣ 變剛也ㅣ니 不利有攸往은 小人이 長也ㄹ새라 順而止之는 觀象也ㅣ니 君子ㅣ 尙消息盈虛ㅣ 天行也ㅣ라 (剝卦「彖傳」)

彖에서 말하기를 "剝은 깎는 것이니, 柔가 剛을 변하게 하는 것이니, 갈 바가 있으나 이롭지 않음은 소인〈의 도〉가 길어 나는 것이다. 順하고 그침은 象을 보는 것이니, 군자가 사라지고(消), 불어나고(息), 차고(盈), 비는(虛) 하늘의 운행을 숭상하는 것이다"고 하였다.

[설명] "順而止之는 觀象也ㅣ니"는 대자연의 상을 보고 알아내는 것이다. 觀象臺라는 말도 여기에서 그 근거를 찾아 볼 수 있다.

● 以木巽火ㅣ 亨飪也ㅣ니: 괘상으로 보면 나무로 불을 붙이는 것이다. 즉, 木으로써 火에 손순하여서 음식물을 익히고 삶으니 솥의 사명을 다하는 것이다. 솥이 음식을 삶아 내는 형상을 뜻하였다. 여기서 '亨'은 烹으로 음식물을 삶는다는 뜻이다.

● 以大亨하야 以養聖賢하나라: 鼎(솥)의 이치를 깨닫고 본받아 성현들을 길러내는 것과 같다는 뜻이다.

● 巽而耳目이 聰明하며: 鼎卦의 하괘는 巽이므로 손순하고, 상괘는 離이므로 총명(광명)이라고 할 수 있다. 이것은 鼎卦의 卦德을 말하였다.

● 柔進而上行하고: 육오효 柔가 있는 상괘가 離(火)로 되어 있고, 離(火)의 성질은 炎上이므로 육오효가 上行한다고 하였다. 대체로 離(火)가 상괘로 되어 있는 괘는 "柔進而上行"이라고 한 곳이 많다.7)

● 是以元亨하나라: 정이천과 주자는 「단사」에서 공자가 元亨이라 하였으므로 괘사의 元吉亨의 吉자는 연문이라고 하였지만 공자가 말한 "是以元亨" 속에는 이미 吉의 의미가 들어 있다. 그리고 음양이 상통하므로 元亨이라 하였고, 또 음양 화합이 되어야 음식물이 솥에서 잘 익혀지는 것이다.

象曰 木上有火ㅣ 鼎이니 君子ㅣ 以하야 正位하야 凝命하나니라

象에서 말하기를 "나무 위에 불이 있는 것이 鼎이니, 군자가 이로써 位를 바르게

───────────
7) 火地晉・火澤睽・火風鼎卦는 "柔進而上行"이 들어 있다. 이 책의 晉卦「彖傳」의 해설을 참고하라.

하여 천명을 이루는 것이다"고 하였다.
· 凝:이룰 응, 엉길 응, 정할 응 · 命:명령할 명, 목숨 명

總說

윗글은 鼎卦의 「대상」이다.

各說

● 木上有火ㅣ:나무에 불을 붙여 태우는 것이다.
● 鼎이니:鼎은 傳火의 뜻이 있다. 과거에 여자들이 시집갈 때 불을 가지고 가는 풍속이 있었다.
● 正位하야 凝命하나니라:솥의 모양이 단정하고 진중한 것을 본받아서 군자는 자기의 위치(지위)를 바르게 하고 천명을 성취하여 定한다는 것이다. 또한 한 집안이 대대로 승계하여 발전해 나아가는 것을 뜻하기도 한다. 즉, 象과 같이 자신의 位를 올바르게 하여 솔선수범하게 되면 위의 사람이나 밑의 사람이 반응을 보여서 따라오게 된다는 것이다. '正位'는 天地位焉, 즉 天位, 地位에 이른다는 뜻이다. '凝'은 엉기다, 이루다(成), 정하다(定), 모이다(聚)의 뜻을 가지고 있다. '凝'을 『중용』과 坤卦에서 사용한 예를 살펴보면 다음과 같다.

예1) 苟不至德이면 至道ㅣ 不凝焉이라하니라 (『中庸』第27章)
    진실로 지극한 덕이 아니면 지극한 도가 모여서 이룰 수가 없다.
    [설명]윗글에서는 凝이 成과 聚의 뜻으로 쓰였다.
예2) 象曰 履霜堅冰은 陰始凝也ㅣ니 馴致其道하야 至堅冰也하나니라 (坤卦 初六「小象」)
    象에서 말하기를 "履霜堅冰은 음이 응고되는 시초이니, 그 도를 따라 이루어야 굳은 얼음에 이르게 하는 것이다"고 하였다.
    [설명]윗글에서는 凝이 엉기다는 뜻으로 쓰였다.

初六은 鼎이 顚趾나 利出否하니 得妾하면 以其子无咎ㅣ라

初六은 솥이 발꿈치가 엎어지나 비색한 것을 내놓는 것이 이로우니, 첩을 얻으면 그 아들로써 허물이 없을 것이다.
· 顚:엎을 전 · 趾:발꿈치 지 · 否:아닐 비 · 妾:첩 첩

總說
초육효는 부정위이며 구사효와 상응 관계이다.

各說
- 鼎이 顚趾나:솥은 발이 세 개라야 하나 鼎卦의 초효는 음이므로 발이 두 개 밖에 되지 못해 솥이 정립하지 못하고 엎어지는 것이다. 즉, 솥을 거꾸로 엎어놓은 상태를 뜻한다.
- 利出否하니:'否'는 나쁜 것, 구악(舊惡)을 뜻한다. 이러한 나쁜 것을 밖으로 씻어 내면 이롭다. 즉, 솥을 사용하기 위해서는 첫 과정으로 나쁜 것을 씻어 내야 됨을 말한다. 따라서 나쁜 것만 축출하면 사용할 수가 있는 것이다.
- 鼎이 顚趾나 利出否하니:초육효는 陰柔居下의 몸으로 구사효의 양에 응해서 돕고 있다. 때문에 솥을 거꾸로 엎어서 더러운 것을 씻어 내는 것처럼 구악을 일소하라는 뜻이다.
- 得妾하면:초육효는 손순함을 의미하는 ☴巽卦 중의 부정한 음이므로 첩이라고 했다.
- 以其子无咎ㅣ리라:본부인에서 아들이 없으면 첩을 두어 그 아들을 얻으면 허물할 일이 없다는 것이다.
- 得妾하면 以其子无咎ㅣ리라:鼎의 이치를 인간사에 비유하여 말하였다. 윗사람이 實子가 없으면 서자(庶子) 중에서 어진이를 선택하여 적자(嫡子)로 하여야 그 어미를 존경하고, 그 어미 또한 자식을 귀하게 여긴다는 것이다. 그러므로 첩을 두는 것은 아들을 얻기 위함이니 허물이 없다는 것이다. 인간 사회에서 가장 큰 사업은 子子孫孫이 계승 발전시켜 나아가는 것이다.

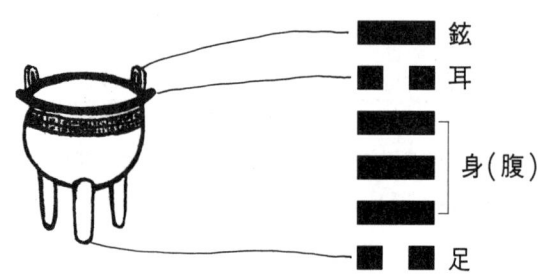

象曰 鼎顚趾나 未悖也ㅣ오 利出否는 以從貴也ㅣ라

　象에서 말하기를 "鼎顚趾나 거스르지 않는 것이요, 利出否는 귀한 데로 좇는 것이다"고 하였다.

·悖:어그러질 패　·從:좇을 종

各說

● 未悖也ㅣ오:솥이 망가졌거나 상하여서 사용이 불가능한 것이 아니라 단지 닦기 위하여 엎어놓은 것이다.
● 以從貴也ㅣ라:천한 것에서 귀한 것을 따르려 하기 때문이다. 음양학으로 보아서 초육효가 구사효의 응에 따르려는 것이다. 鼎卦 초육효가 변하면 ䷍火天大有卦가 된다.

　예)·大有는 元亨하니라:大有는 크게 형통하다. (大有卦 卦辭)
　　·鼎은 元吉亨하니라:鼎은 크게 길하고 형통하다. (鼎卦 卦辭)

九二는 鼎有實이나 我仇ㅣ 有疾하니 不我能卽이면 吉하리라

　九二는 솥에 實物이 들어 있으나, 나의 원수가 病이 들어 있으니, 내가 능히 나아가지 아니하면 길할 것이다.

·實:열매 실, 찰 실　·仇:짝 구, 원수 구　·疾:병 질　·卽:나아갈 즉, 곧 즉

總說

　구이효는 부정위이지만 득중하였으며 육오효와 상응 관계이다.

各說

● 鼎有實이나:음은 虛이고 양은 實이다. 따라서 구이효는 양효이므로 實이 된다.
● 我仇ㅣ 有疾하니:나의 원수가 病이 들어 있다. 원수란 초육효를 뜻한다.
● 不我能卽이면 吉하리라:구이효 내가 상응인 육오효에게 응하려고 하면 초육효가 질투하지만 감히 가까이 오지 못하기 때문에 길하다는 것이다. 즉, 내가 초육효를 가까이 하지 아니하고 육오효한테 가게 되면 길하다는 것이다. 정이천은 "不我能卽"을 "초육효가 내(구이효)게 능히 나아가지 못하게 하면"으로 해석하였다.

　예)二以剛實居中하니 鼎中有實之象이라 鼎之有實은 上出則爲用이니 二ㅣ 陽剛으로 有

濟用之才하야 與五相應하야 上從六五之君하니 則得正而其道ㅣ 可亨이라 然이나 與初密比하고 陰은 從陽者也니 九二ㅣ 居中而應中하야 不至失正하야 己雖自守나 彼必相求라 故로 戒能遠之하야 使不來卽我則吉也라(『周易傳義大全』鼎卦 九二「傳」)
구이효는 강건하고 실한 양효로서 가운데 있으니 솥 속에 가득 차 있는 형상이다. 솥에 가득 차 있는 것이 위로 올라오는 것은 곧 용도가 되니 강건한 양효인 구이효가 용도를 구제할 재질이 있어야 육오효와 상응하는데, 위로 육오효의 君을 따른다면 正道를 얻어서 그 방법이 형통할 수 있으나, 초육효와 은밀히 친비하니 음은 양을 따르는 자이기 때문이다. 구이효는 中의 자리에 있으면서 中의 자리에 있는 육오효와 상응하여 정도를 잃는 것에 이르지 않았는데, 자기 자신은 비록 스스로 고수하더라도 초육효가 서로 은밀히 친비할 것을 요구할 것이 틀림없으므로 능히 멀리할 것을 경계하여 나에게 접근해 오지 못하도록 한다면 길할 것이다.

象曰 鼎有實이나 愼所之也ㅣ니 我仇有疾은 終无尤也ㅣ리라

象에서 말하기를 "鼎有實이나 갈 바를 삼가는 것이니, 我仇有疾은 마침내 허물이 없을 것이다"고 하였다.
·愼:삼갈 신 ·終:마침내 종 ·尤:허물할 우, 더욱 우

各說
● 我仇有疾은 終无尤也ㅣ리라: 음양 관계로 보면, 초육효는 상응인 구사효를 만나기 전에 이웃한 득중의 훌륭한 구이효 양을 넘겨보는 형상이다. 그러나 허물이 되는 일이 아니라는 것이고, 구이효 역시 육오효와 상응이니 자기의 배필을 찾아가야 한다는 뜻이다. 점(占)에서 이 효를 얻었다면, 주위에 여자가 있어서 넘겨보기는 하지만 나중에 가서는 본처에게 돌아오게 될 것이니 안심하라는 것이다.

九三은 鼎耳ㅣ 革하야 其行이 塞하야 雉膏를 不食하나 方雨하야 虧悔ㅣ 終吉이리라

九三은 솥귀가 고쳐서 그 행함이 막혀 꿩 기름을 먹지 못하나, 바야흐로 비가 내려서 뉘우침이 없어지고 마침내 길할 것이다.
·塞:막힐 색 ·雉:꿩 치 ·膏:기름 고 ·方:바야흐로 방, 모 방 ·虧:이지러질 휴

總說
구삼효는 정위이지만 상구효와 상비 관계에 있다.

各說

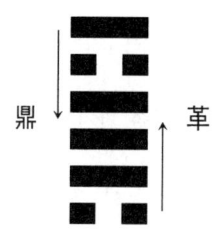

- 鼎耳ㅣ 革하야: 구삼효를 솥 전체로 보면 솥귀를 뜻한다. 鼎卦를 도전하면 革卦가 되는데, 이것은 鼎이 어떤 시점이나 위치에서 革이 된다는 것을 암시하고 있다. 곧 鼎이 삼효에서 革이 된다는 것을 암시한 것이며, 솥의 원리로 봐도 솥귀는 솥의 상하 분기점으로 두고 있다. 곧 水火의 변화가 있다는 것이다.

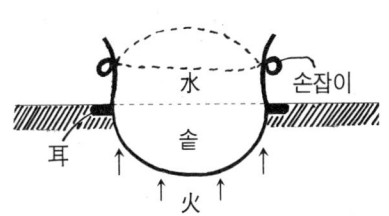

- 其行이 塞하야: 솥귀는 지상에 불 기운이 더 이상 올라오지 못하도록 막아 놓고 있다. 솥귀는 내삼효와 외삼효를 가르는 분리선 역할을 하며, 水火의 조화를 중간에 솥을 매개체로 하여 조절하고 변화시킨다.8) 이런 이치를 易 속에 심어서 우리에게 많은 교훈을 주는 것이다.

- 雉膏를 不食하나: 고대 사회에서는 꿩9) 기름으로 솥에 기름을 치고 닦아 내어 솥의 겉을 윤택하게 하였다. 그래서 꿩기름은 먹지 못하는 것이다. 꿩은 외형이 윤택한 짐승이기에, 기름칠하여 文明하게 한다는 뜻으로 '雉膏'라고 하였다. 離가 변하면 坎(水)이니 기름이라고 한다. 鼎卦와 屯卦는 상호 배합괘이며, 효가 전부 변하면 屯이 鼎이고 鼎이 屯이 된다. 그러므로 屯卦 구오효에서 "屯其膏"라고 하

---

8) 水와 火는 서로 떠날 수도 서로 섞일 수도 없다. 이 원리를 잘 이해하도록 만들어지고 이용하여 사용되는 것이 솥이다. 솥의 아래 곧 三爻 이하에서 음식물이 불 기운을 받아 팽임되고 변화되어 공급하게 된다는 것이다. 이것을 음양 화합으로 생각하기도 하였다.

9) ①옛날에는 고명하고 덕망이 높은 분을 선생으로 모시기 위해, 예를 갖춰서 보내거나 가지고 가는 예물로 꿩을 드리는 관습이 있었다. 이는 꿩의 모습같이 문명하고 찬란하게 열심히 공부하여 좋은 제자가 되겠다는 맹서를 스승에게 올리는 일종의 징표였다. 이때 선생이 꿩을 받아들이면 제자로 받아들이는 것이고, 물리치면 제자가 못 되는 것이다. 일례로 조선시대 때 폐백에 얽힌 일화를 소개하면, 寒岡(鄭逑), 東岡(金宇顒), 萊庵(鄭仁弘) 3인이 퇴계 선생을 찾아 뵙고 꿩을 폐백으로 올리면서 제자가 되기를 희망하였으나 한강과 동강은 받아들여지고 내암은 받아들이지 아니 하였다. 이에 내암은 南溟 선생의 문하에 들어갔다. 후일 광해조에 내암이 영의정에 올라 자기 스승인 남명 선생을 추어올린 반면에 퇴계 선생 측에게는 많은 타격을 입혔다. ②혼인을 할 때, 신랑이 신부집에 나무로 깎은 원앙(雁)을 가지고 가서 상 위에 놓고 전하는 예를 전안례(奠雁禮)라고 한다 이것은 원앙처럼 죽어도 같이 죽고 살아도 같이 산다는 뜻이며, 신부는 허락하는 뜻으로 원앙을 받아들이게 된다.

였으니 鼎卦의 雉膏와 관계가 있다고 볼 수 있다.

　예) 九五는 屯其膏ㅣ니 小貞이면 吉코 大貞이면 凶하리라 (屯卦 九五爻辭)
　　九五는 그 혜택을 베풀기가 어려우니, 작게 간섭하면 길하고 크게 간섭하면 흉할 것이다.
　　[설명]태초의 시기이므로 아직도 王化가 물위에 떠 있는 기름처럼 미치지 못하는 것을 말한다.
● 方雨하야:비가 오는 것은 음양 화합의 결과이다. 솥으로 보면 水火의 조절이 잘 되어서 음식물을 익혀 내는 형상을 말한다. 즉, 솥의 기능을 발휘한다는 뜻이다.

象曰 鼎耳革은 失其義也ㄹ새라

象에서 말하기를 "鼎耳革은 그 의의를 잃는 것이다"고 하였다.

各說

● 失其義也ㄹ새라:그 마땅함을 잃는다는 것은 개혁의 시기이기 때문이다. 이 말은 시대의 변천에 순응해야 된다는 것이다.
　예)

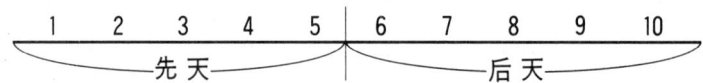

　[설명]선천은 양(1)으로 시작해서 양(5)으로 끝나고, 후천은 음(6)으로 시작해서 음(10)으로 끝난다. 그리고 선천은 3양 2음으로서 양의 우위이며 후천은 3음 2양으로서 음의 우위가 된다. 따라서 선천과 후천의 생활 방식이 다른 것이므로 각각 다른 대로 대자연에 순응해 가는 것이 곧 失其義(宜)也이다.

九四는 鼎이 折足하야 覆公餗하니 其形이 渥이라 凶토다

九四는 솥이 다리가 부러져서 公의 밥을 엎으니, 그 형상이 악착한지라 흉토다.
・折:부러질 절　・覆:엎을 복　・餗:솥 안에 든 음식물 속, 밥 속　・形:모양 형　・渥:악착할 악, 젖을 악

總說

구사효는 부정위이며 초육효와 상응 관계이다.

各說

● 鼎이 折足하야 覆公餗하니:①구사효 양이 정승의 지위에 있으니 상응인 초육효 음을 무시하고 득중한 육오효 음에게 마음이 동하여 끌려간다면 이와 같은 형상이 생긴다는 것이다. 또 구사효의 경거망동하는 것을 통하여 자기의 位를 깨닫고, 正道로써 행하여야 한다는 것을 암시하고 있다. ②四爻는 후천 솥의 처음이므로 선천 솥의 처음인 초육효의 "顚趾"와 상통한다.

  예)初六은 鼎이 顚趾나 利出否하니 得妾하면 以其子无咎ㅣ리라
  初六은 솥이 발꿈치가 엎어지나 비색한 것을 내놓는 것이 이로우니, 첩을 얻으면 그 아들로써 허물이 없을 것이다.

③공자는 이 구사효사를 중요하게 여겨「계사전」에서 다시 한번 언급하였다.

  예)子曰 德薄而位尊하며 知小而謀大하며 力小而任重하면 鮮不及矣나니 易曰 鼎이 折足하야 覆公餗하니 其形이 渥이라 凶이라하니 言不勝其任也ㅣ라 (「繫辭傳」下 第5章)
  공자께서 말씀하시기를 "덕은 엷으면서 位는 높으며, 아는 것이 적으면서도 모사(謀事)는 크게 하며, 힘은 작으면서도 소임이 무거우면 당하여 가지 못할 것이니, 易에서 말하기를 '솥이 다리가 부러져서 公의 밥을 엎으니, 그 형상이 악착한지라 흉토다'고 하였으니, 그 소임을 이기지 못하는 것을 말하는 것이다"고 하셨다.
  [설명]鼎卦의 시기에는, 세 가지의 되지도 아니하는 생각과 일을 하려는 자가 있게 된다는 것이다. 즉, 첫째가 德薄而位尊이며, 둘째가 知小而謀大이며, 셋째가 力小而任重이다. 그 결과가 鼎折足覆公餗하여 其形渥凶인 것이다.

④『孔子集語』에서 鼎卦 구사효와 관련되는 글을 인용하면 다음과 같다.

  예)공자가 제자들을 데리고 섬 속으로 들어가 공부를 하는데 날씨가 좋지 않아 식량 공급도 끊어지고 며칠을 굶었다. 공자가 이렇게 속수무책으로 죽을 수 없으니 撲蓍를 해보도록 명하였더니 마침 鼎卦 구사효가 나왔다. 이 효사를 보고 子路는 이제 굶어 죽게 되었으니 큰일이 났다면서 땅을 치고 통곡하였다. 자로는 문장 그대로 해석하여 "九四는 鼎이 折足하야 覆公餗하니 其形이 渥이라 凶토다"하였으니 모두가 굶어 죽게 된다고 하였다. 공자가 顔子에게 물으니 안자는 웃으면서 오늘 未時가 되면 풍랑이 없어져서 子貢이 식량을 한 배 싣고 올 것이므로 걱정할 것이 없다고 하였다. 안자는 鼎이 折足되었다면 바다나 물 위에 띄우는 배와 같다고 보았다. 시각은 육효를 배열하여 時에 맞추면 四爻이므로 未時에 해당하기 때문에 자공이 未時에 식량을 배에 싣고 온다

고 예지한 것이다. 같은 글 속에서도 서로의 말이 다르니, 그 해석 여하에 따라 易이 달라지는 것을 알 수가 있다. 易을 變易이라고 하는 이유가 여기에 있는 것이다.10) 즉, 隨時變易 以從道也라 하였으니 隨時變易은 어려우며 變易을 하더라도 從道를 해야 한다. 모든 事理에 알맞게 해야 한다. 결과적으로 未時가 되니 바람이 잠잠하여지고 자공이 식량을 한 배 싣고 왔으니 이에 자로는 안자에게 굴복하였다고 한다.11)

象曰 覆公餗하니 信如何也오

象에서 말하기를 "覆公餗하니 신의가 어떠하리오"라고 하였다.
· 如:같을 여 · 何:어찌 하

各說

● 信如何也오:더 말할 나위 없이 나쁘다는 것이다. 즉, 信義(정성)가 필요하다는 것이다.

六五는 鼎黃耳金鉉이니 利貞하니라

六五는 솥이 누른 귀에 금고리이니 〈마음을〉 바르게 함이 이롭다.
· 黃:누를 황 · 鉉:고리 현

總說

육오효는 주효로서 부정위이며 군위이고 득중하였다. 구이효와는 상응 관계이다.

各說

● 鼎黃耳金鉉이니:육오효는 柔順居中하며 상구효의 도움을 받아서 그의 鼎實로 만

---

10) 역학은 좀 엉뚱한 방향으로 생각하고 연구하여 볼 필요도 있다. 이것은 역학을 연구하는 하나의 방법이기도 하기 때문이다.
11) 공자는 평소에 다른 제자들보다 顔子를 더 사랑했고 찬양을 했다. 용맹이 있는 子路가 이를 못마땅하게 여기던 중 한번은 안자가 식사 당번을 하게 되었다. 배식을 할 때 밥 한 덩이가 땅에 떨어져 안자는 이것을 얼른 주워서 먹었다. 흙이 묻은 것을 남에게 주기가 곤란하여 자기가 먹고, 자기의 밥을 조금 덜어서 남의 밥에 덜어 주었다. 이것을 모르는 자로가 공자에게 이 사실을 고자질하였다. 그러나 공자는 안자에게 필유곡절(必有曲折)이 있을 것이다고 일축하였다. 그 정도로 공자는 안자를 이해하고 그 뜻을 알았던 것이다.

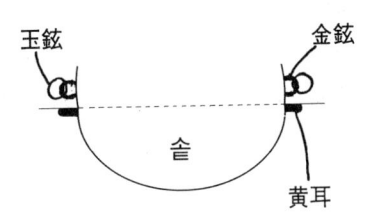

민에게 혜택을 주는 형상이다. 또 솥에서 음식물을 잘 요리하여 그 음식물을 가지고 다니면서 中道로 분배하여 만민을 먹여 살리는 형상을 표시한 것이다. '黃耳'는 솥을 병풍처럼 둘러싸고 있는 것을 말하는 것으로 육오효가 덕이 있는 것을 뜻한다.

- 利貞하니라:솥을 들고 다니도록 한 것이 아니라 固定되어 있으니 利貞이다. 즉, 결정사다.

象曰 鼎黃耳는 中以爲實也ㅣ라

象에서 말하기를 "鼎黃耳는 〈六五가〉中을 잡아서 충실하기 때문이다"고 하였다.

各說

- 中以爲實也ㅣ라:중용지도는 實한 것이다.

上九는 鼎玉鉉이니 大吉하야 无不利니라

上九는 솥이 옥고리이니 크게 길해서 이롭지 아니함이 없다.
· 玉:구슬 옥

總說

상구효는 부정위이며 구사효와 상비 관계이다.

各說

- 鼎玉鉉이니:玉鉉은 불에 달구어진 솥이 뜨겁기 때문에 열을 받지 아니하는 옥으로 만든 손잡이 고리를 말한다. 金자는 五爻에 쓰이고 玉자는 上爻에 쓰인다.
  · 玉人:성품이 온화한 사람을 말한다.
- 大吉하야 无不利니라:①玉鉉을 사용하여 모든 사람들을 즐겁게 하고 또한 혜택을 주는 것이니 大吉이고 无不利이다. ②64괘에서 상효가 좋은 것이 드물지만 井卦와

鼎卦의 상효는 좋다. 그 이유로는 두 괘 모두가 그 속에 들어 있는 음식물을 다 퍼내어 먹어야 하기 때문이며 또 그것을 상효에서 퍼내고 있으므로 인간과 관계가 있는 괘이다. ③솥의 음식물을 퍼내어 澤及萬民을 할 수 있으니 大吉이다. 좋은 물건을 넣어서 익히면 좋은 것이 나오고, 나쁜 것을 넣어 익히면 나쁜 음식물이 나오는 것은 당연한 것이다. 즉, 인위적이기 때문에 元吉이라 하지 않고 大吉이라 하였다. 그러나 우물물은 자연적이기 때문에 井卦의 상효에서는 元吉이라고 하였다.

象曰 玉鉉在上은 剛柔ㅣ 節也ㄹ새라

象에서 말하기를 "옥으로 만든 고리가 위에 있다는 것은 剛柔가 알맞게 조절된 것이다"고 하였다.

· 節:마디 절

各說

● 剛柔ㅣ 節也ㄹ새라:열(熱)이 고리인 옥에서 그쳐, 솥을 들고 다닐 때 손잡이로서 용이하게 들 수 있도록 작용을 한다. 剛은 陽이며 熱이고, 柔는 陰이며 寒이다. 玉鉉은 뜨거운 것과 찬 것을 조절하는 역할을 한다.

※鼎과 고대 인간과의 관계

고대인들은 우주 대자연과 인간과의 관계를 표현하기 위하여, 鼎을 취상하여 여러 가지 측면에서 논하였다. 또 鼎은 군왕이 왕도 정치를 펴 나가는 데 중요한 기구였다. 즉, 享神, 養賢, 養民에 필요한 기구로 사용하였다. 鼎에 대한 기록이 고대 전적에 있는데,『史記』「封禪書」(봉선서)에 의하면 황제는 형산(荊山)에서 鼎을 주조(鑄造)하였다고 말하고 있으며,『漢書』「郊祀誌」(교사지)에 의하면 禹王은 구목(九牧)의 金으로써 구정(九鼎)을 주조하였다. 또『禮記』「明堂位」에는 숭정(崇鼎), 관정(貫鼎)은 天子의 器具라고 하였다. 여기서 崇과 貫은 나라 이름이며, 예전에 임금된 자는 鼎을 寶器로 주조하여 귀중히 여겼다. 鼎의 주조 재료는 신분에 따라 다른데, 士는 鐵로, 大夫는 銅으로, 諸侯는 白金으로, 天子는 黃金으로 주조하였다. 따라서 鼎은 실로 王政의 요기(要器)이기도 하다. 임금된 자가 전도(奠都:수도를 옮기는 것)하는 것을 定鼎이라고도 한다.

重雷震 (五十一)

震震
上下

大 義

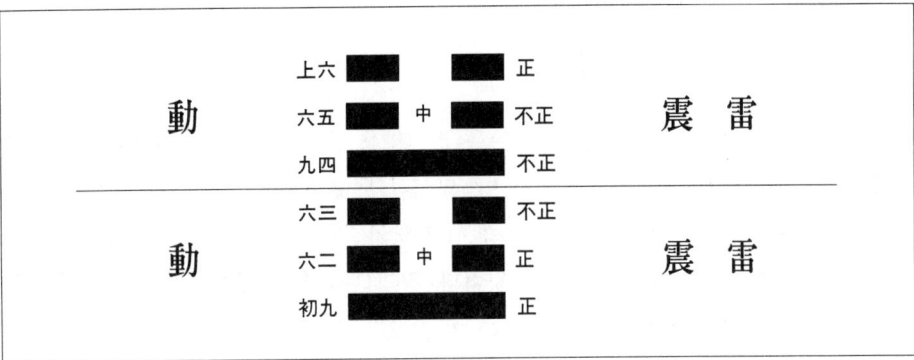

    重雷震卦는 小成卦 震卦가 중첩하여 이루어진 것이고, 震卦는 乾卦와 坤卦가 처음으로 상교하여 얻은 것이므로 가족 관계로 보면 長男에 해당한다.

1) 「잡괘전」에서 "震은 起也ㅣ오;진은 일어나는 것이요"라고 하였는데, 이는 天地(乾坤)가 상교하여 一陽이 처음으로 생하였기 때문이다. 또한 처음으로 상교하여 양이 나타났으므로 가족에 비유하면 장남에 해당한다. 「서괘전」에서 "震者는 動也ㅣ니;震이라는 것은 움직이는 것이니"라고 하였다. 형이상학적인 지하의 우레(地雷)와 형이하학적인 지상의 우레(天雷)를 합한 것이 重雷震이다.

2) 鼎卦 다음에 震卦로 次序한 것은, 鼎이 모든 그릇의 主器라고 하면 그 가정의 主器는 상속자인 장남이 계승하게 된다. 집안을 계승하는 자가 장남이기에 鼎卦 다음에 震卦가 오게 된 것이다. 따라서 「서괘전」에서 "主器者ㅣ 莫若長子ㅣ라 故로

受之以震하고 ; 그릇(鼎)을 주관하는 사람은 맡아들 만한 이가 없기 때문에 震卦로 받고"라고 하였다.

3) ①복희와 문왕의 팔괘를 통하여 우리는 우주 대자연의 변화를 알 수 있다. 그러므로 팔괘가 중첩된 괘를 살펴보면 많은 秘辭體가 들어 있으리라 여긴다.

上　經	下　經
☰ 重天乾	☳ 重雷震
☷ 重地坤	☶ 重山艮
☵ 重水坎	☴ 重風巽
☲ 重火離	☱ 重澤兌
正方位	間方位

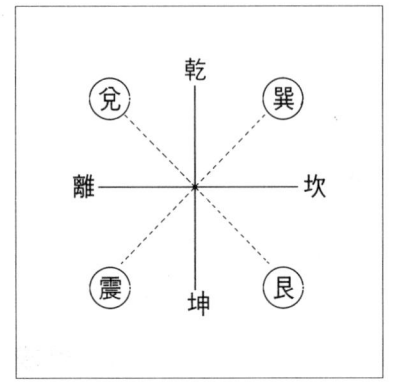

上經의 乾(天) 坤(地) 坎(日) 離(月)는 正方位에 존재하며, 이는 대자연의 운행하는 법칙 그대로를 묘사한 것이다. 下經의 震艮巽兌 4괘는 모두 間方에 존재한다. 이는 하경이 인사적이기 때문이다. 즉, 대자연의 운행 속에서, 인간과 자연과 관련되는 문제에서 조화가 존재한다는 것이다. 정방(正) 속에 근본적이며 기본적인 이치가 들어 있다면, 間方(不正) 속에는 미세하고 지엽적인 것이 들어 있다. 따라서 乾坤坎離卦를 바탕으로 하여 震艮巽兌의 間方位 괘를 깊이 연구해 볼 필요가 있다. ②대자연의 운행은 中正을 바탕으로 한다. 콩 심은 데 콩 나고 팥 심은 데 팥 나듯, 대자연의 법칙 그대로 中和되어 나아간다고 볼 수가 있다. 특히 水火(坎離)는 乾坤卦의 中爻가 상교하여 이루어졌다고 볼 수 있다. 1·6水의 정신은 중용 사상이며 이를 기본적인 표본으로 삼았다.

예)中者는 不偏不倚하야 無過不及之名이오 庸은 平常也ㅣ라 (『中庸』 程伊川의 글)
　　中이라 함은 편벽되지 아니하고 의지하지도 아니하고 지나치고 不及함이 없는 이름이요, 庸은 항상 변함이 없는 것을 말한다.
[설명]庸은 형이하학의 실천을 뜻한다.

하경의 중첩된 괘 震艮巽兌는 偏, 倚, 過, 不及이라고 할 수 있다. 따라서 하경(후천)에 들어 있는 괘에는 지나친 사람, 부족한 사람들이 많고 中正者는 드물다. 하경은 어디까지나 인사적이므로 변화가 많으며 복잡하고 逆反의 현상을 나타내고 있다.

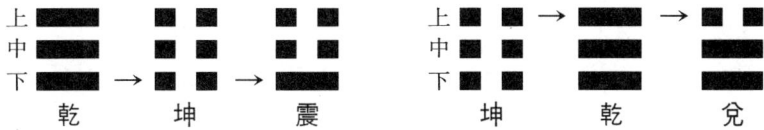

③ 震, 巽卦가 서로 배합괘이며, 또 艮, 兌卦가 서로 배합괘가 된다. 괘의 순서도 상경에서는 乾, 坤, 坎, 離卦로 되어 있으나 하경에서는 震, 艮卦와 巽, 兌卦로 섞여 있어서 복잡하다.

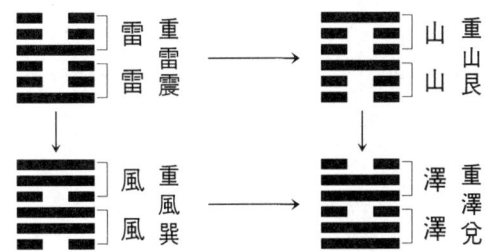

④ 상경은 乾卦로 시작하고 하경은 震卦가 기점(起點)이 된다. 즉, 선천의 시초는 乾卦이고, 후천의 시초는 震卦가 된다는 것이다.

예1) 震은 起也ㅣ오 (「雜卦傳」)
　　 진은 일어나는 것이요.
예2) 帝ㅣ 出乎震하야……萬物이 出乎震하니 震은 東方也ㅣ라……(「說卦傳」 第5章)
　　 제가 진에서 나와서……만물이 진에서 나오니 진은 동방이다……

4) 電子의 원리가 震卦에 들어 있다. 생동하는 지구는 우레와 번개가 친다. 그러나 달에는 우레와 번개가 없으므로 생명이 없고 차다. 마치 사람이 죽으면 그 육신이 찬 것처럼. 이것은 바로 무진(无震)이며, 암체(暗體)라고도 한다. 이처럼 震(雷)과 離(火)는 밀접한 관계가 있다. 즉, 震 속에는 火가 들어 있기 때문에 병행하여 움직인다. 그 예로서 64괘 중 ䷔火雷噬嗑卦와 ䷶雷火豊卦의 「대상」을 인용하여 보자.

예1) 象曰 雷電이 噬嗑이니 先王이 以하야 明罰勅法하나니라 (火雷噬嗑卦「大象」)
象에서 말하기를 "우레와 번개가 서합이니, 선왕이 이로써 형벌을 밝히고 법을 신칙한다"고 하였다.

예2) 象曰 雷電皆至ㅣ 豊이니 君子ㅣ 以하야 折獄致刑하나니라 (雷火豊卦「大象」)
象에서 말하기를 "우레와 번개가 함께 이르는 것이 풍이니, 군자가 이로써 옥사를 잘 처결하여 형벌을 주는 것이다"고 하였다.

[설명] 「대상」에 '電'字가 들어 있는 괘는 이 두 괘밖에 없다.

5) 선·후천의 변화는 卦變圖에서 찾아 볼 수 있다. 즉, 문왕팔괘 속에서 찾아 볼 수 있으며 이는 乾卦九五變圖說에서 기인(起因)한다고 할 수 있다. 이는 문왕이 앞으로 전개될 지구의 변화를 예언한 것이 아닐까 한다.

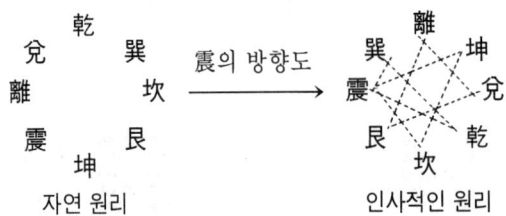

原文풀이

震은 亨하니 **震來**애 **虩虩**이면 **笑言**이 **啞啞**이리니 **震驚百里**에 **不喪匕鬯**하나니라

震은 형통하니, 우레가 올 때 놀라고 놀라면 〈우레가 그친 다음〉웃는 소리가 깔깔거리니, 우레가 백리에까지 놀라게 함에 시창(匕鬯)을 잃지 아니하는 것이다.

· 震:우레 진 · 虩:두려워하는 모양 혁, 놀랄 혁 · 笑:웃을 소 · 啞:웃을 액, 깔깔거리며 웃을 액
· 驚:놀랄 경 · 喪:잃을 상, 상할 상 · 匕:순가락 시, 젓가락 시, 비수 비 · 鬯:향불 창, 종손 창

總說

윗글은 진괘의 괘사이다.

各說

● 震은 亨하니: ①우레는 꼭 그 때 그 시기에 일어나므로 형통이다. 震은 천둥을 뜻하고, 陽氣가 발하는 것이기 때문에 亨通하다는 것이다. ②장남에게만 물려준다는

것은 아니므로 亨이고, 결정적이면 元亨이라고 할 것이다.1)
- 震來애 虩虩이면:우레가 왔을 때는 사람의 마음이 동요되어, 죄 지은 사람이라면 천벌을 받을 것 같은 기분이 들어 혼비백산하는 때를 말한다. 이 때에는 천하의 모든 사람이 至善의 마음으로 귀일하게 된다. 죽기 직전의 경지라고 할 수 있다. 따라서 虩虩의 경지에 가야 觀通이 되고 그 결과로서 길한 것이다. 즉, 죽기 직전의 마음 경지처럼 정신을 집중하면, 관통이 되어 길하게 된다는 말이다. '虩虩'은 불안하고 초조한 마음 상태를 말하며, '啞啞'는 그 결과를 말한다.
  예)曾子言曰 鳥之將死에 其鳴也哀하고 人之將死에 其言也善이니라 (『論語』「泰伯」)
   증자가 말하기를 "새가 곧 죽게 되면 그 울음소리가 슬퍼지고 사람이 곧 죽게 되면 그 말이 착해진다"고 하였다.
- 笑言이 啞啞이리니:우레가 끝나고 난 뒤에 아무 일이 없었다면, 아 이제야 살았구나 하며 서로를 쳐다보고 〈겁쟁이라고 말하며〉 웃는 것을 뜻한다.
- 震驚百里에:우레는 백리를 놀라게 한다.2) 또 우레는 원인(遠人:멀리 있는 사람)을 놀라게 하고, 이인(邇人:가깝게 있는 사람)을 겁나게 한다.
- 不喪匕鬯하나니라:정성이 지극한 사람에게는 우레가 해치지 아니한다는 뜻이다. 즉, 中正之道를 가지려고 애쓰는 사람과 죄 없는 선한 사람과 仁者에게는 우레가 해치지 아니한다는 것이다. 그리고 主孫으로 조상에 대한 향념(向念)이 지극한 사람에게는 天地神明도 해치지 아니한다는 것이다. 또 震卦가 長子를 의미하므로 匕鬯이라는 말을 사용하였다. 참고로 鬯君은 長子를, 鬯孫은 宗孫을 말한다.3)
  예1)納于大麓하시니 烈風雷雨에 弗迷하시니라 (『書經』「虞書·舜典」)
   큰 숲 속으로 몰아 넣으니 사나운 바람과 뇌우에도 방향을 잃지 않았다.
   [설명]윗글은 요임금이 순에게 왕위를 물려주기 전에 그 사람됨을 시험한 내용 중 일부분이다. 순임금은 정성이 지극한 사람이므로 하늘이 그를 버리지 않아 시험에 통과하였다. 달리 해석하면 순임금이 정성이 지극하여 바람과 뇌우의 소리가 들리지 않았다고 볼 수 있다.
  예2)秦始皇이 泰山에서 天祭를 지내는데 폭풍우가 불어서 대피하고 있다가 결국 제사를 지내지 못하였다. 이는 정성이 부실하였기 때문이라고 하여 세인들로부터 조소를 받았다.

---

1)요 임금은 아들 丹朱에게 왕위를 물려주지 않고 순 임금에게 주었다.
2)자연에서 나오는 소리는 100리 이상을 가지 못한다. 따라서 중계탑을 세워 소리의 전파를 먼데까지 보내고 있는 것이다.
3)퇴계 선생 문중에서의 宗孫은 취임식을 하고 난 뒤에 그 역할을 할 수가 있다.

彖曰 震은 亨하니 震來虩虩은 恐致福也ㅣ오 笑言啞啞은 後有則也ㅣ라 震驚百里는 驚遠而懼邇也ㅣ니 出可以守宗廟社稷하야 以爲祭主也ㅣ라

彖에서 말하기를 "震은 형통하니, 震來虩虩은 두려워해야 복이 오기 때문이요, 笑言啞啞은 뒤에 법도가 있기 때문이다. 震驚百里는 멀리 있는 사람을 놀라게 하고 가까운 데 있는 사람을 두렵게 하는 것이다. 나아가서 종묘와 사직을 지켜 제주가 될 것이다"고 하였다.

·恐:두려울 공 ·致:보낼 치 ·遠:멀 원 ·懼:두려워할 구 ·邇:가까울 이 ·守:지킬 수 ·宗:마루 종, 사당 종 ·廟:사당 묘 ·社:토지의 신 사 ·稷:기장 직, 오곡의 신 직 ·祭:제사 제

總說

윗글은 진괘의 「단사」이다.

各說

● 恐致福也ㅣ오:우레가 쳐서 세상 사람들의 마음을 뒤흔들지만 지극히 선한 양심으로 자신의 마음을 지키면 복이 온다는 것이다. 즉, 천둥이 칠 때 모든 사람들의 마음이 일치되듯, 천위(天威:하늘의 위엄)는 천부지성인 善心(良心)을 생성케 하여 악으로 흐르지 못하게 하여 복을 받도록 한다는 것이다. 또 죄를 짓는 자는 벼락을 맞는다고 하니 이를 두려워하여 죄를 짓지 않기 때문에 반대로 복을 받는다는 것이다.

예)道也者는 不可須臾離也ㅣ니 可離면 非道也ㅣ라 是故로 君子는 戒愼乎其所不睹하며 恐懼乎其所不聞이니라 (『中庸』第1章)
道라는 것은 가히 잠시도 떠나지 못할 것이니, 떠난다고 하면 道가 아니다. 이런고로 군자는 그 보이지 않는 바에(곳을) 경계하며 삼가 조심하며 자기가 듣지 못하는 바에(곳을) 두려워한다.

● 後有則也ㅣ라:뒤에는 法이 된다는 것이니, 그로 말미암아 나쁜 짓을 못한다. 어느 정도 심성 공부가 된 사람은 나쁜 짓을 할 수가 없다는 뜻이다.

● 震來虩虩~笑言啞啞:天威를 이용한 敎化 방법이다. 우레가 칠 때 사람들이 혼비백산하여 정신이 없는 모습과 그 뒤에 동작하는 모습을 그려 놓은 것이다.

예)敬天之怒하여 無敢戱豫하며 敬天之渝하여 無敢馳驅어다 (『詩經』「大雅·生民之什」)
하늘의 노여움을 공경하여 감히 장난치고 놀지 말며, 하늘의 슬기를 공경하여 감히 멋대로 행동하지 말라.

● 出可以守宗廟社稷하야 以爲祭主也ㅣ라:①不喪匕鬯을 설명한 구절이다. ☳震卦의 도전이 ☶艮卦이며, 出을 파자하면 山+山이므로 重山艮이 된다. 震의 위험을 벗어나는 곳은 艮이라는 뜻이며, 또 艮方에 있으면서 장남인 제주가 종묘 사직에 제사를 지내는 것처럼 지극하게 정성을 드려야 震을 극복할 수가 있다는 것이다. ② 出은 "帝出乎震"(「說卦傳」)과 "首出庶物"(乾卦)의 出字와 같은 뜻이 있으며, 선천의 震方이 후천에서는 艮方이다. 즉, 상호 도전괘이다. ③中原에서 우리 나라의 위치는 東北方이다. 그래서 東震國이라 불렀다.

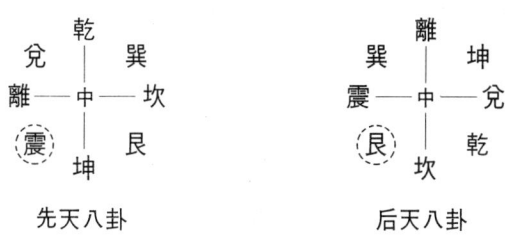

先天八卦　　　　后天八卦

또 出—艮—止라고 할 수 있다. 이에 상응하는 글을 『대학』에서 인용하면 다음과 같다.

예1) 大學之道는 在明明德하며 在新民하며 在止於至善이니라 知止而后에 有定이니 定而后에 能靜하며 靜而后에 能安하며 安而后에 能慮하며 慮而后에 能得이니라 (『大學』經1章)

大學의 道는 밝은 덕(明德)을 밝힘에 있으며, 백성을 새롭게 함에 있으며, 지극한 선함에 머무는 데 있다. 머물 데를 안 뒤에 定함이 있으니, 定한 뒤에야 능히 고요하고, 고요한 뒤에야 능히 평안하고, 평안함이 있은 뒤에야 생각할 수 있으며, 생각한 뒤에야 얻을 수 있다.

예2) 詩云 緡蠻黃鳥ㅣ여 止于丘隅ㅣ라하야날 子ㅣ曰 於止에 知其所止로소니 可以人而不如鳥乎ㅣ아 (『大學』 傳3章)

『시경』에 이르기를 "꾀꼴꾀꼴 우는 꾀꼬리는 산이 높고 울창한 곳에 앉는다" 하였으니, 공자께서 말씀하시기를 "머무름에 있어서 그 머무를 곳을 아니, 사람으로서 새만도 못해서야 되겠는가!"라고 하였다.

[설명] 윗글은 공자가 至善을 알아 그것에 머물지 못하는 자를 경각(警覺)시키기 위한 말이다.

'宗廟'는 국가의 사당(祠堂)을 말하고, '社'는 天地의 神에게 제사를 지내는 것이며

'禋'은 곡식을 낸 사람에게 감사하다고 제사 지내는 것을 말한다. 주자와 정이천은 이「단사」의 글에 오탈자(誤脫字)가 있다고 생각하였다.

예)程子ㅣ 以爲邇也下에 脫不喪匕鬯四字라하시니 今從之하노라 出은 謂繼世而主祭也라 或云出은 卽鬯字之誤라 (『周易傳義大全』「本義」)
정자께서 말씀하시기를 "邇也의 아래에 '不喪匕鬯' 네 자가 빠졌다"고 하니 이제 그 말씀에 따른다. 出은 대를 이어 제사를 주관한다는 말이다. 혹자가 말하기를 出자는 鬯자의 잘못이다.

象曰 洊雷ㅣ 震이니 君子ㅣ 以하야 恐懼脩省하나니라

象에서 말하기를 "거듭한 우레가 震이니, 군자가 이로써 두려워하고 조심하여 수양하고 살펴보는 것이다"고 하였다.

・洊:거듭 천 ・雷:우레 뢰 ・脩:닦을 수 ・省:살필 성

總說

윗글은 진괘의「대상」이다.

各說

● 洊雷ㅣ 震이니:괘의 상하가 震卦라는 뜻이다.
● 恐懼脩省하나니라:脩省하는 방법으로 恐懼를 한다. 이러한 내용은 曾子의 '日三省吾身'과 같은 뜻이라 하겠다. 또한 우리가 많이 쓰고 있는 '사물잠'(四勿箴)에서도 찾아 볼 수 있다.

예)顔淵問仁한대 子曰 克己復禮爲仁이니 一日克己復禮면 天下歸仁焉하리니 爲仁由己니 而由人乎哉아 顔淵曰 請問其目하노이다 子曰 非禮勿視하며 非禮勿聽하며 非禮勿言하며 非禮勿動이니라 顔淵曰 回雖不敏이나 請事斯語矣리이다 (『論語』「顔淵」)
안연이 仁을 묻자 공자께서 말씀하시기를 "자기를 극복하여 禮로 돌아가는 것이 仁이 되는 것이니, 하루만이라도 자기를 극복하여 禮로 돌아가면 천하가 仁으로 돌아간다. 仁을 하는 것은 자기로 말미암는 것이니 남으로 말미암는 것이겠는가?"고 하셨다. 안연이 말하기를 "청컨대 그 세목을 묻겠습니다"고 하였다. 공자께서 말씀하시기를 "禮가 아니면 보지 말며, 禮가 아니면 듣지 말며, 禮가 아니면 말하지 말며, 禮가 아니면 움직이지 말라"고 하셨다. 안연이 말하기를 "제가 비록 불민하오나 청컨대 이 말씀을 받들겠습니다"고 하였다.
[설명]四勿箴:非禮勿視, 非禮勿聽, 非禮勿言, 非禮勿動

初九는 震來虩虩이라아 後에 笑言啞啞이리니 吉하니라
初九는 우레가 옴에 놀라야 뒤에 웃는 소리가 깔깔거리니 길하다.

總說
초구효는 진괘의 주효로서 정위이며 구사효와 상비 관계이다.

各說
- 初九는 : 진괘에서 초효는 중요한 역할을 한다. 乾卦의 초효 양이 坤卦 초효 음에 가서 진괘가 되었으니, 양 1효와 음 2효의 진괘에서 양효가 주도적 세력과 활동을 하고 있다. 결국 ䷗地雷復卦의 초효 양에 해당하는 것이다. 이것으로부터 冬至子之半에 地動[震]하여 一陽이 始生하는 그 고동(鼓動)에서 천지 만물의 情을 가히 볼 수 있다. 따라서 震의 초구효는 땅 밑의 우레(地震)와 구사효의 하늘 위 우레(天雷)가 서로 관계하면서 세력이 강한 한 쪽으로 흡수되는 형상을 내포하고 있다. 이것이 곧 ䷲重雷震卦이다.

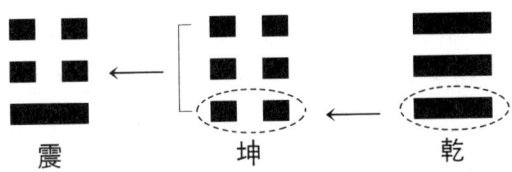

震   坤   乾

- 震來虩虩이라아 : 앞으로의 天畏(하늘의 두려움)를 뜻한다. 자연적인 형상이다.
- 笑言啞啞이리니 : 아무리 천외(天畏)와 변동이 있어도 하늘이 사람 모두를 다 죽이는 법이 없으니 살아서 웃는 소리가 난다는 뜻이다. 인위적인 형상이다.

象曰 震來虩虩은 恐致福也ㅣ오 笑言啞啞은 後有則也ㅣ라
象에서 말하기를 "震來虩虩은 두려워하여 복을 이룸이오, 笑言啞啞은 뒤에 법도가 있기 때문이다"고 하였다.

各說
- 恐致福也ㅣ오 : 하늘의 위엄을 두려워하여 나쁜 일을 저지르지 못하니 스스로 복이 온다.

- 後有則也 l 라 : 천둥 친 뒤에 웃음소리가 나는 것은 천둥이 친 뒤에는 반드시 법도가 있기 때문이다.

※64괘 爻辭 가운데 象辭와 彖辭가 같은 것은 震卦 초구효밖에 없다. 왜냐하면 진괘의 초구효가 主爻이면서 천뢰(洊雷)의 뜻을 내포하고 있기 때문이다.

六二는 震來厲 l 라 億喪貝하야 躋于九陵이니 勿逐하면 七日得하리라

六二는 지진이 옴에 위태롭다. 재물을 상할 것을 헤아려 구릉에 올라 〈피하니〉, 〈겁이 나서〉 쫓아가지 아니하면 7일이 되면 얻을 것이다.

· 厲:위태로울 려 · 億:헤아릴 억 · 躋:오를 제 · 陵:언덕 릉 · 逐:쫓을 축

總說

육이효는 득정, 득중으로 유순중정의 위이며, 육오효와 상비 관계이다. 지진 발생시의 일을 말해 주고 있다.

各說

- 震來厲 l 라 : 陰(坤)이 中正하였으니 地震이라고 말할 수 있다.4)
- 億喪貝하야 : 지진이 왔을 때의 모습을 표현한 말이다. 즉, 지진이 왔을 때 지구상에 있는 재물이 상하게 되는데, 재물은 사람에게 속해 있으니 사람이 상하게 된다는 뜻이다. 주자는 '億'을 未詳(자세하지 않음)이라고 하였다.
- 躋于九陵이니 : 지진이 그칠 자리에 그치는 것이니, 안전한 곳에 가만히 엎드려서 몸을 피하는 것을 말한다. 이는 지진 발생시의 대피 방법을 말하고 있다. 九陵이라는 것은 높은 곳을 뜻하기도 하고, 九天(저승)을 뜻하기도 한다.
- 勿逐하면 : 지진이 오더라도 쫓아가지 아니한다. 즉, 가만히 있는 것을 뜻한다.

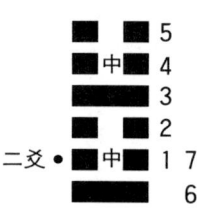

- 七日得하리라 : 7일이 되면 회복이 될 것이다. 따라서 勿逐이라고 할 수 있다. 진괘의 二爻로부터 완전히 한 바퀴 돌아오는 데는 7일이 소요되므로 七日得이라고 하였다. 來復이 된다는 것이다. 이는 지진이 발생한 뒤 7일 만에 회복이 되어 평온을 찾는다는

---

4) 아산 선생님은 육이효를 地震이라고 해석하였으며, 지진이 났을 때의 대피 방법과 7일 만에 회복이 된다는 것을 설명하였다. (一岡註)

뜻이기도 하다.5)

象曰 震來虩는 乘剛也일새라

象에서 말하기를 "震來虩는 剛(初九)을 타고 있기 때문이다"고 하였다.
· 乘:탈 승 · 剛:굳셀 강

各說

● 乘剛也일새라:지하의 一陽 초구효를 지상의 육이효 陰이 위에서 타고 있으므로 지상의 모든 것이 위태롭다는 것이다. 즉, 지진이 일어나는 지상에 있다는 것이니 위태로울 수밖에 없는 것이다.

六三은 震蘇蘇ㅣ니 震行하면 无眚하리라

六三은 우레가 먼 데서 치니 〈그대로〉 우레가 지나가면 재앙이 없을 것이다.
· 蘇:멀 소, 쑥 소, 까무러칠 소 · 眚:재앙 생

總說

육삼효는 부정위이며 상육효와 상비 관계이다. 震卦의 각 효는 정응과 상응 관계인 효가 하나도 없다. 각 효 모두가 상비 관계이다.

各說

● 震蘇蘇ㅣ니 震行하면 无眚하리라:조금 두려워하는 모습을 나타낸 것이지만 사람이 저지른 허물은 없을 것이다. 괘 이름 '震'이 육삼효사에 두 번 들어 있다. [별해] '震蘇蘇'는 지진을 뜻하며, '震行'은 震國으로 간다는 뜻이다. 지진이 震國(震方)에서 행하면 아무런 재앙이 없다는 뜻도 되고, 또 震方이 안전 지역이라는 뜻도 있다. '眚'은 인위적 허물을 말하며, '災'는 자연적인 허물을 말한다.

象曰 震蘇蘇는 位不當也일새라

象에서 말하기를 "震蘇蘇는 位가 마땅하지 않기 때문이다"고 하였다.

---

5) 産母는 해산(解産) 7일 뒤에 건강이 회복된다. 이는 來復之理로써 사람의 인체도 역의 원리에 적용받고 있음을 말해 주고 있다.

各說

● 位不當也ㄹ새라:육삼효의 位가 초구효 양과 거리가 멀고, 양자리에 음이 있기 때문에 그 位가 마땅치가 않다.

九四는 震이 遂泥라

九四는 우레가 드디어 가라앉는다.
·遂:드디어 수, 이를 수 ·泥:진흙 니, 빠질 니

總說

구사효는 부정위이며 초구효와 상비 관계이다.

各說

● 震이 遂泥라:①우레가 진흙 속에 빠져 들어가기 때문에 제 구실을 못하는 형태다. 구사효를 중심으로 아래와 위를 보면 모두가 음 2효로 되어 있다. 구사효가 음 속에 빠져 있으니 遂泥라 하였다. 이는 하늘의 우레는 외괘 震의 주력(陽)이지만 별다른 위력이 없음을 나타낸 것이라 하겠다. 따라서 지하의 우레를 강조하였다고 볼 수 있다. 또 구사효를 상효로 하는 互卦는 ☶艮卦가 된다. 艮卦의 상효는 止라고 하였으니, 나아가지 못하고 빠져 있는 것이 된다. ②초구효와 구사효는 우레에 있는 電氣의 힘을 서로 주고받을 수 있다. 특히 관 공부에 있어서 상대적으로 강한 초구효의 도력을 약한 구사효에게 보태 줄 수가 있다.[6]

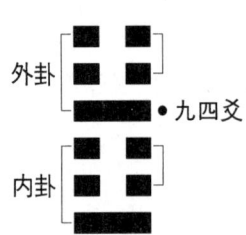
外卦
·九四爻
內卦

象曰 震遂泥는 未光也ㅣ로다

象에서 말하기를 "震遂泥는 아직 빛이 나지 못하기 때문이다"고 하였다.

各說

● 未光也ㅣ로다:震卦는 動이 위주이니 움직여야 빛이 나는데 그 내부는 互卦로 艮卦이고, 艮은 止이므로 움직이지 않고 그쳐 있으니 빛날 수가 없다. 따라서 그 위력

---
6)현재 氣功이나 氣 훈련을 닦고 있는 사람들은 이러한 현상을 일상적으로 체험하고 있다. (一岡註)

을 떨치지 못하기 때문에 진흙에 빠져 있다는 것이다.

六五는 震이 往來ㅣ 厲하니 億하야 无喪有事ㅣ니라
六五는 우레가 가고 오는데 위태로우니, 헤아려 일을 상함이 없다.

總說
육오효는 부정위이나 득중이며 君位이다. 우레의 진행이 있어서 군위는 위력이 있을 수 없다.

各說
- 震이 往來ㅣ 厲하니 : 우레가 있으면 위태로운 것이니 오고 가지 말아라. 진동하는 상황에서 오고 가는 것은 위험성이 있는 것이다.
- 无喪有事ㅣ니라 : '有事'는 中正之道를 행하는 일이다. 有事의 예를 들면 積善, 仁政(德治)을 하는 것이다. 順天命을 하여 그 정성이 지극하면 비록 우레가 왕래하여도 상할 수가 없다. 곧 하늘도 중정지도를 행하는 사람에게는 어찌 할 수가 없다는 뜻이다. [별해]우레가 왔을 때 군위에 앉아 中正으로써 건지려 하나 뜻대로 되지 아니한다. 이것은 하늘도 어찌 할 수 없다는 것이다.

象曰 震往來厲는 危行也ㅣ오 其事ㅣ 在中하니 大无喪也ㅣ니라
象에서 말하기를 "震往來厲는 행동하면 위험하다는 것이요, 그 일이 중정지도에 있으니 크게 상함이 없을 것이다"고 하였다.
· 危 : 위태할 위

上六은 震이 索索(삭삭)하야 視ㅣ 矍矍(확확)이니 征이면 凶하니 震不于其躬이오 于其隣이면 无咎ㅣ리니 婚媾는 有言이리라
上六은 우레가 〈먼 데서 움직이는 것을 보고〉 놀라고 두리번거리니, 그대로 나아가면 흉하니, 우레가 내(그) 몸에 있다고 〈생각하지〉 아니하고 그 이웃에 있다고 〈생각하면〉 허물이 없으리니, 혼인을 하는 데는 말이 있을 것이다.
· 索 : 두려워 할 삭 · 視 : 볼 시 · 矍 : 놀라 돌아볼 확 · 躬 : 몸 궁 · 隣 : 이웃 린 · 婚 : 혼인할 혼 · 媾 : 화친할 구

總說
상육효는 정위이며 육삼효와 상비 관계이다.

各說
- 震이 索索하야 視ㅣ 矍矍이니:우레가 왔을 때의 상황을 말한 것이다.
- 征이면 凶하니:우레나 지진이 먼 데 있다고 생각하여 나와는 관계없는 것으로 여겨 그대로 가면 흉하다는 것이다.
- 震不于其躬이오 于其隣이면 无咎ㅣ리니:상육효는 진괘의 極이므로 초구효의 우레와는 거리가 멀다. 그러나 우레가 자기한테 지장이 없다고 생각해서는 아니 되고 그 이웃(육오효)에 있다고 생각하면 허물이 없다는 것이다. 그리고 상육효는 초육효로부터의 거리가 백리 밖에 있다는 뜻을 가지고 있다. 震卦에 대한 경계사다.
- 婚媾는 有言이리라:앞의 문장과는 별개의 내용이다. 공구수성(恐懼修省)할 때는 오직 上天을 신앙해야지 인간과 교합해서는 아니 되기 때문에 婚媾有言이라고 하였다.

象曰 震索索은 中未得也ㅣ새오 雖凶无咎는 畏隣戒也ㅣ새라

象에서 말하기를 "震索索은 中을 얻지 못함이요, 비록 흉하나 허물이 없는 것은 이웃의 〈변고를 보고〉 경계하고 두려워하기 때문이다"고 하였다.

·雖:비록 수 ·畏:두려워할 외 ·戒:경계할 계

各說
상육효는 진괘에 대한 총체적인 뜻이 담겨져 있다. 震은 폭음과 화염과 섬광으로써 위혁(威嚇)하여 우리 인간에게 충격을 준다. 이러한 상황에서 어느 누구도 자기를 반성하지 않는 자가 없을 것이다. 그러므로 「대상」에서 공구수성(恐懼修省)이라고 하였다. 震卦는 실로 天神이 인간을 시험해 보는 괘이니, 이 속에서 우리는 시련을 극복하는 길을 찾아야 한다. 이것이 아마도 진경백리(震驚百里)라도 불상시창(不喪匕鬯)하는 정신의 능력을 배양하면 가히 神明에게도 그 정성이 이를 수가 있을 것이다.

※震卦로 보아서 天上의 震은 큰 위력이 없고 地下의 震 곧 지구의 震이 主가 된다고 설명하고 있다. 과연 지구에 변동이 왔을 때 그 현상은 어떠할까? 각 효의 내

용을 보면 다음과 같다. 첫째, 재물이 상할 것을 헤아려 구릉에 올라 피하고(億喪貝하야 躋于九陵하며), 둘째 그 기간은 7일이 되면 얻을 것이며(七日得), 셋째 우레가 먼 곳에서 치니 〈그대로〉 우레가 지나가면 재앙이 없을 것이며(震蘇蘇니 震行하면 无眚하리라), 넷째 우레가 가고 오는데 위태로우니, 헤아려 일을 상함이 없다(震이 往來ㅣ 厲하니 億하야 无喪有事ㅣ니라)가 된다.

重山艮 (五十二)

艮上
艮下

大 義

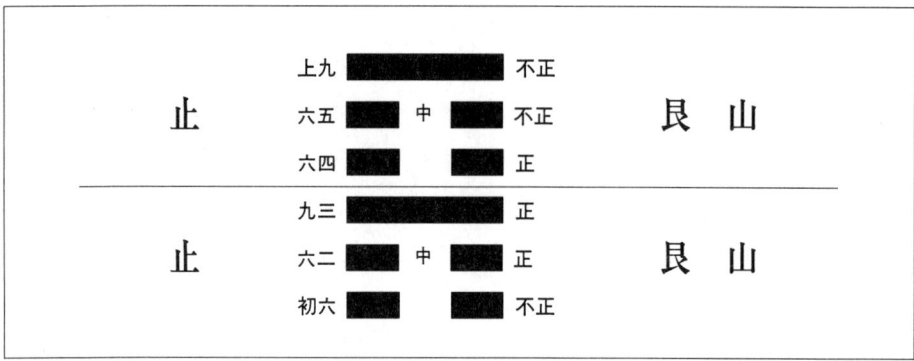

艮卦는 震卦의 도전괘이다. 괘상으로 보면 艮은 산이고 또 산이 중첩이 되어 있어서 상통되지 아니한다. 선후천 팔괘나 64괘 중에서 艮卦만이 상통되지 않는데 그것은 艮卦가 그쳐(止) 있기 때문이다.

1) 「서괘전」과 「잡괘전」에서 "艮은 止也ㅣ라"고 하였고, 이는 卦德이기도 하다. 또 艮卦가 도전이면 震卦가 되고, 震은 起로서 動의 뜻을 가지고 있다. 사람이 생활을 하는 데 크게 두 가지의 형태로 구분한다면, 震艮의 動과 止이다. 萬事가 震艮으로 작용하며 또 이것으로 인하여 吉凶禍福이 생성되기 때문에 가장 중요하다고 하겠다.

2) 重山艮卦는 육효 전체가 相應이 없고 모두가 相比 관계에 있다. "艮은 止也ㅣ라"고 하였으니 곧 정지 상태를 말하니 造化가 있을 수 없다. 그러나 형이상학의

心的으로는 相通되고 있다.

　　예)① ☳震과 震:더 강력한 전력에 흡수되어 버린다.
　　　② ☴巽과 巽:바람은 바람과 서로 합류하게 되어 더욱 더 센 바람이 된다.
　　　③ ☱兌와 兌:못물은 서로 합류된다.
　　　④ ☵坎과 坎:물은 서로 합하여 더욱 굽이쳐 흐른다.
　　　⑤ ☲離와 離:불은 서로 합하여 강렬하게 타고 큰 불은 작은 불을 흡수한다.
　　　⑥ ☶艮과 艮:산과 산은 중첩이 되어 상하가 상통될 수 없다.

3) "艮은 止也ㅣ라"는 형이상학적인 그침을 말한다.

　　예)大學之道는 在明明德하며 在親(新)民하며 在止於至善이니라 知止而后에 有定이니 定而后에 能靜하며 靜而后에 能安하며 安而后에 能慮하며 慮而后에 能得이니라 (『大學』經1장)

　　大學의 道는 밝은 덕(明德)을 밝힘에 있으며, 백성을 새롭게 함에 있으며, 지극한 선함에 머무는 데 있다. 머물 데를 안 뒤에 定함이 있으니, 定한 뒤에야 능히 고요하고, 고요한 뒤에야 능히 평안하고, 평안함이 있은 뒤에야 생각할 수 있으며, 생각한 뒤에야 얻을 수 있다

　　[설명]止, 즉 在止於至善은 惟精惟一의 한 마음에서 그쳐 있어야 함을 말하고 있다. 또 一+止=正이므로 『대학』에서 "知止而后에 有定이니"라고 하였다. 불교에서도 入定[1])이라고 하였으니 그치고 난 뒤에 정해야 한다는 뜻이다. 이는 관경 공부에 입문하는 방법이라 하겠으며, 艮卦는 '止'하는 방법론을 써 놓은 것이라고 할 수 있다. 우리가 부단의 노력으로 공부하는 이유는 時止則止하고 時行則行을 하기 위함이요, 우리가 등산을 하고 산수를 즐기는 것은 말없이 그쳐 있는 산으로부터 우리의 인생을 찾고 이치를 깨닫기 위함이라고 하겠다.

　　예)詩云 緡蠻黃鳥ㅣ여 止于丘隅ㅣ라하야날 子ㅣ曰 於止에 知其所止로소니 可以人而不如鳥乎ㅣ아 (『大學』傳3장)

　　『시경』에 이르기를 "꾀꼴꾀꼴 우는 꾀꼬리는 산이 높고 울창한 곳에 앉는다"고 하였으니, 공자께서 말씀하시기를 "머무름에 있어서 그 머무를 곳을 아니, 사람으로서 새만도 못해서야 되겠는가!"라고 하였다.

　　[설명]윗글은 공자가 至善을 알아 그것에 머물지(그치지) 못하는 자를 경각시키기 위한 말이다.

4) 문왕의 후천팔괘로 보면 동방 震卦에서 출발하여 동북방 艮卦에서 終止한다. 「설괘전」에서 "艮은……萬物之所成終而所成始也ㄹ새 故로 成言乎艮이라 終萬物始萬

---

1) 入定은 선정(禪定)에 들어간다. 즉, 마음을 통일시켜서 삼매(三昧)에 들어감을 말한다. 입적(入寂)은 승려의 죽음을 말하는 것으로, 생사의 고계(苦界)를 벗어나 열반(涅槃)에 들어가는 것을 말한다.

物者ㅣ 莫盛乎艮하니 ; 만물이 마침을 이루는 바요, 시작함을 이루는 바이니, 艮方에서 모든 것을 성취한다고 말한 것이다. 만물을 끝맺음하고 만물을 다시 시작하게 하는 것으로는 艮만큼 盛한 것이 없다"(第5, 6章)고 하였으니, 大明終始2)의 뜻이 곧 艮卦이다. 또한 선천의 震卦의 위치가 후천의 艮卦의 위치이므로 震=艮의 뜻이 있다. 그러므로 艮卦 속에는 震卦의 始動的인 뜻과 艮卦의 終止的인 의미가 동시에 숨어 있다고 할 수 있다.3)

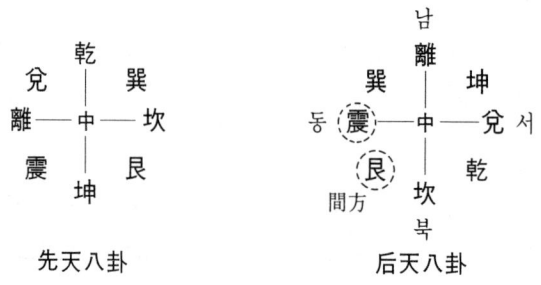

5) 艮卦의 괘사에는 四德(元亨利貞)이 들어 있지 않다. 이것은 누구든지 공부하고 연구하면 도통이 다 될 수 있다는 뜻이다.4) 괘사에 四德이 없는 괘는 상, 하경을 통

---

2) 학자들은 간괘를 중요시한다. 也山, 亞山 등 아호도 艮(山)을 넣어서 지었다.

3) ①艮은 지구의 분야 도수(分野度數)로 가장 중요한 위치라고 할 수 있다. 艮은 東北間方이며, 우리 나라가 이에 속한다. 지역을 꼽으면, 충남 안민도, 부여 등이라고 할 수 있다. 艮은 구(狗)라 하며, 구(狗)가 가장 아끼는 곳이 유방(乳房)이다. 안민도 등이 이 유방에 해당하는 곳이라 할 수 있다. 艮卦가 한국이라면 艮은 良이니 艮方에서 위대한 인물이 난다는 뜻도 되며, 여기에 터를 잡고 살고 있는 한국민의 우수성도 알 수가 있다. ②无 → 旡 : 이 책에서는 제작의 편의 때문에 无자로 사용하고 있으나 야산 선생과 아산 선생은 无자에 특별한 의미를 부여하여 이 글자를 약간 변형하여 사용하였다. 원래는 율곡 선생이 无에 점을 찍었다고 한다. 이 점이 곧 艮의 점으로 良이라는 설도 있다. 즉, 良 위의 점 위치가 艮方의 위에 찍혔기 때문이다. 간혹 어떤 책에서 旡(목멜 기)로 사용된 글자가 있는데 이렇게 되면 씨앗이 震方에서 올라오는 셈이므로, 두 번째 획인 一의 아래 艮方에서 싹이 터서 올라와야 한다고 주장하였다. ③조선의 마지막 왕 영친왕(英親王)의 이름이 은(垠)이다. 垠을 파자하면 土와 艮이 되니 우리 나라와 관계가 깊은 이름이다. (一岡註)

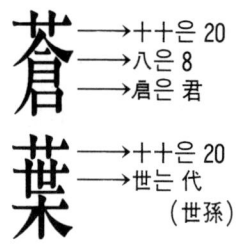

4) 공부를 많이 하여 도통의 경지에 들어간 무학 대사와 조선 태조와의 얽힌 일화를 소개하여 보자. 이성계가 조선을 창업하고 왕위에 등극하여 공신들의 청에 의거하여 경복궁을 건립하였다. 이 궁의 중문을 무학(無學) 대사가 창엽문(蒼葉門)이라고 명명하였는데, 태조가 숨은 뜻을 알고 대사에게 너무 짧지 않느냐 하자 반간(半間)을 더지었다는 말이 있다. 조선은 28王으로 계승하여 20세대 밖에는 왕위를 더하지 못하였다. 마지막 반간은 이승만 박사를 뜻하였다. 이것으로 보아서 무학 대사의 선견지명을 가히

들어 여섯 괘가 있다.

예1) 觀은 盥而不薦이면 有孚하야 顒若하리라 (上經 風地觀卦)
　　觀은 세수를 하고 정성을 흐트러지지 않으면, 믿음이 있어서 우러러 만나 보는 것과 같을 것이다.

예2) 晉은 康侯를 用錫馬蕃庶하고 晝日三接이로다 (下經 火地晉卦)
　　晉은 〈왕께서〉安國之侯에게 말을 많이 하사하시고, 하루에 세 번씩이나 접하는도다.

예3) 睽는 小事는 吉하리라 (下經 火澤睽卦)
　　睽는 작은 일에는 길할 것이다.

예4) 姤는 女壯이니 勿用取女ㅣ니라 (下經 天風姤卦)
　　姤는 여자가 씩씩한 것이니 〈이런〉여자는 취하지 말라.

예5) 井은 改邑호대 不改井이니 无喪无得하며 往來ㅣ 井井하나니 汔至ㅣ 亦未繘井이니 羸其瓶이면 凶하니라 (下經 水風井卦)
　　井은 고을은 고치되 우물은 고치지 못하니, 〈우물은〉잃는 것도 없고 얻은 것도 없으며, 가고 오는 사람이 井井하니(내 우물로 먹으니), 거의 이름에 또한 우물에 닿지 못함이니, 그 두레박을 깨면 흉하다.

예6) 艮其背면 不獲其身하며 行其庭하야도 不見其人하야 无咎ㅣ리라 (下經 重山艮卦)
　　그 등에서 그치면 그 몸을 얻지 못하며, 그 뜰에 들어와도 그 사람을 보지 못하여 허물이 없을 것이다.

原文풀이

艮其背면 不獲其身하며 行其庭하야도 不見其人하야 无咎ㅣ리라

그 등에서 그치면 그 몸을 얻지 못하며, 그 뜰에 들어와도 그 사람을 보지 못하여 허물이 없을 것이다.

· 艮:그칠 간, 머물 간 · 背:등 배 · 獲:얻을 획 · 庭:뜰 정

總說

윗글은 간괘의 괘사이며, 四德이 들어 있지 않다.

알 수 있으며, 나라의 위대한 인물 뒤에는 반드시 모사(謀事)를 하는 道人이나 大師, 哲人이 있어야 하고 꼭 존재해야 한다.

各說

● 艮其背면 不獲其身하며 : 사람은 자기의 등(背)5)을 볼 수 없다. 자기 몸을 볼 수 없는 곳에서 그친다는 것은 그치는 곳에서 알맞게 그치는 것이다. 즉, 在止於至善의 도통 경지에 들어선 것처럼 자기 몸이 있는지 없는지를 느끼지 못한다는 것이다. 그러므로 '背'(등)는 감각을 느끼는 신체적 도구가 아니므로 无와 같은 의미이며, 背(등)는 내 몸의 일부이므로 도통의 문제는 자기 자신에 의해 결정되는 것이다. 艮其背의 결과가 不獲其身이다.

예1) 大學之道는 在明明德하며 在親(新)民하며 在止於至善이니라 知止而后에 有定이니 定而后에 能靜하며 靜而后에 能安하며 安而后에 能慮하며 慮而后에 能得이니라
(『大學』經1章)
大學의 道는 밝은 덕(明德)을 밝힘에 있으며, 백성을 새롭게 함에 있으며, 지극한 선함에 머무는 데 있다. 머물 데를 안 뒤에 定함이 있으니, 定한 뒤에야 능히 고요하고, 고요한 뒤에야 능히 평안하고, 평안함이 있은 뒤에야 생각할 수 있으며, 생각한 뒤에야 얻을 수 있다
[설명] 能得이 道通이다.

예2) ……誠則形하고 形則著하고 著則明하고……唯天下至誠이아 爲能化ㅣ니라
(『中庸』第23章)
……성실하면 나타나고, 나타나면 뚜렷해지고, 뚜렷해지면 밝아지고, ……오직 천하의 至誠이라야 化하게 할 수 있을 것이다.

예3) 子曰 朝聞道면 夕死라도 可矣니라 (『論語』「里仁」)
공자께서 말씀하시기를 "아침에 도를 들으면 저녁에 죽어도 좋다"고 하셨다.
[설명] 明明德하여 천부지성을 회복하면, 곧 도통하면 말로 표현할 수 없는 희열이 있다는 것이다.

艮其背 不獲其身 ─ 형이상학적인 표현 → 心止
行其庭 不見其人 ─ 형이하학적인 표현 → 行止

象曰 艮은 止也ㅣ니 時止則止하고 時行則行하야 動靜不失其時ㅣ 其道ㅣ 光明이니 艮其止는 止其所也ㅣㄹ새라 上下ㅣ 敵應하야 不相與也ㅣㄹ새 是以不獲其身 行其庭不見其人无咎也ㅣ라

象에서 말하기를 "艮은 그치는 것이니, 그칠 때가 되어 그치고 행할 때가 되어서

---
5) 艮卦가 들어 있는 大成卦는 사람의 인체에 비유한 예가 많다. 澤山咸卦와 重山艮卦가 그러하다.

重山艮 301

행하여, 움직이며 고요하는 데에 그 때를 잃지 아니함이 그 도가 밝게 빛나니, 艮其止는 그 장소에서 〈꼭〉 그치는 것이다. 위와 아래가 적으로 대응하여 서로 함께 하지 않기 때문에 不獲其身行其庭不見其人无咎也이다"라고 하였다.

· 止:그칠 지, 머무를 지 · 則:곧 즉 · 靜:고요할 정 · 失:잃을 실 · 敵:원수 적 · 應:응할 응

總說
윗글은 간괘의 「단사」이다.

各說

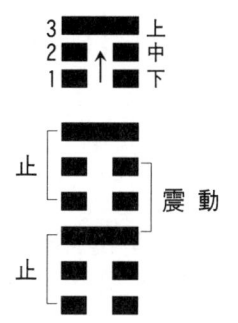

- 艮은 止也ㅣ니:괘상으로 보면 상효가 주효이면서 상효에서 머물러 있는 형상이다.
- 時止則止하고 時行則行하야:止는 中이요 宜(마땅함)이다. 中도 時中이 되어야 한다. 이를 時止則止, 時行則行으로 표현하였다. 사람들이 時止則止는 잘 알고 있으나 이치가 숨어 있는 時行則行은 잘 모르고 있다. 즉, 艮卦 속에 震卦가 들어 있으므로 겉은 止이지만 속은 動이다.

中 〈 時止則止 ― 表靜
      時行則行 ― 裏動 〉 出處 ― 止行 → 動靜

- 動靜不失其時ㅣ 其道ㅣ 光明이니:①動靜(止行)의 모든 것에 그 때를 잃지 아니하고 알맞게 하면 결과적으로 도통이 될 수 있다는 뜻이다. 또 역에서 象數理를 안다는 것은 時를 알아 時中하여 그 때를 놓치지 말자는 것과 같다. ②震艮의 時에서 동정의 때를 알아야 하며, 이 때를 알고 행동하여야 한다는 뜻이다.

- 其道ㅣ 光明이니:①그 도가 밝고 빛난다는 뜻이다. 艮은 時止則止하고 時行則行하여 寂然不動이므로 時中을 얻은 도통 군자를 이름이니 光明이 될 수밖에 없다.6)

---

6) 도산서원(陶山書院)에는 광명실(光明室)이 있다. 곧 여기에서 공부하여 광명을 찾는다는 것이다. 이 光明의 어원은 艮卦 象辭에서 나왔다. 또한 艮卦가 있는 곳의 광명을 말하고 있다. 艮方은 바로 한국이므로 곧 우리 나라의 장래를 말하여 주는 것이다. ䷎地山謙卦 「단사」에서 "天道ㅣ 下濟而光明하고:하늘의 도가 아래로 내려와 광명하고"라고 하였으며, ䷙山川大畜卦 「단사」에서도 "篤實코

②艮卦는 1陽 2陰괘이므로 陽卦에 속하며, 또한 一君而二民이니 군자의 도가 있다. 따라서 艮卦는 至善하고 천부지성(天賦之性)을 회복한 훌륭한 군자가 주효(상효)로서 주도권을 잡고 있는 질서 정연한 사회상을 뜻한다. 곧 其道가 光明한 사람이 있으니 艮은 위대한 군자에 비교될 수 있다. 艮卦가 외괘에 들어 있는 大成卦에서 그 예를 찾아보면 다음과 같다.

예1) 上九는 擊蒙이니 不利爲寇ㅣ오 利禦寇하니라 (☶☵山水蒙卦)
上九는 몽매한 것을 쳐부수는 것이니, 도적이 되는 것은 이롭지 아니함이요 도적을 막는 것이 이롭다.

예2) 上九는 不事王侯하고 高尙其事ㅣ로다 (☶☴山風蠱卦)
上九는 王과 侯를 섬기지 아니하고 그 일을 높이 숭상한다.
[설명] 상구효는 陰位陽居(不正位)에 無位이며, 강직한 隱士로서 名利에 담백한 자이다.

예3) 上九는 白賁면 无咎ㅣ리라 (☶☲山火賁卦)
上九는 꾸밈이 없으면 허물이 없을 것이다.
[설명] 상구효는 비괘의 주효이며, 가장 현명한 사람이다.

예4) 上九는 碩果不食이니 君子는 得輿하고 小人은 剝廬ㅣ리라 (☶☷山地剝卦)
上九는 큰 열매를 먹어서는 아니 되니, 군자는 수레를 얻고 소인은 지붕마저 헐릴 것이다.
[설명] 상구효는 박괘의 주효이고 소인들 가운데서 우뚝한 군자격이다.

예5) 上九는 何天之衢ㅣ니 亨하니라 (☶☰山天大畜卦)
上九는 훤히 트인 하늘의 거리이니 형통하다.
[설명] 상구효는 대축괘의 主爻이다. 형이상학의 도통 경지에서 눈을 감고 보는 하늘이니, 이것이 바로 형통하다. 곧 도통이라고 할 수 있다. 또 끝없이 크고 넓은 하늘의 도를 터득하고 自中自在로 형통할 수 있다.

예6) 上九는 由頤니 厲하면 吉하니 利涉大川하니라 (☶☳山雷頤卦)
上九는 말미암아 기름이니, 〈항상〉 두려워하면 길하니, 큰 내를 건넘이 이롭다.
[설명] 상구효는 성인, 도통 군자의 位이며 이괘의 主爻가 된다. 당시 주나라 국사인 주공에 비유하였다.

예7) 上九는 弗損코 益之면 无咎코 貞吉하니 利有攸往이니 得臣이 无家ㅣ리라 (☶☱山澤損卦)
上九는 덜지 아니하고도 균형이 되면 허물이 없고 바르게 하여 길하니 갈 바가 있어 이로우니, 신하를 얻음이 집이 없을 것이다.
[설명] 상구효는 손괘의 주효이다.

輝光하야: 돈독하고 빛나서"라고 하였다.

예8) 上九는 敦艮이니 吉하니라 (☶☶重山艮卦)

上九는 돈독하게 그치니 길하다.

[설명]상구효는 간괘의 주효이다.

● 艮其止는 止其所也ㄹ새라:艮其止를 艮其背로도 볼 수 있다. 그치는 그 장소에서 꼭 그치는 것이다. 반드시 그 장소여야 한다고 못박아 말하였다. 이렇게만 되면 도통 군자라고 할 수 있지 아니한가? 우리의 일상생활에 있어서도 能止를 해야 한다. 이러한 예를 들어보면 다음과 같다.

예)詩云 穆穆文王이여 於緝熙敬止라하니 爲人君앤 止於仁하시고 爲人臣엔 止於敬하시고 爲人子앤 止於孝하시고 爲人父앤 止於慈하시고 與國人交앤 止於信이러시다
(『大學』 傳3章)

『시경』〈대아 문왕편〉에 이르기를 "거룩하고 거룩한 문왕이여! 아! 끊임없이 계속하여 빛내시어 공경하여 그치셨다" 하였으니, 남의 임금(人君)이 되어서는 어진 데 머무셨고, 남의 신하(人臣)가 되어서는 공경하는 데 머무셨고, 남의 아들(人子)이 되어서는 효도하는 데 머무셨고, 남의 아버지(人父)가 되어서는 자식들을 이뻐하고 사랑하는 데 머무셨고, 다른 나라 사람들(國人)과 함께 사귀는 데는 신의에 머무셨다.

[설명]윗글은 聖王인 요·순·우·탕의 덕을 빛내어 緝熙敬止나 止於至善에 있는 문왕의 실천적 내용으로 문왕 자신이 직접 체험한 것이다. 穆穆은 언어, 동작이 아름답고 훌륭한 모양, 거룩하고 거룩한 모양, 온화한 모양, 위의가 넘치는 모양을 말한다. 於緝熙敬止의 '於'는 음을 '오'로 읽으며 감탄사다. 緝熙는 德化의 빛이 빛나는 것을 말한다.

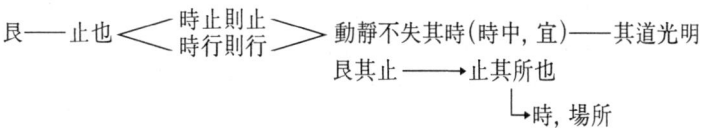

● 上下ㅣ 敵應하야 不相與也ㄹ새:간괘의 육효 모두가 상비 관계이다. 곧 이런 관계를 두고 한 말이다. 우리의 현실이 적응(敵應) 관계에 있음을 말하고 있다. 도통 경지에 갈 때도 적응(敵應)이 되어야 한다. 즉, 현실 사회와 영(靈)의 세계는 완전히 적응 관계에 있다. 그러므로 비상한 정신 집중을 필요로 한다.

象曰 兼山이 艮이니 君子ㅣ 以하야 思不出其位하나니라

象에서 말하기를 "산이 겹쳐 있는 것이 艮이니, 군자는 이로써 생각이 그 지위에

서 벗어나지 아니하는 것이다"고 하였다.
· 兼:겸할 겸 · 思:생각 사 · 位:자리 위

總說

윗글은 간괘의 「대상」이다.

各說

● 思不出其位하나니라 : 괘가 艮이니 무슨 일이라도 中道를 잡아서 자기의 분수에 맞게 행하며 알맞게 그쳐 있다는 것이다.

예1) 子曰 不在其位하얀 不謀其政이니라 曾子曰 君子는 思不出其位니라 (『論語』 「憲問」)
공자께서 말씀하시기를 "그 지위에 있지 아니하면 그 정사를 도모하지 아니한다"고 하셨다. 증자가 말하기를 "군자는 생각이 그 지위에서 벗어나지 아니한다"고 하였다.

예2) 素富貴하얀 行乎富貴하며 素貧賤하얀 行乎貧賤하며 素夷狄하얀 行乎夷狄하며 素患難하얀 行乎患難이니 君子는 無入而不自得焉이니라 (『中庸』 第14章)
현재 부귀에 처해서는 부귀에 마땅하게 행동하며, 빈천에 처해서는 빈천에 마땅하게 행동하며, 이적에 처해서는 이적에 마땅하게 행동하며, 환난에 처해서는 환란에 마땅하게 행동하는 것이니, 군자는 들어가는 데마다 스스로 얻지 않는 것이 없다.

예3) ……父爲大夫ㅣ오 子爲士어든 葬以大夫ㅣ오 祭以士하며 父爲士오 子爲大夫ㅣ어든 葬以士ㅣ오 祭以大夫하며 期之喪은 達乎大夫하고 三年之喪은 達乎天子하니 父母之喪은 無貴賤一也ㅣ니라 (『中庸』 第18章)
……아버지는 대부이고 아들이 士人이라면 대부로써 장사지내고 士人으로 제사를 지냈다. 아버지가 士人이고 아들이 대부이면 장사는 士人으로 장사 지내고 대부로 제사지냈다. 기년상은 대부에게까지만 통용되고 삼년상은 천자에게까지 통용되니 부모의 상은 귀천의 구별없이 한가지다.

[설명] 위의 예문이 모두 분수에 맞게 행동하며 명예와 물욕을 탐내어서는 아니 된다는 것이며, 至善에 정착하여 살고 中道를 행하라는 것이다.

初六은 艮其趾라 无咎하니 利永貞하니라

초육은 그 발꿈치에 그치는지라 허물이 없으니, 오래도록 〈마음을〉 바르게 가지면 이롭다.
· 趾:발꿈치 지 · 永:오래도록 영, 길 영 · 貞:곧을 정

總說
초육효는 부정위이며 육사효와 상비 관계이다.

各說
● 艮其趾라:발은 사람 마음의 작동 여하에 따라 움직이고 또 행동하게 된다. 눈에 보이지 아니하는 마음이 그칠 곳에 그치면 발도 그친다는 것이다. 즉, 갈 곳을 가야지 가지 못할 곳은 가서는 아니 된다는 것이다. 따라서 올바르게 행동한다는 뜻이다. 중용으로 보아서 道心이 된다.
● 利永貞하니라:그치는 데의 초기 단계를 발꿈치로 표현하였으며, 간괘의 초효이므로 마음을 길이 올바르게(永貞) 가져야 이롭다고 하였다. 또 초육효는 부정위이므로 그 경계사로 利永貞이라 하였다.

象曰 艮其趾는 未失正也ㅣ라
象에서 말하기를 "艮其趾는 바름(바른 길)을 잃지 않는 것이다"고 하였다.

各說
● 未失正也ㅣ라:꼭 가야 할 곳에 가고 또 정당한 일이 아니면 하지 아니하는 것을 말함이다.

六二는 艮其腓(배)니 不拯其隨ㅣ라 其心不快로다
六二는 그 장딴지에 그침이니, 구원하지 못하고 따르는지라. 그 마음이 유쾌하지 아니 할 것이다.
· 腓:장딴지 배(비) · 拯:구원할 증 · 隨:따를 수 · 快:유쾌할 쾌

總說
육이효는 유순중정의 位이며, 육오효와 상비 관계이다.

各說
육이효는 중정의 음으로서 완전무결하지만 정응이 없고, 장딴지는 독립석으로 움

직이지 못하니 위에 있는 구삼효에게 따르고 이끌리지 않을 수가 없다. 그 결과로 마음이 불쾌하다고 하였다. 즉, 구삼효가 움직이면 육이효가 따라간다는 것이다.

공부를 하는 데에 비유하면, 中正之心을 그대로 가지고 있어야 하는데 人心은 흔들려서 그러하지 못하고, 구삼효가 이웃하여 있어 마음이 흔들리기 쉽다는 것이다. 그러므로 사람은 마음을 精一하게 가져야 한다. 여기서의 腓는 '비'라 읽지 않고 '배'라고 읽는 것이 옳다.

象曰 不拯其隨는 未退聽也ㄹ새라

象에서 말하기를 "不拯其隨는 물러나서 듣지 아니하는 것이다"고 하였다.
· 退:물러날 퇴 · 聽:들을 청

各說

● 未退聽也ㄹ새라:'退'는 자기보다도 밑(뒤)에 있는 자를 말함이며, 육이효와 구삼효의 관계이므로 구삼효가 육이효의 말을 들어주지 아니한다는 것이다. 이런 까닭으로 不拯其隨라고 하였다. 일설에는 '退'가 초육효를 뜻하고, 육이효가 艮其趾의 훌륭한 사람인 초육효의 말을 들어주지 아니하는 것으로 해석한다.

九三은 艮其限이라 列其夤이니 厲ㅣ 薰心이로다

九三은 그 허리에 그침이다. 그 등뼈를 벌여 놓은 것 같으니, 위태로워서 마음속을 태우도다.
· 限:한정 한, 지경 한, 막힐 한, 허리 한 · 列:벌일 렬 · 夤:척추뼈 인, 활개 인 · 厲:위태할 려
· 薰:찔 훈, 더울 훈, 향기풀 훈

總說

구삼효는 정위이며 상구효와 상비 관계이다.

各說

● 艮其限이라:구삼효는 내괘와 외괘의 경계로서 마지막이므로 限이라고 하였다. 또 인체로 비유하면, 구삼효는 상, 하체를 가늠하는 부분인 허리(가장 중요한 부분)를 뜻한다.[7] 그러므로 이 限에서 그쳐 있다는 것이다.

- 列其夤이니:등뼈를 쪼개어 벌여 놓은 것 같다. 또는 활개를 벌여 놓은 것 같다. 즉, 분단된 상태를 말한다. 夤의 '夕'은 西方을 뜻하는데 天干으로는 庚·辛에 해당한다. 따라서 夤은 干支로 庚寅이 된다.
- 薰心이로다:上下가 실제로 적대(敵對, 敵應) 관계이므로 혹시나 나를 칠까봐 마음이 놓이지 아니하고 불안한 상태로서 마음이 두근두근한 모양을 말한다. 육효 전체로 보면 限이라 할 수 있으나 內三爻로 보면 心으로 말할 수 있다.

象曰 艮其限이라 危ㅣ 薰心也ㅣ라

象에서 말하기를 "그 허리에 그침이다. 위태로워서 마음속을 태우는 것이다"고 하였다.

六四는 艮其身이니 无咎ㅣ니라

六四는 그 몸에 그침이니 허물이 없다.

總說
육사효는 정위이며 초구효와 상비 관계이다.

各說
- 艮其身이니:마음은 몸의 주인이라고 하였으니 곧 心을 말하였다. 즉, 心爲一身之主宰로서 형이상학적인 心止를 말하고 있다. 形而下의 身이 形而上의 心으로까지 간다. 그러므로 육사효는 得正으로서 時止則止할 수 있는 자격이 있는 사람이다.
  예1)富潤屋이오 德潤身이라 (『大學』傳6章)
  富는 집을 윤택하게 하고, 德(明明德)은 몸을 윤택하게 한다.
  [설명]부자는 집만 쳐다보면 부자인 것을 아는 것처럼 덕이 있는 사람은 사람만 쳐다보면 덕이 있음을 알아 볼 수 있다. 즉, 도학이 되어서 진취적으로 된 사람은 그 덕이 몸에 나타난다.
  예2)『也山先生文集』에서 참조

---

7) 현재 우리 나라가 남북으로 대치되어 있는 분계선을 뜻한다고 할 수 있다.

『大學』의 八條目

形而上學	格物・致知・誠意・正心 → 先天
形而下學	修身・齊家・治國・平天下 → 后天

- 其本亂而末治者ㅣ 否矣며 : 그 근본이 어지러운데 말단이 다스려지는 法(일)은 없다.
  (『大學』經1章)

積善之家	形而上學・止於至善・明明德
必有餘慶	形而下學・利涉大川을 할 수 있다

象曰 艮其身은 止諸躬也ㅣ라

象에서 말하기를 "艮其身은 저 몸에 그치는 것이다"고 하였다.
・諸:모든 제 ・躬:몸 궁

各說

● 止諸躬也ㅣ라 : 身은 일반적인 몸을 말하며, 躬은 활동(屈伸)하는 몸을 말한다. 躬의 '弓'은 활의 뜻으로 굴신(屈伸)을 의미한다. 즉, 모든 행동에 굴신 작용을 알맞게 하여 올바르게 한다는 것이다.

六五는 艮其輔ㅣ라 言有序ㅣ니 悔亡하리라

六五는 그 볼에 그침이다. 말하는 데 질서가 있으니 뉘우침이 없을 것이다.
・輔:볼 보, 광대뼈 보, 도울 보 ・序:차례 서 ・悔:뉘우칠 회

總說

육오효는 득중한 군위이지만 부정위이다. 육이효와는 상비 관계이다.

各說

● 悔亡하리라 : 육오효는 부정위이기 때문에 경계사로 사용하였다.

象曰 艮其輔는 以中으로 正也ㅣ라

象에서 말하기를 "艮其輔는 중용지도로써 정도로 하기 때문이다"고 하였다.

各說

● 正也ㅣ라 : 육오효가 득중하였지만 부정위이므로 正道로 하라는 것이다.

上九는 敦艮이니 吉하니라

上九는 돈독하게 그침이니, 길하다.

· 敦 : 도타울 돈

總說

상구효는 부정위이며 구삼효와 상비 관계이다. 또 〈외괘의〉 주효로서 艮卦의 총체적 의미를 가지고 있다.

各說

● 敦艮이니 : 처음부터 끝까지 厚하게 하는 것을 敦艮이라 한다. 또 간단없이 自彊不息하며 時止則止하고 時行則行하는 것이 敦艮이다. 그리고 상구효가 변하면 ䷎地山謙卦가 된다. 즉, 謙德으로 艮止하니 길하지 않을 수가 없는 것이다. 참고로 '敦'자가 들어가는 다른 괘의 효사를 인용하여 보자.

예1) 上六은 敦臨이니 吉하야 无咎하니라 (地澤臨卦 上六爻辭)
　　　上六은 돈독하게 임함이니 길하여 허물이 없다.
예2) 六五는 敦復이니 无悔하니라 (地雷復卦 六五爻辭)
　　　六五는 돈독하게 회복함이니 후회가 없다.

象曰 敦艮之吉은 以厚終也ㄹ새라

象에서 말하기를 "敦艮之吉은 돈독함으로써 마치는 것이다"고 하였다.

· 厚 : 두터울 후 · 終 : 마칠 종, 끝날 종

各說

● 以厚終也ㄹ새라 : 必有餘慶과 같은 내용이다. 이룩하여 놓은 공덕이 있어야만이 그

결과로 바라는 것이 있다. 곧 有終의 美를 거두는 것이다. 결국 敦厚이니 厚終인 것이다.

예)誠者는 自成也ㅣ오 而道는 自道也ㅣ니라 (『中庸』第25章)
　　誠(天道)은 스스로 이루어지는 것이요, 道라는 것은 스스로 가게 되는 것이다.
　　[설명]人道에 대한 설명이다. 誠이나 道는 자기 자신이 노력하고 행해야지 남이 해 주지도 아니하고 해 줄 수도 없다.

※ 澤山咸卦와 重山艮卦의 상호 비교

咸卦		艮卦	
初六	咸 其 拇(엄지발가락)	初六	艮 其 趾(발꿈치)
六二	咸 其 腓(장딴지)	六二	艮 其 腓(장딴지)
九三	咸 其 股(허벅다리)	九三	艮 其 限(허리)
九四	咸 其 心(마음)	六四	艮 其 身(心, 몸)
九五	咸 其 脢(등)	六五	艮 其 輔(볼)
上六	咸其輔頰舌(볼,뺨,혀)	上九	敦 艮……(총괄)

위의 각 효를 비교하면 상통되는 점이 많다. 두 괘 모두 인사적이기 때문에 인체에다 비유하여 취상하였다. 또 澤山咸卦와 重山艮卦는 모두 艮卦가 들어 있는 관계로 그 효사도 일맥상통하는 이론을 가지고 있다고 할 수 있다.

風山漸 (五十三)

䷴
巽上
艮下

| 大 義 |

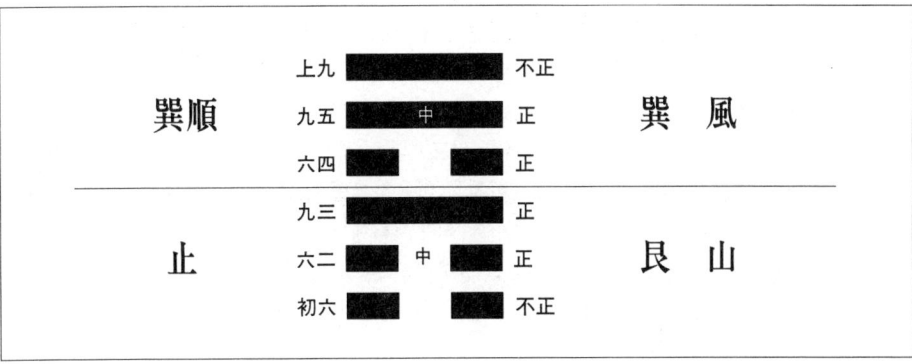

　漸卦는「서괘전」에서 "漸者는 進也ㅣ니:漸은 나아가는 것이니"라고 하였는데, 이는 형이하학적인 진보보다는 형이상학적으로 진보하는 것을 위주로 해서 말하고 있다.

1) 漸卦는 자연 현상(卦象)으로 보아서 巽卦(木)가 상괘에 위치하고 艮卦(山)가 하괘에 있다. 이것은 곧 산에 나무가 커 가는 현상을 말하고 있다. 나무가 커 감에 따라 산도 커 가는 이러한 자연 현상이 곧 형이상학적인 현상이라 할 수 있다. 나무와 산은 갑자기 커 가는 것이 아니라 점진적으로 커 나가고 있는 것이다. 이러한 것을 본받아서 우리는 어떠한 상황에 부딪치더라도 점진적으로 부단한 노력을 해야 하며, 공부하는 데도 점진적인 자세가 필요하다는 것을 알아야 한다.
　예)子曰 學而時習之 不亦說乎 (『論語』「學而」)
　　　공자께서 말씀하시기를 "배우고 때때로 익히면 또한 기쁘지 않겠느냐?"고 하셨다.

[설명]윗글은 점진적인 공부 자세를 말하고 있다.
2) 「잡괘전」에서 "漸은 女歸니 待男行也ㅣ라;점은 여자가 시집가는 것이니, 남자가 행하는 바를 기다리는 것이다"고 하였듯이 인위적 면에서 漸卦는 여자가 자라서 시집가는 것에 비유할 수 있다. 시집가면 남편을 추종하여 시댁은 점점(漸漸) 가까워지고 반대로 친정은 점점 멀어지는 형태가 漸이다. 혼인을 통하여 한 남자와 한 여자의 일생이 점진적으로 달라진다. 특히 규중처녀(閨中處女)가 결혼식을 올려 시집을 가는 것, 곧 한 여자의 일생에 중대한 변화가 일어난 형상을 취상하여 말하고 있다. 여자의 일생을 한 포기 버드나무에 비유하자면, 버드나무를 양질의 좋은 땅에 이식한다면 巨木으로 잘 자라겠지만 메마른 초토(焦土)위에 심어진다면 고난과 시련 속에서 자랄 것이다. 이 모든 현상은 우연이 아닌 필연적인 사실로 점차적으로 왔다는 것이므로 漸卦가 가진 의미가 크다고 할 수 있다.

예1) 積善之家는 必有餘慶하고 積不善之家는 必有餘殃하나니 臣弑其君하며 子弑其父ㅣ 非一朝一夕之故ㅣ라 其所由來者ㅣ 漸矣니 由辯之不早辯也ㅣ니 易曰 履霜堅冰至라 하니 蓋言順也ㅣ라 (坤卦「文言傳」)

선을 쌓은 집안에는 반드시〈착한 것을 쌓고〉남은 경사가 있고, 불선을 쌓은 집안에는 반드시 재앙이 있게 될 것이니,〈이것을 비유하자면〉신하가 그 임금을 죽이고 자식이 그 아버지를 죽이는 일은 하루아침 하루저녁에 연유한 것이 아니다. 그렇게 말미암아 온 바가 점차로 생긴 것이니, 분별하여야 할 것을 일찍 분별하지 못하였기 때문이니, 역에서 말하기를 '서리를 밟으면 굳은 얼음이 이른다'고 하였으니,〈이것은〉모두 순리를 좇아야 한다는 말이다.

[설명]積善之家 必有餘慶이라는 順도 漸으로, 積不善之家 必有餘殃이라는 逆도 漸으로써 형성된다. 즉, "其所由來者ㅣ 漸矣니;그렇게 말미암아 온 바가 점차로 생긴 것이니"라고 하였듯이 무슨 일이든지 세상만사는 漸으로부터 비롯된다. 그 예로 설상가상(雪上加霜), 금상첨화(錦上添花)라는 말도 漸의 의미가 들어 있다.

예2)규중 처녀가 六禮를 갖추어 시집가는 것이 漸이다.
①납채(納采)-허혼(許婚) ②문명(問名)-사성(四星) ③납길(納吉)-연길(涓吉)
④납징(納徵)-납폐(納幣) ⑤청기(請期)-혼례(婚禮), 초례(醮禮)
⑥친영(親迎)-우귀(于歸).

3)괘상으로 보아서, 시집가는 여자는 巽順해야 하고 마음은 확고하게 남편을 섬기고자 하는 움직이지 아니하는 心止가 서 있어야 한다. 즉, 괘상을 보면 초효와 상효가 不正이고 중간 네 효는 正이다. 따라서 여자는 외부로는 부정인 것 같으나 내부(내심)는 正이라야 한다. 또 互卦는 火와 水, 곧 中이다. 그러므로 여자의 정신

자세와 공부하는 사람의 마음가짐은 이 괘상과 같아야 하며, 한결같이 점진해 가면 순조롭다는 것이다.

완전한 규중 처녀	
외부 → 謙遜의 표시	내부 → 止於至善
巽 → 巽 順	艮 → 心 止

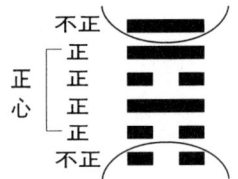

4) 漸卦는 어떤 측면에서 보면 질서 있게 漸進한다는 뜻을 가지고 있다. 마치 하늘을 날고 있는 기러기의 무리가 질서 정연하게 줄을 지어 행동하는 모습에서 漸의 형상을 말할 수 있다. 이러한 상은 우리 생활 주변에서 쉽게 찾아 볼 수 있는데 長幼有序가 그러하다. 즉, 五倫의 정신이 모두 다 질서라 할 수 있다.

原文풀이

漸은 女歸ㅣ 吉하니 利貞이니라

漸은 여자가 시집가는 것이 길하니, 〈그러나〉 올바르게 하는 것이 이롭다.
· 漸:점점 점, 차츰 나아갈 점 · 歸:시집갈 귀, 돌아갈 귀

總說
윗글은 점괘의 괘사이다.

各說
● 女歸ㅣ 吉하니:①여자가 시집을 갈 때 점점 시집이 가까워지는 형태1)를 말하였으며, 눈에 보이지 아니하는 형이상학적인 희열이 있으니 吉이다. ②여자가 시집을 간다는 것은 규중의 처녀에서 벗어나 제2의 인생을 새롭게 살아가는 시기를 말한다. 또 훌륭한 남자를 만나서 시집가는 것이니, 이것을 『중용』에서 "君子之道는 造端乎夫婦ㅣ니……;군자의 도는 부부의 관계로부터 발단되는 것이니"라고 하여 희열을 느끼게 되므로 길하다. 특히 남녀의 혼인식은 나이로 치면 일생의 중간 지

---
1) 유례(六禮)에 우귀(于歸)가 있는데, 이는 혼인한 신부가 처음으로 시집에 들어가는 날로서 보통 1년 정도 있으면서 가정의 처신 방법을 배운다. 이 점괘의 괘사는 于歸를 말하고 있다. 따라서 해설에서 시집이 점점 가까워지고 있다는 말을 이해할 수 있을 것이다.

점이기에 중요하며, 이 사건은 인간에게 있어서 소개벽(小開闢)이요 小革命이다. '女'는 여성의 통칭이며, '婦'는 시집간 여자를 이르는 말이다.
● 利貞이니라:①貞은 正以固로서 이것을 한평생 가져가야 이롭다는 것이다. 이것은 여자가 시집을 가서 행해야 하는 행동 강령(綱領)이라고 할 수 있다. 즉, 정조(貞操)를 굳게 지켜서 평생을 한결같이 살아가야 한다는 것이다. ②利貞은 또한 利永貞과 같다. 시집간 여자는 항상 마음가짐을 正으로 해야 한다. 곧 心正이다. 부정한 것에 휩쓸려도 마음 내적으로는 正을 지키는 것이 바로 利貞이다. 예를 들면 남편이 不正하거나 외부의 어떤 사람이 남편의 부정을 보았다고 하여 이에 마음이 흔들려서는 아니 되는 것이 心正이다.[2]

예)······子曰 君子之道ㅣ 或出或處或默或語ㅣ나 (「繫辭傳」上 第8章)
······공자께서 말씀하시기를 "군자의 도가 혹은 밖으로 외출하기도 하고 혹은 집에 있기도 하고 혹은 잠잠히 침묵하기도 하고 혹은 말하기도 하니······"라고 하셨다.
[설명]윗글은 공자가 군자의 도에 대해 말한 것이지만 시집간 여자가 지켜야 할 규범이기도 하다.

彖曰 漸之進也ㅣ 女歸의 吉也ㅣ라 進得位하니 往有功也ㅣ오 進以正하니 可以正邦也ㅣ니 其位는 剛得中也ㅣ라 止而巽할새 動不窮也ㅣ라

彖에서 말하기를 "점점 나아가는 것이 여자가 시집가는 데 길할 것이다. 나아가서 〈정당한〉位를 얻으니 가서 공이 있을 것이다. 나아가는 데에 바르게 하니 이로써 가히 나라를 바르게 할 것이니, 그 位(九五)는 剛으로써 중정을 얻은 것이다. 〈그칠 자리에〉그치고 〈손순한 자리에〉손순하니 움직임에 궁하지 않는 것이다"고 하였다.

・進:나아갈 진 ・得:얻을 득 ・位:자리 위 ・往:갈 왕 ・功:공 공 ・邦:나라 방 ・剛:굳셀 강
・止:그칠 지, 멈출 지 ・巽:공손할 손 ・動:움직일 동 ・窮:다할 궁

總說

윗글은 점괘의 「단사」이다.

---

[2] 이혼이 아무 거리낌없이 행해지는 현대인들에게는, 특히 요즘의 여성들에게는 도저히 받아들일 수 없는 말이다. 하지만 삶의 규범이 시대의 흐름에 따라 왜곡될 수 있음을 감안할 때 이러한 논리를 한번쯤 새겨 봄직도 하다. (一岡註)

各說

- 進得位하니 往有功也ㅣ오: 시집을 가서 主婦라는 位를 얻어 자녀를 두고 賢母良妻로서 가정을 이끌어 나간다는 것이다. '往有功也'는 '進得位'의 결과를 뜻한다.
- 進以正하니: 시집을 가서 修身齊家를 올바르게 해 나가는 것, 곧 정치적인 면으로 보아서 修己治人(律己)을 근본으로 하여 다른 사람을 다스린다는 것이다. 곧 정치를 한다는 것이다. 이러한 것을 유교에서는 實學이라 한다.[3]
- 可以正邦也ㅣ니: 시집을 가서 집 어른들을 잘 이끌어 나아가야 한다. 곧 齊家가 잘 되면 治國平天下가 가능하다. 또 漸卦의 正으로써 漸進하면 그 결과로 나라도 바로 잡을 수 있다는 것이다.[4]

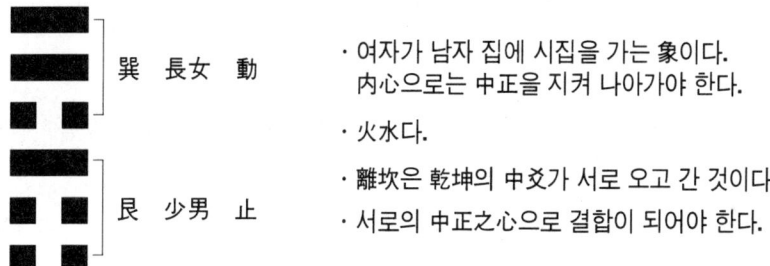

- 其位는 剛得中也ㅣ라 止而巽할새 動不窮也ㅣ라: 〈육이효와〉 구오효는 中正의 位요, 또 상괘 巽이 가지고 있는 順과 하괘 艮이 가지고 있는 止의 德行으로써 시집간 여자가 행동한다면 곤란하지 아니하다는 것이다.

巽 長女 動	· 여자가 남자 집에 시집을 가는 象이다. 　內心으로는 中正을 지켜 나아가야 한다. · 火水다. · 離坎은 乾坤의 中爻가 서로 오고 간 것이다. · 서로의 中正之心으로 결합이 되어야 한다.
艮 少男 止	

象曰 山上有木이 漸이니 君子ㅣ 以하야 居賢德하야 善俗하나니라

象에서 말하기를 "산 위에 나무가 있는 것이 漸이니 군자가 이로써 어진 덕에 거

---

3) 조선의 실학자 丁茶山과 李星湖같은 사람들은 정치에 도움이 되는 저술을 많이 남겼다.
4) 히니라가 망할 때 걸왕(桀王)에게는 매희(妹喜)라는 여자가, 은나라가 망할 때 주왕(紂王)에게는 달기(妲己)라는 여자가 개입되어 있었다. 이처럼 가정과 나라의 흥망에는 여자가 큰 작용을 한다는 것이 역사적 사실로도 입증이 된다.

하여 풍속을 선하게 하는 것이다"고 하였다.
·居:있을 거 ·賢:어질 현 ·德:덕 덕 ·善:착할 선 ·俗:풍속 속

總說

윗글은 점괘의 「대상」이다.

各說

● 居賢德하야 善俗하나니라 : 산 위의 모든 나무가 점차적으로 자라서 큰 재목으로 쓰이는 것처럼 풍속을 어진 덕으로써 점진적으로 선하게 변동시켜 나간다는 것이다. 따라서 居賢德善俗은 급진적으로 되는 것이 아니다. 여기에 漸卦의 뜻이 있다. 군자가 이런 상을 보고 본받아서 어진 덕을 쌓아서 점차적으로 백성이 교화되도록 하는 것이다. 주자는 「본의」에서 "疑賢字는 衍이거나 或善下에 有脫字라 : 의심컨대 賢자는 연문이거나 善자 밑에 빠진 글자가 있지 않나 의심한다"고 하였다.5)

初六은 鴻漸于干이니 小子ㅣ 厲하야 有言이나 无咎ㅣ니라

初六은 기러기가 물가에 나아감이니, 小子는 위태해서 말이 있으나 허물이 없다.
·鴻:큰기러기 홍 ·于:어조사 우 ·干:물가 간(=水涯), 방패 간 ·厲:위태로울 려 ·咎:허물 구

總說

초육효는 부정위이며 육사효와 상비 관계이다. 점괘 여섯 효 모두를 기러기에다 취상하여 말하고 있다.

各說

● 鴻漸于干이니 : 기러기는 철새로서, 이동할 때 무리를 지어 질서 정연하게 움직인다. 이러한 형태를 보고 취상하였다.

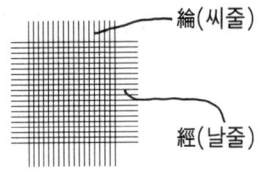

5) 「大象」은 공자의 글로서 경문(經文)이라 할 수 있으므로 마음대로 고치거나 변경할 수가 없다. 경문은 기강(紀綱)이나 강령(綱領)이 없으며, 근본이 되는 글이다. 따라서 부족한 사람이 이렇고 저렇고 말한 것을 들을 필요가 없다는 것이다. 예를 들어 베를 짤 때 날줄은 經이 되고, 씨줄은 綸이 된다. 씨줄 곧 綸은 마음대로 변경시킬 수 있지만, 날줄 곧 經은 베를 짜는 데 근본 바탕이 되므로 변경할 수가 없다.

●小子ㅣ 厲하야 有言이나 无咎ㅣ니라:초효는 모든 사물의 시초이니 小子이다. '小'는 陰으로서 초육효의 뜻이 있으며, 짐승으로는 새끼 기러기(小鴻)가 되며, 사람으로는 少女의 뜻이 된다. 또한 여자가 처음으로 시집을 가서 어떻게 하면 좋을지 몰라서 근심을 하지만, 내적으로 올바르게 한다면 결과적으로 허물이 없다는 것이다. 점서적(占筮的)으로는, 중간에 말썽부리는 자가 생기지만 별탈이 없을 것이다로 풀이된다.

象曰 小子之厲ㅣ나 義无咎也ㅣ니라

象에서 말하기를 "小子之厲이지만 의리로 보아 허물이 없는 것이다"고 하였다.

各說

●義无咎也ㅣ니라:①괘상으로 보면 외형적으로 부정한 것 같으나, 처음으로 시집가는 여자가 止而巽하여 내적으로 마음이 正以固하기 때문에 아무런 허물이 없다는 것이다. ②復卦 六三「小象」, 解卦 初六「小象」, 旣濟卦 初九「小象」에도 "義无咎也"가 들어 있다. 참고 바란다.

六二는 鴻漸于磐이라 飮食이 衎衎하니 吉하니라

六二는 기러기가 반석 위에 나아감이다. 좋은 음식을 먹는 것이 즐거우니 길하다.

·磐:반석 반 ·飮:마실 음 ·食:먹을 식, 밥 식 ·衎:좋은 음식 간, 즐길 간

總說

육이효는 유순중정의 位로서 구오효와 정응 관계이고 〈내괘의〉 주효이다.

各說

●鴻漸于磐이라:기러기가 반석 위에 앉아 있으니 안전한 것을 얻었다는 뜻이다. 또 육이효가 중정이고 구오효와는 정응 관계이므로 안전한 지위를 얻었다고도 할 수 있다.
●飮食이 衎衎하니:맛있는 음식을 먹으며 화락(和樂)하는 모습이다. 육이효는 여자의 유순중정이니 주부로서 맛있는 음식을 만들어 내는 것을 뜻한다.[6] 자기가 전

---

[6] 요즘은 인공 조미료를 사용하는 까닭에 음식 맛이 대체로 통일이 되어 있지만, 옛날에는 한 가정의

공할 학문을 선택할 시에는, 스스로가 즐겁게 하거나 즐겨 할 수 있는 학과목을 택하라는 것이다.

象曰 飮食衎衎은 不素飽也ㅣ라

象에서 말하기를 "飮食衎衎은 공연히 배불리기 위한 것이 아니다"고 하였다.
· 素:본디 소, 휠 소 · 飽:배부를 포

各說

● 不素飽也ㅣ라:여자가 시집에서 밥짓는 것만이 본래의 임무가 아니다. 가족의 기호에 맞추어 음식을 만들어서 제공하고 자녀를 낳아 후대를 계승 발전시키기 위하여 시집을 왔다는 것이다. 정이천은 '素'가 空의 뜻이라는 점을 자세하게 설명하였다.

예)夫子ㅣ 恐後人之未喩하사 又釋之云中正君子ㅣ 遇中正之主하야 漸進于上은 將行其道하야 以及天下니 所謂飮食衎衎은 謂其得志和樂이요 不謂空飽飮食而已라 素는 空也라 (『周易傳義大全』 漸卦 六二 「小象·傳」)

공자께서 후세의 사람들이 이해하지 못할 것을 두려워하여 또 해석하여 말씀하시기를 "〈육이효인〉 중정한 군자가 〈구오효인〉 중정한 군주를 만나서 위로 점진하고 장차 자신의 도를 행하여 천하에 미치기 때문에 소위 음식 맛이 좋아 즐겁다고 하였는데, 그 뜻을 얻은 것이 화락하다는 말이지, 공연히 음식을 포식한다는 말이 아닐 따름이다"고 한 것이다. 素는 공연히 라는 말이다.

九三은 鴻漸于陸이니 夫征이면 不復하고 婦孕이라도 不育하야 凶하니 利禦寇하니라

九三은 기러기가 뭍에 나아감이니, 지아비가 가면 돌아오지 못하고 지어미가 잉태하여도 기르지 못하여 흉하니, 도적을 막는 것이 이롭다.
· 陸:뭍 륙 · 夫:지아비 부 · 征:갈 정, 칠 정 · 復:돌아올 복 · 孕:아이 밸 잉 · 育:기를 육 · 禦:막을 어
· 寇:도적 구

음식 솜씨는 주부의 장맛에 달려 있다고 하였다. 이것은 바로 內助의 功으로서 양처(良妻)를 일컫는 말이다. 따라서 飮食衎衎을 和樂之意라고 한다. 또 남편이 밖에서 쓸데없이 외식하지 않도록 하는 방법 중의 하나는 남편의 식성을 알아서 음식 요리를 잘 하는 것이다. 혓바닥은 소인과 같은 속성을 지녔으므로, 음식을 남편 입맛에 맞게 잘 한다는 것은 남편의 귀가 시간을 당길 수 있는 요령이 된다고 할 수 있다.

總說

　구삼효는 득정이지만 상구효와 상비 관계이다. 日午中天 시기(三爻)의 사회상을 말한 것이다.

各說

- 鴻漸于陸이니 : 기러기는 水鳥이기에 물가나 하늘에 있으면 편안하지만 땅 위나 나무 위에 있으면 편안할 리가 없다. 過剛不中으로 응해 주는 효가 없으므로 흉한 상이다.
- 夫征이면 不復하고 : 남편이 가정을 돌보지 아니하는 것을 말한다. 구삼효(夫)가 음효인 육이효나 육사효에게 나쁜 마음이 쏠리는 것을 말한다. 하지만 육이효는 유순중정할 뿐만 아니라 정응인 구오효가 있으므로 가질 못하고 결국 육사효에게 가는(征) 것이다. '征'은 進의 뜻이다.
- 婦孕이라도 不育하야 : 아내가 不貞하게 수태(受胎)하였기에 기르지 못한다. 결국 夫征不復과 婦孕不育은 같은 맥락으로 이해될 수 있다.
- 利禦寇하니라 : 구삼효가 주변에 있는 음효 육이효와 육사효에게 생기는 유혹을 막는 것 뿐만 아니라 양과 음이 공히 不貞하게 수태하는 것은 막아야 한다는 것이다. 이것은 곧 지나친 물욕에서 오는 마음의 도적을 방어하고 순응해 가면 이롭다는 것이다. 이 구절은 경계사로서 至善으로 살라는 것이다.

象曰夫征不復은離羣하야醜也ㅣ오婦孕不育은失其道也ㅣ오利用禦寇는順相保也ㅣ라

　象에서 말하기를 "夫征不復은 〈올바른〉 무리에서 떠나서 사니 추하다는 것이요, 婦孕不育은 〈婦德의〉 도리를 잃었다는 것이요, 利用禦寇는 도리에 순응해서 서로 보전하기 때문이다"고 하였다.

　· 離:떼 놓을 리　· 羣:무리 군　· 醜:추할 추　· 失:잃을 실　· 保:지킬 보

各說

- 順相保也ㅣ라 : 구삼효는 剛으로서 剛자리에 있고, 정응 관계 또한 없으니 조동(躁動)해서는 아니 된다는 것이다.

六四는 鴻漸于木이니 或得其桷이면 无咎ㅣ리라

六四는 기러기가 나무에 나아감이니, 혹〈서까래 같은〉평평한 나무를 얻으면 허물이 없을 것이다.

· 或:혹 혹 · 桷:서까래 각, 가로뻗은 가지 각, 횃대 각

總說
육사효는 득정이지만 초육효와 상비 관계이다.

各說

● 鴻漸于木이니:기러기가 나무에 앉아 있는데 매우 곤한 형태다. 기러기가 나무 가지에 오리발처럼 붙어 있으니 불안하고 불편하다는 뜻이다.

● 或得其桷이면:①육사효의 위치에서 본다면 구삼효 양은 서까래와 같은 역할을 한다. 또 육사효는 음이니 구삼효의 陽剛을 타고 있다고 볼 수 있다. ②三爻와 四爻에는 '或'자를 많이 사용하고 있다. 왜냐하면 三爻는 선천의 마지막이고 四爻는 후천의 시작이 되는 자리이기 때문이다. 또 三爻와 四爻를 도전(倒顚)하면 서로 같은 位가 된다. 따라서 三, 四爻에 '或'자가 많이 들어 있다. 이것을 64괘 안에서 조사해 보면 다음과 같다.

⑴重天乾 九四 "或躍在淵" ⑵重地坤 六三 "或從王事" ⑶天水訟 六三 "或從王事, 无成" ⑷地水師 六三 "師或輿尸" ⑸天雷无妄 六三 "或繫之牛" ⑹雷風恒 九三 "或承之羞" ⑺風山漸 六四 "或得其桷" ⑻風澤中孚 六三 "或鼓或罷或泣或歌" ⑼雷山小過 九三 "從或戕之"

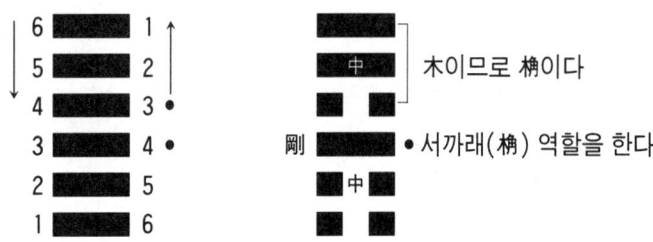

三 · 四爻를 도전하면 서로 같은 位이다.

象曰 或得其桷은 順以巽也ㅣ새라

象에서 말하기를 "或得其桷은 순하고 손순하기 때문이다"고 하였다.

九五는 **鴻漸于陵**이니 **婦**ㅣ **三歲**를 **不孕**하나 **終莫之勝**이라 **吉**하리라

　九五는 기러기가 언덕 위로 나아감이니, 지어미가 3년을 잉태하지 못하나, 마침내 이것을 이기지 못함이다. 길할 것이다.

· 歲:해 세 　· 莫:없을 막 　· 勝:이길 승

總說

　구오효는 君位로서 강건중정의 효이며 得中得正으로 육이효와 정응 관계이다.

各說

- 鴻漸于陵이니:기러기가 언덕 위로 날아간다는 뜻이다.
- 婦ㅣ 三歲를 不孕하나 終莫之勝이라:육이효가 三, 四爻의 방해 때문에 3년간이나 잉태하지 못하다가 中正의 誠과 節操를 지켜서 정응인 구오효를 만나 마침내 수태하게 된다는 것이다. '終莫之勝'은 더 이상 좋은 것이 없다는 뜻이다.

　예)吉凶者는 貞勝者也ㅣ니 (「繫辭傳」下 第1章)
　　길과 흉은 正히 이기는 것이다.
　　[설명]天下之事는 길이 아니면 흉이고, 흉이 아니면 길이라고 할 수 있다. 길흉이 상존하여 있지 않고 서로 이기고 있으니, 이것을 貞勝이라고 한다. 吉〉凶 → 貞勝으로 길한 것이요, 吉〈凶 → 貞勝으로 흉한 것이다.

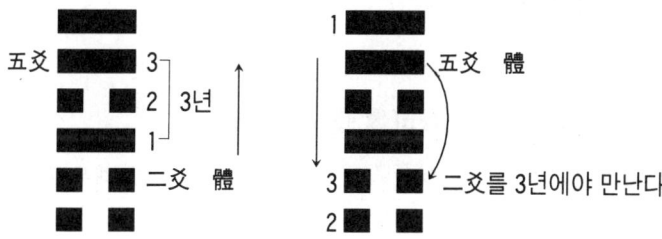

象曰 終莫之勝吉은 **得所願也**ㅣ라

　象에서 말하기를 "終莫之勝吉은 원하는 바를 얻었기 때문이다"고 하였다.

· 願:원할 원

各說

● 得所願也 ㅣ라 : 구오효와 육이효가 서로 짝지어서 잉태하려는 소원을 이루었다는 것이다.

上九는 鴻漸于陸(규)ㅣ니 其羽ㅣ 可用爲儀니 吉하니라

上九는 기러기가 하늘에 나아감이니, 그 날개가 가히 儀式으로 삼을 만하니 길하다.
· 羽 : 날개 우, 깃 우 · 爲 : 할 위 · 儀 : 거동 의, 예의 의

總說

상구효는 부정위이며 구삼효와 상비 관계이고, 漸의 마지막 極으로서 점괘의 총체적인 내용을 담고 있다.

各說

● 鴻漸于陸ㅣ니 : ①여기서의 '陸'은 逵(한길, 기러기가 날아다니는 길)로 해석하여야 한다. 따라서 기러기가 끝없는 공중을 마음껏 날아다닌다는 뜻이다. ②점점 공부하여 어떤 도통 경지(6차원)로 간 상태를 그려 놓은 형상이다.
● 其羽ㅣ 可用爲儀니 吉하니라 : 기러기가 대열에서 이탈함이 없이 창공을 날아다니는데 그 날갯짓이 가히 질서 정연하다는 것이다. 이러한 의식(禮儀, 질서의 형태)이면 그 결과는 길하다는 것이다.

象曰 其羽可用爲儀吉은 不可亂也ㅣㄹ새라

象에서 말하기를 "其羽可用爲儀吉은 가히 어지럽지 않기 때문이다"고 하였다.
· 亂 : 어지러울 란

各說

● 不可亂也ㅣㄹ새라 : ①요란하지 않고 止而巽을 한다는 것이다. 부부간의 가정 생활에 비유하면, 여자가 시집을 가서 내외간에 의(誼)가 좋고 현모양처로 살아가면서 天理에 순응하는 것을 말한다. ②점괘는 漸進하는 원칙을 말하였다. 이 원칙을 대표하는 것은 여자가 혼인을 하여 于歸(六禮의 마지막 단계)하는 것으로써 인위적인 것을 설명하였고, 자연 현상으로 기러기가 질서를 지켜 時序에 따라 漸進하는 형

상에서 그 이치를 물어 놓았다.

※漸卦의 총괄
- 初六은 鴻漸于干이니 〈小子ㅣ 厲하야 有言이나 无咎ㅣ니라〉
- 六二는 鴻漸于磐이라 〈飮食이 衎衎하니 吉하니라〉
- 九三은 鴻漸于陸이니 〈夫征이면 不復하고 婦孕이라도 不育하야 凶하니 利禦寇하니라〉
- 六四는 鴻漸于木이니 〈或得其桷이면 无咎ㅣ리라〉
- 九五는 鴻漸于陵이니 〈婦ㅣ 三歲를 不孕하나 終莫之勝이라 吉하리라〉
- 上九는 鴻漸于陸ㅣ니 〈其羽ㅣ 可用爲儀니 吉하니라〉

기러기가 나는 여러 가지의 형태를 말하였다. 漸進하는 데에 善으로 일관하면 경사가 점점 스스로 오게 되고 상대적으로 반성적 回歸도 하는 것임을 알아야 한다. 또 공부하는 데 있어서 1단계, 2단계, 3단계 순으로 점차적으로 나아가며 공부하라는 뜻이기도 하다. 결론적으로 인간 만사는 漸으로부터 시작되어 이루어지는 것이며, 더불어 君子之道와 中庸之道가 요구된다.

雷澤歸妹 (五十四)

震上 兌下

大 義

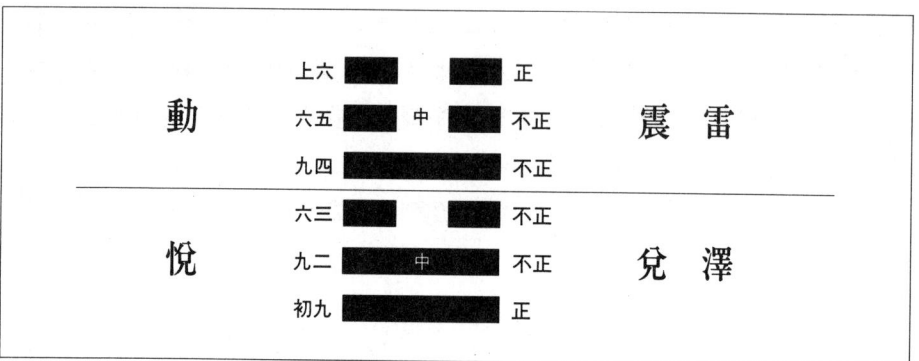

歸妹卦는1) ䷴漸卦의 도전괘이다. 여자가 시집을 가는 것으로 ☱兌卦의 少女가 ☳震卦의 長男을 따라가는 형상이다.

1) 갓 시집온 여자는 남편 이외는 아는 사람이 없고 모두가 낯이 설며 예의범절과 여러 가지 일들이 걱정이고 보니 凶卦가 된다. 젊은 소녀를 상징하는 하괘의 兌卦가 과열한 정욕을 기울이고, 상괘의 장남 震卦는 動의 속성을 가지고 있으니 兌卦를 따라 움직여 가는 형상이다. 즉, 여자(柔)가 먼저 즐겨함으로써 남자(剛)를 움직이게 하는 형상이므로 좋은 괘라고 할 수 없다. 따라서 시집간 여자에 대한 경계로서 中正之道가 요구되는 괘이다.

---

1) 歸는 新行가는 것을 뜻한다. 즉, 봉제사(奉祭祀), 시부모 섬기는 예절, 남편 치송(治送), 음식 조리, 의복 만들기 등을 익히고 혼인한 뒤에 시집(新行)을 가는 것이다.

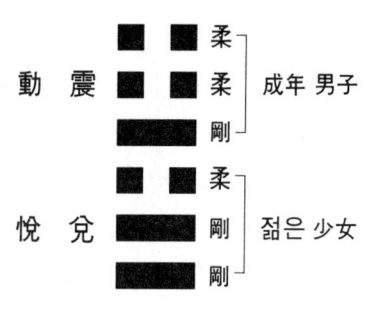

2) 歸妹卦의 괘상에서 내괘와 외괘는 음효가 위에 있고 양효가 아래에 처져 있다. 이것은 不正位의 형상이다. 인사적으로 보면 귀매괘는 말 많고 걱정 많은 시집살이에 대한 것을 나타낸 것으로 생각할 수 있는데 슬기롭게 婦德을 발휘하여 잘 넘긴다면 마침내 길하다는 것이다.

3) 下經은 인사적인 내용을 담았기에 우리 인간사의 가장 중요한 혼인, 즉 시집가는 이치 속에 진리를 묻어 놓고 여기에 깊은 道學을 심어 놓았다. 여자가 시집을 가는 것은 제2의 인생을 여는 것이며 소개벽(小開闢)을 맞이하는 것과 다를 바가 없다. 인간사의 가장 중요한 것은 부부 관계이다. 즉, 처녀가 부인이 되는 과정은 先天에서 后天으로 바뀌는 것과 같다고 할 수 있다. 크게 보면 이것은 곧 천지의 개벽이며, 작게 보면 부부 관계를 빗댄 인간의 개벽이라 할 수 있다.

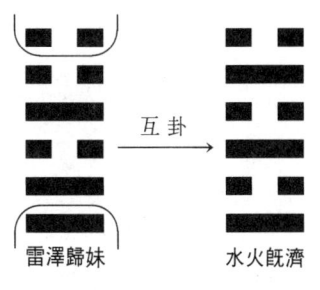

4) 歸妹卦는 여자의 일생을 나타내고 있다. 고립해 있던 여자가 남자에게 의지하는 것이므로 이는 혼인을 전제한 것이라야 한다. 귀매괘의 互卦가 ䷾水火旣濟卦이므로 이는 혼인이 정하여졌음을 의미하는 것이다.2) 이것은 여자의 입장에서 보면 正道라 할 수 있다.

5) ① 歸妹卦는 여자가 시집가는 것을 말하고 있지만 非合法的으로 시집가는 것을 뜻한다. 正室 부인이 있는 데도 여자가 情熱로써 남자를 매혹시켜 움직이게 하는 것이 歸妹이다. 『周禮』에서 천자나 제후는 一娶하면 九妾을 거느리도록 되어 있다.3)

---

2) 旣濟는 定也ㅣ라 (「雜卦傳」).
3) 왕조 시대에는 합법적으로 임금의 外道를 인정하고 있다.

이 구첩 속에 妹가 들어 있다. 괘상으로 보아서 겉으로는 貞正한 것 같으나 속으로는 수단과 방법을 가리지 아니하고 남자를 매혹시키려는 부정한 마음이 도사리고 있다. ②여자의 일반적인 심성에는 다변적인 天性과 종속적인 因性을 갖추고 있다. 또한 변동적이고 감상적 성품을 가지고 있는데, 이 모두가 靜的인 성품 때문이다. '女'라는 글 자체가 여자의 마음이 여러 방향으로 흩어지는 심정을 표현했다고 할 수 있다. 때로는 시냇가에 흐르는 물과 같아서 散心이 되기도 한다. 여자가 출가(出嫁)를 한다는 것은 제2의 생명이 탄생되는 중대한 시기라고 볼 수 있지만 부부 관계에서 내조의 바탕 없이는 남자가 좋아질 수 없다. 다만 남성이기에 주권을 가진다는 것 뿐이다.

예)天尊地卑하니 乾坤이 定矣오 卑高以陳하니 貴賤이 位矣오 (「繫辭傳」上 第1章)
　　하늘은 높고 땅은 낮으니 건과 곤이 정하여진 것이요, 낮고 높은 것이 베풀어지니 귀하고 천한 것이 자리를 잡는 것이다.
　　[설명]天地와 乾坤의 位를 말한 것뿐이다. 그 기능과 역할 등은 각각 없어서는 아니 될 것이며 둘 다 중요한 점을 가지고 있다.

原文풀이

歸妹는 **征**하면 **凶**하니 **无攸利**하니라
　귀매는 가면 흉하니, 이로울 바가 없다.
　·歸:돌아갈 귀 ·妹:누이 매 ·征:갈 정, 칠 정 ·攸:바 유

總說
윗글은 귀매괘의 괘사이다. 귀매괘는 비합법적인 남녀 관계를 말하였으며, 부정한 여자를 두고 한 말이다. 또 여자에 대한 경계로 받아들여서 그 내용을 살펴보아야 한다.

各說
● **歸妹**는 **征**하면 **凶**하니:兌 소녀가 震 장남을 부정으로 끌어들여서 상교한다는 것이다. 여기서 '征'은 行의 뜻이다.

● 无攸利하니라:불리하다는 뜻이다.

1) 歸妹는 여자가 시집을 가는 것이니 시집을 가서도 부정한 마음을 그대로 가지고 나아가면 흉하고 이로울 바가 없다.
2) 坤卦「단사」에서 "先하면 迷하야 失道하고 後하면 順하야 得常하리니:〈양보다 음이〉먼저 하면 아득하여 〈음이〉正道를 잃어 버리고, 〈음이 양보다〉뒤에 하면 順해서 떳떳함(常)을 얻을 것이니"라고 하였다. 그럼에도 불구하고 여자가 비합법적으로 정실 부인을 제치고 혼자서 남자를 독점하려고4) 하면 흉할 뿐만 아니라 불리하게 되는 것은 天地定義이다. 또 여자가 시집을 가서 너무 남편에게만 치우치고 정열적으로 날뛰어 不止而說하면 갓 시집온 여자로서 좋지 못하며 이익이 아무 것도 없다.5) 그러므로 매사에 中正之道로 하라는 의미에서 귀매괘 속에는 水, 火(互卦)→中이 들어 있으며 이면에는 漸卦(倒顚卦)의 止而巽 정신이 들어 있다.
3) 괘사 속에 凶과 不利(无攸利)가 중첩하여 들어 있으니 어김없는 凶卦가 된다. 이러한 괘사는 64괘 중에 귀매괘 이외는 없다. 그러나 解卦의 괘사에는 吉이 중첩하여 들어 있다. 만물이 개갑탁(皆甲坼)하고 구속에서 해방되니 吉 중의 吉이라 할 수 있다.
   예) 解는 利西南하니 无所往이라 其來復이 吉하니 有攸往이어든 夙하면 吉하리라
   解는 서남이 이로우니, 갈 바가 없는지라. 그 와서 〈천부지성으로〉회복함이 길하니, 갈 바가 있으면 빨리 하면 길할 것이다.
4) ☴ 漸卦는 外二爻가 不正位이며 內四爻는 正位로서 吉卦에 속하고, 반면에 ☳ 歸妹卦는 外二爻는 正位이며 內四爻는 不正位로서 凶卦에 속한다.

---

4) 조선 500년 동안의 궁중 비화 속에서 이와 같은 사례를 많이 찾아볼 수 있다.
5) 『小學』「明倫」에 七去之惡과 三不去에 관한 대목이 있다. 참고 삼아 인용하여 보자.
 • 婦有七去하니 不順父母去하고 無子去하고 淫去하고 妬去하고 有惡疾去하고 多言去하고 竊盜去니라:아내를 내버리는 경우가 일곱 가지가 있으니, ①부모에게 불순한 것이고, ②아들을 낳지 못하는 것이고, ③음란한 것이고, ④투기하는 것이고, ⑤악질에 걸리는 것이고, ⑥말이 많은 것이고, ⑦도둑질을 하는 것을 말한다.
 • 有三不去하니 有所取나 無所歸하면 不去하고 與更三年喪이면 不去하고 前貧賤後富貴하면 不去니라:〈아내를〉내치지 못하는 경우가 세 가지가 있으니, ①시집올 때 친정 부모가 살아 계셔서 명령을 받을 곳이 있었는데 뒤에 친정 부모가 돌아가셔서 갈 곳이 없는 경우, ②시부모의 3년 상을 남편과 함께 무사히 치른 경우, ③시집올 때는 시집이 가난하고 천했는데 뒤에 시집을 잘 일구어 부유하고 귀하게 되었을 경우에는 아내를 내치지 못한다.

彖曰 歸妹는 天地之大義也ㅣ니 天地不交而萬物이 不興하나니 歸妹는 人之終始也ㅣ라 說以動하야 所歸ㅣ 妹也ㅣ니 征凶은 位不當也ㅣ오 无攸利는 柔乘剛也ㄹ새라

    彖에서 말하기를 "歸妹는 천지의 큰 의리이니, 천지가 교합하지 아니하면 만물이 흥할 수 없으니, 歸妹는 사람의 마침과 시작인 것이다. 〈여자가〉 희열로써 〈남자를〉 움직여서 시집가는 바가 妹인 것이니, 征凶은 位가 마땅치 않음이요, 无攸利는 柔가 剛을 타고 있기 때문이다"고 하였다.

· 交:사귈 교　· 興:일 흥　· 終:끝날 종　· 始:처음 시　· 說:기쁠 열　· 乘:탈 승

總說

윗글은 귀매괘의 「단사」이다.

各說

- **天地之大義也ㅣ니**: 남녀가 혼인을 하는 것은 대자연의 철칙이며, 사람으로 태어났으면 겪어야 하는 常道이다. 또한 여자가 시집을 가는 것은 합법과 비합법을 불문하고 겪어야만 하는 天地定義이다. 그러나 不正으로 하는 것은 경계하고 正으로써 시집가고 장가가도록 유도하는 것이 經典의 사상이요, 유교의 정신이다.
- **不興하나니**: 흥왕(興旺)하지 못한다. 곧 만물이 발육하지 못한다는 것이다.
- **人之終始也ㅣ라**: 여자가 시집을 가는 것은 곧 처녀로서는 마지막이 되고, 부인으로서는 시초라는 뜻이다.
- **說以動하야**: 괘덕으로 볼 때, 하괘의 兌는 說, 상괘의 震은 動이므로 여자(음)의 희열로써 남자(양)를 움직이려고 하는 것이다. 이른바 여자가 시집가는 것이다. 다시 말하면 여자가 시집을 가는 것이 天地之大義로 하나 그 이면에는 男女陰陽配合의 희열이 있기에 혼인을 하는 것이다.
- **征凶은 位不當也ㅣ오**: 그대로 나아가면 흉하다고 하는 말은 자연의 원리로 보아서 초효와 상효는 位當이지만 남녀와 음양 관계로 보면 부정위가 되기 때문이다.
- **柔乘剛也ㄹ새라**: 괘상으로 보면 육삼효(柔)가 구이효(剛)를, 육오효(柔)가 구사효(剛)를 타고 있다는 것이다. 이것은 兌 소녀가 가지고 있는 정열이 度에 넘치고 있음을 말하고 있다.

※각 효의 형태가 부정인데도 불구하고 남녀가 상교한다

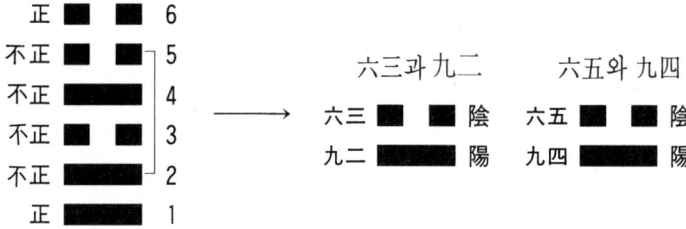

위의 형상을 보면 정상의 여자가 아니라는 것을 알 수 있다. 여성의 지나친 정열을 내포하고 있다. 여자는 겉으로 드러나지 않는 婦德이 숨겨져 있어야 하고 보이지 아니하는 마음의 얼굴, 즉 心相이 좋아야 한다.6)

象曰 澤上有雷ㅣ 歸妹니 君子ㅣ 以하야 永終하야 知敝하나니라

象에서 말하기를 "못 위에 우레가 있음이 歸妹니, 군자가 이로써 영구히 끝을 맺어서 가려짐을 아는 것이다"고 하였다.

·澤:못 택 ·雷:우레 뢰 ·終:마칠 종 ·敝:가려질 폐, 해질 폐

總說

윗글은 귀매괘의 「대상」이다.

各說

● 永終하야 知敝하나니라: 恒卦처럼 길이길이 변함없이 남녀가 해로(偕老)하는 것이 永終(有終의 美)이고, 부부간에는 正으로 일관해야지 不正이 있어 마음에 가려짐이 있으면 아니 되니 가려진 것(敝)을 알아야 한다. 또 永終하기 위한 경계사가 知敝다.

---

6) 三從之道에 얽힌 일화를 소개하여 보자. 李退溪의 門人이며 曺南冥의 門人이기도 한 선비는 혼인을 하였는데, 중신(中一)은 옛적부터 약간의 과장이 오고 가는데, 이러한 과정에서 속이 편치 못한 선비는 자기를 속일 리 없고 필시 무슨 곡절이 있을 거라고 생각하였다. 그런 차에 부인에게 "부인께서는 대체로 여자가 한 평생을 두고 신조를 가진다면 무엇을 가지게 됩니까"고 물었다. 부인은 그 물음에 대하여 '在家從父, 適人從夫, 夫死從子;여자가 시집을 가기 전에는 아버지의 명령에 따르고, 시집을 가서는 남편의 명령에 따르고, 남편이 죽고나서는 아들의 명령에 따른다'(『小學』「烈女傳」,『禮記』)는 삼종지도(三從之道)에서 마지막 夫死從子를 夫老從子(남편이 늙으면 아들의 명령을 따른다)로 바꿔 대답하였다. 이 대답을 듣고 난 선비는 부인의 갸륵한 마음과 기지에 경탄하여, 모든 의혹을 풀고 백년해로(百年偕老)를 하였다고 한다.

예)象曰 婦人은 貞吉하니 從一而終也ㄹ새오 夫子는 制義어늘 從婦하면 凶也ㅣ라
(恒卦 六五「小象」)
象에서 말하기를 "부인은 貞으로 〈일관〉해야 길하니, 한 사람의 남편을 좇아 몸을 마치기 때문이다. 남자는 義理를 제도하는 것이니 부인〈의 도〉에 따르면 흉하다"고 하였다.

初九는 歸妹以娣(제)니 跛能履라 征이면 吉하리라

初九는 歸妹를 하님으로써 함이니, 절름발이가 능히 신을 신는다. 〈그대로〉 가면 길할 것이다.

· 娣:하님 제, 서동생 제 · 跛:절름발이 파, 앉은뱅이 파 · 履:신 리

總說

초구효는 정위이며 구사효와 상비 관계이다.

各說

● 歸妹以娣니:여자가 시집을 갈 때, 시집에서 시중들어 줄 사람을 데리고 간다. 이것이 娣로 표현한 하님이다.[7] 즉, 시집가는 여자에게 시댁은 낯설고 물설은 곳이므로 시댁의 모든 사정을 이 하님이 알아서 잘 가르쳐 주며, 시집살이에 도움을 주도록 하고 또 시댁 어른께 절을 할 때도 이 하님이 시킨다. '娣'는 잉(媵:몸종)과 동의어다.
● 跛能履라:절름발이는 걸음을 걷는데 지장이 있어 잘 걷지 못한다. 그러나 걸음을 걷기 위하여 신을 신는다는 것은 불완전한 상태에서 어느 정도 가능성을 나타내는 말이다. 즉, 하님(몸종)이 시집의 모든 것을 잘 알아서 처리하기 때문에 跛能이다. '跛'는 다리는 있지만 걷지 못하는 사람을 말한다.
● 征이면 吉하리라:하님이 시키는 대로 나아가면 시집간 여자는 좋을 것이다.

象曰 歸妹以娣나 以恒也ㅣ오 跛能履吉은 相承也ㄹ새라

象에서 말하기를 "歸妹以娣는[8] 항상하기 위한 것이요, 跛能履吉은 서로 잇기 위

---

7) 하님은 여자 종을 대접하여 부르거나, 여자 종끼리 상대방을 높여서 부르는 말이다. 신부는 2명의 하님을 시댁으로 데리고 간다. 그리고 이 하님은 신부에게 모든 것을 잘 가르쳐 주고, 하룻밤을 자고 본댁으로 떠난다.

한 것이다"고 하였다.
· 恒:항상 항 · 承:이을 승

各說

- 以恒也ㅣ오:시집갈 때 하님을 데리고 가는 것은 그 시집의 家道와 다른 모든 것을 알아서 항구히 시집살이를 잘하기 위함이다. 또 '恒'은 恒久之德을 말하며, 이러한 경지에 가기 위해서는 많은 노력과 인내가 필요하다.
- 相承也ㄹ새라:신부가 변함없는 덕으로써 부부의 백년해로를 위하여 시가(媤家)의 가통(家統)을 계승하는 것을 말한다.

九二는 眇能視니 利幽人之貞하니라

　九二는 애꾸눈이 능히 보니, 幽人의 올바름이 이롭다.
· 眇:애꾸눈 묘, 당달봉사 묘 · 視:볼 시 · 幽:숨을 유, 그윽할 유

總說

　구이효는 득중으로 부정위이며 육오효와 상응 관계이고, 시집을 가는 장본인이다.

各說

- 眇能視니:초구효의 跛能履와 상황이 비슷하다.
- 利幽人之貞하니라:애꾸눈이 능히 볼 수는 있지만, 남이 보지 않는 산중에 은거하여 수도하는 사람과 같이 올바르게 하면 이롭다는 뜻이다. 즉, 처녀 시절에 살던 친정의 가풍이나 가도는 없애고 시가의 모든 예절에 익숙해지고 빨리 닮아야 된다는 것이다. 또 육이효는 부정위로서 柔位에 剛이 앉아 있는 것이니 시집간 여자가 너무 날뛰어도 아니 되니 幽人처럼 처신하라는 것이다. 여기서 '幽人'은 남이 보지 않는 산중에 은거하여 수도하는 사람을 뜻한다. 이미 유명을 달리한 사람이라는 뜻도 있다.

---

8) "歸妹以娣나"를 "歸妹以娣는"으로 번역하였는데 본문에 있는 현토는 『原本備旨』에 준해서 단 것에 불과하므로 현토에 얽매여 해석할 필요는 없다.

象曰 利幽人之貞은 未變常也ㅣ라

象에서 말하기를 "利幽人之貞은 정상을 변치 아니했기 때문이다"고 하였다.
・變:변할 변 ・常:항상 상

各說

● 未變常也ㅣ라 : 시가(媤家)의 가도(家道)에 잘 순응하여 시집살이를 잘하려고 노력하고 애쓰며, 여자 본연의 常道에서 이탈하지 아니했다는 것이다. 이것은 곧 구이효가 득중하였기 때문이다.

六三은 歸妹以須ㅣ니 反歸以娣니라

六三은 여자가 시집을 가서 천하게 함이니, 도리어 돌아가서 하님으로써 함이다.
・須:천할 수, 기다릴 수 ・反:되돌릴 반

總說

육삼효는 不正不中位이며 상육효와 상비 관계이다. 귀매괘 중에서 가장 흉한 효이다.

各說

● 歸妹以須ㅣ니 : 여자가 시집을 가서 극도로 희열만을 생각하고 천하게 행동하는 것이 초구효보다 못하므로 차라리 하님으로 돌아가는 것이 좋다는 것이다. 즉, 육삼효는 선천에서 후천으로 넘어가는 三爻이고 모든 것이 조건에 맞는 것이 없다. 그러므로 본성을 망각하고 貞을 하지 않고 賤하게 행동하는 것을 말한다. 천문학에서도 須星이라고 하면 賤星을 뜻한다. '須'는 待, 女之賤者(하님)를 뜻한다.

象曰 歸妹以須는 未當也ㄹ새라

象에서 말하기를 "歸妹以須는 마땅치 않기 때문이다"고 하였다.

各說

● 未當也ㄹ새라 : 육삼효는 선천에서 후천으로 건너가는 위험한 자리이기 때문이요, 남녀 공히 혼인을 하지 못하고 기다리는 것은 서로가 마땅하지 않기 때문이다.

九四는 歸妹愆期니 遲歸ㅣ 有時니라

　九四는 여자가 시집을 가는 데에 그 시기를 놓침이니, 〈시집을〉 늦게 보냄은 때가 있음이다.
・愆:어길 건, 허물 건, 정성 건, 너그러울 건　・期:기약할 기　・遲:늦을 지

總說
구사효는 부정위이며 초구효와 상비 관계이다.

各說
● 歸妹愆期니 遲歸ㅣ 有時니라:어진 여자가 좋은 짝이 없어 혼기를 놓치는 상이다. 앞으로 좋은 짝을 기다림에 있어서 늦어도 때가 있다는 것이다. 여자는 너무 늦게 시집을 가서도 곤란하고, 20세 전에 가는 것이 좋다는 것이다. '愆期'는 혼기를 놓치는 것을 말한다.

象曰 愆期之志는 有待而行也ㅣ라

　象에서 말하기를 "愆期之志는 기다림을 두어서 행하는 것이다"고 하였다.

各說
● 有待而行也ㅣ라:기다렸다가 알맞은 사람과 혼인하려는 것이다.

六五는 帝乙歸妹니 其君之袂ㅣ 不如其娣之袂ㅣ 良하니 月幾望이면 吉하리라

　六五는 임금의 딸이 시집을 가는 것이니, 그 임금의 〈딸의〉 차림새가 그 하님의 차림새의 좋은 것만 같지 못하니, 달이 거의 보름이면 길할 것이다.
・帝:임금 제　・乙:새 을, 십간의 둘째 을　・袂:소매 몌, 차림새 몌　・良:좋을 량　・幾:기미 기　・望:바랄 망

總說
육오효는 주효로서 군위이며 득중, 부정효이고 구이효와 상응 관계이다.

各說
● 帝乙歸妹니:十干에서 甲은 양이므로 남자를, 乙은 음이므로 여자를 가리킨다. 따

라서 '帝乙'은 공주를 의미한다. 또 '帝乙'은 고대 은나라 왕 이름이기도 하다.9)
예) 六五는 帝乙歸妹니 以祉며 元吉이리라 (泰卦 六五爻辭)
六五는 임금의 딸을 시집보내는 것이니, 이로써 복을 받을 것이며 크게 길할 것이다.
[설명]육오효는 그 位가 왕자리이므로 공주로서 中正의 뜻을 가지고 시집을 가야한다. 즉, 구이효가 비록 서민이기는 하지만 자신이 공주라는 선입견을 버리고 구이효 남편을 잘 섬기면 복을 받을 것이라는 뜻이다. 즉, 신분은 공주이지만 한 지아비의 지어미로서 진실 되고 명실상부하게 구이효 남편을 섬기면 복을 받게 된다는 것이다. 여기에는 中庸之道(中正)가 숨어 있다. 이렇듯 泰卦의 육오효 왕녀는 泰卦의 구이효와의 관계를 말하고 있다. 그러나 귀매괘의 육오효 왕녀를 泰卦처럼 귀매괘 구이효와 연관지어 해설하면 아니 된다.

- 其君之袂ㅣ:육오효는 왕의 자리이므로 임금의 차림새 혹은 왕녀의 차림새를 말한다.
- 不如其娣之袂ㅣ 良하니:육오효 왕(왕녀)의 차림새가 초구효 서민이 잘 차려 입은 차림새만 같지 못하다.
- 月幾望이면 吉하리라:달이 거의 望(보름)이 되어 간다. 즉, 14일 밤의 달 형태를 이르는 말이다. 왕위 구오효의 차림새보다 하님(서민) 초구효의 차림새가 좋으나 (其君之袂ㅣ 不如其娣之袂ㅣ 良하니:그 임금의 차림새가 그 하님의 차림새만 못하니) 덜 찬 보름달처럼 자만이 없으면 그 결과는 좋다는 것이다.
  - 月已望:15일 밤의 달로서 달이 이미 보름(望)이 되었다는 것이다.
  - 月旣望:16일 밤의 달로서 달이 이미 보름(望)을 넘어섰다는 것이다.

象曰 帝乙歸妹不如其娣之袂良也는 其位在中하야 以貴行也ㅣ라

象에서 말하기를 "帝乙歸妹不如其娣之袂良也는 그 位가 득중하여서 귀함으로써 행하기 때문이다"고 하였다.

各說

- 其位在中하야 以貴行也ㅣ라:왕녀가 중용지도로 고귀하게 행동하기 때문이다

上六은 女ㅣ 承筐无實이라 士ㅣ 刲羊无血이니 无攸利하니라

上六은 여자가 實이 없는 광주리를 이어받고 남자는 羊을 잡는데 피가 나지 아니

---

9) 『亞山의 周易講義』上 284쪽 각주 7)을 참조.

하니 이로울 바가 없다.
· 筐:광주리 광 · 刲:목 찌를 규, 베일 규, 죽일 규

總說

상육효는 정위이며, 육삼효와 상비 관계이다. 이 효는 귀매괘의 총체적인 것을 뜻하였다.

各說

● 女ㅣ承筐无實이라:여자가 혼인을 할 때 폐백을 받았으나 내실이 없거나, 부부간에 제사를 지내는데 실물이 없는 제수나 물건을 담는 광주리를 이어받았다는 것이다. '筐'(광주리)은 대나무로 만들어서 제수를 담는 그릇이다. 그리고 여자의 모든 것을 상징적으로 대표하는 것이 筐이다.

● 士ㅣ刲羊无血이니:남자가 제수에 쓰기 위한 양을 잡는데 피가 나지 않는 양을 잡는다. 즉, 부부간에 제사를 지내는데 죽은 양을 쓴다는 것이다.

● 女ㅣ承筐无實이라 士ㅣ刲羊无血이니:남녀가 부정하게 만났을 때의 형상을 비유한 말이다. 즉, 제사 지내는데 實이 없는 광주리이고 또 제사에는 살아 있는 양을 제사로 쓰는데 피가 나지 않는 죽은 양을 제사에 쓰니, 부정한 남녀가 조상을 받드는 제사에 무성의하게 임하는 거동을 말한 것이다.[10] 이 모두가 정응이 없는 상육효의 여자가 부정으로 시집을 갔기 때문이다. 이것에 대한 경계로서『중용』의 한 구절을 인용하여 보자.

예)莫見乎隱이며 莫顯乎微니 故로 君子는 愼其獨也ㅣ니라 (『中庸』제1장)
숨어 있는 것보다 더 나타나 보이는 것이 없고 미소한 것보다 더 나타나는 것이 없으니, 그러므로 군자는 혼자 있을 때를 삼가고 조심하게 된다.
[설명]비밀이란 형이하학적으로 있을 수 있으나, 형이상학적으로는 비밀이 있을 수 없다는 뜻이다. 다시 보면 나 혼자만이 한 행동과 마음가짐을 남이 모르지 싶으나 형이상학적으로 보면 모두 다 알 수 있다는 뜻이다.

● 无攸利하니라:①모두가 허사라는 뜻이다. 곧 귀매괘의 괘사에서 부정하게 자꾸 밀고 나가면 이로울 바가 없다고 하였다. ②불리하고 또 이혼하게 된다는 것이다.

---

10) 부부상수지례(夫婦相酬之禮)라 하여 제사에는 부부가 함께 참석한다. 초헌관(初獻官)은 祭主(主孫), 아헌관(亞獻官)은 주부, 종헌관(終獻官)은 친빈(親賓:매부, 사위 등 타성의 祭客)이 된다, 주부가 아닌 사람이 아헌관으로 참석하는 것은 있을 수 없는 경우이므로 부부가 같이 참석해야 하며 남편이 없는 제사에는 주부가 참석하지 못한다.

象曰 上六无實은 承虛筐也ㅣ라

象에서 말하기를 "上六无實은 빈 광주리를 이어받았기 때문이다"고 하였다.

各說

● 承虛筐也ㅣ라: 정당하게 정상적인 절차를 밟아서 부모님을 모신 자리에서 혼인식을 올리는 것이 마땅하다는 것이다.11)

※ 歸妹卦의 측면적인 해설

여자가 출가를 한다는 것은 제2의 인생을 살아가는 것이다. 그 중에서도 지켜야 할 몇 가지를 살펴보면 다음과 같다. 첫째, 시집의 일을 종처럼 열심히 해야 한다. 둘째, 산중에서 수도하는 도인처럼 말없이 실천하는 사람이 되어 다른 사람들에게 모범을 보여야 한다. 셋째, 행실이 완강하거나 부정해서는 아니 된다. 넷째, 여자의 본성인 유순함을 덕으로 삼고 시집살이를 하면 길함이 있다.

하경은 인사적으로 말하였기에 귀매괘로써 엮어 놓았다. 출가가 우주 대자연에 비견하면 아주 미세한 문제인 것 같지만 이것은 천지의 大義요 인생의 終始인 것이다. 천지가 교합하지 않으면 만물이 생성할 수가 없는 것이고 남녀가 교합하지 않으면 만사가 일어날 수가 없는 것이다. 중요한 사실은 가장 미천한 일부터 가장 위대한 일의 원리가 내포되어 있다는 것이다. 또 부정한 일은 결코 있어서도 아니 되지만 오래 갈 수도 없으며 존재하지도 못한다는 것이다. 귀매괘는 우리에게 항상 본성의 正道로써 살아가야 한다는 교훈을 주고 있다.

---

11) 婚姻式이라는 것은 여러 친지와 어른들을 모시고 대자연의 天地神明께 아뢰고 맹서하는 의례이다. 혼인식은 六禮를 갖추고 六門을 거쳐서 해야 함에도 불구하고 요즈음은 남녀가 오다가다 만나서 二禮와 二門으로 끝나 버리게 된다. 따라서 부부간의 정의(情誼)가 얕고 서로가 불안하다. 그러므로 금방 문을 열고 나가 이혼으로써 서로가 쉽게 돌아선다.

䷶ 雷火豊 (五十五)
震離
上下

大 義

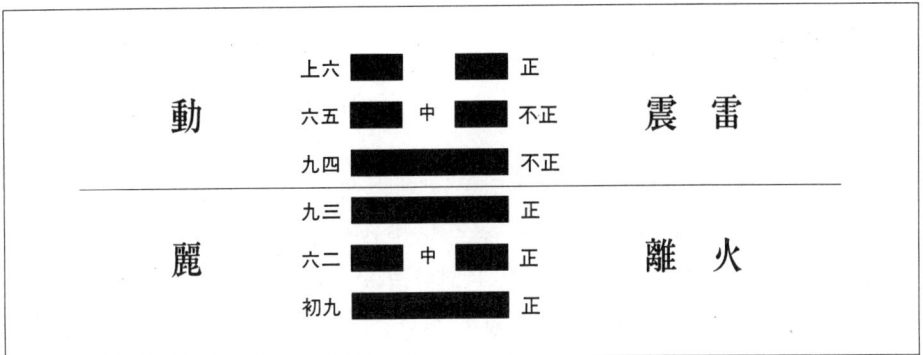

「서괘전」에서 "豊者는 大也ㅣ니;풍은 큰 것이니"라고 하였고, 「잡괘전」에서 "豊은 多故ㅣ오;풍은 연고가 많음이요"라고 하였다. 豊卦는 번영을 상징하며, 풍성, 풍만, 성대하다는 뜻이 있다. 그러므로 풍패의 시기에는 작은 것이든 큰 것이든지 간에 大事가 많고, 또한 희로애락의 연고가 많아지게 되니 多故라고 하였다. 그러나 知者가 보았을 때는 다음에는 흉이다. 이것을 근심하는 것이다.[1]

1) 豊卦의 괘상은 보면 雷(우레)와 電(번개, 火)로 구성되어 있으므로 태양과 같이 가장 밝은 것을 뜻한다.[2] 그러므로 이 지구상의 문명이 최고도로 발전한 때가 豊이다. 즉, 밝음(電)으로써 움직여(雷) 나가니 盛大(豊者는 大也ㅣ니)할 수 있는

---

1) 밝음은 어두운 곳에서 그 위력을 대단하게 발휘하지만 그 밝음이 극치에 이르면 다시 어두워지는 법이다. 따라서 易을 아는 자는 이것을 근심하는 것이다.
2) 밝은 것을 다 모아 놓은 괘로는 ䷶雷火豊卦와 ䷔火雷噬嗑卦가 있다.

것이다. 이것은 곧 태양이 日午中天에 떠 있는 시기이다.
2) ①文王后天八卦로 보아서 震과 離의 大成卦가 豊卦이다. 즉, 先天八卦의 離方(東方)에서 뜬 태양이 차차로 진행하여 后天八卦로 보아서 正午의 위치(離方)에 왔을 때가 풍괘이다. 절후로 보아서도 태양의 열기가 가장 큰 夏至, 곧 午時(문명)에 돌아오는 것이 豊이다. 이것은 지구의 변화를 뜻하는 것으로 선천의 東西(坎離)가 후천의 南北(坎離)으로, 乾坤이 正方에서 間方으로 변화됨을 말하고 있다.

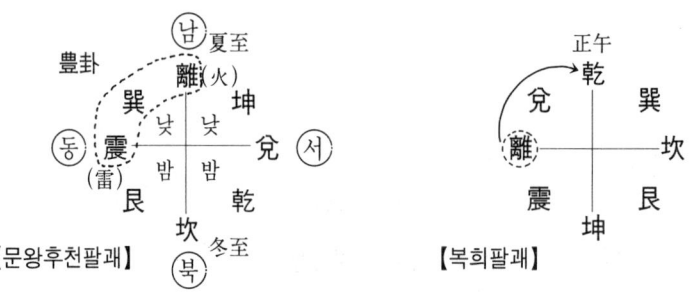

②河圖와 洛書 속에서도 선천과 후천의 변화를 살펴 볼 수 있다. 아래 그림에서 보듯이 相生 相剋의 원리에 따라서 공간이 바뀌며 金, 火의 위치가 달라진다. 이것은 선천에서의 형태가 후천에서는 바뀐다는 뜻이다. 이러한 이치에서 복희팔괘도와 문왕팔괘도의 방위도가 나온 것이 아니겠는가?

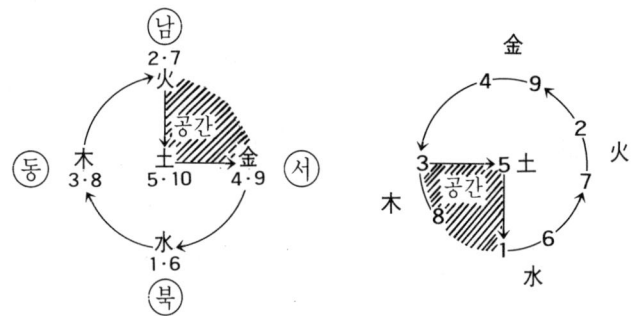

3) 豊卦는 해가 중천에 도달한 정오 때를 상징한다.3) 이때가 되면 천하의 모든 것이 극에 달하기 때문에 선과 악이 자기의 모습을 실현하기 위해 온갖 수법을 동원하여 나타난다. 豊卦의 착종괘가 噬嗑卦이듯 이 시기에는 서로 싸우면서 물고 뜯는 형태가 발생한다. 이럴 때 우리는 올바른 정신으로 세상을 살아가야 한다.

---

3) 모든 문명이 정오 때면 꽃을 피우게 될 것이며, 후천 度數에는 해가 서방으로 기우는 때이므로 그 빛은 동방으로 오고 그림자는 서방에 드리울 것이니 동양의 문명이 크게 발전할 것이다.

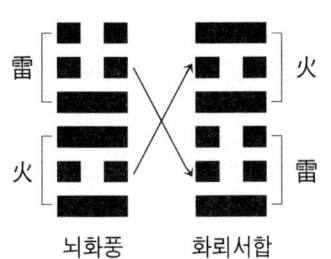

예) 日中爲市(日午中天)하야 致天下之民하며 天下之貨하야 交易而退하야 各得其所케하니 蓋取諸噬嗑하고 (「繫辭傳」下 第2章)
〈또 신농씨는〉 한낮에 저자를 열어서 천하의 백성을 오게 하고, 천하의 모든 화물을 모아 서로 바꿔 가지게 하여, 각각 그 필요한 바를 얻게 하였으니, 이것은 대개 화뢰서합괘에서 그 이치를 보아서 취한 것이다.

[설명] 噬嗑卦의 시기는 日午中天의 문명이 극치에 달한 때이므로 생존경쟁이 치열하게 될 것이며, 사람 입에 들어 있는 음식물마저도 빼앗아 먹으려는 때이다. 이때를 취상하여 만든 것이 서합괘이다. 서합괘는 火(☲)가 선천팔괘의 동방에서 후천팔괘의 남방에 위치할 때—日午中天 시기가 될 때, 문명이 최고도로 발달될 때—사람이 많아지고 생존경쟁도 치열해진다.

原文풀이

豊은 **亨**하니 **王**이아 **假**(격)**之**하나니 **勿憂**홀전 **宜日中**이니라

　풍은 형통하니, 왕이어야 이르나니 근심하지 않으면 마땅히 해가 한가운데 한다.

· 豊: 풍성할 풍　· 假: 이를 격　· 勿: 말 물　· 憂: 근심할 우　· 宜: 마땅할 의

總說

윗글은 풍괘의 괘사이다.

各說

● 豊은 亨하니: 풍괘는 세상이 극도로 문명한 시기이니 모든 것이 형통하다. 또한 풍괘의 시기에는, 도통이 어느 특정한 이의 소유물이 아니라 노력하면 모두가 될 수 있으므로 형통이다.

● 王이아 假之하나니: ①太古에는, 임금이 제사지내는 지극한 정성과 부모에 대한 효성을 정치에 연관시켜 능력의 척도로 삼았으나, 문명시대에는 직접 王化가 백성에게 미치는 현실을 말한다. 여기서 '假'은 至, 格의 뜻으로 心神이 오고 가는 것을 뜻한다. ②아래의 예문은 왕의 정성이 제3의 사물, 곧 조정(廟)이나 가정(家)에

미쳐서 백성에게 모범을 보이고 그들이 따라오도록 하는 것을 예로 든 것이다. 그러나 풍괘에서는 그 대상을 바로 백성으로 잡아 그들에게 직접 王化가 이르도록 한다. 왜냐하면 풍괘는 최고도로 문명한 시기이므로 그러하며, 여기에 풍괘의 뜻이 새겨져 있는 것이다.

예1) 九五는 王假有家ㅣ니 勿恤하야 吉하리라 (風火家人卦 九五爻辭)
　　九五는 왕이 집을 지극히 하니 근심하지 않아도 길할 것이다.
　　[설명] 王化가 私家에까지 이르는 것을 말한다.

예2) 萃는 亨王假有廟ㅣ니 利見大人하니 亨하니 利貞하니라 用大牲이 吉하니 利有攸往하니라 (澤地萃卦 卦辭)
　　萃는 형통하니 왕이 종묘에 이르니, 대인을 봄이 이로우니, 정도로 함이 이롭다. 큰 소를 잡아 씀이 길하니, 갈 바가 있어 이롭다.
　　[설명] 王化가 廟에 이르는 것을 말한다.

예3) 渙은 亨하니 王假有廟ㅣ며 利涉大川하니 利貞하니라 (風水渙卦 卦辭)
　　渙은 형통하니, 왕이 종묘에 이르며 큰 내를 건넘이 이로우니, 바르게 함이 이롭다.
　　[설명] 王化가 廟에 이르는 것을 말한다.

③ 이 구절을 비사체로 풀어 보면, '王'자는 天人地 三才를 연결하는[4] 형태이다. 즉, 天人地를 다 함께 관통할 수 있는 道學君子(大人)가 나와서 우리에게 직접으로 어떤 영향을 준다는 것이며, 이때는 어떤 것이라도 근심할 것 없이 완전히 해결이 된다는 뜻이다. 雷火豊卦의 離卦로부터 일오중천 시기에 道通君子가 나온다는 암시를 얻을 수 있다.

• 勿憂홀뎐 宜日中이니라 : ① 문명이 극도로 발달된 때이니 王化에 대한 것을 근심할 필요가 없다. 日中이 되면 대자연도 마땅하게 된다. 곧 日中이 되면 모든 것이 알맞게 된다는 뜻이다. 또 현시대에 원자 폭탄과 같은 무서운 병기가 있다고 근심하지 말라. 日中 때가 되면 완전히 해결이 된다는 뜻으로도 생각해 볼 수 있다. 여기서 '日中'은 해가 한낮에 있다는 뜻이다.

　　　　　　日　中　→　正　午　→　文明時代

② 震은 雷요, 離는 電이며 火이다. 따라서 '宜日中'은 雷電과 火가 겹쳐져 있으니 正午이고 문명이 가장 발전된 시기라고 할 수 있다.

---
4) 『亞山의 周易講義』上 223쪽 그림 참조.

彖曰豊은 大也ㅣ니 明以動이라 故로 豊이니 王假之는 尙大也ㅣ오 勿憂宜日中은 宜照天下也ㅣ라 日中則昃하며 月盈則食하나니 天地盈虛도 與時消息이온 而況於人乎ㅣ며 況於鬼神乎여

　彖에서 말하기를 "豊은 큰 것이니, 밝음으로써 움직이는 것이다. 그러므로 豊이니, 王假之는 큰 것을 숭상함이요, 勿憂宜日中은 마땅히 천하를〈고루고루 다〉비추는 것이다. 해가 한가운데에 들어오면 기울어지며, 달이 차면 먹혀 들어가니, 하늘과 땅이 차고 빔도 때와 더불어 사라지고 살아나는데, 하물며 사람에 있어서랴! 하물며 귀신에 있어서랴!"라고 하였다.

・尙:숭상할 상　・照:비출 조　・昃:기울 측　・盈:찰 영　・虛:빌 허　・與:줄 여　・消:사라질 소, 줄을 소
・息:살 식, 불을 식　・況:하물며 황

總說

윗글은 풍괘의 「단사」이다.

各說

- 明以動이라:卦德을 말한 것으로, 태양처럼 밝은 것이 움직이는 것을 말한다. 즉, 문명의 발달 과정을 말하는 것이다. 사람으로 보면 賢人으로 가는 과정을 말하고 있다. 이는 『중용』에서 말하는 自明誠5)을 할 수 있다는 것이다. 그러므로 풍괘는 '假之'가 되어야 한다.
- 尙大也ㅣ오:정치적인 내용이다. 왕의 덕이 至大함을 직접 백성에게 심어 주는 것을 뜻한다. '尙'은 대자연을 뜻한다.
- 宜照天下也ㅣ라:일오중천 때가 되어서 세상을 한번 조명하여 보는 것이다. 도학적인 측면에서는 선악을 구별하여 보는 것이요, 敬工夫를 하여 한번 시험해 보는 것을 말한다.
- 日中則昃하며 ~ 況於鬼神乎여:이 문장은 앞 문장에 대한 보충적인 글이다. 공자가 문명시대에 있어서의 日中 시기를 대자연의 이치에다 비유하여 설명한 곳이기도 하다. 이를 표로써 나타내면 다음과 같다.

---

5) 人道와 노력, 즉 自明誠의 '明'은 앎을 말하며, 보통의 사람은 사욕이 있으므로 이것을 밝힘으로써 誠之하여 誠에 나아가는 것을 말한다. 다시 말하여 성인 이외의 사람이 성인이 되기 위하여 노력하고 수양하는 것을 말한다. 좀더 자세한 내용은 『亞山의 中庸講義』 제21장에 해설되어 있다. (一岡註)

```
        日中則昃  ┐          ┌ 而況於人乎
                 ├→天地盈虛→與時消息┤
        月盈則食  ┘          └ 況於鬼神乎
```

- 日中則昃하며 月盈則食하나니 : 하루가 오전이 되고 오후가 되는 것을 말하며, 또 달이 상현(上弦)이 되고 하현(下弦)이 됨을 말한다.
- 而況於人乎ㅣ며 況於鬼神乎여 : 자연과 같이 사람도 盈虛消息의 원칙 속에서 움직여 나가고 또한 귀신까지도 이와 같다고 한 공자의 말은, 대자연의 섭리가 인간에게 미치는 바는 틀림이 없다는 뜻이 내포되어 있다. 그리고 日中 때가 되어 대자연의 변화가 있을 때가 되면 사람뿐만 아니라 귀신의 힘으로도 어찌 할 수가 없음을 표현한 글이기도 하다.6)

        鬼   ― 陰之神 ― 不正之神 : 일반적으로 말하는 나쁜 귀신
        神7) ― 陽之神 ― 正　 神 : 올바른 신

象曰 雷電皆至ㅣ 豊이니 君子ㅣ 以하야 折獄致刑하나니라

象에서 말하기를 "우레와 번개가 함께 이르는 것이 豊이니, 군자가 이로써 옥사를 잘 처결하여 형벌을 주는 것이다"고 하였다.

·雷:우레 뢰 ·電:번개 전 ·皆:함께 개, 모두 개, 다 개 ·折:꺾을 절, 끊을 절 ·獄:옥 옥 ·致:보낼 치

總說

윗글은 풍괘의 「대상」이다.

各說

- 雷電皆至ㅣ : 일오중천 시기에는 대자연적인 것과 인위적인 것이 함께 나타난다.

---

6) 공부를 통하여 대자연의 힘을 어느 정도까지 극복할 수 있는가가 우리 인간의 관건이 된다.
7) 사람에게는 마음의 집인 心包가 있는데 그 형상은 아직 피어나지 않은 연꽃(未開蓮花)과 같다. 심포 속에는 性, 理, 神, 仁, 善이 들어 있는데, 대체적으로 性으로써 표현하고 있다. 학문적으로 말하는 性善說은 사람의 성품이 지극히 善한 것을 이르는 말인데, 이는 심포 속에 간직되어 있는 善이 외부로 나타난다는 것이다. 또 이것이 사람의 마음(심포) 속에서 외부로 나타날 때는 七情으로 나타나니 그 형태가 달라져 나타나게 된다. 사람의 성질이 고약하다는 것은 마음속의 性이 칠정으로 나타난 것을 말한 것이고, 사람의 마음이 어질지 못하다는 것은 마음속의 仁이 칠정으로 나타난 것을 말한 것이고, 사람의 정신이 빠졌다고 하는 것은 마음속의 神이 칠정으로 나타난 것이다. 즉, 의학적으로 '神不守'라고 하여 정신이 제 자리를 지키지 못한 자를 말한다.

雷(雷聲:震)는 자연적인 현상을 말하는 것이고, 電(電光:火)은 인간 사회에서 사용하는 것을 말한다. 이 두 가지가 함께 이르러 온다는 것은 극도로 발달한 문명시대의 인간 사회에 電子文明이 출현한다는 것을 뜻한다.

● 折獄致刑하나니라:정치적으로 옥을 다스리는 것은 매우 중요한 일이다. 옥에 있는 죄인을 明明白白하게 가려서 형벌을 엄정하게 하라는 뜻이다. '折'은 明의 뜻이다.

예1) 象曰 雷電이 噬嗑이니 先王이 以하야 明罰勅法하나니라 (噬嗑卦「大象」)

　　象에서 말하기를 "우레와 번개가 噬嗑이니, 선왕이 이로써 형벌을 밝히고 법을 신칙한다"고 하였다.

　　[설명]'明罰勅法'은 형벌을 밝히고 법을 공포 실시한다. 이것은 곧 현대의 罪刑法定主義를 뜻한다. 세상의 허다한 소인을 교화시켜서 선행을 하게끔 감옥을 지어 놓고 법을 공포하는 것을 말한다.

예2) 象曰 山上有火ㅣ 旅ㅣ니 君子ㅣ 以하야 明愼用刑하며 而不留獄하나니라 (旅卦「大象」)

　　象에서 말하기를 "산 위에 불이 있는 것이 旅니, 군자가 이로써 형벌을 사용하는 데 밝게 하고 삼가며 옥사를 머물게 하지 않는 것이다"고 하였다.

　　[설명]'明愼用刑'은 밝은 불, 곧 離의 성질을 본받아서 법을 실천해 나가는 것이다. 즉, 정치하는 사람은 법으로써 백성을 다스리되 태양의 빛처럼 만인에게 평등하게 밝히고 신중히 실시한다는 것이다.

初九는 遇其配主호대 雖旬이나 无咎하니 往하면 有尙이리라

初九는 그 짝이 되는 주인(九四)을 만나되, 비록 열흘이 걸리지만 허물이 없으니, 〈그대로〉 나아가면 가상(嘉尙)함이 있을 것이다.

・遇:만날 우　・配:짝 배, 아내 배　・雖:비록 수　・旬:열흘 순, 고를 순

總說

초구효는 정위이며 구사효와 상비 관계이다.

各說

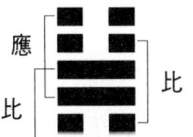

풍괘는 日中의 시기이므로 相比되는 것을 위주로 했다. 왜냐하면 문명의 극치기에는 應이 불필요하며 相比 관계라야만이 동등한 위치에서 공존하는 것이다. 따라서 최고도의 문명시대는 결과

적으로 思想戰이 될 수밖에 없다.8) 상비 관계를 五行으로써 六親 관계에 비유하여 설명하면, 형제 관계를 가리킨다. 또 현실에서 사업이나 하는 일이 잘 되지 아니하고 서로 경쟁하는 것을 뜻한다.

- 遇其配主호대:초구효와 구사효는 서로 같은 陽으로서 상비 관계이므로 婚媾, 遇雨…… 등의 말은 쓰지 않고 遇其配主라고 하였다.
- 雖旬이나:초구효가 상비 관계에 있는 구사효를 열흘만에 만난다는 뜻이다. 정이천과 주자는 「전」과 「본의」에서 '旬'을 均으로 해석하여 초구효와 구사효가 양으로서 균등하다고 하였다.
  - 旬報는 10일만에 발간되는 신문, 잡지 등을 말하고, 旬三은 13일을 뜻한다.

1	2	3	4	5	6	7	8
乾	兌	離	震	巽	坎	艮	坤
甲	丁	己	庚	辛	戊	丙	乙
壬							癸
		1	2	3	4	5	6
7	8	9	10				

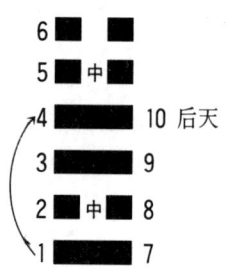

- 无咎하니:초구효가 상구효와 상비 관계에 있어야 허물이 없다는 것이다.

象曰 雖旬无咎ㅣ니 過旬이면 災也ㅣ리라

象에서 말하기를 "雖旬无咎니 열흘이 지나면 재앙이 있을 것이다"고 하였다.
- 過:지날 과 · 災:재앙 재

各說

- 過旬이면 災也ㅣ리라:문명이 서로 균형이 잡히지 않고 한쪽으로 기울어진다면 싸움이 일어나는 법이다. 예를 들어, 동서양의 문명이 서로 균형을 이루지 못하고 한쪽으로 기울어진다면 서로간에 전쟁이 일어난다는 것이다.

---

8) 相比의 比를 파자하면 匕(造化)+匕(造化)로서 사상전을 뜻한다. 그리고 應은 화합을 뜻하므로 서로 싸움이 없으며, 比는 대립을 뜻하므로 사상전이나 종교전을 뜻한다.

雷火豊 345

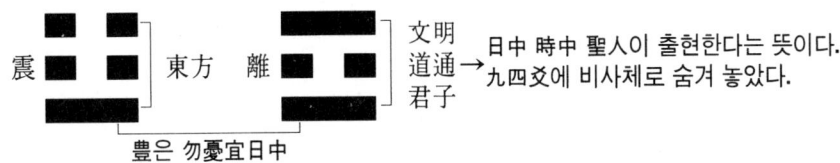

六二는 豊其蔀ㅣ라 日中見斗ㅣ니 往하면 得疑疾하리니 有孚發若하면 吉하리라

六二는 그 오막살이집이 크게 가려져 있음이다. 한낮에 북두칠성을 보니, 〈그대로〉 나아가면 의심의 병을 얻으리니, 믿음(정성)이 있어 發하면 길할 것이다.

· 蔀:오막살이집 부, 가릴 부, 빈집문 부   · 斗:별 두, 말 두   · 疑:의심할 의   · 疾:병 질

總說
육이효는 유순중정이며 육오효와 상비 관계이다.

各說

● 豊其蔀ㅣ라:집의 사방이 토담으로 세워져 크게 가려진 집을 뜻한다. 즉, 집을 어둡게 만들었다는 것이다.
   · '蔀屋'은 풀로 지붕을 만든 오막살이집을 말하며, '蔀家'는 집에 햇빛이 들지 않도록 가리는 것을 말한다.
● 日中見斗ㅣ니:①한낮에 북두칠성을 보려 하지만 태양 광채의 위력 때문에 볼 수 없다는 것이다. 그러므로 豊其蔀=日中見斗이다. ②觀工夫할 때가 日中見斗이다. 觀이 되려면, 눈을 감고 물욕지심(物慾之心)을 없애고 정성을 지극히 하면, 밤에 북두칠성을 볼 수 있는 것과 같이 얻어질 것이지만, 한낮에는 모두가 의심병을 가지고 있으니 되지 아니한다는 것이다.
● 得疑疾하리니:육이효에 대한 육오효의 마음을 표현한 것이다. 육이효가 유순중정이지만 혹시 마음이 변하지 않을까 의심하는 육오효의 마음을 표현하였다.
● 有孚發若하면 吉하리라:육이효의 정성이 지극하면 육오효의 신임을 받게 되어 결과적으로 길하게 된다는 것이다. 즉, 육이효가 육오효에 대하여 孚, 信, 誠만 있으면 길하다는 것이다.

象曰 有孚發若은 信以發志也ㅣ라

象에서 말하기를 "有孚發若은 信으로써 뜻을 발하는 것이다"고 하였다.

各說

● 信以發志也ㅣ라:지극한 정성만 있으면 내 뜻대로 할 수 있다는 것이다.

九三은 豊其沛라 日中見沬ㅣ오 折其右肱이니 无咎ㅣ니라

九三은 보이지 않게끔 크게 가려져 있음이다. 한낮에 작은 별을 봄이요. 그 오른팔을 꺾으니 허물 할 데가 없다.

·沛:장막 패, 가릴 패 ·沬:작은 별 이름 매 ·折:꺾을 절 ·肱:팔뚝 굉

總說

구삼효는 정위이며 상육효와 정응 관계이다.

各說

● 豊其沛라:육이효사의 豊其蔀와 그 뜻이 비슷하다.
● 日中見沬ㅣ오:육이효사에서 斗(큰 별)라고 한 것은 육이효의 상대가 육오효이며 상비 관계이기 때문이다. 구삼효사에서 沬(작은 별)라고 한 것은 구삼효와 상육효는 정응 관계이지만, 상육효는 미미한 존재로서 位가 없기 때문이다. 그러나 沬(작은 별)이므로 결과적으로 뜻은 상통된다고 할 수 있다.
● 折其右肱이니:男左女右이니 右肱은 여자 관계를 뜻하며, 오른팔을 꺾었다는 것은 상육효와의 관계를 뜻한다. 이는 여자 관계9)로 정신 통일이 되지 아니하는 상황을 말한다. 마음에 동요가 생겨 觀이 되지 않은 것은 모두 자신의 잘못이다. 즉, 공부가 안 된다는 것인데 이것은 어느 누구를 탓할 수가 없는 것이다. 유혹에 흔들리기 쉬운 人心과 우리가 찾아가야 할 道心에 대하여 주자의 말을 통하여 알아보자.

예)其見於經則允執厥中者는 堯之所以授舜也ㅣ오 人心은 惟危하고 道心은 惟微하니 惟精惟一이라사 允執厥中者는 舜之所以授禹也ㅣ니 堯之一言이 至矣盡矣어늘 而舜이 復益

---

9) 敬·觀 공부하는 데에는 남녀 관계를 초월하여야 되는데, 만약 평소에 자기가 생각하던 여인이 나타나는 경우 종종 이 유혹에 넘어갈 수 있으므로 산중에 들어가 공부를 하는 것이다.

之以三言者는 則所以明夫堯之一言이니 必如是而後에 可庶幾也ㅣ라 (「中庸章句序」)
그 경서에 나타나 있는 것으로 '진실로 그 中을 잡으라'고 한 것은 요임금이 순임금에게 전수한 심법이요, '사람의 마음은 오직 위태하고 도의 마음은 오직 은미하니, 오직 정밀하고 오직 한결같이 하고서야 진실로 그 中을 잡으리라'고 한 것은 순임금이 우임금에 전수한 심법이니, 요임금의 한 마디 말씀(允執厥中)이 지극하고 극진했는데, 순임금이 다시 세 마디 말씀을 더 하신 것은 요임금의 한 마디 말씀을 밝힌 것이니 반드시 이와 같이 하신 뒤에야 거의 가까울 것이다.

[설명] 人心 속에 道心이 있을 수 있고, 道心 속에도 人心이 發할 수 있다. 왜냐하면, 이것은 사람이면 모두 性命이 없는 자가 없기 때문이다. 그리고 精이란 人心道心을 살펴서 섞이지 않게 정선(精選)하는 것이고, 一이란 그 本心의 精을 지켜서 떠나지 않게 하는 방법이다. 이렇게만 되면 위태한 것은 안정되고 은미한 것은 나타난다. 이것의 결과가 윤집궐중(允執厥中)이라는 것이다.

$$\left.\begin{array}{l}人心惟危\\道心惟微\end{array}\right\rangle 惟精惟一(中庸) \rightarrow 允執厥中 \rightarrow 道通$$

$$人心 \rightarrow 私心 \rightarrow 不善 \rightarrow 私 (形氣之私)$$
$$道心 \rightarrow 公心 \rightarrow 善 \rightarrow 正 (性命之正)$$

象曰 豊其沛라 不可大事也ㅣ오 折其右肱이라 終不可用也ㅣ라

象에서 말하기를 "豊其沛라 큰 일을 할 수 없는 것이요. 折其右肱이라 마침내 쓰지 못하는 것이다"고 하였다.

各說

물욕이 눈앞을 가려서 不善을 하게 되면 大事(大川, 선후천의 교착시기)를 이룰 수가 없으며, 敬·觀 공부, 道通 등도 될 수 없음을 공자가 명백히 밝혀 둔 곳이다.

九四는 豊其蔀ㅣ라 日中見斗ㅣ니 遇其夷主하면 吉하리라

九四는 그 오막살이집이 크게 가려져 있음이다. 한낮에 북두칠성을 보니, 그 평등한 주인을 만나면 길할 것이다.
·夷: 평평할 이, 상할 이, 무리 이, 오랑캐 이

總說

　구사효는 부정위이며 초구효와 상비 관계이고 외괘 震卦의 주체가 된다. 구사효는 대신의 지위에서 유약한 임금 육오효를 돕는 위치이다.

各說

- 豊其蔀ㅣ라:日中見斗와 같은 뜻이다.
- 日中見斗ㅣ니:본괘 육이효사의 各說을 참고하라.
- 遇其夷主하면:①夷主는 상비 관계(평등한 관계)에 있는 초구효를 만나면 좋다는 것이다. 또 구사효 자신이 대신의 지위에 있으므로 초구효는 백성의 격이 된다. '夷'는 平의 뜻이다. ②이 문장을 비사체로 생각한다면, 敬, 觀 공부를 하는 사람들이 많이 있지만 利涉大川을 할 때는 東夷國에서 주인이 나와 정말로 日中見斗도 할 수 있고 豊其蔀에서도 능히 볼 수 있는 사람이 나오게 됨을 암시한 것이 아니겠는가? 농사꾼이 풍년이 되어 많은 곡식을 수확하려면 좋은 땅, 좋은 종자를 잘 간수한 사람이라야 한다. 이와 같이 日午中天을 넘어가려면 艮方을 모르면 아니 될 것이다. ③初九의 "遇其配主"는 구사효를 뜻하며, 九四의 "遇其夷主"는 초구효를 뜻한다.

象曰 豊其蔀는 位不當也ㄹ새오 日中見斗는 幽不明也ㄹ새오 遇其夷主는 吉行也ㅣ라

　象에서 말하기를 "豊其蔀는 位가 마땅하지 않기 때문이요, 日中見斗는 어두워서 밝지 못함이요, 遇其夷主는 길한 행함이기 때문이다"고 하였다.

·幽:그윽할 유, 숨을 유, 멀 유

各說

- 位不當也ㄹ새오:구사효는 음자리에 양이 있다는 것이다.
- 吉行也ㅣ라:觀을 하여 遇其夷主를 하면 도통을 하니 吉行이 아니 될 수 없다는 것이다. 길이 흉을 이겨서 좋게 된다는 뜻이기도 하다.
  예)吉凶者는 貞勝者也ㅣ니 (「繫辭傳」下 第1章)
  　　길과 흉은 正히 이기는 것이다.
  　　[설명]천하의 일은 길이 아니면 흉이고, 또 흉이 아니면 길이라 할 수 있다. 그러므로

언제나 길흉이 같이 상존하여 있지 않고 서로 이기고 있으니 이를 貞勝이라 한다.

六五는 來章이면 有慶譽하야 吉하리라

六五는 빛나는 것을 오게 하면, 경사와 명예도 있어서 길할 것이다.
· 章:빛날 장, 글 장 · 慶:경사 경 · 譽:명예 예, 기릴 예

總說

육오효는 풍괘의 주효로서 부정위이며 육이효와 상비 관계이다.

各說

● 來章이면 : 육오효가 유약한 군위에 있으면서 몸을 낮추어 도와줄 사람을 모여들게 하는 것을 말한다. 여기서 '章'은 유순중정의 육이효를 뜻한다. 또 육오효는 군위로서가 아니라 아는 것으로 말하고 있다. 즉,

예)君子ㅣ 敬以直內하고 義以方外하야 敬義立而德不孤하나니 (坤卦 六二 「文言傳」)
군자는 敬으로써 안(마음)을 바르게 하고 義로서 밖을 바르게 해서, 공경하는 것과 옳은 것이 확립이 되면 덕이 외롭지 아니하나니
[설명] 윗글은 坤卦 「문언전」으로 坤卦의 주효인 육이효에 대한 설명이다. 풍괘 육오효가 坤卦 육이효의 敬以直內, 義以方外를 하면 경사와 명예는 물론이고 길함이 스스로 오게 된다는 것이다.

象曰 六五之吉은 有慶也ㅣ라

象에서 말하기를 "六五之吉은 경사가 있다는 것이다"고 하였다.

各說

● 有慶也ㅣ라 : 坤卦 「문언전」에서 "積善之家는 必有餘慶하고 積不善之家는 必有餘殃하나니 ; 선을 쌓은 집안에는 반드시 〈착한 것을 쌓고〉 남은 경사가 있고, 불선을 쌓은 집안에는 반드시 재앙이 있게 될 것이니"라고 하였고, 공부하여 敬이 된다면 결과적으로 경사는 자연히 따라 온다는 것이다.

上六은 豊其屋하고 蔀其家ㅣ라 闚其戶하니 闃其无人하야 三歲라도 不覿이로소니

凶하니라

　上六은 그 집을 크게 하여 그 집이 가려져 있음이다. 그 집의 문을 엿보니 고요하여 드나드는 사람이 아무도 없다. 3년이라도 드나드는 사람을 보지 못하니 흉하다.
·屋:집 옥　·闚:엿볼 규　·闃:고요할 격, 가릴 격, 막힐 격　·戶:지게 호, 외짝문 호　·覿:볼 적

總說
　상육효는 정위이며 구삼효와 정응 관계에 있다. 풍괘 때에는 모든 문명의 발전이 극치에 이르는 시기이므로 여기에 도취되어 딴 생각을 못하고 있다. 이러한 상황을 묘사한 것이 상육효이다. 즉, 집을 크게 짓는 바람에 집이 가려져 불통이 되고 또 집도 잘 비우게 된다. 이것은 분수 밖의 행동이므로 흉한 것이다.

各說
● 豊其屋하고 蔀其家ㅣ라:내용은 아무 것도 없으면서 겉치례만을 위하여 큰 집을 지어 놓고 사람들을 현혹하는 것을 말한다. 상육효가 구삼효와 음양 상통이 되었으니 마음속으로는 나쁜 짓을 하는 형태이다. 관경 공부로써 비유하자면, 외부로는 만사를 다 아는 것처럼 떠들지만 내부로는 아무 것도 알지도, 보지도 못하는 것을 말한다.
　※ '蔀(七十二州 부)'는 七十二州로 통치한다는 뜻으로 이 지구가 72會가 지나가고 73會째 살고 있는 것을 뜻한다.10) 그러므로 "豊者는 大也ㅣ니"(「序卦傳」)인 것이다.『皇極經世』와『太乙神數』에서도 推數學的으로 말하고 있다.
● 闚其戶하니 闃其无人하야:집 안을 들여다보아도 적적하고 고요하니 사람이 없다는 뜻이며, 이것은 허식(虛飾)과 허장(虛藏)을 위해 공부하는 사람에게는 결과적으로 아무 것도 오는 것 없이 흉만이 찾아오게 된다는 것이다.
● 三歲라도 不覿이로소니:드나드는 사람을 3년 동안이 아니라 끝끝내 보지 못한다. 관경 공부에 있어서도 마음먹은 대로 아니 되는 것을 뜻한다.

---

10) 소강절(邵康節, 1011~1077)은 세계 만물은 모두 똑같이 하나의 태극으로부터 분화되어 나온 결과라고 하였다. 즉, 太極(1)→陰陽(2)→四象(4)→八卦(8)……로 이어지는 분화에 의거하여 세계 만물이 생겨났다고 하였다. 특히 강절은 數로써 우주의 이법을 설명하였는데, 그 중에서『皇極經世』에 나오는 元會運世의 이론은 끝없이 전개되어 나가는 우주의 진행 과정의 한 단계를 시간의 측면에서 본 것이다. 그는 이 세계가 129,600년을 주기로 하여 새로운 시대(開闢)가 전개된다고 하였다.

象曰 豊其屋은 **天際翔也**ㅣ오 **闚其戶闃其无人**은 **自藏也**ㅣ라

　象에서 말하기를 "豊其屋은 하늘 끝으로 날아가는 것이요, 闚其戶闃其无人은 스스로 〈자기 몸을〉 감추는 것이다"고 하였다.

・際:사이 제, 가장자리 제　・翔:빙빙 돌아 날 상, 날 상　・藏:감출 장

各說

● 自藏也ㅣ라:자신으로 인해 빚어진 일이라는 것이다.

火山旅 (五十六)
離上
艮下

大 義

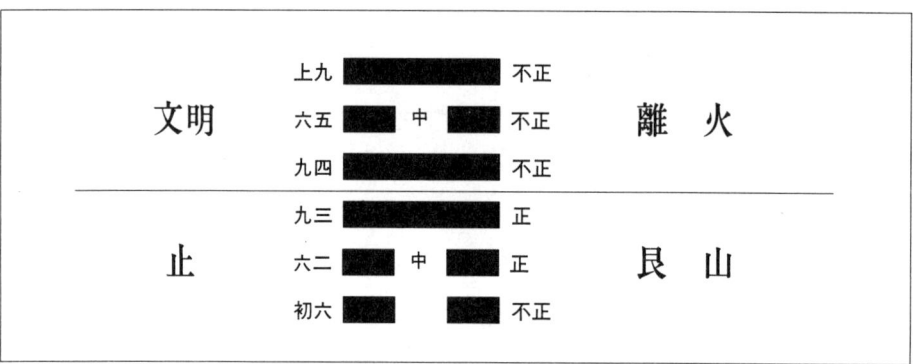

　　旅卦는 豊卦의 도전괘이며, 旅는 나그네, 방랑인 또는 손님 등으로 표현할 수 있다. 「잡괘전」에서 "親寡는 旅也ㅣ라;친근한 사람이 적은 것이 여괘이다"고 하였다. 대자연으로 보면 우리 인생은 이 지구에 와 있는 나그네라고 할 수 있다.[1]

---

[1] 우리 나라에서 旅(나그네)를 가장 많이 느낀 분이 장여헌(張旅軒) 선생(1554~1637)이며, 나그네로 와서 立地를 세워서 많은 것을 남기고 간 분 중의 한 분이다. 여기서 나그네라는 말은 욕심과 사심이 없이 인생을 살아간다는 뜻이다. 선생은 많은 학설을 남겼는데, 그 중에서 『宇宙要括』이라는 학설과 문집 중의 「易學圖說」은 유명하다. 진실로 나그네처럼 아무런 욕심과 사심이 없이 살다 가셨기에 후인에게 영향을 끼친 바 크다. 지금도 여헌 선생의 정신은 우리의 혈맥에 흐르고 있다. 현재 경북 구미시 인동(仁同)에 있는 동락서원(東洛書院)은 장여헌(張旅軒) 현광(顯光) 선생을 모셨으며, 그 당호(堂號)가 중정당(中正堂)이다. 동락서원은 성리학의 정통파인 염락관민학(濂洛關閩學)의 이름에서 '洛'자를 따오고, 우리 나라를 중국에서 東夷 또는 東震國이라 하였으므로 여기서 '東'자를 따서 서원 이름을 東洛이라 하였다. 이는 우리 나라에서 程朱學의 정수(精髓)를 연구하고 六賢의 덕행을 추모한다는 뜻이라고 볼 수 있겠다. 곧 道學 연구의 총본산이라는 뜻이다.

1) 卦象으로 보면 旅卦의 內卦는 ☶艮卦인데, "艮은 止也ㅣ오;艮은 머무는 것이요" (「說卦傳」第7章)라고 하였듯이 고정된 집, 여관, 머무르는 곳을 뜻한다. 外卦는 ☲離卦인데, 離는 火로서 산(艮) 위에 불이 여기저기 옮겨가면서 타는 것이니, 이것을 여기저기 떠돌아다니는 나그네에 비유하여서 한 말이다. 이처럼 우리의 인생살이 자체가 곧 旅이다. 또한 艮은 고정되어 있음을 말하는 것이니 자기 집에서 머물러 있는 것을 뜻하기도 한다. 그러므로 자기 집에서 살고 있는 인생살이가 곧 旅卦이다.2)

2) 우리가 살고 있는 세상이 旅라면, 사람은 보람 있는 旅人이 되기 위해 목적 의식을 뚜렷이 해야 한다. 이미 태어났으니 죽는 것은 이정표대로 정해져 있다. 그러므로 立志를 하여 무엇인가 남음이 있어야 한다.3) 이것이 역학을 하는 이유이기도 하다.

> 예)漢書에 云 黃金滿籝이 不如敎子一經이요 賜子千金이 不如敎子一藝니라 至樂은 莫如讀書요 至要는 莫如敎子니라 (『明心寶鑑』「訓子」)
> 『한서』에 이르기를 "황금이 상자에 가득 차 있다 해도 자식에게 경서 하나를 가르치는 것만 같지 못하고, 자식에게 천금을 물려준다 해도 기술 한 가지를 가르치는 것만 못하나니. 지극히 즐거운 것은 책 읽는 것만 같음이 없고 지극히 필요한 것은 자식을 가르치는 것만 같음이 없느니라"고 하였다.
> [설명]치부(致富)를 하여 이름을 남기기보다는 道學이나 學問을 연구하면 碩學으로서 짧은 이 세상이지만 그 이름은 만대에 빛나게 되어 보람있는 삶을 사는 것이다.

3) 旅卦는 하늘로부터 가지고 온 明德을 本性 그대로 가지고 있다. 즉, 止於至善에 머무를 줄 아는 사람이 旅이다. 또 旅卦는 도통이 되는 것을 목적으로 하였으며, 그 互卦가 ䷛大過卦이다. 즉, 남보다 크게 지낸 자(大過之人)라면 성인이다. 따라서 그칠 자리에 그칠 수 있는 자격이 없이는 旅(나그네)가 못 된다. 그친 다음에 문

---

2) 우리가 한 번 이 세상에 태어나서 한 번 가는 것을 逆旅人生이라고 한다. 여기서 '逆'은 맞을 역이다.
3) 이것에 대한 적절한 예로 남이 장군의 시를 들 수 있다.

難復生此世上　　이 세상에 태어나기가 어려운데,
幸爲且丈夫身　　다행히 대장부의 몸으로 태어나,
無一事成功去　　한 가지 일을 성공하지 못하고 간다면,
靑山笑白水嚬　　청산은 웃고 냇물은 찡그릴 것이다.
　　…　…　…　…
白頭山石磨刀盡　백두산 돌은 칼을 갈아 없어졌고,
豆滿江水飮馬無　두만강 물은 말을 먹여 없어졌도다.
男兒二十未平國　남아 스무 살에 나라를 평안히 못한다면,
後世誰稱大丈夫　후세 누가 대장부라 하겠는가.

명한 곳으로 간다. 이러한 사람으로 聖人 공자와 亞聖 맹자 등을 열거할 수 있는데, 그들의 학문과 덕행이 후인들에게 끼친 영향은 필설(筆舌)로 다 말할 수 없을 정도로 크다고 할 수 있다.

原文풀이

旅는 小亨코 旅貞하야 吉하니라

旅는 조금 형통하고 나그네가 〈마음을〉 바르게 하여 길하다.
· 旅:나그네 려, 군사 려 · 亨:형통할 형 · 貞:곧을 정 · 吉:길할 길

總說

윗글은 旅卦의 괘사이다.

各說

- 小亨코:①나그네가 당연히 크게 형통(大亨)할 수는 없다. 인생이 나그네와 같다면 小亨한 데서부터 공부하고 노력하여 大亨으로 나아가는 정신을 속에 포함하고 있어야 한다. 또 行者有信의 정신으로 가정살이에 모든 잡념이 없도록 해 나가는 것을 뜻한다. ②인생살이를 나그네라고 비유한다면 主(주인)는 陽(大)이고 客(나그네)은 陰(小)이라고 할 수 있다. 인사적인 면에서, 나그네가 주인보다 앞장서서 능동적으로 행동을 한다면 문제가 있다. 그러므로 나그네는 음으로서 형통(小亨)한 것이다.
- 旅貞하야 吉하니라:①나그네가 心正이 되어야지 不正이면 어떤 곳을 가더라도 대접을 받지 못한다. 나아가 사회 생활을 하는 데도 心正이 되어야 한다. 그 결과로서 길함이 있는 것은 당연한 일이며, 이것은 天地定義라고 할 수 있다. 만약 旅不貞이면 도적이라 할 수 있다. '貞'은 正의 뜻을 가지고 있다. ②旅卦는 괘사 속에 괘명이 두 번 들어 있다.4) 처음의 '旅'는 형이상학적 의미에서 우주 대자연 속에 나그네로 태어났음을 말하는 것이고, 다음의 '旅'는 형이하학적 의미로 집을 떠나 관

---

4) 山水蒙卦(4)는 三字, 地雷復卦(24)는 三字, 山雷頤卦(27)는 二字, 水風井卦(48)는 五字, 重雷震卦(51)는 三字, 火山旅卦(56)는 二字, 水澤節卦(60)는 괘사에 괘명이 二字씩 들어 있다.

광(觀光)과 풍류(風流)를 하며 글을 짓고 풍물(風物)을 익히는 여행을 말한다. 어떻게 보면 우리는 이중적인 나그네라고 할 수 있다. 따라서 우리는 태어나서 죽을 때까지 나그네로 일관한다는 관점 아래 旅卦를 조명해 보아야 한다.

彖曰 旅小亨은 柔ㅣ 得中乎外而順乎剛하고 止而麗乎明이라 是以小亨旅貞吉也ㅣ니 旅之時義ㅣ 大矣哉라

彖에서 말하기를 "旅小亨은 柔(六五)가 득중하여 밖으로는 剛(九四, 上九)에게 순종하고, 머물러서 밝은 데에 걸려 있다. 이로써 小亨旅貞吉也이니 나그네로서의 때와 의의가 큰 것이다"고 하였다.

· 麗:걸릴 려, 고울 려 · 義:옳을 의

總說

윗글은 旅卦의 「단사」이다.

各說

火 ┥ 上九(剛) / 中 六五(柔) / 九四(剛)

● 止而麗乎明이라:旅卦를 卦德으로 설명하였다.
● 柔ㅣ 得中乎外而順乎剛하고:육오효와 구사, 상구효의 관계를 말하였다.
● 旅之時義ㅣ:'旅之時'는 나그네로 방랑하는 때이다. 이 때는 변화의 시기로서 그 시기가 크다는 것이고, '旅之義'는 나그네로서 여행하는 뜻이 크다는 것이다. 크게 보아서 우리의 생이 이 우주에 여행을 왔다면 여행 온 시기가 중요하며, 또한 그 여행의 의의를 알아야 한다. 다시 말하면 우리가 어떻게 사는 것이 값진 인생인지를 알아야 한다는 것이다.
● 旅之時義ㅣ 大矣哉라:旅卦는 12時의 마지막이다. 旅卦에서 時를 마지막으로 끝맺음하는 뜻이 무엇인지를 우리는 생각해 보아야 한다. 이 지구에 나그네로 왔다면 그냥 하루하루를 살 것이 아니라 내가 언제 갈 것이며 어디로 가야 하는가를 알아야 하는 것이니 그것이 가장 크다는 것이다. 이는 秘辭體로서 연구할 과제이다. 『쥬억』에는 12시의 종류가 세 가지로 나와 있다. 예를 들면, "時義大矣哉"는 豫卦, 隨卦, 遯卦, 姤卦, 旅卦(5괘)에 있으며, "時用大矣哉"는 坎卦, 睽卦, 蹇卦(3괘)

에 있으며, "時大矣哉"는 頤卦, 大過卦, 解卦, 革卦(4괘)에 있다. 따라서 도합 12 時가 된다.5)

象曰 山上有火ㅣ 旅ㅣ니 君子ㅣ 以하야 明愼用刑하며 而不留獄하나니라

象에서 말하기를 "산 위에 불이 있는 것이 旅니, 군자가 이로써 형벌을 사용하는 데 밝게 하고 삼가며 옥사를 머물게 하지 않는 것이다"고 하였다.

· 愼:삼갈 신 · 刑:형벌 형 · 留:머무를 류 · 獄:옥 옥

總說

윗글은 旅卦의 「대상」이다.

各說

● 山上有火ㅣ:고정된 산 위에 불이 여기 저기 많이 있는 것이 아니라 점차적으로 옮기면서 타 들어가는 형상을 취상하였다.
● 明愼用刑하며:상괘 離(火)를 정치적인 측면에서 설명한 대목이다. 정치하는 사람은 백성을 다스리되 그 표준으로써 법을 공평하고 정대하게 시행하며, 태양의 빛처럼 아니 비추는 곳 없이 만인에게 평등하도록 밝고 신중하게 실시하여야 한다. 현재도 그러하지만 고대 정치에서도 明政이라 하여 죄인을 다스리는 데는 법을 공정하게 적용하고 옥사를 신중하게 하였다. 특히 소인에게는 법을 위반하면 옥(獄)이 있음을 알려 크게 경계하여 정치를 한다. 군대 또한 군율로서 모든 장교와 장병을 다스린다. 곧 위의 밝은 불 곧 離卦의 성질을 본받아서 법을 실천해 나가는 것이다.
● 而不留獄하나니라:①법의 집행을 지체시키지 않아 백성으로부터 의혹을 사는 일이 없도록 한다는 것이다. 즉, 법의 집행을 머물게 하지 말아라는 뜻이다. 艮이 땅 위에 그쳐 있는 것(止)을 본받아서 모든 일을 처리하는 데에 止於至善으로 처리한다는 것이다. ②64괘 중에서 법을 공명정대하게 시행함을 설명한 괘는 다음과 같다.

예1) 象曰 雷電이 噬嗑이니 先王이 以하야 明罰勅法하나니라 (☷ 噬嗑卦「大象」)
　　　象에서 말하기를 "우레와 번개가 서합이니, 선왕이 이로써 형벌을 밝히고 법을 신

---
5) 『亞山의 周易講義』上, 355~356쪽을 참조하라. (一岡註)

칙한다"고 하였다.
 [설명]서합괘는 雷電의 밝은 문명시대이니 법을 공명정대하게 시행하지 않을 수 없다.「대상」외에도 괘사와「단사」에도 그 내용이 들어 있다. 즉, 噬嗑은 亨하니 利用獄하니라;서합은 형통하니 옥을 씀이 이롭다(噬嗑卦 卦辭). 象曰……利用獄也ㅣ니라;象에서 말하기를 "……옥사를 씀이 이로운 것이다"고 하였다(噬嗑卦「象辭」). 특히 서합괘는 괘사에 '利用獄'이 있으므로 文王의 獄이라고 한다. 나머지 4괘 비괘, 풍괘, 여괘, 중부괘는「大象」에만 그 내용이 들어 있으므로 孔子의 獄이라 한다.

예2) 象曰 山下有火ㅣ 賁니 君子ㅣ 以하야 明庶政호대 无敢折獄하나니라 (☲☶ 賁卦「大象」)
 象에서 말하기를 "산 밑에 불이 있는 것이 賁니, 군자는 이로써〈천하의〉뭇 정사를 밝히되 감히 옥을 없앨 수가 없다"고 하였다.
 [설명]비괘는 서합괘의 도전괘이다.

예3) 象曰 雷電皆至ㅣ 豊이니 君子ㅣ 以하야 折獄致刑하나니라 (☳☲ 豊卦「大象」)
 象에서 말하기를 "우레와 번개가 함께 이르는 것이 豊이니, 군자가 이로써 옥사를 잘 처결하여 형벌을 주는 것이다"고 하였다.
 [설명]풍괘는 서합괘의 착종괘이다.

예4) 象曰 山上有火ㅣ 旅ㅣ니 君子ㅣ 以하야 明愼用刑하며 而不留獄하나니라 (☲☶ 旅卦「大象」)
 象에서 말하기를 "산 위에 불이 있는 것이 旅니, 군자가 이로써 형벌을 사용하는 데 밝게 하고 삼가며 옥사를 머물게 하지 않는 것이다"고 하였다.
 [설명]여괘는 비괘의 착종괘이다.

예5) 象曰 澤上有風이 中孚ㅣ니 君子ㅣ 以하야 議獄하며 緩死하나니라 (☴☱ 中孚卦「大象」)
 象에서 말하기를 "못 위에 바람이 있는 것이 中孚이니, 군자가 이로써 옥사를 의논하며〈사람을〉죽이는 데는 너그럽게 하는 것이다"고 하였다.

初六은 旅瑣瑣니 斯其所取災니라

初六은 나그네로서〈남의 집 일에〉쇄쇄하니, 그 재앙을 가져오는 바이다.
・瑣:옥가루 쇄, 자질구레할 쇄, 가늘 쇄 ・斯:이 사, 즉(則) 사 ・取:취할 취 ・災:재앙 재

總說
초육효는 부정위이며 구사효와 상응 관계이다.

各說
● 旅瑣瑣니:①나그네로서 간 사람이 쓸데없이 주인 집 일에 간섭하고 자기 주장을

편다는 것이다. '瑣瑣'는 잘고 간사한 형상을 말한다. ②우리가 이 지구상에 살아가는 형태를 旅로 표현한 것이다. 즉, 旅의 인생이라는 것은 여행을 한다고 생각할 수 있으며, 한 평생을 살아감에 있어서 대범하게 살아야 함을 말한 것이다.
● 斯其所取災니라:여행하는 자가 사소한 일이나 작은 이해 관계에 마음을 두어서 주인으로부터 미움을 받게 되어 禍를 초래하게 된다는 것이다. 잔소리꾼이 큰 일을 못하듯, 가정살이에도 너무 쇄쇄하게 되면 도리어 더러워지고 궁해지는 법이다.

象曰 旅瑣瑣는 志窮하야 災也ㅣ라

象에서 말하기를 "旅瑣瑣는 〈자기의〉 뜻이 궁하여 재앙을 부르기 때문이다"고 하였다.
· 志:뜻 지 · 窮:다할 궁

各說

● 志窮하야 災也ㅣ라:자기 인생에 대한 목표가 없기 때문에 막막해지고 결국 재앙을 자초하게 되는 것이다.

六二는 旅卽次하야 懷其資하고 得童僕貞이로다

六二는 나그네가 여관에 들어가서, 그 노자를 품고, 마음이 곧은 어린 종을 얻는다.
· 卽:나아갈 즉 · 次:여관 차 · 懷:품을 회 · 資:재물 자 · 童:아이 동 · 僕:종 복

總說

육이효는 旅卦의 주효이며 유순중정의 효이므로 나그네로서는 가장 좋은 位이다.

各說

● 旅卽次하야:나그네가 거처할 곳에 나아갔다는 뜻이다. 즉, 나그네가 나아가서 여관에서 평안하게 쉬는 것을 말한다. 일반적으로 평안하게 몸담을 수 있는 집을 가지고 있다는 뜻이다. 여기서 '卽'은 進, '次'는 舍의 뜻이다.
● 懷其資하고:여행하는 나그네가 자기 몸에 노자(路資)를 지니고 있는 것을 말한다. 다시 말하여 평안하게 살아갈 수 있는 재화(財貨)를 가지고 있다는 뜻이다.

● 得童僕貞이로다 : 마음이 곧고 심부름을 잘하는 어린아이 종을 얻었다. 다시 말하여 나그네인 나를 도와서 시중을 들어 줄 수 있는 자를 두는 것을 말한다.
※ 이렇듯 육이효는 평안하게 몸담아서 쉴 수 있는 집을 가지고 있으며, 또 많은 재물을 가지고 있고, 그 밖에 주변에서 시중을 들어줄 마음이 올바른 사람을 거느리고 있는 가장 복된 자이므로 旅卦의 主爻가 될 수 있다. 이러한 나그네의 복은 육이효가 유순중정한 덕이기에 얻어지는 것이다.

象曰 得童僕貞은 終无尤也ㅣ리라

象에서 말하기를 "得童僕貞은 마침내 아무런 근심이 없을 것이다"고 하였다.

各說

● 終无尤也ㅣ리라 : 육이효가 유순중정의 位이기 때문에 아무런 걱정이 없다고 하였다. 또 여관에서 小使[6]의 바른 봉사를 얻었으니 여행 중에 한 가지 다행스런 일이다. 여기서 '尤'는 憂의 뜻이다.

九三은 旅焚其次하고 喪其童僕貞이니 厲하니라

九三은 나그네가 그 여관을 불사르고, 그 마음이 곧은 동복을 잃으니 위태하다.
· 焚 : 불사를 분

總說

구삼효는 정위이며 상구효와 상비 관계이다.

各說

● 旅焚其次하고 喪其童僕貞이니 : 구삼효는 過剛하고 不中이므로 자기 숙소를 불태우고 또 어린 종을 강포하게 대우하여 그를 잃는 상이다. 이것은 육삼효가 下卦 ☶艮의 덕인 그쳐야(止於至善) 할 경우인데 그치지 못했기 때문이다. 비사체로 그 의미를 새겨 보면 三爻는 終始의 때인데 心正(正心)이 되지 못하면 "旅焚其次"와 "喪其童僕貞"의 형태가 나타난다.

---

[6] 지난날, 관청이나 기관 같은 데서 잔심부름을 하던 남자 하인을 뜻한다. 使丁이라고도 한다.

〰 육이효 → 中正 → 善 → 道心, 마음이 평안한 상태 → 吉
〰 구삼효 → 不中 → 不善 → 艮止(止於至善)가 되지 못하는 상태 → 厲

象曰 旅焚其次하니 亦以傷矣ㅣ오 以旅與下하니 其義ㅣ喪也ㅣ라

象에서 말하기를 "旅焚其次하니 또한 〈자기 자신도〉 상처를 받는 것이요, 여행중에서 〈그의〉 하복(下僕)을 상대하니 그 의리를 상실한 것이다"고 하였다.
·亦:또 역 ·傷:상처 상 ·與:줄 여 ·喪:잃을 상, 죽을 상

各說

● 亦以傷矣ㅣ오 以旅與下하니 其義ㅣ喪也ㅣ라:어린 종이 붙어 있지 못할 정도로 나쁜 사람이라면 같이 있으면서 시중들어 줄 이가 없다. 이 정도로 나그네의 마음이 상해 있고 그쳐야 할 데에 그치지 못하고 불선한 곳으로 흘러갔다는 뜻이다.

九四는 旅于處하고 得其資斧하나 我心은 不快로다

九四는 나그네가 〈일정한〉 여관에 정좌하고 그 노자와 도끼를 얻으나, 나의 마음은 쾌하지 아니하도다.
·處:살 처, 머물러 있을 처 ·資:재물 자 ·斧:도끼 부 ·快:쾌할 쾌

總說

구사효는 부정위이며 초구효와 상비 관계이다.

各說

● 得其資斧하나 我心은 不快로다:구사효가 초구효와의 관계에서 구삼효를 의심해서 노자와 호신용(護身用) 도끼7)를 가지고 다니지만 자기의 마음은 불쾌하다는 것이다. 또한 구사효는 육오효를 좋아하려는 생각을 가지고 있다. 세상에는 자기 자신의 마음가짐은 착하지 못하면서 남의 不善을 책망하는 일이 얼마나 많은지 모른다. 이것은 자기가 나쁜 마음을 가지지 않고 善하다면 상대방도 나와 같은 법이다. 스스로가 바르다면 서로 다투고 경쟁할 일은 없지 않겠는가?

---

7) 우리 나라의 호신용 무기로는 과거에 은장도(銀粧刀)가 있었다.

象曰 旅于處는 未得位也ㅣ니 得其資斧하나 心未快也ㅣ라

象에서 말하기를 "旅于處는 位를 얻지 못한 것이니, 得其資斧하나 마음이 쾌치 아니한 것이다"고 하였다.

各說

- 未得位也ㅣ니: 구사효가 음자리에 양이 있음이니 부정위라는 것이다.
- 心未快也ㅣ라: 마음에 아무런 거리낌없이 살아야 편한데, 남을 믿지 못하여 資斧를 품고 다니는 것은 남도 자기에 대하여 역시 마찬가지다. 마치 거울을 보는 것과도 같다. 우리 인생이 지구의 나그네로 왔다면 天賦之性의 至善에서 살아야만이 마음이 편한 것과 같다.8)

六五는 射雉一矢亡이라 終以譽命이리라

六五는 꿩을 쏘아서 화살 하나를 없앰이다. 마침내 명예스럽고 命福이 있을 것이다.
· 射:쏠 사 · 雉:꿩 치 · 矢:화살 시 · 譽:기릴 예

---

8) 송익필(宋翼弼, 龜峰) 선생이 인생살이가 나그네와 같음을 읊은 詩(제목;山行)와 그에게 얽힌 일화를 소개하고자 한다.
山行忘坐坐忘行 산길을 가는데 앉아 쉼을 잊어 버리고 쉬다 보면 또 갈 것을 잊어 버린다.
一山行盡一山靑 어떤 한 산을 다 가고 보니 또한 산이 푸르구나.
後我幾人先我去 나의 뒤에는 몇 사람이 이 산길을 가고 또 내 앞에는 몇 사람이나 갔는가?
各歸其止又何爭 각각 자기가 갈 곳에 가면 그치는 법인데 또 무엇 때문에 서로가 다투는 것일까?
[설명] 우리의 인생살이를 나그네가 산길을 가는 데에 비유한 시이다. 가도 가도 끝이 없는 것이 인생행로이다. 수많은 인생이 가고 오지만 자기 목표 지점(인격의 그릇)에서 그치면 상호 갈등 속에 다툴 이유가 없다는 것이다. 즉, 대자연의 일월과 같이 변함없고 간단없이 본성 그대로 살아간다면 마침내 경사가 스스로 온다는 것이다.
　송구봉 선생과 율곡 선생과의 얽힌 일화를 소개하면 다음과 같다. 구봉 선생과 율곡 선생은 당대에 유명한 知己之友였지만 서로 출신이 틀려 세간에서는 이 교우에 대해 말이 많았다. 율곡은 명문가의 출신인 반면에 구봉은 그의 어머니가 천한 노비 출신이었다. 율곡의 아들까지도 구봉과 사귀지 말 것을 율곡에게 간청할 정도였다. 구봉과 율곡은 서로가 덕망과 학식을 함께 갖춘 인물로서 4차원의 세계에서 대화를 하였던 것이다. 하루는 구봉이 율곡의 집을 방문하였는데, 마침 율곡의 아들이 구봉을 모시게 되었다. 율곡의 아들은 구봉의 인품에 감화되어 저절로 자기도 모르게 지극한 정성으로 그를 모셨는데, 구봉은 율곡의 아들에게 주로 시장에서 거래되는 콩 시세와 보리 시세만 물으면서 이야기하다 가 버렸다고 한다. 뒤에 율곡은 아들에게 말하기를 "너는 숙맥(菽麥=콩, 보리)이다"고 하였다.

總說

육오효는 육이효와 상비 관계이며 부정위이지만 득중하였다. 그러나 유약한 임금이다. 또 육오효는 군위로서 천하가 자기 소유이므로 나그네로서 갈 곳이 없다. 따라서 육오효에는 '旅'字가 없다.

各說

● 射雉一矢亡이라:①한 개의 화살을 사용하여 꿩을 잡았다. 즉, 화살 하나를 없애고 꿩을 잡았다는 것이다. 아무런 노력 없이 그 무엇을 얻는다는 것은 있을 수 없다. 화살을 아끼려다 꿩도 그 무엇도 다 놓치고 만다. 그리고 離爲雉이므로 '雉'는 文明之象이다. ②주자는 육오효사를 「본의」에서 풀이하기를 "雖不无亡矢之費而所喪이 不多하니 終有譽命也라;비록 화살은 잃는 비용은 있으나 많지 않으므로 마침내 명예와 명복이 있다"고 하였다.

象曰 終以譽命은 上逮也ㄹ새라

象에서 말하기를 "終以譽命은 위에 미쳤기 때문이다"고 하였다.
· 逮:미칠 체, 이를 체

各說

● 上逮也ㄹ새라:육오효는 中道를 잡았고 또 五爻이니 上이다. 결국 임금의 位에 미쳤다는 것이다. 여기서 '逮'는 及, 進의 뜻이다.

上九는 鳥焚其巢ㅣ니 旅人이 先笑後號咷ㅣ라 喪牛于易니 凶하니라

上九는 새가 그 집을 불살라 버리니, 나그네가 먼저는 웃고 뒤에는 울부짖는다. 소가 쉽게 상하여 버렸으니 흉하다.
· 巢:집 소 · 笑:웃을 소 · 號:부르짖을 호 · 咷:울 도 · 易:쉬울 이

總說

상구효는 부정위이며 구삼효와 상비 관계이고 나그네로서 마지막이며 인생살이로는 종말을 뜻한다. 이 지구상에 하나의 나그네로 왔으면 값진 인생을 살다가 죽어야

하며 최후로 무엇을 하나 남겨 두어야 하지 않겠는가? 여기에 旅卦의 중요한 뜻이 담겨져 있다.

各說

- 鳥焚其巢ㅣ니:새가 자기 집을 불태우는 것은 사람이 죽어서 육신이 불살라지는 것에 비유할 수 있다. 즉, 사람의 육신은 죽어 없어지더라도 정신은 남아 있어 영원불멸할 수 있는 존재가 되어야 한다. 佛家에서 사람이 죽으면 화장(火葬)하는 이유가 여기에 있다.
- 先笑後號咷ㅣ라:①인생 여정의 마지막을 표현한 말이다. 逆旅人生의 종말에는 울부짖으면서 대자연으로 돌아간다는 뜻이다. ② ䷌天火同人卦 구오효에는 이 구절과 반대되는 내용이 있다.

　예)九五는 同人이 先號咷而後笑ㅣ니 大師克이라아 相遇ㅣ로다 (同人卦 九五爻辭)
　　九五는 同人이 먼저 부르며 울부짖다가 뒤에는 웃으니, 대군을 일으켜 이겨야 서로 만난다.
　[설명]天火同人卦의 도전은 火天大有卦이므로 中天 시기의 내용이다. 中間事를 말한 것이다. 경 공부를 하더라도 처음은 困하지만 뒤에는 광명을 찾아서 웃게 된다. 따라서 明明德을 하여 止於至善에 머물러 있는 사람이 된다면 영원 장생의 존재가 아니 될까? 공자의 훌륭한 학설이 영원불멸로서 우리의 정신 속에 살아 있듯이.

- 喪牛于易니:①소(牛)는 순한 동물이며,9) 선천의 마지막이며 후천의 시초로 때를 예고해 준다. 牛는 간지로 丑이므로 丑年을 암시해 준다. 여기서 '易'을 陰陽, 易簡(乾易, 坤簡), 周易 등으로 해석하여도 좋다. 이 때의 변화는 자연으로 오며, 이때는 사람들이 자기 명대로 못 산다. 즉, 凶이라고 하였으니 사람이 많이 죽는다. ② 소의 順德을 좇아도 아니 된다. 선후천의 소개벽시(小開闢時)에는 소도 소용없이 상하며 오직 易밖에는 없다는 뜻이다.

象曰 以旅在上하니 **其義焚也**ㅣ오 **喪牛于易**하니 **終莫之聞也**ㅣ로다

　象에서 말하기를 "나그네로서 〈주인〉 위에 있으니, 그 뜻이 불사르는 것이요, 喪牛于易는 마침내 듣지도 〈보지도〉 못한 것이다"고 하였다.

・莫:없을 막　・聞:들을 문

---

9) 특히 重火離卦의 괘사에서는 牝牛(암소)라고 하였다. 즉, 離는 利貞하니 亨하니 畜牝牛하면 吉하리라:離는 바르게 하는 것이 이로우니 형통하니, 암소를 기르면 길할 것이다.

各說

● 終莫之聞也ㅣ로다:마침내 들어보지도 못한 일이다. 이 말은 아무리 천지 대자연의 변화를 말하여도 사람들은 믿지 않고 귀를 기울여 듣지도 않으려고 하는 것이다. 즉, 아무리 이야기를 해도 신용하지 아니하고 예사로 여겨서 웃어넘긴다는 말이다. 상구효사의 "旅人이 先笑後號咷ㅣ라:나그네가 먼저는 웃고 뒤에는 울부짖는다"처럼 처음에는 笑로써 不信을 하였으나 어느 시기가 지나면 잘못되었음을 알고 후회하여도 이미 때가 늦어 號咷로써 울부짖고 안타까워한다는 것이다.

※ 旅卦의 강의를 마치면서

우리를 한 우주선의 여객이라고 생각하든지 또는 生死의 기로(岐路)에 서 있는 旅人이라고 본다면 이 旅卦는 우리 인생이 걸어야 할 旅路의 이정표(里程標)가 아닐까 생각한다.

현대 산업사회에서 뚜렷한 주관(主觀)과 주체성(主體性)이 없이 사는 자, 고향 상실증(故鄕喪失證)에 걸려 있는 사람들은 旅人 중의 旅人이라고 할 수 있다.

이 旅卦를 직접 우리의 생활과 관련지어 굳이 비유한다면, 도시의 돈 없는 영세인(零細人)은 쇄쇄(瑣瑣)라고 할 수 있으며 잘 사는 사람은 懷其次라 할 수 있다. 이러한 상호 격차 속에서 旅焚其次의 위험성도 있으며, 상호 경쟁과 이것으로부터 파생되는 불신 속에서 자기의 보호를 위하여 得其〈資〉斧의 호신용 무기도 필요로 할 것이다. 여기에 육오효와 상구효가 주는 교훈이 있는 것이다. 즉, 射雉에 一矢亡의 원리를 알지 못하기 때문에 물욕에만 급급하고 있는 것이다. 그리고 先笑後號咷의 대자연 법칙을 모르기 때문에 언제나 향락에만 젖어 있다. 이러한 대자연의 원리를 알고 행동하는 자를 君子라고 말할 수 있지 아니할까! 그래서 공자가 「단사」에서 "旅之時義ㅣ 大矣哉라:나그네로서의 때와 의의가 큰 것이다"고 하였다.

重風巽 (五十七)

䷸
巽巽
上下

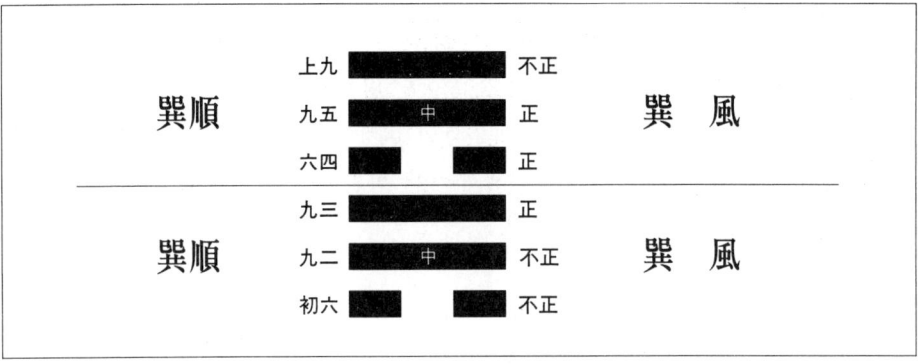

大義

巽卦의 巽은 겸손하다는 뜻이다. 두 개의 巽順이 상하로 겹쳐 있으니 더욱 巽順하다고 볼 수 있다.

1) 「잡괘전」에서 "兌는 見而巽은 伏也ㅣ라; 태괘는 나타나는 것이고 손괘는 엎드리는 것이다"고 하였다. 즉, 괘상으로 보아서 ☱兌卦는 음효가 밖으로 드러나 있으므로 '見'이라 하였고, ☴巽卦는 음효가 안에 들어가 있으니 '伏'이라고 하였다. 따라서 巽卦는 1음이 2양에게 겸손하게 순응하는 형태를 취상하였다.

  • 兌卦 — 悅 — 見 — 陰外見   • 巽卦 — 入 — 伏 — 陰內伏

2)① 巽卦는 1음이 2양 밑에 있는 형상이며, 또 1음이 2양 아래로 늘어가는 형상이다;

巽은 入也ㅣ라(「說卦傳」第7章). 즉, 巽卦는 음이 양에게 순종함이며 剛爻인 九五爻가 中位에 있으니, 이것은 훌륭한 지도자가 정당한 위치에 있으면서 그 뜻을 펴고 있는 모습이다. ②巽은 風이니, 곧 바람은 공기의 움직임이므로 공기가 있는 곳에는 구석구석 바람이 들어간다는 뜻에서 "巽은 入也ㅣ라"고 하였다. 또 巽卦는 長女로서 陰이다. 陰은 언제나 內助를 위주로 하는 것이므로 내부에 있으면서 영향을 주는 것이니, 體로써 入하여 있으면서 用으로써 巽順한 것이라 하겠다.

3) 巽卦는 風이며 또한 重風이다. 이것은 바람이 일정하게 불어 계속해 나아가는 것처럼 발호시령1)(發號施令)의 모습이라고 볼 수 있다. 정치적으로 인간의 생활에 비유해 보면, 법령에 따라 시행하여 上意下達이 잘 되는 상태를 말한 것이다.

4) ①重風巽卦는 같은 소성괘가 합쳐서 대성괘를 이룬 것이며 象數學的으로 매우 중요한 괘다. 특히 巽卦는 六爻 모두가 相比 관계로 되어 있고, 상경의 ䷑山風蠱卦와 관련이 있으니 先甲三日과 後甲三日(蠱卦)이 先庚三日과 後庚三日(巽卦)의 蠱之巽으로 이어져 왔으니 天干의 甲을 庚으로 변화시켜야 한다는 뜻이 내포되어 있다고 할 수 있다. ䷑山風蠱卦의 九五爻가 변하면 ䷸重風巽卦가 된다. 상경 蠱卦에서의 벌레 세 마리는 하경 巽卦에서는 두 마리이다. 여기에 대해서는 깊게 연구해 보아야 할 과제이다.

山風(上經) ⟶ 風 ⟶ 虫 ⎤
中風(下經) ⟶ 風風 ⟶ 虫+虫 ⎦ 三虫 ⟶ 蠱卦

②重風巽卦에서는 大・小開闢의 교체되는 것을 말하여 놓았다. 대개벽은 창세기 처음으로 생성되는 것을 말하고, 소개벽은 中間事의 변화를 뜻한다. 다시 말하면 소개벽은 中을 뜻하며, 공부하는 것에 비유하면 中道를 뜻하는 것으로 마음에 본성 이외에 아무런 감정이 없는 것(無我之境)을 말한다. 그러므로 중풍손괘의 시기에는 사람의 마음이 하나로 뭉쳐지는 소개벽이 올 수 있다는 것이다. 즉, 바람(風)이라는 것은 아니 들어가는 곳이 없으니 소개벽은 어느 곳에서나 다 존재한다는 뜻이다.

---

1) 중앙 상부의 지시가 지방 곳곳에까지 베풀어지는 것을 말한다.

原文풀이

巽은 **小亨**하니 **利有攸往**하며 **利見大人**하니라

巽은 조금 형통하니, 갈 바가 있어 이로우며 대인을 봄이 이롭다.
· 巽:손괘 손 · 攸:바 유 · 往:갈 왕

總說

윗글은 손괘의 괘사이다.

各說

● 小亨하니 : 손괘는 장녀이며, 坤卦의 초효 음(小)이 乾卦의 초효 양(大)과 상교하여 이루어졌으니 陰이 형통하다고 하였다. 또 항상 온 것이 위주이므로 손괘의 주인은 상하괘에 있는 두 개의 음효가 된다. 즉, 초육효와 육사효를 말함이며, 주효는 육사효가 된다.

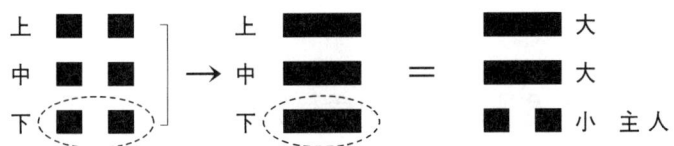

● 利見大人하니라 : 음은 훌륭한 양을 만나야 하고 양도 좋은 음을 만나야 하는 것은 너무나도 당연한 이야기이다. 그 뜻이 利見大人이다. 괘상으로 보아서 구이효와 구오효가 大人이며, 초육효의 자문(諮問)은 구이효에게, 육사효의 자문은 구오효에게 하여야 한다.

象曰 重巽으로 **以申命**하나니 **剛**이 **巽乎中正而志行**하며 **柔**| **皆順乎剛**이라 **是以小亨**하니 **利有攸往**하며 **利見大人**하니라

象에서 말하기를 "거듭한 巽順으로써 命(명령)을 신중하게 받으니, 剛(九五)이 中正에 손순하여 뜻이 행하며, 柔(初六, 六四)가 모두 剛에게 순종함이다. 이로써 小亨하니 利有攸往하며 利見大人한다"고 하였다.
· 重:거듭 중 · 申:펼 신, 거듭 신, 아홉째 지지 신 · 命:명령 명, 목숨 명 · 皆:모두 개

總說

윗글은 손괘의 「단사」이다.

各說

- 重巽으로 以申命하나니 : 바람이 거듭 불어서 나아가는 자연의 형상을 인간에 비추어 그 이치를 申命이라고 보았다. 여기서 '重巽'은 순종을 많이 한다는 뜻이며, '申命'은 復申, 復命(보고하는 것)의 뜻이다.
- 剛이 巽乎中正而志行하며 : 君位 구오효에 있는 자가 中正을 가지고 손순으로써 자기의 뜻을 세상에 펴게 되면 聖君이라고 하지 아니 하겠는가? '巽乎中正'은 임금, 지도자 혹은 남편으로서 해야 할 마음의 자세를 말한다.
- 柔ㅣ 皆順乎剛이라 : 柔는 백성을 가리킨다. 즉, 백성 모두가 군주에게 순종하게 된다는 뜻이다.

$$
\begin{aligned}
&乾 \rightarrow 陽 \rightarrow 剛 \rightarrow 大 : 五爻면\ 剛健中正 \\
&坤 \rightarrow 陰 \rightarrow 柔 \rightarrow 小 : 二爻면\ 柔順中正
\end{aligned}
$$

象曰 隨風이 巽이니 君子ㅣ 以하야 申命行事하나니라

象에서 말하기를 "바람이 바람을 따르는 것이 巽이니, 군자가 이로써 命(명령)을 신중하게 하여서 일을 행하는 것이다"고 하였다.

· 隨 : 따를 수

總說

윗글은 손괘의 「대상」이다.

各說

- 隨風이 巽이니 : ①隨는 끊이지 않고 이어지는 형태이다. 따라서 隨風은 바람이 바람을 따라서 움직여 나가는 것을 말한다. 또한 隨는 重(거듭되다)과 같은 뜻이다.

  예1) 六二는 係小子ㅣ면 失丈夫하리라 (隨卦 六二爻辭)

  　　六二는 小子에게 매이게 되면 丈夫를 잃을 것이다.

  예2) 六三은 係丈夫하고 失小子하니 隨에 有求를 得하나 利居貞하니라 (隨卦 六三爻辭)

  　　六三은 丈夫에 매이고 小子를 버리니 따르는 데에 구함이 있음을 얻으나, 바르게

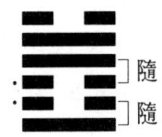

살아감이 이로운 것이다.

[설명]隨卦의 육이효나 육삼효가 멀리 뛸 수가 없고 결국 이웃과 이웃이 서로 계속하여 나아간다는 것이다. 여기서 隨의 의미를 되새겨 볼 수 있다.

② '隨'는 괘명으로 澤雷隨卦에서 "隨時之義ㅣ大矣哉라"고 한 것은 巽卦 때의 時를 뜻하는 것이 아니겠는가?

> 예)彖曰 隨는 剛來而下柔하고 動而說이 隨ㅣ니 大亨코 貞하야 无咎하야 而天下ㅣ隨時하나니 隨時之義ㅣ 大矣哉라 (隨卦「彖辭」)
>
> 彖에서 말하기를 "隨는 剛(九五)이 와서 柔(六二)가 아래하고, 움직여서 기뻐함이 隨이니, 크게 형통하고 곧고 바르게 하면 허물이 없어서 천하가 때에 따르나니, 때를 따르는 뜻이 참으로 크도다"고 하였다.

- 申命行事하나니라:①신중하게 명령하여서 사업을 실행하라는 것이다. '申'은 十二支 중의 하나이며, 伸(펴다)과 重(거듭되다)의 뜻이 있다. 여기에 비사체가 들어 있다. 즉, 정치적인 뜻도 있지만, 어떤 상수학적인 뜻도 내포되어 있다.

・申命 ― 發號 ― 大開闢   ・行事 ― 施令 ― 小開闢

②군자의 德은 風이다. 즉, 군자가 세상을 德으로써 風化하는 것이 손괘의 교훈이다. 세상의 모든 생물이 공기를 호흡하면서 생존하는 것처럼 나라의 모든 백성은 군자나 임금의 風敎에 의거해서 움직이고 또 命을 받아 행사하는 것이 손괘의 뜻이라고 할 수 있다.

初六은 進退니 利武人之貞이니라

초육은 나아가고 물러남이니, 무인의 곧음이 이롭다.

・進:나아갈 진 ・退:물러날 퇴 ・武:굳셀 무

總說

초육효는 부정위이며 육사효와 상비 관계이다.

各說

- 進退니:손순하면 과단성이 없다. 즉, 초육효 음이 하괘의 두 양을 맞아 어느 것을 택

할 것인가 망설이며 앞으로 나아가려고도 하고 뒤로 물러나려고도 한다는 것이다.
● 利武人之貞이니라:진퇴를 정할 수 없을 때에는 武人의 剛貞함을 본받아서 나아가면 이롭다. 즉, 뜻을 세울 때는 中正에 세워서 과단성 있게 한다는 것이다. 여기서 '武人'은 剛을 뜻한다.

象曰 進退는 志疑也ㅣ오 利武人之貞은 志治也ㅣ라

象에서 말하기를 "進退는 뜻이 의심스럽기 때문이요, 利武人之貞은 뜻이 다스려지는 것이다"고 하였다.
· 疑:의심할 의 · 治:다스릴 치

各說

```
┌ 進    退 → 志 疑 → 不果之義 → 疑 懼
└ 利武人之貞 → 志 治 → 決    斷 → 志 修
```

九二는 巽在牀下ㅣ니 用史巫紛若하면 吉코 无咎리라

九二는 손순이 평상 아래에 있으니, 사당과 무당의 씀이 많은 듯하면 길하고 허물이 없을 것이다.
· 牀:평상 상 · 史:점칠 사, 역사 사 · 巫:무당 무 · 紛:시끄러울 분, 많을 분 · 若:같을 약

總說

구이효는 득중하였으나 부정위이며 구오효와 상비 관계이다.

各說

● 巽在牀下ㅣ니:손순이 지나쳐서 평상 아래에서 행한다. 구이효는 부정위이기 때문에 평상 아래에 있는 것이며, 이는 손순이 지나치게 卑巽(너무 자기를 낮춤)한 것을 뜻한다.
● 用史巫紛若하면 吉코 无咎리라:史堂과 巫堂의 정성이 많이 드려지는 일을 하면 길하고 허물이 없다는 것이다. 다시 말하여 巫人이 시끄러울 정도로 주문(呪文)[2]을

---

2) 정성을 드릴 때, 散心이 되지 않도록 하는 방법으로 주문을 읽는다. 한 예로 보통 중요한 영약(靈藥)을 달일 때는 '不聞鷄犬之處:닭 우는 소리와 개 짖는 소리가 들리지 않는 곳'에서 해야 약효가

많이 읽어서 정성을 드리는 것을 말한다. 따라서 '史巫紛若'은 사당과 무당이 시끄러울 정도로 많은 주문을 읽어서 정성을 드리는 방법을 말한 것이다. '史巫'는 周官으로 神事를 맡은 사람인데 주로 '史'는 왕실의 기록과 축(祝)을 담당하였고, '巫'는 왕실과 국가 행사의 점(占)을 담당하였다.

象曰 紛若之吉은 得中也ㄹ새라

象에서 말하기를 "紛若之吉은 〈九二가〉 득중을 했기 때문이다"고 하였다.

各說

● 得中也ㄹ새라 : 구이효가 剛中의 덕이 있으니, 史巫의 성의를 다하여 시끄럽게 주문을 읽으며 공손하게 신에게 정성을 드리면 장차는 남에게 용납되어 길하게 된다는 것이다. 즉, 誠을 다하는 것이 中道이다.

九三은 頻巽이니 吝하니라

九三은 자주 손순함이니, 인색하다.

· 頻 : 자주 빈 · 吝 : 인색할 린, 한(恨)할 린

總說

구삼효는 정위이며 상구효와 상비 관계이다.

各說

● 頻巽이니 吝하니라 : 구삼효는 過剛不中[3]의 효이다. 이때는 선천에서 후천으로 변동되는 시기이므로 위태롭고 인색하고 좋지 못하다고 하였다. 이러한 시기에 구삼효가 자주 손순하니(나아가지도 물러가지도 못하니) 인색한 것은 당연하다. 또한 구삼효가 정응이 없으니 초육효와 육사효에게 마음을 두어 이러지도 저러지도 못

있다고 하지만 그런 곳은 없다. 결국 마음속에서 정성을 지극하게 드린다는 뜻이다.
3) 中正에서 '中'은 上學이며 精神이요, '正'은 下學이며 修身이다. 부모가 돌아가셨을 때 애도감을 가지는 것이 中正이다. 또 땅에 콩을 심으면 콩이 나는 것은 자연의 이치로서 中正이지만, 사람에게는 콩 심으면 팥이 나는 경우가 있다. 이것은 不中正이다. 따라서 우리는 자연의 이치를 알아야 이러한 不中正을 피할 수 있다.

하는 상태이다. 그래서 '頻巽'은 中斷之義를 말한다. ䷗復卦 육삼효사에도 '頻'자가 들어 있다.

예)六三은 頻復이니 厲하나 无咎ㅣ리라 (復卦 六三爻辭)
　　六三은 회복함에 자주 태도를 바꾸니, 위태로우나 허물은 없을 것이다.
　[설명]육삼효는 복괘 내삼효 중 상효이다. 곧 動而極이다. 불안정 태도에 不中, 不正으로 태도의 결정이 미흡한 상태이다. 회복할까 말까 하며 중단을 자주 되풀이하는 형태로 위태롭다. 그러나 양이 회복하는 때에, 없던 것을 회복하려고 노력하니 허물이 없다.

象曰 頻巽之吝은 志窮也ㅣ라

象에서 말하기를 "頻巽之吝은 뜻이 〈높아서〉 곤궁하기 때문이다"고 하였다.
·窮:다할 궁

六四는 悔ㅣ 亡하니 田獲三品이로다

六四는 뉘우침이 없어지니, 사냥을 하다가 세 가지 물건을 얻었도다.
·悔:뉘우칠 회　·亡:없을 망　·田:사냥할 전(＝佃)　·獲:얻을 획　·品:물건 품

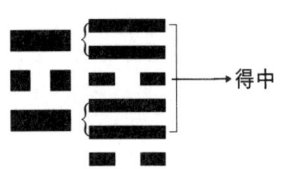

總說
육사효는 손괘의 주효로서 정위이며 초육효와 상비 관계이다. 군위인 구오효 밑의 대신의 지위로서, 군위의 명을 받아서 사명을 수행한다. 호괘로 보아서 得中의 位가 될 수 있다.

各說
● 悔ㅣ 亡하니:잘못이 있었는데 중간 과정에서 공부하고 노력하여 좋은 방향으로 이끌어 잘못이 없어졌다는 것이다. 즉, 有에서 無로 되는 현상이며, 이것은 明明德과도 같은 것이다. 손괘를 호괘로 보면 육사효를 중심으로 상하에 양효가 두 개씩 있는 셈이므로 육사효는 득중하였다고 볼 수 있다. 또 호괘로서의 離卦는 문명으로 문채가 나서 밝다. 따라서 안으로는 광명이므로 모든 것을 다 알고 있다. 그러므로 육사효는 손순한 가운데 悔亡이 되어 속으로 훤히 알고 있는 자를 말한다.

● 田獲三品이로다:①柔順居中 손순한 육사효가 시의(時宜)를 얻어서 뉘우침이 없어
지고 사냥을 하다가 세 가지의 물건을 얻었다. 육사효가 구오효 군위의 명을 받아
초육효의 서민, 구이효의 사대부, 구삼효의 方伯(관찰사) 등 三者의 신임을 획득
함이다. ②田을 파자하면 十+中이다. 田은 中이며 心田을 뜻한다. 곧 정신과 행동
이 함께 올발라야 한다. 여기에 형이상학적인 의미가 함축되어 있다. ③「본의」에
서 주자는 三品을 다음과 같이 말하고 있다. 그리고 ䷇比卦의 삼구법(三驅法)과
䷧解卦의 "田獲三狐"를 비교하여 보자.

예1) 三品者는 一爲乾豆하고 一爲賓客하고 一以充庖라 (『周易傳義大全』 巽卦 「六四·本義」)
삼품은 하나는 간두를 하고, 하나는 손님 대접을 하며, 하나는 〈임금의〉 푸줏간을
채우는 것이다.
  [설명]①'乾豆'(간두)는 제사를 위하여 사냥한 물건을 포를 떠서 말려 두는 것이며,
②'賓客'은 손님 접대를 위한 것이며, ③充庖(廚)는 임금의 진지를 마련하기 위함이
다. 역학에서는 三品, 三才, 三極 등 三을 사용하는 용어가 많이 나온다. 부엌에서
반찬을 하기 위한 조두(俎豆)와 제사에 쓰기 위하여 대나무나 나무로 만든 제기 변
두(籩豆)-궤(簋)가 있다.

예2) 九五는 顯比니 王用三驅에 失前禽하며 邑人不誡니 吉토다 (比卦 九五爻辭)
구오는 빛나게 돕는 것이니, 임금이 세 군데로 모는 것을 씀에, 앞의 새를 잃으며
고을 백성이 경계하지 아니하니 길하도다.
  [설명]驅를 파자하면 馬+區이다. 驅→區→品 三品을 감춰 두었다. 三驅의 '三'은 제
수(祭需), 접대, 반찬을 의미하기도 한다. 임금이 삼구법(三驅法)으로 사냥을 하는
이유는 임금의 위의(威儀)를 과시하기 위한 것도 있지만 무술을 연마하기 위한 것
도 있다. 현재로 보면 기동 훈련을 하는 것과 같다.4)

예3) 九二는 田獲三狐하야 得黃矢니 貞하야 吉토다 (解卦 九二爻辭)
구이는 사냥을 하다가 여우 세 마리를 잡아서 누런 화살을 얻으니,〈마음을〉바르
게 해서 길하도다.
  [설명]해괘의 구이효는 부정위이지만 득중효이다. 초육, 육삼, 상육효의 3陰을 三狐
라고 하였다. 육오효도 음이지만 君位(中位)이므로 제외하고 말한 것이다. 또 구이
효는 군위 육오효와 상응 관계에 있으며 3음을 통솔하고 있는 상으로도 본다. 여우
는 邪媚之物로서 의심이 많은 음물이며 소인격이 된다. 그리고 "田獲三品"은 태평
성대에 임금이 사냥하는 것이요, "田獲三狐"는 여우(소인)를 잡으니 허물과 죄에서
해방됨을 말한다.

---

4) 좀더 자세한 것은『亞山의 周易講義』上 242~243쪽을 참고하라. (一岡註)

象曰 田獲三品은 有功也ㅣ라

象에서 말하기를 "田獲三品은 공이 있는 것이다"고 하였다.

九五는 貞이면 吉하야 悔ㅣ 亡하야 无不利ㅣ니 无初有終이라 先庚三日하며 後庚三日이면 吉하리라

九五는 바르게 하면 길하여 뉘우침이 없어서 이롭지 않음이 없으니, 처음은 없고 마침은 있을 것이다. 庚〈日〉에 앞서 삼일하며, 庚〈日〉의 뒤에 삼일이면 길할 것이다.

・終:끝날 종 ・庚:일곱째 천간 경

總說
구오효는 득정득중한 효로서 군위이며 강건중정하고 구이효와 상비 관계이다.

各說
● 貞이면 吉하야 悔ㅣ 亡하야:无我之境을 뜻한다. 손괘 구오효 외에도 다른 괘에서도 같은 구절이 사용되고 있다.
  예1) 九四는 貞이면 吉하야 悔ㅣ 亡하리니 憧憧往來면 朋從爾思ㅣ리라 (咸卦 九四爻辭)
      九四는 바르게 하면 길해서 뉘우침이 없을 것이니, 이리저리 자주 왕래하면 벗이 네 뜻에 따를 것이다.
  예2) 九四는 貞이면 吉하야 悔ㅣ 亡하리니 藩決不羸하며 壯于大輿之輹이로다
      (大壯卦 九四爻辭)
      九四는 바르게 하면 길하여 뉘우침이 없으니, 울타리가 열려 있어 뿔이 상하지 아니하며 큰 수레바퀴에 씩씩함이다.
  예3) 九四는 貞이면 吉하야 悔ㅣ 亡하리니 震用伐鬼方하야 三年에아 有賞于大國이로다
      (未濟卦 九四爻辭)
      九四는 바르게 하면 길하여 뉘우침이 없을 것이니, 움직여 鬼方을 정벌하여 3년만에 대국에서 상이 있도다.
● 无初有終이라:天干과 地支의 시초는 甲子年 甲子月 甲子日 甲子時로 시작하였을 것이다. 이것의 처음은 없고 마침은 있다. 즉, 先庚後庚은 있다는 뜻이다. 이 말은 곧 천간 甲이 없더라도 다른 것 곧 庚으로 바꾸고, 지지 子는 그대로 두어서 甲子를 庚子로 변화하여 보라는 것이다. 이 속에는 비사체로서 대자연이 변화하는 시기를 묻어 놓은 것으로 여겨진다.

・物 ― 无初有終　　　・心 ― 有初无終

● 先庚三日하며 後庚三日이면:①巽卦의 五爻가 변하면 ䷑山風蠱卦가 된다. 蠱卦의 先甲三日 後甲三日과의 관계를 말하여 주는 것이다.

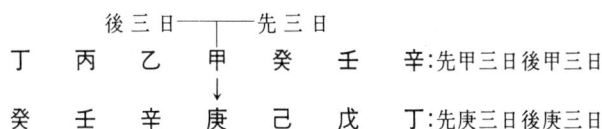

②甲子→庚子年이면 36년의 차이가 있다. 이것은 『황극경세』에서 말하는 36虛數이다. 한국에 비유하자면, 일제하의 36년 통치가 36허수에 해당한다. 한마디로 36년 동안 허송세월을 보낸 거라 할 수 있다. 1년이 365¼弱이므로 조금씩 차이가 나는 것을 모으면 36년이 된다. 이것이 十九歲七章이다. 즉, 甲子가 庚子가 된다는 것은 『書經』「朞三百」에 十九歲七章으로써 閏年으로 맞추어 놓았으나 남음이 있어 더욱 정확하게 한 것이라고 생각하면 된다. ③甲子에서 庚子年까지가 12+12+12=36년이다. 甲子年을 庚子年으로 보아서 모든 것을 생각하라는 것이 也山 선생님의 庚元曆이다. 예를 들면 올해가 丙寅年이라면 庚元曆으로는 壬寅年으로 간주하라는 것이다.

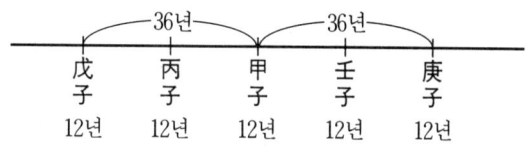

・甲子에서 庚子까지의 기간은 36년이다. 이것이 36虛數이다.
・우리 나라의 입장에서 보면 일제 치하 36년을 의미한다.

④이때는 정녕코 변화가 온다. 소개벽이 오는 그 어떤 시점을 암시하는 것이다.

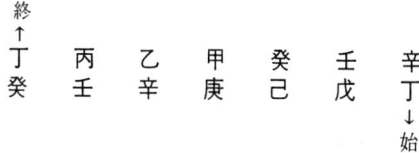

- 先甲三日 → 辛日:新으로 새롭게 한다
- 先庚三日 → 丁日
- 後甲三日 → 丁日:丁寧已行한다5)
- 後庚三日 → 癸日:先天의 終

⑤ 六十甲子의 납갑(納甲)에서도 찾아볼 수 있다.

乾金(父)　甲子 子寅辰 …… 乾에서 震으로
震木(長子) 庚子 子寅辰 …… 아버지가 아들에게로

象曰 九五之吉은 位正正中也일새라

象에서 말하기를 "九五之吉은 位가 정히 득중했기 때문이다"고 하였다.

各說

● 位正中也일새라: 구오효는 位가 군위이지만, 이러한 때에 位를 문제 삼을 수는 없다. 구오효가 변하면 蠱卦가 되며 득중한 그 때의 처지를 뜻한다. 그리고 구오효가 득중하였기에 '貞吉悔亡'인 것이다.

上九는 巽在牀下하야 喪其資斧 l 貞에 凶하니라

上九는 손순이 평상 아래에 있어서, 과단성을 잃어 버리니 〈아무리〉 바르게 하여도 흉하다.

· 喪:잃을 상　· 資:재물 자　· 斧:도끼 부

總說

상구효는 부정위이며 구삼효와 상비 관계이고 巽順의 極이다. 또한 손괘를 총망라한 내용이다.

各說

● 巽在牀下하야: ① 손순이 평상 아래에 있다는 것은, 지나칠 정도로 손순하는 것이

---

5) '丁寧已行'은 만사가 틀림없이 된다는 뜻이다. 향교, 서원 등에서 제사를 丁日에 지낸다. 이는 정녕코 정성을 쏟아 이행하기 위해서이고 새롭게 출발한다는 의미가 있다. 즉, 변화를 뜻한다. 그러나 國忌日이 丁日일 때는 辛日에 지낸다. 한 달에 丁日이 세 번(上丁·中丁·下丁)이 있으며, 丁亥年이 先天의 마지막으로 가는 해이다.

며, 이는 상구효가 손괘의 극인 上爻이기 때문이다. ②지나친 겸손(過恭)은 예가 아니라(非禮)는 말이 있듯, 대화 가운데 "저와 같은 小人이……"라고 말하는 것은 금물이다.
- 喪其資斧ㅣ 貞에:過巽은 과단성마저도 잃어 버리니 그 正道도 잃어 버렸다는 것이다.
  예)九四는 旅于處하고 得其資斧하나 我心은 不快로다 (旅卦 九四爻辭)
  九四는 나그네가 〈일정한〉 여관에 정좌하고 그 노자와 도끼를 얻으나, 나의 마음은 쾌하지 아니하도다.
  [설명]旅卦의 "得其資斧"는 노자와 호신용 무기인 도끼를 얻었다고 해석이 되고 巽卦의 "喪其資斧"는 과단성을 잃어 버린다고 해석한다.

象曰 巽在牀下는 上窮也ㅣ오 喪其資斧는 正乎아 凶也ㅣ라

象에서 말하기를 "巽在牀下는 上位에 있어 궁하기 때문이요, 喪其資斧는 어찌 바르겠는가 〈마침내〉 흉하다"고 하였다.

各說

- 正乎아:과단성이 없는 자가 어찌 바를 수가 있겠는가.

※巽卦는 九德卦 중 하나이다.「계사전」하 제7장 "……巽以行權하나니라:巽으로써 권도(權道)를 행하는 것이다"하였다.6) 즉, 巽卦는 申命行事가 생명이다. 따라서 명령은 권력 없이는 행해지기 어렵고 또한 진리적 요소가 없이는 그 가치가 없다. 따라서 권력과 진리는 명령의 양대조건(兩大條件)이고 국가에는 권력이 원천적으로 존재하므로 국가의 명령에는 오직 진리적 요소가 첨가되어 있어야 한다.

---

6)좀더 자세한 내용은 『亞山의 周易講義』下의 「繫辭傳」下 제7장을 참고하라. (一岡註)

重澤兌 (五十八)

☱ 兌上
☱ 兌下

大義

悅	上六 ▬▬ ▬▬ 正		兌 澤
	九五 ▬▬▬▬▬ 中 正		
	九四 ▬▬▬▬▬ 不正		
悅	六三 ▬▬ ▬▬ 不正		兌 澤
	九二 ▬▬▬▬▬ 中 不正		
	初九 ▬▬▬▬▬ 正		

兌卦는 ☴ 巽卦의 도전괘이며 가족 관계로 보면 少女가 된다. 소녀는 혈기 왕성한 연령이므로 앞으로 발전적인 괘라고 할 수 있다.

1) 「잡괘전」에서 "兌는 見而巽은 伏也ㅣ라 ; 兌卦는 나타나는 것이고, 巽卦는 엎드리는 것이다"고 하였으며, 「설괘전」에서는 "兌는 說(悅)也ㅣ라 ; 兌卦는 기뻐하는 것이다" (第7章)고 하였다. 이 말들을 종합하여 추론하면, 기쁨이란 밖으로 나타나는 법이므로 "兌는 見(현)"이라고 하였으며 괘상 역시도 陰爲主의 효가 외부로 나타나 있다. 이와 반대로 巽卦는 陰爻가 아래에 내재해 있으니 入이요 또 伏이다.

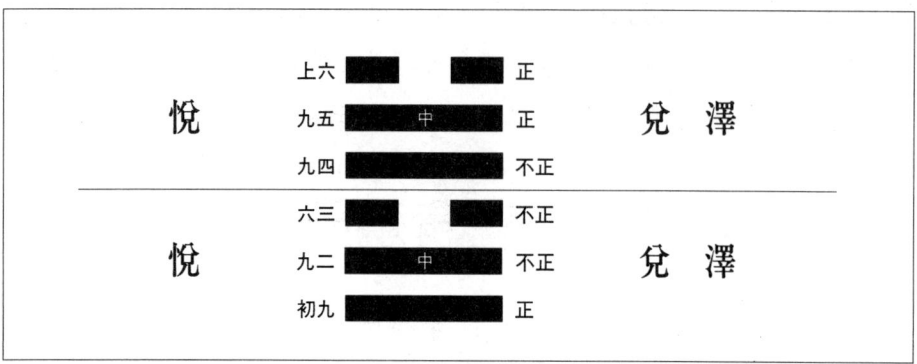

2) 兌를 형이하학적으로 표현하면 澤이다. 澤은 갇혀 있는 止水를 말하며, 이 못에는 온갖 종류의 좋고 나쁜 것들이 흘러들어서 나중에는 정화(淨化)되어 맑아진다. 큰 澤은 바다와 같다. 이 바다를 不擇細流라고도 한다. 이러한 대자연의 섭리를 본받은 존재라면 성인이라고 할 수 있다. 곧 공자와 같은 사람이다. 이러한 존귀함은 지식의 보고(寶庫)와도 같으므로 아무도 침범할 수 없다.

  예) 萬物이 竝育而不相害하며 道ㅣ 竝行而不相悖라 小德은 川流오 大德은 敦化ㅣ니 此ㅣ 天地之所以爲大也ㅣ니라 (『中庸』 第30章)
  만물이 함께 자라도 서로 해치지 않으며, 도는 함께 행하여도 서로 어긋나지 아니한다. 작은 덕은 시냇물처럼 흐르고, 큰 덕은 돈독하고 감화시킨다. 이것이 하늘과 땅의 위대한 원인(까닭)이다.

  [설명] 小德川流는 自彊不息, 川流不息과 같으며, 大德敦化는 불선이 선으로 교화된다는 결과론이며 澤及萬民과도 같다.

3) 괘상으로 보면 2양효가 음효인 땅 위에 물이 고여 있는 것을 새어나가지 못하도록 받치고 있는 형상이 兌卦이다. 못은 止水로서 인위적으로 물을 막아 두고 있는 것을 말한다. 또 ☱兌卦가 止水이면 ☵坎卦는 流水가 된다. 兌와 坎은 같은 물이지만, 사용하는 것에 따라 또는 형상에 따라 다르다. 澤水는 관수

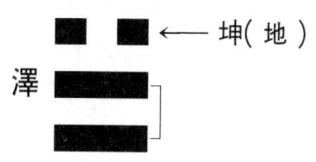

(灌水)나 자연의 풍치(風致) 및 悅을 우리에게 직접적으로 준다. 그러나 坎水는 막연히 흐르는 일반적인 물일 따름이다. 이 流水를 막아서 止水로 하여 사용도가 높은 것으로 만들어 놓은 것이 兌卦이다. 즉, 괘상으로 보아서 ☵坎卦의 下爻를 陽으로써 막으면 ☱兌卦가 되는 것이다.

4) 兌卦를 정치적 관점에서 보면, 剛爻가 속에 있으며 柔爻가 겉에 나와 있으니 속마음은 꿋꿋하고 겉모습은 부드러운 미덕을 표현하고 있다. 또한 기뻐하는 상태를 지속하여 변함이 없으면 만사가 순조로울 것이다. 이렇게 함으로써 天道에 순응하고 人心에 호응할 수 있는 것이며, 기뻐하는 마음으로 앞장서서 힘든 일에 솔선수범한다면 백성은 자기의 노고를 잊고 분발한다.[1]

---

[1] 정치적으로는 군왕이 솔선수범하는 것이며, 도학적으로는 공부를 많이 하여 悅을 가지는 것이며, 음양학적으로 여자의 위치에서 悅을 가지되 그 한계로서 貞이 있어야 한다. 兌卦는 少女인데 少女가 두 양을 보고 희열을 가지고 있는 것이다. 그러나 直方大不習无不利한 陰으로써 희열을 느끼는 것이다.

5) 「설괘전」에서는 "兌는 說(悅)也ㅣ라;兌卦는 기뻐하는 것이다"(第7章)고 하였다. 悅(喜)은 마음 내부에서 외부로 나오는 기쁨이니, 樂과 반대 현상이다.2) 이 悅이 없으면 樂도 있을 수가 없다. 이것에 대한 것은 『논어』 첫편인 학이편(學而篇)에서 찾아 볼 수 있다.

예) 子曰 學而時習之하니 不亦說乎아 有朋自遠方來하니 不亦樂乎아 人不知而不慍하니 不亦君子乎아 (『論語』「學而」)

공자께서 말씀하시기를 "공부하는 데에 날로 날로 익히면 어찌 마음에 희열이 있지 않겠는가! 벗이 있어 스스로 멀리서 오니 그 어찌 즐거움이 아니겠는가! 남이 알아주지 아니해도 성내지 아니하니 또한 군자답지 아니한가!"고 하셨다.

[설명] 윗글은 달리 『논어』의 三乎篇이라고도 부른다. ①공부함에 있어 새가 하루하루 날듯이 익혀 나가면 거기서 오는 희열은 최고의 기쁨이며, 여기서 우리는 교육의 위대성이 입증됨을 본다. 특히 우리는 보통의 사람들이 느끼지 못하는 성현의 희열을 알아내는 데에 힘써야 한다. 이것이 내부에서 일어나는 기쁨(悅)이다. ②나와 상통되고 뜻이 맞아 朋友講習을 할 수 있는 知己之友(朋=月+月)를 만난다는 것은 외부로부터 오는 즐거움(樂)이 아니겠는가? ③'慍'은 아니꼬운 마음이요, 마음에 열이 생기는 것(慍=心+昷(溫))을 말한다. 군자라면 자기 양심에 비추어 조금도 거리낌없는 행동을 하여야 하고, 천부지성을 그대로 보존하여야 한다는 것이다. 그러므로 소년기에는 익히고 배워서 心悅을 느끼며 장년기에는 벗과 사귀어 樂道를 한다면 노년기에는 군자라는 칭호를 얻는 것이다.

①學而時習之 不亦說乎 — 少年 — 勤學(心悅)
②有朋自遠方來 不亦樂乎 — 壯年 — 有朋
⇩
③人不知而不慍 不亦君子乎 — 老年 — 君子

---

2) ①悅은 형이상학으로서 기쁨이 내부에서 외부로 나오는 것을 말하며 군자는 喜悅을 주장하고, 樂은 형이하학으로서 즐거움이 외부에서 내부로 들어가는 것을 말하며 일반 대중은 樂을 주장한다. 巽順은 정도가 지나치면 비굴해지며, 剛도 過剛이면 부러지는 법이며, 順도 過順하면 멍청이 취급을 당한다. 그러나 喜悅은 가중이 될수록, 곧 공부가 가중이 될수록 싫증이 안 나고 나쁘지 아니하며 더욱더 빛이 난다. 이것이 兌卦의 특성이기도 하다. ②동양은 敬(悅, 정신적)을 위주로 하고, 이에 반해 서양은 愛(樂, 물질적, 합리적)를 위주로 한다.

原文풀이

兌는 亨하니 利貞하니라

兌는 형통하니 바르게 함이 이롭다.
· 兌:즐거울 태 · 亨:형통할 형 · 利:이로울 리 · 貞:바를 정, 곧을 정

總說

윗글은 兌卦의 괘사이다.

各說

● 利貞하니라 : ① 兌卦는 2陽 1陰卦이다. 이러한 陰卦 곧 ☱兌, ☴巽, ☲離卦는 利貞을 강조하고 있다. 특히 兌卦는 少女이므로 貞을 가장 중요시해야 한다. 따라서 利貞이 있는 것이다.

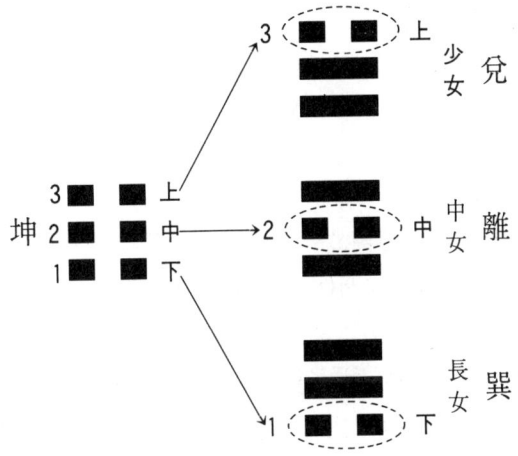

坤卦의 上爻가 乾卦의 上爻에 가서 兌卦가 되고, 坤卦의 中爻가 乾卦의 中爻에 가서 離卦가 되고, 坤卦의 下爻가 乾卦의 下爻에 가서 巽卦가 되었다.

② 小成卦의 내용을 살펴보면 다음과 같다.

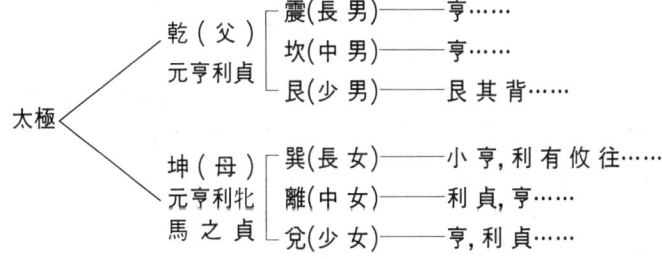

陽卦는 利貞이 없으며, 陰卦는 利貞이나 利有攸往이 있으니, 陰은 貞을 위주로 하고 있음을 알 수 있다. 역학은 64괘 모두를 엮어 보면서 공부에 임해야 한다. 앞에서 제시한 도표는 小成八卦에 불과하지만 이것이 서로 交易되면 64괘와 384효가 된다.

彖曰 兌는 說也ㅣ니 剛中而柔外하야 說以利貞이라 是以順乎天而應乎人하야 說以先民하면 民忘其勞하고 說以犯難하면 民忘其死하나니 說之大ㅣ 民勸矣哉라

彖에서 말하기를 "兌는 기뻐하는 것이니, 剛이 득중을 하고 柔가 바깥에 하여 기뻐함으로써 바르게 함이 이롭다. 이렇게 함으로써 하늘에 순종하고 사람에게 순응하여, 기뻐함으로써 백성보다 먼저 하면 백성이 그 수고로움을 잊고, 기뻐함으로써 어려움을 범하면 백성이 그 죽음도 잊을 것이니, 기뻐함의 큰 것을 백성에게 권장할 것인져!"라고 하였다.

· 說:기뻐할 열 · 忘:잊을 망 · 勞:수고로울 로 · 犯:범할 범 · 難:어려울 난 · 勸:권장할 권, 힘쓸 권

總說

윗글은 兌卦의 「단사」이다.

各說

● 剛中而柔外하야:兌卦의 구이효와 구오효는 剛陽으로서 득중하였다는 것이다. 즉, 卦體를 설명한 것이고 또 마음가짐을 바로잡고서(中) 기쁨을 알맞게 밖으로 나타내라는(柔) 뜻이다. 그래서 說以利貞이다.
● 順乎天而應乎人하야:剛中而柔外된 기쁨이라면, 대자연에 순응해야 하고 이에 따라 인간이 正道로 응해서 天人合一이 되어야 한다. 澤火革卦「단사」에서 "順乎天而應乎人"이라고 한 것도 대자연에 순응하여야지 天命이 내린다는 것을 말하고 있다.
　예)彖曰 革은 水火ㅣ 相息하며 二女ㅣ 同居호대 其志不相得이 曰革이라 已日乃孚는 革而信之라 文明以說하야 大亨以正하니 革而當할새 其悔ㅣ 乃亡하니라 天地ㅣ 革而四時ㅣ 成하며 湯武ㅣ 革命하야 順乎天而應乎人하니 革之時ㅣ 大矣哉라 (革卦「彖辭」)
　彖에서 말하기를 "革은 水火가 서로 상교하면서 싸우며, 두 여자가 함께 살아도 그 뜻을 서로 얻지 못함이 革이다. 已日乃孚는 혁명을 해야 신뢰하는 것이다. 문채나고 밝음으로써 기뻐하여, 크게 형통하고 바르니, 혁명하여 이에 마땅함에 그 뉘우침이 이에 없을 것이다. 하늘과 땅이 변혁하여 四時가 이루어지며, 탕왕과 무왕이 혁명을 일으켜서 하늘에 순종하고 사람에게 순응하니, 〈이로써〉 혁명의 시

기가 크도다"고 하였다.

　　[설명]革卦의 順乎天而應乎人과 兌卦의 悅(順乎天而應乎人)은 같은 뜻이다. 이것은 유교의 天命思想이며, 역사적으로 順乎天而應乎人이 됐다고 보는 것이다. 그러나 이러한 시대는 요임금 시대뿐이라고 할 수 있다. 그러나 대체로 堯·舜·禹의 3代 정치가 이에 해당한다고 볼 수 있다.

　그리고 順乎天而應乎人하는 군왕의 정치적 방법론이 "說以先民하면 民忘其勞하고 說以犯難하면 民忘其死하나니 說之大ㅣ 民勸矣哉라:기뻐함으로써 백성보다 먼저 하면 백성이 그 수고로움을 잊고, 기뻐함으로써 어려움을 범하면 백성이 그 죽음도 잊을 것이니, 기뻐함의 큰 것을 백성에게 권장할 것인져!"인 것이다.

- 說以先民하면:어떠한 궂은 일과 힘든 일이라도 임금이나 지도자가 먼저 기뻐함으로써 앞장서서 백성보다 먼저 행하면 결과적으로 백성이 따라온다는 뜻이다. 백성이 따라오는 것을 "民忘其勞"라고 표현하였다.
- 說以犯難하면:임금이나 지도자가 위험하고 험난한 것을 범하면서도 이를 무릅쓰고 기뻐함으로써 앞장서서 백성보다 먼저 행한다면, 이 결과로 백성은 죽음을 각오하고 따라온다는 것이다. 백성이 죽음을 각오하고 따라오는 것을 "民忘其死"라고 표현하였다. 따라서 "說以先民 說以犯難"은 지도자의 솔선수범을 뜻한다.

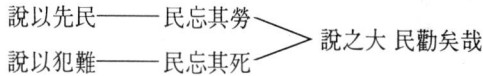

- 說之大ㅣ 民勸矣哉라:기뻐함의 큰 것, 즉 만백성의 마음을 사로잡을 수 있는 이 기쁨이야말로 백성에게 권장할 필요가 있는 것이 아니겠는가. 공자가 아니면 이러한 문장을 쓸 수가 없다. 어떤 성인이 나와서 이러한 왕도정치를 하겠는가?

　예1) 文王이 以民力爲臺爲沼하시나 而民歡樂之하여 謂其臺曰靈臺라하고 謂其沼曰靈沼라하여 樂其有麋鹿魚鼈하니 古之人이 與民偕樂이라 故能樂也니이다 (『孟子』「梁惠王」上) 문왕이 백성의 힘을 이용하여 臺를 만들고 못을 만들었으나, 백성이 그것을 즐거워하여 그 臺를 이르기를 영대(靈臺)라고 하고, 그 못을 이르기를 영소(靈沼)라 하여, 그가 사슴과 물고기와 자라가 있음을 즐겼으니, 옛 사람이 백성과 더불어 같이 즐긴 까닭으로 능히 즐길 수 있었습니다.

　예2) 今王與百姓同樂則王矣 (『孟子』「梁惠王」下)
　　이제 왕께서 백성과 함께 즐거워하신다면 왕노릇을 하실 겁니다.
　　[설명]이것이 與人同樂이며 說之大 民勸矣哉이다.

象曰 麗澤이 兌니 君子ㅣ 以하야 朋友講習하나니라

象에서 말하기를 "못이 걸려 있는 것이 兌니, 군자가 이로써 벗과 벗이 〈서로〉 강론하고 학습하는 것이다"고 하였다.
· 麗:걸릴 리, 고울 려 · 澤:못 택 · 朋:벗 붕 · 友:벗 우 · 講:익힐 강 · 習:익힐 습

總說
윗글은 兌卦의 「대상」이다.

各說
● 麗澤이 兌니:兌卦는 위에도 못이고 그 아래도 못이다. 못이 우주 속에 걸려 있는 것이 兌卦라는 것이다. 우주 안에 존재하는 삼라만상이 전부 걸려 있다고 볼 수 있으니 사람도 지구상에 걸려 있고 태양이나 별도 우주에 걸려 있다고 할 수 있다.
● 朋友講習하나니라:①兌卦의 형상을 본받은 것으로 못이 여럿 있으면 눈에 보이지 아니하는 地下水面은 같다는 것이다. 이것은 일종의 공부하는 방법론을 말한 것

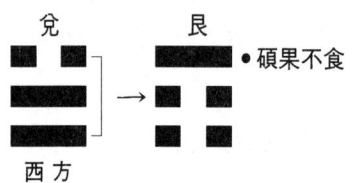

이다. 즉, 이러한 것을 본받아서 붕우끼리 서로 강습하여 지식 수준이 같아지도록 해야 함을 말한 것이다. 朋友의 '朋'은 月+月로 동등한 사람끼리의 모임이며, 아울러 보이지 않는 지식도 같아지도록 한다.3) ②兌는 공간적으로는 西方이며, 시간적으로는 추분의 가을 결실기를 뜻한다. 이때는 종자를 형성하는 시기이다. 또 兌卦가 全變하면 艮卦가 된다. 그러므로 碩果不食으로 존재하기 위하여 朋友講習하는 것이다.

初九는 和兌니 吉하니라
初九는 和한 기뻐함이니 길하다.

---
3) 麗澤會는 亞山學會 산하 대구 회원 모임의 이름이다. 바로 朋友講習을 뜻한다. 이 속에는 희열이 있고 공부하여 만천하 사람들에게 혜택을 주고 회원 모두가 현철한 사람이 되어 보자는 뜻이다. 止止會 역시 亞山學會 산하 경북 안동 회원 모임의 이름이다. 이것은 碩果不食의 정신과 時止則止, 止於至善에 입각하여 지어진 이름이다.

總說

초구효는 兌卦의 주효로서 정위이고 구사효와 상비 관계이다.

各說

- 和兌니:①공부하는 데는 남녀 관계가 없어야 한다. 초구효는 여자(음)와 가장 먼 장소이다. 그림에서 보듯이 초구효를 제외한 다섯 효 모두는 음효와 양효가 인접하고 있으나 초구효만큼 그러하지 못하다. 따라서 물욕에 물들지 아니한 어린아이가 곧 和兌이며, 陽氣未發의 시초에 공부하는 자가 和兌이다. 따라서 초구효는 공부가 많이 되어 있는 것이고, 兌卦의 主爻가 되는 것이다. 그리고 공부하는 데는 朋友講習할 수 있는 곳이 가장 좋은 장소이다. ②아무 잡념 없이 공부에만 열중하는 것을 和라고 한다. 『중용』에서는 和를 "發而皆中節"이라 하였고, 이에 대한 경계가 和而不流다. 즉, 정도가 지나쳐 유혹의 방향으로 이끌리지 않도록 하는 것을 말한다.

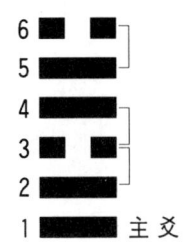

예1) 喜怒哀樂之未發을 謂之中이오 發而皆中節을 謂之和ㅣ니 中也者는 天下之大本也ㅣ오 和也者는 天下之達道也ㅣ니라 (『中庸』 第1章)
〈사람의 마음에 작동이 여기에 있다〉기쁘고 화내고 슬프고 즐거움이 발동하지 아니한 것을 中이라 하고, 〈喜·怒·哀·樂이〉발동하되 다 절차에 맞게 발하는 것을 和라고 이르나니, 中이라는 것은 천하의 큰 근본이요, 和라고 하는 것은 천하의 통달한 도다.

예2) 故로 君子는 和而不流하나니 强哉矯여 中立而不倚하나니 强哉矯여 國有道에 不變塞焉하나니 强哉矯여 國無道에 至死不變하나니 强哉矯여 (『中庸』 第10章)
그러므로 군자는 和하되 그러지 아니하나니, 굳세도다, 그 꿋꿋함이여! 中에 확립하여 기울지 아니하나니 굳세도다, 그 꿋꿋함이여! 나라의 정도가 행해져 立身하게 되어도 궁색했을 때의 뜻을 변치 않으니 굳세도다. 그 꿋꿋함이여! 나라에 도가 없어 〈자기의 몸이 곤궁하여〉죽는데 이르러도 지조를 변치 않으니, 굳세도다, 그 꿋꿋함이여!

- 吉하니라: 和而不流하여 喜悅하니 길하다는 것이다.

象曰 和兌之吉은 行未疑也ㅣ새라

象에서 말하기를 "和兌之吉은 실행하는 데 의심스럽지 아니한 것이다"고 하였다.
· 疑:의심할 의

各說

● 行未疑也ㅣ새라:坤卦 육이효와 같은 여자는 "則不疑其所行也;곧 그 행하는 바를 의심치 않는다"고 하였으니, 兌卦 초구효의「小象」"行未疑也;실행하는 데 의심스럽지 아니한 것이다"와 상통한다고 볼 수 있다.

예1)六二는 直方大라 不習이라도 无不利하니라 (坤卦 六二爻辭)
　　六二는 곧고 모가 나서 큰지라. 익히지 아니하여도 이롭지 아니함이 없다.
　　[설명]坤卦의 육이효는 主爻이다. 육이효는 음자리에 음이 있으니 正位이고, 中位에 있으니 得中이 된다. 그리고 육이효는 柔順中正의 효이며, 여자로 말하면 주부의 位가 된다.

예2)直은 其正也ㅣ오 方은 其義也ㅣ니 君子ㅣ 敬以直內하고 義以方外하야 敬義立而德不孤하나니 直方大不習无不利는 則不疑其所行也ㅣ라 (坤卦「文言傳」)
　　直은 바르다는 것이요, 方은 마땅하게 하는 것이니, 군자는 敬으로써 안(마음)을 바르게 하고 義로서 밖을 바르게 해서, 공경하는 것과 옳은 것이 확립이 되면 덕이 외롭지 아니하나니, 直方大无不利는 곧 그 행하는 바를 의심치 않는다는 것이다.
　　[설명]윗글은 坤卦「문언전」의 연속으로 坤卦의 주효인 육이효에 대한 설명이다.

九二는 孚兌니 吉코 悔ㅣ 亡하니라

九二는 정성을 〈지극히〉드려서 기뻐함이니 길하고 뉘우침이 없다.
· 孚:정성 드릴 부 · 悔:뉘우칠 회 · 亡:죽을 망, 망할 망

總說

구이효는 부정위이지만 득중이며 구오효와 상비 관계이다.

各說

● 孚兌니 吉코 悔ㅣ 亡하니라:①구이효는 柔자리에 剛이 있으므로 부정이 되어 뉘우침이 있었으나 孚와 信과 誠을 다하였기에 뉘우침이 없다. 구이효는 속(바탕)은 음이고 겉은 양이므로 마음이 흔들리기 마련이다. 그래서 誠이 필요한 것이다. 결국은 육삼효 소인(음)에게 유혹당하지 아니하는 상태를 뜻한다. ②역학에서는 孚ㅡ

信—誠—敬을 함께 사용하고 있다. ③悅(兌)이 극에 이르면 悲가 된다. 이것이 易의 이치이기도 하다.

象曰 孚兌之吉은 信志也글새라

象에서 말하기를 "孚兌之吉은 뜻을 얻었기 때문이다"고 하였다.
· 信:분명히 할 신, 믿을 신

各說

● 信志也글새라:구이효는 立志가 되어 있어야지 그렇지 아니하면 음에게 유혹을 당하여 중심을 잃게 된다. '孚'는 信과 통한다.

六三은 來兌니 凶하니라

六三은 와서 기뻐함이니 흉하다.

總說

육삼효는 부정위이며 상육효와 상비 관계이다.

各說

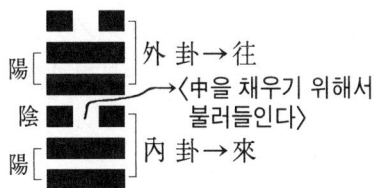

● 來兌니 凶하니라:초구효와 구이효가 육삼효에게 가는 것인데, 음 하나가 양 둘을 꾀어서 나쁘게 하려고 하니 흉한 것이다. 여기서 '來'는 자기는 가만히 있으면서 상대방을 불러들이는 것을 말한다.

象曰 來兌之凶은 位不當也글새라

象에서 말하기를 "來兌之凶은 그 位가 마땅치 않기 때문이다"고 하였다.

各說

● 位不當也글새라:육삼효는 양자리에 음이 앉았으므로 不正하다. 또 자기 주변에 모

두가 양이므로 자리가 좋지 못하다는 뜻이다. 특히 三爻는 선천의 마지막으로 그 자리가 매우 위태한 자리이다.

예)九三은 君子ㅣ 終日乾乾하야 夕惕若하면 厲하나 无咎ㅣ리라 (乾卦 九三爻辭)
　　九三은 군자가 종일토록(오전 마지막까지) 조심하고 조심하여 저녁때까지 두려워한다면 비록 위태로우나 큰 허물은 없을 것이다.
[설명]구삼효는 內卦, 즉 선천의 마지막 효다. 그러므로 이 시기는 소개벽의 大事가 있을 것이니, 終日乾乾해야 하고 두려워하는 마음으로 조심해야 한다.

九四는 商兌未寧이니 介疾이면 有喜리라

九四는 기쁨을 헤아려 보건대 아직 편안치 못하니, 절개를 지키고 미워하면 기쁨이 있을 것이다.

· 商:헤아릴 상　· 寧:편안할 녕　· 介:절개 개, 끼일 개　· 疾:미워할 질, 병 질　· 喜:기쁠 희

總說
구사효는 부정위이며 초구효와 상비 관계이다.

各說
● 商兌:기쁜 일이라 하여 함부로 기뻐하지 말고 깊이 생각하여 즐기는 것을 말한다.
● 介疾이면 有喜리라:구사효는 부정위이며 초구효와는 상비 관계이지만, 대신의 지위에 있으므로 군위를 보좌하여 백성을 위한 정치에 관심을 가져야 한다. 그러므로 바로 밑에 있는 육삼효 음(소인)에게 끌려가지 않도록 절개를 지키고 마음으로 미워하면 기쁨이 있다는 것이다. 구사효는 부정한 남자로서 여자도 없는 호탕한 자이다.

象曰 九四之喜는 有慶也ㅣ라

象에서 말하기를 "九四之喜는 〈마침내〉 경사가 있기 때문이다"고 하였다.
· 慶:경사 경

各說
● 有慶也ㅣ라:지도자(大臣)가 사사로운 情에 이끌리지 않고 공무에 전심해야만이 백성에게 희열이 있다는 것이다.[4] 坤卦「문언전」의 "積善之家는 必有餘慶하

고……;선을 쌓는 집안은 반드시 〈착한 것을 쌓고〉 남은 경사가 그림자처럼 따라서 오게 되고……"와 같은 원리이다.

九五는 孚于剝이면 有厲ㅣ리라

九五는 깎는 데에 성실하면 위태함이 있을 것이다.
·于:어조사 우 ·剝:깎을 박, 벗길 박 ·厲:위태할 려, 괴롭힐 려

總說

구오효는 군위로서 정위이고 득중이며5) 구이효와 상비 관계이다.

各說

● 孚于剝이면 有厲ㅣ리라:구오효는 군위이기에 兌가 없다. 곧 정위인 상육효 음에 대한 군위로서의 마음가짐을 말한 것이다. 군위로서 자칫 말려들기 쉬운 상육효 소인을 신용하여 따르게 되면 위험성이 있는 것이다. 그러나 여자 관계가 아니면 길하다는 것이다.6)

象曰 孚于剝은 位正當也ㄹ새라

象에서 말하기를 "孚于剝은 位가 마땅하기 때문이다"고 하였다.

---

4) 일반적으로 정승(대신)되는 사람은 一夫一妻로 하는 것이 옳다. 天地(陰陽)의 원리는 生生之理이기에, 陽은 종자 심어 주는 것이 원칙이고 陰은 종자를 받아들이는 것이 원칙(利益)이다. 따라서 땅(陰)은 종자를 받아서 육성시켜 주는 것이 사명이므로 利貞(利益)을 주장한다. 그러므로 정승(대신)되는 자가 소실(小室)을 두었다면, 자연히 소모가 많고 또한 이익을 분배해야 되니 분쟁과 상호 갈등이 일어나게 된다. 이것이 심화되면 정승은 부정한 짓에 빠지기가 쉽고, 더불어 나라와 백성에게 손해를 끼치기 쉽다. 그러므로 고위직에 있는 사람은 一夫一妻가 정상적 규범이라 할 수 있다.
5) 六二는 柔順中正이요 六二의 二는 陰陽을 가리키며, 九五는 剛健中正이요 九五의 五는 五行을 가리킨다고 볼 수 있다. 즉, 二·五之正이라고 한다. 이것은 우주 대자연의 원리를 뜻하며, 또 한 가정으로 보면 주부는 안방에서 정좌하고 남자는 사랑에서 위엄으로써 기거하여 가정을 구성해서 생활하는 것이니 私家는 물론 국가도 같은 내용이다. 이와 같이 天地定義 大自然으로서의 원리가 二·五之正이라고 한다.
6) 역대의 혁명가들은 군왕을 여자에게 빠지게 하여서 정권을 잡았다. 하나라 망할 때 걸왕(桀王)에게는 말희(妺喜)라는 여자가, 은나라가 망할 때 주왕(紂王)에게는 달기(妲己)라는 여자가 개입되어 있었다. 우리 나라 역사에서는 연산군과 장녹수, 광해군과 김상궁의 관계가 유명하다.

各說

● 位正當也ㄹ새라 : 구오효는 양자리에 양이 있고 또 강건중정의 군위이기 때문이다.

上六은 引兌라

上六은 이끌어서 기뻐함이다.
· 引 : 이끌 인, 당길 인

總說

상육효는 정위이며 육삼효와 상비 관계이다. 가장 짧은 효사 중의 하나이다. 兌卦는 효사가 비교적 짧다.[7]

各說

● 引兌라 : 상육효 음은 구오효 군위를 비롯한 양효들을 끌어들이려고 하고 있다. 특히 兌卦의 모든 효가 상비 관계이므로 음(상육효)이 인접한 양을 끌어들인다. 이것이 引兌다. 또 兌는 소녀로서, 자신의 희열을 위하여 교활한 자태로 남자를 끌어들이는 것을 引兌라고 하였다. 그러나 절제가 되면 길하고 절제가 못되면 흉하다. 다만 공부하는 데 있어서는 引兌의 정신은 더욱더 좋다. 공부는 많이 할수록 더욱 좋기 때문이다.

象曰 上六引兌ㅣ 未光也ㅣ라

象에서 말하기를 "上六引兌는 빛이 나지 아니하는 것이다"고 하였다.

各說

● 未光也ㅣ라 : 음이 양을 끌어들이는 음양 조화는 天地의 正道이므로 빛이 나는 것이 아니라 당연한 것이다. 따라서 그 결과가 나타나지 않기 때문에 길흉 판단은 아니한다.

---

7) "兌는 悅也"라고 하였는데 기쁨이 있는 곳에는 말이 크게 필요 없다.

※兌卦와 巽卦를 비교하여 보면 다음과 같다.

「서괘전」에서 "巽者는 入也ㅣ니 入而後에 說之라 故로 受之以兌하고;巽은 들어가는 것이니 들어간 뒤에 기뻐할 수 있다. 그러므로 〈巽卦 다음으로〉 兌卦로 이어져 받았다"라고 하였다. 巽, 兌卦의 정치적 사상을 고찰하여 보면, 손괘는 백성에게 申命行事를 하는 반면에 兌卦는 백성으로 하여금 喜悅하게 하는 것이다. 명령은 민간으로 들어가는 것이라면 희열은 백성으로부터 나오는 것이다. 그러므로 정치의 중요성은 백성으로 하여금 희열하게 하는 것이니 그것이 가능하다면 그 정치는 형통한 것이다.

　　　　巽 ― 命 令 ― 백성에게 들어간다(入 也)
　　　　兌 ― 喜 悅 ― 백성으로부터 나온다(出 也)

※兌卦를 정치적 측면으로 고찰하여 보면 다음과 같다.
- 初九는 和兌니 吉하니라;백성이 정치에 화합하여 희열하는 것.
- 九二는 孚兌니 吉코 悔ㅣ 亡하니라;백성이 정치를 신용하고 희열하는 것.
- 六三은 來兌니 凶하니라;민간에 와서 그 지지를 얻으려고 희열하게 만드는 것.
- 九四는 商兌未寧이니 介疾이면 有喜리라;백성을 생각하여 자기는 불녕(不寧)해도 백성을 희열하게 한다.
- 九五는 孚于剝이면 有厲ㅣ리라;백성을 희열하게 하다가 소인을 신용하게 된 것.
- 上六은 引兌라;백성과는 유리되어 자기만 희열하고 있는 것.

따라서 군왕이나 지도자가 솔선수범하여 기뻐함으로써 백성을 지도하면, 백성은 노고와 생사를 돌보지 아니하고 公事에 협력하여 국가 사회가 흥융(興隆)하게 되는 것이다. 이러한 진리를 지도자나 군왕은 朋友講習으로 익히고 찾아야 한다고 할 수 있다.

風水渙 (五十九)

巽坎
上下

大義

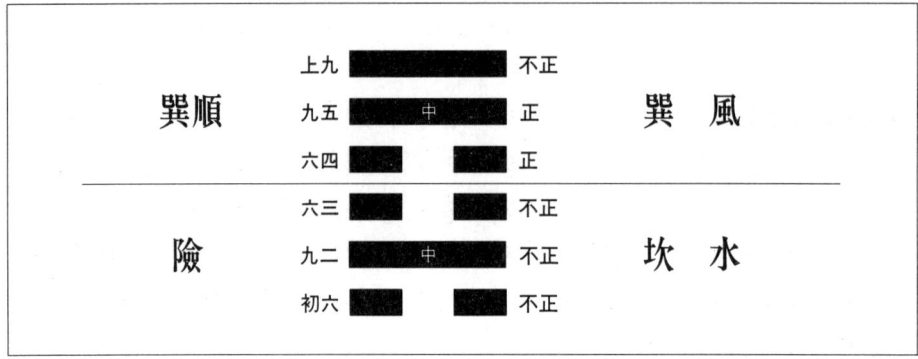

「서괘전」에서 "兌者는 說也ㅣ니 說而後에 散之라 故로 受之以渙하고 渙者는 離也ㅣ니; 兌는 기뻐하는 것이니, 기뻐한 뒤에 흩어지는 것이다. 그러므로 〈兌卦 다음에〉 渙卦로 이어받고, 渙은 떠나는 것이니"라고 하였고, 「잡괘전」에서도 "渙은 離也ㅣ오; 渙은 떠나는 것이요"라고 하였으니, 渙은 離散[1]의 뜻을 내포하고 있다.

[1] 渙卦는 하경의 29번째 괘이므로 상하경의 64괘에서 보면 거의 다 이르렀다. 따라서 건너가는 괘다. 이것은 곧 大川, 大事가 다 되어 가는 시기의 내용이 아니겠는가? 상경은 乾, 坤卦로 시작하여 坎, 離卦로 끝난다. 屯卦와 大過卦는 中間事이다. 하경이 60괘째로 끝이 난다면, 사실상 大尾는 渙卦이다. 그러므로 大過卦와 渙卦는 같은 성질의 괘라고 할 수 있다.

---

1) 離는 心이 떠나는 것이요, 散은 事가 흩어지는 것이다. 그러므로 渙은 마음이 풀어져 흩어지는 상태를 뜻한다.

```
〈上經〉 乾 坤 屯 ………… 大過 坎 離
〈下經〉 咸 恒 遯 ………… 渙 節 小過 旣濟 未濟
```

• 上經(天道) — 大過(거의 다 지나간다)   • 下經(地道) — 渙(거의 다 건너다)

2) 渙卦는 괘상으로 보아서 巽風이 상괘에, 坎水가 하괘에 위치한다. 이것은 물 위에 바람이 부는 형상이다. 물 위에 바람이 불면 바람이 모든 수면에 퍼져서 흩어지는 것을 상징하여 散이라고 하였다. 이러한 대자연의 이치는 기쁨이 가득 차게 되면 그 기운은 흩어지는 것(舒散)과 같고, 근심이 있으면 그 기운은 모이게 된다는 것(結聚)을 알게끔 해주었다.

3) 渙卦는 흩어지고 풀어진다는 뜻으로 발전을 상징한다. 지금까지의 정체(停滯)와 위난(危難)이 풀어져 새로운 발전의 전기를 마련하는 것을 표현한 것이다. 즉, 날이 새면 어두움이 흩어지며, 봄이 오면 얼음이 풀리는 그러한 상태를 의미한다.

4) ①渙卦의 상괘 巽은 五行으로 보아서 木이며, 渙卦의 하괘 坎은 五行으로 水에 해당한다. 그러므로 환괘는 물 위에 나무가 떠 있는 형상이므로 물을 건너는 배를 상징한다. 그리고 大川을 건널 때에는 어떻게 해야 한다는 방법이 있기 마련이다. 여기에서 中正之道를 가져야 利涉大川을 할 수 있다는 이론이 나온다. 中正—仁義—善惡의 구별이나 결과에 따르는 이가 없다면, 우리 인간 사회는 질서가 파괴되고 귀천이 없어지며 生에 대한 의욕이 없어질 뿐만 아니라 인간의 값어치가 없게 될 것이다. ②대자연은 中正이며, 해와 달이 왔다 갔다 하는 것은 인간의 仁義와 같다. 이 中正과 仁義를 찾기 위하여 연마하는 것이 교육이며, 우리가 역학을 공부하는 것도 이 中正을 찾아서 갖기 위한 일이라고 하겠다.

```
天 人 地 ──→ 中 正 ──→ 仁 義
  大自然          └─人爲的─┘
```

5) 渙卦는 虛心 곧 渙卦에는 離虛中의 離卦가 互卦로 내포되어 있다. 虛中은 心으로서, 이것을 물체에 비유하면 '배'의 형상(舟楫之象)이다. 이 배를 탈 수 있는 자는, 中正之道를 간직한 사람, 積善한 사람, 私心이 아닌 公心과 道心에서 살아가는 사람들이 능히 이 배를

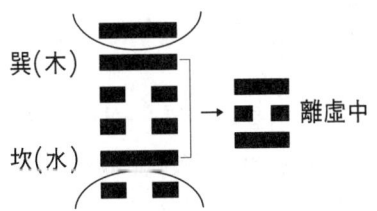

탈 수 있을 것이다. 적어도 中正之道를 연구하고 이것을 위하여 끝없이 생각에 잠겨 있는 자라면 '渙'을 할 수 있는 자격을 갖춘 자라고 할 수 있을 것이다.

原文풀이

渙은 亨하니 王假(격)有廟ㅣ며 利涉大川하니 利貞하니라
渙은 형통하니, 왕이 종묘에 이르며 큰 내를 건넘이 이로우니 바르게 함이 이롭다.
· 渙:흩어질 환 · 假:이를 격 · 廟:사당 묘

總說

윗글은 환괘의 괘사이다.

各說

● 渙은 亨하니 : 渙이 형통하려면, 즉 무슨 일이든 성사를 시키려면 王假有廟뿐만 아니라 利涉大川도 하여야 한다. 이것은 마음이 올발라야 모든 것이 잘 되어 나간다. 곧 利貞이다.
● 王假有廟ㅣ며 : 민심을 집중시키는 방법이다. 왕이 大事를 성공시키기 위하여, 종묘사직에 제사를 정성껏 지내는 형식으로 백성에게 임한다면 아니 될 것이 없다.
  예1) 萃는 亨王假有廟ㅣ니 利見大人하니 亨하니 利貞하니라 用大牲이 吉하니 利有攸往하니라 (澤地萃卦 卦辭)
    萃는 형통하니 왕이 종묘에 이르니, 대인을 봄이 이로우니, 형통하니, 정도로 함이 이롭다. 큰 소를 잡아 씀이 길하니, 갈 바가 있어 이롭다.
    [설명] 취괘와 환괘의 "王假有廟"는 임금이 백성을 위하여 종묘에 나아가 정성을 다하는 것을 말하였다(國家的).
  예2) 九五는 王假有家ㅣ니 勿恤하야 吉하리라 (風火家人卦 九五爻辭)
    九五는 왕이 집을 지극히 하니 근심하지 않아도 길할 것이다.
    [설명] 가인괘 구오효의 "王假有家"는 임금이 사사로이 가묘에 나아가 정성을 다하는 것을 말하였다(家庭的).
● 利涉大川하니 : ①반드시 大川을 건너가는 것만이 이롭다는 것은 아니다. 어떤 험난한 애로도 될 수 있으며, 선후천의 소개벽도 되며, 혹은 공부를 많이 하여 도통의 경지를 극복해 나가는 기점이 곧 大川이라고 말할 수 있다. ②흩어진 민심을 모으

고 어떤 大事를 이룩하는 데는 지도자가 온갖 정성을 드려야 하며 그 결과로 利涉大川이 되는 법이다. 또 그 방법론으로 언제나 利貞으로 해야 하는 바를 잊어서는 아니 된다. ③利涉大川을 하려면 王假有廟가 되어야 하며 이것은 유교 정신의 핵심이 된다. ④대개 巽卦나 坎卦가 있는 괘라야 利涉大川이라는 말이 나온다. ⑤大川의 '川'은 天地人의 도리에 한 치의 어긋남도 없어야 한다는 뜻에서 취상한 것이다. 즉, 天道의 中正, 地道의 中正, 人道의 中正이 되어야 한다는 것이다.

彖曰 渙亨은 剛이 來而不窮하고 柔ㅣ 得位乎外而上同할새라 王假有廟는 王乃在中也ㅣ오 利涉大川은 乘木하야 有功也ㅣ라

彖에서 말하기를 "渙亨은 剛(九五)이 와서 궁하지 않고, 柔(六四)가 밖에서 位를 얻고 위로 함께 함이다. 王假有廟는 왕이 이에 中正〈의 자리〉에 있음이요, 利涉大川은 나무를 타고 공이 있는 것이다"고 하였다.

·窮:다할 궁 ·乃:이에 내 ·乘:탈 승 ·功:공 공

總說

윗글은 환괘의 「단사」이다.

各說

● 剛이 來而不窮하고:剛爻 구오효가 상친(相親) 관계인 柔爻 육사효 음에게 와서 다함(궁함)이 없으니 좋다는 뜻이다. 초육효와 구이효도 상친 관계이다.

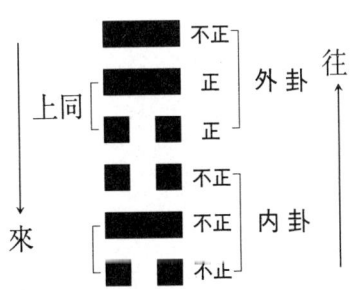

※ '往來'에서 往은 내괘 쪽에서 외괘 쪽으로 가는 것을 말하고, 來는 외괘 쪽에서 내괘 쪽으로 오는 것을 말한다.

● 柔ㅣ 得位乎外而上同할새라:柔爻인 육사효 음이 正位로서 대신의 지위를 얻어 외괘에 있으면서 구오효와 함께 大川을 건너는 형상을 말한다. 괘상으로 보면 육사효와 구오효만이 正位이

다. 이처럼 구오효와 같이 剛健中正의 훌륭한 자라야만이 대신의 지위에 있는 正位者의 보필을 받아 利涉大川이 가능하며, 또한 자격이 된다고 할 수 있다. '上同'은 육사효가 초육효와 상응하지만 의식하지 않고 주위에 있는 훌륭한 양과 음이 서로 회동(會同)하여서 지내는 것을 뜻한다. 환괘는 그 자체가 離散의 뜻이 내포되어 있다. 서로 흩어져 있으니 찾을 길이 없고 찾아도 비극이 있으니 자기 주위에 있는 사람끼리 서로 관계를 맺고 있는 것이다.

- 王乃在中也ㅣ오:구오효가 中正의 位에 있음을 말한다. 中正之道를 가지고 있는 사람만이 大川을 건널 수 있으니[2] 부단의 노력으로 中正을 위하여 정진하여야 하겠다. 즉, 임금이 솔선수범해야 한다는 뜻이다.
- 乘木하야 有功也ㅣ라:배를 타고 건너는데 성공했다는 것이다.

```
風雷益卦:木道乃行────天────儒敎
風水渙卦:乘木有功────地────佛敎────中
風澤中孚卦:乘木舟虛────人────仙敎
```

[설명]위 표의 세 괘의 상을 보면 五巽風卦가 함께 들어 있다. 五는 皇極數이며 中央數이다. 이것은 곧 中正之道를 지키고 간직하는 것이 利涉大川의 첩경이요, 마음가짐이라는 것이다. 그리고 萃卦에서 사람을 많이 모아서 乘木有功이 되어야 한다.

象曰 風行水上이 渙이니 先王이 以하야 享于帝하며 立廟하니라

象에서 말하기를 "바람이 물 위에 행함이 渙이니, 선왕이 이로써 상제께 제사를 드리며 묘당을 세운다"고 하였다.

·享:제사 드릴 향 ·帝:하느님 제, 임금 제

總說

윗글은 환괘의 「대상」이다.

各說

- 風行水上이 渙이니:朱子의 詩로 이 구절을 한번 새겨 보자.

---

[2] 『皇極經世』에서 渙卦는 先天에서 后天으로 넘어가는 때임을 우리에게 알려준다. 즉, 大過之姤→姤之巽→巽之渙이다. 戊子年부터 后天度數가 시작된다고 하였다.

예)風 來 水 面 時　　바람은 때로 물의 표면에 불어온다
　　月 到 天 心 處　　달은 천심처에 도달했도다
[설명]바람이 물 속까지 합하지 못하고 수면만 합한다는 것이다. 여기서 天心은 道通을 뜻한다.

- 享于帝하며 立廟하니라:①至誠으로 상제(천제)께 제사 드리고, 이것을 본받아 조상의 사당을 세워 지극한 정성으로써 조상에게 제사를 지내는 것을 말한다. 제사는 誠之하는 道場이라 할 수 있으므로 지극한 정성을 가지면 능히 이섭대천을 할 수가 있다. 享于帝의 뜻을 본받아 立廟하는 정성을 배워서 報本의 이치를 우리 인간의 심리 속에 정착시키는 것이 곧 人道主義 사상이라고 보겠다. ②독립기념관을 세워서 우리 조상의 거룩함을 드러내고 본받아 더 훌륭한 후손이 되도록 민족 정기를 고양하자는 것도 立廟라고 할 수 있다. 따라서 정성을 지극히 드릴 수 있는 道場이어야 한다. 여기서 '帝'는 임금을 지칭하는 것이 아니라 우주를 주재하는 神으로 해석하여야 한다.

　　　　祭祀　—　報本之意　—　誠之하는 道場

初六은 用拯호대 馬ㅣ 壯하니 吉하니라
초육효는 구원받되 말이 씩씩하니 길하다.
·拯:건질 증, 구할 증　·壯:씩씩할 장

總說
초육효는 부정위이며 육사효와 상비 관계이다.

各說
- 用拯호대:남에게서 구원을 받는다는 것이다. 초육효는 육사효와 상비 관계이고 또 환괘는 이산(離散)의 시기이므로 바로 주변의 구이효 양을 취한다는 것이다.
  - 馬ㅣ 壯하니 吉하니라:말은 陽物이므로 구이효를 뜻하고, 초육효가 행동을 빨리 하여(동정을 빨리 받도록 하여) 구이효와 관계를 가지면 길하다는 것이다.

象曰 初六之吉은 順也일새라

象에서 말하기를 "初六之吉은 〈九二에게〉 순종하기 때문이다"고 하였다.

各說

- 順也일새라 : 초육효가 자기의 정응이 아니라도 순종하지 않을 수가 없다는 것이다. 또 음이 양에게 부축을 받는 것이니 順이라는 것이다.

九二는 渙에 奔其机면 悔ㅣ 亡하리라

九二는 渙에 그 책상에 달려가면 뉘우침이 없을 것이다.
· 奔:달릴 분 · 机:책상 궤 · 悔:뉘우칠 회

總說

구이효는 부정위이지만 득중이며 구오효와 상비 관계이다.

各說

- 渙에 : 건너는 데에 있어서 혹은 흩어짐에 있어서.
- 奔其机면 悔ㅣ 亡하리라 : ①책상에 편안하게 앉아 있으면 뉘우침이 없을 것이라는 뜻이다. 책상이란 몸을 굽혀서 몸을 편안하게 하는 것으로 초육효를 뜻한다. 즉, 흩어짐의 시기이므로 주위에 있는 초육효와 서로 협력하여 나아가면 이산의 고통을 면할 수가 있다는 것이다. ②구이효가 부정위이므로 有悔이지만 부정위인 초육효끼리 상통하기 때문에 无悔이다. ③구이효가 부정위이지만 得中을 하였기 때문에 仁을 가지고 베푼다면 다른 문제점들은 묻혀서 그냥 지나간다는 것이다. 대자연에서는 元이, 人爲에서는 仁이 가장 좋은 것이다. 이것은 中이 되어야만 행하여질 수 있다. 中은 正보다 큰 것으로 得中이 되면 不正도 물러간다.

象曰 渙奔其机는 得願也ㅣ라

象에서 말하기를 "渙奔其机는 원함을 얻는 것이다"고 하였다.
· 得:얻을 득 · 願:원할 원

各說

● 得願也ㅣ라: 이산의 시기에 자기의 응도 찾을 수가 없다. 그래서 주위가 부정위일지라도 초육효 음을 얻어서 원하는 바를 성취하였다는 것이다. 또 구이효의 體는 坎(水)卦로서 流水이다. 흐르는 물은 음양이 합쳐질 수가 있으며 正, 不正이 없이 서로 합하여 흐르는 것이니 无悔이다. 이는 초육효와 구이효의 관계를 말하였다.

六三은 渙에 其躬이 无悔니라

六三은 渙에 그 몸이 원래부터 뉘우침이 없을 것이다.

總說

육삼효는 險(坎卦)의 마지막으로 부정위이며 상구효와 상응 관계이다. 육삼효는 상구효와 상응하지만 位가 부정이므로 서로 흩어진다. 이처럼 상응하면서 친화(親和)가 되지 못하는 효는 육삼효와 상구효이다.

各說

● 其躬이 无悔니라: 其躬은 자기 자신 혹은 자신의 몸을 수양하는 사람을 말한다. 즉, 험난하고 부정한 자이면서 동시에 수양한 사람이라면 원래부터 뉘우칠 것이 없다는 것이다.

- 无悔―无復―聖人: 애초부터 뉘우칠 것이 없는 것을 말한다.
- 有悔―悔亡―回復: 애초에 뉘우침이 있었으나 노력하고 수양하여 뉘우침이 없도록 하는 것이다. 회복하여 天賦之性(道心)에 나아가는 것을 말한다.

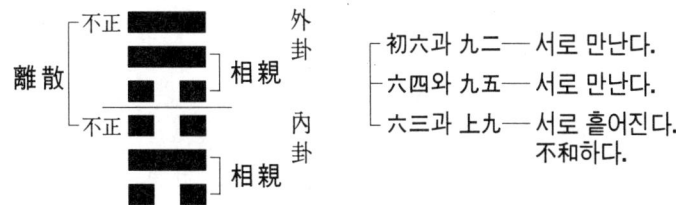

*六三 陰이 陽에게 끌려서 離散하게 되면 大川을 건널 수 없으니, 마음이 中正으로 惟精惟一하게 가져야 한다. 이렇게만 되면 无悔이나 잘못하여 有悔가 되면 아니 된다.

象曰 渙其躬은 志在外也ㅣ새라

象에서 말하기를 "渙其躬은 뜻이 밖에 있기 때문이다"고 하였다.

各說

● 志在外也ㅣ새라:육삼효의 뜻이 외괘의 상구효에 있기 때문에 서로 괴리(乖離:흩어짐)된다는 것이다.

六四는 渙에 其羣이라 元吉이니 渙에 有丘ㅣ 匪夷所思ㅣ리라

六四는 渙에 그 무리가 모여 있다. 원래부터 길하니, 渙에 언덕이 있음이 평상시와 같이 생각할 바가 아닐 것이다.
· 羣:무리 군(=群), 당(黨) 군 · 丘:언덕 구 · 匪:아닐 비 · 夷:평상 이, 상할 이, 평평할 이 · 思:생각 사

總說

육사효는 정위로서 부득중이며 초육효와 상비 관계이다. 자신이 正位이니 수양된 大臣의 位에 있는 것이다. 또는 훌륭한 여자(음)의 位에 있으므로 왕위인 구오효와 상통하고 화합하여서 利涉大川의 주역이 될 존재라는 것이다.

各說

● 渙에 其羣이라:①소인들이 모인 붕당을 흩어지게 하면 善人, 君子가 모여든다는 것이다. 즉, 小散大來의 이치로 풀이한 것이다. 따라서 원래부터 길한 것이다. 다시 말하자면, 位가 正이니까 많은 군상(群像)이 모여든다는 것이다. ②大川을 건너는 이치로써 '渙'을 풀이하면, 훌륭한 선인, 군자의 붕당(朋黨)이 모여 있으므로 원래부터 좋은 것이다. 군자는 어떤 이상향의 목적지로 건널 때 혼자가 아니라 많은 무리를 이끌고 건너간다. 비록 이산(離散)이 되었지만 正位이기 때문에 정성을 드려서 많은 무리를 모아서 나아간다는 것이다. 구오효도 마찬가지다. ③渙其羣은 못에 물이 모이는 것(澤地萃)을 취상하였으며, 이것은 곧 澤及萬民(道學君子)의 뜻이다.
● 渙에 有丘ㅣ:정치적으로 보면 민심이 집중되는 형태를 뜻한다. 德이 언덕처럼 높은 사람이 많은 무리를 이끌고 大川을 건너는 것을 말한다. 여기서 '丘'는 大人으로 볼 수 있다.
● 匪夷所思ㅣ리라:①大川을 건널 시에는 높은 언덕처럼 덕망이 있는 자가 있기 마련

이므로 평상시처럼 생각할 바가 아니고 특별한 생각을 해보라는 뜻이 내포되어 있다. 세상 사람들은 잘 모를 것이다.

예)仁者는 以財發身하고 不仁者는 以身發財니라 (『大學』傳10章)

어진 사람은 재물로써 몸(자신)을 일으키고, 어질지 못한 사람은 〈도리어〉 몸으로 재물을 일으킨다.3)

[설명]윗글은 재물을 사용하는 방법을 말하였다. 군자는 私欲을 생각지 않고 국가 이익을 위하여 재물을 공익에 씀으로써 입신양명(立身揚名)하지만, 소인은 몸을 망쳐서라도 재화를 모으는 데만 힘을 쓰고 몸의 危亡에는 마음을 쓰지 않는다.『서경』에 小儲는 작은 재물, 大儲는 큰 재물, 곧 자기 자신의 몸이라고 하였다. *儲:쌓을 저

大儲를 위하여 小儲를 버리는 것 — 以財發身 — 君子之道
小儲를 위하여 大儲를 버리는 것 — 以身發財 — 小人之道

※六四爻는 "渙에 其群이라 元吉이니"와 "渙에 有丘ㅣ 匪夷所思ㅣ리라"라는 두 개의 문장으로 나뉘어진다고 볼 수 있다. 또 각각의 문장 앞에 '渙'자를 써서 강조한 것은 비사체(秘辭體)가 들어 있기 때문이라 하겠다. 渙卦를 全變하면 豊卦가 되고, 豊卦는 勿憂宜日中이라고 하였으니 건너는 때는 日中 시기이다. 이 시기에 丘(공자)와 같은 성인이 나서 日中을 슬기롭게 지난다는 뜻이다. 그러한 성인은 東夷國에서 나온다고 하였으니 유심히 연구하여 보자. 환괘의 구사효「小象」에서는 "光大也ㅣ라"고 하였다.

예)九四는 豊其蔀ㅣ라 日中見斗ㅣ니 遇其夷主하면 吉하리라 象曰 豊其蔀는 位不當也ㅣ 새오 日中見斗는 幽不明也ㅣ새오 遇其夷主는 吉行也ㅣ라 (豊卦 九四爻辭,「小象」)

---

3) 군자는 능히 재화란 사람의 공통된 소욕(所欲)임을 알고 그 소욕(所欲)을 남들과 함께 하여 제 혼자만이 독점하지 아니함으로써 이름을 얻고 중망(衆望)의 대상이 되어야 한다. 이를 몸소 실천한 분이 근세학자(近世學者) 노상직(盧相稷) 선생이라 할 수 있다. 노 선생은 경남 창녕 국골(菊洞) 사람으로 호는 소눌(小訥)이고, 비(碑)는 창원에 현존하고 있으며 아버지는 대눌(大訥), 부인은 세눌(細訥)이다. 성재(性齋) 허전(許傳)의 연원(淵源)이다.『儒學淵源錄』을 살펴보면, 그의 제자는 43명으로 기록되어 있다. 소눌(小訥)은 곡자(曲字) 집을 지어 강당을 차려, 후진 양성을 위하여 자기 식구만 먹을 정도만 두고 4, 5백석 되는 재산을 교육에다 다 쓴 분이다. 배우고자 하는 자에게 밥과 옷을 주었고, 또 자기가 직접 교육까지 시켰으며 일생 동안 재산을 투자하여 '사람벌이'하는 데에 낙을 삼았으니 이재발신(以財發身)한 자의 좋은 예라 할 수 있다. 우리는 이러한 위대한 도학자의 얼을 이어받아야 하겠다. 또한 소납 선생은 늘 원대한 생각과 앞을 내다보는 사상으로 많은 사람을 교화시켰다. 즉, 1년의 수확을 위해서는 전답에 곡식을 심고, 10년의 수확을 위해서는 산에 나무를 심고, 100년의 수확을 위해서는 사람을 심는다(種德)고 했으니 곧 교육을 한다는 것이다. 이러한 선생의 높은 이상 아래에서 많은 사람들이 교화되어 배출되었다.

九四는 그 오막살이집이 크게 가려져 있음이다. 한낮에 북두칠성을 보니, 그 평등한 주인을 만나면 길할 것이다. 象에서 말하기를 "豊其蔀는 位가 마땅하지 않기 때문이요, 日中見斗는 어두워서 밝지 못함이요, 遇其夷主는 길한 행함이기 때문이다"고 하였다.

象曰 渙其羣元吉은 光大也 l 라

象에서 말하기를 "渙其羣元吉은 빛나고 큰 것이다"고 하였다.

各說

● 光大也 l 라 : 육사효에 "光大也 l 라"고 한 곳은 『주역』 전체를 통틀어 환괘밖에 없다. 大川을 건너는 데 많은 무리를 이끌고 구제창생(救濟蒼生)하는 일이야말로 빛나고 큰 일이라고 할 수 있다.

九五는 渙에 汗其大號 l 면 渙에 王居 l 니 无咎 l 리라

九五는 渙에 그 크게 부르짖음(政令)을 땀나듯이 하면, 渙에 임금이 〈자기〉 자리에 있으니 허물이 없을 것이다.

・汗 : 땀 한   ・號 : 부르짖을 호   ・居 : 있을 거   ・咎 : 허물 구

總說

구오효는 환괘의 주효로서 강건중정의 군위이며 구이효와 상비 관계이다. 육사효 음과 상친(相親)하고 있다.

各說

● 渙에 汗其大號 l 면 : 大號를 직역(直譯)하면, 혼신의 힘을 다하여 크게 부르짖는다는 뜻이다. 이 말은 곧 임금의 命令(政令)이라는 뜻이다. 즉, 몸에 땀이 배어 있듯이 나라의 어느 곳을 막론하고 발호시령(發號施令)이 침투되는 형상이다. 여기서 땀(汗)은 모든 곳에 침투한다는 뜻으로 사용하였다. 그러나 이와는 다른 모습을 屯卦 구오효에서 찾아 볼 수 있다.

예) 九五는 屯其膏 l 니 小貞이면 吉코 大貞이면 凶하리라 (屯卦 九五爻辭)
　　九五는 그 혜택을 베풀기가 어려우니, 작게 간섭하면 길하고 크게 간섭하면 흉할

것이다.
  [설명]구오효는 강건중정의 位이고, 육이효와 정응 관계이다. 둔괘가 태초 시기이므로 물 위에 떠다니는 기름처럼 백성에게 王化가 침투하지 못하는 모습을 말하고 있다.
● 渙에 王居ㅣ니 无咎ㅣ리라:①大川을 건너는 데 임금이 王道를 자기 자리에서 실행하는 것이니 허물이 없다는 것이다. ②임금이 자기 자리에서 확고 부동하게 정좌만 한다면 육사효가 다 해주니 허물이 없다는 것이다.
※渙卦의 육사효와 구오효에는 괘명 '渙'이 이중으로 들어 있다. 육사효와 구오효는 모든 일을 음으로 양으로 상통하면서 총체적인 책임을 지고 있으며 利涉大川의 일을 중점시하라는 뜻에서 '渙'을 중복하여 말하였다.

象曰 王居无咎는 正位也ㅣ라

象에서 말하기를 "王居无咎는 正位에 있기 때문이다"라고 하였다.

各說

● 正位也ㅣ라:구오효는 王道를 행하는 자리로서 강건중정하기 때문이다.

上九는 渙에 其血이 去하며 逖(척)에 出하면 无咎ㅣ리라

上九는 渙에 그 상해함이 있으면 가버리며, 두려운 데에서 나가면 허물이 없을 것이다.
 ・血:피 혈 ・去:갈 거 ・逖:두려워할 척

總說

상구효는 부정위이지만 육삼효와 상응 관계이다.

各說

● 其血이 去하며:血[4]은 陰으로서 육삼효를 뜻한다. 따라서 건너는 데 그 상해(傷害)함이 있으면 안되니 음과의 관계를 버리라는 것이다. 육삼효는 상구효를 찾아가

---

4) 血은 음양적 차원의 내용을 담고 있으므로 단순히 피라고 해석하면 곤란하다. 한의학의 氣血 개념이 이와 같다.

는 것이고 상구효는 육삼효를 버려야 한다는 것이다.
　예)上六은 龍戰于野하니 其血이 玄黃이로다 (坤卦 上六爻辭)
　　上六은 용이 들에서 싸움을 하니 그 피가 검고 누르도다.
　　[설명]坤卦에서 其血이 玄黃이라고 하였으니 其血은 陰을 뜻한다. 그러므로 渙卦 상구효에서의 其血은 渙卦 육삼효의 음을 뜻한다.
● 逖에 出하면 无咎ㅣ리라:육삼효를 조심해 나가면 허물이 없을 것이다.
　예)六四는 有孚ㅣ면 血去코 惕出하야 无咎ㅣ리라 (小畜卦 六四爻辭)
　　六四는 믿음이 있으면, 피 흘리는 참사를 피할 수 있고 두려운 데에서 벗어나 허물이 없을 것이다.
　　[설명]渙卦 상구효사의 '逖'은 風天小畜卦 육사효사의 惕과 같은 뜻이다.

象曰 渙其血은 遠害也ㅣ라

象에서 말하기를 "渙其血은 害를 멀리 하는 것이다"고 하였다.

· 遠:멀 원 　· 害:해칠 해

各說

● 遠害也ㅣ라:①利涉大川을 하려고 정성을 드리는 때인지라 아내(음)를 찾고 남편(양)을 찾는다는 것은 있을 수가 없다.5) ②초육효와 구이효가 相親하여 화합하며 서로 大川을 건너는 데 이상이 없다. 또 육사효와 구오효 역시 상친하여 화합하므로 利涉大川을 성사시킨다. 그러나 육삼효와 상구효는 상응관계에 있지만 서로 유리된 상황에 있다. 즉, 大川을 건너는 데에는 상응만으로는 아니 되며 서로 화합하여 실력을 길러야 하며, 誠之者의 태도로써 최선을 다해야 한다.

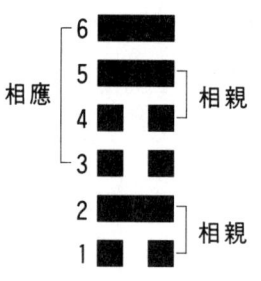

※渙卦의 강의를 마치면서
　인간을 고난과 비애로부터 희열하게 하는 渙散의 방법은 정신 통일하는 데 있다. 그래서 王假有廟라고 하였다. 자아심, 붕당심, 소유욕, 투쟁심의 마음은 苦·難·

---

5) 한국 전쟁 당시, 피난민 대열에 있던 사람들이 갑작스런 비행기 공습으로 인해 처자식을 챙길 겨를도 없이, 먼저 자신의 몸을 숨길 곳을 찾아 들어가는 상황과 같다고 할 수 있다.

悲·哀의 근본적인 4종류의 마음에서 유래된 것이다. 이 가운데 군주가 가져서는 아니 되는 것이 있다면 바로 소유욕이다. 이 소유욕의 有無에 따라 군주의 척도를 재기 때문이다.

水澤節 (추)

坎兌
上下

大 義

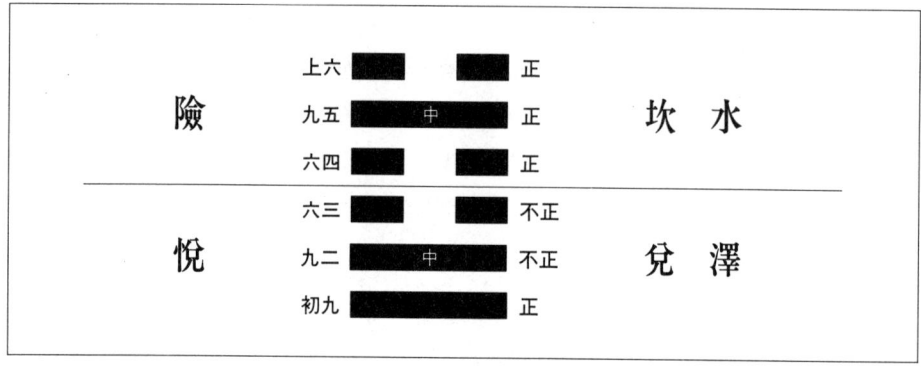

節卦는 渙卦의 도전괘이며, 인간 생활의 절도(節度)와 절제(節制)의 뜻이 있고 어떤 변화의 시점을 우리에게 말하여 주고 있다. 「서괘전」에서 만물은 영원히 소산(消散)만을 하는 것은 아니므로 節卦로 받았다고 말하고 있다.[1] 이는 절도의 원칙을 말한 것으로 정신적인 절제와 물질적인 절약을 포함한 것이다.

1) 節卦는 우리가 살고 있는 지구의 변화를 알려준다. 이 변화의 과정을 보고 인간이 살아가며 또 일을 한다. 이것이 곧 24節侯이며 四季節이다. 사계절은 선천과 후천이 바뀌는 交易 장소, 즉 시장이라 할 수 있다. 24절후를 크게 등분한 것이 사계절

---

[1] 兌者는 說也ㅣ니 說而後에 散之라 故로 受之以渙하고 渙者는 離也ㅣ니 物不可以終離라 故로 受之以節하고;兌는 기뻐하는 것이니 기뻐한 뒤에 흩어지는 것이다. 그러므로 渙으로써 받고, 渙은 떠나는 것이니 사물이 끝까지 이산할 수만 없기 때문에 節로써 받고. (「序卦傳」)

(춘하추동)이라 할 수 있으며, 24절후의 변화 과정이나 원인을 알면 자연히 그 속에 이치가 존재함을 알 수 있다.

- 1候 — 5日 — 한 장단 → 교역 장소(선후천이 바뀌는 제일 큰 시장이다)
- 3候 — 15日 — 1節
- 72候 — 24節 — 1年 — 陽36+陰36(72候)

예)夫大人者는 與天地合其德하며 與日月合其明하며 與四時合其序하며 與鬼神合其吉凶하야 先天而天弗違하며 後天而奉天時하나니 天且弗違온 而況於人乎ㅣ며 況於鬼神乎ㅣ여 (乾卦「文言傳」)
대저 대인은 천지와 더불어 그 덕을 합하며, 일월과 더불어 그 밝음을 합하며, 사시와 더불어 그 차례(질서)를 합하며, 귀신과 더불어 그 길흉을 합하여서, 하늘보다 먼저 하여도 하늘에 어긋남이 없고, 하늘 뒤따라 하더라도 하늘이 때를 받들어 가는 것이니, 하늘도 또한 어긋남이 없거늘 하물며 사람에게 있어서며 하물며 귀신에게 있어서랴!
[설명]윗글은 乾卦「文言傳」의 연속이며, 건괘 구오효사를 다시 풀이하였다. 천지의 運氣를 받아서 조화를 이루며 살아가는 것이 사람이며, 또 사람은 하늘의 모든 것과 땅의 모든 것을 합하여서 생성 변화를 알아서 행한다.

2) 節卦는 상하경을 통틀어 60번째의 괘다. 이는 대자연의 수가 60이 한도이며, 60을 기준으로 하여 한 단위로 움직이고 있는 것과 연관되어 있다.[2] 사람도 60년이 지나면 한 마디가 지나간다고 하여 환갑(還甲 또는 回甲)[3]이라 하였다. 따라서 하늘과 땅의 기운이 相交함이 60數이다. 이것을 五運六氣라고 한다.

天干:甲 乙 丙 丁 戊 己 庚 辛 壬 癸 　 (10개)—10×6(用)=60
地支:子 丑 寅 卯 辰 巳 午 未 申 酉 戌 亥(12개)—12×5(用)=60[4]

---

2) 60이 한 節로 움직이지만 그 기본 바탕은 乾坤坎離(天地日月) 4괘이다. 기본은 불변이다. 그 사이에 60괘가 변화하여 가고 있으며 天地日月이 변화하는 내용을 담고 있다.
3) 還甲은 天干 地支로 보아서 甲子年부터 60년이 지나고 61년째 다시 甲子年이 돌아오게 되는 것을 말한다. 이는 한 마디를 지난다는 뜻으로 節이라고 할 수 있다. 천지가 운행하는 이치도 이와 같이 생각하여 易에 60번째 괘로 節卦를 넣어서 우리에게 알려 주고 있다.
4) 地天泰卦에서 泰通이 되는 원리가 바로 위의 표와 같으며 運은 天을, 氣는 地를 가리킨다. 運氣라는 개념은 儒家에서는 理氣로 사용되고 있다. 天干(10)은 體가 陽이면서 用은 陰인 6으로, 地支(12)는 體가 陰이면서 用은 陽인 5로 사용하고 있다. 運氣라는 용어는 『황제내경』에서 처음 사용하였는데 하늘과 땅의 운행하는 氣運을 뜻한다. 하늘과 땅 사이에 사람이 살고 있으니 이 運氣를 알아야 사람이 살아가는데 그 적합 여부를 찾을 수가 있는 것이다. 신체의 병을 고치자면 우선 체질(體質)을 알고서 약을 사용하여야 하므로 이 運氣論이야말로 의학의 기본 이론이라고 하겠다.

　　　　　　天　干:음양의 5쌍 ― 五運 ― 五天
　　　　　　地　支:음양의 6쌍 ― 六氣 ― 六地

3) 節卦는 사물의 절차를 말하며『중용』에서 中節이라고 하였으니 모든 사물에 있어서 알맞은 節이 있어야 한다는 것이다.5)
　예) 喜怒哀樂之未發을 謂之中이오 發而皆中節을 謂之和ㅣ니 中也者는 天下之大本也ㅣ오 和也者는 天下之達道也ㅣ니라 (『中庸』第1章)
　〈사람의 마음에 작동이 여기에 있다〉기쁘고 화내고 슬프고 즐거움이 발동하지 아니 한 것을 中이라 하고,〈희로애락이〉발동하되 다 절차에 맞게 발하는 것을 和라고 이르나니, 中이라는 것은 천하의 큰 근본이요, 和라고 하는 것은 천하의 통달한 도다.
　[설명] 성낼 때 성내야 하는데 도리어 즐거워야 할 때에 성을 내면 정상적인 사람이 못된다. 그러므로 節은 중요하다.

4) 節卦의 상괘는 坎水(流水)이며, 하괘 兌는 못(＝止水)으로서 못 위에 물이 있는 것을 말한다. 못에 물을 가두어서 넘치지 않도록 하며 또 고갈이 되지 않도록 조절한다. 즉, 적절한 한계 안에서 멈추어 節度를 지키는 상태를 상징하니 바로 水澤이 節이다. 이와 같이 節이 되어야 못에 항상 맑은 물이 가득 담겨져 있어, 거기에 고기를 기르고 배를 띄워 관광도 하고 또한 논과 밭에 관수(灌水)하는 이득도 줄 수 있다.

5) ①節卦는 괘상으로 보아서도 中節이며 陽 3爻, 陰 3爻로 조화를 이루고 있다. 즉, 甘節, 苦節의 조절에 의한 조화와 時止則止하고 時行則行하는 절약의 조화를 대자연의 節에서 본받아서 우리가 나아가야 할 바(행동)를 제시하고 있다. 다시 말하자면, 우리 인간이 살아가는 데는 節 아님이 없으니 節을 지키는 것은 어렵고도 중요하다는 것이다. ②節은 한 마디를 의미한다. 이 마디는 어떤 한계를 의미하기도 하며, 어떤 한계에서 매듭 짓는 것을 말한다. 대자연이 운행하는 節, 곧 24절후를 인간 생활에 비유하여 우리가 나아가야 할 바를 본받도록 하고 있다. 그래서 節의 참뜻을 잘 알아서 활용, 실행하는 사람이 성공하게 되는 것이다. 어느 정도까지 하면 되고 이 정도 이상이면 아니 되겠다는 것을 아는 사람이 곧 節을 알고 실행하는 사람이다.

---

5) 남자가 節이 없으면 줏대가 없어진다. 오늘은 여기에 내일은 저기에 가는, 節度가 없는 사람이 되고 만다. 또 여자가 節이 없다면 질서가 파괴되고 사회가 혼탁해질 것이다. 여자의 이것을 貞節, 節介라 하여 행동의 節을 부르짖고 있다. 즉, 이러한 남녀의 節을 대자연의 節과 같이 하도록 하라는 뜻이다.

原文풀이

節은 亨하니 苦節은 不可貞이니라

節은 형통하니, 쓴 節은 가히 바르지 못하다.
· 節:마디 절 · 苦:쓸 고

總說

윗글은 절괘의 괘사이다.

各說

● 節은 亨하니:節은 굳게 지키기만 하면 형통하여 이름도 얻고 만사가 뜻대로 된다는 것이다. 節은 中이므로 節만 잡으면 형통하다. 『중용』에서 "中節은 謂之和:다 절차에 맞게 발하는 것을 和라고 이른다"고 하였으니, 節을 완전히 아는 사람은 도통한 사람이다. 그러므로 節은 禮이며 秩序이며 天序이다.

● 苦節은 不可貞이니라:節이 지나쳐 아주 극도에 달하였을 때 節을 지키기 위하여 수고롭고 아주 쓴 시기가 苦節이다. 이러한 것은 가히 오래가지 아니하며, 이 苦節이 바르게 나아가는 것은 옳지 아니하다.6) 그러나 각고의 힘으로 苦節을 한다면 자체의 苦節은 그대로 가지 않고 甘節로 바뀌어진다는 것이 不可貞이다.7) 이것은 천지의 이치며 천지 순환의 원리이다. 이것에 대한 좋은 교훈적인 내용을 경전에서 인용하여 보자.

예1) 康誥에 曰 惟命은 不于常이라하니 道善則得之하고 不善則失之矣니라 (『大學』 傳10장)
  〈『서경』의〉 강고편에서 말하기를 '오직 천명(대자연)은 항상함이 없다'고 하였으니, 선하면 〈천명을〉 얻고, 선하지 못하면 〈천명을〉 잃게 될 것이다.
  [설명]'不于常'은 一定不變하는 것이 아니다는 뜻이다.

예2) 王曰 嗚呼ㅣ라 肆汝小子封아 惟命은 不于常이니 汝念哉하야 無我殄享하야 明乃服

---

6) 모른 것을 아는 체하고, 없으면서 있는 체하는 것이 "苦節不可貞"의 현상이라 할 수 있다.
7) ①고시생(考試生)이 공부를 할 때는 苦節이라 할 수 있지만, 합격이 되었다면 공부할 때의 苦節은 없어지고 甘節이 오는 것이다. ②춘향이가 옥에 갇혀 있을 때는 苦節이지만, 나중에 李도령이 급제하여 춘향이를 구하여 그들의 사랑이 이어져 나가게 된 것은, 苦節이 그대로 계속된 것이 아니므로 不可貞이라고 할 수 있다. ③節을 알맞게 지키고 있는 식물로는 대나무를 꼽을 수 있다. 四君子 가운데서도 대나무를 대표적인 절개의 상징으로 말하고 있다. ④苦盡甘來라는 말이 있듯이 五味로 보면 苦가 극에 이르면 甘이 되고, 또 甘이 극에 이르면 苦가 오는 법이다. 그러므로 인간사가 모두 節이 아닌 것이 없다.

命하며 高乃聽하야 用康乂民하라 (『書經』康誥章)

成王이 말씀하시기를 "아! 그리고(肆) 너 小子 封아 오직 천명(대자연)은 항상함이 없다고 하니, 네가 잘 생각하여서 내(天子)가 〈나라의〉 향유함을 끊어지게 해서는 아니 된다. 네가 행해야 할 命을 밝히며, 너의 들음을 높임으로써 백성을 편안하게 다스려라"고 하였다.

[설명]윗글은 예문1)의 出典에 해당하며, 이『서경』의 강고편은 은나라가 망한 뒤, 그 곳에 강숙(康叔)을 보내어 '衛'라 하고 그를 제후로 봉하고 이 때 明政과 德治를 하도록 成王을 대신하여 周公이 그에게 당부하는 교훈이다. 곧 하늘은 항상 한 사람에게만 복을 주지는 아니한다. 제후도 명정을 해야 하고, 또한 선정도 해야 제후의 지위가 계속되는 것이지 그렇지 못하면 천명은 그 위를 빼앗을 것이다. 그러므로 제후는 천자를 도와서 제후로서의 직분을 다하고 백성의 高見을 들어서 선정을 베풀도록 해야 한다. 그러자면 혼자 생각으로는 부족하기에 많은 우수한 사람들의 의견을 들어서 백성을 평안히 다스리라는 것이다. 즉, 천자를 돕기 위해 제후가 존재하는 것이니 제후는 천자의 국토 보호에 방해가 되어서는 안 된다는 것이다.

예3) 積善之家는 必有餘慶하고 積不善之家는 必有餘殃하나니…… (坤卦「文言傳」)

선을 쌓은 집안에는 반드시 〈착한 것을 쌓고〉 남은 경사가 있고, 불선을 쌓은 집안에는 반드시 재앙이 있게 될 것이니……

[설명]위의 文言은 坤卦 초육효에 대한 설명이다.

彖曰 節亨은 剛柔ㅣ 分而剛得中할새오 苦節不可貞은 其道ㅣ 窮也일새라 說以行險하고 當位以節하고 中正以通하니라 天地節而四時成하나니 節以制度하야 不傷財하며 不害民하나니라

彖에서 말하기를 "節亨은 剛과 柔가 〈삼효씩〉 나누어지고 剛(九二, 九五)이 득중을 하였기 때문이오, 苦節不可貞은 그 도가 다하였기 때문이다. 기뻐함으로써 험한 데로 행하고, 位에 마땅하여 써 節하고, 중정으로써 〈서로〉 통한다. 천지가 〈운행하여〉 節이 생겨서 사계절이 이루어지니, 節로써 법도를 제정하여 재물을 상하지 아니하며, 백성을 해치지 아니하는 것이다"고 하였다.

· 窮:다할 궁 · 說:기뻐할 열, 말씀 설 · 險:험할 험 · 通:통할 통 · 制:마를 제 · 度:법도 도 · 傷:상처 상 · 財:재물 재 · 害:해칠 해

總說

윗글은 절괘의 「단사」이다.

各說

```
6 ▬ ▬  柔 ( 陰 )
5 ▬▬▬ 中 剛 ( 陽 )
4 ▬ ▬  柔 ( 陰 )
3 ▬ ▬  柔 ( 陰 )
2 ▬▬▬ 中 剛 ( 陽 )
1 ▬▬▬  剛 ( 陽 )
```

- 剛柔ㅣ 分而剛得中할새오: 절괘는 양 3효(초구, 구이, 구오효)와 음 3효(육삼, 육사, 상육효)로 구성되어 있으며, 구이효와 구오효가 剛으로서 得中하고 있다. 이것은 卦體(象)를 말하고 있다.

- 說以行險하고: 사람이 기뻐할 때는 節을 잊어 버리기가 쉽다. 이렇게 되면 行險이 되는 것이다. '行險'은 苦節을 뜻한다.

- 當位以節하고: ①모든 일에 임할 시에는 中節을 해야만 된다는 뜻이다. 그러나 이를 실천하기란 매우 어렵다. 특히 임금이나 정승의 位에 있을 때, 그 절후에 맞추어 잘하여 나가기가 더 어렵다는 것이다. 여기에서 구이효와 구오효는 자리에 마땅하게 절차를 맞고 있다는 것이다. ②"說以行險"과 "當位以節"은 卦德으로 본 것으로 그 내용은 같다.

- 中正以通하니라: 구이효는 得中, 구오효는 中正으로써 상통한다는 것이다.

- 天地節而四時成하나니: 천지가 상교하여 생기는 節이 춘하추동의 四時를 생성하게 된다는 것이다. 곧 우주 대자연의 운행이 곧 절차에 맞도록 돌아가고 있다는 것이다.

- 節以制度하야: 대자연의 과정을 보고 천지의 節을 본받아서 인간 생활에 필요한 법률(규범)을 제정하여, 기준이 되고 표본이 될 수 있는 각종 도량형(度量衡) 등을 만드는 것이다. 곧 기본과 표준이 되는 用器가 節이라 할 수 있다. 또한 節은 사람이 살아가는 것을 뜻하고, 사는 데에도 中節로써 하여 후세 사람들에게 나쁜 것을 넘겨주지 않도록 하라는 뜻도 있다.[8]

동서남북의 四正方은 冬至 ↔ 夏至, 春分 ↔ 秋分으로 항상 상대적이다. 그 외 間方은

---

[8] 현대 사회는 서양에서 발원된 과학기술 문명과 어우러져, 절도 없는 생산과 소비가 하나뿐인 지구의 환경을 아주 황폐하게 만들고 있다. 이것은 당장 현재를 살고 있는 우리뿐만 아니라 후세에게도 많은 악영향을 줄 것은 자명한 사실이다. (一岡註)

四立方으로 立春, 立夏, 立秋, 立冬이다. 그리고 입춘 다음에 춘분이 오고, 입하 다음에 하지가 오고, 입추 다음에 추분이 오고, 입동 다음에 동지가 온다.

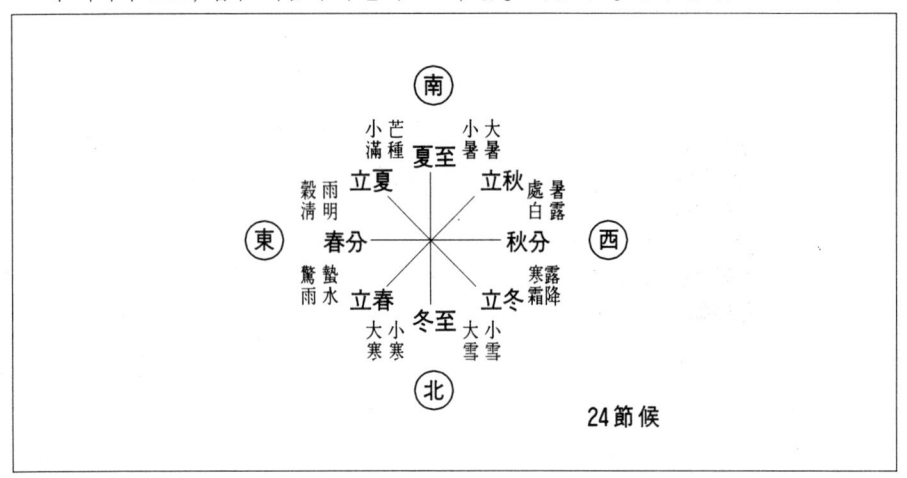

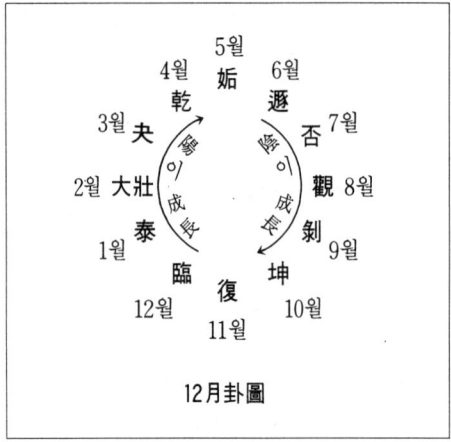

冬至에서 一陽이 始生하는 이치가 ䷗復卦와 같으며 이는 陽이 陰을 節制하는 것이다. 반대로 一陰이 始生하는 것은 ䷫姤卦와 같으며 이는 陰이 陽을 節制하는 것이다.

24절후도와 12월괘도의 상관 관계를 도표로써 살펴보았다.

이 원리가 "天地節四時成하나니 節以制度하야"의 뜻이다.

- 不傷財하며 : 법을 제정하고 도량형의 표준을 만들어서 백성이 상호간에 재물을 교환을 할 때 손해가 없도록 하는 것을 말한다. 곧 節로써 백성의 손해가 없도록 한다는 것이다.
- 不害民하나니라 : 법을 만들어서 백성에게 질서를 가지도록 하였으니 이로써 백성에게 손해를 끼치지 않게 하였다는 것이다.

水澤節 413

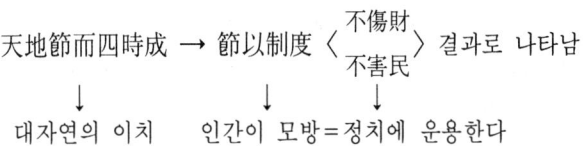

象曰 澤上有水ㅣ 節이니 君子ㅣ 以하야 制數度하며 議德行하나니라

象에서 말하기를 "못 위에 물이 있는 것이 節이니, 군자가 이로써 數와 度를 제정하며 德行을 의논하는 것이다"고 하였다.

·澤:못 택 ·制:마를 제 ·數:셀 수 ·度:법도 도 ·議:의논할 의

總說

윗글은 절괘의 「대상」이다.

各說

- 澤上有水ㅣ 節이니:①못에 물이 많으면 흘러내리고, 적으면 저수(貯水)가 된다. ②못에 물이 넘치면 물이 넘어갈 수 있도록 물곬을 만들어 놓는다. 사람도 마음속에 물곬을 가지고 있어야 한다. 곧 止於至善과 惟精惟一한 마음이다.
- 制數度하며:사물에 관한 법규를 제정한다는 뜻이다.
- 議德行하나니라:中節과 中正이 된 사람의 덕행을 의논해야 한다. 즉,〈군자는 자연이치의 節을 보고 제도를 만들어서 국가를 통치하고〉덕행을 논하여서 인재를 등용하여야 한다는 것이다.

初九는 不出戶庭이면 无咎ㅣ리라

初九는 문밖 뜰에 나가지 아니하면 허물이 없을 것이다.

·戶:지게 문 호 ·庭:뜰 정

總說

초구효는 득정이며 육사효와 정응 관계이다.

各說

- 不出戶庭이면:①초구효는 최하위에 있으므로 문밖의 뜰에 나가지 않고 자신을 수

양하며 망동(妄動)하지 아니한다. 즉, 때가 적당치 않으니 절조로써 근신하고 자기 몸을 숨기는 潛龍의 형상을 뜻한다. ②'不出戶庭'은 초구효가 가지는 그 당시의 中節이다. ③사람들이 사는 집의 節은 바로 大門(門戶)이다.

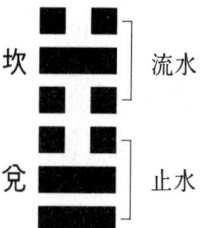

● 无咎ㅣ리라 : 초구효의 不出戶庭은 정지된 상태를 말한다. 절괘의 하괘 兌卦는 澤이고 止水이니 못물이 그대로 가만히 있으면 无咎이다. 乾卦의 "初九는 潛龍이니 勿用이니라 : 初九는 물 속에 잠긴 용이니 쓰지 말아라"와 같은 이치이다. 또한 못물이 넘쳐나는 것은 流水, 즉 坎이라고 할 수 있다.

象曰 不出戶庭이나 知通塞也ㅣ니라

象에서 말하기를 "不出戶庭이나 통하고 막힌 것을 아는 것이다"고 하였다.
· 通 : 통할 통 · 塞 : 막힐 색

各說

● 知通塞也ㅣ니라 : 군자가 방안에 있더라도 세상의 돌아가는 형편을 잘 알고 中節의 用을 잘하라는 것이다. 곧 만날 때가 되면 나가고 그렇지 않을 때에는 나가지 않는다는 것이다. 공자는 節卦 초구효의 내용을 중요시하여 「계사전」에서 다시 해설하였다.

예) 不出戶庭이면 无咎ㅣ라하니 子曰 亂之所生也ㅣ 則言語ㅣ 以爲階니 君不密則失臣하며 臣不密則失身하며 幾事ㅣ 不密則害成하나니 是以君子ㅣ 愼密而不出也하나니라
(「繫辭傳」下 第8章)
문밖 뜰에 나가지 아니하면 허물이 없을 것이라 하니, 공자께서 말씀하시기를 "어지러움(사회의 혼란)이 생기는 것은 말 때문이라고 판단되니, 임금이 은밀하지 못하고 〈경솔하게 발설하면〉 신하를 잃으며, 신하가 그러하면 자기 몸을 잃으며, 〈무슨 일이든지〉 은밀하지 않고 〈그 기밀을 누설하게 되면〉 해를 이루게 되는 것이니, 이렇기 때문에 군자는 삼가 은밀하고 나가지 아니하는 것이다"고 하셨다.

[설명] 군자는 자연 이치의 기틀(기점)이 되는 일에 中節을 지키지 아니하면 害가 돌아오게 된다는 것을 강조한 글이다.

九二는 不出門庭이라 凶하니라

九二는 대문 밖을 나가지 아니함이다. 흉하다.

總說

구이효는 부정위이지만 득중하였으며 구오효와 상비 관계이다.

各說

- 不出門庭이라: ①절괘의 구이효는 乾卦의 "九二는 見龍在田이니 利見大人이니라: 九二는 나타난 용이 밭에 있으니 대인을 봄이 이롭다"의 시기이며 활동을 해야 하는 상황인데 아직 문안에 있으니 中節을 이루지 못하고 不及의 상태에 있다. ②때를 놓쳐서 벼슬하지 못하고 은거하는 사람에 비교하였다. 그러나 마음으로는 기뻐함이 있다.
- 凶하니라: ①구이효는 세상 사람들과 서로 사귀고, 또 구오효의 덕을 통하여 천하의 통치를 조절해야 됨에도 불구하고 너무 소극적이고 苦節하여 대문 밖을 나가지 않으니 흉하다. ②구이효는 節卦의 하괘 ☱兌(小女)의 부정위이므로 得中도 소용이 없이 흉하다는 것이다.

象曰 不出門庭凶은 失時ㅣ 極也ㄹ새라

象에서 말하기를 "不出門庭凶은, 때를 잃음이 극에 달했기 때문이다"고 하였다.

各說

- 失時ㅣ 極也ㄹ새라: 時中을 놓쳐서는 아니 된다는 것이다. 선후천의 갈림길인 日午中天의 時中을 놓쳐서는 아니 되며, 이때가 되면 不出門庭을 해서는 아니 된다는 뜻이다.9)

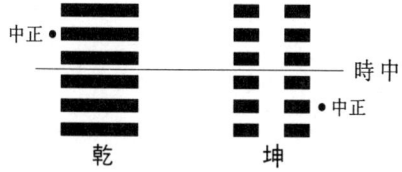

선천과 후천의 갈림점을 時中이라고 한다면 이때를 잘 알아야 한다.

---

9) 제갈양과 유현덕은 不出門庭을 하지 아니하였다. 그러나 그들은 때가 되면 일하러 나갔다(平天下를 위하여 세상으로 나갔다).

六三은 不節若이면 則嗟若하리니 无咎ㅣ니라

六三은 절차에 맞지 않을 것 같으면 곧 슬퍼하리니, 허물할 데가 없다.
·若:같을 약, 어조사 약 ·嗟:슬퍼할 차, 탄식할 차

總說

육삼효는 부정위이며 상육효와 상비 관계이다.

各說

- 不節若이면 則嗟若하리니:不節若의 결과가 則嗟若이다.
- 无咎ㅣ니라:①내가 잘못을 하였기 때문에 허물할 곳이 없다는 뜻이다. 他无咎와는 설명이 다르다. ②삼효는 終始이므로 節을 가져야 한다. 즉, 日午中天 시기에는 節에 맞도록 해야 한다.

象曰 不節之嗟를 又誰咎也ㅣ리오

象에서 말하기를 "不節之嗟를 또 누구를 허물하리오"라고 하였다.
·又:또 우 ·誰:누구 수

各說

- 又誰咎也ㅣ리오:이 구절과 같은 글이 나오는 괘가 두 곳이 더 있다. 참고 바란다.
  - 예1) 象曰 出門同人을 又誰咎也ㅣ리오 (同人卦 初九「小象」)
    象에서 말하기를 "문에 나가서 同人하는 것을 또 누가 허물할 수 있겠는가?"고 하였다.
  - 예2) 象曰 負且乘이 亦可醜也ㅣ며 自我致戎이어니 又誰咎也ㅣ리오 (解卦 六三「小象」)
    象에서 말하기를 "負且乘은 역시 추악스러운 것이며, 나 스스로 도적을 불렀으니 또 누구를 허물하겠는가?"고 하였다.

六四는 安節이니 亨하니라

六四는 평안한 節이니 형통하다.

總說

육사효는 정위이며 초구효와 정응 관계이다.

各說

● 安節이니: ①하늘과 땅의 相交로써 四時가 행하여지는 것처럼, 하지 않으려고 하여도 節度에 맞게끔 되는 것을 말한다. 마음이 아주 평안한 상태를 말하며, 공부하여 도통의 경지에 있다고 할 수 있다. 또 中節을 받들어서 행하는 자가 安節이며, 대자연 자체가 安節이다. ②육사효는 정위이며 또 훌륭한 구오효와 상통이 되는 것이니 安節이라고 하였다.

예1) 或生而知之하며 或學而知之하며 或困而知之하나니 及其知之하야난 一也ㅣ니라 或安而行之하며 或利而行之하며 或勉强而行之하나니 及其成功하야난 一也ㅣ니라
(『中庸』第20章)

혹 어떤 사람은 태어나면서부터 그것(達道)을 알며, 어떤 사람은 배워서 그것을 알며, 어떤 사람은 苦心을 해서 그것을 알지만, 그것을 앎에 미쳐서는 한가지다. 어떤 사람은 편하게 그것을 행하며, 어떤 사람은 이롭게 하여 행하며, 어떤 사람은 억지로 힘을 써서 행하기도 하나, 그 공을 이루는 데 있어서는 한가지다.

[설명] '安'은 人爲가 없이 자연 그대로란 뜻이며, '安而行之'는 아무런 의지적인 지장 없이 소위 평안하게 자연스럽게 五達道 곧 人倫의 길을 실천하는 사람이다.

• 生知安行 ― 安而行之: 聖人(=安節)   • 學知利行 ― 利而行之: 賢人
• 困知勉行 ― 勉强而行之: 士人(평범한 사람)

예2) 夫大人者는 與天地合其德하며 與日月合其明하며 與四時合其序하며 與鬼神合其吉凶하야 先天而天弗違하며 後天而奉天時하나니 天且弗違온 而況於人乎ㅣ며 況於鬼神乎ㅣ여 (『周易』乾卦「文言傳」)

대저 대인은 천지와 더불어 그 덕을 합하며, 일월과 더불어 그 밝음을 합하며, 사시와 더불어 그 차례(질서)를 합하며, 귀신과 더불어 그 길흉을 합하여서, 하늘보다 먼저 하여도 하늘에 어긋남이 없고, 하늘 뒤따라 하더라도 하늘이 때를 받들어 가는 것이니, 하늘도 또한 어긋남이 없거늘 하물며 사람에게 있어서며 하물며 귀신에게 있어서랴!

[설명] 先天而天弗違하며 後天而奉天時하나니: 安而行之

예3) 唯神也故로 不疾而速하며 不行而至하나니 (「繫辭傳」上 第10章)

오직 신령스럽기 때문에 빠르지 아니해도 빨리 하고 가지 아니하여도 신의 조화도 다 알아 낼 수 있다.

예4) 曰若稽古帝堯컨대 曰放勳이시니 欽明文思이 安安하시며 允恭克讓하사 光被四表하시며 格于上下하시니라 (『書經』「虞書・堯典」)

옛 요임금에 대하여 상고해 보건대, 지극한 공을 세우셨으니 공손하고 총명하고 우

아하고 신중하시어 온유하셨고, 진실로 공손하고 사양하시며 빛을 온 세상에 펴시니 하늘과 땅에 이르렀다.
[설명]윗글 중 '安安'은 中節과 安節의 뜻을 가지고 있다. 즉, 덕을 많이 가지고 있는 자는 그냥 평안하게 있어도 모든 것이 다 되어 나간다는 것이다. 성인이 그러하다.
● 亨하니라:아무런 힘을 쓰지 아니하여도 자연히 절도에 맞으니 만사가 형통하게 된다는 것이다.

象曰 安節之亨은 承上道也ㅣ라

象에서 말하기를 "安節之亨은 위(九五)의 도를 이어받았기 때문이다"고 하였다.
·承:이을 승

各說

● 承上道也ㅣ라:절괘와 환괘를 비교하면, 이 두 괘의 四爻와 五爻가 상친(相親)하며 서로를 보완해 주고 있다.

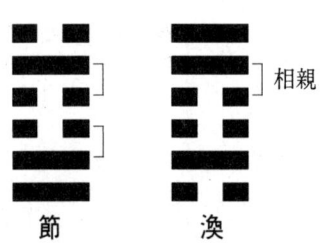

예)六四는 渙에 其羣이라 元吉이니 渙에 有丘ㅣ 匪夷所思ㅣ리라(渙卦 六四爻辭)
六四는 渙에 그 무리가 모여 있다. 원래부터 길하니, 渙에 언덕이 있음이 평상시와 같이 생각할 바가 아닐 것이다.
[설명]환괘의 육사효는 정위로서 不得中이며 초육효와 상비 관계이다. 그러나 大臣의 位에 있으면서 훌륭한 여자(음)로서 왕위인 구오효와 상통하여 화합하고 利涉大川에 있어서 主役의 존재이다.

九五는 甘節이라 吉하니 往하면 有尙하리라

九五는 절도에 알맞게 하는지라. 길하니, 〈그대로〉 나아가면 가상(嘉尙)함이 있을 것이다.

總說

구오효는 주효로서 강건중정의 위이며 구이효와 상비 관계이다.

各說

- 甘節이라:군위에 있으면서 모든 절차에 알맞게 하기 때문에 모든 일이 내 뜻과 마찬가지로 알맞게 되는 형상을 말한다. 또 사람으로 풀이하였으므로 五味로 생각할 수 있다. 甘은 오행으로 보면 土이다. 즉, 土—甘味—中央—中正—구오효이다. 구오효는 고진감래를 뜻하기도 한다. 따라서 苦節은 不中正이 된다.
- 有尙하리라:경사가 있을 것이다.

象曰 甘節之吉은 居位中也ㄹ새라

象에서 말하기를 "甘節之吉은 〈九五의〉位가 中正에 있기 때문이다"고 하였다.

各說

- 居位中也ㄹ새라:구오효가 中正之道에 있기 때문에 甘節은 곧 中節이라 할 수 있다.

上六은 苦節이니 貞이면 凶코 悔면 亡하리라

上六은 쓴 절이니, 〈그대로〉 나아가면 흉하고 뉘우치면 〈흉함이〉 없어질 것이다.

總說

상육효는 정위이며 육삼효와 상비 관계이다.

各說

- 苦節이니:어떤 절차에서 지나친 것을 말하며 쓰고 수고로운 節이다.
- 貞이면 凶코 悔면 亡하리라:①상육효는 정위이지만 上爻이므로 節에 極하여 있는 형상이다. 그러므로 상육효의 位가 正이라 할지라도 苦節을 그대로 지키려고 하면 흉하다는 것이다. 그러나 뉘우치면 흉함이 없어진다. 여기서 '貞'은 征의 뜻이 있으며, '悔'는 中으로 돌아오는 것을 말한다. ②『주역』에서 '貞吉悔亡'이 사용된 곳은 咸卦의 구사효, 大壯卦의 구사효, 巽卦의 구오효, 未濟卦의 구사효가 있지만 '貞凶悔亡'으로 사용된 곳은 節卦의 상육효 하나밖에 없다.

象曰 苦節貞凶은 其道ㅣ 窮也ㄹ새라

象에서 말하기를 "苦節貞凶은 그 도가 다하였기 때문이다"라고 하였다.

各說

- 其道ㅣ 窮也ㄹ새라 : 길이 극에 도달하면 흉이 오고, 흉이 극에 도달하면 길이 오듯이 뉘우치면 흉이 없어진다고 하였다. 따라서 상육효의 苦節은 생활상으로는 苦節이 되지만 윤리적으로는 과실(過失)이 될 것이 없다.

風澤中孚 (추)

巽兌
上下

大 義

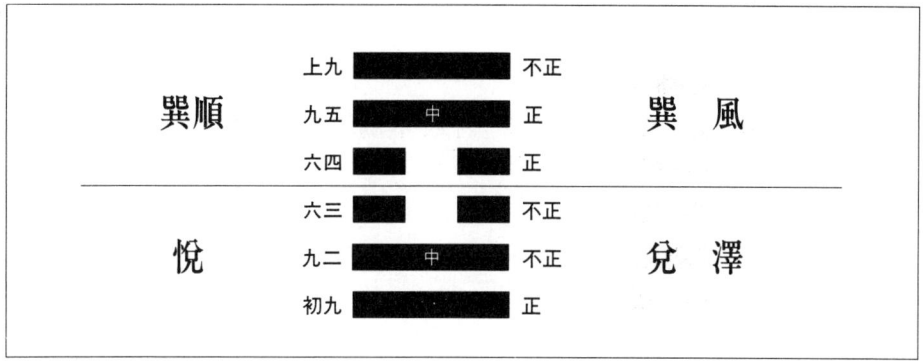

　中孚卦는 中을 지키기 위하여 誠, 信, 敬, 孚로써 해야 한다. 또한 中 속에는 마땅한 것(宜)과 의리(義)가 내포되어 있으므로 이를 지키기 위해서라도 반드시 中을 잡아야 한다.[1] '孚'자를 파자하면, 爪(새 발톱 조)+子(아들 자)=孚이다. 즉, 새가 부화(孵化)하기 위하여 발톱으로 알을 이리저리 굴리며 알을 품고 있는 형상이므로 결국 새가 알을 까기 위하여 온갖 정성이 필요함을 말하고 있다.

1) 中孚卦는 괘상으로 보면 中虛이다. 이는 거시적으로 본 것이며, 미시적으로 보면 中實이다. 이처럼 중부괘는 虛實이 함께 하고 있다.[2]

---

[1] 60괘에서 節卦 다음에 中孚卦가 들어 있는 것은 60괘를 공부한다 할지라도 孚가 없이는 아니 되기 때문에 60괘 다음에 中孚卦를 두었다. 孚는 信, 誠을 뜻하며 中에 대한 정성을 말한다.
[2] 中孚卦를 사물에 비유하자면 달걀이라고 할 수 있다. 달걀의 겉은 實로서 딱딱하지만 속은 虛로서

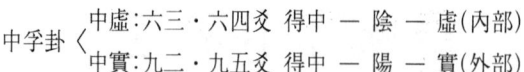

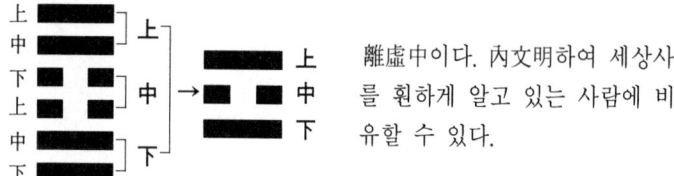

離虛中이다. 內文明하여 세상사를 훤하게 알고 있는 사람에 비유할 수 있다.

體	實	富	男	陽	理	生	水	上經	太極
用	虛	貧	女	陰	氣	成	火	下經	

2) 虛와 實한 것에 대하여 알아보자.

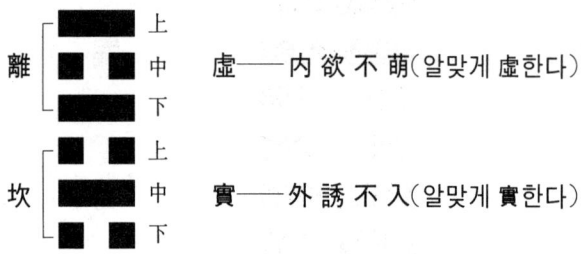

離 虛──內欲不萌 (알맞게 虛한다)

坎 實──外誘不入 (알맞게 實한다)

우리가 공부를 하는 것도 마음속에 있는 물욕을 없애고 虛中을 얻기 위해서이다. 이는 불교에서 말하는 온갖 번뇌를 없애라는 말과 같다. 无我之境이 곧 虛(內明)이다. 虛와 實이 두 개로 분리되어 있지만 이것은 太極에서 생성된 것이므로 결국 하나이다. 「계사전」에서 말하는 일합일벽(一闔一闢)을 생각하면 된다. 인체에 비유하면 숨을 들이쉬는 것과 숨을 내쉬는 것으로 생각할 수 있다.

예) 是故로 闔戶를 謂之坤이오 闢戶를 謂之乾이오 一闔一闢을 謂之變이오
(「繫辭傳」上 第11章)
이런 까닭으로 문을 닫는 것을 坤이라 이르고, 문을 여는 것을 乾이라 이르며, 한 번 닫고 한 번 여는 것을 變〈化〉라 이른다.

유교의 근본 사상이 中虛와 中實을 어떻게 하면 일치시킬 수가 있을까 하는 것인데 이것은 곧 中正을 갖기 위한 것이며, 道通을 하기 위한 것이라 할 수 있다.3)

---

3) 물렁물렁하기 때문이다.

中虛 — ☲ — 盡性 공부 — 信·誠·孚·敬 — 知(觀工夫)
中實 — ☵ — 窮理 공부 — 理致를 알아내는 것 — 行(實學派)4)

知行一致 곧 中虛中實을 일치시키는 일이 道通無我之境의 상태를 말한다.

3) 중부괘는 內二爻가 비어서 中虛이니 빈 배에 생각할 수 있다. 天地는 水火의 氣運으로 운행해 가고 있다. 이것을 상하경으로 살펴보면, 우선 상경 30괘는 乾, 坤卦로부터 상교한 다음 六水로 시작되어 頤, 大過, 坎, 離卦로 끝났다.

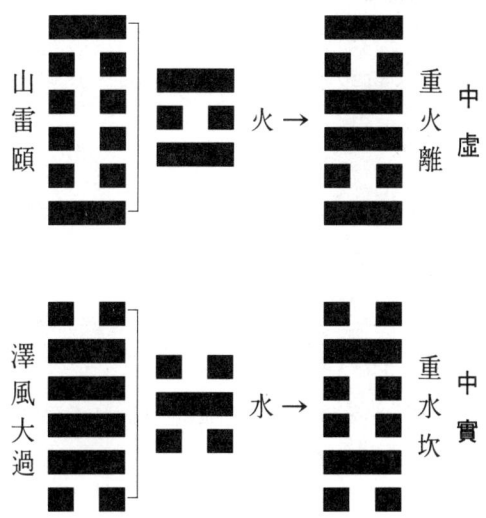

頤卦 속에 離卦가 들어 있고 大過卦 속에 坎卦가 들어 있으니 水火가 감추어져 있다. 끝으로 坎, 離卦로 끝나니 천지의 이치가 水火로서 모든 조화가 이루어졌다.

하경 34괘는 咸, 恒卦에서 상교하여 損, 益卦에서 출산하고 中孚, 小過, 旣濟, 未濟卦로 끝났으며, 節卦 60괘로 결정 지워 놓았다.5) 그리고 中孚, 小過卦는 離, 坎卦와 같다.

---

3) 悅과 巽順도 虛實의 감각이 없어야 한다.
4) 문학을 재도지기(載道之器)라 하여 文을 통하여만 誠으로 나아갈 수가 있다. 가령 글을 모르는 자가 觀通이 되었다 하더라도, 발휘가 될 수 없기 때문에 窮理 공부를 바탕으로 한 공부라야 한다. 고승(高僧)들도 모두가 경전, 특히 주역 공부를 많이 한 원인이 여기에 있다.
5) 대자연의 수는 64이며, 각도로는 360도이다. 이것은 대자연과 인간이 요리(料理)하면서 60으로 만들어 절충한 수다. 따라서 六爻도 이와 마찬가지다. 어떤 측면으로 보아서 대자연 수를 64나 60으로 보아도 좋다. 60괘는 節로서 인간 생활상의 한 마디라고 하고, 자연으로도 한 고비라고 하여 엮어 놓았다. 나머지 4괘는 마디 밖이지만 필요성이 없는 것 같으면서 필요 있는 것을 의미한다.

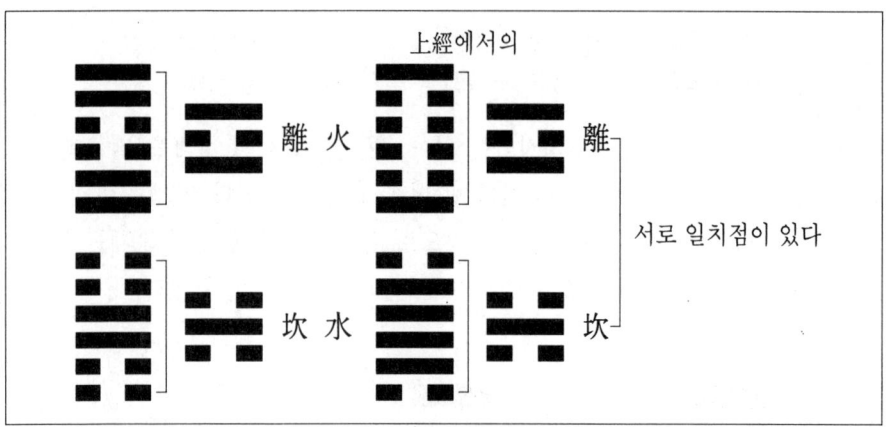

상경에서는 水火가 분리된 상태에서 설명을 하였으나 하경에서는 未濟, 旣濟卦가 水火가 相雜하여 있으니 인사적이다.

原文풀이

中孚는 豚魚ㅣ면 吉하니 利涉大川하고 利貞하니라

中孚는 〈보잘 것 없는〉 돼지와 물고기에 통하면 길하니, 큰 내를 건넘이 이롭고 바르게 함이 이롭다.
· 孚: 정성 부 · 豚: 돼지 돈

總說

윗글은 중부괘의 괘사이다.

各說

- 豚魚ㅣ면: 돼지(豚)는 육축(六畜: 소·말·돼지·양·닭·개) 중에서 가장 賤하면서 無知之物이며 영적(靈的)으로도 下等 동물에 해당하고, 물고기(魚)는 유은(幽隱)한 생물이다. 즉, 이러한 것까지 그 영향이 미치게끔 정성을 가지어 혜택이 있게 한다는 뜻이다. 그러므로 지극한 정성의 표현이 豚魚이다.
- 利涉大川하고: 지극한 정성을 가지면 아무리 큰 내(큰 일)라도 쉽게 건널 수가 있다는 것이다.

- 利貞하니라:아무리 誠과 信으로 하여도 不正이면 아니 되고 일을 하되 正道로써 함이 이롭다는 것이다. 이것은 경계사이다. 공부를 하는 데는 信及豚魚의 정신으로 하고 또 利貞으로써 하여야 한다.

彖曰 中孚는 柔在內而剛得中할새니 **說而巽**할새 **孚ㅣ 乃化邦也**ㅣ니라 **豚魚吉은 信及豚魚也**ㅣ오 **利涉大川은 乘木코 舟虛也**ㅣ오 **中孚코 以利貞**이면 **乃應乎天也**ㅣ리라

　彖에서 말하기를 "中孚는 柔(六三, 六四)가 안에 있고 剛(九二, 九五)이 득중을 하였으니, 기뻐하여 손순하니, 믿음(정성)이 이에 온 나라에 뻗쳐 교화하는 것이다. 豚魚吉은 믿음이 〈보잘 것 없는〉 돼지나 물고기까지 미치기 때문이다. 利涉大川은 나무를 타고 배가 비었기 때문이요, 中孚하고 利貞으로써 하면 이에 하늘이 응할 것이다"고 하였다.

·邦:나라 방 ·信:믿을 신 ·及:미칠 급 ·乘:탈 승 ·舟:배 주 ·虛:빌 허

總說
윗글은 중부괘의 「단사」이다.

各說
- 說而巽할새:卦德으로 보아서 한 말이다.
- 孚ㅣ 乃化邦也ㅣ니라:믿음과 지극한 정성으로 백성을 다스린다면, 임금의 덕이 온 나라에 미쳐서 교화하게 된다. 따라서 孚, 信, 誠이 가장 중요하다. 이것이 바로 仁을 근본으로 하는 人本主義에 입각한 정치 사상이라고 하겠다.
- 信及豚魚也ㅣ오:정성을 드리는 정도를 말하며, 도통을 하기 위하여 노력하고 窮理하는 것을 뜻한다. 주공과 문왕이 孚로써 말한 것을 공자는 信, 誠 등으로 쉽게 풀이하였다.

　　예)……好信不好學이면 其蔽也賊하고……(『論語』「陽貨」)
　　……믿음만 좋아하고 배우기를 좋아하지 않으면 그 폐단은 〈진리를〉 해치게 되는 것이고……

　　[설명]종교 생활을 하는 사람은 신앙(誠)이 필요하다고 하여 무조건 신앙하라고 하지만 믿기만을 좋아하는 사람은 사리 분별 능력이 없어 이단(異端)이나 사이비(似而

非) 종교에 빠지기 쉽다. 그러므로 공자는 窮理 공부와 盡性 공부의 병행을 주장하였다. 만약 窮理 공부 없이 믿음만으로 도통되었다면 사회적으로 그 도를 펼칠 방법이 없으니 그 도는 無用之物이 되고 만다. 이것은 유교가 대중적인 이유이기도 하다.

- 乘木코 舟虛也ㅣ오:①선후천 중간에 가로놓여 있는 大川(大事)을 건너는 데는 배가 있어야 하니 이것을 비유하여 놓은 것이다. 배가 비어 있으니 어떤 사람이 탈 수 있겠는가? 무슨 일을 하여도 한낱 미물(微物)에게까지도 미칠 수 있는 지극한 정성을 가진 사람이라면 이 배를 탈 수 있는 주인공이 아닐까 한다. ②모든 백성을 다 배에 태워서 같이 가겠다는 공자의 사상이 담겨져 있다. 즉, 구제창생(救濟蒼生)의 뜻이 있다. ③風雷益卦에서 "木道及行"이라 하였으며, 風水渙卦에서 "乘木有功"이라 하였으며, 風澤中孚卦에서는 "乘木舟虛"라 하였다. 여기서 공통점은 巽卦는 오행상 木이므로 木道 내지 乘木으로 표기되어 있다는 점이다.
- 中孚코 以利貞이면:①정성으로 中을 잡아서 지극히 中和가 되고 난 뒤에, 信이 있고 마음이 바르다면 이롭다. 이렇게 되면 하늘(대자연)이 반드시 호응해 줄 것이다. ②中孚는 信, 誠, 孚로써 盡性工夫하는 것을 말하고, 利貞은 窮理(道學)工夫를 하는 것이 이롭다는 뜻이다.

  예)今天下ㅣ 車同軌하며 書同文하며 行同倫이니라 (『中庸』第28章)
  지금의 천하가 수레의 돌아가는 궤도를 같이 하고, 글(책)은 문자를 같이 하고, 행실은 윤리를 같이 한다.
  [설명]수레바퀴가 잘 구르려면 車同軌와 같아야 한다. 따라서 궁리 공부와 진성 공부는 병행되어야만 인간 생활에 잘 이용될 수 있다.

象曰 澤上有風이 中孚ㅣ니 君子ㅣ 以하야 議獄하며 緩死하나니라

象에서 말하기를 "못 위에 바람이 있는 것이 中孚니, 군자가 이로써 옥사를 의논하며 〈사람을〉 죽이는 데는 너그럽게 하는 것이다"고 하였다.
· 議:의논할 의 · 獄:옥 옥 · 緩:누그러질 완, 느릴 완

總說
윗글은 중부괘의 「대상」이다.

各說
- 澤上有風이 中孚ㅣ니:물 위로 바람이 불어서 물결이 일어나는 것은 성실함에 응해

서 감동하는 것과 같다.
- 議獄하며 緩死하나니라:①옥사를 의논하여 사형수를 처리하는 것은 모두 성심과 믿음을 가지고 행한다는 뜻이다. 즉, 사람을 교화시켜서 올바른 사람이 되면 죽이지 말라는 뜻이다. 이는 맹자의 性善說과 통하는 글이다.

  예)曾子言曰 鳥之將死에 其鳴也ㅣ 哀하고 人之將死에 其言也ㅣ 善이니라 (『論語』「泰伯」)
  증자가 말하기를 "새가 곧 죽게 되면 그 울음소리가 슬퍼지고 사람이 곧 죽게 되면 그 말이 착해진다"고 하였다.

  ②文王의 괘사 한 곳과 공자의 「대상」 네 곳에는 獄을 언급하고 있다. 이로써 문왕의 獄 하나를 중앙에 두고, 공자의 四獄은 동서남북에 두고서 사회 질서를 바로잡았다고 한다. 여기에서 우리는 문왕 시대의 인지(認知)가 발전된 현상을 엿볼 수 있다. 그리고 仁과는 상대적으로 惡도 많이 있었다는 것을 알 수 있다.

  예1)噬嗑은 亨하니 利用獄하나니라 (噬嗑卦 卦辭)
  서합은 형통하니 옥을 씀이 이롭다.

  예2)象曰 山下有火ㅣ 賁니 君子ㅣ 以하야 明庶政호대 无敢折獄하나니라 (賁卦「大象」)
  象에서 말하기를 "산밑에 불이 있는 것이 賁니, 군자는 이로써 〈천하의〉 뭇 정사를 밝히되 감히 옥을 없앨 수가 없다"고 하였다.

  예3)象曰 雷電皆至ㅣ 豊이니 君子ㅣ 以하야 折獄致刑하나니라 (豊卦「大象」)
  象에서 말하기를 "우레와 번개가 함께 이르는 것이 豊이니, 군자가 이로써 옥사를 잘 처결하여 형벌을 주는 것이다"고 하였다.

  예4)象曰 山上有火ㅣ 旅ㅣ니 君子ㅣ 以하야 明愼用刑하며 而不留獄하나니라 (旅卦「大象」)
  象에서 말하기를 "산 위에 불이 있는 것이 旅니, 군자가 이로써 형벌을 사용하는데 밝게 하고 삼가며 옥사를 머물게 하지 않는 것이다"고 하였다.

  예5)象曰 澤上有風이 中孚ㅣ니 君子ㅣ 以하야 議獄하며 緩死하나니라 (中孚卦「大象」)
  象에서 말하기를 "못 위에 바람이 있는 것이 中孚니, 군자가 이로써 옥사를 의논하며 〈사람을〉 죽이는 데는 너그럽게 하는 것이다"고 하였다.

初九는 虞하면 吉하니 有他ㅣ면 不燕하리라

초구는 〈육사를〉 떠나면 길하니, 다름이 있으면 편안하지 못할 것이다.
·虞:몰이할 우, 근심할 우, 헤아릴 우 ·他:다를 타 ·燕:편안할 연, 제비 연

總說

초구효는 정위로서 득정이며 육사효와 정응 관계이다.

各說
● 虞하면 吉하니:內虛이니 외부에서 침입을 막아야 한다. 內心으로 中虛가 되고 外誘를 하여 惡의 침범을 막으면 길하다. 즉, 色界를 떠나야 한다는 것이다. '虞'는 사냥을 할 시에 짐승을 몰이해 주는 것을 뜻하기도 하고, 사냥하는 데 근심해 주는 것을 뜻하기도 한다.

● 有他1면:초구효가 육사효 이외의 陰을 생각하는 것을 有他라고 하였다.

象曰 初九虞吉은 志未變也ㄹ새라

象에서 말하기를 "初九虞吉은 뜻이 변하지 아니하기 때문이다"고 하였다.
· 變:변할 변

各說
● 志未變也ㄹ새라:초구효는 육사효에게 한가지 마음(一志)으로 하여 뜻이 변하지 아니한다는 것이다.

九二는 鳴鶴이 在陰이어늘 其子ㅣ 和之로다 我有好爵하야 吾與爾靡之하노라

九二는 우는 학이 그늘에 있거늘 그 새끼가 화답하도다. 내가 좋아하는 벼슬을 가지어 내가 너와 더불어 얽히노라.
· 鳴:울 명 · 鶴:학 학 · 陰:그늘 음 · 爵:벼슬 작 · 爾:너 이 · 靡:연루될 미, 아름다울 미

總說
구이효는 부정위이지만 득중하였고 구오효와 상비 관계에 있으니 中實이 될 수 있는 位이다.

各說
● 鳴鶴이 在陰이어늘:鳴鶴의 '鶴'은 陽物이니 九를 뜻하고 在陰의 '陰'은 二爻이니 九

二의 뜻이다. 곧 음위에 양이 있는 것을 뜻한다.
- 其子ㅣ 和之로다:구이효의 應인 구오효를 뜻한다. 이것은 군위이나 其子로 표현한 것은 형이상학적인 氣運으로 표현한 것이다. 부모의 天賦之性을 이어받은 아들이 그 뜻을 이어받아서 행하고 화답하여 상통한다. 이것이 天序라는 것이다.
- 我有好爵하야:①내가 좋아하는 벼슬을 가지어 내가 너와 더불어 얽히어 아름답게 하리라. ②벼슬을 좋아하는 마음은 누구나 같으며, 좋은 벼슬에는 사람이 스스로 얽매이게 된다. 여기서 '好爵'은 天爵, 좋은 벼슬을 뜻한다.
- 吾與爾靡之하노라:'吾'(나)는 구오효를 뜻하고 '爾'(너)는 구이효를 뜻한다. 곧 유유상종(類類相從)으로서 군자라야 군자를 알아 볼 수 있다는 것이다.

鳴鶴在陰 其子和之 = 我有好爵 吾與爾靡之

〈 鳴鶴在陰(구이효) → 其子 和 之(구오효)
  我有好爵(구오효) → 吾與爾靡之(구이효)

※결론적으로 같은 내용으로 사물에 비유하였으나 상대적으로 설명하였으니, 이것만 보아도 역학의 구성은 상대성 원리, 나아가 음양의 원리로 되어 있음을 알 수 있다.

※위의 내용은 乾卦 구이효와 구오효의 利見大人과 飛龍在天의 관계로 말할 수 있다. 飛龍在天의 원리는 同聲相應과 同氣相求의 상대적 원리에서 구이, 구오효와의 관계를 말하였다. 이것을 인간 생활에서 찾으면 유유상종이다. 즉, 中正之道를 가진 사람이면 상통되어 화답할 수가 있다는 뜻이며, 여기서 우리는 형이상학적인 기운으로 상통됨을 알 수 있는 것이다. 이것을 발전시켜 致曲으로 나타낸 것이 敬공부(觀), 즉 영(靈)의 세계에서의 대화라고 할 수 있다.

※공자는 중부괘 구이효사의 내용을 공자는 「계사전」에서 다시 강조하여 설명하였다.
예)〈鳴鶴이 在陰이어늘 其子ㅣ 和之로다 我有好爵하야 吾與爾靡之라하니〉子曰 君子ㅣ 居其室하야 出其言에 善이면 則千里之外ㅣ 應之하나니 況其邇者乎여 居其室하야 出其言에 不善이면 則千里之外ㅣ 違之하나니 況其邇者乎여 言出乎身하야 加乎民하며 行發乎邇하야 見乎遠하나니 言行은 君子之樞機니 樞機之發이 榮辱之主也ㅣ라 言行은 君子所以動天地也ㅣ니 可不愼乎아 (「繫辭傳」上 第8章)
공자께서 말씀하시기를 "군자가 그 집에 거처해서 그 언어를 착하게 하면 곧 천리 밖에서도 〈그 뜻을〉 응하게 되니 하물며 그 가깝게 있는 자랴! 〈말할 것도 없다. 이와 반대로〉집에 거처해서 그 언어를 착하지 않게 하면 곧 천리 밖에서도 어긋나니 하물며 그 가깝게 있는 자랴!〈말할 것도 없이 어긋난다〉말은 자신에게서 나와 백성에게 더해지며, 행동은 가까운 곳에서 출발하여 먼 곳까지 나타나니, 말과 행동은 군자의 추기(樞機)니 추기의 발동은 영화와 욕됨의 주인인 것이다. 말과 행동은 군자가 천지를 움직이는 원인이 되는 것이니, 삼가지 않을 수 있으랴?

[설명] 요약하면, 성인은 성인끼리 상통하고 소인은 소인끼리 상통한다는 말이다. 따라서 同聲相應과 同氣相求의 원리를 설명하는 것이다. 여기서 '樞機'는 지극히 중요한 일을 말한다.

象曰 其子和之는 中心願也ㅣ라

象에서 말하기를 "其子和之는 중심에서 원하기 때문이다"라고 하였다.
· 願:원할 원

各說
● 中心願也ㅣ라: 중심, 즉 구오효로부터 원한다는 것이다.

六三은 得敵하야 或鼓或罷或泣或歌ㅣ로다

六三은 적(上九)을 얻어서 혹 북을 치고 혹 그치고 혹 울고 혹 노래하도다.
· 敵:원수 적 · 鼓:북 고 · 罷:그칠 파 · 泣:울 읍 · 歌:노래할 가

總說
육삼효는 부정위이며 상구효와 상응 관계이고 공부하는 데는 좋지 아니한 효다.

各說
● 得敵하야: 중부괘이므로 상응 관계는 좋지 않다. 육삼효는 하괘 兌卦의 극치에 부딪쳐 있기 때문에 음양 관계로 해설하면 문제가 있다는 것이다. 즉, 상구효는 공부를 방해하는 적이라 할 수 있으므로 敬(觀) 공부하는 데는 음양 관계가 좋지 아니하다. 비유하자면, 여자로 인하여 공부가 되지 아니하는 형상이다.
● 或鼓或罷或泣或歌ㅣ로다: 극치에 도달하게 되면 일어나는 현상으로 정신을 잃고 미치는 상태이다. 四面에서 나를 유혹하고 꾀어내기 때문에 공부가 되지 아니하는 형

상이다. 또 四方에서 적이 침범하니 몸부림치는 거동이 네 가지(鼓·罷·泣·歌)다. 三爻에 '或'字가 4개가 들어 있다. 이것은 곧 적이 四面에서 침범해 오는 형상을 뜻한다.

象曰 或鼓或罷는 位不當也ㄹ새라

象에서 말하기를 "或鼓或罷는 位가 마땅치 않기 때문이다"고 하였다.

各說

● 位不當也ㄹ새라 : 육삼효는 位가 不中不正이기 때문에 位不當이라 하였다. 육삼효는 兌少女의 悅이 극도에 이르러 뜻이 안정되지 않아서 敵應인 상구효에게 좌우되는 상이다.

六四는 月幾望이니 馬匹이 亡하면 无咎ㅣ리라

六四는 달이 거의 보름이 되니, 말의 짝(初九)이 잃으면 허물이 없을 것이다.
· 幾 : 거의 기 · 望 : 보름 망, 바라볼 망 · 匹 : 짝 필

總說

육사효는 정위이고 초구효와 정응 관계이다. 공부하는 데 좋은 효다.

各說

● 月幾望이니 : ①달이 거의 찼다. 14일의 달은 아직 望月이 되지 않았으므로 겸손하니 올바르다. 이것은 자기가 하는 일에 자만이 아니 생기는 것이요, 요순 임금이 善政과 德治를 자랑하지 아니하는 것이요, 공자가 일에 있어 교만함이 없는 것에 비유할 수 있다. 또한 육사효는 ☴巽卦에 속하니 그 德이 巽順함을 이르는 것이다. ②月已望은 달이 이미 찬 15일의 달이요, 月旣望은 16일의 달을 가리킨다.

예1) 上九는 旣雨旣處는 尙德하야 載니 婦ㅣ 貞이면 厲하리라 月幾望이니 君子ㅣ 征이면 凶하리라 (風天小畜卦 上九爻辭)

上九는 이미 비오고 이미 그침은 덕을 숭상하여 가득한 것이니, 지어미가 〈아무리〉 바르게 하여도 위태로울 것이다. 달이 거의 보름이니 군자가 〈그대로〉 나아가면 흉할 것이다.

예2) 六五는 帝乙歸妹니 其君之袂ㅣ 不如其娣之袂ㅣ 良하니 月幾望이면 吉하리라
(雷澤歸妹卦 六五爻辭)
六五는 임금의 딸이 시집을 가는 것이니, 그 임금의 〈딸의〉차림새가 그 하님의 차림새만 못하니, 달이 거의 보름이면 길할 것이다.

● 馬匹이 亡하면: 말은 양물이니 정응 관계인 초구효를 뜻한다. 즉, 육사효가 짝인 초구효를 잃게 되는 것을 뜻한다. 공부하는 데에 음양(남녀) 관계는 하등 도움이 되지 않는다.

象曰 馬匹亡은 絶類하야 上也ㅣ라

象에서 말하기를 "馬匹亡은 類를 끊어서 올라가는 것이다"고 하였다.

各說

● 絶類하야 上也ㅣ라: 육사효가 정응 관계에 있는 초구효와의 관계를 끊고 위의 군위에 있는 강건중정의 훌륭한 양인 구오효를 받드는 것이다. 다시 말하면, 훌륭한 선생의 지도를 받는 것을 의미한다. 즉, 육사효와 구오효를 스승과 제자 사이로 보아도 좋다는 것이다.

九五는 有孚ㅣ 攣如ㅣ면 无咎ㅣ리라

九五는 믿음이 있어서 당기는 것 같이 하면 허물이 없을 것이다.
· 攣: 당길 연, 글 연

總說

구오효는 중부괘의 주효로서 군위이고 강건중정의 효이며, 구이효와 상비 관계이다.

各說

● 有孚ㅣ 攣如ㅣ면: ①신망을 가지고 천하를 통치하니 모든 민심이 구오효 군위에게 쏠리게 된다. ②구오효와 육사효가 사제지간(師弟之間)으로 친근(親近)하기 때문에 허물이 없으며, 구오효가 유능한 구이효와 상통이 되므로 허물이 없다. 만약 그렇지 못하면 有咎라고 할 수 있다. 五爻에서 '孚'자를 사용하였으며, 공부하는 데는 상비 관계가 좋다.

象曰 有孚攣如는 位正當也ㄹ새라

象에서 말하기를 "有孚攣如는 位가 마땅하기 때문이다"고 하였다.

各說

● 位正當也ㄹ새라 : 구오효의 位가 得正得中을 했기 때문이며, 또 구오효가 군위를 지키면서 中實中孚의 효이기 때문이다. '孚攣'은 中庸과 의미가 같이 쓰이며 언제나 庸을 가지는 것을 말한다.

上九는 翰音이 登于天이니 貞하야 凶토다

上九는 나는 소리가 하늘에 오름이니 〈그대로〉 나아가서 흉하도다.
· 翰 : 날 한 · 音 : 소리 음 · 登 : 오를 등

總說

상구효는 부정위이며 육삼효와 상응 관계이다.

各說

● 翰音이 登于天이니 : ①닭의 날개 치는 소리가 하늘에 올라가려고 한다는 것이다. 즉, 불가능의 뜻을 의미한다. 巽卦는 닭(鷄)으로 상징된다. ② ䷼中孚卦가 全變하면 ䷽小過卦가 된다. 이 小過卦는 飛鳥之象이므로 翰音과는 상통된다.
● 貞하야 凶토다 : 盡性 공부만으로 가면 흉하다. 즉, 翰音이 登于天이 되었다 하더라도 한쪽만으로 치우쳐 좋지 않으므로, 실력을 쌓아서 학문에 능통한 힘을 겸비하여 觀이 되었다면 고차적(高次的)인 도통자가 될 것이다. 그렇지 않고 한 길로만 나아가면 흉하다.

예)……窮理盡性하야 以至於命하니라 (「說卦傳」第1章)
…… 궁리진성하여서 천명에 이르게 된다.
[설명]궁리 공부와 진성 공부가 겸하여 이루어져야 도통 경지에 도달할 수 있다는 것이다.

象曰 翰音登于天이니 何可長也ㅣ리오

象에서 말하기를 "翰音登于天이니 어찌 가히 오래 가겠는가?"고 하였다.
· 何 : 어찌 하 · 長 : 길 장, 오래도록 장

各說

● 何可長也ㅣ리오:盡性 공부만으로는 오래가지 아니한다는 것이다.

※ 中孚卦는 離虛中이다. 이 虛는 太虛[6) 또는 太極을 의미한다. 中孚卦의 互卦 ☶山雷頤卦 역시 ☲火이다. 그러므로 中孚卦와 頤卦는 상통된다.

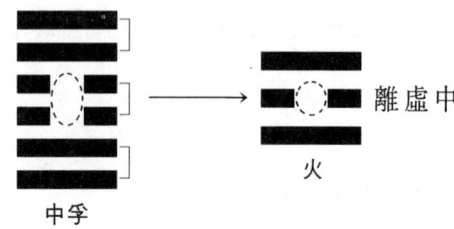

火는 반드시 水를 동반하고 있다. 즉, 水火는 반드시 不相雜, 不相離라는 불가분의 관계를 가지고 있다. 그러므로 中孚卦가 全變이면 小過卦인데 이 小過卦를 크게 보면 水(坎卦)이다.

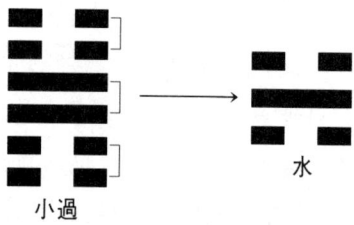

---

6) 太虛는 張載(張橫渠, 字는 子厚, 1020~1077)의 우주론에서 나오는 개념이다. 즉, 장재는 "太虛不能無氣 氣不能不聚而爲萬物 萬物不能不散而爲太虛:태허에는 기가 없을 수 없고 기는 모여서 만물이 되지 않을 수 없으며, 만물은 흩어져 태허가 되지 않을 수 없다"(『正蒙』「太和」)라고 하였다. 장재는 이른바 北宋五子 소옹(邵雍), 주돈이(周惇頤), 정호(程顥), 정이(程頤) 등과 함께 북송의 道學을 주도한 인물이다.

䷽ 雷山小過 ⁽⁶²⁾
震艮
上下

| 大 義 |

```
                上六 ▬▬  ▬▬     正
         動     六五 ▬▬ 中▬▬    不正      震 雷
                九四 ▬▬▬▬▬▬    不正
         ─────────────────────────────────
                九三 ▬▬▬▬▬▬     正
         止     六二 ▬▬ 中▬▬     正       艮 山
                初六 ▬▬  ▬▬    不正
```

    小過卦는 ䷼中孚卦와 함께 不倒轉卦라 할 수 있다. 또 ䷼中孚卦가 全變하면 ䷽小過卦이며, 이 小過卦를 互卦로 보면 ䷛大過卦가 되므로 小過卦와 大過卦는 상호 밀접한 관계에 있다고 하겠다.

1) 小過의 '小'는 음양으로 볼 때 陰을 뜻한다. 小過卦의 여섯 효 중 음효가 양효보다 2효가 많으니 조금 지나쳤다고 할 수 있다. 괘의 상으로써 小過卦와 大過卦를 비교하면 다음과 같다.

            小過卦 — 陰이 過多 — 4陰 2陽 — 陰이 陽의 2배
         ⟨
            大過卦 — 陽이 過多 — 4陽 2陰 — 陽이 陰의 2배

小過를 性情的(性理的)으로 비유하면,1) ①조금 지나쳐서 검소하다고 말할 정도를 小過라고 한다. ②부모가 돌아가셔서 孝를 하는 데 너무 지나쳐서 몸에 이상이 있으면 以孝傷孝가 되어 좋지 못하므로 남이 보아서 조금 지나칠 정도의 슬픔이면 小過이다. ③천등이 산 위에서 치면 보통 소리가 작다. 이것이 小過이다. ④예를 갖추어야 할 자리에서 너무 지나치게 겸손하면 아첨이며 失禮(非禮)가 되므로 어느 정도 조금 지나치면 알맞다. 이것을 小過라고 할 수 있다. 그러므로 小過≒中의 뜻으로 생각할 수 있다. ⑤大過는 많이 지나치는 것으로 물이 너무 많아서 나무가 잠겨 있으니 결국 죽어 버리는 형상이 大過이다. 즉, 澤風大過라는 卦名대로 澤滅木이 大過이다.

2)어떤 사물에 접하여 中을 잡았을 때, 이 中으로부터 위에 小過가 있을 수도 있고, 中으로부터 아래에 小過가 있을 수도 있다.2) 결국 小過는 小不及과 같은 뜻이 된다. 또한 大過나 小過 속에 中이 들어 있는 것이다.

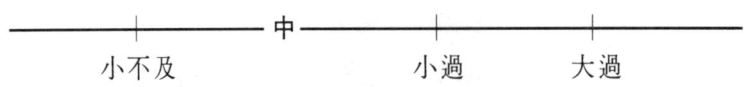

3)中孚卦가 새가 알을 품고 있는 형상이라면 小過卦는 나는 새에 비유할 수 있다. 즉, 알에서 부화되어 새가 날아가는 형상이 小過이며, 새는 공중으로 날아가고 허공에 그 소리만이 남아 있다. 卦象이 새가 날아가는 것에서 취상(取象)되었다고 볼 수 있다. 또한 小過는 비행기의 시조(始祖)라고도 할 수 있다.

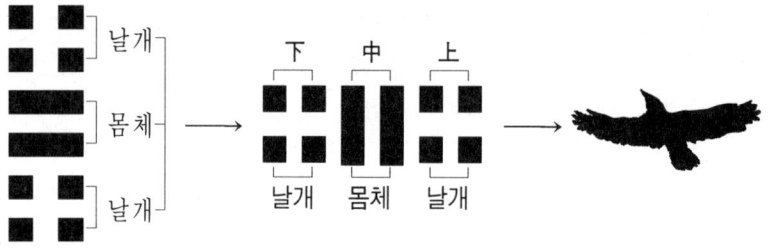

---

1)小過卦에서는 朱子가 모르겠다고 한 곳이 많다. 그만큼 표현하기가 어려운 쾌이다.
2)예컨대, 자녀가 소풍을 갈 때 넉넉잡아 10,000원이 들 경비를 12,000원 정도로 해서 줄 경우와 좀더 절약할 수 있도록 하는 뜻에서 8,000원 정도로 주는 경우이다.

4) 時止則止, 時行則行이 中이라면 當過而過가 中일 때도 있으니, 小過가 中이 되는 일이 우리 인간 사회에는 너무나 많기도 하다. 예를 들면, 「大象」에서 3종류로 말하고 있는데, 첫째 행동면에서 공손한 것이요, 둘째 부모가 돌아가심에 애통해 함이요, 셋째 일상생활에서의 검소함이다. 물론 이 속의 표준은 中이며, 이것이 곧 小過이다.

　　　　　　當過而過 － 中　　　　不當過而過 － 不中

5) 小過卦는 괘상으로 보아서 內外卦가 서로 등지고 있다. 또 德으로 보면 動止로서 서로 지향하는 것이 다르다. 즉, 서로의 마음에 괴리감이 있다는 것이다.

　動 雷
　　止 山

산 위에 우레가 있는 것이다. 우레가 산 위에 치면 그 소리가 보통 때에 비하여 작게 들려 온다. 이것이 小過이며 또 自然의 小過이다.

原文풀이

小過는 亨하니 利貞하니 可小事ㅣ오 不可大事ㅣ니 飛鳥遺之音에 不宜上이오 宜下ㅣ면 大吉하리라

　小過는 형통하니 바르게 함이 이로우니, 작은 일은 할 수 있어도 큰 일은 할 수가 없으니, 나는 새가 공중에서 소리를 남김에 〈위로〉 올라가는 것은 마땅하지 않고 〈아래로〉 내려오면 크게 길할 것이다.

· 過:지날 과　· 遺:남길 유, 끼칠 유　· 音:소리 음　· 宜:마땅할 의

總說

윗글은 소과괘의 괘사이다.

各說

● 小過는 亨하니 利貞하니:小過(≒中)만 되면 만사가 형통하게 되며 또 다 알 수가 있

을 것이다. 그러나 利貞은 모든 일을 正道로써 자연의 順理대로 해야 한다.
- 可小事ㅣ오 不可大事ㅣ니:小事는 음을 뜻한다. 따라서 소과괘는 음이 많으며, 음인 육이, 육오효가 득중하였으므로 작은 일은 할 수 있다는 것이다. 大事는 양을 뜻하고, 소과괘는 음이 많은 대신에 양이 적으므로 大事는 할 수가 없다는 것이다. 또 震艮은 不相通이 되어 일치됨이 없으니 大事는 不可요 小事는 可하다고 하였다.
- 飛鳥遺之音에:새는 빠르게 날아가 버리고 허공에 소리만 남아 있는 것을 말한다.
- 不宜上이오 宜下ㅣ면 大吉하리라:①새의 소리가 위로 올라가면 확산되어서 흉한 것이요, 새의 소리가 아래로 내려오면 사람에게 와 닿으니 用事가 있어 大吉한 것이다. ②不宜上과 宜下 속에는 中이 들어 있다. 즉, 이 속에 소과가 들어 있으며 이것을 표준(기준)으로 하여 宜上, 宜下가 되는 것이다. 곧 中을 잡고 일하면 결과는 大吉이다. 五音六律3)의 음악 이론도 이것을 응용하여 창안한 것이 아니겠는가?

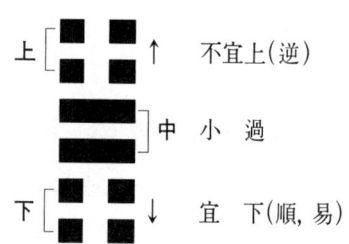

- 飛鳥遺之音에 不宜上이오 宜下ㅣ면 大吉하리라:자연의 변동이 오면 신속함이 있다는 것으로 비사체로 생각해야 한다.

象曰 小過는 小者ㅣ 過而亨也ㅣ니 過以利貞은 與時行也ㅣ니라 柔得中이라 是以小事ㅣ吉也ㅣ오 剛失位而不中이라 是以不可大事也ㅣ니라 有飛鳥之象焉하니라 飛鳥遺之音不宜上宜下大吉은 上逆而下順也ㄹ새라

　象에서 말하기를 "小過는 작은 것(陰)이 지나쳐서 형통한 것이니, 지나치되 바름이 이로운 것은 때와 더불어 행하는 것이다. 柔(六二, 六五)가 득중을 한지라. 이로써 작은 일은 길함이요, 剛이 位를 잃고 득중하지 못함이라. 이로써 큰 일은 할 수가 없다고 하였다. 나는 새의 형상이 있는 것이니라. 飛鳥遺之音不宜上宜下大吉은 〈위로〉 올라가는 것은 거스르는 것이고 〈아래로〉 내려오는 것은 순하기 때문이다"고 하였다.

· 逆:거스를 역 · 順:순할 순

---

3) 오음(五音)은 국악의 다섯 개의 음계인 궁(宮)·상(商)·각(角)·치(徵)·우(羽)를 말하며, 육률(六律)은 十二律 가운데서 양성(陽聲)인 태주(太簇)·고선(姑洗)·황종(黃鐘)·유빈(蕤賓)·이칙(夷則)·무역(無射)의 여섯 음을 말한다.

總說

윗글은 소과괘의 「단사」이다.

各說

- 小者│過而亨也│니:음이 양보다 자기 몸을 낮추어서 양보하여 주는 것이 좋다는 것이고, 小過의 위치에서 中을 잡아서 행동하면 大吉이다. 일설에는, 后天數로는 음이 지나쳐서 형통하다는 것이다.4)

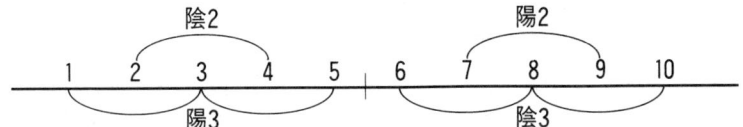

- 與時行也니라:때에 맞추어(알맞게) 행동한다는 것이다.
- 柔得中이라 是以小事│吉也│오 剛失位而不中이라 是以不可大事也│니라:괘상, 괘체를 보고 각 효를 개괄하여 풀이한 말이다. 양이 득중을 하여 주도권을 잡고 일을 하여야지 음이 득중을 하여서 일을 주도하게 되면 무슨 일이든지 큰 일을 할 수가 없고 길함이 없다는 것이다. 양의 우월성을 말하였다.
- 有飛鳥之象焉하니라:괘에 부연(敷衍)된 글로서 소과괘만이 있다. 새가 날아가고 난 뒤에 소리만 남아 있으니 小過는 지나고 난 뒤에 느낀다는 것이다(飛鳥遺之音).
- 上逆而下順也일새라:구오효(震卦)는 좋지 않고 구이효(艮卦)가 좋다. 즉, 공자가 자연의 어떤 변동이 왔을 때는 위로 올라가지 말고 아래로 내려오는 것이 順天하는 길이라는 것을 암시한 글이다. 위로 올라가는 것은 亂의 시작이라 할 수 있으므로 상괘 震으로 가지 말고 아래의 艮을 취하라는 것이다. 또 下氣怡(順)聲이요, 上氣怒聲이라 하였다.

象曰 山上有雷│小過│니 君子│以하야 行過乎恭하며 喪過乎哀하며 用過乎儉하나니라

象에서 말하기를 "산 위에 우레가 있는 것이 小過니, 군자가 이로써 행동은 공손

---

4) 小人이 선하게 되려면 조금 지나칠 정도의 양보와 자기의 몸을 낮춰 주어야 형통하게 된다. 사람에게는 好人之所惡(좋아하는 사람에게 미워하는 바가 있다)요, 惡人之所好(미운 사람에게 좋은 바가 있다)가 있다. 이는 動中有靜, 靜中有動의 원리와 같다.

한 데 조금 지나치며,〈부모의〉상은 애통하는 데 조금 지나치며, 일용행사는 검소하는 데 조금 지나치는 것이다"고 하였다.

·雷:우레 뢰 ·恭:공손할 공 ·喪:잃을 상 ·哀:슬플 애 ·儉:검소할 검

總說

윗글은 소과괘의 「대상」이다.

各說

- 山上有雷ㅣ: 飛鳥遺之音으로 빠르다는 뜻이다.
- 行過乎恭하며 喪過乎哀하며 用過乎儉하나니라: '行過乎恭'은 행동에 있어서의 小過를 말하고, '喪過乎哀'는 喪을 당하였을 때의 小過를 말하며,5) '用過乎儉'은 물건과 재화를 사용(이용)하는 때의 小過를 말한다. 즉, 우리가 일상 생활하는 데의 小過의 의미를 알려 주는 것이다.

初六은 飛鳥ㅣ라 以凶이니라

초육은 나는 새라. 이로써 흉한 것이다.

總說

초육효는 부정위이며 구사효와 상응 관계이다.

各說

- 飛鳥ㅣ라 以凶이니라: ①小過의 시초이니 새가 소리만 내고 날아가 버렸다. 즉, 신속하게 지나가 버렸으니 흉하다는 것이다. 小過卦가 새라고 한다면, 초육효는 새의 날개에 해당한다. ②초육효가 들어 있는 艮卦는 體가 止이다. 그러나 飛鳥는 動이니 그 결과는 흉인 것이다.

動
止

---

5) 无心之過로서 아버지가 돌아가셨을 때 자기도 모르게 아이고! 하며 애통해 하는 마음이 생겨 행동하는 것이 小過다.

无 心 之 過 — 小 過 — 中

象曰 飛鳥以凶은 不可如何也ㅣ라

象에서 말하기를 "飛鳥以凶은 어찌 할 수 없기 때문이다"고 하였다.

各說

● 不可如何也ㅣ라:①소과의 초육효에서 上天으로 날아오르는 大事는 不可하기 때문이다. ②초육효의 상응이 구사효인데 지나가 버렸으니 만나지 못하는 상이다. ③어떤 자연 변동이 와서 신속하게 움직임이 있다는 것은 성인으로서도 어찌 할 수가 없다는 뜻이다.

六二는 過其祖하야 遇其妣니 不及其君이오 遇其臣이면 无咎ㅣ리라

六二는 그 할아버지(九四)를 지나서 그 할머니(六五)를 만나니, 그 임금에게 미치지 아니하고 그 신하(九三·九四)를 만나면 허물이 없을 것이다.

·祖:할아비 조, 조상 조 ·遇:만날 우 ·妣:할머니 비, 죽은 어미 비 ·及:미칠 급

總說

육이효는 유순중정의 효로서 육오효와 상비 관계이다.

```
上六  ▬▬ ▬▬
六五  ▬▬ ▬▬   妣(음)
九四  ▬▬▬▬▬   祖(양)
九三  ▬▬▬▬▬   父(양)
六二  ▬▬ ▬▬   我
初六  ▬▬ ▬▬
```

*六二爻는 날개다.
*六二爻는 中正으로 小過할 줄 아는 현철한 자이다.

各說

● 過其祖하야 遇其妣니:할아버지를 인연으로 해서 할머니를 만나는 것이다. 할아버지는 양이므로 구사효를 가리키며, 할머니는 음이므로 육오효를 가리킨다. 그리고 구삼효는 아버지를 가리킨다.

● 不及其君이오:여기서 其君은 육오효 군위를 가리키며, 유순중정한 육이효 음이 소인이 득세한 세상에서 不正한 位에 있는 임금에게 나아가 벼슬하고자 애쓰지 아니한다는 것이다. 또한 세상이 요란할 때는 임금 밑에서 벼슬하기 위하여 나아가지 아니한다는 뜻도 있다. 이러한 행위는 小過의 中을 지키기 위해서이다.

● 遇其臣이면:여기서 其臣은 구삼효와 구사효를 뜻한다고 볼 수 있다. 구삼·구사효

가 양이므로 훌륭한 군자의 신하를 만나면 허물이 없을 것이라고 하였다. 즉, 훌륭한 군자를 만나서 초야에 묻혀 사는 것을 뜻한다.

· 不及其君이오 → 不宜上 凶   · 遇其臣이면 无咎리라 → 宜下 大吉

象曰 不及其君은 臣不可過也ㅣ라

象에서 말하기를 "不及其君은 신하가 지나칠 수 없는 것이다"고 하였다.

各說

● 臣不可過也ㅣ라 : 신하가 지나치지 않고 알맞게 처신하기 때문이다.

九三은 弗過防之면 從或戕之라 凶하리라

九三은 지나서 〈소인을〉 막지 못하면 〈그를〉 좇으면 혹 해롭게 하니라. 흉할 것이다.
· 過 : 지날 과 · 防 : 막을 방 · 從 : 좇을 종 · 戕 : 손상을 입힐 장, 죽일 장

總說

구삼효는 정위이며 상육효와 정응 관계이다.

各說

● 弗過防之면 : 초육효와 육이효의 지나침(過)을 방지하는 것을 말한다. 구삼효는 양효로서 아래에 소인인 음이 둘이나 있다. 이 소인의 침범을 방지하는 데 조금 지나칠 정도로 하지 아니한다는 것이다. 전체적인 뜻으로 보면 괘사에서 "宜下ㅣ면 大吉하리라"고 하였으니, 초육효와 육이효의 뜻을 막아서 宜上이 되지 못하도록 하여야 한다. 특히 구삼효는 ☶艮卦의 上爻이니 양이 아래의 음들을 막고 있다. 그 弗過防之의 결과가 從或戕之이다.
● 從或戕之라 : 구삼효의 초육, 육이효와의 관계를 말하였다. 좇아서 순종하여 혹시나 상해를 입을 염려가 있다는 것이다. 구삼효 자체가 양이고 卦體로 보아 음 곧 소인이 많으므로 소인에게 해를 입을 우려가 있으니 조심하라는 뜻이다.

象曰 從或戕之ㅣ 凶如何也오

象에서 말하기를 "從或戕之니 흉이 어떠하리오"라고 하였다.

各說

- 凶如何也오: 흉함이 기필코 오게 되니 어찌 할 도리가 없다는 것이다. 조심하라는 뜻이다.

九四는 无咎하니 弗過하야 遇之니 往이면 厲ㅣ라 必戒며 勿用永貞이니라

九四는 허물이 없으니, 지나치지 아니하고 〈初六을〉 만나니, 〈六五에 그대로〉 가면 위태로움이 있을 것이다. 반드시 경계하며, 오래도록 바르게 지켜 쓰지 말라.
· 戒:경계할 계 · 勿:말 물 · 永:오래도록 영, 길 영

總說

구사효는 부정위이고 대신의 지위에 있으며 초육효와 상응 관계이다.

各說

- 无咎하니: 구사효의 응인 초육효가 아래에 있어서 가만히 있어도 그 초육효가 빠르게 오는 것이니 허물이 없다는 것이다.
- 弗過하야 遇之니: 약간 지나야만 中이 되는 것을 지나치지 아니하였는데도 中을 잡았다. 이 말은 卦가 小過인데 小過를 하지 아니하고도 中節이 되었다는 뜻이다. 즉, 구사효가 小過를 하지 않아도 초육효를 만났다는 것이다.
  · 弗過防之: 지나치게 방지하지 아니 한다.
  · 弗過遇之: 여기서 '遇'는 中이다. 예를 들어 검소하고자 하지 아니하여도 현재 입는 옷이 알맞게 되었다는 것이다.
  · 弗遇過之: 만나지도 아니하였는데 지나쳤다.
- 往이면 厲ㅣ라: ①구사효는 ☳震의 體가 動이므로 소인이 득세한 시점에 위로 육오효에게 가면 위태하여 근심이 있다는 것이다. ②소인의 세계에서 더 극하여 나아가면 허물과 위험이 있게 된다.
- 勿用永貞이니라: 길이 올바르게 그대로 나아가며 사용하지 말고 초육효에게로 마음을 돌려서 그가 올 때까지 기다리고 있으면 좋다는 것이다. 그러나 「소상」에서 언

급한 것처럼 어느 시기에는 움직여도 좋다는 것이다(終不可長也).

象曰 弗過遇之는 位不當也ㅣ오 往厲必戒는 終不可長也ㄹ새라

象에서 말하기를 "弗過遇之는 位가 마땅하지 못한 것이오, 往厲必戒는 마침내 장구할 수 없기 때문이다"고 하였다.

各說
● 位不當也ㅣ오:구사효는 음자리에 양이 있기 때문이다.
● 終不可長也ㄹ새라:長을 어른으로 해석하면, 육오효가 전체의 어른이니 구사효가 어른 노릇을 못하고 주장(主張)하지도 못한다고 할 수 있다.
　예)象曰 无號之凶은 終不可長也ㅣ니라 (夬卦 上六「小象」)
　　象에서 말하기를 "无號之凶은 마침내 장구할 수 없는 것이다"고 하였다.

六五는 密雲不雨는 自我西郊ㅣ니 公이 弋取彼在穴이로다

六五는 구름이 빽빽하나 비가 오지 않는 것은 내가 서쪽 교외에서 왔기 때문이니, 公(六五)이 저 구멍에 있는 것(六二)을 쏘아 취하도다.
·畜:쌓을 축　·密:빽빽할 밀　·自:~로부터 자　·郊:성 밖 교　·弋:쏠 익, 주살할 익, 잡을 익　·取:취할 취
·彼:저 피　·穴:구멍 혈

總說
육오효는 부정위이지만 득중이며 군위이다. 육이효와는 상비 관계이다.

各說

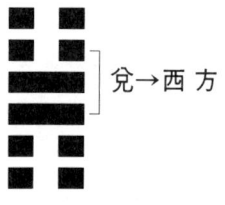
兌→西方

● 密雲不雨는 自我西郊ㅣ니:①이것은 不成功의 표현이며, 陰陽不配合의 상이다. ②문왕의 자탄지설(自嘆之說)로 일이 잘 안 되는 형상을 표현하였다. 또 문왕이 살고 있던 곳이 서쪽(西郊·西山·岐西)이며, 소과괘를 五爻 중심으로 호괘를 만들면 ☱兌卦가 되니 서방 뜻도 된다. 密雲不雨=自我西郊.
● 公이 弋取彼在穴이로다:①육오효가 활을 쏘아서 저 구멍에 있는 육이효를 취하려고

한다. 곧 육오효가 육이효의 구원을 받으려고 하는 형태이다. 그러나 상비 관계이므로 구원을 받지 못한다. 육이효가 유순중정이라도 상통되지 아니한다. 역사적으로 보면 문왕이 유리옥에 갇혀 있을 때, 아무 것도 되지 아니하는 시대를 칭하였고 괘상으로도 4음 2양이니 음양 상통이 아니 되는 형상이다. 여기서 '穴'은 陰物을 칭한다. 곧 육이효의 음을 말하며, '弋取'는 육오효가 행하는 움직임을 뜻하고, '公'은 육오효 자신을 뜻한다. 달리 '公'을 육이효로 보는 사람도 있다.

密雲不雨自我西郊　＝　公弋取彼在穴

② ☴☰ 風天小畜卦도 5양 1음괘이므로 음양 상통이 되지 아니하는 괘이다.
　예) 小畜은 亨하니 密雲不雨는 自我西郊ㄹ새니라 (小畜卦 卦辭)
　　　小畜은 형통하니, 구름이 빽빽하나 비가 오지 않는 것은 내(우리)가 서쪽 교외로부터 일 것이다.

象曰 密雲不雨는 已上也ㄹ새라

象에서 말하기를 "密雲不雨는 이미 〈음이 위로 너무〉 상승했기 때문이다"고 하였다.
・已:이미 이

各說

● 已上也ㄹ새라:기상학적으로 말하면 기압이 상승했다는 것이다. 육오효가 음으로써 왕위에 올랐기 때문이다. 그러므로 二爻와 五爻가 배합(配合)되지 못한다는 것이다.

上 － 密雲不雨自我西郊
下 － 公 弋 取 彼 在 穴　〉上逆下順 → 不宜上 宜下大吉

上六은 弗遇하야 過之니 飛鳥ㅣ 離之라 凶하니 是謂災眚이라

上六은 만나지 아니하여 지나니, 나는 새가 떠남이라. 흉하니, 이를 이르되 災眚이라.
・離:헤어질 리　・謂:이를 위　・災:재앙 재　・眚:재앙 생

總說

상육효는 정위이고 구삼효와 정응 관계이다.

各說

● 弗遇하야 過之니:小過는 찰나(刹那)이다. 곧 지나가 버리는 형상이다. 즉, 小過를 하고 싶어도 이미 지나가 버렸다.
　• 弗過遇之:小過의 찰나를 잘 포착하여, 즉 中을 잡아서 이루었다는 것이다.
● 飛鳥 l 離之라:새가 저 멀리 날아가 버렸다는 것이다. 새가 신속하게 멀리 가 버리는 것을 뜻한다. 離는 선천의 마지막 광경이므로 초육효의 비조(飛鳥)가 상육효에 빨리 온 것이다. 즉, 소과의 시기는 이미 지나가 버렸다는 뜻(雲際沒影)이다.

$$弗遇過之 \;=\; 飛鳥離之 \;\rightarrow\; 凶$$

● 是謂災眚이라:①상육효의 흉함은 天地人의 재화(災禍)를 입을 수가 있다는 것이다. 여기서 '災'는 천재(天災)와 지변(地變)으로 입는 재화(災禍)이고, '眚'은 인위적인 자작지얼(自作之孼:자기 스스로가 만든 재앙)이다. ②하경의 소과괘는 상경의 大過卦와 같은 비중을 지닌다. 한 節이 지나갈 때의 자연 현상을 나타낸 것이 아니겠는가! 즉, 천재지변과 인위의 시질(時疾)이 예측된다는 뜻이기도 하다.

象曰 弗遇過之는 已亢也 l 라

象에서 말하기를 "弗遇過之는 이미 높기 때문이다"고 하였다.

各說

● 已亢也 l 라:①小過의 극치이기 때문에 已亢이라고 하였다. '亢'은 모든 것을 능멸히 알고 교만하게 생각하는 경향이 있다. 이것은 지났기 때문이다. ②已亢은 中을 지나서 높이 올라갔다는 뜻이고, 已上은 中을 지나서 위로 상승하였다는 뜻이다.
예1) 上九는 亢龍이니 有悔리라 (乾卦 上九爻辭)
　　上九는 극에 달한 〈높은〉 용이니 뉘우침이 있을 것이다.
예2) 月已望:15일 밤의 달로서 달이 이미 보름이 되었다는 것이다.
예3) 革은 已日이라아 乃孚하리니 元亨코 利貞하야 悔 l 亡하나라 (革卦 卦辭)
　　革〈命〉은 이미 그 날이라야 이에 믿어지리니, 〈혁명 뒤에는〉 크게 형통하고 〈마음이〉 곧아야 이롭고 뉘우침이 없다.
　　[설명]已는 어떤 일의 당면한 사정을 우리에게 알려준다. 그러므로 已는 中을 상징하는 것으로도 설명할 수 있다. 已는時中.

※小過卦를 정리하여 설명하여 보자

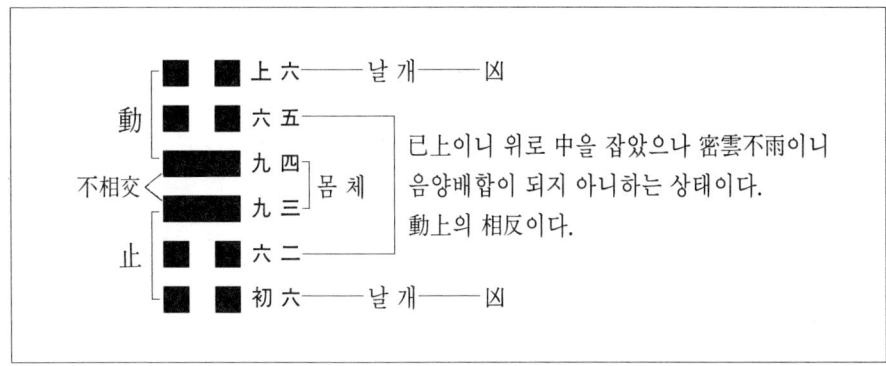

1) 초육효는 "飛鳥ㅣ라 以凶이니라;초육은 나는 새라. 이로써 흉한 것이다"고 하였으며, 상육효도 "飛鳥ㅣ 離之라 凶하니;나는 새가 떠남이라. 흉하니"라고 하였다.

2) 육이효는 "過其祖하야 遇其妣니;그 할아버지(九四)를 지나서 그 할머니(六五)를 만나니"라고 하였으니 中을 잡은 것이며, 육오효는 "密雲不雨는;구름이 빽빽하나 비가 오지 않는 것은"라고 하였으니 陰陽不配合의 象이다. 이것은 動止의 相反됨이라 그러한 것이다. 또「소상」에서도 "已上也ㅣ글새라;이미〈음이 위로 너무〉상승했기 때문이다"고 하였는데 이것은 육오효는 위에, 육이효는 아래에 있기 때문에 그러한 것이다.

3) 구삼효에서 "弗過防之면;지나서〈소인을〉막지 못하면"이라고 한 것은 ☶艮卦의 상효이기 때문이며, 구사효에서 "弗過하야 遇之니……勿用永貞이니라;지나치지 아니하고〈초육을〉만나니……오래도록 바르게 지켜 쓰지 말라"고 하였으니 구삼효와 구사효가 상통되지 못함을 말한 것이다.

4) 상육효에서 "弗遇하야 過之니;만나지 아니하여 지나니"는 亢이 되기 때문이다.

5) 震과 艮, 動과 止, 呼와 吸, 息과 消 등 이러한 것이 小過라면 우리가 살아가는 데는 小過가 아닌 것이 없으며 우리는 이 속에서 움직이고 있다고 보겠다.

水火旣濟 (六十三)
坎離上下

大 義

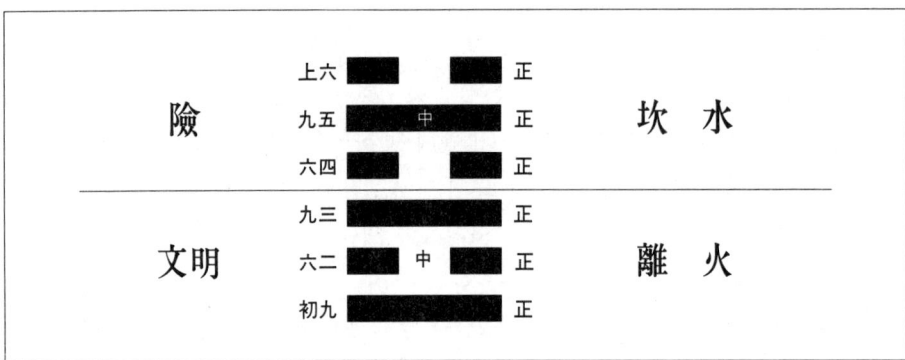

　　旣濟卦는 여섯 효 모두가 正位이며 中正도 갖추어져 있다. 즉, 양자리에 양이 앉아 있으며 음자리에 음이 앉아 있으니, 64괘 중 기제괘 외에는 이러한 괘는 없다. 그러므로 기제괘의 여섯 효 모두가 正을 잡았으며 거기다가 中을 잡고 있으니 旣濟는 時中이라고 보는 것이 올바르다. 이로써 利涉大川도 능히 할 수 있는 것이다. 그래서 旣濟인 것이다. 만사가 질서 정연하게 성공된 괘가 기제괘이며, 인간의 최고 목적은 旣濟이다. 이것을 위하여 우리는 상쟁(相爭)하고 있는 것이다.

1) 旣濟卦는 水火로 구성되어 있다. 水火는 不相雜, 不相離이며 「설괘전」에서도 水火가 不相射, 相逮라고 하였다. 따라서 水火는 서로 간격을 두고 지속하면서 나아간다. 水性은 潤下요 火性은 炎上으로서 水火가 相交되는 형상이다. 이것을 氣化的으로 말한 것이 旣濟卦이다.

水火旣濟 449

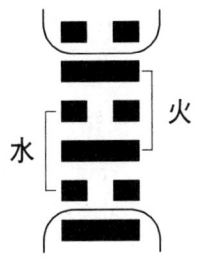

*旣濟卦 속에 未濟卦가 들어 있고, 未濟卦 속에 旣濟卦가 들어 있다.

*水火가 서로 應用하는 가운데 자연은 운행하고 있다.

예1) 天地ㅣ 定位하며 山澤이 通氣하며 雷風이 相薄하며 水火ㅣ 不相射하야 八卦相錯하니 數往者는 順코 知來者는 逆하니 是故로 易은 逆數也ㅣ라 (「說卦傳」第3章)
하늘과 땅이 위치가 정하여져 〈선천팔괘방위도로 살펴보면〉 산과 못이 기운으로써 서로 통하고 있으며, 우레와 바람이 서로 부딪쳐서 조화를 이루게 된다. 물과 불이 서로 쏘지 아니하며, 이러한 상호 작용과 특성으로 팔괘가 서로 섞여 있으니, 〈선천팔괘의〉 지나간 것을 헤아려 보는 자는 순서로써 걸어 온 것을 말하고, 미래를 알려고 하는 자는 순을 거슬러 올라가 보면 알 수 있는 것이니, 이런 이유로 易은 거슬러 셈하는 것이다.

예2) 神也者는 妙萬物而爲言者也ㅣ니 動萬物者 莫疾乎雷하고 撓萬物者ㅣ 莫疾乎風하고 燥萬物者ㅣ 莫熯乎火하고 說萬物者ㅣ 莫說乎澤하고 潤萬物者ㅣ 莫潤乎水하고 終萬物始萬物者ㅣ 莫盛乎艮하니 故로 水火ㅣ 相逮하며 雷風이 不相悖하며 山澤이 通氣 然後에야 能變化하야 旣成萬物也하니라 (「說卦傳」第6章)
神이라는 것은 만물을 妙하게 함을 말함이니, 만물을 움직이는 것이 우레만큼 빠른 것이 없고, 만물을 흔드는 것이 바람만큼 빠른 것이 없고, 만물을 말리는 것이 불만큼 말리는 것이 없고, 만물을 기쁘게 하는 것이 못만큼 기쁘게 하는 것이 없고, 만물을 적시는 것이 물만큼 적시는 것이 없고, 만물을 끝맺음하고 만물을 시작하는 것이 艮만큼 盛한 것이 없으니, 그러므로 물과 불이 서로 미치며 우레와 바람이 서로 거스르지 아니하며, 산과 못이 기운을 통한 뒤에야, 능히 변화하여 만물을 다 이루는 것이다.

[설명] 물과 불이 不相射하고 相逮하는 것은 坎水와 離火는 不相雜과 不相離가 되는 자연 현상을 말한 것이다. 相逮는 물과 불이 氣運으로 서로 마주 보고 만나서 조화를 이룬다는 것이다.

2) 旣濟는 時中이라고 할 수 있다. 그러나 때가 흘러감에 따라 모든 것이 변천되어 간다. 旣濟卦의 내부에는 互卦로서 ䷿未濟卦가 잉태되어 있다. 우리는 삶을 어떻게 하면 경사(慶事)를 더 오래 지속할 것인가를 염원한다. 비꼬아 말하면 '吉'을 더 오래도록 지키고자 하는 것이 우리의 본능이다. 善行 뒤에는 경사가 있고 不善

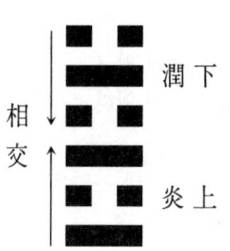

行 뒤에는 재앙이 스스로 찾아오고, 만사는 吉이 극에 이르면 凶이 온다는 일반적 사실을 깊이 인식하는 사람은 드물다. 그러므로 항상 旣濟 때 다음에는 未濟의 때가 온다는 것을 염두에 두고 마음에 방벽(防壁)을 쌓아서 旣濟가 오래 지속하도록 최선을 다하여야 할 것이다.

3) 旣濟는 이미 건넜다. 큰 일이 지나갔다는 뜻이다. 또한 亂이 평정되었다는 뜻이 있다. 「잡괘전」에서 "旣濟는 定也ㅣ라;기제는 定한 것이다"고 하였다. 즉, 모든 것이 자기의 正位를 찾아 질서 정연하게 되어 있으니 다스림(治)이 잘되어 있다는 뜻이다. 우리 인간의 생존은 治亂의 과정을 이어온 것이니 다스림이 처음은 좋으나 방심하면 난이 온다. 인간의 역사는 치란의 연속이라고 할 수 있다. 이것은 旣濟와 未濟의 관계와 같다.

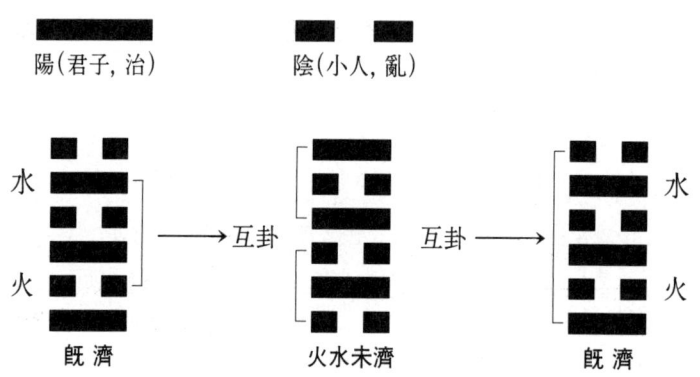

4) 『주역』의 상하경을 비교하면 상경은 先天으로서 天地定位의 원리를 담고 있으며, 하경은 后天으로서 인간 삶의 원리, 즉 인사적 이치를 담고 있다. 물론 하경의 인사적인 것은 그 근본 바탕이 상경의 天地定位의 원리이다.

上經 → 乾坤(天地定位) → 坎(水), 離(火)
下經 → 咸恒(人事夫婦) → 旣濟(水火), 未濟(火水)

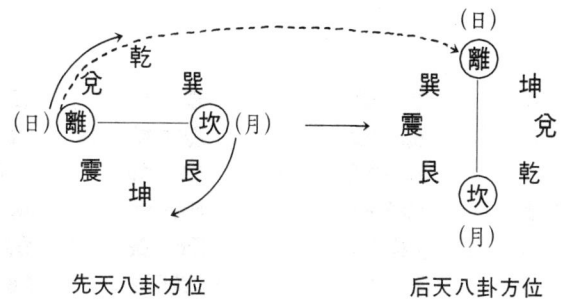

先天八卦方位　　　后天八卦方位

先天의 坎離卦가 后天의 正方 坎離卦로 되었으니 곧 日午中天을 우리에게 알려준다. 즉, 선천의 離卦가 후천의 日午의 자리로 옮겨졌으니 下經은 인사적이므로 中正之道 가 가장 중요하다. 易學은 어떻게 하면 中正之道를 오래오래 지속할 수 있는가를 우 리에게 알려주는 학문이다. 그리고 선천의 하늘이나 후천의 하늘은 변동이 없지만 사람만은 변동이 있다. 이것이 소개벽(小開闢)이니 이것을 『주역』 상하경의 변동에 서 찾아 볼 수 있다.

5) 상하경을 보면 水火가 각각 다르게 배열되어 있다. 우선 상경 30괘를 살펴보면, 상 경은 乾坤卦의 天地定位로부터 ䷜重水坎卦의 水와 ䷝重火離卦의 火로 끝을 맺 었다. 水는 重水로 따로 있으며 火는 重火로 따로 있어 조화(造化)가 없다. 그저 水, 火의 위치만을 고수하였다. 변화무상한 조화는 하경에서 말하고 있다.

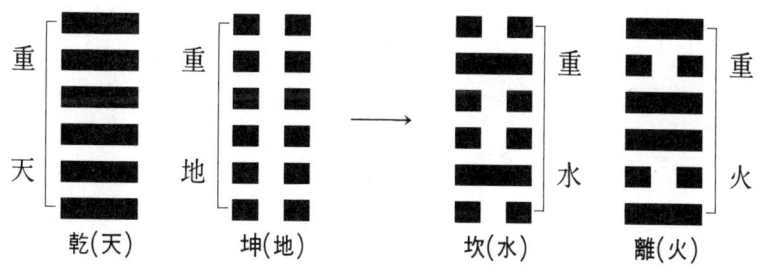

乾(天)　　坤(地)　　坎(水)　　離(火)

하경 34괘를 살펴보면, 하경은 咸恒卦[1]의 夫婦之道로부터 시작하여 기제괘와 미 제괘로 끝맺음을 하였으나 상경에 비교하면 水火의 조화를 충분히 내포하고 있다. 한 괘에 水火를 같이 相交시켰으며 또 水火로써 相離시켜서 조화를 이룩하였으니

---

[1] 咸恒卦 속에는 乾坤卦가 들어 있다. 이것은 부부지간에도 천지의 이치와 같이 하라는 뜻이다.

기제괘와 미제괘 속에는 중요한 이치가 내포되어 있다. 세계는 바야흐로 水火의 發展相의 상쟁(相爭)이라고 할 수 있다. 따라서 水火가 不相雜, 不相離하는 원리를 연구하여 그 조화를 아는 것은 대단히 중요한 일이다.

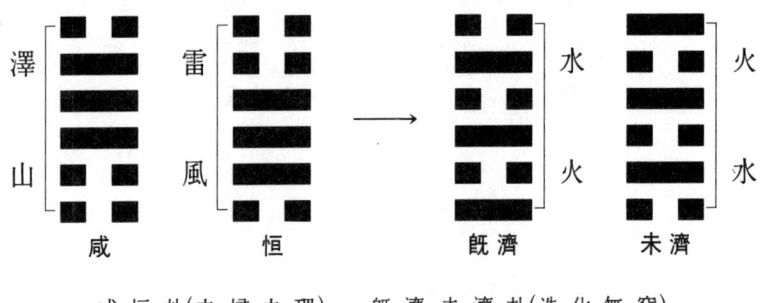

咸恒卦(夫婦之理) → 旣濟, 未濟卦(造化無窮)
└─────── 人事的 ───────┘

原文풀이

旣濟는 亨이 小ㅣ니 利貞하니 初吉코 終亂하니라

旣濟는 형통할 것이 적으니, 바르게 함이 이로우니, 처음은 길하고 마침은 어지럽다.
· 旣:이미 기 · 濟:건널 제 · 終:끝날 종 · 亂:어지러울 란

總說

윗글은 기제괘의 괘사이다.

各說

● 亨이 小ㅣ니:현재는 기제괘의 전성시대인 까닭에 앞으로의 전망이 그러하다는 것이다.
● 利貞하니:正道로써 올바르게 하는 것이 기제를 오래도록 지속할 수 있다는 것이다.

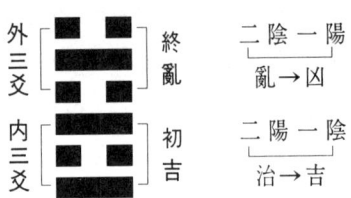

● 初吉코 終亂하니라:기제괘의 內三爻는 전성기라서 길할 것이고, 外三爻는 장차 미제가 될 것이니 흉할 것이다. 또한 미제가 장차 와서 위태로워질 것을 예고하니 조심하라는 것이다.

彖曰旣濟亨은 **小者**ㅣ **亨也**ㅣ니 **利貞**은 **剛柔**ㅣ **正而位當也**글새라 **初吉**은 **柔得中也**ㅣ오 **終止則亂**은 **其道**ㅣ **窮也**ㅣ라

　彖에서 말하기를 "旣濟亨은 작은 것(陰爻)이 형통한 것이니, 利貞은 剛과 柔가 〈모두〉 발라서 位에 마땅함이다. 初吉은 柔(六二)가 中正을 얻었음이요, 마침에 그치면 어지러움은 그 도가 다하였기 때문이다"고 하였다.

・剛:굳셀 강　・柔:부드러울 유　・得:얻을 득　・止:그칠 지　・窮:다할 궁

總說

윗글은 기제괘의 「단사」이다.

各說

- **小者**ㅣ**亨也**ㅣ니:小는 음이니, 음이 형통하다는 것이다. 一說에는 괘상으로 보아서 陰三爻가 각각 剛을 타고 있으니 형통이라고 했다.
- **終止則亂**은:정이천이 「傳」에서 "天下之事ㅣ 不進則退하야 无一定之理라 濟之終에 不進而止矣나 无常止也요 衰亂이 至矣니 蓋其道ㅣ 已窮極也라;천하의 일이 나아가지 않으면 곧 물러나서 일정하게 있는 이치가 없다. 다스림이 끝남에 나아가지 않고 그치나, 항상 그쳐만 있는 것이 아니라 쇠하고 어지러움이 오니, 대개 그 도가 이미 궁극에 이른 것이다"고 하였다. 즉, 최고의 극치(기제의 좋은 시절)에서 좌절하지 말고 부단의 노력을 하라는 뜻이다. 이 글은 성인의 면모를 보여주는 공자의 글로서 時止則止, 時行則行의 뜻을 담고 있다. 未濟(凶)가 오지 아니하도록 노력하고 힘을 다하라는 경계사이다.

象曰 水在火上이 **旣濟**니 **君子**ㅣ **以**하야 **思患而豫防之**하나니라

　象에서 말하기를 "물이 불 위에 있는 것이 旣濟니, 군자가 이로써 우환을 생각하여 미리 막는 것이다"고 하였다.

・思:생각할 사　・患:근심 환　・豫:미리 예　・防:막을 방

總說

윗글은 기제괘의 「대상」이다.

各說

● 思患而豫防之하나니라 : 장래의 환난(우환)을 생각하며 미리 예방하는 것이다. 언제나 기제만이 있는 것이 아니므로 미제를 생각하여 처방해야 된다. 유비무환(有備無患)이라는 정책이 바로 이것과도 같다. 마찬가지로 몸도 건강할 때 조심하면서 행동하여야지 자신을 희생하면서 건강을 유지하는 것은 곤란하다. 언제나 中을 잡아서 행하여야 한다. 여기서 '豫'는 卦名이고 공자의 像을 말한다. 공자처럼 有備를 하여 中正之道를 다한다면 思患而豫防之는 완벽하리라 생각된다.

예) 六二는 介于石이라 不終日이니 貞코 吉하니라 (豫卦 六二爻辭)
　　六二는 〈자신의 뜻을〉 굳게 지킴이 돌과 같다. 종일 기다릴 필요가 없으니 바르고 길하다.
　　[설명] '介于石'은 자신의 뜻을 지킴이 돌과 같이 굳다는 뜻이다. 즉, 天賦之性(善)을 지키는 것이 돌과 같이 굳세다는 뜻이다. 공자와 같이 알고 있으면서도 외부에 발설하지 아니하는 것이 돌과 같다는 것이다. 어느 시기가 되면 본인이 사용하되, 남에게는 발설하지 말라는 뜻이다. 즉, 내 스스로 대처해야 한다. 이것은 곧 中正者를 말한다. '不終日貞吉'은 中正한 자로서 앞을 예지할 수 있는 자격이 있으므로 종일을 기다릴 필요 없으며, 무슨 일이든지 幾微를 알았으니 바르고 길하다는 것이다.

初九는 曳其輪하며 濡其尾면 无咎 l 리라

初九는 그 수레를 끌며 그 꼬리를 적시면 허물이 없을 것이다.
·曳:끌 예　·輪:수레 륜, 수레바퀴 륜　·濡:젖을 유　·尾:꼬리 미

總說

초구효는 정위이며 육사효와 정응 관계이다.

各說

● 曳其輪하며 : 수레바퀴를 못 가게끔 멈추게 하는 것을 말한다. 따라서 급진하게 되면 난국(難局)을 만날 것이니 그대로 기제의 시기에 가만히 있으면 좋다는 것이다. 즉, 모든 것이 구비되어 있으니 현상태에서 머뭇거리는 것이 좋다.
● 濡其尾면 : ①그 꼬리를 적시면 여우(짐승)가 물을 건너지 못하는 상이다. 따라서 급진하게 되면 좋지 못하니 기제의 시기에서 심사숙고를 하여야 한다. 즉, 육사효에게 유혹 당하여 움직이지 말고 그대로 있으면 좋다는 것이다. 여기서 曳其輪과 濡其尾는 같은 내용이다. ②초구효는 여섯 효 중 맨 아래의 효이므로 수레의 맨

아래에 있는 바퀴(輪)와 동물의 맨 뒤에 있는 꼬리(尾)에 비유하였다. 그 예가 다른 괘에서도 사용되고 있다.

예1) 初九는 履校하야 滅趾니 无咎하니라 (噬嗑卦 初九爻辭)
　　初九는 형틀에 잡아매어 놓고 발꿈치를 베어 내니 허물이 없다.
예2) 初九는 賁其趾니 舍車而從ㅣ로다 (賁卦 初九爻辭)
　　初九는 그 발꿈치를 꾸미는 것이니, 수레를 버리고 걷는다.
예3) 初六은 遯尾라 厲하니 勿用有攸往이니라 (遯卦 初六爻辭)
　　初六은 은둔하는데 꼬리라. 위태하니 갈 바 있어도 쓰지 말 것이다.
예4) 初九는 壯于趾니 征하면 凶이 有孚ㅣ리라 (大壯卦 初九爻辭)
　　初九는 발꿈치에 씩씩함이니, 가면 흉함이 틀림없을 것이다.
예5) 初九는 壯于前趾니 往하야 不勝이면 爲咎ㅣ리라 (夬卦 初九爻辭)
　　初九는 앞 발꿈치에 씩씩함이니, 가서 이기지 못하면 허물이 될 것이다.
예6) 初六은 鼎이 顚趾나 利出否하니 得妾하면 以其子无咎ㅣ리라 (鼎卦 初六爻辭)
　　初六은 솥이 발꿈치가 엎어지나 비색한 것을 내놓는 것이 이로우니, 첩을 얻으면 그 아들로써 허물이 없을 것이다.
예7) 初六은 艮其趾라 无咎하니 利永貞하니라 (艮卦 初六爻辭)
　　初六은 그 발꿈치에 그치는지라 허물이 없으니, 오래도록 〈마음을〉 올바르게 가지면 이롭다.
예8) 初六은 濡其尾니 吝하니라 (未濟卦 初六爻辭)
　　初六은 그 꼬리를 적시니 인색하다.

象曰 曳其輪은 義无咎也ㅣ니라

象에서 말하기를 "曳其輪은 의리상 허물이 없는 것이다"고 하였다.

各說

● 義无咎也ㅣ니라 : 육사효에게 말려 들어가면 좋지 않다는 것이다. 또 초구효가 動해서 변하면 蹇卦가 되니 절면서 지연하고 멈추면 좋다는 뜻이 내포되어 있다.

六二는 婦喪其茀이니 勿逐하면 七日에 得하리라

六二는 부인이 그 포장을 잃음이니, 쫓지 않으면 7일만에 얻을 것이다.
·婦:지어미 부, 며느리 부 ·喪:죽을 상 ·茀:덮을 불, 수레가림 불 ·逐:쫓을 축

總說

육이효는 주효로서 유순중정의 효이며 구오효와 정응 관계이다.

各說

● 婦喪其茀이니 : 부인이 타고 다니는 가마 위를 덮는 포장(布帳)이 상하였으니 부인이 가지 못하는 형상이다. 즉, 부인이 動하지 않고 그대로 있으면 좋다는 뜻이다. 육이효의 상하로 양효가 있으니 구오효를 만나려고 가고자 하나 갈 수 없다는 뜻도 있다.

● 勿逐하면 : ①육이효의 시기 역시 기제이므로 그대로 있으면 좋을 때이니 움직이지 아니하는 것이다. 그러므로 육이효가 구오효에게 가려고 하지 않는 것이 좋다. 마치 강태공이나 제갈공명처럼 움직이지 아니하고 초야에 묻혀 있어도, 구오효와 같은 성군이 어느 시기에 변동이 생기면 스스로 찾아온다는 뜻을 "勿逐하면 七日에 得하리라"고 표현하였다. ②육이효가 동하여 변한즉 水天需卦가 된다. 기다린다는 뜻이 내포되어 있다. ③婦喪其茀과 勿逐은 같은 뜻의 비교사(比較辭)이다. 『주역』에서는 이와 같이 어떤 사물이나 이치에 붙여서 해설한 곳이 많다.

● 七日에 得하리라 : 七日來復之理다. 육효로 보면 그 효가 하나 하나씩 모두 변하게 되어 일곱 번째의 변함은 원래의 자기 위치로 돌아오게 되는 것이다. 다시 말하여 지구의 운행 과정에서, 본 위치로 오는 그 기간이 7일이라는 뜻도 된다. 바꾸어 말하면 그 어떤 변동의 기운이 있으면 7일만에 회복이 된다는 뜻이기도 하다. 사람은 소우주이므로 사람의 피가 7일만에 회복이 된다고 하면 우주 변동에 대한 회복기도 7일이라고 보아야 할 것이다. 또한 부인이 아이를 생산하여도 7일만에 피가 돌아서기 때문에 아이를 낳고 칠국이라고 하여 7일만에 국을 끓여 먹는 행사를 한다.

```
 ▬ ▬  5
 ▬ ▬  4
 ▬ ▬  3
 ▬ ▬  2
 ▬ ▬  1   7→ 원래의 위치로
       6    돌아온다.
```

예) 六二는 震來厲ㅣ라 億喪貝하야 躋于九陵이니 勿逐하면 七日得하리라 (震卦 六二爻辭)
六二는 지진이 옴에 위태롭다. 재물을 상할 것을 헤아려 구릉에 올라 〈피하니〉,〈겁이 나서〉 쫓아가지 아니하면 7일이 되면 얻을 것이다.
[설명] 모든 사물은 대부분 7일만에 회복이 된다.

象曰 七日得은 以中道也ㅣ라

象에서 말하기를 "七日得은 중정지도로써 하기 때문이다"고 하였다.

各說

● 以中道也ㅣ라:七日得은 天地定義로써 이루어지는 것이다. 즉, 대자연의 원리에 따라서 회복이 스스로 된다는 것이다. 또한 육이효가 초구효와 구삼효의 장애로 인하여 그대로 있게끔 되지만, 기다리고 있으면 세상은 유동변천(流動變遷)하여 7일만이면 반드시 반복되어 그 장애는 자연 소멸되고 구오효와 상봉하게 된다.

九三은 高宗이 伐鬼方하야 三年克之니 小人勿用이니라

九三은 고종이 귀방을 쳐서 3년만에 이김이니, 소인은 쓰지 말 것이다.
・宗:마루 종 ・伐:칠 벌 ・鬼:귀신 귀 ・方:방위 방, 모 방 ・克:이길 극

總說

구삼효는 정위이며 상육효와 정응 관계이다. 구삼효사는 『書經』에도 나온다.

各說

● 高宗이:고종은 은나라 임금으로 이름은 武丁이며, 기제의 시절에 국위 선양을 위해서 귀방을 정벌하여 나라를 중흥시킨 임금이다.

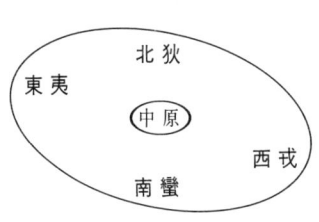

● 伐鬼方하야:鬼方을 치는 것은 中道를 지나치는 일이다. 鬼方은 遠方을 뜻하며 中原 이외의 땅을 뜻한다. 외세에 대한 방비를 튼튼히 하기 위하여 남만(南蠻), 북적(北狄), 동이(東夷), 서융(西戎)을 치는 것을 뜻한다.

● 三年克之니:애를 많이 먹었다는 뜻이며, 오래 걸려서 평정하였다는 뜻이다.『주역』에는 三年, 三歲, 三極, 三才 등, 三이라는 수자를 많이 쓰고 있다.
● 小人勿用이니라:소인은 정치에 등용하지 말라. 즉, 기제의 시기를 지속시키기 위해서는 소인은 쓰지 말라는 것이다. 전쟁을 하는 데는 군자와 소인의 구분이 필요치 않고 용맹한 자면 되지만, 정치를 하는 데는 소인을 기용하면 아니 된다는 것이

다. 예를 들어 개국 공신에 대한 포상과 그들을 정치에 참여시키는 것은 별개의 문제라는 것이다.

예)上六은 大君이 有命이니 開國承家에 小人勿用이니라 象曰 大君有命은 以正功也ㅣ오 小人勿用은 必亂邦也ㄹ새라 (師卦 上六爻辭,「小象」)

上六은 위대한 임금이 命을 둠이니, 나라를 열고 집안을 잇는 데는 소인을 쓰지 말 것이다. 象에서 말하기를 "大君有命은 공을 올바르게 하자는 것이요, 小人勿用은 〈소인은〉 반드시 나라를 어지럽히기 때문이다"고 하였다.

[설명]모든 백성이 나라를 위하여 합세하여 싸웠으므로, 여러 사람들이 세운 공을 치하할 때는 그것에 맞게끔 상을 주어야 한다. 하지만 정치하는 데에는 아무나 관여하게 할 수는 없다. 만약에 등용을 하더라도 군자와 소인을 가려서 쓰도록 하여야 한다. 따라서 전쟁은 군대가 하는 것이고, 정치는 정치인이 하여야 한다. 즉, 승전 뒤에 논공행상(有命)을 하는 것이니, 공이 있는 자에게 상은 주되 정치에는 小人勿用하라는 것이다.

象曰 三年克之는 憊也ㅣ라

象에서 말하기를 "三年克之는 〈많이〉 곤함이다"고 하였다.

· 憊:고달플 비

各說

● 憊也ㅣ라:①삼년 동안의 수고로움으로 많이 곤하고 괴로움이 있었다는 것이다. ②구삼효도 不中이므로 過가 된다. 그러므로 움직이면 좋지 못하다.

六四는 繻(수)에 有衣袽코 終日戒니라

六四는 새는데, 해진 옷을 갖고 종일토록 경계함이다.

· 繻:걸레 수 · 袽:걸레 녀, 해진 옷 녀 · 戒:경계할 계

總說

육사효는 정위며 초구효와 정응 관계이다.

各說

● 繻에:배에 금이 가서 물이 올라오는 것, 즉 물이 새는 것을 말한다. 내 집에서 일

어난 사건이지 풍랑이 나서 일어난 患이 아니라는 것이다. '繻'는 濡(샐 유)와 뜻이 같다.
- 有衣袽코:배에 금이 가서 그 틈을 해진 옷으로 물을 막기 위하여 준비하고 있는 것을 말한다. 즉, "思患而豫防之:우환을 생각하여 미리 막는 것이다"(旣濟卦「大象」)라고 하였듯 유비무환(有備無患)과 같은 뜻이다.
- 終日戒니라:①종일토록 경계하여 살펴보아라는 것이다. 즉, 기제 시기의 태평성대를 방심해서는 아니 되고 조심하라는 뜻이다. ②육사효는 坎(水)卦의 險에 있으므로 조심해야 한다.

> 예)繻는 當作濡니 謂滲漏也라 舟有罅漏則塞以衣袽니 有衣袽以備濡漏하고 又終日戒懼不怠하니 慮患을 當如是也라(『周易傳義大全』 旣濟卦 六四「傳」)
> 繻는 마땅히 濡로 여겨야 하니, 물이 스며든다는 것을 일컫는다. 배에 갈라진 틈이 있다면 해진 옷으로 막으니, 해진 옷을 가지고 스며드는 것에 대비해야 하며, 종일토록 두려움을 경계하고 게으르지 않아야 하니, 재난을 염려하는 것이 마땅히 이와 같아야 한다.

象曰 終日戒는 有所疑也ㅣ라

象에서 말하기를 "終日戒는 의심할 바가 있기 때문이다"고 하였다.
· 疑:의심할 의

各說

- 有所疑也ㅣ라:지금의 시기가 기제이니 앞으로는 미제가 온다는 것을 예고하여 주고 있다. 그러므로 경계하고 정성을 드려야 한다.

九五는 東隣殺牛ㅣ 不如西隣之禴祭ㅣ 實受其福이니라

九五는 동쪽 이웃에서 소를 잡아〈盛祭를 지냄이〉서쪽 이웃의 간략히 제사를 지냄과 같지 못하니, 實心으로 함이 그 복을 받는다.
· 隣:이웃 린 · 殺:죽일 살 · 禴:여름 제사 약 · 祭:제사 제 · 實:열매 실 · 受:받을 수

總說

구오효는 군위로서 中正이며 육이효와 정응 관계이다. 구오효는 은나라의 紂王을,

육이효는 주나라의 文王을 비유하여 말하였다. 그리고 五爻부터는 未濟의 싹이 트기 시작한다는 뜻이 내포되어 있다. 終止則亂, 즉 旣濟의 終止가 싹트고 있다는 뜻이다.

各說

- 東隣殺牛ㅣ:동쪽 이웃에서는 소를 잡아서 성대하게 제사를 지낸다. 곧 紂王이 포악하여서 제물을 아무리 많이 차려 놓아도 정성을 가지고 제사에 임하는 것만 같지 못하다는 것이다.
- 不如西隣之禴祭ㅣ:①서쪽 이웃에서 간략하게 차려 놓고 제사를 지내는 것만 같지 못하다. 文王은 성군으로서 비록 제물은 적지만 그 정성만은 지극하게 하여 제사에 임한다는 것이다.2) ②『周禮』(周나라의 禮文, 周公所作)에 의하면 春享은 사(祀), 夏祭는 약(禴), 秋享은 상(嘗), 冬祭는 증(蒸 또는 烝)이라고 한다. 여름에는 과실도 없고 곤란한 시기이니 夏祭(禴祭)는 간략하게 지낸다. 그러나 夏祭를 제외한 나머지 제사는 제수를 풍성히 올린다. 다른 괘에서 禴을 쓴 예를 찾아보면 다음과 같다.

예1) 六二는 引하면 吉하야 无咎하리니 孚乃利用禴이리라 (萃卦 六二爻辭)
　　六二는 〈九五 군위가〉 당기면 길하여 허물이 없을 것이니, 정성을 드리되 夏祭를 올리듯이 하는 것이 이로울 것이다.

예2) 九二는 孚乃利用禴이니 无咎ㅣ리라 (升卦 九二爻辭)
　　九二는 정성을 드리되 夏祭를 올리듯이 하는 것이 이로울 것이니, 허물이 없을 것이다.

　　　　동 쪽 ― 紂 王(구 오 효) ― 物 多 誠 少
　　　　서 쪽 ― 文 王(육 이 효) ― 誠 多 物 少

- 實受其福이니라:①實心으로써 정성을 다하여 나아가는 자만이 복을 받을 수가 있다는 것이다. 또 제사를 지내는 정성으로 旣濟를 잘 보전하여야 한다는 뜻이 있다. 여기서의 '實'은 정성과 같은 말이다. ②구오효는 坎(水)卦의 양효가 되므로 陽은 誠이요, 實이 된다. 또 구오효는 坎卦의 中이 되므로

---

2) 우주 대자연 곧 天道는 不親이라고 하며 그 내용을 음미할 여유도 없이 오고 간다. 대자연은 주인도 없고 소유도 할 수가 없는 것이다. 자기 자신이 어떻게 대자연을 이용하고 잘 인용하여 쓰느냐에 달려 있다. 그러나 人道는 그러하지 아니하고 변화무상하고 복잡다기(複雜多岐)하다.

實이 된다. ③군자가 구오효를 시초(蓍草)하였다면 길하다.
　예)積善之家는 必有餘慶하고 積不善之家는 必有餘殃하나니 (坤卦「文言傳」)
　　선을 쌓은 집안에는 반드시 〈착한 것을 쌓고〉 남은 경사가 있고, 불선을 쌓은 집안에는 반드시 재앙이 있게 될 것이니
　　[설명]윗글은 實受其福과 같은 뜻이다.

象曰 東鄰殺牛ㅣ 不如西隣之時也ㅣ니 實受其福은 吉大來也ㅣ라

象에서 말하기를 "東鄰殺牛가 서쪽 이웃의 時宜함만 같지 못하니, 實受其福은 길함이 크게 오는 것이다"고 하였다.

各說

- 不如西隣之時也ㅣ니:자연에 순응하여 至善을 하는 것이 서쪽 이웃에서 하는 것만 같지 못하다는 것이다.
- 實受其福은 吉大來也ㅣ라:무슨 일이든지 誠을 다하면 나쁜 일도 좋은 결과를 가져올 수가 있다. 즉, 誠의 여하에 따라서 吉이 있을 수 있으므로 모든 일에 誠과 熱을 다하라는 것이다.

上六은 濡其首ㅣ라 厲하니라

上六은 그 머리를 〈물에〉 적심이라. 위태하다.

總說

상육효는 정위이고 구삼효와 정응 관계이다. 기제괘의 극치로서 극하면 쇠하는 법이므로 속에는 미제가 들어 있다. 즉, 紂王의 마지막을 말한 것이다.

各說

- 濡其首ㅣ라:①紂王이 그 머리까지 물에 빠졌다. 이것은 죽는 수밖에 없다는 것인데 주왕이 誠을 하지 아니하였기 때문이다. ②기제괘에서 上爻는 首라고 지칭하고 初爻는 尾라고 지칭하였다. 『주역』은 괘의 상육, 상구효에 首라는 용어를 많이 쓰고 있다.
　예1)上六은 比之无首ㅣ니 凶하니라 (比卦 上六爻辭)

上六은 도우려 해도 머리가 없으니 흉할 것이다.
- 예2) 上九는 王用出征이면 有嘉ㅣ니 折首코 獲匪其醜ㅣ면 无咎ㅣ리라 (離卦 上九爻辭)
  上九는 왕이 직접 출정을 하면 아름다움이 있으니, 우두머리를 베어 버리고 반대되는 그 추한 것을 거두면 허물이 없을 것이다.
- 예3) 上九는 有孚于飮酒ㅣ면 无咎ㅣ어니와 濡其首ㅣ면 有孚에 失是하리라 (未濟卦 上九爻辭)
  上九는 술을 마시는데 믿음이 있어야 허물이 없거니와 그 머리를 적시면 믿음이 있어도 옳음을 잃을 것이다.

● 厲하니라: 여기서는 단지 위태하여 두렵거나 근심스럽다(厲)고만 하였지 흉하다고 해서 죽는다는 소리는 아니하였다. 그러므로 잘하면 吉大來이지만 잘못하면 역사에서 보듯이 주왕의 말로(末路)처럼 죽게 되는 것이다. 결국 吉이라는 것은 대자연에 순응하여 信과 誠을 다하는 것이다. 따라서 상육효도 履信思乎順을 하면 旣濟를 유지하고 지속해 나갈 수가 있다.

예) 易曰 自天祐之라 吉无不利라하니 子曰 祐者는 助也ㅣ니 天之所助者ㅣ 順也ㅣ오 人之所助者ㅣ 信也ㅣ니 履信思乎順하고 又以尙賢也ㅣ라 是以自天祐之吉无不利也ㅣ니라
(「繫辭傳」上 第12章)
역에서 말하기를 "하늘로부터 도우는지라 길하여 이롭지 않음이 없다"고 하였는데, 공자께서 말씀하시기를 "祐라는 것은 돕는다는 것이므로, 하늘의 도우는 바는 順이요, 사람의 도우는 바는 信인 까닭에 信義를 밟고 항상 順天을 마음에 생각하고 또한 〈가신〉 어진 사람을 숭상하여야 한다는 것이다. 이러하므로 하늘로부터 도우는지라 길하여 이롭지 않음이 없다"고 하였다.

[설명] 祐는 형이상학적인 말이고, 助는 형이하학적인 말이다. "天之所助者順也"는 하늘이 도우는 바 順理를 말하는 것이고, "人之所助者信也"는 사람이 도우는 바 信義를 말하는 것이다. 天은 順이며 人은 信이다. 이것은 사회생활을 하는 데 朋友有信, 즉 信으로서 해야 한다는 것이다. 그리고 "履信思乎順"은 天理에 순응하는 것이고, "以尙賢"은 어진 사람이 되도록 노력하는 것이다. 이 결과가 "自天祐之吉无不利"라고 한다. 천리에 순응하고 인륜에 어긋나지 않으면 선행을 하는 자이므로, 이것은 곧 노력하는 자에게 복이 온다는 것이다.『주역』은 報復之理로서 곧 서로 대갚음이 되는 대자연의 이치를 말한다.

天之所助者 順也
人之所助者 信也 〉履信思乎順, 又以尙賢也

※ 내삼효는 기제를 어떻게 하면 오래 지속할 수 있는가에 대하여 말하고 있고, 외삼

효는 기제의 지속을 위하여 조심하고 두려워하며 지극한 정성을 드려서 닥쳐오는 흉함을 물리치는 데 게을리 해서는 아니 된다는 것을 말하고 있다. 즉, 君子ㅣ 安而不忘危하며 存而不忘亡하는 것3)이 思患而豫防之라는 것이다.

象曰 濡其首厲ㅣ 何可久也ㅣ리오

象에서 말하기를 "濡其首厲가 어찌 오래 갈 수 있겠는가"고 하였다.

各說

● 何可久也ㅣ리오: ①기제의 극치이다. 어찌 가히 장구하겠는가. 곧 망하게 되고 紂王이 머리까지 물에 잠겼으니 죽게 될 것이다. ②『주역』 상하경을 통틀어 "何可久也"라고 한 곳은 기제괘에서 단 한 번밖에 나오지 않으나 이와 상통되는 "何可長也"라는 말은 여러 번 나온다. 이것을 찾아보면 다음과 같다. 참고 바란다.

예1) 象曰 泣血漣如ㅣ어니 何可長也ㅣ리오 (屯卦 上六「小象」)

　　象에서 말하기를 "泣血漣如이니,〈그 몸이〉어찌 가히 오래 갈 수 있겠는가"고 하였다.

예2) 象曰 否終則傾하나니 何可長也ㅣ리오 (否卦 上九「小象」)

　　象에서 말하기를 "비색한 것이 다되면 반드시 기우는 법이니,〈그 비색함의 극이〉어찌 오래갈 수가 있으리오"라고 하였다.

예3) 象曰 冥豫在上이어니 何可長也ㅣ리오 (豫卦 上九「小象」)

　　象에서 말하기를 "冥豫가 위에 있으니 어찌 오래하리오"라고 하였다.

예4) 象曰 翰音登于天이니 何可長也ㅣ리오 (中孚卦 上九「小象」)

　　象에서 말하기를 "翰音登于天이니 어찌 가히 오래 가겠는가?"고 하였다.

※ 旣濟卦를 총괄적으로 설명하면 다음과 같다

　기제괘의 일반적 이치는 妄進하지 말라는 것이다.

---

3) 子曰 危者는 安其位者也ㅣ오 亡者는 保其存者也ㅣ오 亂者는 有其治者也ㅣ니 是故로 君子ㅣ 安而不忘危하며 存而不忘亡하며 治而不忘亂이라 是以身安而國家를 可保也ㅣ니 易曰 其亡其亡이라야 繫于苞桑이라하니라: 공자께서 말씀하시기를 "危者는 그 위를 편안히 하는 자요. 亡者는 그 존함을 보존하는 자요, 亂者는 그 다스림을 두는 자이다. 이런 까닭에 군자가 편안하되 위태함을 잊지 아니하며, 존하되 망함을 잊지 아니하며, 다스리되 어지러워짐을 잊지 않는다. 이로써 몸이 편안하여 국가를 보존할 수 있으니, 역에서 말하기를 '그 망할 듯 망할 듯한 때라야 뽕나무를〈꼼짝 못하게〉뿌리째 묶어 두는 것이다'"고 하셨다.(「繫辭傳」下 第5章)

- 初九는 曳其輪하며 濡其尾면 无咎ㅣ리라:경거망동하지 말라.
- 六二는 婦喪其茀이니 勿逐하면 七日에 得하리라:①天命을 믿고 기다리라는 뜻이다. ②자신의 中正之道를 지키라는 뜻이다.
- 九三은 高宗이 伐鬼方하야 三年克之니 小人勿用이니라:①외적(外敵)을 예방하는 것이나 三年克之라 하였으니 기제의 시기인데 動하면 애를 먹는다는 뜻도 들어 있다. ②대체로 내삼효는 기제이니 이것을 어떻게 하면 오래 지속할 수 있는가에 대하여 말하고 있다.
- 六四는 繻에 有衣袽코 終日戒니라:내적(內敵)을 자제(自制)하라는 것이니 끝까지 경계하고 조심하라는 것을 말하고 있다.
- 九五는 東隣殺牛ㅣ 不如西隣之禴祭ㅣ 實受其福이니라:정성을 지극히 하면 복을 받는다는 것을 말하였다.
- 上六은 濡其首ㅣ라 厲하니라:기제의 극이므로 厲라고 하였다. 그러므로 전진하면 화를 면할 수가 없다는 것이다.

火水未濟 ⁽⁶⁴⁾

離上
坎下

大義

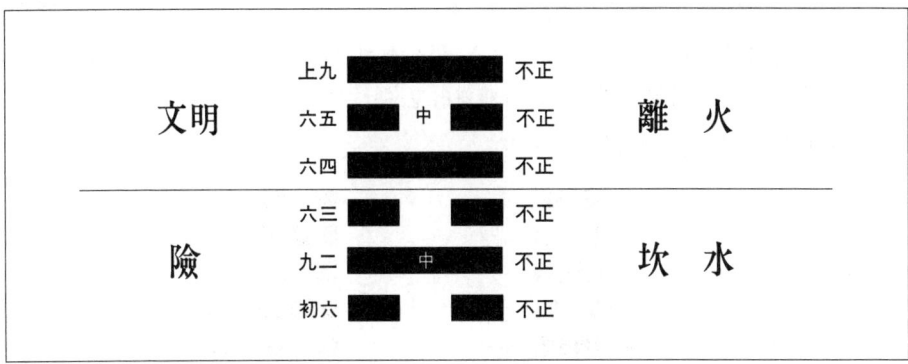

　未濟卦는 ䷾旣濟卦의 도전괘이다. 물을 건너지 못한 상태, 일이 아직 이뤄지지 아니한 상태를 말한다. 즉, 부족하고 미흡한 것이니 앞으로 이것을 보충하기 위해서는 노력하고 자기 수양에 게으름을 부려서는 아니 될 것이다. 자기 자신이 未濟이니 旣濟가 되기 위하여 노력하는 것이므로 발전적이고 희망적인 뜻을 가지고 있다. 따라서 未濟卦는 발전하는 괘이다.

1) 未濟卦는 괘상으로 보아서 全爻가 不正位이다. 易의 64괘 중에서 효가 모두 不正位가 되는 것은 未濟卦밖에 없다. 여섯 효 모두가 不正하고 질서가 없으니 이러한 시기에는 장신(藏身)하여 실력 배양에 힘써야 한다.
2) 未濟卦의 互卦가 旣濟卦이다. 즉, 미제의 내부에는 기제가 포함되어 있다. 그러므로 미제가 극에 이르면 기제가 되니 미제괘의 內三爻는 길하지 못한 것이 분명하

고, 外三爻는 기제괘로 됨이 임박하였으니 길할 것이다. 이렇듯 역학은 항상 상대적이다. 즉, 凶中有吉, 吉中有凶의 이치가 마치 톱니바퀴처럼 물고 지나가고 있는 것이다. 우리의 공부하는 목표가 피흉취길(避凶取吉)하는 방법론에 있다면, 바로 이러한 것을 연구하고 찾아내려는 것이라고 볼 수 있다.

3)①未濟卦의 水火와 旣濟卦의 水火는 다르다. 水火의 원래 성질은 같지만 각각의 괘상으로 보면 그 기능은 서로 다른 것이다. 대체적으로 水는 險하나 生生의 뜻이 있다. 生生할 때의 과정이 험하기 때문에 흉하다고 하였다. 반면에 火는 문명하고 이루어 주는 작용을 하니 길하다고 하였다. 未濟卦에는 火가 길하고, 旣濟卦에서는 水가 길하다. 그러므로 경우와 시간에 따라 水火가 기능하는 원리는 다르다. 따라서 水火는 윤회(輪回)하고 있다. 이것으로부터 음양의 원리는 나아가서 태극의 원리가 될 수 있음을 알 수 있다. ②火曰炎上, 水曰潤下이니 氣運으로 보아서 否泰의 원리와 같다고 볼 수 있다. 즉, 미제괘의 시초가 기제괘요(미제괘 초육효 이전의 사항), 기제괘의 종말이 미제괘라고 할 수 있다. 즉, 기제가 극에 이르면 미제라고 할 수 있기 때문이다.

③아래 水火의 도표에서 보듯이 어느 괘로 作卦하여도 水火가 서로 윤회하고 있음을 알 수 있다. 그러므로 미제괘 다음에 기제괘가 있고 기제괘 다음에 미제괘가 있으니 水火의 상대성은 심오한 원리를 가지고 있는 것이다.

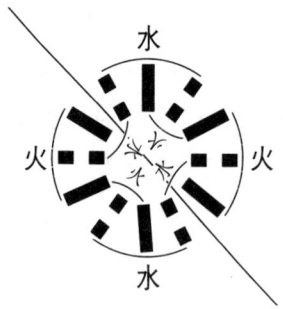

- 上經 — 乾坤 — 天地 — 坎離(水火): 천지 사이에 움직이는 작용 모두가 水火의 작용이다. 즉, 우주 대자연의 원리이다.
- 下經 — 咸恒 — 夫婦之理 — 水火, 火水: 인사적으로 해설하였으며, 水火의 조화 원리를 잘 응용하여 놓았다. 하경은 상경보다 괘의 수가 4괘가 많고 인사적인 내용을 담아야 하기 때문에 문장이 길다.

④엄밀하게 따져 보면, 대자연도 未濟라고 할 수 있다. 이 세상에서 完全이라는 것은 있을 수 없기 때문이다. 물론 인사적인 것이 未濟의 성분이 더 많지만, 대자연은—때때로 비도 주고 눈도 주며, 또 태양열을 주듯 대자연은 선악을 골고루 준다—변동이 없다. 누가 이 대자연을 잘 이용하고 또 순응하느냐에 따라서 吉凶이 판가름되는 것이다. 따라서 우리 인간은 인위적으로 凶을 어떤 방법으로 짧게 하고, 吉을 어떤 방법으로 오래 가지고 있을까를 공부하는 것이다. ⑤64괘 중 마지막 괘를 未濟卦로 하였음은 대자연이 未濟라는 이론에 의한 것이기도 하지만 인사적 사항도 未濟이기 때문이다. 따라서 우주의 진리를 未濟라고 본다면 역학의 이론도 未濟로써 끝맺는 것이 어느 면으로 보아도 타당하다. ⑥공자에게 있어서 스승은 우주 대자연이며 또 일반 서민이라고 할 수 있다. 공자는 대자연의 운행 과정이나 서민이 하는 행동을 보고 스스로 깨닫고 문이변지(問以辨之)를 하였다고 한다. ⑦술은 인간 생활 가운데에서 빠질 수 없는 역할을 한다. 음주의 행태는 모든 원리의 설명에 적용이 될 수 있기에, 술을 마시는 3대 원리를 음미해 볼 필요가 있다. 즉, 酒有三飮……一曰人飮酒, 二曰酒飮酒, 三曰酒飮人이라고 하였는데, 첫째는 사람이 술을 마시고, 둘째는 술이 술을 마시고, 술이 사람을 마신다는 것이다. 이 세 가지 중에서 우리는 中正을 잡아서 행동하여 나아가야 한다. 水火도 역시 中正을 잡아서 적의이용(適宜利用)이 된다면 水火의 造化는 이루어진다.

4) 未濟卦는 각 효의 位가 不正이므로 서로 사귀지 아니하지만 각 효가 상응 관계로 이루어져 있으며, 互卦가 旣濟卦로 되어 있기 때문에 희망적인 괘이다.

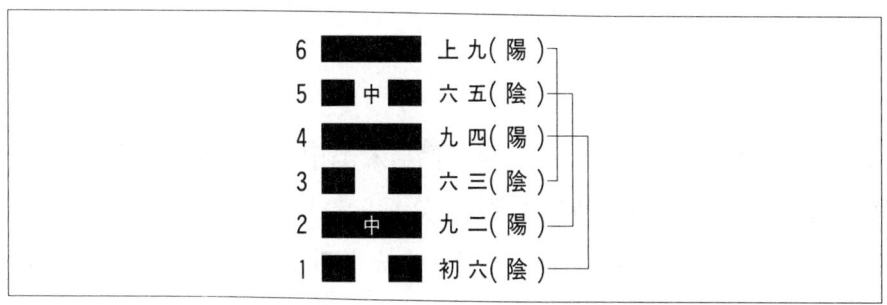

原文풀이

未濟는 亨하니 小狐ㅣ 汔濟하야 濡其尾니 无攸利하니라

未濟는 형통하니, 작은 여우가 〈냇물을〉 거의 건너서 그 꼬리를 적시니, 이로울 바가 없다.

· 未:아닐 미 · 濟:건널 제 · 狐:여우 호 · 汔:거의 흘 · 濡:젖을 유 · 尾:꼬리 미 · 攸:바 유

總說

윗글은 미제괘의 괘사이다.

各說

- 未濟는 亨하니:앞으로 기제가 되기 위한 것으로 전망하여 형통하다는 것이다. 그러므로 未濟時에 中正을 잡으면 기제가 될 수 있다는 뜻이다. 그리고 "旣濟亨"은 旣濟를 오래도록 유지하고, 더욱더 발전시키기 위한 것으로 형통하다는 것이다.
- 小狐ㅣ 汔濟하야:未濟의 象을 의심이 많은 여우에다 비유하여 설명하였다. 『주역』의 마지막을 하면서 세상 사람들이 믿지 아니하고 모두가 의심한다는 뜻에서 여우의 의심이 많은 성질을 취상하여 왔다. 곧 未濟의 형상을 사물로써 표현한 말이다.
- 濡其尾니:기제의 찰나에 꼬리를 적시었다. 즉, 미제의 형상을 뜻한 것이다. 盡性工夫를 할 시에 사사망념(邪思妄念)이 들어서 잘 되지 아니하는 상태가 '尾'다.
- 小狐ㅣ 汔濟하야 濡其尾니:거의 도통 경지에 이르렀지만 건너지 못한 상으로 未濟之象이다. 그러므로 이로울 바가 없는 것이다.
- 无攸利하니라:미제로서 未完成이요 不成功이므로 이로울 바가 없다는 것이다. 그런데 만일 미제가 영원토록 계속된다면 凶이라고 하였을 것인데 无攸利라고 하였으니 노력 여하에 따라 吉할 수도 또 기제가 될 수도 있음을 시사해 주고 있다.

彖曰 未濟亨은 柔得中也ㅣ오 小狐汔濟는 未出中也ㅣ오 濡其尾无攸利는 不續終也ㅣ라 雖不當位나 剛柔ㅣ 應也ㅣ니라

彖에서 말하기를 "未濟亨은 柔(六五)가 득중을 하였기 때문이요, 小狐汔濟는 中

(물 속)에서 나오지 못한 것이요, 濡其尾无攸利는 계속하여 〈끝까지〉 마치지 못하였다는 것이다. 비록 位가 마땅치 않으나 剛과 柔가 응하는 것이다"고 하였다.

·續:이을 속 ·雖:비록 수 ·當:맡을 당, 당할 당 ·應:응할 응

總說

윗글은 미제괘의 「단사」이다.

各說

- 未出中也 ㅣ오:정이천은 「傳」에서 구이효를 두고 한 말이라고 하지만 효사를 보면 초육효를 두고 한 말이다. 즉, 득중도 못하고 未濟卦의 初로서 "小狐ㅣ 汔濟하야 濡其尾니:작은 여우가 〈냇물을〉 거의 건너서 그 꼬리를 적시니"의 상태이다.

  예)據二而言也라 二以剛陽으로 居險中하니 將濟者也라 又上應於五하니 險非可安之地요 五有當從之理라 故로 果於濟ㅣ 如小狐也라 旣果於濟라 故로 有濡尾之患하니 未能出於險中也라 (『周易傳義大全』 未濟卦 「彖辭」「傳」)

  구이효를 근거로 말한 것이다. 구이효가 강건한 양효로써 험난함을 의미하는 坎의 가운데에 있으니 장차 건너야 할 자이다. 또한 위로 육오효에 상응하니 〈구이효가 처한〉 험난한 곳이 가히 편안할 지역은 아니지만, 육오효에게 당연히 따를 이치가 있으므로 〈험난함을〉 건너기에 과감한 것이 마치 어린 여우와 같다. 이미 〈험난함을〉 건너기에 〈너무〉 과감하므로 꼬리를 적실 우환이 있으니 아직은 험난한 가운데에서 능히 빠져 나오지 못한 것이다.

- 不續終也 ㅣ라:有終의 美를 거두지 못하였다는 것이다.

  예)觀은 盥而不薦이면 有孚하야 顒若하리라 (觀卦 卦辭)

  觀은 세수를 하고 정성이 흐트러지지 않으면, 믿음이 있어서 우러러 만나 보는 것과 같을 것이다.

  [설명]위의 관괘 괘사의 내용처럼 되지 못한 상태가 不續終也이다.

- 雖不當位나 剛柔ㅣ 應也ㅣ니라:육효 모두가 부정위이지만 그 가운데서도 剛과 柔가 상응하고 있기에 아무리 미제괘라고 할지라도 일면 좋은 것을 찾아 볼 수 있다는 것이다. 대자연에서 완전히 흉한 것은 있을 수 없다. 이것이 凶中有吉의 본보기라고 할 수 있다.

象曰 火在水上이 未濟니 君子ㅣ 以하야 愼辨物하야 居方하나니라

象에서 말하기를 "불이 물 위에 있는 것이 未濟니 군자는 이로써 사물을 분별하

는 데 삼가 조심하며 〈정당한〉 방위에 거처하는 것이다"고 하였다.
·愼:삼갈 신 ·辨:분별할 변 ·物:만물 물, 일 물, 종류 물 ·居:있을 거 ·方:모 방, 방위 방

總說
윗글은 미제괘의 「대상」이다.

各說
- 未濟니: ䷿未濟卦와 ䷾旣濟卦는 水(濟)를 위주로 하였다. 그러므로 미제괘는 水(坎)가 내괘인 까닭에 건너지 못한 상태(像)를 말한 것이고, 기제괘는 水(坎)가 외괘인 까닭에 건너간 상태(像)를 말한 것이다.
- 愼辨物하야 居方하나니라: ①사물을 분별하여 적당한 방위에 거처하도록 했다. 모든 사물을 성질별로 구분시켜 형이상학적인 형태로 되어 있는 것을 말한다. 같은 종류끼리 나뉘어져 정리되어 있는 형태가 옥편(玉篇)과도 같다. 이것은 곧 사문유취(事文類聚 또는 事物類聚)와 같은 것이다. ②地方의 '方'은 형이하학적인 의미로 쓰이는 데 반하여, 居方의 '方'은 형이상학적인 의미로서 德方과 그 뜻이 같다.

初六은 濡其尾니 吝하니라
初六은 그 꼬리를 적시니 인색하다.
·吝:인색할 린, 한(恨) 린, 아낄 린

總說
초육효는 부정위이며 구사효와 상응 관계이다.

各說
- 濡其尾니: 초육효는 부정한 음으로 未濟의 初에 있으니 아직 건널 만한 능력이 없다. 그러므로 어린 여우(小狐)가 강을 건너다가 그 꼬리를 적시니 인색한 것이다. 즉, 사사로운 망념(妄念)과 오욕(五欲)에 젖어서는 盡性 공부가 되지 아니하는 것이다. 여기서 사사로운 망념과 오욕을 없애면 吉하지만, 끝끝내 이것에서 헤어나지 못하면 凶이니 그 갈림길이 吝이다.

象曰 濡其尾ㅣ 亦不知ㅣ 極也ㅣ라

象에서 말하기를 "濡其尾는 또한 알지 못하는 바가 극하기 때문이다"고 하였다.
·亦:또 역 ·極:다할 극

各說

● 亦不知ㅣ 極也ㅣ라:초육효가 아직 건널(濟渡)만한 능력이 없는 것은 너무 몰라서 그러하다는 것이다.

九二는 曳其輪이면 貞하야 吉하리라

九二는 그 수레를 당기면 바르게 해야 길할 것이다.
·曳:당길 예 ·輪:수레 륜, 바퀴 륜

總說

구이효는 득중으로서 부정위이며 육오효와 상응 관계이다.

各說

● 曳其輪이면:①구이효는 陽剛의 質로서 中位를 얻어, 경거망동(輕擧妄動)하지 아니하고 자제(自制)하는 형상을 수레를 끈다고 표현한 것이다. 여기서 '曳'는 수레가 앞으로 못 나가도록 뒤에서 끌어당기는 것을 말한다. ②'濡其尾'는 꼬리를 적셨으니 못 가는 것이다. 즉, 능력이 없는 것(不用)이다. '曳其輪'은 앞으로 나아갈 수 있는데도 불구하고 아니 가는 것이다. 즉, 능력이 있지만 아니 쓰는 것(勿用)이다.

예)以九二로 應六五 而居柔得中하야 爲能自止而不進하니 得爲下之正也라 故로 其象占
   이 如此라 (『周易傳義大全』 未濟卦 九二爻辭 「本義」)
   구이효로써 육오효와 응하고, 유한 데 거처하며 득중해서 스스로 그쳐 나아가지 않으니, 아랫사람으로서의 바름을 얻은 것이기 때문에, 그 상과 점이 이와 같다.
   [설명]주자도 구이효가 의식적으로 나아가지 않는 것으로 말하고 있다.

● 貞하야 吉하리라:모든 것은 正道로써 해야 좋다. 만약에 不貞으로써 한다면 흉하게 될 것이라는 암시가 이 구절에 내포되어 있다. 그러므로 '貞'은 경계사이다.

象曰 九二貞吉은 中以行正也ㅣ로새라

象에서 말하기를 "九二貞吉은 中道로써 정당하게 행동하기 때문이다"고 하였다.

六三은 未濟에 征이면 凶하나 利涉大川하니라

六三은 未濟에 〈그대로〉 나아가면 凶하나, 大川을 건너는 것이 이롭다.

・征:갈 정   ・涉:건널 섭

總說

육삼효는 부정위이며 상구효와 상응 관계이다. 육삼효는 내삼효의 마지막 효로서 그 효사는 四爻부터 旣濟가 온다는 것을 예고해 주고 있다.[1] 이것은 대자연의 운행이므로 거스를 수가 없다.

各說

● 未濟에 征이면 凶하나:①未濟卦의 형상으로만 자꾸 밀고 나아가게 되면 凶하다. 그러나 旣濟의 뜻으로 행한다면 大川을 건너는데 이로울 것이다. 三爻에다 未濟卦 名을 넣어서 말한 것은 미제괘의 마지막을 뜻한 것이다. ②미제괘를 여섯 효 전체로 보면, 內三爻는 未濟이고 外三爻는 旣濟이다. 그러므로 日午中天의 때는 未濟와 旣濟의 중간사(中間事)가 있으며, 대자연의 변화가 존재하고 운행되어지고 있다는 것을 의미한다.

● 利涉大川하니라:①우주 대자연의 운행은 間斷이 없으며 至公無私하게 움직이고 있으니 사람이 時宜에 맞게 조절하여야 한다는 것이다. ②未濟征凶하면 不利涉大川인데 만약 時中을 잘하여 대자연의 운행에 잘 대처해 나아가 旣濟征吉하면 利涉大川한다는 뜻이다. ③미제괘에서는 삼효이지만 기제괘로는 四爻가 된다. 구사효는 互卦로 보면 중앙이 된다. 또 미제괘의 육삼효는 호괘로 보면 坎卦가 되므로 大川을 건너가는 형상이다. 그러므로 배를 타는 시기는 미제괘 육삼효라 할 수 있다.

---

1) 기제괘 속에 미제괘가 있고 미제괘 속에 기제괘가 있다. 이것은 길흉이 서로 윤회하고 있음을 시사하고 있다.

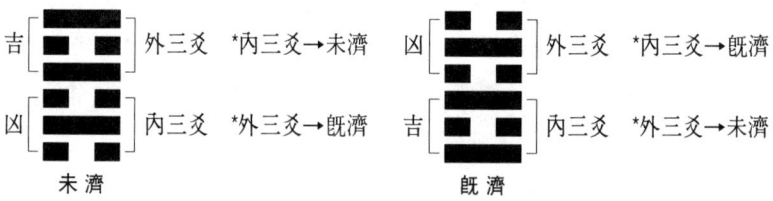

즉, 吉→凶→凶→吉(旣濟→未濟→未濟→旣濟)로 운행하는 것이다. 이것은 吉한 것이 凶한 것을 싸고 있는 형상이다.

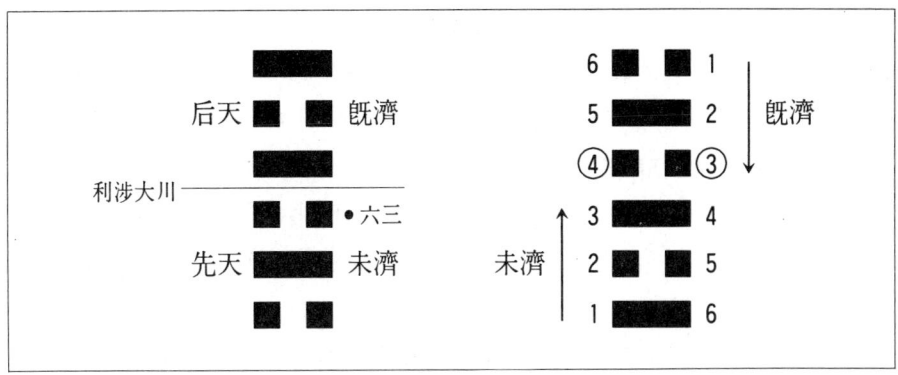

예)或疑利字上 當有不字 (『周易傳義大全』未濟卦 六三爻辭「本義」)
혹자는 利자 위에 마땅히 不자가 있어야 한다고 의심한다.

象曰 未濟征凶은 位不當也일새라

象에서 말하기를 "未濟征凶은 位가 마땅치 않기 때문이다"고 하였다.

各說

● 位不當也일새라 : 三爻는 陽位인데 陰이 앉아 있다는 것이다. 곧 부정한 마음과 행동으로써 일관하게 되면 未濟征凶이 된다는 뜻으로 새겨도 된다. 여기서 位不當이 位當으로 전환되려면 不正이 正으로, 不善이 善으로 되어야 한다. 이렇게만 되면 利涉大川이 가능하다는 뜻이 내포된 것이 아니겠는가?

九四는 貞이면 吉하야 悔ㅣ 亡하리니 震用伐鬼方하야 三年에아 有賞于大國이로다

九四는 바르게 하면 길하여 뉘우침이 없을 것이니, 움직여 귀방을 정벌하여 3년만에 대국에서 상이 있도다.

· 悔:뉘우칠 회 · 震:진동할 진, 울릴 진, 움직일 진 · 伐:칠 벌 · 鬼:귀신 귀 · 賞:상 상 · 于:어조사 우

總說

구사효는 부정위이며 초육효와 상응 관계이다. 구사효부터는 외삼효이므로 기제라고 보아도 좋다. 그러나 기제가 돌아오니 흉하다는 구절은 없다.

各說

● 貞이면 吉하야 悔ㅣ 亡하리니:①貞(正)을 하는 사람이면 吉할 뿐만 아니라 悔마저 없어진다. 그러나 부정을 하는 사람이면 흉하고 뉘우침이 있게 된다는 것이다. 이 구절은 경계사가 된다. 또 貞吉悔亡은 心이기에 사람의 마음이 貞吉悔亡만 되면 도통하게 된다. 특히 四爻에는 貞吉悔亡의 글이 많다.『주역』전체를 통틀어 "貞吉悔亡"이 들어 있는 괘는 4개가 된다.2) ②미제괘의 사효는 기제괘의 삼효와 같다. 따라서 吉은 凶을 내포하고 있다.

　예)九三은 高宗이 伐鬼方하야 三年克之니 小人勿用이니라 象曰 三年克之는 憊也ㅣ라
　　九三은 고종이 귀방을 쳐서 3년만에 이김이니, 소인은 쓰지 말 것이다. 象에서 말하기를 "三年克之는 〈많이〉 곤함이다"고 하였다.
　　[설명]3년 동안의 수고로움으로 많이 곤하고 괴로움이 있었다는 것이다. 구삼효는 不中이므로 過가 된다. 그러므로 움직이면 좋지 못하다.

● 震用伐鬼方하야:震은 동방이다. 귀방(鬼方)을 정벌하는 사람이 동방에서 나온다는 뜻이 아닐까? 결국 大川을 건너는 데 있어서 舟虛를 운전하는 사공이 震方에서 나온다는 이론으로 봐도 되지 않겠는가?

　예)帝ㅣ 出乎震하야 (「說卦傳」第5章)
　　帝가 震에서 나와서.
　　[설명]선천팔괘방위도의 震方이 후천팔괘방위도의 艮方이 된다. 어떤 때에는 震方으로 어떤 때에는 艮方으로 기록되어 있으니 착오가 없기 바란다. 또 震, 艮卦는 도전이니 표리(表裏) 관계이다.

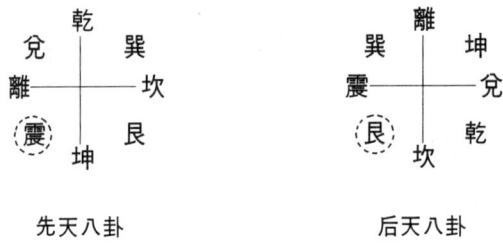

先天八卦　　　　　后天八卦

---

2) 大壯卦 구사효 各說란에 예시되어 있다. 참조 바란다. (一岡註)

● 三年에아 有賞于大國이로다:3년만에 승리를 하여 大國의 제왕에게서 무훈(武勳)의 상을 받게 된다는 뜻이다. 3년의 세월 동안 공부하고 연마하게 되면 성공이 가능하다는 뜻도 된다. 즉, 최단(最短)으로 하더라도 3년은 걸리니, 우물물을 한 번에 마시려는 생각을 해서는 아니 되는 것이다.

象曰 貞吉悔亡은 志行也l라

象에서 말하기를 "貞吉悔亡은 뜻대로 행해지는 것이다"고 하였다.

各說

● 志行也l라:공자는 震用伐鬼方이 뜻대로 행해진다고 하였으며, 震方을 많이 찬양하였다.[3] 이것을 보고 也山 선생님은 진단구변도(震檀九變圖)[4]라는 易解圖를 제작하였다. 이것은 「설괘전」제5장의 설명에 의거하여 震卦가 중심이 되어서 64괘가 전개되는 논리를 설파한 이론으로, 발전적인 해설이라고 할 수 있다.

예)帝l 出乎震하야 齊乎巽하고 相見乎離하고 致役乎坤하고 說言乎兌하고 戰乎乾하고 勞乎坎하고 成言乎艮하나니라 萬物이 出乎震하니 震은 東方也l라 齊乎巽하니 巽은 東南也l니 齊也者는 言萬物之潔齊也l라 離也者는 明也l니 萬物이 皆相見할새니 南方之卦也l니 聖人이 南面而聽天下하야 嚮明而治하니 蓋取此也l라 坤也者는 地也l니 萬物이 皆致養焉할새 故로 曰 致役乎坤이라 兌는 正秋也l니 萬物之所說也 ㄹ새 故로 曰 說言乎兌라 戰乎乾은 乾은 西北之卦也l니 言陰陽相薄也l라 坎者는 水也l니 正北方之卦也l오 勞卦也l니 萬物之所歸也ㄹ새 故로 曰 勞乎坎이라 艮은 東北之卦也l니 萬物之所成終而所成始也ㄹ새 故로 成言乎艮이라 (「說卦傳」 第5章)

帝가 震에서 나와서, 巽에서 가지런히 하고, 離에서 서로 보고, 坤에서 힘써 일하고, 兌에서 기뻐하고, 乾에서 싸우고, 坎에서 수고하고, 艮에서 이룸을 확인한다. 만물이

---

3)①공자가 여러 제후국을 다니며 제후들에게 왕도 정치를 종용했으나 듣지 아니하니, 한탄하며 "나도 뗏목을 타고 동쪽으로 가서 살고 싶다"고 하였다. 또 "나의 도는 앞으로 동쪽에서 빛이 날 것이다"고 한 말을 생각할 때 그 동쪽은 東夷國(한국)을 가리키는 것이 아니겠는가? ②많은 수의 사람들이 공자 위패를 모시고 제사를 지내는 나라는 한국밖에 없다. 전국 각지에 시군별로 大成殿이 있는 것만 봐도 이를 잘 증명해 준다. 만약 공자의 혼령이 있다면 한국에 복을 많이 내려 주실 것이니 한국의 장래는 밝은 것이 아니겠는가? 또 天道 곧 대자연은 不親이다. 자기가 덕행을 하고 明明德을 하며 至善을 행하는 자라야 하늘을 親하는 것이며 결과적으로 복을 받게 되는 것이다. 이와 같이 귀신도 지성을 드리는 자에게만이 복을 주게 될 것이 아닌가! 공자가 지은 「소상」에서 志行也라고 하였으니 공자로 인해 많은 복을 한국이 받게 될 것이다.

4)也山文集・坤(下卷)에 있다.

震에서 나오니 震은 동방이다. 巽에서 가지런히 하니, 巽은 동남이니, 齊라는 것은 만물이 깨끗하게 가지런히 하는 것을 말함이다. 離라는 것은 밝음이니, 만물이 다 서로 봄이니, 남방의 괘니, 성인이 남쪽을 향해 천하〈의 소리〉를 들어서 밝을 것을 향하여 다스리니, 다 이것에서 취함이다. 坤이라는 것은 땅이니, 만물이 기름을 이루니, 致役乎坤이다. 兌는 바로(正) 가을이니, 만물의 기뻐하는 바이니, 說言乎兌이다. 戰乎乾은, 乾은 서북 괘니, 陰方과 陽方이 서로 부딪치는 곳이기 때문이다. 坎은 물이니, 정북방의 괘니, 수고로운 괘니, 만물이 돌아가는 바니, 勞乎坎이다. 艮은 동북의 괘니, 만물이 마침을 이루는 바요, 시작함을 이루는 바이니, 成言乎艮이다.

六五는 貞이라 吉하야 无悔니 君子之光이 有孚 ㅣ라 吉하니라

六五는 바른지라. 길하여 뉘우침이 없으니, 군자의 빛남이 믿음이 있다. 길하다.
· 光 : 빛 광   · 孚 : 참되고 믿음성이 있을 부

總說
육오효는 주효로서 부정위이지만 득중하였으며 구이효와 상응 관계이다.

各說
● 貞이라 吉하야 无悔니 : 육오효는 원래부터 中을 잡았으니 바른 것이라 길하다는 것이다.
● 君子之光이 : ①군자의 德化로 인하여 빛이 나는 것이다. ②君子之光은 형이상학적인 성훈(聖曛)5)을 말한다. 고승(高僧)이 열반을 하면 사리가 나오는 것과 같으며 君子之光과 성훈은 철안(哲眼)과 신안(神眼), 곧 4차원 세계에서만이 볼 수가 있다.
● 君子之光이 有孚 ㅣ라 吉하니라 : 貞吉无悔의 결과이다.
● 有孚 ㅣ라 吉하니라 : ①君子之光이 계속하려면 믿음과 정성이 있어야 좋다. 이러한 有孚가 없으면 한 번 빛나고 만다. ②한 효에 吉이 두 번 들어 있다.

象曰 君子之光은 其暉 ㅣ 吉也 ㅣ라

象에서 말하기를 "君子之光은 그 빛남이 길한 것이다"고 하였다.
· 暉 : 빛 휘, 빛날 휘

---

5) 석가여래의 불상 뒤에 휘황한 빛으로 되어 있는 것을 뜻한다. 이것은 일종의 에너지라고 할 수 있는데, 모든 생물은 이와 같이 에너지를 발산 할 수 있는 능력을 가지고 있다. 다만 이것의 많고 적음으로써 모든 것을 아는 척도로 삼을 뿐이다.

各說

● 其暉ㅣ 吉也ㅣ라: 육오효는 미제괘의 전성기이므로 君子之光이라 하였으며, 군자의 빛남은 태양의 빛남과 같다는 뜻이다.

   예)暉者는 光之散也라 (『周易傳義大全』六五「小象」「本義」)
     暉는 빛이 발산하는 것이다.
   [설명]暉→輝→太陽→光之散也

上九는 有孚于飮酒ㅣ면 无咎ㅣ어니와 濡其首ㅣ면 有孚에 失是하리라

上九는 술을 마시는 데 믿음이 있으면 허물이 없거니와, 그 머리를 적시면 믿음이 있어도 옳음을 잃을 것이다.

· 飮:마실 음 · 酒:술 주 · 失:잃을 실 · 是:옳을 시

總說

상구효는 부정위이며 육삼효와 상응 관계이다.

各說

● 有孚于飮酒ㅣ면: 술을 마시는 데 있어서 자신을 망각해서는 아니 된다. 술을 마시든, 돈벌이를 하든, 여자를 가까이 하든 무슨 일을 하더라도 자기 마음의 표본을 세워 두고 일을 해야지 그냥 질서와 계획과 중심이 없게 일을 해서는 아니 된다는 뜻이다. 곧 中을 잡아서 모든 일을 행하지 않으면 失是하게 된다는 뜻이다. 상구효는 坎卦(水)에 해당하므로 술(酒)로 비유하였다.

● 无咎ㅣ어니와: 節飮을 할 수 있는 믿음으로써 술을 마시면 허물이 없다는 것이다.

● 濡其首ㅣ면: ①술을 마시되 술이 사람을 마시는 지경까지 이른다면, 사람이 머리를 물 속에 적시는 형상과 같다는 것이다. 곧 죽게 된다는 것이다. ②기제괘와 미제괘에서는 서로 동일하게 初爻는 尾로써, 上爻는 首로써 비유하여 설명하고 있다.

● 有孚에 失是하리라: ①술을 너무 많이 마시면 믿음이 있어도 過中이 되어 인간 본연의 모습을 잃게 된다. 즉, 후회해도 되지 아니하고 때는 늦었다는 것이다. 여기서 '失是'는 利涉大川을 하지 못한다는 뜻이다. ②『주역』384효 중 마지막 효에 中을 감추어 두었다고 할 수 있다. ③상구효사 속에 有孚를 두 번 넣어 설명하였다.

象曰 飮酒濡首ㅣ 亦不知節也ㅣ라

象에서 말하기를 "飮酒濡首는 또한 節을 알지 못하기 때문이다"고 하였다.
· 節:마디 절

各說

● 亦不知節也ㅣ라:①『중용』의 發而皆中節의 '節'을 알지 못하기 때문이다. 이미 이 글 속에도 中正의 의미가 들어 있다.

예1) 喜怒哀樂之未發을 謂之中이오 發而皆中節을 謂之和ㅣ니 中也者는 天下之大本也ㅣ오 和也者는 天下之達道也ㅣ니라 (『中庸』第1章)
〈사람의 마음에 작동이 여기에 있다〉 기쁘고 화내고 슬프고 즐거움이 발동하지 아니 한 것을 中이라 하고,〈희노애락이〉발동하되 다 절차에 맞게 발하는 것을 和라고 이르나니, 中이라는 것은 천하의 큰 근본이요, 和라고 하는 것은 천하의 통달한 도다.
[설명]사람이 中正之道가 되어 주역 공부를 하게 되면 모든 것을 다 알아낼 수 있다는 것이다.

예2) 致中和ㅣ면 天地ㅣ 位焉하며 萬物이 育焉이니라 (『中庸』第1章)
中和의 德을 극진하게 하면 천지가 각각 위치하며, 이로써 만물이 육성되는 것이다.
[설명]중화만 이루게 되면 天位, 地位, 人位의 모든 것을 다 알아낼 수 있다는 것이다.

②周易은 節卦 六十으로 끝났다. 이것을 공자가 말하였다. 그러나 우주의 원리가 水火로 되어 있으니 水火의 교착(交錯)이 中孚卦와 小過卦는 體로써 하였고, 旣濟卦와 未濟卦로써 用을 하였다. 또 中孚卦와 小過卦, 旣濟卦와 未濟卦의 體는 坎卦와 離卦가 된다.

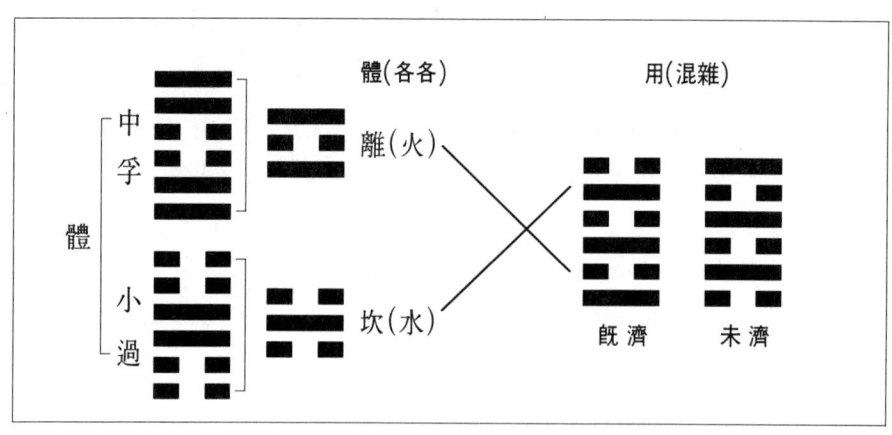

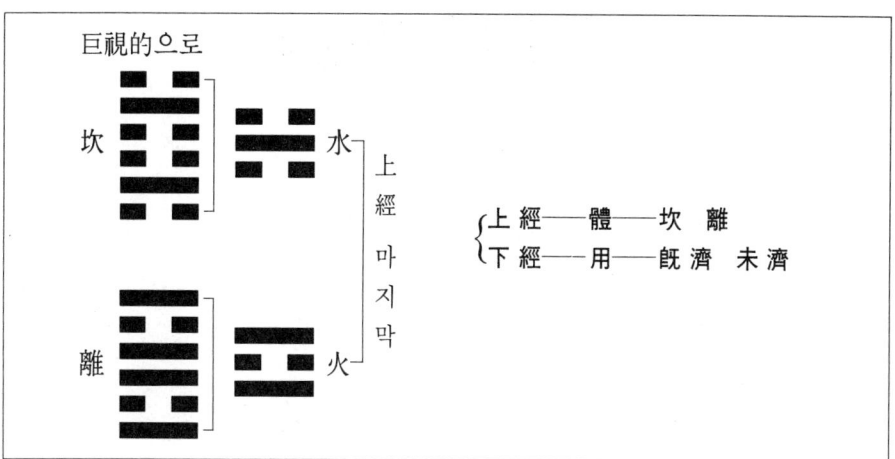

上下經 총정리

※주역은 군자가 배워야 하는 학문이기도 하지만, 지도자가 되는 사람도 주역의 이치를 체득(體得)하여야 된다는 말도 지나친 말이 아닐 것이다. 이것을 각 괘의 「대상」에서 살펴보자.

1) 君子ㅣ 以하야 …… 상경 21괘, 하경 32괘, 합 53괘에 분포한다.
   예1) 象曰 天行이 健하니 君子ㅣ 以하야 自彊不息하나니라 (乾卦 「大象」)
      象에서 말하기를 "하늘의 운행이 굳건(건장)하니, 군자가 이로써 스스로 굳세어 쉬지 아니한다"고 하였다.
   예2) 象曰 地勢ㅣ 坤이니 君子ㅣ 以하야 厚德으로 載物하나니라 (坤卦 「大象」)
      象에서 말하기를 "땅의 형세가 坤이니, 군자가 이로써 두터운 덕으로 만물을 싣고 있다"고 하였다.
   예3) 象曰 雲雷ㅣ 屯이니 君子ㅣ 以하야 經綸하나니라 (屯卦 「大象」)
      象에서 말하기를 "구름과 우레가 屯이니 군자가 이로써 경륜하는 것이다"고 하였다.
   예4) 象曰 山下出泉이 蒙이니 君子ㅣ 以하야 果行하며 育德하나니라 (蒙卦 「大象」)

象에서 말하기를 "산 밑에 샘물이 솟아 나오는 것이 蒙이니, 군자가 이로써 행동을 과감히 하며 덕을 기르는 것이다"고 하였다.

예5) 象曰 雲上於天이 需ㅣ니 君子ㅣ 以하야 飮食宴樂하나니라 (需卦「大象」)
象에서 말하기를 "구름이 하늘에 오르는 것이 需이니, 군자가 이로써 음식을 먹으면서 평안하게 즐긴다"고 하였다.

예6) 象曰 天與水ㅣ 違行이 訟이니 君子ㅣ 以하야 作事謀始하나니라 (訟卦「大象」)
象에서 말하기를 "하늘이 물과 더불어 어긋나게 행함이 訟이니, 군자가 이로써 일을 시작함에 처음에 잘 도모한다"고 하였다.

예7) 象曰 地中有水ㅣ 師ㅣ니 君子ㅣ 以하야 容民畜衆하나니라 (師卦「大象」)
象에서 말하기를 "땅 가운데 물이 있는 것이 師이니, 군자가 이로써 백성을 포용하고 무리를 기르는 것이다"고 하였다.

예8) 象曰 風行天上이 小畜이니 君子ㅣ 以하야 懿文德하나니라 (小畜卦「大象」)
象에서 말하기를 "바람이 하늘 위에서 부는 것이 소축이니, 군자가 이로써 문채나는 덕을 아름답게(떳떳하게) 한다"고 하였다.

예9) 象曰 上天下澤이 履니 君子ㅣ 以하야 辯上下하야 定民志하나니라 (履卦「大象」)
象에서 말하기를 "위에는 하늘, 밑에는 못이 있는 것이 이괘이니, 군자가 이로써 상하를 분별하여 백성의 뜻을 정립한다"고 하였다.

예10) 象曰 天地不交ㅣ 否니 君子ㅣ 以하야 儉德辟難하야 不可榮以祿이니라 (否卦「大象」)
象에서 말하기를 "천지가 교접하지 않는 것이 否니, 군자는 이로써〈때가 비색하므로〉덕을 검소하게 하며 어려움을 피해서, 가히 녹을 먹음으로써 영화를 누리지 아니한다"고 하였다.

예11) 象曰 天與火ㅣ 同人이니 君子ㅣ 以하야 類族으로 辨物하나니라 (同人卦「大象」)
象에서 말하기를 "하늘〈의 性〉과 불〈의 性〉이 같다는 것이 동인이니, 군자가 이로써 같은 종류끼리 분류함으로써 물건을 분별한다"고 하였다.

예12) 象曰 火在天上이 大有ㅣ니 君子ㅣ 以하야 遏惡揚善하야 順天休命하나니라 (大有卦「大象」)
象에서 말하기를 "태양이 中天에 높이 올라 있는 것이 大有이니, 군자는 이로써 악을 막고 선을 찬양하여 하늘의 아름다운 명에 따른다"고 하였다.

예13) 象曰 地中有山이 謙이니 君子ㅣ 以하야 裒多益寡하야 稱物平施하나니라 (謙卦「大象」)
象에서 말하기를 "땅 속에 산이 있는 것이 謙이니, 군자가 이로써 많은 것을 덜어서 적은 데에 더해 주어 물건을 저울질하여 고르게 만드는 것이다"고 하였다.

예14) 象曰 澤中有雷ㅣ 隨ㅣ니 君子ㅣ 以하야 嚮晦入宴息하나니라 (隨卦「大象」)
象에서 말하기를 "못 속에 우레가 있는 것이 隨이니, 군자가 이로써 날이 저물면 들어앉아 먹고 마시며〈때를 기다리며〉즐겁게 쉰다"고 하였다.

예15) 象曰 山下有風이 蠱ㅣ니 君子ㅣ 以하야 振民하며 育德하나니라 (蠱卦「大象」)

象에서 말하기를 "산 아래 바람이 있는 것이 蠱이니, 군자가 이로써 백성을 진작시켜 덕을 기르는 것이다"고 하였다.

예16) 象曰 澤上有地ㅣ 臨이니 君子ㅣ 以하야 敎思ㅣ 无窮하며 容保民이 无疆하나니라 (臨卦 大象)
象에서 말하기를 "못 위에 땅이 있는 것이 臨이니, 군자가 이로써 가르치려는 생각이 다함이 없으며, 백성을 포용하여 보살핌이 끝이 없다"고 하였다.

예17) 象曰 山下有火ㅣ 賁니 君子ㅣ 以하야 明庶政호대 无敢折獄하나니라 (賁卦「大象」)
象에서 말하기를 "산밑에 불이 있는 것이 賁니, 군자는 이로써 〈천하의〉뭇 정사를 밝히되 감히 옥을 없앨 수가 없다"고 하였다.

예18) 象曰 天在山中이 大畜이니 君子ㅣ 以하야 多識前言往行하야 以畜其德하나니라 (大畜卦「大象」)
象에서 말하기를 "하늘이 산 속에 있는 것이 대축이니, 군자가 이로써 〈옛 성현들의〉말과 지나간 행실을 많이 알아서 그 덕을 기르는 것이다"고 하였다.

예19) 象曰 山下有雷ㅣ 頤니 君子ㅣ 以하야 愼言語하며 節飮食하나니라 (頤卦「大象」)
象에서 말하기를 "산 아래 우레가 있는 것이 頤니, 군자가 이로써 말을 삼가며 음식을 절도 있게 먹는다"고 하였다.

예20) 象曰 澤滅木이 大過ㅣ니 君子ㅣ 以하야 獨立不懼하며 遯世无悶하나니라 (大過卦「大象」)
象에서 말하기를 "못이 나무를 멸하는 것이 대과이니, 군자가 이로써 홀로 서서 두려워하지 않으며, 세상을 피하여 살아도 민망하게 여기지 아니한다"고 하였다.

예21) 象曰 水ㅣ 洊至ㅣ 習坎이니 君子ㅣ 以하야 常德行하며 習敎事하나니라 (坎卦「大象」)
象에서 말하기를 "물이 거듭 이르는 것이 습감이니, 군자가 이로써 항상 끊임없는 덕을 행하며 〈백성을〉교화시키는 일을 익히는 것이다"고 하였다.

예22) 象曰 山上有澤이 咸이니 君子ㅣ 以하야 虛로 受人하나니라 (咸卦「大象」)
象에서 말하기를 "산 위에 못이 있는 것이 咸이니, 군자가 이로써 虛함으로 사람을 받아들인다"고 하였다.

예23) 象曰 雷風이 恒이니 君子ㅣ 以하야 立不易方하나니라 (恒卦「大象」)
象에서 말하기를 "우레와 바람이 恒이니, 군자가 이로써 〈뜻을〉세우되 방위를 바꾸지 아니한다"고 하였다.

예24) 象曰 天下有山이 遯이니 君子ㅣ 以하야 遠小人호대 不惡而嚴하나니라 (遯卦「大象」)
象에서 말하기를 "하늘 아래 산이 있는 것이 遯이니, 군자가 이로써 소인을 멀리하되 악하게 하지 아니하고 엄하게 하는 것이다"고 하였다.

예25) 象曰 雷在天上이 大壯이니 君子ㅣ 以하야 非禮弗履하나니라 (大壯卦「大象」)
象에서 말하기를 "우레가 하늘 위에 있는 것이 大壯이니, 군자가 이로써 예가 아니면 이행하지 아니한다"고 하였다.

예26) 象曰 明出地上이 晋이니 君子ㅣ 以하야 自昭明德하나니라 (晋卦「大象」)

象에서 말하기를 "밝은 것이 지상에 나타난 것이 晉이니, 군자는 이로써 스스로 밝은 덕을 밝힌다"고 하였다.

예27) 象曰 明入地中이 明夷니 君子ㅣ 以하야 莅衆에 用晦而明하나니라 (明夷卦「大象」)
象에서 말하기를 "밝은 것이 땅 속에 들어감이 明夷니, 군자가 이로써 모든 사람에게 임하여는 어두운 것을 써서 〈상대를〉 밝게 하는 것이다"고 하였다.

예28) 象曰 風自火出이 家人이니 君子ㅣ 以하야 言有物而行有恒하나니라 (家人卦「大象」)
象에서 말하기를 "바람이 불로부터 나오는 것이 家人이니, 군자가 이로써 말에는 실물이 있고 행동에는 항상함이 있게 하는 것이다"고 하였다.

예29) 象曰 上火下澤이 睽니 君子ㅣ 以하야 同而異하나니라 (睽卦「大象」)
象에서 말하기를 "위에는 불이요 아래는 못이 있는 것이 睽니, 군자가 이로써 같이 하면서도 다르게 한다"고 하였다.

예30) 象曰 山上有水ㅣ 蹇이니 君子ㅣ 以하야 反身脩德하나니라 (蹇卦「大象」)
象에서 말하기를 "산 위에 물이 있는 것이 蹇이니, 군자가 이로써 자신을 돌이켜보고 덕을 닦는 것이다"고 하였다.

예31) 象曰 雷雨作이 解니 君子ㅣ 以하야 赦過宥罪하나니라 (解卦「大象」)
象에서 말하기를 "우레와 비가 일어남이 解니, 군자가 이로써 남의 허물을 놓아주고 죄를 〈너그럽게〉 용서해 주는 것이다"고 하였다.

예32) 象曰 山下有澤이 損이니 君子ㅣ 以하야 懲忿窒欲하나니라 (損卦「大象」)
象에서 말하기를 "산아래 못이 있는 것이 損이니, 군자가 이로써 분노를 억제하며 욕심을 막아 버린다"고 하였다.

예33) 象曰 風雷ㅣ 益이니 君子ㅣ 以하야 見善則遷하고 有過則改하나니라 (益卦「大象」)
象에서 말하기를 "바람과 우레가 益이니, 군자가 이로써 착한 것을 보면 옮기고, 허물이 있으면 고치는 것이다"고 하였다.

예34) 象曰 澤上於天이 夬니 君子ㅣ 以하야 施祿及下하며 居德하야 則忌하나니라 (夬卦「大象」)
象에서 말하기를 "못이 하늘 위에 있는 것이 夬니, 군자가 이로써 녹을 널리 베풂이 下民에 미치게 하며, 〈군자는〉 덕에 居하여 〈소인의〉 無忌憚함을 法하는 것이다"고 하였다.

예35) 象曰 澤上於地ㅣ 萃니 君子ㅣ 以하야 除戎器하야 戒不虞하나니라 (萃卦「大象」)
象에서 말하기를 "못이 땅 위에 있는 것이 萃니, 군자가 이로써 병기를 닦고 수리하여 뜻밖의 일에 경계한다"고 하였다.

예36) 象曰 地中生木이 升이니 君子ㅣ 以하야 順德하야 積小以高大하나니라 (升卦「大象」)
象에서 말하기를 "땅 속에서 나무가 살아 나오는 것이 升이니, 군자가 이로써 덕에 순종해서 작은 것을 쌓아 큰 것으로 높인다"고 하였다.

예37) 象曰 澤无水ㅣ 困이니 君子ㅣ 以하야 致命遂志하나니라 (困卦「大象」)
象에서 말하기를 "못에 물이 없는 것이 困이니, 군자가 이로써 천명에 이르러 〈자기의〉 뜻을 이루는 것이다"고 하였다.

예38) 象曰 木上有水ㅣ 井이니 君子ㅣ 以하야 勞民勸相하나니라 (井卦「大象」)
象에서 말하기를 "나무 위에 물이 있는 것이 井이니, 군자가 이로써 백성을 위로하고 서로 돕는 것을 권한다"고 하였다.

예39) 象曰 澤中有火ㅣ 革이니 君子ㅣ 以하야 治歷明時하나니라 (革卦「大象」)
象에서 말하기를 "못 가운데 불이 있는 것이 革이니, 군자가 이로써 歷을 다스려서 때를 밝히는 것이다"고 하였다.

예40) 象曰 木上有火ㅣ 鼎이니 君子ㅣ 以하야 正位하야 凝命하나니라 (鼎卦「大象」)
象에서 말하기를 "나무 위에 불이 있는 것이 鼎이니, 군자가 이로써 位를 바르게 하여 천명을 이루는 것이다"고 하였다.

예41) 象曰 洊雷ㅣ 震이니 君子ㅣ 以하야 恐懼脩省하나니라 (震卦「大象」)
象에서 말하기를 "거듭한 우레가 震이니, 군자가 이로써 두려워하고 조심하여 수양하고 살펴보는 것이다"고 하였다.

예42) 象曰 兼山이 艮이니 君子ㅣ 以하야 思不出其位하나니라 (艮卦「大象」)
象에서 말하기를 "산이 겹쳐 있는 것이 艮이니, 군자는 이로써 생각이 그 지위에서 벗어나지 아니하는 것이다"고 하였다.

예43) 象曰 山上有木이 漸이니 君子ㅣ 以하야 居賢德하야 善俗하나니라 (漸卦「大象」)
象에서 말하기를 "산 위에 나무가 있는 것이 漸이니 군자가 이로써 어진 덕에 거하여 풍속을 선하게 하는 것이다"고 하였다.

예44) 象曰 澤上有雷ㅣ 歸妹니 君子ㅣ 以하야 永終하야 知敝하나니라 (歸妹卦「大象」)
象에서 말하기를 "못 위에 우레가 있음이 歸妹니, 군자가 이로써 영구히 끝을 맺어서 가려짐을 아는 것이다"고 하였다.

예45) 象曰 雷電皆至ㅣ 豊이니 君子ㅣ 以하야 折獄致刑하나니라 (豊卦「大象」)
象에서 말하기를 "우레와 번개가 함께 이르는 것이 豊이니, 군자가 이로써 옥사를 잘 처결하여 형벌을 주는 것이다"고 하였다.

예46) 象曰 山上有火ㅣ 旅ㅣ니 君子ㅣ 以하야 明愼用刑하며 而不留獄하나니라 (旅卦「大象」)
象에서 말하기를 "산 위에 불이 있는 것이 旅니, 군자가 이로써 형벌을 사용하는데 밝게 하고 삼가며 옥사를 머물게 하지 않는 것이다"고 하였다.

예47) 象曰 隨風이 巽이니 君子ㅣ 以하야 申命行事하나니라 (巽卦「大象」)
象에서 말하기를 "바람이 바람을 따르는 것이 巽이니, 군자가 이로써 命(명령)을 신중하게 하여서 일을 행하는 것이다"고 하였다.

예48) 象曰 麗澤이 兌니 君子ㅣ 以하야 朋友講習하나니라 (兌卦「大象」)
象에서 말하기를 "걸린 못이 兌니, 군자가 이로써 벗과 벗이 〈서로〉 강론하고 학습하는 것이다"고 하였다.

예49) 象曰 澤上有水ㅣ 節이니 君子ㅣ 以하야 制數度하며 議德行하나니라 (節卦「大象」)

象에서 말하기를 "못 위에 물이 있는 것이 節이니, 군자가 이로써 數와 度를 제정하며 德行을 의논하는 것이다"고 하였다.

예50) 象曰 澤上有風이 中孚ㅣ니 君子ㅣ 以하야 議獄하며 緩死하나니라 (中孚卦「大象」)
象에서 말하기를 "못 위에 바람이 있는 것이 中孚니, 군자가 이로써 옥사를 의논하며 〈사람을〉 죽이는 데는 너그럽게 하는 것이다"고 하였다.

예51) 象曰 山上有雷ㅣ 小過ㅣ니 君子ㅣ 以하야 行過乎恭하며 喪過乎哀하며 用過乎儉하나니라 (小過卦「大象」)
象에서 말하기를 "산 위에 우레가 있는 것이 小過니, 군자가 이로써 행동은 공손한데 조금 지나치며, 〈부모의〉 상은 애통하는데 조금 지나치며, 일용행사는 검소하는데 조금 지나치는 것이다"고 하였다.

예52) 象曰 水在火上이 旣濟니 君子ㅣ 以하야 思患而豫防之하나니라 (旣濟卦「大象」)
象에서 말하기를 "물이 불 위에 있는 것이 旣濟니, 군자가 이로써 우환을 생각하여 미리 막는 것이다"고 하였다.

예53) 象曰 火在水上이 未濟니 君子ㅣ 以하야 愼辨物하야 居方하나니라 (未濟卦「大象」)
象에서 말하기를 "불이 물 위에 있는 것이 未濟니 군자는 이로써 사물을 분별하는데 삼가 조심하며 〈정당한〉 방위에 거처하는 것이다"고 하였다.

2) 先王이 以하야 …… 상경 6괘, 하경 1괘, 합 7괘에 분포한다.

예1) 象曰 地上有水ㅣ 比ㅣ니 先王이 以하야 建萬國하고 親諸侯하나니라 (比卦「大象」)
象에서 말하기를 "땅 위에 물이 있는(흘러가는) 것이 比이니, 선왕이 이로써 만국을 세우고 제후를 친한다"고 하였다.

예2) 象曰 雷出地奮이 豫니 先王이 以하야 作樂崇德하야 殷薦之上帝하야 以配祖考하나니라 (豫卦「大象」)
象에서 말하기를 "우레가 땅 위로 분출해 나오는 것이 豫이니, 선왕은 이로써 예악을 만들어 덕을 숭상하여, 상제에게 〈정성으로〉 성대히(殷) 제사를 지내고(薦) 이로써 조상을 제사 지낸다"고 하였다.

예3) 象曰 風行地上이 觀이니 先王이 以하야 省方觀民하야 設敎하나니라 (觀卦「大象」)
象에서 말하기를 "바람이 땅 위에 지나가는 것이 觀이니, 선왕이 이로써 나라의 각 지방을 살피고 백성을 관찰해서 가르침을 베푼다"고 하였다.

예4) 象曰 雷電이 噬嗑이니 先王이 以하야 明罰勅法하나니라 (噬嗑卦「大象」)
象에서 말하기를 "우레와 번개가 噬嗑이니, 선왕이 이로써 형벌을 밝히고 법을 신칙한다"고 하였다.

예5) 象曰 雷在地中이 復이니 先王이 以하야 至日에 閉關하야 商旅ㅣ 不行하며 后不省方하나니라 (復卦「大象」)
象에서 말하기를 "우레가 땅 속에 있는 것이 復이니, 선왕은 이를 본받아서 동짓날에 관문을 닫아 장사와 여행을 행하지 못하게 하며, 임금도 지방 순시를 하지 않는다"고 하였다.

예6) 象曰 天下雷行하야 物與无妄하니 先王이 以하야 茂對時하야 育萬物하나니라 (「无妄卦」大象)
象에서 말하기를 "하늘 아래에 우레가 행해서 물건마다 无妄을 주니, 선왕은 이로써 盛하게 天時에 맞추어서 만물을 길러 낸다"고 하였다.

예7) 象曰 風行水上이 渙이니 先王이 以하야 享于帝하며 立廟하나니라 (渙卦「大象」)
象에서 말하기를 "바람이 물 위에 행함이 渙이니, 선왕이 이로써 상제께 제사를 드리며 묘당을 세운다"고 하였다.

3) 后ㅣ 以하야 …… 상하경 1괘씩, 합 2괘에 분포한다.
예1) 象曰 天地交ㅣ 泰니 后ㅣ 以하야 財成天地之道하며 輔相天地之宜하야 以左右民하나니라 (泰卦「大象」)
象에서 말하기를 "하늘과 땅이 사귀는 것이 泰니, 임금이 이로써 천지의 도를 마름질하여 이루며, 천지의 마땅함을 도움으로써 백성을 좌우지한다"고 하였다.

예2) 象曰 天下有風이 姤니 后ㅣ 以하야 施命誥四方하나니라 (姤卦「大象」)
象에서 말하기를 "하늘 아래 바람이 있는 것이 姤니, 君后가 이로써 명령을 내려 四方〈의 백성〉을 깨우치는 것이다"고 하였다.

4) 大人이 以하야 …… 상경 1괘뿐이다.
예) 象曰 明兩이 作離하니 大人이 以하야 繼明하야 照于四方하나니라 (離卦「大象」)
象에서 말하기를 "밝은 것 둘이 離卦를 지었으니, 대인이 이로써 밝은 것을 이어서 사방을 비추는 것이다"고 하였다.

5) 上이 以하야 …… 상경 1괘뿐이다.
예) 象曰 山附於地ㅣ 剝이니 上이 以하야 厚下하야 安宅하나니라 (剝卦「大象」)
象에서 말하기를 "산이 땅에 붙은 것이 剝이니, 윗사람이 이로써 아랫사람에게 후하게 하여 집안을 평안하게 하는 것이다"고 하였다.

위의 「대상」들의 예에서 보듯이 "君子ㅣ 以하야……"가 절대적으로 많음을 알 수 있다. 여기서 주역은 군자를 위한 학문임을 알 수 있으며, 위의 다섯 가지는 일반적으로 불려지는 君子라고 볼 수 있다. 군자는 세상의 표본이 되어야 하며, 따라서 주역은 군자의 갈 바를 밝힌 학문이라 할 수 있겠다.

※『주역』에서 利涉大川이라고 기술한 곳이 몇 개의 괘에 있으며, 몇 회에 걸쳐 있는지 살펴보고 또 그 글이 담겨져 있는 괘가 어떤 종류인가를 알아 볼 필요가 있다.

예1) 需는 有孚하야 光亨코 貞吉하니 利涉大川하니라 (水天需卦 卦辭)

需는 믿음이 있어서, 빛나며 형통하고 正道로서 하면 길하니, 큰 내를 건너는 데에 이롭다.

象曰 需는 須也ㅣ니 險이 在前也ㅣ니 剛健而不陷하니 其義ㅣ 不困窮矣라 需有孚光亨貞吉은 位乎天位하야 以正中也ㅣ오 利涉大川은 往有功也ㅣ라 (水天需卦「彖辭」)

彖에서 말하기를 "需는 기다리는 것이니 험한 것이 앞에 있으니, 剛하고 건장하여 빠지지 아니하니 그 뜻이 곤궁하지 않은 것이다. 需有孚光亨貞吉은 〈九五가〉 天位(君位)에 있으면서 正中을 얻었기 때문이요, 利涉大川은 그대로 밀고 나아가면 공이 있다는 것이다"고 하였다.

예2) 同人于野ㅣ면 亨하리니 利涉大川이며 利君子의 貞하니라 (天火同人卦 卦辭)

사람이 같이 하는 것을 들에서 하면 형통하리니, 큰 내를 건너는 것이 이로우며, 군자의 바름(正道)이 이로움이다.

象曰 同人은 柔ㅣ 得位하며 得中而應乎乾할새 曰同人이라 同人于野亨利涉大川은 乾行也ㅣ오 文明以健하고 中正而應이 君子正也ㅣ니 唯君子ㅣ아 爲能通天下之志하나니라 (天火同人卦「彖辭」)

彖에서 말하기를 "동인은 柔가 제자리를 얻었으며 또 中道를 얻어 乾에 응하는 것을 동인이라고 한다. 同人于野亨利涉大川은 乾(天道)의 행함이요, 문채나게 밝고 강건하고 알맞고 바르면서 호응하는 것이 군자의 바름이다. 오직 군자만이 천하의 뜻과 통할 수 있는 것이다"고 하였다.

예3) 蠱는 元亨하니 利涉大川이니 先甲三日하며 後甲三日이니라 (山風蠱卦 卦辭)

蠱는 크게 형통하니 큰 내를 건너는 데 이로우니, 甲日보다 3일 앞서 하며 甲日보다 3일 뒤에 한다.

象曰 蠱는 剛上而柔下하고 巽而止ㅣ 蠱ㅣ라 蠱ㅣ 元亨하야 而天下ㅣ 治也ㅣ오 利涉大川은 往有事也ㅣ오 先甲三日後甲三日은 終則有始ㅣ 天行也ㅣ라 (山風蠱卦「彖辭」)

彖에서 말하기를 "蠱는 剛이 위에 있고 柔가 아래로 향하고, 겸손해서 그침이 蠱이다. 蠱가 크게 형통해서 천하가 다스려지는 것이요, 利涉大川은 앞으로 가는데 일이 있음이요, 先甲三日後甲三日은 마치면 곧 시작이 있음이 하늘의 행함이다"고 하였다.

예4) 大畜은 利貞하니 不家食하면 吉하니 利涉大川하니라 (山天大畜卦 卦辭)

大畜은 바르게 함이 이로우니, 집에서 먹지 아니하면 길하니 大川을 건너는 것이 이롭다.

象曰 大畜은 剛健코 篤實코 輝光하야 日新其德이니 剛上而尙賢하고 能止健이 大正也ㅣ라 不家食吉은 養賢也ㅣ오 利涉大川은 應乎天也ㅣ라 (山天大畜卦「彖辭」)

彖에서 말하기를 "大畜은 강건하고 돈독하고 빛나서 나날이 그 덕을 새롭게 하는 것이니, 剛이 최상위에 있어 어진이를 숭상하고, 능히 굳셈을 〈至善에〉 멈추게 하니 크게 바른 것이다. 不家食吉은 어진이를 기르는 것이요, 利涉大川은 하늘(天道)에 응하였기 때문이다"고 하였다.

예5) 上九는 由頤니 厲하면 吉하니 利涉大川하니라 (山雷頤卦 上九爻辭)
上九는 말미암아 기름이니, 〈항상〉 두려워하면 길하니, 큰 내를 건넘이 이롭다.

예6) 益은 利有攸往하며 利涉大川하니라 (風雷益卦 卦辭)
益은 갈 바가 있어 이로우며, 큰 내를 건너는 데 이롭다.

象曰 益은 損上益下하니 民說无疆이오 自上下下하니 其道ㅣ 大光이라 利有攸往은 中正하야 有慶이오 利涉大川은 木道ㅣ 乃行이라 益은 動而巽하야 日進无疆하며 天施地生하야 其益이 无方하니 凡益之道ㅣ 與時偕行하나니라 (風雷益卦 「彖辭」)

象에서 말하기를 "益은 위를 덜어서 아래에 더함이니 백성의 기뻐함이 지경이 없음이요, 위로부터 아래로 내려보내니 그 道는 크게 빛나는지라. 利有攸往은 〈二, 五爻가〉 中正하여 경사가 있음이요, 利涉大川은 나무로 만드는 道가 바로 행함이다. 益은 움직이고 손순해서 날로 나아감이 지경이 없으며, 하늘이 베풀고 땅이 낳아서 그 유익함이 方所가 없으니, 무릇 益의 道가 때에 따라서 함께 행하는 것이다"고 하였다.

예7) 渙은 亨하니 王假有廟ㅣ며 利涉大川하니 利貞하니라 (風水渙卦 卦辭)
渙은 형통하니, 왕이 종묘에 이르며 큰 내를 건넘이 이로우니 바르게 함이 이롭다.

象曰 渙亨은 剛이 來而不窮하고 柔ㅣ 得位乎外而上同할새라 王假有廟는 王乃在中也ㅣ오 利涉大川은 乘木하야 有功也ㅣ라 (風水渙卦 「彖辭」)

象에서 말하기를 "渙亨은 〈九五〉剛이 와서 궁하지 않고, 〈六四〉柔가 밖에서 位를 얻고 위로 함께 함이다. 王假有廟는 왕이 이에 中正〈의 자리〉에 있음이요, 利涉大川은 나무를 타고 功이 있다는 것이다"고 하였다.

예8) 中孚는 豚魚ㅣ면 吉하니 利涉大川하고 利貞하니라 (風澤中孚卦 卦辭)
中孚는 〈보잘 것 없는〉 돼지와 물고기에 통하면 길하니, 큰 내를 건넘이 이롭고 바르게 함이 이롭다.

象曰 中孚는 柔在內而剛得中할새니 說而巽할새 孚ㅣ 乃化邦也ㅣ니라 豚魚吉은 信及豚魚也ㅣ오 利涉大川은 乘木코 舟虛也ㅣ오 中孚코 以利貞이면 乃應乎天也ㅣ리라 (風澤中孚卦 「彖辭」)

象에서 말하기를 "中孚는 柔(六三, 六四)가 안에 있고 剛(九二, 九五)이 득중을 하였으니, 기뻐하여 손순하니, 믿음(정성)이 이에 온 나라에 뻗쳐 교화하는 것이다. 豚魚吉은 믿음이 〈보잘 것 없는〉 돼지나 물고기까지 미치기 때문이다. 利涉大川은 나무를 타고 배가 비었기 때문이요, 中孚하고 利貞으로써 하면 이에 하늘이 응할 것이다"고 하였다.

예9) 六三은 未濟에 征이면 凶하나 利涉大川하니라 (火水未濟卦 六三爻辭)
六三은 未濟에 〈그대로〉 나아가면 흉하나, 大川을 건너는 데 이롭다.

위의 예에서 보듯이 利涉大川이 들어 있는 문장은 대개가 坎水, 巽木, 震木, 兌(澤, 止水)卦가 들어 있는 곳이다. 文王은 일곱 괘에서 利涉大川을 말하였고, 孔子는 文王의 말을 그대로 「단사」에 옮겨와 우리들에게 해설하여 주었으며, 周公은 頤卦와 未濟卦에서 利涉大川을 말하였다. 특히 하경에서의 "益卦의 木道乃行", "渙卦의 乘木有功", "中孚卦의 乘木舟虛"는 나무로써 배를 만들어 大川을 건너는 데 빈 배가 부두에 있음을 말한다. 크게 보아 中正之道가 마음속에 자리잡고 있지 않은 사람은 이 배를 탈 수 없을 것이다. 이 배를 타는 시기는 미제괘의 육삼효라고 할 수 있지 않을까?

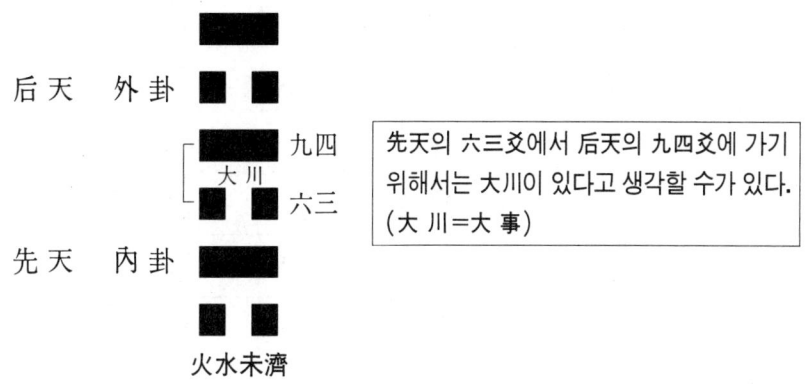

※육효의 원리에서 初爻와 上爻를 제외한 中爻(互卦)로써 모든 사물을 알아볼 수 있다. 중효, 즉 호괘가 吉凶是非를 가리는데 중요하다는 뜻이므로 이러한 측면에서 64괘를 호괘로써 음미할 필요가 있다고 생각한다.

예) 其初는 難知오 其上은 易知니 本末也ㅣ라 初辭擬之하고 卒成之終하니라 若夫雜物과 撰德과 辨是與非는 則非其中爻ㅣ면 不備하리라 (「繫辭傳」下 第9章)
〈육효 중에서〉 초효는 알기 어렵고, 상효는 알기 쉬우니 근본과 결말인 것이다.[1] 처음 효사는 어떤 사물에 비유하여 말하였고, 마침내 마지막의 상효에서 이룬다. 만약 무릇 물건(음물과 양물)을 섞는 것과 덕을 가리는 것과 옳은 것과 그른 것을 분별하는 것은, 즉 그 中爻가 아니면 갖추지 못 할 것이다.

---

[1] 初爻는 사물의 근본이니 사물의 미세한 시작이므로 아직 그 뜻이 드러나지 않기 때문에 어려운 것이요, 上爻는 사물이 드러난 것이니 그 뜻을 알기 쉬운 것이다.

1) 상하경의 64괘 모두를 互卦로 作卦하여 살펴보자.

卦順	本　卦	互　卦	卦順	本　卦	互　卦
1	乾	乾	16	豫	蹇
2	坤	坤	17	隨	漸
3	屯	剝	18	蠱	歸妹
4	蒙	復	19	臨	復
5	需	睽	20	觀	剝
6	訟	家人	21	噬嗑	蹇
7	師	復	22	賁	解
8	比	剝	23	剝	坤
9	小畜	睽	24	復	坤
10	履	家人	25	无妄	漸
11	泰	歸妹	26	大畜	歸妹
12	否	漸	27	頤	坤
13	同人	姤	28	大過	乾
14	大有	夬	29	坎	頤
15	謙	解	30	離	大過

卦順	本卦	互卦	卦順	本卦	互卦
31	咸	姤	48	井	睽
32	恒	夬	49	革	姤
33	遯	姤	50	鼎	夬
34	大壯	夬	51	震	蹇
35	晉	蹇	52	艮	解
36	明夷	解	53	漸	未濟
37	家人	未濟	54	歸妹	既濟
38	睽	既濟	55	豊	大過
39	蹇	未濟	56	旅	大過
40	解	既濟	57	巽	睽
41	損	復	58	兌	家人
42	益	剝	59	渙	頤
43	夬	乾	60	節	頤
44	姤	乾	61	中孚	頤
45	萃	漸	62	小過	大過
46	升	歸妹	63	既濟	未濟
47	困	家人	64	未濟	既濟

2) 위와 같이 64괘를 互卦로 作卦하면 같은 괘가 4괘씩 있다는 것을 알 수 있다. 따라서 互卦로 나타난 괘는 16가지가 있다. 이것을 표로 만들어 보면 다음과 같다.

番號	本		卦		互 卦
1	乾	姤	夬	大過	乾
2	坤	剝	復	頤	坤
3	屯	比	觀	益	剝
4	蒙	師	臨	損	復
5	需	小畜	井	巽	睽
6	訟	履	困	兌	家人
7	泰	蠱	大畜	升	歸妹
8	否	漸	无妄	萃	漸
9	同人	咸	遯	革	姤
10	大有	恒	大壯	鼎	夬
11	謙	賁	明夷	艮	解
12	豫	噬嗑	晋	震	蹇
13	坎	渙	節	中孚	頤
14	離	豊	旅	小過	大過
15	家人	蹇	漸	旣濟	未濟
16	睽	解	歸妹	未濟	旣濟

3) 16가지의 互卦를 종합하여 살펴보면 한 원리가 질서 정연한 변화로써 이루어져 있음을 알 수 있다. 즉, 중첩된 伏犧八卦次序 위에 다시 복희팔괘가 연속적으로 두 번 돌아가 이루어졌다는 것이다. 이 원리 속에는 태극이 들어 있으며, 팔괘의 원리도 들어 있으니 더 깊이 연구해 볼 필요가 있다고 생각한다.

上卦順	1	2	3	4	5	6	7	8
卦名	乾	夬	睽	歸妹	家人	旣濟	頤	復
卦象	䷀	䷪	䷥	䷵	䷤	䷾	䷚	䷗
下卦順	1		2		3		4	

복희팔괘차서인 팔괘를 순서대로 배열하여 2괘가 하나로 귀일(歸一)하면 乾卦에서 復卦까지 8괘가 자연히 나오게 된다. 나머지 8괘를 이와 같은 방법으로 하면 된다.

上卦順	1	2	3	4	5	6	7	8
卦名	姤	大過	未濟	解	漸	蹇	剝	坤
卦象	䷫	䷛	䷿	䷧	䷴	䷦	䷖	䷁
下卦順	5		6		7		8	

4) 互卦 16組 중의 本卦 중에서 맨 처음 나오는 乾, 坤, 屯, 蒙, 需, 訟, 泰, 否, 同人, 大有, 謙, 豫, 坎, 離, 家人, 睽卦를 일정한 법칙으로 변화시키면 다시 한 호괘 단위의 한 組가 나온다. 예를 들어 설명하면 다음과 같다. 호괘로 생긴 乾卦의 한 組의 본괘는 ☰乾卦, ☴姤卦, ☱夬卦, ☴大過卦가 있다. 이 중 맨 처음 나오는 ☰乾卦의 初爻를 변화시키면 ☴姤卦가 된다. 다시 ☰乾卦와 ☴姤卦의 上爻를 변화시키면 ☱夬卦와 ☴大過卦가 만들어진다. 나머지 15조들도 이와 같은 방식으로 하면 같은 결과가 나온다.

5) 각 互卦를 살펴보면 일정한 법칙을 따라 변화하거나 作卦되어 있음을 알 수가 있다. 이것으로써 16괘가 배열되어진 것이라고 할 수 있다.

互卦	本　　卦		上卦	本　　卦		下卦
乾	重 天 乾	天 風 姤	天	重 天 乾	澤 天 夬	天
	澤 天 夬	澤 風 大 過	澤	天 風 姤	澤 風 大 過	風
夬	火 天 大 有	火 風 鼎	火	火 風 鼎	雷 風 恒	風
	雷 天 大 壯	雷 風 恒	雷	火 天 大 有	雷 天 大 壯	天
睽	風 天 小 畜	重 風 巽	風	重 風 巽	水 風 井	風
	水 天 需	水 風 井	水	風 天 小 畜	水 天 需	天
歸妹	山 天 大 畜	山 風 蠱	山	山 風 蠱	地 風 升	風
	地 風 升	地 天 泰	地	山 天 大 畜	地 天 泰	天
家人	天 水 訟	天 澤 履	天	天 澤 履	重 澤 兌	澤
	澤 水 困	重 澤 兌	澤	天 水 訟	澤 水 困	水
既濟	火 澤 睽	火 水 未 濟	火	火 水 未 濟	雷 水 解	水
	雷 澤 歸 妹	雷 水 解	雷	火 澤 睽	雷 澤 歸 妹	澤
頤	水 澤 節	重 水 坎	水	風 水 渙	重 水 坎	水
	風 澤 中 孚	風 水 渙	風	風 澤 中 孚	水 澤 節	澤
復	山 澤 損	山 水 蒙	山	山 水 蒙	地 水 師	水
	地 澤 臨	地 水 師	地	山 澤 損	地 澤 臨	澤
姤	天 火 同 人	天 山 遯	天	天 山 遯	澤 山 咸	山
	澤 火 革	澤 山 咸	澤	天 火 同 人	澤 火 革	火
大過	重 火 離	火 山 旅	火	火 山 旅	雷 山 小 過	山
	雷 火 豊	雷 山 小 過	雷	重 火 離	雷 火 豊	火
未濟	風 火 家 人	風 山 漸	風	風 山 漸	水 山 蹇	山
	水 火 旣 濟	水 山 蹇	水	風 火 家 人	水 火 旣 濟	火
解	山 火 賁	重 山 艮	山	重 山 艮	地 山 謙	山
	地 火 明 夷	地 山 謙	地	山 火 賁	地 火 明 夷	火
漸	天 雷 无 妄	天 地 否	天	天 地 否	澤 地 萃	地
	澤 雷 水	澤 地 萃	澤	天 雷 无 妄	澤 雷 水	雷
蹇	火 雷 噬 嗑	火 地 晋	火	火 地 晋	雷 地 豫	地
	重 雷 震	雷 地 豫	雷	火 雷 噬 嗑	重 雷 震	雷
剝	風 雷 益	風 地 觀	風	風 地 觀	水 地 比	地
	水 雷 屯	水 地 比	水	風 雷 益	水 雷 屯	雷
坤	地 雷 復	重 地 坤	地	重 地 坤	山 地 剝	地
	山 雷 頤	山 地 剝	山	山 雷 頤	地 雷 復	雷

6) 또 다른 구성 도표를 예시하면 다음과 같다.

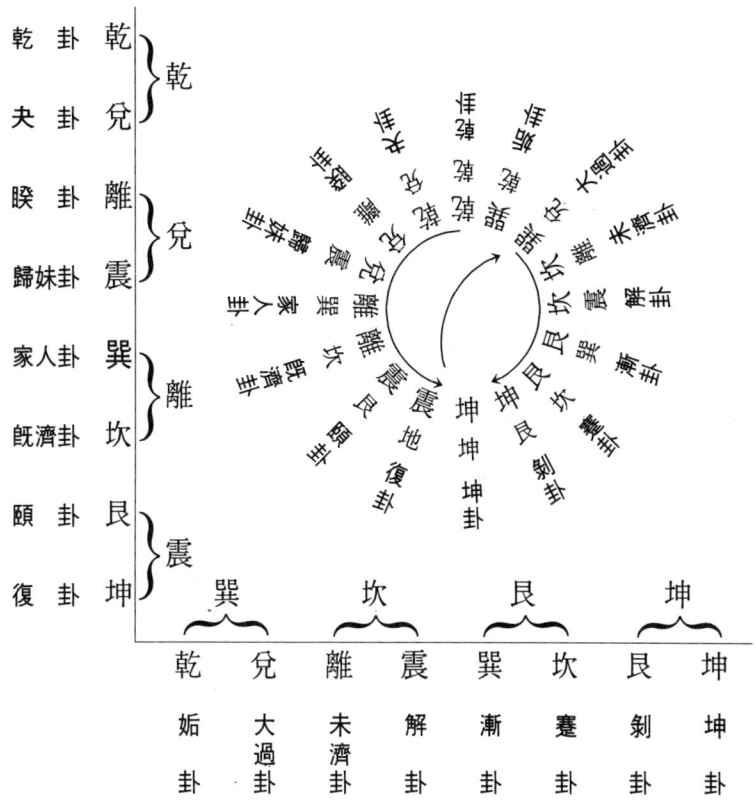

※주역을 공자가 집대성하면서 三聖人(伏犧, 文王, 周公)의 글을 약간 수정하려고—순서를 바꾸고 괘의 위치를 변동시키려고 하였음—하였으나 문왕의 卦辭, 즉 元亨利貞을 보고는 손을 대지 않았다는 설이 있다. 『주역』의 각 괘는 四德인 元亨利貞이 주체가 되어 해설되어 있다. 이 元亨利貞이 각 괘에 어떻게 분포되어 있는가를 알면 역학을 연구하는 데 도움이 될 것이다. 여기서는 64괘 중 四德이 없는 괘만을 거론하기로 하고 나머지의 경우는 여러분이 직접 찾아 비교 분석하기를 바란다. 四德이 없는 괘는 ䷓風地觀卦, ䷢火地晋卦, ䷥火澤睽卦, ䷫天風姤卦, ䷯水風井卦, ䷳重山艮卦로서 6개이다.[2] 그 卦辭를 아래에 열거하면 다음과 같다.

---

[2] 강의 중에 이미 각 괘에 대한 설명이 약간씩 언급되어 있다. 한 번 더 강조하는 뜻에서 하경 말미에 다시 거론하고 있다. (一岡註)

예1) 觀은 盥而不薦이면 有孚하야 顒若하리라 (上經 風地觀卦)
　　觀은 세수를 하고 정성이 흐트러지지 않으면, 믿음이 있어서 우러러 만나 보는 것과 같을 것이다.
예2) 晋은 康侯를 用錫馬蕃庶하고 晝日三接이로다 (下經 火地晋卦)
　　晋은 〈왕께서〉 安國之侯에게 말을 많이 하사하시고, 하루에 세 번씩이나 접하는도다.
예3) 睽는 小事는 吉하리라 (下經 火澤睽卦)
　　睽는 작은 일에는 길할 것이다.
예4) 姤는 女壯이니 勿用取女ㅣ니라 (下經 天風姤卦)
　　姤는 여자가 씩씩한 것이니 〈이런〉 여자는 취하지 말라.
예5) 井은 改邑호대 不改井이니 无喪无得하며 往來ㅣ 井井하나니 汔至ㅣ 亦未繘井이니 羸其甁이면 凶하니라 (下經 水風井卦)
　　井은 고을은 고치되 우물은 고치지 못하니, 〈우물은〉 잃는 것도 없고 얻은 것도 없으며, 가고 오는 사람이 井井하니(내 우물로 먹으니), 거의 이러름에 또한 우물에 닿지 못함이니, 그 두레박을 깨면 흉하다.
예6) 艮其背면 不獲其身하며 行其庭하야도 不見其人하야 无咎ㅣ리라 (下經 重山艮卦)
　　그 등에서 그치면 그 몸을 얻지 못하며, 그 뜰에 들어와도 그 사람을 보지 못하여 허물이 없을 것이다.

四德이 없는 괘가 상경에는 한 개, 하경에는 다섯 개가 있다. 상경은 天道를 말하고, 하경은 人道를 말하였다. 따라서 우리는 숙명(宿命)과 인위(人爲)라는 것을 알아서 행사하여야 할 것이다. 元亨利貞은 대자연의 운행에 어김없이 형상 그대로를 이치 속에 싣고 있어 당연(當然) 또는 불역지리(不易之理)를 내포하고 있다. 그 속에서 사덕이 없는 괘는 64괘 중 6괘밖에 되지 않는다. 이것은 어느 정도까지는 자연을 극복하고 개척해 나갈 수 있다는 것을 易에서 보여주는 것이 아닐까 한다. 觀卦의 경우만 하더라도 人爲의 敬, 信, 誠, 孚가 있어야만 觀이 된다. 결국 天道로만 觀이 되는 것은 아니다. 완전히 인간적 입장에서, 위에서 말한 誠之하는 대가로 觀通되는 것이므로 이는 天道를 주장하는 상경 속에서도 유일무이(唯一無二)하게 觀卦가 담고 있는 뜻이라 하겠다. 또한 우주의 변화 과정이 지상에 부는 바람과 같이 우리 인간에게 임하여 온다고 보았을 때, 여기에 가장 필요로 하는 것이 仁이요, 善인 것이다. 그러므로 오늘날의 복잡한 세상을 살아가는 우리에게 더욱더 이 易理를 떠나서는 살 수 없다는 것을 말해 주고 있는 것이다. 이런 점에서 易은 우리에게 해결점과 해답을 주는 그 무엇일진대, 사통팔달(四通八達)의 美人格이라고 보아도 과언이 아니다. 부디 易에 대한 연구에 연구를 거듭하길 바랄 따름이다.

金炳浩 (1918~1984)

雅號는 亞山, 字는 善養, 貫鄕은 一善이다. 아산은 1918년 경북 고령에서 출생하고 일제시대 학제로 보통학교를 졸업했으며, 서당에서 한학(漢學)을 수학하고 20세 미만에 詩를 지었다. 그 뒤 더욱 정진하여 華岡 張相學의 문하에서 학문을 닦았으며, 말년에 이르러 경전 속에 영원한 진리가 있음을 깨닫고 뜻한 바 있어 也山 李達을 만나 그의 문하에서 평생동안 周易을 연구하였다. 서울, 부산, 대구, 울산 등지에서 후학 지도에 심혈을 쏟아 많은 제자들을 양성하다가 67세를 일기로 유명을 달리했다. 그리고 「太極說」, 「易中短語解說」과 다수의 遺墨이 전한다.

金珍圭 (1934~　)

雅號는 一岡, 字는 天哉, 貫鄕은 一善이다. 일강은 1934년 경북 고령에서 아산의 아들로 출생했고, 대학을 졸업한 뒤 한학자인 아버지의 학풍을 사사받았으며, 충남 안면도에서 3년 간 역학 공부에 정진했다. 34년 간 공무원으로 봉직했으며 경북도립안동도서관장과 경북학생회관장을 역임했으며 1995년에 정년 퇴임했다. 그 뒤 안동정보대학 교수로 재직하다가 정년 퇴임하였다. 아버지 아산의 강의와 사숙을 받아 1982년과 1987년 사이에 『周易講義 上·中·下』의 자료를 발간하고, 1995년에는 아산학술총서 제1집 『亞山의 中庸講義』, 제2집 『亞山의 大學講義』를 발간하고, 그 후 계속하여 『古典을 通한 敎養의 샘』, 아산학술총서 제4집 『亞山의 詩經講義·上』을 출간하였다. 아산의 타계 후 뒤를 이어 계속해서 부산, 대구, 안동, 경산, 구미, 제천, 상주, 왜관, 예천에서 현재까지 경전을 강의중이며, 亞山學會易經院長으로 활동하고 있다.

亞山의 周易講義㊥

강의/김병호
구성/김진규
발행인/김병성
발행처/도서출판 小康
발행일/초판 1쇄 2000. 7. 10
　　　　3쇄 2014. 3. 10
등록번호/카2-47
등록일/1995. 2. 9
주소/부산광역시 서구 동대신동 2가 289-6번지
전화/(051)247-9106　팩스/(051)248-2176

값28,000원(亞山의 周易講義㊥)
ISBN 89-86733-12-9　04140 (전3권)
※잘못된 책은 바꿔드립니다.